WOLFGANG LEPPMANN, geboren 1922 in Berlin als Sohn von Franz Leppmann, der der erste Biograph Thomas Manns war, und der Schauspielerin Ida Orloff, die in jungen Jahren Gerhart Hauptmanns Freundin war. Mit den Eltern emigrierte er nach Italien und England – zu Beginn des Zweiten Weltkrieges nach Amerika.

Er studierte an mehreren Universitäten der USA Germanistik, Amerikanistik und Kunstgeschichte. 1952 promovierte er in Princeton zum Doktor der Philosophie. Seit 1954 ist er Professor für Germanistik an der Universität of Oregon.

Der Autor schreibt seit vielen Jahren als Literaturkritiker für ›Die Zeit‹ und die ›Frankfurter Allgemeine‹. Er lebt in Amerika.

Wolfgang Leppmann

RAINER MARIA RILKE

Leben und Werk

Wilhelm Heyne Verlag
München

HEYNE-BUCH Nr. 12/121
im Wilhelm Heyne Verlag, München

Genehmigte, ungekürzte Taschenbuchausgabe der vom Verfasser
durchgesehenen dritten Auflage des Scherz Verlags, Bern und München
Copyright © 1981 by Scherz Verlag, Bern und München
Umschlagbild: Archiv für Kunst und Geschichte, Berlin (Gemälde von Westhoff)
Umschlaggestaltung: Atelier Ingrid Schütz, München
Innenbilder: Ullstein Bilderdienst, Berlin (6), Archiv für Kunst und Geschichte,
Berlin (6), Süddeutscher Verlag, Bilderdienst, München (4)
Bildteil: RMO, München
Gesamtherstellung: Presse-Druck Augsburg

ISBN 3-453-55122-2

INHALT

VORBEMERKUNG

Rilke stellt einen Menschentypus dar, den es in derart exemplarischer Verkörperung kein zweites Mal gegeben hat und wohl auch nicht wieder geben wird: den Dichter. Nicht die schreibende Bibliothekarin oder den schriftstellernden Arzt, nicht den Lehrer mit Romanmanuskript oder die Freizeitlyrikerin, sondern den Dichter in Reinkultur: einen Menschen, der nur zum Dichten in Vers und Prosa geschaffen war und den man sich – der sich selbst – in keiner wie auch immer gearteten beruflichen Tätigkeit vorstellen konnte.

Kein anderer, nicht einmal Goethe, hat so banal angefangen und so sublim aufgehört wie Rilke – nach weniger als vier Jahrzehnten, die seine ersten von seinen letzten Dichtungen trennen. Die einen sind nahezu ungenießbar, die anderen gehören zu den Höhepunkten der deutschen Literatur. Neben dieser vertikalen weist sein Werk als Ganzes aber auch eine bemerkenswerte horizontale Spannweite auf. Wenn alle Lyrik zwischen zwei Polen angesiedelt ist, zwischen dem leicht zugänglichen Gedicht, das wie eine mathematische Gleichung ohne weiteres und restlos »aufgeht«, und dem schwierigen, zu dem auch der Eingeweihte noch einen Kommentar benötigt, dann erstreckt sich die Produktion Rilkes über die gesamte Skala. Am einen Ende steht seine bekannteste Dichtung, der *Cornet*, dessen Thema: Liebe und Soldatentod eines jungen Mannes, eindeutig ist und keiner Erklärung bedarf. Am anderen Ende stehen die *Sonette an Orpheus*, deren Thema: die Verwandlung der Welt in Gesang (oder wie die Kurzformel auch immer lauten mag), in seiner Tiefe und Vielschichtigkeit sich selbst mit dem gründlichsten Kommentar nicht restlos begreifen läßt.

Rilkes lange Entwicklung vom »Reiten, reiten reiten, durch den Tag, durch die Nacht, durch den Tag«, das jeder Leser im Geiste sofort nachvollziehen kann, bis zu jenem:

> Da stieg ein Baum. O reine Übersteigung!
> O Orpheus singt! O hoher Baum im Ohr!,

das sich deuten, aber nicht nachvollziehen läßt, kennzeichnet ihn als Weggenossen von Picasso und Strawinsky und anderen Begründern der modernen Kunst (und weitgehend auch der modernen Wissenschaft). Zugleich ist Rilke von mehr als nur literarhistorischem Interesse, denn er hat von der Sorge um die Umwelt bis zur Partnerschaftsehe vieles vorweggenommen, was sich erst in unseren Tagen durchzusetzen beginnt.

Und erst jetzt, nach dem Tod seiner letzten Weg- und Zeitgenossen, können wir ihn ohne jene Emotionen betrachten, die sein Bild schon zu Lebzeiten und mehr noch nach 1926 verzeichnet haben. »Einmal eine heftige Debatte«, schrieb Alfred Döblin damals über eine ihm nahestehende Schriftstellergruppe, »als der Lyriker Rilke starb. Einige hielten eine Trauerfeier für notwendig, die sanfteren; andere waren durchaus dagegen, besonders Brecht.« Fast fünfzig Jahre, während derer Rilkes Nachruhm den größten Schwankungen unterworfen war, mußten vergehen, bis Helmut Heißenbüttel die Spannung zwischen den vermeintlichen Antipoden dadurch aufheben konnte, daß er sie der Vergangenheit zuordnete:

> Brecht contra Rilke als sie einmal mit uns fix und
> fertig waren
> hatten sie uns auf dem Arsch und auf den Knien
> auch das ist nun alles historisch geworden Brecht
> contra Rilke
> Benn contra Rilke Pound contra Rilke Gertrude Stein
> contra Rilke . . .[1]*

Hand in Hand mit der Vergötterung, gelegentlich auch Verteufelung des Dichters verlief die Verwissenschaftlichung des Werkes. Sie hat längst die tränenselige Rilke-Lektüre jugendbewegter wie bürgerlicher Zeiten und Leserschichten abgelöst und ist ihrerseits so weit fortgeschritten, daß es fast als ein Wagestück erscheint, einen

---

* Die fortlaufenden Hochziffern im Text verweisen auf die Quellennachweise S. 459.

Text von ihm ohne Apparat oder gar »zum Vergnügen« zu lesen. Wer das heute tut – man sollte es tun, denn Literatur ist, neben anderem, natürlich auch »Vergnügen« –, gerät leicht in den Geruch des Banausen oder Philisters. Da Rilke aber Dichter, also Wortkünstler, war und sich auf deutsch ausdrückte und nicht etwa in der Fachsprache der Psychotherapeuten, Existentialphilosophen oder Kernphysiker, besteht auch für uns kein Grund, ihn gewissermaßen im weißen Kittel zu untersuchen.

Wo es aus biographischer Sicht angebracht erscheint, zitieren wir ihn lieber selbst. Ohne Tränen, ohne große Worte, aber auch ohne pseudowissenschaftliches Vokabular.

Anleihen beim Dichter sind um so notwendiger, als es mit der Aufarbeitung des Nachlasses, und deshalb auch mit der Biographik, nicht zum besten steht. Fünfundfünfzig Jahre nach Rilkes Tod gibt es zwar eine schier unermeßliche Literatur zu Werk und Leben, aber nur die längst überholten Biographien des Franzosen Joseph-François Angelloz und der Engländerin Eliza M. Butler, kurze Monographien von Eudo C. Mason und Hans Egon Holthusen, den von Joachim W. Storck zusammengestellten Katalog zur Marbacher Rilke-Ausstellung von 1975 und Ingeborg Schnacks zweibändige Chronik aus demselben Jahr. Einige Briefwechsel liegen vor; andere und sehr wichtige (mit den Eltern, der Frau, der Tochter) stehen noch aus, wiederum andere wurden mit sinnentstellenden Streichungen herausgegeben. Drei frühe Tagebücher sind erschienen, von den Gesprächen und Notizbüchern ist hingegen nur sehr wenig in die Öffentlichkeit gedrungen. Dafür besitzen wir eine riesige Memoirenliteratur von sehr ungleichem Wert. Obschon viele Männer und praktisch alle Frauen, die einmal mit ihm an einem Tisch saßen, darüber geschrieben haben, sind wir paradoxerweise über das Leben des so viel älteren Goethe oder des gleichaltrigen Thomas Mann ungleich besser unterrichtet als über das von Rilke.

Es liegt auf der Hand, daß ein Rilke-Biograph seinen Vorgängern in der Untersuchung dieser oder jener Lebensphase ganz besonders verpflichtet bleibt (was die Möglichkeit nicht ausschließt, aufgrund desselben Materials zu anderen Schlußfolgerungen zu kommen). Der Verfasser hat seine Dankesschuld gegenüber diesen Rilke-

Forschern und -Freunden in den Anmerkungen bekundet. Sein Dank gilt selbstverständlich auch den richtungweisenden Interpreten des Rilkeschen Werkes, obwohl sie, da die Rilke-Exegetik längst die Ausmaße einer Bibliothek erreicht hat, namentlich nicht aufgeführt werden können. Im übrigen sind die hier vorgelegten Interpretationen die seinen.

Wo nicht anders vermerkt, wird Rilke nach der von Ernst Zinn besorgten *Insel Werkausgabe in 12 Bänden* (Frankfurt a. M. 1976) zitiert.

Im Sommer 1981   W. L.

DER ZÖGLING RENÉ

I

Es war ein Festtag heller Erinnerungen [entsann sich Phia Rilke, als ihr berühmter Sohn siebenundvierzig wurde], eingeleitet am 3. Dez., der Schnee lag riesig hoch, doch wir wagten uns um fünf Uhr aus, besuchten Großmama (die gute, hilfsbereite), denn am vierten war ihr Namensfest, und dann ging der gute Papa auf meinen Vorschlag freudig ein, wir besorgten bei Rummel ein kl. goldenes Kreuz für unser Kind, das wir doch erst im Feber erwartet, aber es war uns Freude, das Kleinod als erste Gabe daheim zu haben. Gegen acht Uhr wurde mir plötzlich so unwohl, daß wir die unentbehrliche Madame um ihren Abendbesuch baten, – sie kam – und ließ sich häuslich nieder, – prophezeite sofort, ein Siebenmonatkind hat es eilig in die Welt zu kommen . . . um Mitternacht, – die gleiche Stunde, wo unser Heiland geboren wurde, – und da es zum Samstag ging, – wurdest Du sofort ein Marienkind! – der gnadenreichen Madonna geweiht. Papa und ich segneten, küßten Dich, – unser helles Glück flüchtete im Dankgebet zu Jesus und Maria. Klein und zart war unser süßer Bubi, – aber prächtig entwickelt – und als er vormittags im Bettchen lag, bekam er das kl. Kreuzchen, – so wurde »Jesus« sein erstes Geschenk. – Dann kamen leider viele große und kleine Sorgen, – aber wenn ich an Deiner Wiege kniete, – jubelte mein Herz, der reizende Bubi – war unser höchstes Glück![2]

So ekstatisch begrüßte man im 19. Jahrhundert vielerorts noch die Geburt eines Kindes! Denn wenn wir der Mutter auch ihre Bigotterie und hart am Kitsch vorbeigehende Ausdrucksweise nachsehen müssen, so besteht doch kein Zweifel, daß Rilkes Eltern sich ein

Kind gewünscht hatten; und dies um so sehnlicher, als ein im Vorjahr geborenes Mädchen nur wenige Wochen gelebt hatte. Der am 4. Dezember 1875 in Prag als Siebenmonatskind geborene Junge wurde am 19. Dezember in der Kirche zu St. Heinrich auf die Namen René Karl Wilhelm Johann Josef Maria getauft. Da Rilke, der als Einzelkind aufwuchs, sich wie kaum ein anderer deutscher Dichter für seine Vorfahren interessierte, lohnt es sich, zunächst seine Eltern kennenzulernen.

Der Vater, der 1838 im böhmischen Schwabitz geborene Josef Rilke, war in Militärschulen erzogen worden und als Offiziersanwärter in den Krieg von 1859 gezogen. Dort erreichte er, als Kadettfeuerwerker (Fähnrich) im 1. k. u. k. Artillerieregiment, sogleich den Höhepunkt seiner militärischen Laufbahn: Im Alter von einundzwanzig war er vorübergehend selbständiger Kommandant der Zitadelle von Brescia. Es war ein wichtiger Posten, denn Brescia bildete zusammen mit Mantua, Verona und Legnano das Festungsviereck, auf dem die österreichische Stellung in Oberitalien beruhte. Nach verlorenem Feldzug – als Folge der Niederlagen von Magenta und Solferino mußte Österreich die Lombardei an Napoleon III. abtreten, der sie dem Königreich Sardinien überließ – wurde er Instrukteur an der Kriegsschule seines Regiments.

Teils wegen eines chronischen Halsleidens und zum Teil wohl auch aus Enttäuschung darüber, daß man ihm trotz makelloser Führung und wiederholter Eingaben das Offizierspatent vorenthalten hatte, nahm Josef Rilke 1865 nach erst zehnjährigem Dienst seinen Abschied. Zuerst trieb er landwirtschaftliche Studien auf dem Gut einer Tante in Mähren, dann gelang es ihm dank der Protektion seines ältesten Bruders, des Landtagsabgeordneten und eigentlichen Hauptes der Familie Jaroslav Rilke, als Beamter (»Offizial«) bei der kurz zuvor gegründeten k. k. Turnau-Kralup-Prager Eisenbahngesellschaft unterzukommen. Er verbrachte den Rest seines Lebens als Bahnhofschef und Magazinvorstand in verschiedenen Kleinstädten und wurde schließlich als Inspektor (»Revisor«) der Böhmischen Nordbahn pensioniert. Ein letzter Versuch, das eintönige Beamtendasein gegen die Verwaltung eines Gutes einzutauschen, war schon vor Jahren gescheitert:

Die gräflich Sporksche Herrschaft Kukus [schreibt Rilke 1924 an seine Tochter] suchte einen Güterdirektor, mein Vater mußte Gründe haben, zu glauben, daß er einer solchen Aufgabe gewachsen wäre. – Aber es war nicht leicht, Beweise für diese Fähigkeit, die er sich zutraute, aufzubringen. Allerdings hatte er als junger Mensch auf dem Gute seiner Tante, der Baronin Weissenburg, volontiert . . ., diese Tatsache wurde nun in das vollste Licht gestellt und so behandelt, als wäre sie der Angelpunkt seines Lebens gewesen. Die Erwartung und Hoffnung in unserm Hause war groß, nicht allein versprach man sich von diesem Wechsel finanzielle und gesundheitliche Vorteile, das große Sporksche Barockschloß in Kukus war unbewohnt und wäre dem neuen Güterdirektor zugewiesen worden . . .; ich, soweit ich etwas von der schwebenden Angelegenheit begriff, ließ mich schon gehen in meiner Leidenschaft für Wagen- und Schlittenfahrten, für hohe Zimmer und lange weiße Gänge. Natürlich und gerechtermaßen wurde damals ein anderer Bewerber vorgezogen, der nicht nur landwirtschaftliche Jugenderinnerungen aufzuweisen hatte; und unser Provinzdasein versank, enttäuscht, in seiner trübseligen Alltäglichkeit. Hätte mein guter Papa eher diesen Entschluß gefaßt, so wäre wahrscheinlich alles anders verlaufen.

So ist Josef Rilke nicht über den mittleren Eisenbahndienst hinausgekommen. Ein kurz vor der Verheiratung aufgenommenes Bild zeigt einen hochgewachsenen, athletisch gebauten Mann mit vollem Backenbart nach kaiserlich-königlichem Vorbild, der sich lässig an den damals zu den Requisiten eines Photoateliers zählenden Sockel aus Pappmaché lehnt; dabei schaut er nicht der neben ihm sitzenden Braut, sondern der Kamera voll ins Auge. Es ist das zivile und bürgerliche Gegenstück zu einer alten Daguerreotypie, einer verblichenen Aufnahme des uniformierten Vaters, die Rilke immer bei sich trug. In einem *Jugend-Bildnis meines Vaters* betitelten Gedicht hat er ihn romantisch verklärt:

> Im Auge Traum. Die Stirn wie in Berührung
> mit etwas Fernem. Um den Mund enorm
> viel Jugend, ungelächelte Verführung,

und vor der vollen schmückenden Verschnürung
der schlanken adeligen Uniform
der Säbelkorb und beide Hände –, die
abwarten, ruhig, zu nichts hingedrängt.
Und nun fast nicht mehr sichtbar: als ob sie
zuerst, die Fernes greifenden, verschwänden.
Und alles andere mit sich selbst verhängt
und ausgelöscht als ob wirs nicht verständen
und tief aus seiner eignen Tiefe trüb –.

Du schnell vergehendes Daguerrotyp
in meinen langsamer vergehenden Händen.

Auch im Alter war Josef Rilke noch ein Mann mit »enorm viel . . . Verführung«. Max Brod hat ihn als »eleganten Schwerenöter« geschildert, »der wie ein strammer Kavallerieoffizier in Zivil aussah« und beim sonntäglichen Grabenbummel, auf dem Weg zum Café Continental in der Altstadt, »den wohlbehüteten hübschen Mädchen mit tiefen Blicken ins Gesicht« schaute; ein anderer Prager, Hugo Lindemann, erinnerte sich an den älteren Rilke als einen würdevollen Herrn mit weißem Vollbart: »Wir nannten ihn deshalb den lieben Gott.« – Seiner dreizehn Jahre jüngeren Frau Sophie Rilke, genannt Phia, konnte dieser fesche und gutmütige, aber beschränkte und auch ein wenig spießige Mann allerdings weder geistig noch gesellschaftlich das bieten, was sie sich von der Ehe erhofft hatte.

Phia entstammte einer angesehenen Prager Familie, die aus dem Elsaß eingewandert war; ein Umstand, auf den Rilke gelegentlich seine Neigung zu einer spezifisch französischen Art von Geistigkeit zurückführte (auf eine andere Art von möglichem Erbgut ist er hingegen nicht eingegangen: Theresia Mayerhof, Phias Urgroßmutter mütterlicherseits, scheint Jüdin gewesen zu sein). Phias Vater, Carl Entz, Sohn eines Prager Stadtschreibers, hatte es zum Direktionsmitglied der Böhmischen Sparkasse und Kaiserlichen Rat gebracht. Die Mutter, Caroline Entz geb. Kinzelberger, war in ihrer Brautzeit als ausgesprochene Schönheit gefeiert worden und galt noch in hohen Jahren – sie starb, fast hundertjährig, erst 1927 –

als eine lebenslustige Dame. Im Barockpalais Entz-Milesimo in der Herrengasse führten die Eltern ein Leben von großbürgerlichem Zuschnitt, an das Phia wehmütig zurückdachte, als sie mit dem auf sein Beamtengehalt angewiesenen Mann in die bescheidene Mietwohnung in der Heinrichsgasse 18 (auf dem Weg vom Roßmarkt zum Heuwagsplatz, jetzt Jindřiská ulice) gezogen war. Es dauerte nicht lange, bis der junge René, dem bei sonntäglichen Besuchen oft genug »der Löffel Suppe recht fremd in den Mund hineinfuhr«, sich seinerseits über die Diskrepanz im Lebensstil der beiden Familien Gedanken machte. Er hat nie ein rechtes Verhältnis zu den Großeltern gefunden, obwohl er artig genug war, Caroline Entz jedes Jahr zu Weihnachten eine Schachtel Süßigkeiten schicken zu lassen.

Als Ersatz für die verstorbene Tochter, vielleicht auch aus unterschwelliger Aggression gegen den ungeliebten Gatten erzog Phia ihren Sohn, den sie nicht hatte stillen können oder wollen, zunächst als Mädchen. Auf einer 1882 angefertigten Photographie vermerkte sie eigenhändig: »Mein Schatz in seinen ersten Höschen.« Bis dahin, also bis zum Alter von sieben Jahren, war René, dessen Name sich kaum von der weiblichen Form Renée unterschied, in langen blonden Locken herumgelaufen; er hatte Kleider getragen und mit Puppen gespielt. So wurde seine ohnehin schon problematische Rolle als Einzelkind in einer unglücklichen Ehe noch zusätzlich erschwert durch die Weigerung der Mutter, seine Geschlechtszugehörigkeit zu akzeptieren. Im übrigen kümmerte sich die Mutter, die ihren gesellschaftlichen Ehrgeiz nur in Tagträumen und allzu seltenen Theaterbesuchen ausleben konnte, so wenig um ihn, daß er später meinte, sie habe ihn nur geliebt, »wo es galt, mich in einem neuen Kleidchen vor ein paar staunenden Bekannten aufzuführen«.[3] War Phia Rilke also eine oberflächliche, früh vom Leben enttäuschte »höhere Tochter«, die sich unverstanden fühlte, sich im Laufe der Jahre in eine penetrante Religiosität hineinsteigerte und in Anlehnung an verwitwete Erzherzoginnen Schwarz zu tragen liebte?

Manches weist darauf hin, daß Rilke seiner Mutter, der er als Erwachsener, wo immer möglich, aus dem Weg ging, während er sie in Briefen an Dritte mit bitterem Tadel bedachte, unrecht getan hat.

Immerhin enthält ihr 1900 in einem Prager Kommissionsverlag veröffentlichtes und dem »theuren Sohn René zugedachtes« Tagebuch mit dem Titel *Ephemeriden* einige Beobachtungen, die neben Welterfahrung und Menschenkenntnis auch ein für die damalige Zeit recht emanzipiertes Lebensgefühl verraten. Bei einer intelligenten, aber weder gebildeten noch mit einem spezifischen Talent ausgestatteten Frau konnte sich dieses Gefühl freilich nur indirekt, zum Beispiel in der Veröffentlichung eben solcher Aphorismen äußern: »Eine Frau, die nicht geliebt hat, hat nicht gelebt« ist noch ein Gemeinplatz; »Manche Trauung ist nur das Gebet vor der Schlacht« ist schon origineller, und Bemerkungen wie »Die Untreue wurde vom Glück in die Welt gesetzt« oder »Die Pflichten der Frauen sind Legion, doch für ihre *Rechte* blieb im Gesetzbuche nur wenig Raum« verraten neben einiger Preziosität auch Einsicht in die Problematik der unglücklich verheirateten Frau.

Wir können nur ahnen, wie diese Veröffentlichung, ja die Vorstellung einer schriftstellernden Mutter überhaupt, auf Rilke gewirkt haben mag. Dachte er zum Beispiel an Phia, als er dem Verleger Axel Juncker einige ihm zur Einsicht übersandte Frauenromane mit der Bemerkung zurückschickte:

Jede, die unglücklich ist, jede die mit freudigster Überzeugung in ihre Irr-Ehe hineingesprungen und heiligen Zornes voll als Tief-Gekränkte wieder herausgekrochen ist, jede, die zu merken beginnt, daß Mutterschaft und Liebe anders aussehen als man ihr im Backfisch-Alter vorsichtig anzudeuten für gut hielt, jede, die mit ihrem Dienstmädchen, ihrem Mann oder einem anderen Mann, der gar nicht der ihre ist, sich unzufrieden fühlt – schreibt ihre Geschichte und erzählt in dem mangelhaften Deutsch ihrer Schuljahre die Schwere des Schicksals, das auf ihr liegt, die Ungerechtigkeit des Lebens und die Fülle ihrer unerfüllbaren Sehnsüchte, die sie über die Maßen wichtig nimmt, erzählt – ach wo: schreit, schluchzt, schilt, lärmt, tobt, klagt und klagt an?

Auf jeden Fall haben unter Rilkes Freundinnen gerade einige Frauen der jüngeren Generation die Mutter (die ihn um fünf Jahre überlebte) rehabilitiert und sozusagen gegen den Sohn in Schutz genommen. Die Dichterin Hertha Koenig beispielsweise schildert Phia als eine temperamentvolle, aber auch warmherzige *grande dame*, die zwar »aus einer ganz anderen Art von Leben« zu kommen schien, bei aller ostentativ zur Schau getragenen Frömmigkeit aber durchaus nicht weltabgewandt war, vielmehr ihre Kleider aufmerksam musterte und die jüngere Frau mit einem »Das steht Ihnen reizend!« für sich einzunehmen wußte. Bei diesem ersten Zusammentreffen, 1915 in einem Münchner Restaurant, wirkte Phia, eine »große schlanke Sechzigerin«, wie eine jener Mütter, »in deren Gegenwart man höchstens vierzehnjährig ist, ob man auch für gewöhnlich dreißig oder fünfzig Jahre zählen mag«. So blickte denn auch der seit langem erwachsene Sohn, das »Renetscherl« längstvergangener Tage, bei Tische schweigend vor sich nieder, »als hätte er soeben Tadel bekommen«, obwohl man nur das Essen nach der Speisekarte bestellt hatte. Eine andere Freundin wiederum glaubte, daß Rilke sehr viel von seiner Mutter geerbt und sich gerade das Bewußtsein dieser Gemeinschaftlichkeit trennend zwischen Mutter und Sohn ausgewirkt habe.[4]

Tatsächlich ließe sich Rilkes bis in die Äußerlichkeiten der Haltung und Kleidung reichendes Formbewußtsein und sein Streben nach aristokratisch distanzierter Selbstdarstellung genauso als mütterliches Erbteil werten wie seine vorübergehende Neigung zum Spiritismus oder sein gesellschaftliches Geltungsbedürfnis. Dabei bleibt zu berücksichtigen, daß er viel von dem, was Phia nur erträumte (wie dichterischen Ruhm und Aufnahme in adlige Häuser), in seinem eigenen Leben verwirklichte. Auch die verhaltene, aber darum nicht minder starke erotische Komponente seines Wesens mag hier ihre Wurzeln haben. Im äußeren Erscheinungsbild entspricht ihr der zu große und ausgesprochen sinnliche Mund – man hat ihn als »ungewöhnlich breit und rot«, aber auch geradezu als einen »wie aus dem Sich-Spalten eines Überreifen entstandenen Mund mit etwas von den Geschlechtsorganen an sich« bezeichnet[5] –, den er von seiner nicht eigentlich schönen, aber vitalen und als Frau zeitlebens attraktiven Mutter ebenso geerbt haben mag wie etwa die blauen Augen vom Vater und der Großmutter mütterlicherseits.

Wir werden Phia noch öfter begegnen, im Leben und, in zahlreichen Metamorphosen der Mutterfigur, in den Werken und Briefen ihres Sohnes. Einfacher als das facettenreiche Verhältnis zu ihr gestaltete sich seine Beziehung zum Vater, den er in der 1898 verfaßten, aber erst aus dem Nachlaß veröffentlichten Erzählung *Ewald Tragy* aus einem ganz anderen Blickwinkel schildert als den gescheiterten Gutsverwalter, den wir schon kennenlernten. Wir haben um so weniger Grund, an der Identität des Herrn von Tragy mit dem pensionierten Josef Rilke zu zweifeln, als letzterer auch anderswo, etwa in seinem Nachruf im *Prager Tagblatt*, als ein Honoratiorentyp geschildert wird.[6]

Herr von Tragy also geht mit Ewald an einem Sonntagnachmittag am Graben in Prag spazieren, inmitten der flanierenden Menge, in der die beiden oft den Hut ziehen müssen. Dabei bemerkt er gewisse Mängel an der Kleidung des an seiner Seite promenierenden Sohnes:

»Dein Hut ist wirklich ganz staubig.«

»So«, meint der junge Mensch, gottergeben.

Und sie sind beide einen Augenblick traurig.

Nach zehn Schritten ist die Vorstellung des staubigen Hutes in den Gedanken von Vater und Sohn abnorm gewachsen.

›Alle Leute schauen her, es ist ein Skandal‹, denkt der Ältere, und der junge Mensch strengt sich an, sich zu erinnern, wie denn der unglückselige Hut etwa aussieht und wo der Staub sitzen mag. An der Krempe, fällt ihm ein, und er denkt: ›Man kann ja nie dazu. Es müßte eine Bürste erfunden werden . . .‹

Da sieht er seinen Hut körperhaft vor sich. Er ist entsetzt: Herr von Tragy hat ihm den Hut einfach vom Kopf gehoben und knipst aufmerksam mit den rotbehandschuhten Händen drüber hin. Ewald sieht eine Weile barhaupt zu. Dann reißt er mit einem empörten Griff das schmachvolle Ding aus den behutsamen Händen des alten Herrn und stülpt den Filz wild und ungestüm über. Als ob seine Haare in Flammen stünden: »Aber Papa« – und er will noch sagen: ›Ich bin achtzehn Jahre alt geworden, – dazu also. Daß du mir hier den Hut vom Kopf nimmst, – am Sonntag, Mittag unter allen Leuten.‹

Aber er bringt nicht ein Wort heraus und würgt etwas. Gedemütigt ist er, klein, wie in ausgewachsenen Kleidern. Und der Herr Inspektor geht auf einmal fern drüben am anderen Rande des Bürgersteigs, steif und feierlich. Er kennt keinen Sohn. Und der ganze Sonntag flutet zwischen ihnen. Allein es ist nicht einer in der Menge, der nicht wüßte, daß die beiden zusammengehören, und jeder bedauert den rücksichtslosen und brutalen Zufall, der sie so weit voneinanderschob. Man weicht einander voll Teilnahme und Verständnis aus und ist erst befriedigt, als man den Vater und den Sohn wieder nebeneinander sieht. Man konstatiert gelegentlich eine gewisse zunehmende Ähnlichkeit im Gang und in den Gesten der beiden und freut sich darüber.

– – –

»Bitte, sehen Sie«, sagt ein gutmütiger alter Herr, der von dem Inspektor eben ein ›Ja‹ geschenkt bekommen hat, »er trägt schon den Kopf ein wenig nach links – wie der Vater –«, und der alte Herr strahlt vor Vergnügen über diese Entdeckung.
Auch ältere Damen nehmen Interesse an dem jungen Herrn. Sie legen ihn im Vorübergehen eine Weile auf ihre breiten Blicke, wägen ihn ab; sie urteilen: Sein Vater war ein schöner Mann. Er ist es noch. Das wird Ewald nicht. Nein. Weiß Gott wem er ähnlich sieht. Vielleicht seiner Mutter – (wo die übrigens stecken mag).

Auffallend an dieser – hier etwas gestrafften – Momentaufnahme aus der bürgerlichen Welt um 1890 ist die Diskrepanz zwischen Josef Rilke, der tatsächlich ein Inspektor und schöner Mann war, und dem adligen Herrn von Tragy, der im weiteren Verlauf der Erzählung als vornehm und aristokratisch aussehend beschrieben wird und über eine Stimme verfügt, der man den alten Offizier anmerkt. Rilkes Vater trug aber einen bürgerlichen Namen und war, im Gegensatz zu seinem engsten Freund, dem Ritter von Lanna, nie Offizier gewesen. Warum hat der Sohn, der es mit der Wahrheit so genau nahm, daß er die Abseitsstellung der Mutter und sogar seine eigene Unscheinbarkeit im Vergleich zum Vater erwähnt, diesen auch noch geadelt?
Wir haben hier eines der frühesten Anzeichen von Rilkes jahrzehntelang eifrig gehegter Überzeugung vor uns, aus einer Kärntner

Uradelsfamilie zu stammen. Obwohl ihm diese Überzeugung oft verübelt worden ist, hat sie wenig mit gewöhnlichem Snobismus zu tun. Im Gegenteil: Gerade weil Rilke einen Teil seines Lebens in engem Kontakt zu Mitgliedern des europäischen Adels und Hochadels verbringt, hat er es nicht nötig, seine Zugehörigkeit durch eine genealogische oder heraldische Beweisführung zu untermauern, die auch im besten Fall bescheiden genug ausgefallen wäre. Er hat sich aber zeitlebens als Erbe einer langen Geschlechterfolge gefühlt und noch in seinem Testament bestimmt, daß das von seinem Urgroßvater, dem gräflich Nostitzschen Rentschreiber Johann Joseph Rilke, geführte Wappen (es zeigt, schwarz und silbern gespalten, zwei einander anspringende Windhunde) auf seinem Grabstein abgebildet werde. Es war das Wappen der Rielko oder Rülkho, die ihren Stammsitz bei Neumarkt in Kärnten hatten. Der Familienüberlieferung zufolge war ein Zweig dieser Sippe gegen Ende des 14. Jahrhunderts nach Sachsen ausgewandert, wo er, oft ohne Adelsprädikat, unter Namen wie Rülko, Rulike und schließlich auch Rilke neben anderem Landbesitz die Güter Langenau und Linda zu eigen hatte. Historisch verbürgt ist dieser sächsische und überwiegend ländliche Zweig, dessen Stammhaus in einer Bauernwirtschaft in Türmitz bei Aussig zu finden ist, allerdings erst mit dem um 1625 verstorbenen Donath Rilke. Nach langen, erfolglosen Bemühungen um den Nachweis dieser adligen Herkunft hatte Rilkes Onkel, als er 1873 von Kaiser Franz Joseph als Jaroslav Rilke Ritter von Rüliken in den erblichen Adel erhoben wurde, dieses Wappen zu dem seinen gemacht.

So muß die Frage, ob Rilke, der keine männlichen Nachfahren hinterließ, der letzte Sproß einer Familie war, die – ähnlich wie die Berlichingens durch Goethes *Götz* – dank des *Cornet* in der Literatur weitaus bekannter geworden ist als in der Geschichte, letzten Endes unbeantwortet bleiben. Familientradition, Führung des Wappens und Rilkes ureigenstes Gefühl sprechen dafür, aber es fehlen allzuviele Glieder der genealogischen Kette, um den Beweis zu erbringen. Auch ist denkbar, daß Rilkes Postulat einer aristokratischen Abstammung einen Protest gegen die Philisterhaftigkeit der Eltern darstellt und daß er dadurch eine häusliche Atmosphäre überspielen wollte, in der es durchaus nicht vornehm zuging.

Rilkes spezifische Veranlagung und Begabung läßt sich somit kaum mit seiner Herkunft erklären. Soweit man sie zurückverfolgen kann, haben sich seine Vorfahren in Allerweltsberufen den Lebensunterhalt verdient, als Bauern und Gutsverwalter, Soldaten und Beamte. Es gibt keinen Dichter unter ihnen, nicht einmal einen Lehrer, Gelehrten oder Geistlichen. Auch von den Familienmitgliedern, die er noch gekannt hat, dürfte er kaum wichtige Impulse empfangen haben: weder vom Onkel Otto Rilke, Josefs und Jaroslavs jüngstem Bruder (der vierte, Offizier wie Otto, war schon 1858 gestorben), der sich als Hauptmann erschoß, weil er sich bei der Beförderung übergangen glaubte; noch von Großmutter Rilke, in Phias Augen aus irgendeinem Grunde eine »gottlose, verhaßte Frau«, die man nichtsdestoweniger von Zeit zu Zeit in Kremsier besuchte; noch auch von Jaroslavs Kusine, der Liszt-Schülerin Anna Grosser-Rilke, die René nur einmal traf. Geschwister hatte er nicht, und aus der jüngeren Generation kamen eigentlich nur die Kinder Jaroslavs und seiner Frau Malvine, geborener Edlen von Schlosser, als gelegentliche Spielkameraden in Frage: die Töchter Paula und Irene und die früh verstorbenen Söhne Max und Egon. (Letzterer, dessen Andenken eines der *Sonette an Orpheus* gewidmet ist, gab auch das Vorbild für den kleinen Erik Brahe in den *Aufzeichnungen des Malte Laurids Brigge* ab.) Neben den Eltern hat Jaroslav, ein tüchtiger, ehrgeiziger und von einem starken Familiengefühl beseelter Mann, schon dadurch die folgenreichste Rolle in Rilkes Leben gespielt, daß er ihm das Studium ermöglichte. Was die Familie betrifft, so hat Rilke praktische Hilfe nur von diesem Onkel und der in Linz ansässigen Tante Gabriele erhalten, der Witwe des Staatsanwalts Wenzel von Kutschera-Woborsky aus dem Geschlecht des Mäzens von Beethoven, Johann Freiherr von Kutschera.

Wenn Rilke in seiner Dichtung wie in seinem ganzen Auftreten den Eindruck erweckte, als sei ihm das mittelständische Alltagsleben höchstens aus Büchern vertraut, dann beruht das nicht auf seiner Herkunft, sondern auf seiner Fähigkeit, uns aristokratische Lebensformen (besonders die adliger Frauen und Kinder) in nostalgischer Verklärung vor Augen zu führen und sie in der eigenen

Lebenshaltung nachzuahmen. Seine tatsächliche Existenz sah damals ganz anders aus:

> Mein Kindheitsheim war eine enge Mietwohnung in Prag . . . unser kleiner Hausstand, der in Wirklichkeit kleinbürgerlich war, sollte den Schein von Fülle haben, unsere Kleider sollten die Menschen täuschen, und gewisse Lügen galten als selbstverständlich. Ich weiß nicht, wie es mit mir war. Ich mußte sehr schöne Kleider tragen und ging bis zur Schulzeit wie ein kleines Mädchen umher.[7]

In der Tat ließ man sich, nachdem Phias Mitgift einmal aufgebraucht war, zur Aufrechterhaltung der Fassade einiges einfallen. Die billigen Tischweine wurden in Flaschen mit erlesenem Etikett serviert und die Betten zusammengerückt, um bei Gesellschaften mehr Platz zu haben, so daß René bisweilen hinter einem schwarzen, mit goldenen Vögeln verzierten Wandschirm schlafen mußte. Mit einigen lackierten japanischen Fächern, Ansichten vom Vesuv und anderen italienischen Motiven und einer Unmenge von Nippsachen gehörte dieser Bambuswandschirm zum Inventar einer Wohnung, die sich allenfalls durch ihren blauseidenen Salon von hundert anderen unterschied. Sie dürfte vielmehr der bescheidenen Unterkunft geglichen haben, in der Rilke die naturalistischen Dramen seiner Frühzeit spielen läßt, oder jener anderen, die in den *Geschichten vom lieben Gott* als die »kleine Wohnung in der Heinrichsgasse mit den glänzenden Türklinken und den dunkelgestrichenen Dielen« beschrieben wird, zu deren Einrichtung »die geschonten Möbel . . ., das verstimmte Klavier, der alte Kanarienvogel, der ererbte Lehnstuhl, auf dem man nicht sitzen durfte«, gehörten.

In einer solchen Wohnung erzog Phia ihr Kind. Man hat ihr diese Erziehung sehr übelgenommen, ohne zu bedenken, daß der kleine René bestimmt nicht der einzige Junge war, der verzärtelt und wie ein Mädchen aufgezogen wurde. In einer solchen Erziehung könnte man genausogut die wohlmeinend-harmlose Sentimentalität einer Frau sehen, die den Verlust ihres ersten Kindes nicht verwinden kann. Auch ist der Umstand, daß er ein einziges und von der Mutter verhätscheltes Kind war, in manchem zu seinem Vorteil ausge-

21

schlagen. Dazu gehört die von Phia wo immer möglich geförderte Entfaltung seiner Phantasie und seines Spieltriebs sowie die frühe, sich bald in eigenen schriftstellerischen Versuchen widerspiegelnde Vertrautheit mit der Welt der Schillerschen Balladen, aus denen die Mutter ihm vorzulesen liebte. Auch legte sie die Grundlagen zu Rilkes guten Umgangsformen und zu seiner Kenntnis des Französischen. Die sich normalerweise im Spielen und Raufen mit Gleichaltrigen entwickelnde körperliche Gewandtheit scheint er in der Sommerfrische zumindest teilweise erworben zu haben. Im Sommer 1879 zum Beispiel besuchte er mit den Neffen und Nichten das böhmische Konstantinsbad. Und vier Jahre später heißt es in einem Brief an den in der Prager Wohnung zurückgebliebenen Vater: »Esse wie ein Wolf, schlafe wie ein Sack.« – Zu denken gibt allenfalls der Zusatz: »Auch hat sich mein Mut gesteigert, daß ich anfange auf die Bäume zu klettern.« Ein achtjähriger Junge schreibt nicht so altklug; er klettert, ohne viel nachzudenken. Hatte der Vater ihn wegen mangelnder Courage zur Rede gestellt? Auf jeden Fall gehört die Falsettstimme der unterdrückten Hysterie zur Tonlage vieler Rilkescher Jugendbriefe.

Obwohl Rilke sicher schon als ganz junger Mensch von außerordentlich sensibler und leidensfähiger Natur war, scheinen die der Militärschulzeit vorausgegangenen eigentlichen Kindheitsjahre durchaus erträglich verlaufen zu sein. Dafür sprechen unter anderem die aus der ersten Prager Zeit erhaltenen Zeichnungen. Sie zeigen Schlachtszenen, die Tötung eines Drachen durch einen Ritter und ähnliche Motive, die in einem bürgerlichen Kinderzimmer vor hundert Jahren gang und gäbe waren, wie auch der in einem Schreiben aus der Sommerfrische gebrauchte Ausdruck: »Bin abgebrannt wie ein Indianer.« Das *Klage über Trauer* betitelte Gedicht des Neunjährigen:

> Ein General im Krieg gefallen
> und stumm sind seines Ruhmes Hallen
> wo er in königlicher Pracht
> im königlichen Talare
> einst mit den Seinigen gewacht . . .

läßt nicht unbedingt auf eine elegische oder gar morbide Veranlagung schließen. Ganz abgesehen davon, daß solche Rückschlüsse überhaupt oft in die Irre führen (Goethe, dessen erstes größeres Gedicht *Poetische Gedanken über die Höllenfahrt Jesu Christi* hieß, ist kein christlicher Dichter geworden), besitzt der Tod eines Feldherrn in einer Offiziersfamilie einen anderen Stellenwert als in einem geistlichen oder gelehrten Haus. Die wenigen Zeilen, die diese Zeit rückblickend beschreiben, wie *Mein Geburtshaus* (im Zyklus *Larenopfer*):

> Der Erinnrung ist das traute
> Heim der Kindheit nicht entflohn,
> wo ich Bilderbogen schaute
> im blauseidenen Salon . . .

oder das spätere und bessere Gedicht *Kindheit,* schildern auf jeden Fall eine zuweilen einsame und melancholische, im großen und ganzen aber zufriedene, sagen wir ruhig: normale Kindheit. Dies wird durch das Attest des Arztes bekräftigt, der ihn vor der im Herbst 1882 stattfindenden Einschulung untersucht und ihm ein seinen Jahren entsprechendes Wachstum sowie eine kräftige Konstitution bestätigt, und wohl auch durch den Umstand, daß René in der Schule zunächst überdurchschnittliche Noten erhält. Und dafür sprechen schließlich auch viele in den Briefen auftauchende harmonische Metaphern und Bilder wie das vom Landregen, »der den ganzen Nachmittag zu einer einzigen langen Stunde macht, die auf keinen Stundenschlag hört und einfach weiterdauert wie manchmal in der Kindheit die Nachmittage, die man lesend zubringt, den Kopf zwischen den Fäusten«.[8]

III

Rilkes Eltern hatten die von den Piaristen geleitete Deutsche Volksschule vor allem wegen ihrer Lage gewählt. Sie befand sich an der Ecke des Grabens und der Herrengasse, im vornehmsten Viertel von Prag, und wurde in der Hauptsache von den Söhnen des gehobenen deutschsprachigen Mittelstandes, darunter vieler jüdischer und einiger protestantischer Familien, besucht. Im Gegensatz zu so unternehmungslustigen Piaristenschülern wie Egon Erwin Kisch, der die Anstalt zehn, und Franz Werfel, der sie fast zwanzig Jahre später besuchte, fand Rilke jedoch kaum Kontakt zu seinen Mitschülern oder gar zu den tschechischen Jungen, die in eine benachbarte Schule gingen. Es bedurfte nicht des sich gegen Ende des Jahrhunderts rasch verschärfenden Nationalitätenstreits in der Donaumonarchie, damit die jugendlichen Angehörigen der beiden Volksgruppen einander in die Haare gerieten. Rilke hätte an diesen nicht immer harmlosen Reibereien und Raufereien (bei einer verlor der spätere Schriftsteller Oskar Baum das Augenlicht) allerdings schon deshalb nicht teilnehmen können, weil seine Mutter darauf bestand, ihn den kurzen Weg zur Schule zu geleiten und am Nachmittag wieder abzuholen. Dabei sprach sie Französisch mit ihm, gleichsam um das Herrschaftskind im blauen Matrosenanzug auch sprachlich gegen die Umwelt abzuschirmen. So verzögerte sie den in diesem Alter so wichtigen Sozialisierungsprozeß und stempelte ihren Sohn, der ohnehin schon zu einer Minderheit, den Deutschen in Prag, gehörte, zum Einzelgänger selbst innerhalb dieser Minderheit. Wenn Rilke jemals das »Piaristen – schlechte Christen!« vernahm, das den Schülern wegen der Dummheit und Völlerei mancher Ordensmitglieder nachgerufen wurde, oder wenn er je die alten Prager »Durchhäuser« mit ihren von offenen Balkonen gesäumten Innenhöfen durchstreifte, dann haben solche Exkursionen in eine fremde Welt mit Ausnahme der Erzählung *Die Geschwister* kaum Spuren in seinem Werk hinterlassen.

Zwar lernt er, gegen den Willen seiner deutschtümelnden Mutter, jetzt etwas »Böhmisch«, wie das Tschechische im Stundenplan nicht nur dieser Schule genannt wurde. Im übrigen aber war die Piaristenschule nicht dazu angetan, aus ihren Zöglingen das letzte herauszuholen. Sie hatte sich offenbar nur wenig verändert seit den Tagen, da der spätere Sprachphilosoph Fritz Mauthner dort studierte und bei der von einem dicken Priester mit »gemeinem Knechtsgesicht« geleiteten Lektüre von Goethes Gedicht *Der Fischer* folgendes erlebte: »Einer von uns, ein prächtiger Egerländer, hatte richtig gesprochen: ›Halb *zog* sie ihn, halb sank er *hin*.‹ Der böse Knecht schlug mit der geballten Faust auf den Tisch und wetterte: ›Hob ich dir g'sagt, das is Geggensatz. Halb *zock* sie ihn, halb *sonk'r* hien.‹ Und der arme Egerländer, wenn er nicht durchfallen wollte, mußte den ›Geggensatz‹ so betonen.«

Wenn Rilke im Rückblick so an seiner Kindheit litt, daß die Auseinandersetzung mit ihr zu einer der Triebfedern seines dichterischen Schaffens wurde, dann lag dies vor allem am Mißverhältnis zwischen der Vorbereitung, die man ihm zuteil werden ließ, und dem Ziel, dem sie dienen sollte. Die elterlichen Unterlassungssünden sind um so unverständlicher, wenn man bedenkt, daß dieses Ziel, das Absolvieren einer Militärakademie, von Anfang an festgestanden hatte. Der Vater hatte jahrelang gedient; zwei Onkel waren Offiziere gewesen, und auch die Mutter wußte sehr wohl, welche Türen sich einem Leutnant oder gar Rittmeister (und damit ihr selbst) öffnen würden. Warum vernachlässigte sie, warum unterließ der im Militärischen so erfahrene Josef Rilke praktisch alles, was ihrem einzigen Kind, und zwar gerade diesem weder athletischen noch kontaktgeübten Jungen, den Weg zum Offizierspatent, das er noch dazu selber ersehnte, geebnet hätte? Wenn man den Eltern auch keine überströmende Kinderliebe nachsagen kann, so besteht doch kein Anlaß zu der Annahme, sie hätten sich weniger um René gekümmert als die zahllosen anderen mehr oder minder gutbürgerlich situierten Ehepaare, die ihre Kinder weitgehend von Ammen und Kindermädchen aufziehen ließen. (Daß diese im Rilkeschen Haushalt oft wechselten, mag eher auf den Vater zurückzuführen sein als auf Phia oder den Sohn.)

Der Grund für eine solche Vernachlässigung dürfte in einer Ehe gelegen haben, die seit langem morsch war und wohl gerade jetzt, wo René einen großen Teil des Tages außerhalb des Hauses verbrachte, zu solchen Spannungen und Querelen führte, daß Phia immer öfter verreiste. Ob sie, die dem eigenen Geständnis zufolge »beim Heiraten nicht bedacht hatte, daß ein Mann Socken zerreißen würde«, sich nun wirklich, wie sie im Alter gestand, eines Abends beim Strümpfestopfen vor lauter Verzweiflung eine Zigarette anzündete und dem unerwartet nach Hause kommenden Gatten auf die Frage, wessen Besuch sie denn empfangen habe, achselzuckend die Antwort verweigerte und es zur Szene kommen ließ . . . Tatsache blieb, daß diese Ehe, die sie längst als Mesalliance empfunden und wohl nur um des Sohnes willen so lange geführt hatte, nicht zu retten war. Von 1884 an mietet sich Phia eine eigene Wohnung, zuerst in Prag und später in Wien, wobei sie sich die weitere Erziehung ihres Kindes vorbehält. Dies beschleunigt einen Schritt, der ohnehin kommen mußte: Am 1. September 1886 tritt René in die k. k. (nach 1889: k. u. k.) Militär-Unterrealschule St. Pölten bei Wien ein.

Den Schock, im Alter von zehn Jahren aus der mütterlichen Verzärtelung in das rauhe Leben auf einer Militärakademie entlassen zu werden, hat Rilke niemals verwunden. Dieser Schock war vielmehr so nachhaltig, daß es ihm, wiederholten Versuchen zum Trotz, nie gelungen ist, sich von dem für ihn existentiellen Problem der sozusagen verunglückten Kindheit durch künstlerische Verarbeitung zu befreien – in seiner Terminologie: die Kindheit in der Dichtung noch einmal zu »leisten« oder sie zu »verwandeln« oder zumindest den Anschluß an sie wiederzufinden. Zu den frühesten und lebenswärmsten dieser Versuche gehört die kleine Skizze *Pierre Dumont* (1894), aus der hier ein paar bezeichnende Absätze folgen:

Die Lokomotive schmetterte einen schier endlosen Pfiff in die blaue Luft des schwülen, lichtflimmernden Augustmittags. – Pierre saß mit seiner Mutter in einem Abteil zweiter Klasse. Die Mutter eine kleine, bewegliche Frau in schlichtem, schwarzem Tuchkleide, mit einem blassen, guten Gesicht und erloschenen trüben Augen, – Offizierswitwe. Ihr Sohn ein kaum elfjähriger Knirps in der Uniform der Militär-Erziehungsanstalten.

»Da sind wir«, sagte Pierre laut und freudig und hob sein schlichtes graues Kofferchen aus dem Garnnetz. In großen, steifen, ärarischen Lettern stand darauf zu lesen:

Pierre Dumont. I. Jahrgang No. 20. Die Mutter sah schweigend vor sich hin.

– – –

Das Essen war vorüber. Pierre hatte tüchtig zugesprochen. Nur als die Mutter ihm den roten Wein einschenkte, mit nassen Augen ein wenig das Glas hob und ihn bedeutungsvoll anschaute, da blieb ihm der Bissen in der Kehle stecken. – Sein Blick wanderte durchs Zimmer. Auf dem Ziffernblatt blieb er haften: es war drei Uhr. Viermal muß der Zeiger . . . dachte er. Das gab ihm Mut. Er hob seinen Kelch und stieß etwas heftig an. »Auf recht frohes Wiedersehen, Mütterchen!« Seine Stimme klang hart und verändert. Und rasch küßte er, als fürchtete er wieder weich zu werden, die kleine Frau auf die bleiche Stirne.

– – –

»Sei nur fein brav, Pierre!« sagte die Mutter ernst.

»Und wie! Lernen will ich . . .«

»Mathematik, weißt du, das geht dir schwer!«

»Es wird Alles ganz trefflich werden, du wirst sehen.«

»Und daß du dich nicht verkühlst, jetzt kommt die kältere Jahreszeit, – zieh dich nur immer warm an. – Nachts steck dir die Decke wohl ein, damit du dich nicht abdeckst!«

»Ohne Sorge, ohne Sorge!« Und Pierre begann wieder von den Begebnissen des Urlaubs zu reden. Da gabs so viel des Drolligen und Spaßhaften, daß beide, Mutter und Sohn, herzhaft lachten . . . Plötzlich fuhr er zusammen. Vom Kirchturm wogten volle Glockentöne.

»Sie läuten sechs«, sagte er und versuchte zu lächeln.

– – –

Jetzt waren sie dicht am Portal!

»Dank dir, Mama, für den schönen Tag.« Dem armen Kleinen war elend zu Mute; offenbar hatte er zu viel gegessen. Er hatte heftige Magenschmerzen, und die Füße zitterten ihm. –

»Du bist blaß –«, sagte Frau Dumont.

»Nicht doch.« Das war eine arge Lüge, er wußte es. Wie es ihm zu Kopf stieg! Er konnte sich kaum auf den Beinen halten.

»Mir ist wirklich . . .« Da schlug es sieben!

Sie lagen sich beide in den Armen und weinten.

»Mein Kind!« schluchzte die arme Frau.

»Mama, ich bin ja in hundertzwanzig Tagen . . .«

»Sei brav, bleib gesund . . .« und mit zitternder Hand machte sie dem Kleinen das Kreuzeszeichen . . .

Pierre aber riß sich los: »– Ich muß laufen, Mutter, sonst bekomm ich Strafe«, stammelte er, ». . . und schreib mir, Mutter, und Julie, weißt du, und Belly –«

Noch ein Kuß, und fort war er.

»Mit Gott!« – Er vernahm es nicht mehr. –

Am Tore schaute er sich noch einmal um. Er sah die kleine schwarze Gestalt dort zwischen den verdämmernden Bäumen – und schluckte hastig die Tränen hinunter . . .

Aber es war ihm doch sehr schlecht.

Er taumelte in den breiten Flur hinein . . . er war so müde . . .

»Dumont!« rief eine brutale Stimme.

Der Unteroffizier von der Torwache stand vor ihm.

»Dumont! Zum Teufel, wissen Sie nicht, daß Sie sich zu melden haben? . . .«

Man merkt dem Text – mit seinem Mütterchen und Kofferchen und seiner etwas weinerlichen Sentimentalität – an, daß er vor bald einem Jahrhundert verfaßt wurde, einem Jahrhundert zumal, in dem so viel Gewalt in der Welt verübt worden ist, auch an Kindern, daß uns der Eintritt in die Militärakademie gar so tragisch nicht vorkommen kann. So spricht Hermann Hesse, der, obwohl nicht als Kadett erzogen, die Schule genauso verabscheute wie Rilke, zum Beispiel von derselben Lebenswende recht kühl als dem »Augenblick . . ., wo meine Mutter am Bahnhof mich küßte und segnete und in den Zug stieg, und der Zug davon fuhr, und ich zum erstenmal allein in der ›Welt‹ draußen stand«.[9] Trotzdem scheint zwischen Rilkes Zeilen etwas auf, das jenseits aller Änderungen der Zeitläufe und des Geschmacks liegt und das jeden von uns einmal berührt hat: die Angst, die nackte Angst des Kindes vor der Welt der Erwachsenen.

IV

War die Militär-Unterrealschule St. Pölten die Hölle, als die sie dem Zögling Pierre Dumont, hinter dem wir ohne weiteres den Zögling René Maria Rilke vermuten dürfen, schon beim Eintritt erschien?

Die Frage (sie muß übrigens verneint werden) zielt am Wesentlichen vorbei: Rilke empfand es so. – Wie andere Erziehungsanstalten bestanden auch St. Pölten und die Militär-Oberrealschule Mährisch-Weißkirchen, auf die er 1890 überwechselte, aus einem sozusagen offiziellen, durch Vorschriften und Gebräuche festgelegten Teil und einem anderen, der so atmosphärisch-subjektive Aspekte umfaßte wie den »Geist« der Schule. Zweck des Ganzen war natürlich die Ausbildung der Zöglinge zu Berufssoldaten. Normalerweise wurden die mit einem Gesamtzeugnis von »Gut« abgehenden Schüler zu Leutnants und die mit »Genügend« abgehenden zu Kadetten befördert (anders als in Preußen war ein Kadett in Österreich-Ungarn ein Offiziersanwärter, nicht Absolvent einer Kadettenanstalt); die mit dem Prädikat »Ungenügend« Bedachten verwendete man als Unteroffiziere. Die Aufnahme in St. Pölten erfolgte meist nach Absolvierung der vierten Volksschulklasse, bei einem Höchstalter von zwölf Jahren. Es ist bezeichnend für die Spannungen innerhalb der Familie, daß Rilke schon zwei Jahre vorher in die Militärschule gesteckt wurde, und zwar als zahlender Schüler. Erst später wurde er Stipendiat, wohl aufgrund des langjährigen Dienstes des Vaters.

Die rund zweihundert, in vier Jahrgänge aufgeteilten St. Pöltener wurden zu Rilkes Zeit von einem Kommandanten und dessen Adjutanten betreut, die beide vom Kaiser ernannt worden waren. Ihnen waren zehn vom Kriegsministerium gestellte Offiziere verschiedenen Dienstgrads, ein geistlicher Professor, mehrere als Lehrgehilfen eingesetzte Feldwebel und Zugführer sowie gemeine Soldaten als Diener und Krankenwärter beigegeben. Das diesem Personal aufgetragene Bildungsziel war erst 1875 neu formuliert worden und umfaßte neben der Vermittlung von Fachwissen und einem militärischen Ethos auch »die Grundlagen der allgemeinen Bildung, deren der Offizier zur Ausfüllung seiner gesellschaftlichen Stellung bedarf«[10] – ein Zeichen mehr, daß Rilke zwar in einem Ständestaat, aber auch in einer Gesellschaftsordnung aufwuchs, in der das Militärische, da es nun einmal nicht zivil sein konnte, zumindest auf zivilisierte Art und Weise gehandhabt wurde. – Die Tagesordnung sah vor, daß im Sommer um fünf und im Winter um sechs aufgestanden wurde, und bestimmte den Vormittag für den Unterricht. Zum Mittagessen wurden die Schüler in Tischgemeinschaften eingeteilt, die jeweils ein Vorsitzender zu »Ordnung und Anstand« anzuhalten hatte. Es folgte eine Siesta, die im Sommer im Freien stattfand, und weiterer Unterricht bis zum Bekanntgeben des Tagesbefehls gegen 4 Uhr 30. Nach der Jause kamen Spiele und Musik. Abendbrot war um acht, Licht aus um neun, wobei dahingestellt bleiben muß, ob der slowenische Unteroffizier vom Dienst tatsächlich, wie Rilke berichtet, an den Betten entlangging und mit gesenkter Stimme befahl: »Auf die rechte Seite niederlegen, Vaterunser beten, einschlafen!«

Daß die k. u. k. Behörden sich ihrer Verantwortung bewußt waren und die ihnen anvertrauten jungen Menschen einer strengen, aber weder brutalen noch (so scheint es) schikanös gehandhabten Disziplin unterwarfen, zeigt schließlich auch der Lehrplan, den Rilke in St. Pölten absolvierte – mit beträchtlichem Erfolg, wenn man seine Noten aus dem letzten Schuljahr in Betracht zieht. Zu »Konduite« ist zu bemerken, daß unter dieser Rubrik etwaige Führungsqualitäten (d. h. »günstige oder ungünstige Einflußnahme auf die Kameraden«) zu vermerken waren. Eine »einfache« Auszeichnung berechtigte den Zögling zum Tragen einer Litze am Kragen, eine »doppelte« (die Rilke in seinem dritten Jahr, 1888/89, bei einem Gesamterfolg von »sehr gut« errang) zum Tragen zweier Litzen. Mit anderen Worten: Diese Elite war auch innerhalb der Schülerschaft als solche gekennzeichnet.

4. Jahrgang, 1889–90[10]	1. Semester	2. Semester
Konduite	vorzüglich	vorzüglich
Fleiß	sehr gut	sehr gut
Fähigkeiten	entsprechend, besser für Sprachen	
Gemütsbeschaffenheit	still, gutmütig, sehr strebsam	
Benehmen	sehr artig, bescheiden, zuvorkommend	
Adjustierung	rein und ordentlich	
Religionslehre	vorzüglich	vorzüglich
Deutsche Sprache	sehr gut	sehr gut
Böhmische Sprache	sehr gut	sehr gut
Französische Sprache	sehr gut	vorzüglich

Geographie	sehr gut	gut
Geschichte	sehr gut	sehr gut
Naturgeschichte	sehr gut	sehr gut
Physik	sehr gut	genügend
Arithmetik und Algebra	genügend	genügend
Geometrie	genügend	genügend
Freihandzeichnen	genügend	genügend
Schönschreiben	sehr gut	sehr gut
Dienstvorschriften und Anstandslehre	vorzüglich	vorzüglich
Exerzieren	gut	gut
Zimmergewehr-Scheibenschießen	sehr gut	gut
Turnen	ungenügend	ungenügend
Fechten	genügend	ungenügend
Gesang und Musik	gut	genügend
Gesamterfolg	gut	gut
Klassenerfolg	12 unter 51	18 unter 51
Auszeichnung	einfache	einfache
		Nachprüfung bestanden in Turnen und Fechten

Trotz der schlechten, in der Nachprüfung bereinigten Noten im Turnen und Fechten würde kaum jemand, der dieses Zeugnis durchsieht, auf den Gedanken kommen, dieser Zögling habe die Schule gehaßt. Im Gegenteil schneidet er gerade dort am besten ab, wo es sich nicht um Fachwissen bzw. athletische oder musikalische Fertigkeiten handelt, sondern um das Eingehen auf die menschliche und akademische Umwelt. Er glänzt in »Konduite«, »Fleiß«, »Benehmen« und, auch dies ein Unterrichtsfach, in »Dienstvorschriften und Anstandslehre«.

Was hinter dem trockenen Buchstaben erscheint, sind die Umrisse nicht eines verbockten, aufsässigen oder auch nur unglücklichen, sondern eines betont braven Schülers von stillem und harmonischem Charakter. Hält man das Zeugnis neben Rilkes Briefe nach Hause und seine Versuche literarischer Bewältigung des Schulerlebnisses, dann ertappt man sich bei dem Gedanken, daß

dieser todunglückliche Musterschüler den offensichtlich vorhandenen inneren Widerspruch ja auch gewaltsam, etwa durch Selbstmord oder Anzünden des Schulgebäudes oder zumindest durch
Weglaufen hätte auflösen können. Kurzschlußhandlungen lagen
aber nicht im Rahmen seiner Möglichkeiten, und die Schule war
überdies in vielem so entgegenkommend, daß der Gedanke an
gewaltsame Lösungen wohl gar nicht erst auftauchte. Auch hierin
mögen die k. u. k. Militärakademien eine spiegelbildliche Entspre-
chung des Staates gewesen sein, der sich in ihnen seine uniformierten Bürger heranzog.

Die – typisch österreichische? – Konzilianz der Schulbehörden
trat auch in dem Fach zutage, das Rilke am meisten lag. Zwar
brachte er es im Deutschen nie zu einer Eins (»vorzüglich«); dank
des ihm besonders gewogenen Deutschlehrers genoß er aber das
gelegentliche Privileg, der versammelten Klasse vor Unterrichtsbe-
ginn ein soeben verfertigtes Gedicht vorzutragen. Diese Darbietungen wurden nicht, wie in einem Knabeninternat zu erwarten, mit
Gelächter oder füßescharrendem Gejohle, sondern mit respektvol-
lem Schweigen aufgenommen. Weniger wegen der Anwesenheit des
Lehrers, als, weil der Zögling René Rilke – so die Erinnerung eines
Kommilitonen – schon damals, vermutlich aufgrund einer noch
kaum zu definierenden, von den anderen aber bereits erspürten
Andersartigkeit, eine »Persönlichkeit« war. Man braucht seine
Situation nur mit dem Schreibverbot zu vergleichen, das dem
jungen Schiller auferlegt wurde, um den Abgrund zu ermessen, der
St. Pölten von der Hohen Karlsschule, der freilich auch den Eleven
Schiller vom jungen Rilke trennte.

Bemerkenswert an diesem Zeugnis ist auch Rilkes Begabung für
naturwissenschaftliche Studien. Anders als vielen Wortkünstlern
sonst blieben ihm Mathematik und Physik nicht verschlossen (im
ersten Zeugnis aus St. Pölten, vom Herbst 1886, hatte er in
Arithmetik und Algebra sogar ein »sehr gut« erhalten). Noch als
Erwachsener zog er ein naturwissenschaftliches Universitätsstudium in Betracht und verarbeitete in reifen Jahren die Erinnerung
an ein physikalisches Experiment aus den St. Pöltener Tagen zu
einem kleinen, *Ur-Geräusch* betitelten Aufsatz, der an Originalität
des Denkansatzes und präziser Linienführung einzigartig bleibt.

Nicht daß Rilke, wie etwa Goethe, auch Naturforscher hätte werden können. Aber seine Schulzeugnisse wie auch einige seiner Werke beweisen, daß ihm die dazugehörige Geisteshaltung nicht fremd war.

Schließlich sagen Rilkes Zeugnisse auch etwas aus über das Atmosphärische, über den Geist dieser Akademien. Bedenkt man zum ersten, daß hier zukünftige Offiziere ausgebildet wurden, und zum zweiten, daß die zentripetalen Kräfte in der Donaumonarchie mit jedem Jahre stärker wurden, bis die auseinanderstrebenden Völker schließlich nur noch durch Heer und Beamtenschaft (und in ihnen, mit Ausnahme der ungarischen Honved, durch das Deutsche als sogenannte »innere Amtssprache«) zusammengehalten wurden, dann wundert man sich einmal mehr über die Toleranz, die diesem Staatswesen innewohnte, und über die Blindheit, mit der es sich der Zukunft verschloß. Obwohl sich der Kaiser in Prag nicht zum König von Böhmen hatte krönen lassen, wie in Budapest zum König von Ungarn, war es doch selbstverständlich, daß auch der deutsch- sprachige Kadett sein »Böhmisch« lernte (gebürtige Ungarn durf- ten neben Deutsch auch die eigene Sprache studieren). Ebenso selbstverständlich behielten die zivilen Fächer im Stundenplan die Oberhand – sogar der Reitunterricht setzte erst in Mährisch- Weißkirchen, also für den Fünfzehnjährigen, ein –, obwohl ein von Anfang an etwa auf das Eisenbahnwesen spezialisierter Genie- oder Transportoffizier nützlicher gewesen wäre als mancher fesche Husarenleutnant, der ein wenig auf dem Klavier klimpern und Französisch parlieren konnte. Und selbstverständlich scherten die Schulbehörden die Kadetten nicht über einen Kamm und richteten sie nicht zu befehlsempfangenden Robotern ab, sondern machten sich ihre Gedanken sowohl über die Fähigkeiten und Fertigkeiten wie über die psychologische Eigenart eines jeden einzelnen, auch wenn sie diese Gedanken unter der altväterlichen Rubrik »Gemüts- beschaffenheit« zu Papier brachten. Als Rilke nach St. Pölten kam, war Freud freilich erst gerade Dozent an der Wiener Universität geworden.

Wie es ihm auf der Militärakademie wirklich zumute war, das erfuhren seine Eltern, aber nur wenige Mitschüler und gewiß kein Lehrer. Sonst hätte der einzige unter diesen, zu dem Rilke in eine etwas nähere Beziehung trat, der Oberleutnant Cäsar von Sedlakowitz, ihm später nicht einen zutraulichen Brief geschrieben, in dem er, der inzwischen viel Gutes über seinen ehemaligen Zögling gehört hatte, seine Freude darüber ausdrückte, »daß ich Ihnen, dem edlen Dichter, der uns einen so reichen Schatz echter Poesie geschenkt hat, auf Ihrem Lebenspfade in goldener Jugendzeit begegnet bin«.[11] Die Gefühle waren echt, auch wenn die Sprache den Deutschlehrer verriet. (Übrigens war Rilkes eigenes Schreiben, das der inzwischen in den Ruhestand getretene Pädagoge sich aufgehoben hatte und aus dem er jetzt zitierte, nicht weniger blumig ausgefallen: »Nebstbei ruht Freundin Poesie nicht ganz aus«, hatte ihm sein Zögling im Gartenlaubenstil von 1892 anvertraut, »die Saiten meiner Leier rosten nicht, die tätige Hand erweckt in ihnen des Wohllautes versöhnende Harmonie, und sie erklingt geläuterter denn je.«) Kurz danach war der Briefwechsel offenbar eingeschlafen. Als Rilke, völlig unvermutet, im Oktober 1920 das wohlmeinende, ihn wegen der heraufbeschworenen Erinnerungen aber bis in die Grundfesten seiner Existenz erschütternde Schreiben des nunmehrigen Generalmajors von Sedlakowitz i. R. erhält, schlägt er einen ganz anderen Ton an. Er hätte sein Leben nicht ertragen können, antwortet er jetzt, »wenn ich nicht, durch Jahrzehnte, alle Erinnerungen an die fünf Jahre meiner Militärerziehung verleugnet und verdrängt hätte«. Er scheut sich nicht, St. Pölten und Mährisch-Weißkirchen mit Dostojewskis Totenhaus zu vergleichen, und spricht von den Schuljahren als einer »gewaltigen Heimsuchung meiner Kindheit«, nach welcher er »als ein Erschöpfter, körperlich und geistig Mißbrauchter, verspätet, sechzehnjährig, vor den ungeheueren Aufgaben meines Lebens« gestanden sei, »betrogen um den arglosesten Teil meiner Kraft und zugleich um jene nie wieder nachzuholende Vorbereitung, die mir reinliche Stufen gebaut haben würde zu einem Anstieg, den ich nun, geschwächt und geschädigt, vor den steilsten Wänden meiner Zukunft beginnen sollte«.

Um den Empfänger, der sich ja mit den besten Absichten an ihn gewendet hatte, nicht völlig vor den Kopf zu stoßen, schließt Rilke mit ein paar verbindlichen Floskeln. Trotz des versöhnlichen Endes und obwohl sie an einen gewissermaßen Schuldlosen gerichtet ist, gehört diese Antwort zusammen mit Kafkas *Brief an den Vater* und

Thomas Manns Brief an den Dekan der Bonner Universität zu den großen Abrechnungen der modernen deutschen Literatur.

Oder klingt Rilkes Reaktion – so mag man einwenden – gar zu wehleidig und wichtigtuerisch? Wer spräche heute noch, zumal als »bloßer« Dichter, von den »ungeheuren Aufgaben« seines Lebens? Trotzdem wäre es verfehlt, diese und ähnliche Klagen über die Schulzeit als Pose oder nachträgliche Selbststilisierung abzutun, auch wenn diese Haltungen ihm in anderer Beziehung nicht fremd gewesen sind. Ganz abgesehen von den seelischen, körperlichen und sozialen Schäden, die diese (für eine Militärschule notabene recht fortschrittliche) Anstalt einem Menschen wie Rilke zufügen mußte, hat sie ihm nämlich tatsächlich das vorenthalten, was man von einer Erziehungsanstalt zuallererst verlangen kann: Erziehung und Bildung. Zwar hat Rilke später durch ein angestrengtes, mehrere Jahre in Anspruch nehmendes Privatstudium die Matura schließlich doch noch hinter sich gebracht; die legere, selbstverständliche Vertrautheit mit den Meisterwerken der abendländischen Kultur jedoch, die etwa den jungen Hofmannsthal und, bei allem schulischen Mißgeschick, auch Thomas Mann auszeichnete, hat er nie besessen. So mußte er zum Beispiel Englisch als Erwachsener im Alleingang lernen, um Keats und Browning im Original lesen zu können; als ihm diese Dichter und die angelsächsische Mentalität dann doch nicht zusagten, hat er die Sprache schnell wieder vergessen (was ihn nicht hinderte, einige Sottisen über Amerika von sich zu geben, denn er hielt, wie viele Europäer, oft das für amerikanisch, was bloß neu war). Für jemanden, der das russische Land und Volk so liebte, hatte er erstaunliche Leselücken hinsichtlich der russischen Literatur aufzuweisen; an Goethe mußte er ganz sachte von seinem Verleger herangeführt werden, und von Kleists Dramen hatte er noch als reifer Mann kein einziges gelesen.[12]

Die Beispiele ließen sich vermehren. Sie unterstreichen den Umstand, daß sich zum subjektiven Abscheu des Zöglings vor der Schule bald der objektive Befund des Erwachsenen gesellte, daß er dort in der Tat »betrogen« worden war. Auch seine Hilflosigkeit gegenüber so vielen Erfordernissen des praktischen Lebens dürfte auf das Konto einer Institution gehen, die ausschließlich der Ausbildung von Offizieren vorbehalten war.

Wie sehr Rilke am Anstaltsleben als solchem litt, das zeigen neben einigen herzzerreißenden Briefen an die Eltern – »Liebste Mama, denke Dir nur, wie unglücklich ich bin, bekam gestern starkes Fieber, Kopf- und Kreuzschmerzen, nachts furchtbar phantasiert ... totenmüde, noch immer starkes Fieber ... Doch gottlob! kommt ja Papa ...« – auch die Zeilen, die ein bisher nur als Oskar bekannter Mitschüler an eben diesen Papa richtete, an Josef Rilke, der seine getrennt von ihm lebende Frau vergeblich beschworen hatte, die ohnehin überschäumende Phantasie des Sohnes durch exaltierte Briefe nicht noch anzuheizen.

Voll der innigsten Anteilnahme für René [schrieb Oskar an Rilke senior] erlaube ich mir ein gutes Wort für den armen Jungen einzulegen. Seinen Zustand, den ich anfangs auch für einen eingebildeten hielt, habe ich durch vierzehntägige unausgesetzte Beobachtung ... leider für einen wirklichen erkannt. Ich lag jetzt fast vierzehn Tage mit ihm im Spitale und fand, daß sich sein Kopfweh bedeutend besserte; er war lustig, unterhielt sich mit uns, kurz, er war nicht schwer krank. Gestern entließ ihn der Herr Regimentsarzt aus dem Spitale, und als er heute früh auf einen Sprung heraufkam, sah er schlecht aus, klagte über furchtbaren Kopfschmerz und zitterte am ganzen Körper. Kurz, man sah es ihm an, daß es ihm schwer ankomme, sich auf den Füßen zu erhalten.

Was hinter diesem Brief steckt: die Ungeduld eines allzu forschen Sanitätsoffiziers oder ein abgekartetes Spiel zwischen René und seinem Freund, der mit der (im Munde eines Fünfzehnjährigen recht altklug klingenden) Formel »den ich anfangs auch für einen eingebildeten hielt« vielleicht diesbezügliche Bedenken des alten Herrn ausräumen sollte, oder gar die Leiden eines »sich an seine körperlichen Zustände verlierenden ... typischen Hysterikers«[13] – das alles wird sich wohl erst erweisen, wenn der gesamte Briefwechsel aus diesen Tagen vorliegt. Gleichviel: Rilkes von Haus aus verzärtelter und, wie die Zeugnisse im Fechten und Turnen zeigen, den Anforderungen einer solchen Erziehung nicht gewachsener Körper versagte ihm zusehends den Dienst. Erschwerend kam hinzu, daß Amélie, eine Freundin und entfernte Verwandte, die er 1885 auf der Sommerfrische in Friaul kennengelernt hatte und die als blondgelocktes Mädchen durch viele seiner frühen Gedichte geistert, sich gerade damals entschied, ins Kloster zu gehen. Nach einer vergeblichen, im Sommer 1890 im Salzkammergut gemachten Kur wurde Rilke auf Anforderung der Eltern im Dezember 1890 von der Militär-Oberrealschule Mährisch-Weißkirchen beurlaubt und im Juni des folgenden Jahres endgültig entlassen.

Zur körperlichen Schwäche war längst auch der Verlust des kindlichen Gottglaubens und das soziale Versagen gekommen, das heißt, die mangelnde Fähigkeit, mit den Kameraden in der unbeschwert-gedankenlosen Weise zu verkehren, in der junge Burschen, nicht nur in Internaten und gewiß nicht nur im alten Österreich-Ungarn, miteinander umgehen. In dieser Erkenntnis und aus Scheu vor körperlichem Kontakt hatte er sich anfangs, vielleicht in unbewußter Anlehnung an die mütterliche Bigotterie, eine Attitüde zurechtgelegt, in der er vor der feindlichen Umwelt zu bestehen hoffte:

In meinem kindlichen Sinn glaubte ich durch meine Geduld nahe dem Verdienste Jesu Christi zu sein, und als ich einst einen heftigen Schlag ins Gesicht erhielt, so daß mir die Knie zitterten, sagte ich dem ungerechten Angreifer – ich höre es noch heute – mit ruhiger Stimme: »Ich leide es, weil Christus es gelitten hat, still und ohne Klage, und während du mich schlugst, betete ich zu meinem guten Gott, daß er dir vergebe.« Eine Weile stand der erbärmliche Feigling stumm und starr, dann brach er in das Hohngelächter aus, in welches alle, denen er den Ausruf meiner Verzweiflung mitteilte, heulend einstimmten. Und ich floh dann immer zurück bis in die äußerste Fensternische, verbiß meine Tränen, die dann erst in der Nacht, wenn durch den weiten Schlafsaal das regelmäßige Atmen der Knaben hallte, sich ungestüm und heiß Bahn brachen.[14]

Schlimm genug, daß er bei den roheren seiner Mitschüler als Angsthase gegolten haben muß. Wenn Rilke aber, wie von einem verläßlichen Augenzeugen berichtet, sich tatsächlich weigerte, einem Kameraden bei der französischen Hausaufgabe zu helfen, weil dies einem »Betrug vor dem Professor« gleichkäme, dann dürfte er sich mit diesem Verhalten außerhalb der Gemeinschaft gestellt haben, in der er lebte, einer Gemeinschaft von Anstaltszöglingen, in der das Zusammenhalten gegen die Lehrer eine Selbstverständlichkeit war.[15] Eine solche Handlungsweise ist weder bei Hanno Buddenbrook denkbar noch bei Musils Zögling Törleß – um nur zwei zeitgenössische literarische Projektionen des sensiblen, am Unverstand der Lehrer und der Brutalität der Mitschüler leidenden Jugendlichen zu erwähnen.

V

Obwohl die von den Eltern und ihm selbst erstrebten Epauletten nun außer Reichweite gerückt waren, ist Rilkes Verhältnis zur militärischen Sphäre zeitlebens zwiespältig geblieben. Nicht nur dauerte es geraume Zeit, bis er sich mit der Aussicht abgefunden hatte, nie wieder Uniform zu tragen; noch nach zwei Jahren redete er sich ein, er habe den Rock des Kaisers nur ausgezogen, »um ihn in kurzer Zeit wieder anzuziehen . . . und sei überzeugt«, versicherte er der Mutter in einem Brief, »ich werde ihn in Ehren tragen«. Auch die frühesten Dichtungen bewegen sich zumeist in diesem Milieu, etwa die *Klage über Trauer* oder eine zu Ostern 1892 veröffentlichte Antwort auf Bertha von Suttners Roman *Die Waffen nieder*. Ganz im Fahrwasser eines Jahrhunderts vaterländischer Dichtung, und peinlich genug aus der Feder eines soeben aus der Militärakademie entlassenen Sechzehnjährigen, endet diese Replik mit den Zeilen:

> Drum haltet fest den Säbel in der Rechten,
> laßt nimmer ihn entsinken eurer Hand,
> und ruft die Not, *dann* seid bereit zu fechten,
> bereit zu sterben für das Vaterland.

Rilkes erster Prosaversuch läuft gleichfalls auf eine Verherrlichung des Soldatenlebens hinaus. Es handelt sich um eine fragmentarische und mit allerlei Pubertätslyrik verbrämte *Geschichte des Dreißigjähri-gen Krieges*, in der vor allem die großen Männer jener Zeit auftreten, die auch Feldherrn waren: Wallenstein, Tilly, Gustav Adolf. Dane-ben treibt eine elegisch-lyrische Stimmung ihre ersten, noch ganz epigonalen und letzten Endes von Goetheschem Gedanken- und Formgut zehrenden Blüten wie in dem altklugen Gedichtchen *Resignation* (um 1885):

> Ach mein Herz ist dir so offen,
> holdes teures Kind,
> laß mich jetzo nur im stillen hoffen,
> daß wir glücklich sind.

Später werden sich die beiden Strömungen, die heroisch-epische und die affektiv-musikalische, läutern und für einen kurzen Augen-blick vermischen. Es ist die Geburtsstunde der wohl schönsten deutschen Kriegsdichtung (was immer man prinzipiell von dieser Gattung auch halten mag), der *Weise von Liebe und Tod des Cornets Christoph Rilke*.

Puerilia – Tagträume eines soldatspielenden und im übrigen eher schmalbrüstigen Jünglings? Nicht unbedingt. Im Sommer 1907 erinnert sich Rilke in einem Brief an die Tochter einer Episode, die lange Jahre zurückliegt und die sich ihm, man sieht es an der Sprache, unauslöschlich eingeprägt hat:

Wenn ich denke, daß ich nach sechs oder sieben Reitstunden (mehr hatte ich nicht) noch nichts konnte. Zu wenig Mut, oder Willen, oder Widerstand, oder weiß Gott was. Manchmal, erinnere ich noch, ging der junge Graf Kottulinski durch die Manege, während ich ritt: »Bravo«, sagte er und stand eine Weile: »nur so weiter, ausgezeichneter Sitz«, in seiner bequemen österreichischen Betonung. Dann war ich wieder allein, genoß die prachtvolle Lebendigkeit des Ganzen, aber ich konnte es nicht lassen, zu phantasieren. Ich stellte mir vor, es sei das Ende eines Schlachttages. Ich trug eine bestaubte dunkle Uniform, mit hohem Kragen und einem einzigen Ordensstern. Daß mein Haar unbedeckt war, erhöhte die Vision: der Helm war natürlich längst fort, lag irgendwo draußen bei den Sterbenden. Vielleicht war sogar eine Wunde da, in der Schulter, aber sie war nicht eines Blickes gewürdigt worden. Daß der rechte Arm nicht gut beweglich war, war allerdings nicht zu leugnen, aber es kam nicht in Betracht; ich fühlte, wie fest und sicher die Linke den Säbel hielt. Und so, in dieser Verfassung, schwenkte ich aus dem Rund in die Mitte des Raumes; da schon so vieles erlogen war, gehörte nur eine Kleinigkeit dazu, sich dort das Hauptquartier zu denken, den Kaiser, Generale, fremde Gesandte . . . Nun sollte ich einen kurzen sachlichen Bericht ablegen über den Verlauf des unvergeßlichen Tages. Knappe Worte von verschlossener Bescheidenheit; Daten. Ich war ganz von der Bedeutung des Augenblicks erfüllt, feierlich bis zur Rührung. Ich freute mich auf den Moment der Spannung, da der große Gruß meines dreimal, jedesmal tiefer, gesenkten Säbels die einzige Bewegung sein würde in dem ganzen Kreis. Aber da stürzte – weiß ich noch – irgendein Hund herein, mein Pferd scheute, – und Du kannst Dir denken, daß alles Weitere mit meiner Einbildung nicht mehr stimmte, ganz anders ablief und unter jämmerlichen Realitäten. Damals war der liebe Gott gewiß im Zweifel, ob er meine Phantasie streichen sollte oder die Reitstunden. Ich war sechzehn oder siebzehn Jahre, und er überlegte und ließ mir die Einbilderei, um zu sehen, ob ich nicht im Älterwerden lerne, sie besser zu gebrauchen. Wenn ich ihn eines Tages davon überzeugen könnte, – ob er mir dann wohl die Reitstunden zurückgibt?

Es ist eine mit entwaffnender Offenheit erzählte Episode vom Möchtegern Rilke, der ein Reitersmann sein wollte, und dem wirklichen Rilke, der statt dessen ein Dichter wurde, eben weil er »es nicht lassen konnte, zu phantasieren«. Die Adressatin, die damals sechsjährige Ruth, dürfte sie kaum verstanden haben. Aber er hatte sie in erster Linie ja wohl auch sich selbst erzählt.

Im August 1914 schließlich wird der überzeugte Europäer jene *Fünf Gesänge* verfassen, die insofern zu den besten, zumindest den im Rückblick am wenigsten beschämenden Dichtungen ihrer Art gehören, als sie nicht den Feind mit Unrat bewerfen, sondern die Intensität eines Gefühls feiern, das ein ganzes Volk ergriffen hat.

Und noch 1916, als er einberufen wurde und als Soldat so völlig versagte, daß man ihn nach wenigen Wochen vom Dienst mit der Waffe dispensierte, beklagte er, der unter der Wiedererweckung des Schultraumas unsäglich gelitten hatte, dennoch das eigene Unvermögen: »Irgendwo ist ein Rest alten Soldatenblutes in mir, den es kränkt, daß ich da soviel Aufhebens mache und mich auflehne.« Wenn, wie es ihm ein kritischer Biograph bescheinigt, tatsächlich »Hartnäckigkeit, Strenge, ein eigentümliches Festhalten an den geplanten Zielen« seinen Lebensweg kennzeichnen, dann war Rilke dem Militärischen nicht nur in Äußerlichkeiten verpflichtet.[16]

In Mährisch-Weißkirchen lag das alles noch weit in der Zukunft. Was dort seine Tage und Nächte erfüllte, war weder die Aussicht auf künftigen Dichterruhm noch die Ahnung, daß ihm seine Eigenart dereinst auch einmal zum Vorteil gereichen könne. Worauf es damals ankam, war einzig und allein der Erlebniswert, die »psychische Realität, welche die Militärschule *für Rilke* besaß«.[17] Diese Realität tritt in der künstlerisch ausgereiftesten Arbeit zutage, die er über die Schulzeit zu Papier brachte, *Die Turnstunde*, deren Anfang und Schluß (in der endgültigen Fassung von 1902) hier folgen. Die Erzählung schildert ein Ereignis, das der junge René – als verzärteltes einziges Söhnchen einer labilen Mutter und eines verständnislosen Vaters aufgewachsen, tolpatschig und untrainiert, kontaktscheu und von übergroßer seelischer Verwundbarkeit – so oder ähnlich aus nächster Nähe miterlebt hatte. Man braucht nicht Soldat oder Turner zu sein, um Triumph und Tragik des Karl Gruber nachzuempfinden, und kein Germanist oder Kritiker, um hier erstmals in Rilkes Prosa den Atem des großen Erzählers zu spüren:

In der Militärschule zu Sankt Severin. Turnsaal. Der Jahrgang steht in den hellen Zwillichblusen, in zwei Reihen geordnet, unter den großen Gaskronen. Der Turnlehrer, ein junger Offizier mit hartem braunen Gesicht und höhnischen Augen, hat Freiübungen kommandiert und verteilt nun die Riegen. »Erste Riege Reck, zweite Riege Barren, dritte Riege Bock, vierte Riege Klettern! Abtreten!« Und rasch, auf den leichten, mit Kolophonium isolierten Schuhen, zerstreuen sich die Knaben. Einige bleiben mitten im Saale stehen, zögernd, gleichsam unwillig. Es ist die vierte Riege, die schlechten Turner, die keine Freude haben an der Bewegung bei den Geräten und schon müde sind von den zwanzig Kniebeugen und ein wenig verwirrt und atemlos.

Nur Einer, der sonst der allerletzte blieb bei solchen Anlässen, Karl Gruber, steht schon an den Kletterstangen, die in einer etwas dämmerigen Ecke des Saales, hart vor den Nischen, in denen die abgelegten Uniformröcke hängen, angebracht sind. Er hat die nächste Stange erfaßt und zieht sie mit ungewöhnlicher Kraft nach vorn, so daß sie frei an dem zur Übung geeigneten Platze schwankt. Gruber läßt nicht einmal die Hände von ihr, er springt auf und bleibt, ziemlich hoch, die Beine ganz unwillkürlich im Kletterschluß verschränkt, den er sonst niemals begreifen konnte, an der Stange hängen. So erwartet er die Riege und betrachtet – wie es scheint – mit besonderem Vergnügen den erstaunten Ärger des kleinen polnischen Unteroffiziers, der ihm zuruft, abzuspringen. Aber Gruber ist diesmal sogar ungehorsam und Jastersky, der blonde Unteroffizier, schreit endlich: »Also, entweder Sie kommen herunter oder Sie klettern hinauf, Gruber! Sonst melde ich dem Herrn Oberleutnant . . .« Und da beginnt Gruber, zu klettern, erst heftig mit Überstürzung, die Beine wenig aufziehend und die Blicke aufwärts gerichtet, mit einer gewissen Angst das unermeßliche Stück Stange abschätzend, das noch bevorsteht. Dann verlangsamt sich seine Bewegung; und als ob er jeden Griff genösse, wie etwas Neues, Angenehmes, zieht er sich höher, als man gewöhnlich zu klettern pflegt. Er beachtet nicht die Aufregung des ohnehin gereizten Unteroffiziers, klettert und klettert, die Blicke immerfort aufwärts gerichtet, als hätte er einen Ausweg in der Decke des Saales entdeckt und strebte danach, ihn zu erreichen. Die ganze Riege folgt ihm mit den Augen. Und auch aus den anderen Riegen richtet man schon da und dort die Aufmerksamkeit auf den Kletterer, der sonst kaum das erste Dritteil der Stange keuchend, mit rotem Gesicht und bösen Augen erklomm. »Bravo, Gruber!« ruft jemand aus der ersten Riege herüber. Da wenden viele ihre Blicke aufwärts, und es wird eine Weile still im Saal, – aber gerade in diesem Augenblick, da alle Blicke an der Gestalt Grubers hängen, machte er hoch oben unter der Decke eine Bewegung, als wollte er sie abschütteln; und da ihm das offenbar nicht gelingt, bindet er alle diese Blicke oben an den nackten eisernen Haken und saust die glatte Stange herunter, so daß alle immer noch hinaufsehen, als er schon längst, schwindelnd und heiß, unten steht und mit seltsam glanzlosen Augen in seine glühenden Handflächen schaut.

Gruber hat sich überanstrengt, und als er vom Unteroffizier ange-brüllt wird, er solle gefälligst die nächste Übung absolvieren, will er antreten, sinkt aber kraftlos zu Boden. Zunächst bemüht sich sein Freund Jerome um ihn, dann verbreiten sich Bestürzung und Schrecken in der Halle. Eine Riege nach der anderen hört mit dem Turnen auf, während man den bewußtlosen Gruber in eine Kam-mer trägt.

Der kleine schlaue Krix horcht inzwischen an der Kammertür. Der Unteroffizier der zweiten Riege jagt ihn davon, indem er zu einem Schlage auf seinen Hintern ausholt. Krix springt zurück, katzenhaft, mit hinterlistig blinzelnden Augen. Er weiß schon genug. Und nach einer Weile, als ihn niemand betrachtet, gibt er dem Pawlowitsch weiter: »Der Regimentsarzt ist gekommen.« Nun, man kennt ja den Pawlowitsch; mit seiner ganzen Frechheit geht er, als hätte ihm irgendwer einen Befehl gegeben, quer durch den Saal von Riege zu Riege und sagt ziemlich laut: »Der Regimentsarzt ist drin.« Und es scheint, auch die Unteroffiziere interessieren sich für diese Nachricht. Immer häufiger wenden sich die Blicke nach der Tür, immer langsamer werden die Übungen; und ein Kleiner mit schwarzen Augen ist oben auf dem Bock hocken geblieben und starrt mit offenem Mund nach der Kammer. Etwas Lähmendes scheint in der Luft zu liegen. Die Stärksten bei der ersten Riege machen zwar noch einige Anstren-gungen, gehen dagegen an, kreisen mit den Beinen; und Pombert, der kräftige Tiroler, biegt seinen Arm und betrachtet seine Muskeln, die sich durch den Zwillich hindurch breit und straff ausprägen. Ja, der kleine, gelenkige Baum schlägt sogar noch einige Armwellen, – und plötzlich ist diese heftige Bewegung die einzige im ganzen Saal, ein großer flimmernder Kreis, der etwas

Unheimliches hat inmitten der allgemeinen Ruhe. Und mit einem Ruck bringt sich der kleine Mensch zum Stehen, läßt sich einfach unwillig in die Knie fallen und macht ein Gesicht, als ob er alle verachte. Aber auch seine kleinen stumpfen Augen bleiben schließlich an der Kammertür hängen.

Jetzt hört man das Singen der Gasflammen und das Gehen der Wanduhr. Und dann schnarrt die Glocke, die das Stundenzeichen gibt. Fremd und eigentümlich ist heute ihr Ton; sie hört auch ganz unvermittelt auf, unterbricht sich mitten im Wort. Feldwebel Goldstein aber kennt seine Pflicht. Er ruft: »Antreten!« Kein Mensch hört ihn. Keiner kann sich erinnern, welchen Sinn dieses Wort besaß, – vorher. Wann vorher? »Antreten!« krächzt der Feldwebel böse und gleich schreien jetzt die anderen Unteroffiziere ihm nach: »Antreten!« Und auch mancher von den Zöglingen sagt wie zu sich selbst, wie im Schlaf: »Antreten! Antreten!« . . . Und da geht auch schon die Kammertür auf; eine Weile nichts; dann tritt Oberlieutenant Wehl heraus und seine Augen sind groß und zornig und seine Stimme fest. Er marschiert wie beim Defilieren und sagt heiser: »Antreten!« Mit unbeschreiblicher Geschwindigkeit findet sich alles in Reihe und Glied. Keiner rührt sich. Als wenn ein Feldzeugmeister da wäre. Und jetzt das Kommando: »Achtung!« Pause und dann, trocken und hart: »Euer Kamerad Gruber ist soeben gestorben. Herzschlag. Abmarsch!« Pause.

Und erst nach einer Weile die Stimme des diensttuenden Zöglings, klein und leise: »Links um! Marschieren: Compagnie, Marsch!« Ohne Schritt und langsam wendet sich der Jahrgang zur Tür. Jerome als der letzte. Keiner sieht sich um. Die Luft aus dem Gang kommt, kalt und dumpfig, den Knaben entgegen. Einer meint, es rieche nach Karbol. Pombert macht laut einen gemeinen Witz in Bezug auf den Gestank. Niemand lacht. Jerome fühlt sich plötzlich am Arm gefaßt, so angesprungen. Krix hängt daran. Seine Augen glänzen und seine Zähne schimmern, als ob er beißen wollte. »Ich hab ihn gesehen«, flüstert er atemlos und preßt Jeromes Arm und ein Lachen ist innen in ihm und rüttelt ihn hin und her. Er kann kaum weiter: »Ganz nackt ist er und eingefallen und ganz lang. Und an den Fußsohlen ist er versiegelt . . .«

Und dann kichert er, spitz und kitzlich, kichert und beißt sich in den Ärmel Jeromes hinein.

Offensichtlich besitzt schon der sehr junge Rilke neben der Leichtigkeit, mit der er seine Verse schreibt, auch eine andere, eine Tiefendimension, der diese aus eigenstem Erleben gespeiste Schilderung entsprang.

I

Am 10. September 1891 brachte das Wiener *Interessante Blatt* einen
mit »René Rilke in Prag, Smichov« signierten und von der Redaktion preisgekrönten Beitrag zu einem gerade aktuellen Thema. Die
Einsendung, die den banalen Titel *Die Schleppe ist nun Mode* trug, war
Rilkes erstes gedrucktes Gedicht:

> Die Schleppe ist nun Mode –
> verwünscht zwar tausendmal,
> schleicht keck sie sich nun wieder
> ins neueste Journal!
> Und so dann diese Mode
> nicht mehr zu tilgen geht,
> da wird sich auch empören
> die »strenge« Sanität;
> ist die dann auch im Spiele
> und gegen diese Qual,
> daß man geduldig schlucken
> soll Staub nun sonder Zahl –
> schnell, eh man es noch ahndet,
> die Schlepp' vergessen sei,
> eh sich hinein noch menget
> gar ernst die Polizei.
> Die müßte an den Ecken
> mit großen Scheren stehn,
> um eilends abzutrennen,
> wo Schleppen noch zu sehn.

Vergleicht man diese Zeilen mit den frühen Publikationen von

Rilkes Zeitgenossen, etwa mit den *Hymnen* des zweiundzwanzigjährigen Stefan George:

> Siehst du im takt des strauches laub schon zittern
> und auf der glatten fluten dunkelglanz
> die dünne nebelmauer sich zersplittern?
> Hörst du das elfenlied zum elfentanz?

oder mit dem lyrischen Drama *Gestern* des kaum siebzehnjährigen Hugo von Hofmannsthal:

> Das Gestern lügt und nur das Heut ist wahr!
> Laß Dich von jedem Augenblicke treiben,
> Das ist der Weg, Dir selber treu zu bleiben;
> Der Stimmung folg, die Deiner niemals harrt,
> Gib Dich ihr hin, so wirst Du Dich bewahren,
> Vom Ausgelebten drohen Dir Gefahren:
> Und Lüge wird die Wahrheit, die erstarrt!,

dann läßt sich erst richtig die Länge des Weges ermessen, den Rilke noch zurückzulegen hatte – zumal er zu denen gehörte, die zu schreiben anfingen, bevor sie Eigenes zu sagen hatten. So grenzt es an ein Wunder, daß dieser noch ganz ungeformte und nun sogar im äußeren Erziehungsweg ins Hintertreffen geratene junge Mensch jene Selbstkritik aufbrachte, die, gepaart mit Zielstrebigkeit und einem einmaligen Talent, ihn nach jahrelanger Arbeit an sich selbst erst zum Dichter machte. »Wie weit kann man über solche Anfänge hinauswachsen!«, meinte Hofmannsthal einmal kopfschüttelnd in bezug auf Rilkes langen Werdegang als Dichter und Mensch. Der junge Stefan Zweig wiederum, der im Hinblick auf Hofmannsthals frühe Perfektion an der eigenen Begabung und Berufung zu zweifeln begonnen hatte, empfand so etwas wie Trost angesichts von Rilkes langsamem, von Stufe zu Stufe zu verfolgendem und sozusagen nachvollziehbarem Aufstieg vom Kitsch zur Kunst. Rilke selbst war viel zu beschäftigt, um sich solchen Überlegungen hinzugeben; wußte er damals doch kaum, *warum* er dichtete (denn »früher Schmerz und herbe Erfahrung« allein, die er in einem 1896 erschienenen Verzeichnis zeitgenössischer Dichter als Beweggründe des eigenen »Fabulierens« anführte, machen niemanden zum Dichter).

Nach der Entlassung aus Mährisch-Weißkirchen erholte er sich zunächst in der Villa Excelsior im Prager Vorort Smichov, die Jaroslav für den Sommer 1891 gemietet hatte, und trat im September in die Handelsschule Linz ein. Er sollte dort ein auf drei Jahre berechnetes Pensum absolvieren, kam aber kaum über das erste Jahr hinaus. Nicht, weil er schlechte Arbeit geleistet hätte; ein aus dem Schuljahr 1891/92 erhaltenes Zeugnis weist ihn vielmehr als einen hervorragenden, an den eigentlich kommerziellen Fächern allerdings kaum interessierten Studenten aus. In den sprachlichen und naturwissenschaftlichen Disziplinen bekommt er gute bis glänzende Noten, wie auch in »Fleiß« und »Sittlichem Betragen«. Das verhaßte Turnen und Fechten wird auf der Handelsschule nicht gepflegt; aber in Stenographie, »Handelslehre und Comptoirarbeiten« sowie »Kaufmännischer Arithmetik und Usancenkunde« reicht es nur zu »befriedigend« bzw. »genügend«. Immerhin ist er der zweitbeste unter 53 Klassenkameraden. Dies ist um so beachtenswerter, wenn man die nicht weniger als 97 Lehrstunden in Betracht zieht, die er laut Zeugnis versäumt hatte. Sie erklären sich aus der Rolle des jungen Lebemannes, die er in diesen Monaten spielt. In dem Zimmer, das ihm der Prokurist und spätere Druckereibesitzer Hans Drouot in seiner Wohnung eingeräumt hat, liest er viel und schreibt Gedichte. Er geht in Museen und Konzerte und vor allem ins Theater und besucht fleißig die Faschingsbälle, wo immer möglich in der Uniform, die noch geraume Zeit seine Lieblingskleidung bleibt.

In einem späten Brief bezeichnet Rilke seine Linzer Zeit einmal als die »entscheidende Wende meiner Jugend«. Er sagt nicht, *warum* er sie so betrachtet, aber die zunächst wohl noch unbewußte Hinwendung zur Literatur als eigentlichem Lebensinhalt hat dabei gewiß eine Rolle gespielt. Auf jeden Fall erinnert seine Aussage an die Bemerkung, die ein anderer Linz-Besucher viele Jahre später im Gespräch mit Winifred Wagner machte, wobei er sich auf eine dort erlebte *Rienzi*-Aufführung berief: »In dieser Stunde begann es . . .«[18] Nebenbei (und ohne große Folgerungen daraus zu ziehen, denn »beweisen« läßt sich mit psychologischen und soziologischen Übereinstimmungen alles und nichts) sei bemerkt, daß das Linzer Jahr in der Tat den Punkt der größten Annäherung zwischen Rilkes Lebenslauf und dem – Hitlers bezeichnet: eine gewiß nur auf den ersten Blick überraschende Zusammen- und Gegenüberstellung, denn sie waren schließlich beide, obschon diametral entgegengesetzte, Ausprägungen des *Homo austriacus* im ausgehenden 19. Jahrhundert. Angesichts ihrer so verschiedenen Begabungen, Ziele und Schicksale sollte man meinen, daß das, was den einen auszeichnete, unmöglich auch auf den anderen zutreffen könnte. In Wirklichkeit aber hatten die beiden Hundeliebhaber, Vegetarier, Teetrinker und Nichtraucher schon kraft ihrer Herkunft und Erziehung mehr gemein, als man zunächst annehmen sollte.

Im Familiären ist es zum Beispiel die Figur des Vaters, eines der Mentalität nach kleinbürgerlichen, im mittleren k. u. k. Beamtentum angesiedelten, als Eisenbahn-Revisor bzw. Zollamtsoberoffizial pensionierten und übrigens in beiden Fällen auch im Alter noch von starker Triebhaftigkeit geprägten Mannes. Im Seelischen das Einzelgängertum auf der Schule und (u. a. durch das Fehlen männlicher Duzfreunde bezeugt) auch im späteren Leben sowie die Weigerung, einen Brotberuf zu ergreifen, ja überhaupt das Zurückstellen des Kreatürlichen gegenüber einem als Lebensaufgabe empfundenen, von der Persönlichkeit losgelösten »Werk«; ferner das ausgeprägte Geltungsbedürfnis (es war der zwanzigjährige Rilke, nicht Hitler, der sich vorübergehend den Vornamen »Caesar« zulegte), die nachträgliche Korrektur der eigenen Vergangenheit und schließlich das für beide so charakteristische Abwechseln von Perioden monatelanger Indolenz mit solchen einer geradezu hektischen Geschäftigkeit. Im Physischen der Magnetismus der Augen und der Stimme bei keineswegs imposanter Körperbeschaffenheit; und im Chronologisch-Biographischen eben dieser, rückschauend als Schlüsselerlebnis eingestufte Linzer Aufenthalt im Alter von sechzehn Jahren. – Obwohl es nicht an Wien oder Budapest heranreichte, war Linz wohl doch eine Stadt, in der ein aus provinzieller und schulischer Enge entlassener junger Mann eine erste Bekanntschaft mit der »großen« Welt machen konnte.

Zur Schlüsselfunktion, die diesem Aufenthalt in Rilkes Leben zukommt, gehört wahrscheinlich auch sein erstes sexuelles Erlebnis, das sich mit einer in Anbetracht seiner Kindheitstraumen bemerkenswerten Selbstverständlichkeit vollzogen zu haben scheint. Auf jeden Fall gibt er in einem Brief an die Mutter als Grund für die plötzliche Abreise aus Linz im Mai 1892 eine »alberne Liebelei« an, von deren »Fesseln« er sich nun befreit habe. Auf diese Episode dürfte sich auch eine Stelle in den Erinnerungen seiner Freundin Vally beziehen, aus der hervorgeht, daß Rilke sich »eines Tages aus Linz a. d. Donau in Begleitung einer Erzieherin, welche bedeutend älter als er selbst war«, davongemacht habe, wobei ein von dem Bruder dieser Erzieherin erhaltenes Telegramm »irgendein obskures Vorstadthotel in Wien« als Aufenthalt des entflohenen Paares bezeichnete. Der naserümpfende Ton verrät die Dame aus gutem Hause, der der Liebhaber mit einer kleinen Gouvernante durchgegangen ist. Die – ödipale? – Konstellation junger Mann mit erheblich älterer Frau wird sich im zentralen Liebeserlebnis seines Lebens, der Beziehung zu Lou Andreas-Salomé, wiederholen.

Nach der aus welchem Grund auch immer überstürzten Abreise aus Linz und den in Schönfeld/Böhmen verbrachten Sommerferien unternimmt Rilke im Herbst 1892 in Prag einen dritten und letzten Versuch, seine fragmentarische Bildung zu einem Abschluß zu bringen. Die Möglichkeit dazu hat er der Voraussicht seines Onkels Jaroslav zu verdanken, der Josef Rilke ursprünglich ein Legat von zehntausend Gulden hatte übermachen wollen und sich jetzt entschließt, diese Summe statt dessen für Renés Ausbildung zu verwenden. Jaroslav, der seine beiden Söhne überlebt hat, will die gutgehende, auf die Erbschaftsangelegenheiten des böhmischen Großgrundbesitzes spezialisierte Anwaltspraxis nun dem Neffen hinterlassen. Es ist nicht ganz klar, ob und wieweit dieser eine solche Laufbahn jemals ernsthaft in Betracht zog. Soweit Rilke überhaupt an einem Beruf interessiert war, hat er als Kind wohl Offizier, als Dreißigjähriger noch Landarzt werden wollen. Er hat die Rechte später nur ein Semester lang studiert, im Gegensatz zu einem anderen Jurastudenten wider Willen – Goethe –, der diese Disziplin zwar gleichfalls nur aus Familienrücksichten und ohne innere Überzeugung gewählt, es in ihr aber zumindest zu einem formellen Abschluß gebracht hatte. Wie dem auch sei, Jaroslav setzte ihm einen Monatswechsel von zweihundert Gulden aus, damit er sich in

Prag auf eigene Faust, als »Privatist«, auf die Matura vorbereiten könne.

Es folgen drei Jahre intensiver Arbeit, die nur durch kurze Sommerferien unterbrochen wird. 1894 verbringt er diese im böhmischen Lautschin, wo der österreichische Zweig derer von Thurn und Taxis sein Stammschloß hat. Nach Ablauf dieser Zeit, in der er unter anderm Latein und Griechisch für alle acht Gymnasialklassen nachholt und jedes Semester eine Zwischenprüfung ablegt, besteht Rilke am 9. Juli 1895 »mit Auszeichnung« sein Abitur am Graben-Gymnasium in Prag. Nach Jaroslavs Tod zahlen seine Töchter Paula und Irene die monatlichen Zuwendungen weiter, während seine verwitwete Schwester Gabriele den jungen Mann bei sich wohnen läßt, in der Wassergasse im Zweiten Bezirk.

II

Zu den Häusern, in denen der Student René Rilke verkehrt, zählt auch das einer anderen Tante, Phias Schwester, die mit einem Oberst verheiratet und Mutter eines Mädchens ist. Diese Tochter wiederum, Rilkes Kusine Gisela Mähler von Mählersheim, hatte ihn am 3. Januar 1893 mit ihrer Freundin Valerie von David-Rhonfeld bekannt gemacht. Er war sogleich Feuer und Flamme und schickte seiner Vally schon am nächsten Tage ein paar Zeilen:

> Äugelein hell und klar,
> Zähnlein so fein, –
> Rosenmund, Lockenhaar,
> Händchen so klein . . .

Vallys Vater ist Artillerieoffizier; zur väterlichen Verwandtschaft gehört ein kaiserlicher Statthalter von Dalmatien, Emil von David-Rhonfeld, zur mütterlichen der angesehene tschechische Dichter Julius Zeyer. Vally selber, etwas älter als ihr Verehrer, ist eine hübsche und kokette junge Dame, die Novellen schreibt und Porzellan malt. Mit ihr beginnt denn auch die lange Reihe von Frauen, in die Rilke sich unter anderm auch deshalb verliebt, weil er – in einigen Fällen zu Recht, in den meisten zu Unrecht – in ihnen künstlerische Interessen und Fähigkeiten vermutet, deren Pflege ihm fast so sehr am Herzen liegt wie die eigene Selbstverwirklichung. Schon bei dieser ersten einigermaßen ernsthaften Bindung träumt er davon, mit der Geliebten dereinst »tüchtig in der Ausübung unserer Künste, gegenseitig helfend« zu leben.[19] Überraschenderweise sind seine Ansichten über Liebe und Ehe von Anfang an weitgehend vom Begriff einer solchen Kollegialität und eines parallelen, nicht gemeinsamen, Wachstums geprägt, das neben dem Respekt vor der Individualität des Partners auch die Wahrung der eigenen beinhaltet. Es ist eine emanzipierte und sehr moderne Auffassung vom Zusammenleben von Mann und Frau, die er in seinem eigenen Leben nur ganz vorübergehend verwirklichen kann. In ihrer damaligen, noch unreflektierten Form mag sie eine Reaktion auf die Ehe der Eltern darstellen, oder auf die durch Phias Erziehung wohl verspätete Fixierung der eigenen Geschlechtsrolle oder auf Erfahrungen, die wir nicht mehr rekonstruieren können.

Nach den Morgenstunden mit den Privatlehrern, die sich im Haus in der Wassergasse die Türklinke reichen, verbringt er den Nachmittag und Abend am liebsten in Prag-Weinberge bei Vally. Er arbeitete gern in ihrem elegant und stilvoll eingerichteten Zimmer, »denn hier«, so meinte sie später, »hatte er Luft, Licht und« – unbewußt hält man inne in der Erwartung, es müsse nun »Liebe« folgen; es kommt aber nur: »Feinkost«.[20] Er weiht die dergestalt um sein leibliches Wohl bedachte Freundin in seine Pläne ein und läßt sie für einen Teil der Produktionskosten seines Erstlingsbandes *Leben und Lieder* (»Bilder und Tagebuchblätter von René Maria Rilke«) aufkommen. Diese 87 Seiten umfassende Sammlung, die er vergebens Cotta in Stuttgart angeboten hatte, erscheint Ende 1894 in einem Straßburger Verlag. Es sind zumeist kurze, klangvolle Gedichte, die keine tiefe Überzeugung aufweisen (ein Standpunkt oder auch nur ein wirkliches Erlebnis des Dichters läßt sich nirgends ausmachen), die trotz gelegentlich holpriger Reime wie:

Es war vor alten Zeiten ein Herr auf Tollenstein,
  dem ein Gemahl zur Seiten stand, jung und hold und fein . . .

von Vielseitigkeit und einer beachtlichen, von Anfang an mit Alliteration, Binnenreim, Assonanz, Enjambement usw. vertrauten

Virtuosität zeugen. Im übrigen sind die Gedichte epigonal. Sie erinnern mal an Heines *Grenadiere*:

> Es wankt die leere Straße
> des Abends spät hinan
> mit seinem Leierkasten
> ein armer alter Mann.
> Er hat so manche Nächte
> gestanden auf der Wacht,
> für seinen guten Kaiser
> gekämpft in mancher Schlacht . . .,

mal an Eichendorff:

> Wenn vom linden Traum umfangen
> stille liegt die ganze Welt,
> wenn der Mond schon aufgegangen
> droben auf dem Himmelszelt . . .,

sie geben sich mal melodisch:

> Tönet zu der Trauten wieder,
> liebeslichte Lautenlieder,
> tönet, tönet durch die Nacht . . .

und mal burschikos:

> Ei fürwahr! Der Krittler richte
> was ihm nur gefällig sei,
> aber lyrische Gedichte
> sind von jeder Kritik frei! . . .,

sind einmal altklug und resignierend:

> ERTRAGEN!
> So lautet die Losung der Welt.
> Doch furchtbarer noch in den Ohren mir gellt:
> Entsagen! . . .,

ein andermal jugendlich aufbegehrend:

> Es sei, so klagen edle Menschenkenner,
> oft ein Genie dem Untergang geweiht!
> Nein! Schafft die Zeit sich keine großen Männer,
> so schafft der Mann sich eine große Zeit!

Es ist, als suche der junge Dichter, der weder in der Familie noch im Glauben, weder in der Vaterstadt noch im »Volk« ein Zuhause hat, die innere Leere durch das Aufsetzen der verschiedensten Masken zu verdecken. Der »wirkliche«, der unverwechselbare Rilke wird sich erst im Laufe der Jahre herauskristallisieren; inzwischen probiert er Rollen aus und gefällt sich mal in dieser, mal in jener, wobei ihm jedoch immer bewußt bleibt, daß er letzten Endes nur spielt. »Ich lüge sehr oft«, gibt noch sein Held Ewald Tragy zu, »je nach Bedürfnis, einmal nach oben, einmal nach unten; in der Mitte sollte *ich* sein, aber manchmal mein ich, es ist gar nichts dazwischen.«

Die Veröffentlichung eines ganzen Bandes, statt wie bisher (und gelegentlich auch noch später) einzelner, in Zeitungen verstreuter Gedichte, erlaubt es Rilke, sein mit einer Widmung versehenes Werk an Freunde und Bekannte zu verschicken. Er hatte »Vally von R . . . zu eigen« hinter den Titel von *Leben und Lieder* setzen lassen und überreichte ihrem Onkel, dem ihm auch als Dichter nahestehenden Zeyer, ein Exemplar mit der handschriftlichen Widmung »in Verehrung und aufrichtiger bewundernder Ergebenheit«. Auch bringt es die Buchveröffentlichung mit sich, daß Verleger und Rezensenten, obschon zunächst natürlich nur in bescheidenem Maße, auf ihn aufmerksam werden. So erscheinen im April 1895 zwei positive Besprechungen dieser ersten Gedichtsammlung, wenn auch die eine, in der Hauszeitschrift des Straßburger Verlags von G. L. Kattentidt publizierte, nur eine Pflichtübung darstellt.

In späteren Jahren erhebt Rilke das Widmen und Verschenken seiner Bücher zu einer Kunst, die sowohl Takt wie Eleganz verrät (*Das Stunden-Buch* wird er »in die Hände von Lou« legen, die *Duineser Elegien* zum »Besitz der Fürstin Marie von Thurn und Taxis-Hohenlohe« erklären und *Die Sonette an Orpheus* als ein »Grab-Mal für Wera Ouckama Knoop« veröffentlichen) als auch die Gabe, sich bei einflußreichen Bekannten in Erinnerung zu bringen, und sei es auch nur, um dadurch bedürftigen Freunden helfen zu können. Von *Leben und Lieder* allerdings distanziert er sich bald so entschieden, daß er es in seine Werke nicht aufgenommen sehen will und erklärt, es sei »in keiner Weise zu bedauern«, wenn kein einziges Exemplar mehr aufzutreiben wäre. Von den zuvor veröffentlichten Gedichten hat er erst recht nichts mehr wissen wollen. Was davon erhalten ist, verdankt dies dem Zufall.

Eine andere Kunst, die er später meisterhaft beherrscht, hat Rilke damals freilich noch nicht erlernt: das Abschiednehmen, ohne daß ein Stachel der Bitterkeit zurückbliebe. Als er nach bestandener Matura im Sommer 1895 ins Ostseebad Misdroy fährt und sich mit der Tochter eines ebenfalls dort den Urlaub verbringenden Prager Arztes anfreundet, löst sich das Band mit Vally fast so rasch, wie es sich zweieinhalb Jahre zuvor geknüpft hatte: »Liebe Vally«, lesen wir jetzt in einem Brief, der aus einem Schillerschen Jugenddrama stammen könnte, »dank für das Geschenk der Freiheit, Du hast Dich groß und edel erwiesen auch in diesem schweren Augenblick . . . Leb wohl. Und bedarfst Du je eines Freundes, – dann rufe. – Es kann Dir niemand mehr Freund sein als René.«[21]

Vally war aber gar nicht groß und edel zumute. Sie sah das mit anderen Augen. Selbst wenn ihr das Verhältnis mit Rilke im Grunde genommen nicht mehr bedeutet haben mag als ein Flirt, der ihrer Eitelkeit schmeichelte, so konnte sie es doch nicht verwinden, daß er, der sich anfangs so auf sie gestützt hatte, ihr jetzt den Laufpaß gab. Nach über dreißig Jahren rächte sie sich, eine ältliche, verbitterte, unverheiratet gebliebene Frau, indem sie, anläßlich des Verkaufs der von Rilke erhaltenen Briefe, ihre Erinnerungen an ihn zu Papier brachte. Dabei gab sie zu verstehen, er sei möglicherweise homosexuell, gewiß aber den Frauen gegenüber zu wahrer Liebe unfähig und in seiner Jugend außerdem von einer abstoßenden Häßlichkeit gewesen.

Der erste Vorwurf gründet sich auf das vorläufig früheste autobiographische Dokument, das wir von seiner Hand besitzen. Es ist ein Brief, in dem er Vally und sich selber am Vorabend seines neunzehnten Geburtstags Rechenschaft über sein Leben ablegt und auch auf die Entlassung aus der Militärschule zu sprechen kommt. In Mährisch-Weißkirchen, heißt es in dieser (wie sich herausstellte, allzu vertrauensseligen) Beichte, habe er mit einem Mitschüler namens Fried »mit Kuß und Handschlag einen Bund fürs Leben« geschlossen. Als besagter Fried aber einige Zeit darauf vom Begräbnis seiner Großmutter zurückkam, habe er von René plötzlich nichts mehr wissen wollen: »Später erfuhr ich«, berichtete dieser nun der Freundin, »daß Mitzöglinge unseren reinen Bund in den Schmutz gezogen und Fried überdies höheren Orts Weisungen erhalten hatte, nicht so viel mit dem Narren zu verkehren.«

Vielleicht gehört der durch einen Geburtstag oder sonstigen Lebenseinschnitt ausgelöste und aus Gewissenhaftigkeit, Sentimentalität und Pedanterie gespeiste Rechenschaftsbericht zu den Eigenheiten der so jubiläumsfreudigen deutschen Literatur. Kaum je aber dürfte ein ähnlicher Bericht so fatal in die falschen Hände gelangt sein wie in diesem Fall! In der Fassung, die Vally dem Käufer ihrer Rilke-Briefe unterbreitete, kommentierte die Adressatin obige Briefstelle nämlich so: »Endlich setzte René die Befreiung aus der verhaßten Militärschule durch, ein Gerücht sagte wegen ›Kränklichkeit‹, das andere wegen ›Narretei‹ und das dritte bezichtigte ihn der Knabenliebe.«[22] Die Kränklichkeit, wir sahen es, entsprach den Tatsachen. Den Vorwurf der Narretei wird kaum jemand ernst genommen haben und auch für die Homosexualität gibt es, soweit bis jetzt bekannt, in Rilkes Leben kaum einen Anhaltspunkt.

Anders verhält es sich mit Vallys spitzer Bemerkung über sein Verhältnis zu Frauen: »Wenn man bei seiner rätselhaften Natur überhaupt von Liebe reden kann und gar von Ausdauer, so bin ich sicher, seine einzige ›Liebe‹ gewesen zu sein. Besessen hat er wohl viele ›Weibchen‹, aber niemals ist sein Herz mit engagiert gewesen, dazu war er ein viel zu kalter Genußmensch.« Die Charakteristik gibt zu denken. Zum einen, weil Vally, obwohl beileibe nicht die einzige, so doch die erste Frau war, die sich für Rilkes wahre Liebe hielt; zum andern wegen ihrer Ähnlichkeit mit anderen solchen Beobachtungen, die teils von ihm selbst stammen – wie: »Ich bin gar kein Liebender, mich ergreift's nur von außen, vielleicht weil mich nie jemand ganz und gar erschüttert hat, vielleicht weil ich meine Mutter nicht liebe«[23] – und zum Teil auch von Frauen, die erheblich robuster waren als die preziöse Vally. »So aufmerksam, zuvorkommend und zart er auch mit Frauen umgehen mochte«, heißt es in einem anderen solchen Rückblick, »erfuhr er doch nie eine wirklich große Liebe, weder in der Kunst noch im Leben. Keine Leidenschaft hat sein Gleichgewicht je ernstlich erschüttert. Er war ein sehr beherrschter Mensch«, resümierte diese ehemalige Geliebte; und weil sie Claire Goll hieß und die Diskretion nicht ihre starke Seite war, fügte sie auch gleich hinzu: ». . . außer im Bett, aber das ist ja bei Männern im allgemeinen der Fall.«[23]

Wie weit es zutrifft, daß Rilke nicht bis zur Selbstaufgabe lieben konnte und inwiefern dieses Unvermögen auf das gestörte Verhältnis zur Mutter zurückgeht, läßt sich mit letzter Gewißheit nicht sagen; immerhin mag die Abwehrhaltung, die er allen elementaren Lebensäußerungen gegenüber einnahm, sich auch auf sein Verhältnis zu den Frauen ausgewirkt haben. Daß er andererseits eine Ausstrahlung auf sie ausübte wie nur wenige andere Männer und daß diese Ausstrahlung, diese »Fluoreszenz« seines Wesens,[24] nichts mit seiner äußeren Erscheinung zu tun hatte, sondern gewissermaßen jenseits des Physischen lag – denn er war weder ein schöner Mann, noch ein auf interessante Art häßlicher –, das alles ist durch zu viele zeitgenössische Berichte belegt, als daß man es bezweifeln könnte. (Übrigens war er damals in der Tat alles andere als attraktiv. Sowohl die Aufnahme des Abiturienten, der mit auf der Lehne verschränkten Armen rücklings auf einem Stuhl sitzt, als auch die zwei Jahre später von Emil Orlik angefertigte Profilskizze zeigt einen jungen Mann mit Wulstlippen, fliehendem Kinn und wenig einnehmendem Gesichtsausdruck.)

III

Weder *Leben und Lieder* noch die Gedichte über die Schleppe, über das Buch seiner Prager Mitbürgerin Bertha von Suttner (der »Friedensfurie«, wie man sie in Offizierskreisen gern nannte) oder über andere Themen, zu denen er sich in meist recht obskuren Journalen äußerte, hatten Rückschlüsse auf Herkunft und Heimat des Verfassers zugelassen. Nach dem Abitur und dem Bruch mit Vally jedoch beginnt Rilke, zumindest vorübergehend, auch die unmittelbare Umgebung in seine Dichtung einzubeziehen, ja sich zeitweise selbst als Tscheche zu fühlen, auch wenn diesem präsumtiven slawischen Einschlag immer etwas Vages anhaftet wie in seiner späteren Aussage, er sei ein »irgendwo tief slawischer Mensch« gewesen. Schon der Titel, den er für die neue, zum Jahreswechsel 1895/96 veröffentlichte Gedichtsammlung wählt, ist bezeichnend: *Larenopfer*. Laren nannte man im alten Rom die Schutzgottheiten des Hauses und der Heimat. Obwohl Rilke alles andere war als das, was man einen Heimatdichter nennt, hat er zweimal im Leben Landschaften besungen, in denen er sich heimisch fühlte: Prag und Böhmen in *Larenopfer* zu Beginn und das Wallis in den *Quatrains Valaisans* am Ende seiner Wanderungen.

Die Stadt Prag, in der er aufgewachsen war, unterschied sich allerdings durchaus von dem heutigen Praha. In den frühen achtziger Jahren, als er die Piaristenschule besuchte, war sie mit 170 000 – wenn man die Garnison und die Vororte hinzunahm, gar 300 000 – Einwohnern nach Wien und Budapest die drittgrößte Stadt der Monarchie. Dem Glauben nach war die Bevölkerung überwiegend katholisch (zu zehn Prozent jüdisch, nur zwei Prozent protestantisch), der Sprache nach kamen vier Tschechen auf einen Deutschen. Nichtsdestoweniger rekrutierte sich das Establishment aus dem deutschsprachigen Element; aus ihm stammten die Besitzer von Braunkohlegruben und Montanwerken, die Textilfabrikanten und Hopfenhändler, die Universitätsprofessoren und Ärzte, die Juristen und höheren Beamten. Mit der 1348 ins Leben gerufenen Karl-Ferdinands-Universität und der 1806 gegründeten Technischen Universität (beide Anstalten waren die ältesten ihrer Art im gesamten mitteleuropäischen Raum), mit zwei deutschsprachigen Theatern, zwei Oberrealschulen und vier von insgesamt sieben »Staatsobergymnasien«, einer großen Konzerthalle, zwei Tageszeitungen mit je einer Morgen- und Abendausgabe sowie zahlreichen Wochen- und Monatsschriften bestimmte die deutsche Minderheit nicht nur das kulturelle Leben von Prag, sondern auch das der drei Millionen Sudetendeutschen, die an den Grenzen Böhmens und Mährens lebten. Die Leistungen waren dementsprechend. So ist zum Beispiel die Rolle der Stadt in der Musikgeschichte dadurch verbrieft, daß das eine deutschsprachige Prager Theater der Schauplatz der Uraufführung des *Don Giovanni*, das andere Schauplatz der ersten Inszenierung des gesamten *Ring des Nibelungen* war. Angelo Neumann, ursprünglich Opernsänger und seit 1888 künstlerischer Leiter der beiden deutschen Bühnen Prags, hat sich um Ibsen und Gerhart Hauptmann so verdient gemacht wie sonst nur noch Otto Brahm.

Trotz dieser Ausstrahlung weit über das Weichbild von Prag hinaus nährte die spezifische Atmosphäre der Stadt eine Art von Treibhausluft, die überhaupt für jene Jahre bezeichnend ist, in denen der – in der Literatur wohl zum letzten Mal in Stifters *Witiko* beschworene – Begriff des »Böhmischen« endgültig in »Deutsch« und »Tschechisch« auseinanderbrach. Hier die deutsche Sprach- und Kulturinsel, die allerdings so weit vom eigentlichen, ob reichsdeutschen oder österreichischen Sprachgebiet entfernt lag, daß Heinrich Teweles, der Herausgeber der *Bohemia*, Prags ältester und angesehenster Zeitung, seine Leser einmal als »lauter Bildungsdeutsche« bezeichnen konnte. Dort die tschechische Mehrheit, deren Nationalbewußtsein längst der patriarchalischen Phase entwachsen war, da Franz Anton Graf von Kolowrat, Metternichs Gegenspieler am Wiener Hof, Bittgesuche zu gewähren pflegte, die mit einem »Ich heiße Wenzel und bin ein Böhm« vorgebracht wurden; das Gefühl einer slawischen Selbstbesinnung hatte vielmehr in jenem Maße zugenommen, in dem nach 1848, und erst recht nach der 1862 erfolgten Sitzung des böhmischen Landtags, der liberale Geist auf beiden Seiten einem konservativ-völkischen gewichen war, so daß zum Beispiel 1863 die Technische Hochschule und 1882 auch die Universität in eine deutsche und eine tschechische Anstalt geteilt wurde. Und dazwischen, literarisch damals am produktivsten, eine starke jüdische Präsenz, von den Tschechen als überwiegend deutschsprachig, von vielen Deutschen als fremdartig abqualifiziert.

Bei der deutschen Minderheit führte das Mißverhältnis zwischen kulturellem Angebot und beschränktem lokalen »Konsum« sowie die Isolierung sowohl von der slawischen Umwelt als auch von den eigentlichen deutschsprachigen Ländern alsbald zu einer Art von

Inzucht, einem Vakuum, in dem immer mehr hochbegabte Schriftsteller für ein immer kleineres Publikum schrieben, und dies in
einem immer kraftloseren, weil von seinem Mutterboden abge-
schnittenen Idiom. Sprachlich konnten Rilke, Kafka und Werfel
bekanntlich kaum je aus dem vollen schöpfen; sie hatten sich
vielmehr mit einem Sachverhalt abzufinden, den Rilke (in einer
Aussage, die ihrerseits um ein Haar seiner syntaktischen Kontrolle
entglitten wäre,) einmal so umschrieb:

> Die unselige Berührung von Sprachkörpern, die sich gegenseitig
> unbekömmlich sind, hat ja in unseren Ländern dieses fortwäh-
> rende Schlechtwerden der Sprachränder zur Folge, aus dem sich
> weiter herausstellt, daß, wer etwa in Prag aufgewachsen ist, von
> früh auf mit so verdorbenen Sprachabfällen unterhalten wurde,
> daß er später für alles Zeitigste und Zärtlichste, was ihm ist
> beigebracht worden, eine Abneigung, ja eine Art Scham zu
> entwickeln sich nicht verwehren kann.[25]

Unter den spezifisch Prager »Sprachabfällen« wären eine Schwäche
für ausgefallene Epitheta und überladene Vergleiche, aber auch für
die »Kuchelböhmisch« genannte deutsch-tschechische Mischspra-
che zu nennen. Man hat sogar in der Vorliebe, die Rilke – von Alfred
Andersch der »Erfinder des Konjunktivs« genannt – dieser Form
entgegenbrachte, eine Reaktion auf den Prager Konjunktiv mit
»möchte« (»das Haus möchte zusammenbrechen«) gesehen.[26]
So steht das Tschechische denn auch obenan unter den Motiven,
die in *Larenopfer* zur Sprache kommen. Einige der kurzen, zumeist in
vierhebige Zeilen gefaßten Gedichte sind topographischer Natur im
Sinne eines poetischen Fremdenführers: *Der Hradschin, Im Kreuzgang
von Loretto, Auf dem Wolschan.* Andere behandeln Episoden aus der
Geschichte des Landes oder dem Leben seiner großen Männer:
Kaiser Rudolf, Der Fenstersturz, Beim Friedland. Aufschlußreicher als
diese Beschreibungen oder die autobiographischen und antiklerika-
len Reflexionen sind einige Gedichte, in denen Rilke Stellung
bezieht. Das ist vor allem in *Kajetán Týl* der Fall, mit dem im
Untertitel enthaltenen Hinweis auf eine 1895 in Prag veranstaltete
und von der deutschsprachigen Bevölkerung demonstrativ boykot-

tierte »tschechoslawische« Ausstellung. Ihr Glanzstück war eine
Reproduktion des Zimmers gewesen, in dem Josef Kajetán Tyl 1834
das Lied *Kde domov muj* (»Wo ist meine Heimat?«) gedichtet hatte,
das nach 1918 zur Nationalhymne der tschechoslowakischen Republik wurde. Die mitfühlende Schilderung der Lebensumstände
dieses tschechischen Nationalhelden:

> Da also hat der arme Tyl
> sein Lied ›Kde domov muj‹ geschrieben.
> In Wahrheit: Wen die Musen lieben,
> dem gibt das Leben nicht zuviel.
>
> – – –
>
> Ein Stuhl, als Schreibtisch eine Truhe,
> ein Bett, ein Holzkreuz und ein Krug . . .

aus der Feder eines deutschstämmigen Prager Dichters hätte bei der
damaligen Stimmungslage eine Signalwirkung ausgeübt, wenn
dieser Dichter nur schon ein wenig bekannter gewesen wäre. Aus
diesem Grunde, das heißt, weil er es gleichsam zu früh, als noch
Unbekannter, niederschrieb, hat auch das für einen Zwanzigjährigen erstaunliche politisch-apolitische Glaubensbekenntnis, das er in
dem Gedicht *In dubiis* ablegt und im Grunde genommen zeitlebens
vertritt:

> Es dringt kein Laut bis her zu mir
> von der Nationen wildem Streite,
> ich stehe ja auf keiner Seite;
> denn Recht ist weder dort noch hier . . .

weniger Resonanz gefunden als die *Volksweise*, vielleicht das bekannteste aller Gedichte aus seiner Frühzeit:

> Mich rührt so sehr
> böhmischen Volkes Weise,
> schleicht sie ins Herz sich leise,
> macht sie es schwer.

Wenn ein Kind sacht
singt beim Kartoffeljäten,
klingt dir sein Lied im späten
Traum noch in der Nacht.

Magst du auch sein
weit über Land gefahren,
fällt es dir doch nach Jahren
stets wieder ein.

Andere Gedichte in *Larenopfer* wiederum zeigen, daß auch der ganz
junge Rilke, der noch kaum etwas von der zeitgenössischen deutschen Literatur gelesen hatte, bei aller Isoliertheit nicht unberührt
geblieben war von den Problemen, die die Gemüter in München
und Wien und erst recht im fernen Berlin bewegten – oder bis vor
kurzem bewegt hatten; denn als Rilke ihn entdeckte, hatte der
Naturalismus in dieser Ausprägung bereits seinen Höhepunkt
überschritten. Immerhin enthält der Zyklus dieses und jenes
Gedicht, das zur Großstadt-, und mit *Hinter Smichov* sogar eines, das
zu einer Art von Arbeiterlyrik gehört, die man bei Rilke kaum
vermuten würde:

Hin gehn durch heißes Abendrot
aus den Fabriken Männer, Dirnen –,
auf ihre niedern, dumpfen Stirnen
schrieb sich mit Schweiß und Ruß die Not.

Die Mienen sind verstumpft; es brach
das Auge. Schwer durchschlüpft die Sohle
den Weg, und Staub zieht und Gejohle
wie das Verhängnis ihnen nach.

Man sieht an diesen Zeilen, wie beschränkt Rilkes Interesse am
Aufzeigen sozialer Mißstände war. Nicht, weil er als Bürgersöhn-
chen schrieb und »Dirnen« auf »niedern, dumpfen Stirnen«
reimte oder weil er sich darauf beschränkte, das Elend einfach zu
registrieren; darauf hatte sich im wesentlichen auch Gerhart

Hauptmann beschränkt, und Brecht war um diese Zeit noch nicht geboren. Schon dem Titel des Gedichts aber ist zu entnehmen, wie weit das alles im Grunde von Rilke entfernt war und der Natur der Sache nach wohl auch sein mußte. Denn das am linken Moldauufer, südlich der Kleinseite gelegene Smichov, eine industrielle Vorstadt von Prag und Standort einer großen Waggonfabrik, war keine deutsche, sondern eine tschechische Arbeitersiedlung, wie die Tschechen überhaupt das Gros des Proletariats ausmachten; deutsche Fabrikarbeiter gab es kaum. So brachte es die Verschränkung der Nationalitäten- mit der sozialen Frage mit sich, daß die deutschsprachige Prager Literatur, soweit überhaupt realistisch und deskriptiv, eine in Form und Thematik bürgerliche Literatur war. Auch ahnte Rilke zumindest, daß seine beachtliche Kenntnis des Tschechischen ihn noch lange nicht befähigte, die slawische Umwelt aus sich heraus, das heißt anders als im Kontrast zur deutschen, darzustellen. (Nicht einmal Kafka, der die Tschechen besser kannte als Rilke, mochte sich darauf einlassen.) In *Zwei Prager Geschichten* hat Rilke diesen Themenkreis noch einmal berührt, in der Lyrik ist er kaum mehr auf ihn zurückgekommen.

Eine Sackgasse anderer Art betritt er um diese Zeit mit einem quasi-sozialistischen Experiment, das als literarhistorisches Kuriosum erwähnt zu werden verdient. Er bringt eine *Wegwarten* getaufte Zeitschrift heraus, deren erste Nummer mit dem Untertitel »Lieder, dem Volke geschenkt« erscheint. Inhaltlich und stilistisch bietet das nur fünfzehn Seiten zählende Heftchen nichts Neues. Im Gegenteil, es stellt mit seinen gar zu alliterationsfreudigen Versen (»Seliger Sterne schimmernde Scharen . . .«) eher einen Rückfall in die frühe Spieldosen-Lyrik dar. Die *Wegwarten*, die fast gleichzeitig mit *Larenopfer* erscheinen, haben diesem gegenüber jedoch den Vorteil, daß man sie nicht zu kaufen braucht. Rilke gibt sie nicht nur im Selbstverlag heraus, wobei er die Kutscherasche Wohnung in der Wassergasse als Büro benutzt, sondern verteilt das erste Heft auch kostenlos an Krankenhäuser und Vereine, ja bietet es an einer verkehrsreichen Straßenkreuzung, einem Gewährsmann zufolge »im schwarzen Habit eines Abbés mit langen lockigen Haaren«, eigenhändig den Passanten an.[27]

Die Idee ist nicht neu. In einer seiner ersten Rezensionen hat er gerade die lyrischen Flugblätter angezeigt, die der sozialdemokratische Dichter Karl Henckell in Zürich als *Sonnenblumen* herausgibt, nicht umsonst zwar, aber doch so billig, daß sie für jedermann erschwinglich sind. Durchaus neu hingegen und entwaffnend in ihrer Mischung von Idealismus, Koketterie und Naivität ist die Erklärung, die Rilke dem ersten Heft der *Wegwarten* voranstellt:

Ein Wort nur:
. . . Ihr gebt eure Werke in billigen Ausgaben. – Ihr erleichtert dadurch den Reichen das Kaufen; den Armen helft ihr nicht. Den Armen ist Alles zu teuer. Und wenn es zwei Kreuzer sind, und die Frage heißt: Buch oder Brot? Brot werden sie wählen; wollt ihrs verargen? Wollt ihr also Allen geben, – so *gebt*! – Paracelsus erzählt, die Wegwarte werde alle Jahrhunderte zum lebendigen Wesen; und leicht erfüllt die Sage sich an diesen Liedern; vielleicht wachsen sie zu höherem Leben auf in der Seele des Volkes.
Ich bin selbst arm; aber diese Hoffnung macht mich reich. – Die »Wegwarten« werden ein- bis zweimal jährlich erscheinen. Pflückt sie, und mögen sie euch zur Freude sein!

René Maria Rilke

In diesem Stadium von Rilkes Laufbahn, wenn das leistungsbezogene Wort bei einem Nur-Dichter überhaupt statthaft ist, macht sich erstmals ein Widerspruch bemerkbar. Er entspringt der Frage, welchen Platz wir ihm auf jener Skala der Zeitgenossen anzuweisen haben, an deren einem Ende Franz Kafka, an deren anderm Ende Thomas Mann steht: hier ein Autor, der sich kaum für die Veröffentlichung seiner Werke interessiert, dort ein »Großschriftsteller«, der seinen geschäftlichen Vorteil sehr wohl wahrzunehmen weiß. Die Gegenüberstellung ist wertfrei und nicht auf die Moderne beschränkt; neben Kleist, dem im praktischen Leben nichts recht gelingen wollte, stand der auch in dieser Hinsicht erfolgreiche Goethe. Das Überraschende an Rilke liegt nun darin, daß er, dem nicht nur manche von Haus aus reiche (und deshalb vielleicht ihrerseits etwas weltfremde) Gönnerin, sondern auch ein so illusionsloser Menschenkenner wie Sigmund Freud den Status eines »großen, [aber] im Leben ziemlich hilflosen Dichters« bescheinigte,[28] um diese Zeit eine ganz außerordentliche Betriebsamkeit, ja Geschäftstüchtigkeit an den Tag zu legen beginnt. Wobei nicht zu vergessen ist, daß er in erster Linie und sozusagen hauptberuflich immer noch Student ist: Im Wintersemester 1895 zum Beispiel belegt er Vorlesungen in Literaturgeschichte, Philosophie und Kunstgeschichte, im Frühling 1896 auch Jura.

Den Anfang seiner »Dichter-Laufbahn« darf man auf den Winter 1892 ansetzen, als er erstmals Freunde und Verwandte ersucht, ihm bei der Unterbringung seiner Manuskripte behilflich zu sein. Neben Phia und bald auch Vally, die ihre gesellschaftlichen Beziehungen in dieser Richtung einsetzen, ist das zunächst der St. Pöltener Oberrealschullehrer und Schriftsteller Franz Keim, auf den Rilke sich in dem Schreiben beruft, mit dem er *Leben und Lieder* dem Cotta-Verlag unterbreitet. In demselben Brief fungiert Alfred Klaar, Kunst- und Musikredakteur der *Bohemia* und später Dozent für Literaturwissenschaft an der Deutschen Technischen Hochschule in Prag. Auch seinen Universitätslehrer, den von Karl Kraus einmal als »einflußreichen Esel« bezeichneten Germanisten August Sauer, betrachtet Rilke nicht nur als Freund; er setzt ihn auch zielbewußt als Verfertiger von Gutachten ein, dank derer er noch ein Stipendium vom österreichischen Kultusministerium erhält, als er Österreich längst den Rücken gekehrt hatte. Sauers Frau, die Dichterin Hedda Rzach-Sauer, verwendet sich gleichfalls von Anfang an für ihn, wie auch der Grafiker Emil Orlik, der Lyriker Hugo Salus, der Romanschriftsteller Paul Leppin und der Übersetzer Friedrich Adler. So eng sind diese Maschen geknüpft und so klein die Prager literarische Welt, daß das Heft der Monatsschrift *Deutsche Arbeit*, in dem der *Cornet* in erster Fassung im Oktober 1904 erscheint, auch Beiträge von Adler, Leppin und Hedda Sauer enthält.

Letzte Seite eines Briefes, den Rilke am 19. 1. 1896 an seinen ersten Verleger, G. L. Kattentidt in Straßburg, schrieb. Der zwanzigjährige Dichter lehnt es ab, »aus kleinlichen Rücksichten« auf das Publikum Textänderungen vorzunehmen.

Hand in Hand mit der Nutzung persönlicher Kontakte verlaufen Rilkes Bestrebungen, sich im Prager Kulturleben, obwohl ihn dieses an sich nicht sonderlich beeindruckt, eine auch nach außen hin sichtbare Stellung zu verschaffen. Dazu dient die Herausgabe der *Wegwarten* ebenso wie die eines kurzlebigen österreichischen Ablegers der von seinem Straßburger Verleger edierten Zeitschrift *Jung-Deutschland und Jung-Elsaß*. Auch scheut Rilke sich nicht, einige Beiträger zu Henckells *Sonnenblumen* diesem Journal abspenstig zu machen und sie dem eigenen Wagen, den *Wegwarten*, vorzuspannen. Dies gelingt ihm sowohl bei Christian Morgenstern als auch bei dem Lyriker Emil Prinz von Schönaich-Carolath, auf dessen Holsteiner Schloß er später entscheidende Impulse für die *Aufzeichnungen des Malte Laurids Brigge* empfangen sollte. Um ihnen ein wenig Auftrieb zu verschaffen, erwägt er sogar, die *Wegwarten* in den Dienst eines Dichterbundes zu stellen, den Harry Louis von Dickinson, der sich als Schriftsteller Bodo Wildberg nennt, in Dresden gegründet hatte; es ist nicht leicht auszumachen, ob Freundschaft oder Nützlichkeitserwägungen für Rilke dabei den Ausschlag gaben. Auf jeden Fall erscheint das dritte und letzte Heft der *Wegwarten*, eine als »Deutschmoderne Dichtungen« annoncierte Anthologie zeitgenössischer Dichter, 1896 in Dresden unter der gemeinsamen Betreuung von Rilke und Wildberg.

Verbindungen dieser Art lassen sich brieflich bestenfalls einleiten; zur weiteren Pflege benötigen sie den persönlichen Kontakt. Rilke hatte München, wo er die Bekanntschaft des Romanschriftstellers Ludwig Ganghofer machte, und wohl auch Straßburg schon 1894 besucht. Mit dem befreundeten Schauspieler und Dramatiker Rudolf Christoph Jenny fährt er zu Pfingsten nach Wien, wo er zum ersten Mal Karl Kraus sieht, und zur 1000-Jahr-Feier des Königreichs Ungarn nach Budapest.

Es folgen zwei Reisen nach Dresden und ein Urlaub bei Kusine Gisela im Salzkammergut, nebst Abstecher nach Gmünden, wo eine von ihm seit Jahren angebetete Schauspielerin gerade ein Engagement am Sommertheater wahrnimmt. Als Rilke im Herbst 1896 nach München übersiedelt, sind Gedichte, dramatische Skizzen, Rezensionen und Kurzprosa aus seiner Feder bereits in annähernd zwanzig deutschen und österreichischen Veröffentlichungen erschienen. Da es sich dabei fast ausschließlich um unreife und von ihm selbst bald als ungenügend empfundene Jugendarbeiten handelt, darf man diesen Erfolg nicht nur seinem Talent, sondern zum Teil gewiß auch seiner Betriebsamkeit zuschreiben. So weit gespannt sind seine journalistischen Projekte, daß er im August 1897 bei der portugiesischen Zeitschrift *Arte* anfragt, ob man dort an deutschsprachigen Beiträgen interessiert sei. Dabei hat er nicht die geringste praktische, geschweige denn geistige Beziehung zu Portugal – und weiß deshalb auch nicht, daß die Zeitschrift schon im Juli 1896 eingegangen ist.[29]

Inzwischen ist Rilke längst Mitglied des Vereins Deutscher Bildender Künstler in Böhmen und, wichtiger für ihn, der »Concordia« (Verein Deutscher Schriftsteller und Künstler in Böhmen) geworden. Sie wird von Alfred Klaar geleitet und trifft sich meist im Deutschen (jetzt Slawischen) Haus. Dort kann er sich mit bereits bekannten Dichtern aussprechen, die entweder ihrerseits Mitglieder sind oder auf Vortragsreisen durch Prag kommen wie der Erzähler und Literaturforscher Karl Emil Franzos oder Max Halbe, Autor des Erfolgsdramas *Jugend* (1893), den Rilke um die Erlaubnis bittet, ihm sein soeben verfaßtes Stück *Im Frühfrost* widmen zu dürfen. Kaum hat Halbe, nach fünf Wochen und nochmaliger Anfrage, sich damit einverstanden erklärt, als Rilke das derart aufgewertete Drama auch schon Halbes eigenem Verleger, S. Fischer, unterbreitet – freilich nicht, ohne den von soviel Cleverness verdutzten Kollegen davon in Kenntnis zu setzen. Theodor Fontane, dem er ein Exemplar des *Larenopfer* geschickt hatte, beschränkt sich auf briefliche Zustimmung, während Arthur Schnitzler auf die Übersendung des zweiten *Wegwarten*-Heftes überhaupt nicht reagiert zu haben scheint. Detlev von Liliencron hingegen, dessen *Sühneversuch* Rilke in einer kurzen Ballade nachgedichtet hat, wird zu einem tätigen Freund und Förderer auch noch in späteren Jahren, als er den Dichtungen des anderen schon nicht mehr zu folgen vermag. Rilke, der Verbindungen anzuknüpfen, aber auch Freundschaftsdienste zu leisten versteht, lädt ihn nicht nur nach Prag ein, sondern greift dem viel älteren, notleidenden Mann durch eine Liliencron-Lesung auch finanziell unter die Arme. »Liliencron-Abend großer Erfolg. Materiell und ideell!«, berichtet er dem

Notiz

Eben erschien N° II. der von René-Maria Rilke den Völken geschenkten Hefte „Wegwarten." Das erste Heft hat reichlich Beifall gefunden. Das neue enthält ein modernes Drama „Jetzt und in der Stunde unseres Absterbens" aus der Feder des Herausgebers. Zu beziehen Gratis durch den Dichter. Prag I. Wassergasse 15 = B I. ―

Rilkes eigenhändige Ankündigung des zweiten Heftes der *Wegwarten* mit dem Abdruck seines »modernen Dramas« *Jetzt und in der Stunde unseres Absterbens.* »Zu beziehen Gratis durch den Dichter.« Der Text war für ein Inserat bestimmt.

gemeinsamen Freund Wilhelm von Scholz. »Sende unserm teuren Detlev heute 300 Mark und die Versicherung vieler neuer begeisterter Freunde!« Allerdings geht seine Bewunderung für den preußischen Haudegen Hand in Hand mit der Geringschätzung für den Prager Literaturbetrieb; so hatte er Scholz kurz zuvor von den Schwierigkeiten geschrieben, seine Mitbürger, diese »scheußlichen Philister, . . . die den Namen Liliencron meistens Blumencron oder Lilienfeld aussprachen«, für eine solche Veranstaltung zu gewinnen.

Freundschaftskult, Vereinsmeierei und Unternehmergeist stehen Rilke so seltsam zu Gesicht, daß man versucht ist, die Existenz zweier Dichter zu postulieren: hier des aristokratisch-kontemplativen Einsiedlers von Muzot, dort des milchbärtigen Gschaftlhubers, der sich je nach Bedarf in eine andere Rolle versetzt, darunter die des tumben Sängers, der im Vorwort zu den *Wegwarten* mit der eigenen Unerfahrenheit kokettiert. In Anbetracht seiner ungünstigen Startposition (Rilke kam nicht, wie Hofmannsthal und Thomas

Mann, aus gebildet-großbürgerlichem Haus und war auch nicht, wie Stefan George, von früh auf an den Umgang mit bedeutenden Männern gewöhnt) wäre ihm eine gewisse »Aufsteiger«-Mentalität kaum zu verübeln gewesen.

Hinzu kommt freilich, daß Rilke über ausgezeichnete Manieren verfügte und – ebenfalls eine mütterliche Mitgift? – sich nicht nur zu benehmen, sondern bei aller ihm eigenen Bescheidenheit auch aufzutreten wußte. Es gab ja im damaligen Europa noch eine Gesellschaft, die, eben weil sie sich nicht erst als solche zu »profilieren« brauchte, die Grenzen zum Literarischen hin so durchlässig halten konnte, wie sie in Frankreich bis heute sind. Wenn Rilke sich in seinen mittleren Jahren nirgends so wohl fühlte wie auf den Besitzungen adliger oder zumindest wohlhabender Damen, dann war das nicht nur auf seine exquisiten Umfangsformen und seinen Common sense zurückzuführen (denn er war dort gewiß besser aufgehoben als anderswo), sondern auch auf die Anteilnahme dieser oft hochgebildeten Frauen am literarischen Leben ihrer Zeit. Die deutsche Literatur wäre um nichts reicher, wenn Rilke die *Duineser Elegien* in einem Münchener Pensionszimmer oder einer Berliner Mietwohnung begonnen hätte statt auf Schloß Duino. Gesetzt den Fall, er hätte sie dann überhaupt geschrieben.

Ein frühes Beispiel dieser Wechselwirkung von Geist und Gesellschaft in seinem Leben bietet der Flirt mit Láska van Oestéren, die Rilke im Frühjahr 1896 kennenlernt und, weil sie schon Lyrik und kurze Erzählungen in der *Bohemia* veröffentlicht hat, sogleich auch um einen Beitrag für die *Wegwarten* bittet. Da die Mütter, Phia Rilke und Frau van Oestéren, ohnehin miteinander verkehren, schließt die freundschaftliche Beziehung bald auch Láskas Bruder ein, Friedrich Werner van Oestéren, der später mit dem gegen die Jesuiten gerichteten Roman *Christus, nicht Jesus* von sich reden machte. Den Sommer pflegte die Familie van Oestéren auf dem dem Fürsten Pálffy gehörenden Schloß Weleslavin westlich von Prag zu verbringen. Dort ist Rilke so oft und gern zu Gast, daß er sich in einigen Briefgedichten an die schöne Láska in Anlehnung an Goethes *Tasso* bald als »Schloßpoet« bezeichnet (er liebt solche Fiktionen und nennt sich 1906 der Prinzessin de Broglie gegenüber »*votre poète exilé R.M.R.*«). – Vielleicht war dies die Maske, die ihn veranlaßte, die Adressatin in einem auf dem Bahnhof von Weleslavin verfaßten, vierseitigen Abschiedsbrief achtmal mit »Baronesse« anzureden.

Bei einem Empfang auf Weleslavin führt er den um sechs Jahre älteren Siegfried Trebitsch, den späteren Schriftsteller und Shaw-Übersetzer, bei der Dame des Hauses ein und nimmt sich seiner überhaupt auf so verbindliche Art und Weise an, daß der andere, als blendend aussehender Dragoneroffizier aus reichem Hause selber zur guten Gesellschaft gehörend, mit Verwunderung registriert, wie vertraut Rilke bereits mit den »Gepflogenheiten der großen Welt« ist.[30]

IV

In seiner Prager Zeit hat Rilke nicht nur Lyrik und etwas Prosa, sondern auch mehrere Stücke geschrieben. Neben frühen Versuchen wie *Das Turmzimmer* und *Vigilien* sind dies zunächst der Einakter *Murillo* (ein vor einem fremden Haus zusammengebrochener Maler weist sich als Murillo aus, indem er auf dem Sterbebett mit einem Stück Kreide einen Christuskopf skizziert) und das gleichfalls von der Malerei handelnde *Hochzeitsmenuett*. Die beiden 1894/95 entstandenen Werkchen bestehen jeweils aus einem lyrischen Monolog und erinnern, von ferne, an Hofmannsthals *Der Tod des Tizian*.

Gewichtiger ist der im zweiten Heft der *Wegwarten* veröffentlichte und 1896 am Prager Deutschen Volkstheater uraufgeführte Einakter *Jetzt und in der Stunde unseres Absterbens*. Helene – der Lieblingsname des jungen Rilke – oder Hella ist eine hübsche, aber völlig mittellose junge Frau, die mit ihrer dreizehnjährigen Schwester Trudi und der todkranken Mutter beim Hausbesitzer Lippold wohnt. Dieser hat es seit langem auf sie abgesehen:

Helene, haben's denn die Blicke nicht verstanden, mit denen ich Sie immer anschau . . . wird Ihnen dann nicht so ein bissel warm dabei . . . No! . . .

und droht jetzt, die verarmte Familie an die Luft zu setzen. In ihrer Verzweiflung wählt Helene das einzige Mittel, den Auszug lange genug hinauszuzögern, damit die Mutter in Frieden sterben kann: Sie bezahlt die Miete, indem sie mit dem skrupellosen Hausbesitzer ins Bett geht. Während dies im Untergeschoß stattfindet, erzählt oben die ahnungslose Mutter ihrer jüngeren Tochter Trudi von einem lange zurückliegenden Fehltritt. Als junges Ding hatte sie sich von Lippold (der sie in der verhärmten alten Frau, die sich mit ihren beiden Töchtern bei ihm eingemietet hatte, nicht wiedererkannt hat) ein Kind machen lassen: Helene. Nach derart abgelegter Beichte stirbt die Mutter erleichtert. Der jungen Trudi aber, die zuerst nicht recht verstanden hatte, was Lippold von der Schwester eigentlich will, geht plötzlich ein Licht auf. Sie stürzt zur Tür und schreit das Treppenhaus hinab: »Hella! Hella!«, rennt dann zurück zum Totenbett der Mutter und betet ein Vaterunser bei fallendem Vorhang.

Der Theaterkritiker der *Bohemia* nannte das Stück »eine Ballade im Alltagskleid, aber kein ›Drama‹«. – Zu Recht, denn die Koinzidenz von Armut, Tod, Inzest und blindem Zufall auf ein paar Seiten überzeugt nicht, trotz realistischer Details wie einer Bühnenskizze der Art, wie sie Hauptmann der Erstausgabe von *Vor Sonnenaufgang* beigegeben hatte, oder der Rede, mit der der Hausbesitzer seinem Opfer auf den Leib rückt:

Wissen Sie [sagt er kaltschnäuzig zu Helene], wenn Eine wovon zu nagen hat, dann kann sie sich ja auch den Luxus gönnen, so eine Tugend zu halten, so wie andere Leut einen Hund oder einen Canari . . . aber . . . Sie . . .

Allerdings haben wir es bei diesen Zeilen mit einem dialektischen Versatzstück der naturalistischen Bühne zu tun, das in Rilkes nächstem Drama auch sogleich fröhliche Urständ feiert, in einem Passus, in dem die unversöhnliche Vally »niedrigste Gotteslästerung und aufreizende Reden gegen den Kapitalismus« witterte. Denn auch in *Frühfrost* verkauft sich ein anständiges Mädchen, diesmal auf Drängen der Mutter und um den Vater vor dem Gefängnis zu bewahren:

Die Oben – die Reichen [wird sie von der kupplerischen Alten belehrt], die haben leicht predigen. Die sitzen beim vollen Tisch und fressen und füllen sich den feisten Wanst und sprechen mit schönen Worten über »gut« und »edel« und die Massen derer, die verderbt sind! – Und dann laufens selbst in den schmutzigen Gassen und Winkeln den Mädchen nach und verführen sie und jagens in Elend und Tod . . . Wer macht uns denn schlecht? – Wer? Wir selbst? Daß ich nicht lach! – Die, die fort im Maul führen, daß sie uns bessern und bilden! Ja!

Im Frühfrost, das als erstes von Rilkes Stücken auch gedruckt erschien, wurde 1897 in Prag uraufgeführt, mit dem jungen Max Reinhardt in der Rolle des Vaters. Trotz erfolgreicher Premiere hat es sich nicht auf der Bühne behaupten können.

Warum ist aus Rilke, der noch auf Jahre hinaus eine unglückliche Liebe zum Theater hegt und weiterhin Stücke schreibt, kein Dramatiker geworden? Neben seiner prinzipiell lyrischen Art des Welterfahrens und der Unfähigkeit, sich zwischen Naturalismus und Symbolismus zu entscheiden, wäre hier auch das Prager Problem der Sprachverdünnung anzuführen; die zitierten, in einem vagen, nicht weiter lokalisierbaren, aber auch nicht waschechten Österreichisch geschriebenen Reden veranschaulichen dies zur Genüge. Da es ein Volk, dem er beim Schreiben hätte aufs Maul schauen können wie Hauptmann seinen Schlesiern und Berlinern oder Zuckmayer seinen Berlinern und Rheinländern, für ihn nicht gab, mußte er sich in seinen Dramen mit einem Deutsch behelfen, das Werfel einmal als »heimatlos« und »keimfrei« charakterisierte.[31] Dazu kam die kühle Aufnahme, die man seinen zwar bühnengerechten, aber einem verspäteten Naturalismus verhafteten Stücken aus der Prager Zeit bereitete. Von einem Publikum, das gerade Schnitzlers *Liebelei* unter Angelo Neumanns Regie genossen hatte, war nicht zu erwarten, daß es sich für ein Drama wie *Jetzt und in der Stunde unseres Absterbens* erwärmte. Schließlich fehlte es Rilke auch an dramaturgischer Erfindungsgabe. *Vigilien* war nach einer Anregung Friedrich Werner van Oestérens verfaßt worden; *Das Turmzimmer* beruhte auf einem Motiv (das Mädchen, das sich in seiner Sinnesverwirrung dem Liebhaber durch einen Sprung aus dem Fenster entzieht), welches auch in dem Essay *Böhmische Schlendertage* und der Erzählung *Die Geschwister* auftaucht; *Jetzt und in der Stunde unseres Absterbens* entstand in Anlehnung an ein Werk des von Rilke maßlos bewunderten Rudolf Christoph Jenny. Trotzdem hat Rilke sich noch einige Jahre auch als Dramatiker versucht. Erst nach der Jahrhundertwende wird er zu dem Dichter, als der er überlebt und nachwirkt: zum Lyriker und Briefschreiber und zum Erzähler mit stark autobiographischer Färbung.

Im Frühfrost sollte seine letzte Prager Arbeit sein. Es hielt ihn nichts mehr in seiner Geburtsstadt – keine Familienbande, die über gelegentliche, freundlich-distanzierte Kontakte mit dem Vater oder Briefe mit der meist in Wien wohnenden Mutter hinausgegangen wären, keine festen Freundschaften oder berufliche Aussichten oder Verpflichtungen, die sich, zumal sie ohnehin weitgehend auf Korrespondenzen beruhten, anderswo nicht genausogut hätten wahrnehmen lassen. Er besuchte die Vorlesungen nur noch gelegentlich und hat sein Universitätsstudium auch später nie abgeschlossen. Er mußte weg, weg aus der heimischen Atmosphäre, die ihm noch im Rückblick als »kaum zu atmen, dicht von abgestandenem Sommer und unbewältigter Kindheit« erschien.[32] Kafka wird sich unter ähnlichen Umständen später nach Berlin, Werfel nach Hamburg absetzen. Rilke wählt München – eine der wenigen praktischen Entscheidungen seines Lebens, dessen äußerer Verlauf, bei aller *künstlerischen* Zielstrebigkeit, sonst oft genug dem Zufall überlassen bleibt.

MÜNCHEN UND DIE BEGEGNUNG MIT LOU

I

Rilkes erste Münchner Wohnung, Briennerstraße 48, bestand aus zwei bequemen und ruhig gelegenen Zimmern im Erdgeschoß. Daß er sich eine Unterkunft in so guter Lage leisten konnte, verdankte er einer bescheidenen Zuwendung von seinem Vater und dem von Jaroslavs Töchtern weiterhin ausgezahlten Monatswechsel. Die Kusinen, Paula und Irene von Rilke, überwiesen den Betrag zwar nur widerstrebend, waren aber durch die testamentarische Verfügung ihres Vaters angehalten, René so lange zu unterstützen, wie er studierte. Wohl auch aus diesem Grund trug er sich, wie schon in Prag, nun auch an der Münchner Universität als Student der Philosophie ein und belegte im Wintersemester 1896 unter anderem ein von Theodor Lipps gehaltenes Seminar über die Grundlagen der Ästhetik.

Es dauerte nicht lange, bis er sich mit einem anderen gelegentlichen Besucher dieser Lehrveranstaltung angefreundet hatte. Der um ein Jahr ältere Berliner Wilhelm von Scholz, dessen erster Gedichtband gerade erschienen war, hatte studiert und eine Zeitlang als Leutnant gedient, bevor er die Literatur entdeckte. In diesem Winter, als sich zwischen ihnen ein reger, durch fast tägliche Besuche zum Nachmittagstee geförderter Gedankenaustausch entwickelte, schrieb er hauptsächlich Lyrik und Rezensionen; seine Laufbahn als Dramatiker, die in der Intendantur des Stuttgarter Hoftheaters und dem in viele Sprachen übersetzten Erfolgsstück *Wettlauf mit dem Schatten* (1920) gipfelte, lag noch weit in der Zukunft. Was ihn und Rilke damals verband, war neben dem Seminar das Bewußtsein gemeinsamen Strebens in einer literarischen »Szene«, in der sich 1896 allerhand tat.

Da waren zunächst die Lieferanten einer seichten, aber florierenden Unterhaltungsliteratur, die Maximilian Harden in Person und Werk des Dramatikers Paul Lindau geißelte, obwohl er genausogut den Epiker Paul Heyse oder den schon lange verstorbenen Lyriker Emanuel Geibel zur Zielscheibe seines Spottes hätte machen können. Nach Harden, der als Theaterkritiker angefangen hatte und sich erst später der politischen Publizistik zuwandte, durfte der vom Publikum der frühen neunziger Jahre geforderte und geförderte Dichter »keiner von der schlimmen Sorte sein, der etwa gar eine Katze eine Katze nannte und einen Wicht einen Wicht; er mußte glatt sein und platt, in allen gefälligen Fälscherkünsten wohlerfahren . . . vor allen Dingen mußte er aber witzig sein. Der Dr. phil. Paul Lindau war witzig, er hatte nicht ohne Ertrag ein paar Jahre lang eifrig die Boulevard-Blätter gelesen . . . Auch seine Stücke waren zu reizend; . . . immer spielte alles in hübschen Zimmern, die Leute benahmen sich fast so fein wie bei Geldborgers oder Goldbergers selbst; und ›Charaktere‹ gab es: Einer zum Beispiel sagte stets: ›Wollte aber nichts gesagt haben‹, und ein anderer sprach beständig in Stabreimen, mit Wagalaweia; wirklich zum Greifen lebensnah.«[33]

Diesen Autoren standen sowohl die Naturalisten als auch die Neuerer anderer Provenienz und Zielrichtung gegenüber, die, soweit sie Gedichte schrieben, gern als »Neutöner« verlacht wurden. Unter den Lyrikern waren das neben Stefan George, Hugo von Hofmannsthal und Rilke auch Alfred Mombert, Maximilian Dauthendey, Richard von Schaukal, Börries von Münchhausen und Otto Julius Bierbaum.

Auf der Bühne spielte man Hauptmann (1896: *Die versunkene Glocke*) und Sudermann *(Morituri)*, daneben aber auch heute nur noch in Literaturgeschichten anzutreffende Dramatiker wie Georg Hirschfeld (1896: *Die Mütter*) oder Ernst von Wildenbruch *(Heinrich und Heinrichs Geschlecht)*. Wedekinds *Frühlings Erwachen* war gerade erst als Buch erschienen und mußte noch zehn Jahre auf seine Premiere warten. Unter den großen Erzählern standen Raabe (1896: *Die Akten des Vogelsangs*) und Fontane (*Die Poggenpuhls*) fast am Ende, Mann und Hesse eben erst am Anfang ihrer Produktion. Zwei angesehene Lyriker, mit denen Rilke bald in nähere Verbindung trat, hatten gerade größere Werke veröffentlicht: Richard Dehmel *Weib und Welt* (darin das Gedicht *Venus Consolatrix*, das ihm eine

Anklage wegen Verletzung des Anstands eintrug) und Detlev von Liliencron das Terzinenepos *Poggfred*.

Scholz und Rilke lasen einander ihre gerade entstehenden Gedichte vor und rezensierten sie nach Kräften in den Blättern, zu denen sie Zugang hatten. Rilke besprach Scholz' *Frühlingsfahrt* im Prager *Deutschen Abendblatt* und schenkte ihm ein signiertes Exemplar von *Larenopfer*, Scholz revanchierte sich mit einer Rezension von Rilkes *Traumgekrönt* und widmete ihm seine Balladensammlung *Hohenklingen*. Sie duzten sich bald, und es ergab sich ganz von selber, daß Rilke beim Empfang und Hochzeitsessen im Bayerischen Hof zugegen war, als sein Freund im Frühjahr 1897 die Tochter eines Generals heiratete. Er blieb auch späterhin ein gerngesehener Gast in der Wohnung des jungen Paares in der Arcisstraße und verbrachte Ostern auf dem Gut, das Scholz' Vater, ehemaliger preußischer Finanzminister, am Bodensee erworben hatte. Zu den gemeinsamen Interessen gehörte auch die Sorge um den in fortwährenden Geldnöten steckenden Liliencron, der mit den *Adjutantenritten* zwar sein Bestes hinter sich hatte, aber fleißig weiterdichtete. Übrigens war der alte Husar im persönlichen Umgang durchaus nicht forsch, sondern für jedermann zugänglich und von einer so rührenden Hilfsbereitschaft, daß er, wie Scholz einmal meinte, es nie übers Herz gebracht hätte, einen angehenden jungen Poeten *nicht* talentvoll zu finden.[34] Einen solchen Mann konnte man unmöglich darben lassen. Dehmel organisierte von Berlin aus einen ganzen Kreis zur Unterstützung Liliencrons, dem unter den Münchner Freunden neben Rilke und Scholz auch der junge Richard Strauss und Ludwig Ganghofer angehörten. Persönlich lernte Rilke Liliencron erst 1898 kennen, wiederum durch Dehmel.

Weniger einleuchtend als die Freundschaft mit Scholz, später auch mit Hofmannsthal und Kassner sind Rilkes enge Beziehungen zu Schriftstellern, die erheblich, manchmal um Jahrzehnte älter waren als er selbst. Liliencron zum Beispiel war 1844, Ganghofer 1855, Dehmel 1863 geboren. Vielleicht erklären sich diese Verbindungen daraus, daß der junge Rilke, auch wenn er mehrere schwere Krisen durchmachte und einmal sogar vom »Zersetzenden« seiner Sturm-und-Drang-Zeit sprach, auf formalem Gebiet wenig von einem Revolutionär an sich hatte. Seine Auflehnung galt nicht der

Literatur, sondern der Familie und der Heimatstadt. Anders als Goethe und Schiller vor ihm, George und Wedekind neben ihm und Werfel und Brecht nach ihm trat er, wie ja auch seine Generationsgenossen Mann und Hofmannsthal, nicht in betontem Gegensatz zu bestehenden Kunstauffassungen auf den Plan, sondern distanzierte sich von ihnen leise und eher unauffällig. Seine Abneigung gegenüber allem Gewalttätigen mag dabei ebenso eine Rolle gespielt haben wie die im damaligen Österreich weitverbreitete Tendenz, sich auch äußerlich (etwa durch ein frühzeitiges Bäuchlein oder einen Zwicker, wie ihn auch Rilke eine Zeitlang trug) älter zu geben, als man war, oder sein ohnehin konservativer Geschmack und wohl auch ein Quentchen Snobismus. Das alles wirkte zusammen, um den zwanzigjährigen, durchaus ambitionierten und oft auch lebensfrohen Rilke in dieser Hinsicht seltsam unjugendlich erscheinen zu lassen.

Was ihn natürlich nicht hinderte, mit »Puck« Goudstikker, die mit ihrer Schwester im Photoatelier »Elvira« ganz ausgezeichnete Porträtaufnahmen (darunter das beste Jugendbildnis von Ricarda Huch) anfertigte, die Faschingsbälle zu besuchen und die auswärtigen Freunde genüßlich mit allerlei Münchner Klatsch zu versorgen wie der angekündigten Verlobung Frank Wedekinds mit Strindbergs geschiedener Frau oder der Nachricht, daß Siegfried Wagner auf irgendeinem Empfang »von allen jungen und alten Jungfern angeglotzt« worden sei. Um diese Zeit befreundete sich Rilke auch mit Franziska oder »Fanny« von Reventlow, die sich nach der Flucht aus Elternhaus und Ehe mit schriftstellerischen Gelegenheitsarbeiten in München durchschlug, stets um die nackte Existenz kämpfend, die Männer wie die Kleider wechselnd und doch immer wieder von neuem enttäuscht. Durch sie erfuhr er ein wenig vom Leben in Schwabing oder »Wahnmoching«, zu dessen tonangebenden Figuren sie selbst gehörte, die norddeutsche Adlige, die unter die Münchner »Malweiber« gefallen war und gerade einem Sohn das Leben geschenkt hatte, über dessen Vater sie sich hartnäckig ausschwieg. Während aber Wedekind, George mitsamt seinen Jüngern Wolfskehl und Klages sowie die Begründer der »Insel« (Heymel, Schröder, Bierbaum) jeweils auf ihre eigene Art an diesem Leben teilnahmen, und auch der alte Liliencron »Das Völkchen hier –, o Gott, die süßen Weiber hier!« gar nicht genug loben konnte, hatte Rilke verhältnismäßig wenig Kontakt zur damaligen Münchner Boheme. Es ist nicht überliefert, daß er, der für Schlapphut und Samtjackett wenig übrig hatte, jemals die bevorzugten Treffpunkte der Schwabinger Künstler um 1900 besucht hätte, das Café Stefanie (auch »Café Größenwahn« genannt) oder den von Kathi Kobus geleiteten »Simpl«.

Immerhin kam auch Rilke in dem Maße, in dem er als Dichter einen Ruf erwarb, jetzt etwas unter die Leute, obwohl es mit dem »Ruhm« noch geraume Weile hatte. Er war nicht mehr auf Provinzzeitungen angewiesen, sondern wurde nun auch in überregionalen Blättern publiziert, an denen sich sein wachsender Bekanntheitsgrad wie an Jahresringen ablesen läßt. Im *Simplicissimus* und der *Jugend* wird er erstmals 1896 gedruckt, in der *Zukunft* 1897, in der *Gesellschaft* und dem *Litterarischen Echo* 1899, in der *Insel* 1900.

Inzwischen hatte er selber durch eine in mehreren Zeitungen veröffentlichte Anzeige auf den Anfang 1897 ausgelieferten Gedichtband *Traumgekrönt* hingewiesen:

Mein Herr Verleger machte auch Prospekte
und schrieb darauf (man kennt ja solchen Wisch)
das schöne Wort, das viel Moderne schreckte:
»Ein Buch für jeden Mädchenweihnachtstisch«.
Mein Streben ist: das Große, Unbefleckte.
Wenn es nur ehrlich ist und frei und frisch,
dann ist es Kunst, darf Allen Freude geben,
verklärt die Welt und adelt unser Leben.

Das war über die Jahrhundertwende hinaus gang und gäbe, als die Reklame noch in den Kinderschuhen steckte und man noch keine Public-Relations-Agenturen kannte. Man kündigte die bevorstehende Veröffentlichung, bei Künstlern auch Ausstellung, der eigenen Werke in einem selbstverfaßten Text oder Zitat aus anderer Feder, auf jeden Fall aber in eigener Regie an.

Der »Mädchenweihnachtstisch« kam nicht von ungefähr. Viele seiner frühen Verse machen den Eindruck, als seien sie hauptsächlich für die Insassinnen eines Mädchenpensionats bestimmt. Sie sind allzu leicht und duftig, bei aller verstechnischen Virtuosität im Grunde nichtssagend und von einer bisweilen unerträglichen Süßlichkeit. Sogar *Traumgekrönt* enthält noch Verse wie:

> Ich träume tief im Weingerank
> mit meiner blonden Kleinen;
> es bebt ihr Händchen, elfenschlank,
> im heißen Zwang der meinen.
> – – –
> In unserer Brust liegt glückverschneit
> goldsonniges Verstummen.
> Da kommt in seinem Sammetkleid
> ein Hummel Segen summen . . .

Rilke hat die Frage nach dem Wert solcher Strophen auf seine Weise beantwortet, als er den Weg vom Verseschmied zum Dichter bereits zurückgelegt hatte. »Mein Können war damals so gering«, schreibt er 1904 im Rückblick auf seine frühe Produktion, »mein Fühlen unreif und verängstigt, und es kommt dazu, daß ich für alle ersten Veröffentlichungen immer das Schlechteste und Unpersönlichste zusammenstellte, weil ich mich nicht entschließen konnte, das was mir wirklich lieb war preiszugeben; das wurden denn natürlich erbärmliche Bücher.«[35]

Aus anderen Gründen befanden sich unter den derart zurückgehaltenen Werken auch die sogenannten *Christus-Visionen*. Die ersten acht waren 1896–97 entstanden und an die *Gesellschaft* geschickt worden, deren Herausgeber sich jedoch nicht zur Veröffentlichung entschließen konnte. Als Scholz kurz danach den inzwischen erweiterten Zyklus in einer ihm nahestehenden Zeitschrift herausbringen wollte, winkte Rilke seinerseits ab; er habe mehrere Gründe, schreibt er, die *Christus-Visionen* einstweilen zurückzuhalten (sie wurden, mit Ausnahme einiger Verse, erst 1959 veröffentlicht). Einer dieser Beweggründe dürfte ein diesbezüglicher Rat von Lou Andreas-Salomé gewesen sein, der Rilke ein paar Kostproben vorgelesen hatte und deren eigener Essay *Jesus der Jude* sich in manchem mit dem hier entworfenen Bild eines von Gott im Stich gelassenen Erlösers deckte. Ein weiterer und wichtigerer Grund liegt in der Tendenz dieser legendenhaften Gedichte, in denen ein wegen seiner »falschen« Lehre reumütiger Christus unter jeweils anderen, aber immer zeitgenössischen Umständen auftritt, an spezifischen Orten wie auf dem Prager Judenfriedhof oder in einer ländlichen Kirche am Gardasee oder auch in München, wo sich die stärkste dieser Erscheinungen oder Visionen des Heilands verwirklicht. In der *Jahrmarkt* betitelten, beim Oktoberfest auf der Theresienwiese spielenden Episode geht der Dichter planlos durch die festliche Menge, bis er auf eine gänzlich unerwartete Attraktion stößt:

> Wie ich mich so durch das Getümmel wand,
> da stand ich plötzlich an der Wiese Rand
> vor einer Bude. Überm Eingang stand
> in kargen Lettern zaghaft und bescheiden:
> »Das Leben Jesu Christi und sein Leiden«.

Er tritt ein und sieht sich um, woraufhin der auf einem Kruzifix dargestellte Heiland zu sprechen beginnt. Er klagt, daß er, dem Ewigen Juden gleich, keine Ruhe fände, seit ihn die Jünger, »von ihrem eitlen Glaubensprahlen betört«, aus dem Grabe »stahlen«. So stirbt er immer und überall, solange es gläubige Christen geben wird:

> Mein Blut fließt ewig aus den Nagelnarben
> und alle glauben es: mein Blut ist Wein,
> und trinken Gift und Glut in sich hinein.

Nicht weniger blasphemisch ist *Die Nacht* (Christi Verführung durch eine Dirne) sowie das elfte und letzte dieser Gedichte, *Die Nonne*, in dem die Vermischung heidnischer und christlicher Symbole lesbisch akzentuiert erscheint. Formal und sprachlich aber stehen die *Visionen*, die in manchem schon die Gebete des *Stunden-Buchs* vorwegnehmen, hoch über *Traumgekrönt* und dem bereits im März 1896 veröffentlichten *Apostel*. Diese kurze, aus halbverdautem Darwin und Nietzsche genährte Erzählung, die Rilke zur Zeit der Niederschrift als »mein halb tief ernstes, halb satirisches Glaubensbekenntnis« bezeichnet hatte, spielt an der Table d'hôte eines vornehmen Hotels, wo eine polnische Baronin für die Opfer einer Brandkatastrophe in dem benachbarten Dorf sammelt. Alle Anwesenden erklären sich zu einem Beitrag bereit, außer einem altmodisch gekleideten Herrn, der als zuletzt eingetroffener Gast unten am Tisch sitzt. Als die Reihe an ihn kommt, weigert er sich in flammender Rede, den Armen beizustehen, denn: »Der Starke nur hat Recht zu leben . . ., die Reihen werden sich lichten; – aber wenige Große . . . werden ein Reich bauen mit starken, sehnigen, herrischen Armen auf den Leichen der Kranken, der Schwachen, der Krüppel.« Dann verschwindet der Verkünder des Herrenmenschen so plötzlich, wie er inmitten der mondänen Gesellschaft erschienen war (in Rilkes Prosa wird er in der Gestalt des Rezek in *Die Geschwister* ein zweites Mal auftreten).

In späteren Jahren hat Rilke den Geisteszustand, dem seine eklektische, um ein nicht genau zu ortendes Zentrum kreisende frühe Dichtung entsprungen war, einmal mit einem hin und her gewendeten Spiegel verglichen, aus dem alle Bilder fallen.[36] So zeigt auch die 1898 unter dem Titel *Advent* publizierte Gedichtsammlung sowohl seine Virtuosität wie das Fehlen einer über das Klangliche hinausgehenden persönlichen Note noch einmal in aller Deutlichkeit. Der 88 Seiten starke Band beginnt mit *Gaben*, kurzen, jeweils einem Freund gewidmeten Gedichten. Es folgen einige unter *Fahrten* zusammengefaßte Reisegedichte, mit denen Rilke, der gerade kurz in Venedig gewesen war, zum ersten Mal seinen Platz in der langen Reihe derer einnimmt, in deren Leben oder Werk diese Stadt eine Rolle spielte: Goethe und Byron, George Sand und Alfred de Musset, Chateaubriand und Platen, Nietzsche und Wagner, d'Annunzio und Hofmannsthal, Thomas Mann und Proust, Pound und Hemingway. Keiner von ihnen aber hat die Stadt in so vielen Tonlagen besungen wie Rilke, der schon eine der *Christus-Visionen* dort angesiedelt hatte und Venedig im *Schmargendorfer Tagebuch*, in den *Geschichten vom lieben Gott* und in vielen anderen Werken bis hin zur ersten *Duineser Elegie* wieder heraufbeschwören und dazwischen auch immer wieder besuchen wird. Keinem anderen auch war es gegeben, Venedigs Namen und Schicksal auf eine so elegante Formel zu bringen, wie er es tat:

[Das französische] Venise: dieser wunderbare verbliebene Name, durch den ein Sprung zu gehen scheint und der sich nur wie durch ein Wunder noch hält – dem heutigen Dasein jenes Reiches ebenso seltsam entsprechend, wie einst Venezia dem starken Staate entsprach, seiner Aktion, seiner Pracht: den Galeeren, den Gläsern, den Spitzen und den verschwenderischen Bildern von alledem. Während »Venedig« umständlich und pedantisch schien und nur gültig für die kurze unselige Zeit österreichischer Herrschaft, ein Aktenname, von Bürokraten boshaft auf unzählige Konvoluts geschrieben, trist und tinten, so liest sich das: Venedig.

Schon in *Advent* bringt er es fertig, Venedig nach einem dreitägigen Besuch viermal, und zwar jedesmal auf eine andere und doch dem Thema angemessene Weise zu schildern. – Die beiden letzten Teile des Zyklus fallen dagegen stark ab. Vieles ist Kitsch, wie die aus infantilen Wunschvorstellungen erwachsenen Zeilen:

> Der blonde Knabe singt:
> was weinst Du, Mutter? Ist das Spind
> auch bettelleer, – sei gut!
> Ich bin Dein blondes Kronenkind
> und Du hast Edelblut . . .

Und ein Richard Dehmel gewidmetes Gedicht verrät in seinem grotesken Überheblichkeitsgestus gegenüber dem »Weibe«, wie man damals sagte, wie unreif Rilke in Wirklichkeit noch ist, genauer: wie weit die dichterische Fertigkeit dem menschlichen Wachstum vorausgeeilt war:

> Und reden sie dir jetzt von Schande,
> da Schmerz und Sorge dich durchirrt, –
> Oh, lächle, Weib! Du stehst am Rande
> des Wunders, das dich weihen wird.

> Fühlst du in dir das scheue Schwellen,
> und Leib und Seele wird dir weit –

Oh, bete, Weib! Das sind die Wellen
der Ewigkeit.

II

Unter den Gästen im Café Luitpold und am Mittagstisch der
Pension in der Blütenstraße, in die Rilke nach der Rückkehr aus
Italien umgezogen war, befindet sich auch ein Schriftsteller, der im
zweiten, in München spielenden und wiederum weitgehend autobiographischen Teil des *Ewald Tragy* unter dem Namen Thalmann
auftritt. Er wird dort als kleiner schwarzer Mann mit breiten
Schultern und schäbigem Rock geschildert, der in einer Schwabinger Dachstube haust und die Vertraulichkeiten des anlehnungsbe-
dürftigen Tragy mit mephistophelischer Schärfe zurückweist. Thalmann ist kein anderer als der 1873 geborene Jakob Wassermann,
der damals gerade letzte Hand an *Die Juden von Zirndorf* legte. Neben
die Freunde, die Rilke auf literarischen Abenden und in seinen
Lieblingscafés, dem Luitpold, dem Café Wien und später auch dem
Odeon, sieht, tritt nun der eigenbrötlerische, ehrgeizige, von einer in
bitterer Armut verbrachten Jugend gezeichnete Wassermann. Rilke
rezensiert seinen Roman *Der Moloch* (1902) und bleibt mit ihm auch
später in lockerem Kontakt, kann sich im Grunde genommen aber
weder für das Werk noch für die Person des anderen erwärmen, aus
Gründen, die vielleicht mit seinem problematischen Verhältnis zum
Judentum und den Juden zu tun haben. Trotzdem hat ihn diese
Zufallsbekanntschaft letzten Endes mehr gefördert als die Freundschaften mit Männern wie Scholz, Halbe und Ganghofer.

Wassermann empfiehlt ihm Dostojewski und Turgenjew (Rilke
hatte einiges von Tolstoi schon in Linz gelesen) sowie den Roman
Niels Lyhne (1880) von Jens Peter Jacobsen, dessen Held auf einem
Gut in Dänemark aufwächst, bis ihn der unerwartete Tod einer
noch jugendlichen Tante ein erstes Mal aus der Bahn wirft. Auf den
frühen Tod auch der Eltern folgen weitere, nicht immer unverschul-
dete Schicksalsschläge und Enttäuschungen wie der Verlust einer
Freundin, die einen andern zum Mann nimmt, sowie die Heirat

seines besten Freundes mit einer Frau, auf die er selber ein Auge geworfen hatte. Ein späteres Verhältnis mit ihr endet ebenso tragisch wie Niels' sonstige Bestrebungen, im Leben und unter den Menschen Fuß zu fassen. Verwaist und vereinsamt, ohne Geldsorgen, aber auch ohne Beruf – er dichtet lediglich ein wenig – und nach eigenem Eingeständnis »verträumt aber doch lebensdurstig«, verfällt er zusehends der Melancholie. Ein letzter Versuch, seinem Leben durch Ehe und Vaterschaft einen Sinn zu geben, scheitert mit dem Tod seiner jungen Frau und wenig später auch seines kleinen Sohnes. Niels Lyhne hat nun nichts mehr, für das es sich lohnen würde weiterzuleben: keinen Beruf und keine Familie, keine Hoffnung und keinen Glauben, ja nicht einmal einen konsequent durchgehaltenen Nicht- oder Antiglauben, seit er, entgegen seiner ureigensten Überzeugung, am Krankenbett seines Kindes gebetet hatte. Bei Ausbruch des Krieges von 1864 meldet er sich als Freiwilliger zum dänischen Heer. Er erhält einen Lungenschuß und stirbt den schweren, einsamen Tod des Ungläubigen (Jacobsen, Übersetzer und Vorkämpfer Darwins in Dänemark, hatte das Buch ursprünglich *Der Atheist* nennen wollen).

Die Faszination, die von diesem Entwicklungsroman eines Menschen ausging, der sich vor lauter Müdigkeit, Phantasterei und Schwermut am liebsten gar nicht entwickelt hätte, hat ihre Spuren in vielen Werken der Vorkriegszeit hinterlassen. Wenn Jacobsen etwa die Freundschaft zwischen zwei Jungen als eine aus »Sehnsucht . . . und Bewunderung und Selbstvergessen und Stolz«, aus »Demut und ruhig atmendem Glück« bestehende Leidenschaft schildert, dann meint man *Tonio Kröger* zu lesen. Aus gutem Grund, denn Thomas Mann gehörte ebenso zu den Bewunderern des Dänen wie Stefan George, der einige seiner Gedichte verdeutschte, und Arnold Schönberg als Vertoner der *Gurrelieder* oder Heinrich Vogeler, der den Roman illustrierte. In Bildern wie: »Die Pfingstferien liefen über die blumensprießenden Frühlingswiesen dahin« oder: »Edele war barhäuptig, trug keinen anderen Schmuck im Haar als eine Blume aus Goldfiligran, deren Muster sich in dem Armband wiederholte, das sie hoch oben am Arme trug« verkörpern sich die dekorativen Aspekte des Jugendstils wie in kaum einem anderen Werk der erzählenden Literatur.

Rilke, der sich in der Folgezeit viel in Dänemark aufhält und einiges von Jacobsen übersetzt, gewinnt den Roman bald so lieb, daß er ihn eine Zeitlang zusammen mit der Bibel ständig bei sich führt und noch bei der Arbeit an den *Aufzeichnungen des Malte Laurids Brigge* von dieser Welt zehrt. Er sieht in Jacobsen den Dichter, der an allem Leben, auch dem kleinen und unscheinbaren, teilnimmt und »Geringes in Großes . . . Unscheinbares in Scheinendes« verwandelt. In Jacobsens Werk ist vieles enthalten, was seine eigenen Erfahrungen und Überzeugungen vorwegnimmt – etwa die Idee vom »eigenen« Tod und von den belebten Dingen (»Alle diese Provinzmöbel, die sich an die Wände herandrückten, als fürchteten sie sich vor den Menschen«), die Auffassung des Lebens als eines Scheiterns an der Umwelt und der Einsamkeit als eines unabdingbaren Teils der menschlichen Existenz. Auch der von naturalistischem Detail, Lyrismen und religiösen Bildern geprägte Erzählstil sowie die zahlreichen Anklänge an Darwin und Nietzsche zeugen von einer Übereinstimmung, die sich bis ins Persönlich-Biographische erstreckt. Manchmal glaubt man hinter Niels Lyhne nicht nur Malte Laurids Brigge, sondern Rilke selber zu erblicken, der in Paris Ähnliches erleben wird wie Niels im weihnachtlichen Kopenhagen:

> So ging er denn in ein größeres Restaurant hinein [lesen wir in der Schilderung des Heiligen Abends, den Niels, wie oft auch Rilke, mit Absicht allein verbringt]. Während er dort saß und auf das Essen wartete, beobachtete er hinter einer alten Zeitungsbeilage die Leute, die eintraten. Es waren fast ausschließlich junge Menschen; einige von ihnen kamen allein, einige waren ein wenig herausfordernd in der Haltung, als wollten sie Anwesenden verbieten, sie für Leidensgefährten zu halten, andere konnten gar nicht verbergen, daß sie sich verlegen fühlten, an einem Abend wie diesem nicht ausgebeten zu sein; aber alle hatten sie einen stark ausgeprägten Geschmack für verborgene Winkel und abseitsgelegene Tische.

Ein Exemplar von *Niels Lyhne* war das erste Geschenk, das die Malerin Paula Becker ihrer Freundin Clara Westhoff machte,

Rilkes späterer Frau. Er selbst wiederum schenkte Paula sein Exemplar von Jacobsens *Frau Marie Grubbe*, in das er einige Verse an den (1885 gestorbenen) Dichter eingetragen hatte:

> Er war ein einsamer Dichter,
> ein blasser Mondpoet . . .

Wäre er nur ein neuromantischer Stimmungsdichter gewesen, dann hätte Jacobsen in Rilkes Entwicklung vermutlich keine weitere Rolle gespielt. In Wirklichkeit war der Däne, weit entfernt von allem lyrischen Ungefähr, jedoch ein sehr genauer Arbeiter, der sich zum Beispiel regelmäßig aus Wörterbüchern über die exakte Bedeutung selbst der abgegriffensten Ausdrücke informierte: eine Gewohnheit, die auch Rilke bald annahm.

Fast könnte man meinen, das Schicksal habe sich Jakob Wassermanns ausdrücklich bedient, um Rilkes Leben in andere Bahnen zu lenken. Denn der Hinweis auf das Werk Jens Peter Jacobsens war nicht die einzige Bereicherung, die er Wassermann verdankte. Durch ihn begegnet er auch einer Frau, die von Stund an aus seinem Leben nicht mehr wegzudenken ist.

III

Als er sie Anfang Mai 1897 beim Tee in Wassermanns Wohnung kennenlernt, ist Lou (Luise) von Salomé eine vollerblühte Blondine von 36, die auf eine abenteuerliche Jugend zurückblicken kann und bereits als eine der faszinierendsten Gestalten ihrer Zeit gilt. Sie war 1861 zur Welt gekommen als Tochter des Generals Gustav von Salomé und seiner jungen Frau Luise geb. Wilm, die einer wohlhabenden deutsch-dänischen Familie entstammte. Der Vater, ein Balte hugenottischer Abkunft, hatte sich 1830 bei der Erstürmung von Warschau hervorgetan; mit 25 jüngster Oberst im russischen Heer, war er von Nikolaus I. in den erblichen Adel erhoben und von Alexander II. zum Armeeinspekteur ernannt worden.

Mit ihren älteren Brüdern wuchs Lou – blauäugig, mit einer auffallend hohen Stirn und bis in die Backfischjahre hinein eher knabenhaft von Figur – in der großen Dienstwohnung auf, die die Salomés im Generalstabsgebäude gegenüber dem Winterpalast bewohnten, im Herzen des »offiziellen« St. Petersburg. Es war ein weltoffenes Haus von grandseigneuralem Zuschnitt. Die fünf Brüder dienten als Spielkameraden, ein russisches Kindermädchen kümmerte sich um Lous leibliches Wohl und eine französische Gouvernante (die das Geplapper der Kinder mit einem energischen *»En français, s'il vous plaît!«* zu unterbrechen pflegte) um die Manieren. In späteren Jahren blickte Lou, ganz im Gegensatz zu Rilke, gern auf ihre Kindheit und Jugendjahre zurück und erinnerte sich mit Vorliebe an verschneite Weihnachtsabende und lange Spaziergänge, auf denen sie an der Hand des in vollem Kriegsschmuck ausschreitenden Generals einhertrippelte. So unerschütterlich war ihr Gefühl der Brüderlichkeit und Geborgenheit, daß sie es zeitweise auf die ganze Menschheit übertrug. Noch nach Kriegsausbruch 1914 konnte Freud sie mit resignierter Ironie fragen: »Haben Sie das erwartet und haben Sie sich's so vorgestellt? Glauben Sie noch, daß alle die großen Brüder so gut sind?[37]

Gustav von Salomé, in Lous Universum eine zumeist gütige, bisweilen auch zornige, aber immer allmächtige Vatergestalt, starb 1879: gerade noch rechtzeitig, damit ihm die Kenntnis des ersten, nicht nur aus seiner strenggläubig-reformierten Sicht unpassenden Liebesabenteuers seiner Tochter erspart blieb. Mit einer Freundin hatte sie eines Sonntagmorgens die der holländischen Gesandtschaft zugehörige Kapelle auf dem Newskij-Prospekt besucht, in der Henrik Adolph Gillot, der beliebteste Kanzelredner von ganz Petersburg, predigte. Daß er als Erzieher der Zarenkinder am Hof amtierte, schadete seinem Ansehen genausowenig wie sein Äußeres, das ihn erheblich jünger erscheinen ließ; der Dreiundvierzigjährige hatte als vielleicht einziger unter den Petersburger Geistlichen keinen Bart, nicht einmal einen Schnurrbart, und trug sein welliges Haar locker zurückgekämmt in der Art des jungen Franz Liszt. Bei alledem besaß Gillot einen soliden Intellekt und war ein aufgeklärter Theologe, der gelegentlich auch mal einen Vers aus den

Klassikern zum Gegenstand seiner Predigt machte anstatt des herkömmlichen Bibelworts. Lou, die ihr Gottvertrauen längst verloren hatte, bat Gillot schriftlich um eine Unterredung, wobei sie hinzufügte, daß das, was sie zu diesem Schritt bewege, nichts mit religiösen Problemen zu tun habe. Sie bemühte sich um ihn – so mußte es den Anschein haben – also nur um seiner selbst willen, eine siebzehnjährige Studentin, die einen von vielen Frauen umschwärmten, ebenfalls noch jungen Geistlichen in seinem Haus aufsucht, um mit ihm zu plaudern. Als man sie in sein Arbeitszimmer geleitete, zögerte sie einen Augenblick auf der Schwelle und lief dann auf ihn zu. Er breitete die Arme aus und rief: »Kommst du zu mir?«[38]

Es ist belanglos, ob dieses erste Treffen wirklich so verlief, wie Lou es, kaum verschlüsselt, in dem Roman *Ruth* schildert; möglich ist es immerhin, denn sie war ihr Leben lang von einer entwaffnenden, wenn auch gelegentlich etwas exaltierten Impulsivität. Sicher ist auf jeden Fall, daß sie Gillot von nun an regelmäßig besuchte und daß sie ihm einen Großteil ihrer Bildung und, wichtiger, ihres Argumentationsvermögens und ihrer rigorosen, fast männlich zu nennenden Art des geistigen Zupackens zu verdanken hatte. Nachdem sie ihrer Mutter in einer schwachen Stunde von diesen heimlichen Besuchen erzählt hatte, fand eine Begegnung zwischen der Generalswitwe und dem Erzieher statt, die in einem »Sie machen sich schuldig an meiner Tochter!« und der nicht minder dramatischen Erwiderung: »Ich *will* schuldig werden an diesem Kinde!« gipfelte. Es kam, wie es kommen mußte: Gillot, ein zweiter Pygmalion, war drauf und dran, sich in sein Geschöpf zu verlieben. (Bezeichnenderweise geht der Name Lou, den sie sich zu eigen machte und unter dem sie in die Geschichte eingegangen ist, auf ihn zurück; dem Nicht-Russen hatte die Aussprache der aus ihrem Taufnamen abgeleiteten Koseform Ljolja oder auch Ljoljotschka Schwierigkeiten bereitet.) Gillot war jedoch verheiratet und seinerseits Vater zweier halbwüchsiger Töchter. Eine Scheidung hätte einen unerhörten Skandal hervorgerufen und das Ende seiner Karriere bedeutet. Als er sich schließlich doch zu einer Erklärung durchrang, fiel Lou aus allen Wolken. Oder tat sie nur so, da sie immerhin auch einmal auf seinem Schoß sitzend ohnmächtig geworden war? Gleichviel, es zeigte sich plötzlich, daß der abgöttisch verehrte Mentor ein Mann aus Fleisch und hitzigem Blut war und mit dem Gedanken umging, seine Familie zu verlassen, um seine Schülerin heiraten zu können.

Zum ersten Mal entzog sich Lou einem liebenden Mann in dem Augenblick, als er, gewiß nicht ohne ihr Zutun, sich ihr ganz zugewandt und ihr sein Herz offenbart hatte. Sie tat es nicht aus Gefühlskälte, sondern weil sie, noch halb unbewußt, ihre Freiheit bewahren wollte und wohl auch ahnte, daß eine sexuelle Bindung der Freundschaft abträglich gewesen wäre. Immerhin brachte sie es fertig, sich den enttäuschten und in seinem Selbstvertrauen erschütterten Bewerber als Freund zu erhalten, auch wenn Gillot sich nur langsam von diesem Schlag erholte, den er in männlicher Selbstüberschätzung wohl ein wenig mitverschuldet hatte. Auf jeden Fall konfirmierte er sie Anfang 1880 und riet ihr, ihre Studien in der Schweiz fortzusetzen. Es verstand sich, daß die Mutter sie dorthin begleitete.

Am Polytechnikum Zürich, einer der wenigen Anstalten, die damals schon Frauen zum Studium zuließen, belegte Lou als sogenannte »majorenne Zuhörerin« Philosophie, Theologie, Vergleichende Religionswissenschaft und Kunstgeschichte. Als sie 1882 ihrer angegriffenen Gesundheit wegen ein wärmeres Klima aufsuchen mußte und sich für Rom entschied, wurde sie an Malvida von Meysenbug weitergereicht, deren *Memoiren einer Idealistin* kurz zuvor erschienen waren. Malvida, frühe Feministin und Verfechterin der Idee eines freiheitlich regierten Deutschland, war mit Wagner und Liszt ebenso befreundet wie mit Mazzini und Garibaldi. Bei der Grundsteinlegung des Festspielhauses in Bayreuth hatte sie auch Nietzsches Bekanntschaft und die seines Freundes gemacht, des Moralphilosophen Paul Rée; beide besuchten sie später in ihrer Sorrentiner Villa. Schließlich ließ sie sich in Rom nieder, wo sie sich nun der jungen russischen Studentin und deren Mutter annahm. So wurde Lou, deren unabhängiger Geist Malvida vielleicht an ihre eigene Jugend erinnerte, ein gern gesehener Gast im Haus in der Via della Polveriera nahe dem Kolosseum. Auf einem dieser abendlichen Empfänge lernte sie alsbald auch Rée kennen, den sie auf Spaziergängen durch das nächtliche Rom in ihr Lieblingsprojekt einweihte: sich mit ein paar Freunden, Männern oder Frauen, wie es gerade kam, in irgendeiner kleinen Universitätsstadt eine Wohnung zu mieten und dort gemeinsam zu studieren. Rée, dreiunddreißig Jahre alt und aus wohlhabender Familie stammend, war sogleich Feuer und Flamme für diesen (wie Lou später zugibt) »den geltenden gesellschaftlichen Sitten von damals hohnsprechenden« Plan. Als sich Nietzsche kurz darauf ebenfalls in Rom einfindet, verfällt auch er dem Zauber, der von Lou ausgeht. Er schildert sie einem Freund als »scharfsinnig wie ein Adler und mutig wie ein Löwe und zuletzt doch ein sehr mädchenhaftes Kind« und macht ihr einen Heiratsantrag, auf den sie aber nicht eingeht.[39] Nichts ist so bezeichnend für die Souveränität, mit der die Einundzwanzigjährige das Leben oder zumindest die Männer handhabt, als daß sie beide Bewerber an sich zu fesseln und sie sich zugleich vom Leibe zu halten weiß, ja daß sie Nietzsches Antrag durch Rée, der ebenfalls vergeblich um ihre Hand angehalten hat, zurückweisen läßt, ohne es mit dem einen oder anderen zu verderben.

Zunächst geleiten die beiden jungen Philosophen die Damen zurück in die Schweiz. Unterwegs besteigen Lou und Nietzsche den Monte Sacro beim norditalienischen Orta, eine Episode, die in Nietzsches Erinnerung als ein Höhepunkt ihrer Geistesverwandtschaft weiterlebt. In Luzern entsteht dann die berühmte Aufnahme der in einem Wägelchen knienden Lou, die – in grotesk vorwegnehmender Umkehrung von Zarathustras Mahnung, man solle beim Gang zu Frauen die Peitsche nicht vergessen – Miene macht, ihre als Zugpferde vorgespannten Verehrer Rée und Nietzsche mit einer kleinen Peitsche anzutreiben. Bei der Uraufführung des *Parsifal* im Juli 1882 wird Lou dem Meister persönlich vorgestellt, in Anwesenheit von Nietzsches Schwester Elisabeth, die auch nach dem Streit ihres Bruders mit Wagner wiederholt in Bayreuth zu Gast ist.

Mit Elisabeth fährt Lou anschließend auch nach Tautenburg in Thüringen, wo Nietzsche sie zu einem gemeinsamen Ferienaufenthalt eingeladen hat. Er liest ihr aus der gerade beendeten *Fröhlichen Wissenschaft* vor, sie läßt sich bei der Abfassung ihrer ersten Artikel und Aphorismen helfen und lernt so viel hinzu, daß Freund Rée später behauptet, sie sei in Tautenburg »entschieden um einige Zoll gewachsen«. (Um einer eventuellen Entfremdung vorzubeugen, hatte Rée sie aufgefordert, ihre Gedanken einem Tagebuch anzuvertrauen, das auch er lesen dürfe; genau dasselbe wird Lou später Rilke nahelegen.) Für Nietzsche gehören diese Wochen zu den schönsten seines Lebens. Sie bilden eine Oase auf seiner rastlosen Wanderung von Hotelzimmer zu Hotelzimmer und eine karg bemessene Remission der fortschreitenden Krankheit und Vereinsamung. Jetzt überreicht Lou ihm auch das Gedicht, das mit den Zeilen beginnt:

> Gewiß, so liebt ein Freund den Freund,
> wie ich Dich liebe, Rätselleben –
> Ob ich in Dir gejauchzt, geweint,
> ob Du mir Glück, ob Schmerz gegeben

und von Nietzsche als *Hymnus auf das Leben* für Chor und Orchester vertont und noch in *Ecco Homo* dankbar erwähnt wird. Es ist die einzige seiner Kompositionen, die er veröffentlicht sehen will; »damit man einmal etwas hat«, wie er larmoyant schreibt, »das zu meinem Gedächtnis gesungen werden kann«.

Die Generalin läßt inzwischen nichts unversucht, um ihre Tochter von dem Plan einer ménage à trois mit Nietzsche und Rée abzubringen; sie berät sich mit ihren Söhnen und spannt sogar Malvida ein, die Lou von Rom aus, und Gillot, der sie aus dem fernen Petersburg brieflich ermahnt. – Sie hätten sich sämtlich die Mühe ersparen können, denn bei einem gemeinsamen Aufenthalt in Leipzig löst sich die Verbindung bald von selber. Nietzsche stellt betrübt fest, daß Lou sich mit Rée duzt und dessen Gesellschaft der seinigen vorzuziehen scheint; sein Mißtrauen, seine Nachgiebigkeit gegenüber der intriganten Schwester und auch eine gewisse Unaufrichtigkeit, die es nie zu einer klärenden Aussprache kommen läßt, tragen ebenso zum Bruch bei wie Lous Weigerung, sich seine herabsetzenden Bemerkungen über Rée anzuhören. In der Tat hatte er sich zu allerhand unbedachten Äußerungen hinreißen lassen, nicht nur gegen seinen Freund und Nebenbuhler, mit dem er sich vorübergehend überwirft, sondern auch gegen Malvida, weil diese ihn mit der unbeständigen Freundin bekannt gemacht hatte, mit »diesem dürren schmutzigen übelriechenden Äffchen mit ihren falschen Brüsten«, wie er Lou in seiner Wut beschimpft, während sie ihrerseits instinktsicher genug ist, alle Anwürfe schweigend über sich ergehen zu lassen. Nach anderthalb Jahren hat sich der Sturm gelegt. Es wäre doch schön, schreibt er 1884 aus Nizza, wenn »Dr. Rée u. Frl. v. Salomé, an denen ich einiges gutmachen möchte, was meine Schwester schlimm gemacht hat«, ihn einmal besuchten.[40] Es war zu spät, er hat die Freundin nicht wiedergesehen.

Zweifellos zählte Lou neben Mutter und Schwester zu den wichtigsten Frauen, ja zu den bedeutendsten Menschen in Nietzsches Leben. Als er beim Tod Richard Wagners dieses einstigen Freundes und bitteren Feindes gedachte, schien er ihm »bei weitem der *vollste* Mensch« gewesen zu sein, den er kannte. Fast von selber entschlüpfte ihm dabei die ergänzende Bemerkung, auch sie eine Art von Epitaph: »Lou ist bei weitem der *klügste* Mensch, den ich kennenlernte.«

Nietzsche brach im Januar 1889 in Turin zusammen und verbrachte den Rest seines Lebens als geistesgestörter Patient. Inzwischen verbreitete sich sein Ruhm über ganz Europa. Das hing nicht nur mit der Tragik seines persönlichen Schicksals und der Sprengkraft gerade seiner späten Werke zusammen, sondern auch mit der ersten Biographie, die über ihn veröffentlicht wurde, Lou Andreas-Salomés *Friedrich Nietzsche in seinen Werken*. Es ist ein in unzähligen Einzelheiten überholtes, aber immer noch lesenswertes Buch, das Aussagen enthält, die damals durchaus nicht selbstverständlich waren, wie der Befund, daß in ihm mehrere Personen »in stetem Unfrieden nebeneinander und sich gegenseitig tyrannisierend« gelebt haben: »Ein Musiker von hoher Begabung, ein Denker von freigeisterischer Richtung, ein religiöses Genie und ein geborener Dichter.« Heute würde man allenfalls die Akzente anders setzen. Lous Buch erschien 1894, im gleichen Jahr wie Rilkes *Leben und Lieder*.

Das Verhältnis mit Rée dauerte einige Jahre, während dieser an seinem Hauptwerk, der 1885 veröffentlichten Abhandlung *Die Entstehung des Gewissens*, arbeitete und sie die Zeit mit Lektüre, Reisen und ihrer eigenen Schriftstellerei verbrachte. Unter den Männern, mit denen sie damals in Berührung kam, befanden sich der Psychologe Hermann Ebbinghaus und der Soziologe Ferdinand Tönnies; der freundschaftlichen Gefühle für Rée unbeschadet machten beide ihr einen Heiratsantrag. Als sie bei ihrer Verlobung mit dem Orientalisten Friedrich Carl Andreas jedoch erklärte, daß sie die Beziehung zu Rée auch weiterhin aufrechtzuerhalten gedenke, kündigte dieser, von einem solchen Übermaß an Selbstbestimmung verwirrt, seinerseits die Wohngemeinschaft auf. Lou hatte den Bogen überspannt und sich um die Liebe eines Mannes gebracht, dessen Verlust sie nie ganz verwand. In jenem Absatz ihrer sonst eher unpersönlich gehaltenen Memoiren, in dem sie seinen Abschied auf Nimmerwiedersehen schildert, klingt neben der Trauer auch das Mitleid mit dem nun ganz aus der Bahn geworfenen Freund an. Rée absolvierte ein verspätetes Medizinstudium und wurde Armenarzt auf dem väterlichen Gut in Westpreußen. Einige Jahre später verunglückte er in den Alpen unter Umständen, die den Freitod nahelegen.

Lous zukünftiger Mann, der auf Java geborene und nach abenteuerlichen, zum Teil im Nahen Osten verbrachten Wanderjahren als Lektor am Orientalischen Seminar der Berliner Universität tätige Andreas, war freilich aus anderem Holz als die Männer, die ihr bisher den Hof gemacht hatten: Als er sah, daß sie sich nicht entscheiden wollte und ihn mit Ausflüchten hinhielt, stieß er sich vor ihren Augen ein Messer in die Brust. Einer solchen Geste (sie war ernst gemeint und hätte ihn um ein Haar das Leben gekostet) konnte selbst Lou nicht widerstehen. Im Juni 1887, als sich der zwölfjährige Zögling René Rilke gerade in St. Pölten eingewöhnte, ließ sich Lou von Salomé von dem extra aus Petersburg herbeizitierten Gillot mit Andreas trauen und . . . verweigerte sich ihrem Mann sofort und auf immer: nicht nur in der Hochzeitsnacht, sondern überhaupt. Dreiundvierzig Jahre lang, bis zu seinem Tod 1930, lebten die beiden nebeneinander in einer Ehe, die oft genug eine Art Hölle gewesen sein muß . . . selbst wenn es stimmen sollte, daß Lou ihrem Mann mit Vergnügen »die liebste, beste, schönste Geliebte zugedacht hätte«.[41]

Es ist viel über die Gründe gerätselt worden, die sie zu diesem Schritt bewogen haben. Versagte sie sich ihrem Gatten, den sie im übrigen schätzte und im Alter auf ihre Art auch liebgewann, weil er sie gewissermaßen zur Heirat erpreßt hatte? Oder weil er fünfzehn Jahre älter war und sie gar zu lebhaft an Gillot oder an den Vater erinnerte (*en famille* nannten sich Andreas und Lou »Vaterchen« bzw. »Töchterchen«)? Oder weil ihr der gedrungene, bärtige Mann, den sie um einige Zentimeter überragte, bei aller Zuneigung physisch irgendwie unsympathisch war wie vordem schon Rée? Der nächstliegende Grund traf auf jeden Fall *nicht* zu: Lou war nicht frigide, sondern auch im Erotischen eine leidenschaftliche Frau, mit den Worten von Nietzsches Freund Peter Gast: »sehr gut proportioniert im Bau, blond mit altrömischem Gesichtsausdruck«, und mit Ideen, die erkennen ließen, »daß sie sich bis an den äußersten Horizont des Denkbaren, sowohl im Moralischen, als im Intellektuellen, gewagt hat . . . ein Genie an Geist und Gemüt«. Nach mehreren Flirts, auf die sie sich, schon verheiratet, mit dem sozialdemokratischen Redakteur Georg Ledebour in Berlin, mit Frank Wedekind in Paris und mit Richard Beer-Hofmann in Wien eingelassen hatte, verliebte sie sich in einen exilierten russischen Arzt namens Dr. Ssawely, den wir uns als einen bärtigen Riesen vorzustellen haben, der ihrem Bericht zufolge »mit seinem blitzenden Gebiß . . . den Wänden die festesten Nägel zu entreißen« vermochte(!). Sein Nachfolger wurde Dr. Heinrich Pineles, Dozent für innere Medizin an der Universität Wien, der sie gern geheiratet hätte; Lou aber wollte von einer Scheidung nichts wissen und beschränkte sich darauf, ihn des öfteren von Berlin aus zu besuchen. Daneben hatte sie, noch ehe Rilke auf den Plan trat, eine Reihe zum Teil anonym gebliebener junger Liebhaber und wohl auch Liebhaberinnen. Möglicherweise hat sie mit Rilke, fast bestimmt aber mit Pineles ein Kind gezeugt, das dann abgetrieben wurde; sicher ist, daß dem Zusammensein mit dem Geliebten jeweils ein Zeitraum von mehreren Monaten folgte, aus dem nichts über ihren Verbleib bekannt ist. – Der heißblütige und zur Eifersucht neigende Andreas, hinter seinem Rücken auch »Loumann« genannt, erfuhr von alledem nur wenig. Er hatte ein Kind mit der Haushälterin, eine uneheliche Tochter, die Lou im Alter gepflegt hat.

Das Charakteristische an Lous Liebschaften war, daß der Partner jünger zu sein hatte und daß nicht er, sondern sie die Dauer und Intensität der Beziehung bestimmte. Das bekam neben anderen Wedekind zu spüren, der sie nach einem nächtlichen Bummel durch Paris zu einem Kaffee auf sein Zimmer mitnahm und zu seinem

Ärger feststellen mußte, daß es beim Kaffeetrinken blieb. Sie hat die Episode mit einigen Abstrichen in der Erzählung *Fenitschka* (1898) wiedergegeben, während der enttäuschte Liebhaber sich möglicherweise dadurch rächte, daß er der unersättlichen Verführerin im wenig später geschriebenen *Erdgeist* den Namen »Lulu« gab.

Zu dieser Zeit, Anfang und Mitte der neunziger Jahre, hatte sie sich längst selbst einen Namen in der Literatur gemacht durch mehr oder minder autobiographische Romane wie *Ruth* und *Im Kampf um Gott*, durch das Nietzsche-Buch und zahlreiche Aufsätze und Rezensionen. Auf der Reise, die sie mit ihrer Freundin Frieda von Bülow 1895 nach Wien machte, lernte sie außer Beer-Hofmann auch Arthur Schnitzler, Hugo von Hofmannsthal, Peter Altenberg und die von ihr sehr bewunderte Marie von Ebner-Eschenbach kennen. In Berlin hingegen galt ihr Interesse hauptsächlich dem naturalistischen Theater; sie verkehrte im Kreis um die »Freie Volksbühne«, mit den Brüdern Hart, Wilhelm Bölsche, Arno Holz, Max Halbe, Otto Brahm und Gerhart Hauptmann, dessen *Hanneles Himmelfahrt* es ihr besonders angetan hatte. Ein Resultat dieser Kontakte und Bemühungen war ihr 1892 veröffentlichtes Buch über *Henrik Ibsens Frauengestalten*, in dem sie Nora *(Ein Puppenheim)*, Helene Alving *(Gespenster)*, Hedwig *(Die Wildente)*, Rebekka *(Rosmersholm)* und Ellida *(Die Frau vom Meere)* als durchweg sympathische Spielarten der um ihre Emanzipation bemühten Frau, Hedda Gabler im gleichnamigen Stück jedoch überaus kritisch beurteilte; vielleicht wollte sie sich diese mit einem Professor verheiratete Generalstochter gewissermaßen vom Leibe schreiben. Mit der Belletristik und Literaturkritik lief die immer wieder versuchte schriftstellerische Bewältigung eines Problems einher, das sie seit ihren Mädchenjahren beschäftigt hatte und das sich erst unter dem Einfluß ihrer psychoanalytischen Bemühungen zu lösen begann: Wie übersteht man die Gefährdung und den Verlust des Glaubens in Anbetracht der Schwierigkeit, ohne eine Form von Gottvertrauen zu leben? Dieses Anliegen hatte sie zu Gillot und Nietzsche geführt, es hatte ihre Bewunderung für *Hannele* ausgelöst und den Anstoß zu einem Essay über *Jesus der Jude* gegeben, der 1896 in der *Neuen Deutschen Rundschau* erschien und auf Rilke einen solchen Eindruck machte, daß er der Verfasserin anonym ein paar Gedichte übersandte.

Die Mutter von Rainer Maria Rilke

Der Vater von Rainer Maria Rilke

Kinderbild Rainer Maria Rilkes

Rilke vor Eintritt in die Militärschule, 1890

In dem kurzen Brief, mit dem er sich gleich nach ihrer ersten Begegnung bei Lou in Erinnerung bringt, knüpft Rilke wiederum an jenen Essay an, den ihm ein Bekannter wegen gewisser Anklänge an die *Christus-Visionen* zur Lektüre empfohlen hatte. Allerdings nimmt die Verbeugung vor der Schriftsteller-Kollegin, die »das, was meine Traumepen in ›Visionen‹ geben, mit der gigantischen Wucht einer heiligen Überzeugung so meisterhaft klar ausgesprochen« hatte, nur wenige Zeilen in Anspruch in diesem Schreiben, das im übrigen der Verführung der *Frau* gilt und ein wahres Meisterstück subtiler Erotik darstellt.

Welche Adressatin könnte ungelesen den Brief eines jungen Dichters weglegen, der mit »Gnädigste Frau, – es war nicht die erste Dämmerstunde gestern, die ich mit Ihnen verbringen durfte« einsetzt? Wird diese Frau nicht sofort ihr Gedächtnis, vielleicht auch ihr Gewissen überprüfen, besonders wenn das poetische Bild einer »Dämmerstunde« im gleichen, gar nicht langen Brief noch einmal beschworen wird? Denn der gestrige Nachmittag, so gibt ihr Rilke zu verstehen, sei ja nur ein gesellschaftlicher Anlaß, ein Tee bei Wassermann gewesen und somit ganz anders als jener frühere, intime, an dem er ihren Essay gelesen hatte: »In *jener* Dämmerstunde«, fügt er vielsagend hinzu, »war ich mit Ihnen allein.« – In ihrer Arbeit hatte Lou einige Gedankengänge skizziert, die Rilke ebenfalls beschäftigten. Auch dieser prosaische, normalerweise mit einer Höflichkeitsformel zu quittierende Tatbestand wird nun zu einem Mysterium stilisiert: »Mir ist immer: wenn ein Mensch einem andern für etwas sehr Teures zu danken hat, soll dieser Dank ein Geheimnis bleiben zwischen den Beiden.«

In die derart geschlagene Bresche legt er zwei Minen, die der belagerten Frau den Rückweg versperren. Er bittet um die Erlaubnis, ihr einige der *Visionen* vorlesen zu dürfen, und gibt der Hoffnung Ausdruck, sie am Abend des folgenden Tages im Theater anzutreffen. Er läßt ihr also keine Wahl. Wenn sie ihn nicht wiedersehen wollte, dann hätte sie ihn entweder im Theater öffentlich brüskieren oder aber zu Hause bleiben und auf die Aufführung verzichten müssen, denn wir befinden uns notabene in Zeiten, in denen die gute

Kinderstube unter anderm vorschreibt: »Bemerkt man Freunde im Theater, so ist es nicht passend, denselben lebhafte Zeichen zu machen. Es genügt, sie mit einem einfachen Neigen des Kopfes zu begrüßen. Betrifft es höher stehende Personen, so hat man ihnen seine Achtung durch eine halbe Erhebung zu bezeigen, sie im übrigen aber ungestört zu lassen. Das eigentliche Begrüßen der Freunde gehört in den Zwischenakt.«[42] Wo man so umständlich grüßt, wäre das Nichtgrüßen dem Austeilen einer Ohrfeige gleichgekommen.

Daß sie nichts dergleichen tat, geht aus seinen nächsten, mit Versen verbrämten Briefen hervor. In ihnen umwirbt er Lou in allen Tönen, die ihm zur Verfügung stehen. Er besingt sie als tumber Ritter, der vor dem Heiligen Gral umherirrt (»Ich war sehr traurig. Ich bin mit ein paar Rosen in der Hand in der Stadt und dem Anfange des Englischen Gartens herumgewandert, um Ihnen die Rosen zu schenken«), als verwaistes Kindlein:

> Fand auf fernentlegnen
> Wegen Rosen. Mit dem Reis,
> das ich kaum zu halten weiß,
> möcht' ich Dir begegnen.
> Wie mit heimatlosen
> blassen Kindern such' ich Dich, –
> und Du wärest mütterlich
> meinen armen Rosen . . .,

als feuriger Liebhaber (». . . zitternd vor lauter Willen, Ihnen irgendwo zu begegnen«) und in einem Nachtrag sogar als schalkhafter Don Juan, der hinter dem Vorhang hervorguckt, um die Wirkung seiner Worte abzuschätzen: »Wegen des heutigen Nachmittags wird mir doch noch Kunde?« Sie sollte ihn also selbigen Tages benachrichtigen (heute hieße das: anrufen), diesen Liebhaber, der sich – unwiderstehliche Verbindung? – wie ein rechter Draufgänger gebärdet und zugleich wie ein schüchterner Bub. Wie der Zufall es wollte, hatte er nämlich gerade einem Gestellungsbefehl in Böhmisch-Leipa nachzukommen. Es war eine bloße Formalität in jenen Tagen des tiefsten Friedens, die er jedoch tragisch untermalt und geschickt als Druckmittel einsetzt: »Indessen macht mir die Stellung augenblicks, trotz aller möglichen Folgen nicht so bang wie das von hier fortmüssen. Davor hab' ich große Angst.«

Der Erfolg konnte nicht ausbleiben. »René Maria Rilke bei mir 3 seiner Visionen vorgelesen«, schreibt Lou in ihr Tagebuch, und bald darauf, am Pfingstsonntag, heißt es wiederum: »Rilke von 6 Uhr an hier und vorgelesen.« In diesen letzten Mai- oder ersten Junitagen 1897 wird sie seine Geliebte, vielleicht auf einem Ausflug nach Wolfratshausen, nicht weit vom Starnberger See, wo sie sich ein Haus für den Sommer mietet.

Bei den nun folgenden gemeinsamen Studien und Reisen hat Lou Andreas-Salomé mehr und anderes getan, als Rilke in den russischen Kulturkreis und die Gedankenwelt Nietzsches einzuführen. Er hätte diesen Kulturkreis, auf den er durch seine Berührung mit der tschechischen Sprache und Literatur schon eingestimmt war, gewiß auch ohne die Freundin kennengelernt, so wie er die Nietzsche-Welt schon in den *Christus-Visionen* und im *Apostel* für sich entdeckt hatte. Diese Themen lagen um die Jahrhundertwende in der Luft. So hat sich neben vielen anderen auch Hauptmann mit der Christusfigur und Thomas Mann mit Nietzsche und der russischen Literatur beschäftigt (ganz abgesehen davon, daß der eine mit Anna Mahr in *Einsame Menschen* und der andere mit Lisaweta Iwanowna in *Tonio Kröger* den Typ der durch keine Konvention gebundenen, jungen intellektuellen Russin dargestellt hat, den Lou sozusagen vorlebte).

Was Rilke dieser Frau verdankt, ist andererseits auch mehr als ein vages Gefühl der Geistesverwandtschaft oder das Bewußtsein idiosynkratischer Entsprechungen wie der Tierliebe (die Lou, sofern so etwas erlernbar ist, von ihrem Mann übernommen hatte) oder biographischer Übereinstimmungen wie der Zugehörigkeit zur deutschen Minderheit in Prag bzw. Petersburg. Er verdankt ihr zunächst und vor allem das Glück, im Alter von zweiundzwanzig Jahren die Liebe einer attraktiven, hochintelligenten, sexuell versierten und – im Hinblick auf seine Kindheit von besonderer Bedeutung – auch mütterlichen Frau von sechsunddreißig zu erfahren: »Einmal kam ich ja so arm zu Dir«, lautet eine für sie bestimmte Tagebuchnotiz, »fast als Kind kam ich zu der reichen

Frau. Und Du nahmst meine Seele in Deine Arme und wiegtest sie . . . Damals küßtest Du mich auf die Stirne und mußtest Dich tief neigen dazu.« Diese Liebe, die sich im Laufe der Jahre in eine tiefe Freundschaft verwandelt, ist ein unverhofftes Geschenk, das als fester Posten in seinem Seelenhaushalt weiterwirkt. Unter Lous Einfluß (den sie später, nachdem sie sich mit dem auch psychiatrisch erfahrenen Pineles beraten hatte, zunehmend in therapeutischer Absicht geltend macht) mäßigt sich Rilkes Überschwenglichkeit und ihr Gegenstück, die ihn immer wieder anfallende Niedergeschlagenheit. Auch wenn er viele Rückschläge auf diesem Weg zum inneren Gleichgewicht erleidet und das Ziel nicht erreicht: ohne Lou hätte er nie den Abstand zu sich selbst gewonnen, der es ihm gestattet, gelegentlich augenzwinkernd von der eigenen »vor-wolfratshausenschen« Exaltiertheit zu sprechen.[43] Unter diesem Einfluß entwickelt sich der auf Menschen angewiesene Literat, der viele Stunden in Kaffeehäusern, in Redaktionsbüros und bei Premieren verbracht hatte, zu einem Dichter, der monatelang allein leben kann und dem die Natur, bislang allenfalls Kulisse, nun zur Erfahrung wird: ästhetisch im Bewußtwerden der Landschaft, des Wetters und der Tiere, kreatürlich zum Beispiel in einfacher, bald vorzugsweise vegetarischer Kost oder im sommerlichen Barfußgehen, das Andreas seine Frau und diese ihren Liebhaber gelehrt hat. Vor allem gibt Lou ihm ein Gefühl der menschlichen Geborgenheit, das bis zum Ende vorhält. Seinen letzten Brief an sie schreibt er zwei Wochen vor seinem Tod.

Zwei grundlegende Aspekte seiner Persönlichkeit bezeugen, daß das Erlebnis dieser Liebe bis in die tiefsten Schichten seines Wesens reicht: Mit zweiundzwanzig Jahren legt Rilke sich unvermittelt sowohl einen neuen Namen als auch eine neue Handschrift zu. – Im September 1897 erscheint in einer Wiener Zeitschrift erstmals ein Beitrag von »Rainer Maria Rilke«, wie er sich von nun an nennt; der Anstoß zur Verdeutschung des Taufnamens René war von Lou ausgegangen. (Erst gegen Ende seines Lebens wird er, vorübergehend und aus sprachlichen Gründen, wieder auf René zurückkommen: in dem auf französisch geführten Briefwechsel mit Baladine Klossowska.) Wenn man des weiteren seine Hand von 1896, eine schräg und eilig über das Papier huschende, kommerzielle Allerweltsschrift, mit der vergleicht, die Rilke jetzt annimmt, dann staunt man einmal mehr über die Stärke der Leidenschaft, die von ihm Besitz ergriffen hat und ihn befähigt, seine Handschrift von einem Tag auf den andern radikal zu ändern. Denn der neue Schreibstil, von altmodischer Courtoisie geprägt, mit dem geschweift nach oben gezogenen (der Freundin zufolge »auf einmal leichtsinnig gewordenen«) Buchstaben »s« und überhaupt nicht ohne einen Einschlag von Narzißmus, ähnelt auffallend dem von Lou. Es steht dahin, ob sich aus seinen Schriftzügen tatsächlich eine »Neurose mit Zwangscharakter« herauslesen ließe;[44] die Eleganz und relative Gelöstheit dieser Schrift ist jedoch augenfällig.

Unerwartet gelöst scheint Rilke, zumindest mit Lou und gewiß nicht ohne ihr Zutun, auch als Liebhaber gewesen zu sein. Er war freilich in den Jahren, in denen der normale Mann sich sexuell am intensivsten betätigt; und wenn ihm eine kleine anatomische Anomalie wirklich die Erektion schmerzhaft gemacht haben sollte, dann mag auch dies seine Ansprechbarkeit eher erhöht als gedämpft haben.[45] Mit der ihr eigenen Unbefangenheit hat Lou ihn später einmal einem anderen, nur mit »B.« gekennzeichneten Mann zur Seite gestellt in einem Vergleich, in dem der junge und noch ungeformte Rilke gut abschneidet, im Aussehen (»Beides Blondköpfe mit sinnlichem Mund und prachtvoller Stirnpartie . . .«) wie in der Liebe, in der sie ihm ein »zartes« Temperament bescheinigt, das sich »haltlos ausgibt«.

Rilke war nicht nur ein großer Liebesdichter, er hat auch das spezifisch Geschlechtliche, den Liebesakt, später so natürlich, das heißt frei sowohl von Schlüpfrigkeit als auch von Prüderie, gefeiert wie wenige andere Dichter – vom *Stunden-Buch*:

> Mach Einen herrlich, Herr, mach Einen groß,
> bau seinem Leben einen schönen Schoß
> und seine Scham errichte wie ein Tor
> in einem blonden Wald von jungen Haaren,
> und ziehe durch das Glied des Unsagbaren
> den Reisigen, den weißen Heeresscharen,
> den tausend Samen, die sich sammeln, vor . . .,

über *Leda* – eines der klassischen Zeugungsgedichte der Weltliteratur – und den »verborgenen schuldigen Fluß-Gott des Bluts« in der *Dritten Elegie* bis zu den sogenannten »phallischen« Gedichten von 1915. Allem Anschein nach konnte er sich auch im Leben auf diesem Gebiet ungezwungener geben als auf anderen Ebenen des zwischenmenschlichen Kontakts, der ihm oft recht schwerfiel. Das ist auch dem Zuruf zu entnehmen, mit dem Lou sich ihre Liebesbeziehung im Rückblick noch einmal vergegenwärtigt: »War ich jahrelang Deine Frau, so deshalb, weil Du mir das erstmalig Wirkliche gewesen bist, Leib und Mensch ununterscheidbar eins, unbezweifelbarer Bestandteil des Lebens selbst.« Erst wenn man sich klarmacht, wie Rilke teils durch die Bigotterie der Mutter und ihre Enttäuschung, daß er kein Mädchen war, teils durch die in der Militärschule gewonnene Einsicht in die eigene physische Unzulänglichkeit gelernt hatte, im Körper etwas Feindliches zu erblicken, läßt sich das befreiende Erlebnis der Liebschaft mit dieser Frau ermessen.

So zeugen seine Briefe aus diesen Wochen denn auch von einer Glückseligkeit, die ihm kein zweites Mal beschieden war. »Mein klarer Quell«, stammelt er, »durch Dich will ich die Welt sehen; denn dann seh ich nicht die Welt, sondern immer nur Dich, Dich, Dich!« Ein andermal lesen wir: »Jeder Windhauch, den Du auf Deiner Stirn fühlst, küßt Dich mit meinen Lippen und jeder Traum spricht mit meiner Stimme zu Dir«, und dann wieder, häuslich-intim und doch wie in fernem Anklang an Goethes *Werther* (falls Rilke ihn um diese Zeit überhaupt gekannt haben sollte): »Komm doch nur schon zurück. Das war so traurig, als meinem ›Gute Nacht‹ keine Antwort kam. Im Einschlafen sagte ichs noch ein paar Mal laut – und wartete . . . wartete . . .« Es fehlen auch nicht Indizien jenes Perspektivewandels, der sich unter dem Ansturm einer großen Leidenschaft vollzieht und darin äußert, daß man die Welt unvermutet aus einem ganz neuen Blickwinkel sieht. So verwundert es, in diesen Briefen auf einen Rilke zu stoßen, der in unmittelbarer Nachbarschaft von . . . George Grosz beheimatet zu sein scheint: »Lebe leider mitten unter Menschen«, berichtet er von einem Besuch im vordem so vertrauten München, »die mit ihrem Lautsein meine Träume stören, natürlich kenne ich keinen. Es sind Menschen, die von Ausflügen, Regentagen und Kindererziehung sprechen, sich tiefe

Verbeugungen machen, wobei sie grinsen und sich die Hände reiben, und sich täglich zehnmal übermäßig laut ›Guten Morgen‹ sagen.«

Es liegt auf der Hand, daß Andreas solche Ergüsse nicht zu Augen bekommen, daß er von ihrer Existenz so wenig erfahren darf wie von den Anlässen, aus denen sie entstehen. Lou verfügt über eine erstaunliche Diskretion, denn es ist kaum zu bezweifeln, daß die wahre Natur ihrer Beziehung zu Rilke ihrem Mann auch dann noch verborgen bleibt, als man zu dritt miteinander wohnt und reist. Wie immer sie es auch fertigbringt, sie wahrt die Dehors, während Rilke bald zum Familien- und Hausfreund avanciert, den Andreas, wenn er von seinen Büchern aufschaut, mit Wohlgefallen zur Kenntnis nimmt. – Haben die Herren einander viel zu sagen, wenn Lou mal das Zimmer verläßt? Mehr als ein Vierteljahrhundert liegt zwischen ihnen, und Andreas interessiert sich für Lyrik so wenig wie Rilke für Iranistik. Beide wissen aber, was sie sich, was sie einander und was sie Lou schuldig sind. Rilke ist aufmerksam genug, zu Weihnachten 1899 aus Prag praktisch gleichlautende Grüße an Prof. Dr. Friedrich Carl Andreas und an Frau Louise Andreas-Salomé zu schicken; Andreas wiederum läßt ihm 1903 durch Lou bestellen, daß seine, Rilkes, an Lou adressierten Briefe nur von ihr gelesen werden.

Trotzdem gehört zu den Vorsichtsmaßnahmen, die Lou und Rainer später nicht nur im Hinblick auf den »Loumann« ergreifen, auch die gemeinsame Zerstörung vieler schriftlicher Zeugnisse ihrer Leidenschaft – darunter leider etwa die Hälfte der an sie gerichteten Gedichte, die er als *Dir zur Feier*, analog zum 1899 erschienenen Zyklus *Mir zur Feier*, veröffentlichen wollte, auf ihren Wunsch aber ihr überließ. Unter dem, was dem Autodafé entging, sind jedoch einige Verse, die ihren Rang behaupten werden, solange Liebeslyrik geschrieben und gelesen wird. Rilke hatte sie im Juli 1897 verfaßt und übernahm sie, auf Lous Bitte hin, in den zweiten Teil des *Stunden-Buchs*:

> Lösch mir die Augen aus: ich kann dich sehn,
> wirf mir die Ohren zu: ich kann dich hören,
> und ohne Füße kann ich zu dir gehn,
> und ohne Mund noch kann ich dich beschwören.
> Brich mir die Arme ab, ich fasse dich

mit meinem Herzen wie mit einer Hand,
halt mir das Herz zu und mein Hirn wird schlagen,
und wirfst du in mein Hirn den Brand,
so werd ich dich auf meinem Blute tragen.

V

Die Musterung erweist sich als bloßer Schreckschuß. Dem aus Prag geschickten Telegramm: »Frei und bald auch froh!« folgt der Absender auf dem Fuße. Im Juni 1897 zieht er mit Lou und Frieda von Bülow in das »Lutzhäuschen« in Wolfratshausen, aus dem man später ins Haus »Loufried« überwechselt (der Name geht schließlich auf die Göttinger Villa über, in der Lou und Fried[rich Carl Andreas] den Rest ihrer Tage verbringen). August Endell, der führende Architekt des Jugendstils, kommt aus dem nahen München zu Besuch, einmal mit Sophie Goudstikker und deren Schwester Mathilde alias »Puck«, für die er in der Von-der-Tann-Straße gerade das Atelier »Elvira« mit seinem berühmten Treppenhaus entworfen hat. Gelegentlich läßt sich auch Wassermann blicken, und ein anderer Freund, der Kritiker Akim L. Volynskij, geht eine Zeitlang aus und ein; Lou hat ihn bei einem Besuch in Petersburg kennengelernt und läßt sich nun von ihm von ihrer russischen Heimat erzählen, die sie mit Ausnahme der Hauptstadt kaum kennt. Rilke, der selbst einmal nach Rußland fahren will, hört aufmerksam zu.

Auf den Photos, die das sommerliche Idyll festhalten, sieht Volynskij glutäugig und athletisch wie der junge Picasso aus und Endell, mit Kneifer und Baskenmütze oder auch mal im Strohhut, wie ein Professor auf Urlaub. Frieda von Bülow, Romanschriftstellerin und ehemalige Geliebte des Kolonialpolitikers Carl Peters, dem sie als Abgesandte des Deutsch-Nationalen Frauenbundes nach Afrika gefolgt war, sitzt so unbeteiligt dabei, als sei sie nur die Anstandsdame. Rilke jedoch, in einem hochgeschlossenen altmodischen Rock und mit verschämt-schülerhaftem Gesichtsausdruck, hat nur Augen für Lou; diese wiederum trägt eine weitärmelige russische Bauernbluse und hat das Haar hinten geknotet, mit ein paar Strähnen, die lose ins Gesicht fallen und die hohe Stirn ein wenig verdecken. Auf einem Bild erscheint auch Andreas, der Mitte Juli aus Berlin hinzugekommen ist, nach telegraphischer Anmeldung, so daß Rilke und Endell vorübergehend in einem benachbarten Dorf Quartier nehmen.

Anfang Oktober fährt man zurück nach Berlin. Rilke ist so in Lous Bann geraten, daß er München links liegen läßt und sich von den dortigen Freunden von Berlin aus brieflich verabschiedet. Er nimmt sich ein möbliertes Zimmer in Wilmersdorf, Im Rheingau 8, nicht weit von der Andreasschen Wohnung, in der er sich fast jeden Tag sehen läßt. Der Dichter, der später nur noch mit Hut und Stock und Gamaschen ausgehen wird, spaltet Holz für Lou, hilft ihr beim Geschirrabtrocknen und macht sich auch sonst im Haushalt nützlich. Sie kocht ihm inzwischen seine Lieblingsgerichte, Borschtsch und russische Topfgrütze, während Andreas in der Bibliothek arbeitet, dem einzigen größeren Zimmer, das die Wohnung aufzuweisen hat. Unter Lous Anleitung bereitet Rilke sich auf zwei Reisen vor. Die eine bereits fest eingeplante wird ihn im Frühjahr nach Florenz führen; er lernt deshalb Italienisch und hört Kunstgeschichte an der Berliner Universität. Die andere soll irgendwann einmal nach Rußland gehen. Er fängt an, Russisch zu lernen und bringt es bald so weit, daß er, zwar stockend und nur mit Lous Hilfe, einiges von Turgenjew und Tolstoi im Original lesen kann.

Da sein Leben ruhiger und zielgerichteter verläuft als in München, findet er mehr Zeit zum Schreiben und zu Theaterbesuchen und Gesellschaften. In einer von Rudolf Steiner eröffneten Matinée-Vorstellung sieht er zum ersten Mal ein Stück von Maeterlinck. Des Abends begleitet er oft Lou, die ihm manchen Weg ebnet; so führt sie ihn bei dem Malerehepaar Reinhold und Sabine Lepsius ein, in dessen hochherrschaftlicher Wohnung in der Kantstraße gerade eine Lesung von Stefan George stattfindet, und bei dem Verleger Samuel Fischer und dessen Frau Hedwig, die bald zu seinen Freunden zählen. Neben Karl Vollmoeller, Carl Hauptmann und anderen Schriftstellern lernt er endlich auch Richard Dehmel persönlich kennen, mit dessen Gedichten er bald darauf die erste von ihm selbst veranstaltete Dichterlesung bestreitet: einen Vortragsabend über moderne Lyrik, den er Anfang März 1898 in Prag

MIR ZUR FEIER.

Gedichte von Rainer
Maria Rilke. ·⁓⁓⁓·
Verlegt bei Georg Hein-
rich Meyer · Berlin.

Rilkes fünfter Gedichtband, *Mir zur Feier*, erschien zu Weihnachten 1899 mit
Buchschmuck des Worpsweder Künstlers Heinrich Vogeler.

hält. Er hat auf der Reise nach Italien dort Station gemacht und beabsichtigt, auf dem Weg nach Florenz auch die Mutter in Arco nahe dem Gardasee zu besuchen.

Inzwischen hat er Phia keineswegs vergessen. Es besteht ein reger Briefwechsel zwischen den beiden, und er hat auch während der Wolfratshausener und Berliner Monate oft genug an sie gedacht, während der Vater, den er im Vorjahr kurz in München gesprochen hatte, ihn kaum beschäftigt. So enthält die nach der Rückkehr aus Italien veröffentlichte Sammlung *Mir zur Feier* einen bezeichnenden Alptraum:

> Arme Heilige aus Holz
> kam meine Mutter beschenken;
> und sie staunten stumm und stolz
> hinter den harten Bänken.
>
> Haben ihrem heißen Mühn
> sicher den Dank vergessen,
> kannten nur das Kerzenglühn
> ihrer kalten Messen.
>
> Aber meine Mutter kam
> ihnen Blumen geben.
> Meine Mutter die Blumen nahm
> alle aus meinem Leben.

Nicht alle Gedichte sind retrospektiv in diesem Zyklus, der Rilkes Entwicklungsstufe unmittelbar vor dem *Stunden-Buch* und somit den Abschied wenn nicht vom jungen, so doch vom unreifen Lyriker kennzeichnet. Dem Bändchen sind Danksagungen an Heinrich Vogeler, der zu jeder Seite eine Vignette oder zumindest ein paar arabeskenhafte Linien beigesteuert hatte, und an die »Gesellschaft zur Förderung deutscher Wissenschaft, Kunst und Literatur in Böhmen« vorangestellt, deren Mitglieder ihn soeben zur Prager Lesung eingeladen hatten. Der äußeren Abhängigkeit entspricht eine innere mit Anklängen an George (daher wohl das vorübergehend zum Lieblingsverb erhobene »erkiesen«) und sogar an Wagner: »Und jeder Brünne bar will ich mich brüsten / solang ich fühle, wie die Brust sich breitet.« Er bläst also auch in diese Trompete, um zu sehen, ob er ihr nicht einen Ton entlocken kann.

Anderes ist spontaner und persönlicher empfunden wie die italienischen Motive oder die Verherrlichung jener zarten, etwas müden jungen Mädchen, die gerade vor dem Erwachen ihrer Sinne stehen und deshalb vor den Männern beschützt werden müssen, die sie nur allzu bald zu ihren »Fortpflanzungs-Geschäften«, wie Peter Altenberg das nannte, mißbrauchen werden. Diesen Kindfrauen, mit denen sich die Graphik des Jugendstils und die Literatur der Jahrhundertwende öfters befaßten – in Lous *Wolga*, Manns *Tristan*, Altenbergs *Dorf* –, hat Rilke viele Gedichte gewidmet, in denen er sich in ihre Seele hineinzuversetzen sucht:

> Ihr Mädchen seid wie die Gärten
> am Abend im April:
> Frühling auf vielen Fährten,
> aber noch nirgends ein Ziel.

Allerdings treibt er in *Mir zur Feier* auch eine stilistische Unart der Jahrhundertwende auf die Spitze. Von den mehr als 100 Seiten der Erstausgabe, die mit wenigen Ausnahmen jeweils ein kurzes Gedicht enthalten, gibt es nur 12, auf denen nicht mindestens eine Zeile mit »und« einsetzt. Nicht weniger als 8 Gedichte beginnen mit dem unscheinbaren Bindewörtchen, das dem späteren, reifen Rilke für die Anfangszeile eines Gedichts viel zu »ungefähr« gewesen wäre.

VI

In Wolfratshausen und Berlin arbeitet Rilke an den elf Erzählungen, die 1898 unter dem Titel *Am Leben hin* veröffentlicht werden. Einige weisen autobiographische, genauer: familienkritische Züge auf, die sich im kurz darauf verfaßten *Ewald Tragy* zur Satire verdichten; aber schon in diesen Skizzen erscheinen Josef Rilke, die Kusine Irene, die Tante Gabriele und andere Familienmitglieder, ja das Deutsch-Prager Milieu überhaupt, in kaum verhüllter Parodie. Die Auseinandersetzung mit der Mutter und der ihr eigenen Frömmelei wird in *Einig* fortgeführt, der Geschichte einer bigotten Frau namens . . . Sophie, die den todkrank zu ihr zurückgekehrten Sohn durch die spezifische Art ihrer Fürsorge um den letzten Lebensmut bringt. Einer anderen dieser Erzählungen, *Alle in Einer* (in der ein gelähmter Holzschnitzer Madonnen herstellt, die in ihrem Aussehen allesamt einem befreundeten Mädchen gleichen; als dieses sich mit einem andern verlobt, versucht der Krüppel, gewaltsam aus seinem Porträtierungszwang auszubrechen und zerschneidet sich dabei die eigenen Hände), ist ein besonderes Schicksal beschert. Sie wird als erstes aller Rilkeschen Werke übersetzt, und diese Übersetzung wiederum erscheint, dank Volynskijs Fürsprache, in einer Petersburger Zeitschrift – ein halbes Jahr vor der Veröffentlichung des deutschen Originals.

Auch Rilkes dramatische Produktion dieser Zeit steht im Zeichen des Familienkonflikts. *Ohne Gegenwart* beleuchtet eine Ehekrise, die durch den Selbstmord der Schwester der jungen Frau ausgelöst wird. In *Mütterchen* kontrastiert Rilke die bürgerliche Ehe, in der sich eine frühzeitig verhärmte Frau aufreibt, mit der mädchenhaften Unbeschwertheit der unverheirateten jüngeren Schwester. Beide Stücke sind sehr kurz und erinnern insofern an Maeterlinck, als die dramatische Spannung nicht vordergründig auf der Bühne dargestellt, sondern ins innere Erleben der handelnden Personen zurückgenommen wird.

Eher Seelen- als Aktionsdramen sind auch zwei damals verfaßte Einakter, die erst aus dem Nachlaß bekannt wurden. Sie behandeln ein anderes Thema, das Rilke damals beschäftigte: die Selbstverwirklichung der Frau, die er bei der Mutter, bei Lou und bei Franziska von Reventlow in verschiedenen Erscheinungsformen erlebt hatte. So schildert *Höhenluft* die Gemütsverfassung einer wegen eines Liebesverhältnisses aus dem Hause gewiesenen jungen Mutter, die mit ihrem Kind lieber arm, aber unabhängig in einer Dachkammer haust (daher der Titel), als zur gutsituiert-philiströsen Familie zurückzukehren. Auf den wenigen Seiten eines anderen, Fragment gebliebenen Dramas, das als »Brautpaar-Stoff« auch in Rilkes Tagebuch auftaucht, begegnen wir in der Figur der (wohl nicht aus Zufall einen fremdländisch-slawischen Namen tragenden) Zenaïde Stolbow erstmals einer Frau, die ganz vom Gefühl der weiblichen Vollwertigkeit gegenüber den Männern erfüllt, aber auch frei von jeglicher Animosität gegen diese ist:

> Siehst du, das sind solche Weibergewohnheiten! Das mußt du auch noch ablegen [ermahnt sie eine Braut, die ihr gerade aus dem Tagebuch ihres Verlobten vorgelesen hat]. Wenn er dirs gegeben hat, lies und – schweig! . . . Es ist ja nichts Schlechtes, und unter »Freundinnen« ginge es ja ohne weiteres. Aber *wir* sind doch mehr: Freunde gewissermaßen. Mensch zu Mensch.

Vielleicht haben wir hier das damals so häufige Wunschbild vom »Weib als Kameraden« vor uns. Sollte es sich bei dieser Ermahnung aber um ´eine Anleihe bei Lou handeln, deren epochemachender Essay zur Frauenemanzipation 1899 unter dem Titel *Der Mensch als Weib* veröffentlicht wird, dann darf nicht unerwähnt bleiben, daß auch sie *ihm* manches verdankt und daß man gerade aus diesem Essay Aussagen von spezifisch Rilkeschem Klang heraushören kann wie die (in allerlei psychologische und anatomische Gemeinplätze eingebettete) Definition der Frau als eines Wesens, in welchem dem Geschlechtlichen »hundert goldene Tore gebaut sind und hundert festliche Wege«.[46]

Im sogenannten *Schmargendorfer* (später *Worpsweder*) *Tagebuch*, das Rilke seit 1898 auf Lous Drängen hin führt und aus dem er ihr gelegentlich vorliest, steht eine der eindrucksvollsten kurzen Geschichten, die wir überhaupt von ihm haben: *Frau Blahas Magd.* Annuschka, ein geistig behindertes Mädchen vom Lande, dient bei Frau Blaha, die mit einem Eisenbahnbeamten verheiratet ist. In der armseligen Stadtwohnung, in der ihr nur manchmal ein paar Nachbarskinder Gesellschaft leisten, verzehrt sich das Mädchen vor Einsamkeit und Heimweh. Von ihren Ersparnissen kauft sie sich schließlich ein Puppentheater, das sie auf einem vorweihnachtlichen Einkaufsbummel in einem Schaufenster gesehen hat; das Spiel mit den Puppen ist ihre einzige Freude im Leben. Als sie von einem Mann, den sie in einer Schenke kennenlernt und bald wieder aus den Augen verliert, ein Kind bekommt, erdrosselt sie es und versteckt es im Spind in ihrer Stube. Nur den Nachbarskindern gegenüber, vor denen sie gern mit dem Theater spielt, erwähnt sie, daß sie »noch eine große Puppe« besitzt. Eines Tages holt sie das tote Baby hervor, zeigt es den entsetzt davonlaufenden Kindern und spaltet ihm und den Puppen die Köpfe. – Die Rilke aus der eigenen als Mädchen erlebten Kindheit vertraute und zeitweise zutiefst verhaßte Puppe kehrt in mehreren Gedichten, in einem *Puppen* betitelten Aufsatz von 1914 und, zum vollgültigen Symbol verdichtet, in der *Vierten Elegie* wieder.

Unter den Erzählungen, die er Lou vorliest, sind auch Stellungnahmen zum politischen Klima im Böhmen der Jahrhundertwende: die *Zwei Prager Geschichten* (1899). Der Held der ersten, *König Bohusch*, ist einer historischen Persönlichkeit nachgebildet, dem buckligen Tapezierer Rudolf Mrva, einem gegen die tschechische Geheimorganisation Omladina eingesetzten Polizeispion, dessen Leiche im November 1893 in einer Prager Mietwohnung aufgefunden wurde. Rilkes »König Bohusch«, wie er mit Spitznamen heißt, ist ebenfalls bucklig und überhaupt ein im Leben zu kurz gekommener Mensch, der von den am Stammtisch des Prager National-Cafés versammelten Künstlern und Intellektuellen nur eben geduldet wird. Um sich bei ihnen ins rechte Licht zu setzen und zugleich seiner Freundin zu imponieren, weiht Bohusch den anarchistischen Studenten Rezek in sein Geheimnis ein: im Keller des Hauses, das er mit seiner Mutter bewohnt, hat er die Tür zu einem unterirdischen Gang entdeckt, der sich vorzüglich zu einem konspirativen Versteck eignen würde. Rezek, der einzige Aktivist in der patriotisch-tschechisch, aber nicht radikal eingestellten Stammtischrunde, beschließt tatsächlich, das nächste Treffen in diesem Gang abzuhalten. Als Bohusch ein paar Tage später wieder in den Keller geht, sieht er einen Lichtspalt unter der Tür und belauscht eine Gruppe junger Tschechen, die ein Komplott schmieden. Er wird seinerseits entdeckt und als Spitzel verdächtigt, redet sich aber noch einmal heraus. Erst als er die Verschwörung durch einen wichtigtuerischen Brief an die Freundin gefährdet, wird er von Rezek als Sicherheitsrisiko aus dem Weg geräumt. (Im Leben und Tod des Buckligen hat Rilke das Tschechische mit einem Beigeschmack des Gruselig-Grausamen versehen, der in *Frau Blahas Magd* und in der skurrilen kleinen Skizze *Das Lachen des Pán Mráz* ebenfalls zu spüren ist.)

Durch die Gestalt des Studenten Rezek ist *König Bohusch*, der ausschließlich im slawischen Umfeld spielt, mit der zweiten Prager Geschichte, *Die Geschwister*, verbunden. Sie bezieht ihre Spannung aus dem Gegensatz zwischen der tschechischen Försterswitwe, die mit ihrem Sohn Zdenko und ihrer Tochter nach Prag zieht, und den Deutschen, mit denen sie dort in Berührung kommt. Unter diesen ist ein Oberst nebst Gemahlin, die in ihrem Standes- und Deutschtumsdünkel Züge von Phia Rilke trägt, sowie ein positiv gezeichneter junger Apotheker, der nach Zdenkos Tod dessen Zimmer mietet und in einem völkerverbindenden Finale mit der Tochter einen Sprachaustausch vereinbart: »Ich möchte so gern etwas besser deutsch lernen«, sagt sie, »vielleicht können Sie ein wenig böhmisch brauchen dafür.« – »Ja«, antwortet der Apotheker, »ich liebe Ihre Sprache.«

Rilke, seit jeher der anspruchsvollste Kritiker der eigenen Produktion, hat die beiden Erzählungen einmal als »unverbrauchter Bodensatz der *Larenopfer*« charakterisiert. Der Grund ist leicht einzusehen. Während *König Bohusch* als eine Art von Polit-Krimi mit idiosynkratischem Einschlag (etwa in der Vorliebe für Kirchhofsszenen) zu den spannendsten Werken aus seiner Feder zählt, kranken *Die Geschwister* an einem Übermaß an Dialektik: Neben den Tschechen, die sich gegen die Deutschen zu behaupten haben, treten hier auch die Alten gegen die Jungen an, die Dienstboten gegen die Herrschaft, die Landbewohner gegen die Städter, der Idealist Zdenko gegen den Pragmatiker Rezek. Kleine Eigenheiten des Erzählers Rilke wie der Gebrauch von »etwan« für »etwa« oder »welcher« für »der« stören den erzählenden Duktus weniger als ein lyrisches Ritardando, das sich immer wieder zur Unzeit bemerkbar macht:

Und unter dem wilderen und wühlenden Hin und Wider [lesen wir in einer später eingefügten Traumsequenz] wächst die heimliche Lust. An eines silbernen Ritters Seite erkennt der Prinz ein blasses, blaues Fräulein und fühlt zugleich: die Liebe zu ihr, den Haß für ihren Begleiter. Und beides in ihm ist rot und rasch. Und er hat den silbernen Ritter wohl zum König gemacht; denn dem fließt über den blanken Panzer ein Purpur nieder, immer breiter und blutender, bis er stumm zusammenbricht unter der Last des fürstlichen Mantels.

Das ist, je nach Geschmack, »romantisch« oder . . . Kitsch. Mit der Erzählung *Die Geschwister* hat es aber nicht das geringste zu tun, während andererseits die Schilderung der Stammtischrunde am Anfang von *König Bohusch* durchaus zur Charakterisierung der tschechischen Intelligenz beiträgt. Unversehens wird man bei dieser Lektüre an einen Meister der satirischen Erzählung erinnert, an Thomas Mann. So ist zum Beispiel der Lyriker, der im National-Café in sein Absinthglas schaut und auf die Frage, was denn die Arbeit mache, mit: »Es ist Frühling« antwortet, ein Bruder jenes Novellisten Adalbert in *Tonio Kröger*, der seine mangelnde Konzentrationsfähigkeit mit einem »Gott verdamme den Frühling!« überspielt. Wie Tobias Mindernickel und der kleine Herr Friedemann ist auch Bohusch ein Krüppel, und der Literaturkritiker am Stammtisch könnte vollends aus Manns Feder stammen: Dieser Herr ist nämlich »ausgezeichnet durch einen überaus langen Hals und – wie ein boshafter jüdischer Kollege mal behauptet hatte – einen überaus höflichen ›Adamsapfel‹, welcher jeden Tropfen durch die Einsamkeit der Kehle bis an den Kragenrand, wo er sich nicht mehr verirren konnte, begleitete und von dort dienstfertig auf seinen Posten zurückschnellte . . .« – Auch Rilke machte sich gelegentlich einen Spaß daraus, einen Kollegen mit seinen Worten aufzuspießen und gegen das Licht zu halten.

Die Übereinstimmung ist jedoch eher zufällig und darf die grundlegende Andersartigkeit von Mann und Rilke nicht verdecken. Im Biographischen findet sie aber eine Parallele in der in jungen Jahren absolvierten Bildungsreise, die den einen 1896–1898 nach Rom und Palestrina, den anderen 1898 nach Florenz und Viareggio führt.

I

Vom Besuch der Mutter im damals noch österreichischen Arco kommt Rilke Mitte April 1898 in Florenz an, nach einer vielstündigen Eisenbahnfahrt, die er auf Koffern sitzend verbrachte. Er mietet sich in der Pension Benoit am Lungarno Serristori ein, unterhalb von San Miniato und nicht weit vom Ponte delle Grazie. (An dem Haus ist heute eine Gedenktafel angebracht, derzufolge Rilke im Frühjahr 1898 hier bei der Arbeit am *Florentiner Tagebuch* »seine dichterische Berufung bekräftigte« – *confermò la sua vocazione poetica*.) Sein Zimmer liegt im vierten Stock, hat Zugang zum Dachgarten und eine schöne Aussicht auf die Stadt. Schon am ersten Abend macht er einen langen Spaziergang, zum Dom und zum Palazzo Vecchio, an der Loggia dei Lanzi vorbei durch den Hof der Uffizien zurück zum Arno.

Unter den Menschen, die er bei diesem Aufenthalt kennenlernt, ist der Maler Heinrich Vogeler, der ihn zu einem Besuch in Worpswede einlädt. Zu seiner Überraschung trifft Rilke eines Tages in den Boboli-Gärten auch auf Stefan George, den er zuletzt im Lepsiusschen Salon im Kreise seiner Verehrer angehört hatte. Von dessen feierlichem Gehabe verunsichert und in der Annahme, vielleicht auch Hoffnung, daß George sich an ihn ohnehin nicht mehr erinnern würde, will Rilke sich schnell davonstehlen, aber da hat ihn der scharfäugige Meister auch schon erspäht und verwickelt ihn nun in ein längeres Gespräch, in dem er sich so entgegenkommend und unbeschwert erweist wie jemand, der sich freut, seinen Repräsentationspflichten einmal entronnen zu sein.[47] Beim Aufund abgehen gibt George ihm zu verstehen, daß er, Rilke, mit seinen Dichtungen zu früh an die Öffentlichkeit getreten sei. Der Vorwurf schmerzt, entspricht im Grunde genommen aber schon damals seiner eigenen Überzeugung. Obwohl sie in gutem Einvernehmen scheiden und jeder die Bücher des andern anerkennend zur Kenntnis nehmen wird, sind sich Rilke und George nicht wieder begegnet.

Rilke verbringt die nächsten Wochen als braver Tourist, der sich alle Kirchen, Brunnen, Treppen, Höfe, Gemälde und Statuen gewissenhaft ansieht:

> Und soll ich sagen, wie mein Tag verrollt?

fragt er gleich nach der Ankunft in einem der wenigen Gelegenheitsgedichte im goetheschen Sinn, die wir von ihm besitzen:

> Früh zieh ich durch die strahlenden Viale
> zu den Palästen, drin ich wachsend prahle,
> und mische mich auf freier Piazzale
> ins braune Volk, wo es am tollsten tollt.

> Nachmittag bete ich im Bildersaale,
> und die Madonnen sind so hell und hold.
> Und komm ich später aus der Kathedrale,

> ist schon der Abend überm Arnotale,
> und ich bin leis und langsam müd und male
> mir Gott in Gold . . .

Bei »freier Piazzale« mag er an den Piazzale Michelangelo oberhalb der Pension gedacht haben, obwohl weder dort noch anderswo in dieser Stadt von »braunem«, geschweige denn »tollendem« Volk die Rede sein kann. Die Vorstellung von südländisch-folkloristischen Florentinern ist so wirklichkeitsfremd wie die von einem Rilke, der sich leutselig unter die karnevaleske Menge mischt. Im Unterschied zu vielen anderen deutschen Italienfahrern hat er überhaupt wenig über die Italiener zu sagen, vielleicht weil er aus einem Vielvölkerstaat stammt, in dem das Andersartige noch lange nicht mit dem Exotischen gleichgesetzt wird. Wie wenig er damals noch über Italien weiß, geht auch aus den in Anbetracht seines glänzenden Französisch, achtbaren Russisch und passablen Tschechisch überraschend häufigen Fehlern im Italienischen hervor (so müßte es schon oben »auf freiem Piazzale« heißen). In den für Lou bestimmten, später als *Florentiner Tagebuch* zusammengefaßten Notizen aus dieser Zeit werden sogar gebräuchliche Namen oft falsch geschrieben: Palazzo Publico statt Pubblico, Buffalmac(c)o, Fra Bartolome (Bartolommeo), lucc(h)esisch, Dante G. Ros(s)etti, und anderes.

Dank seiner Vorstudien an der Universität München und in Wolfratshausen macht er jedoch rasche Fortschritte im Verständnis der Malerei und Architektur der Frührenaissance. Dabei drängt sich der Vergleich mit der einzigen italienischen Stadt, die er bereits kennt, ganz von selber auf in Gegenüberstellungen, die so zutreffend wie bildhaft formuliert sind:

> Florenz erschließt sich nicht wie Venedig dem Vorübergehenden. Dort sind die hellen, heiteren Paläste so vertrauensselig und beredt, und wie schöne Frauen verharren sie immerfort am Spiegel des Kanals und sorgen, ob man ihnen das Altern nicht anmerkt . . .
> Anders in Florenz: Fast feindlich heben die Paläste dem Fremden ihre stummen Stirnen entgegen, und ein lauschender Trotz bleibt lange um die dunklen Nischen und Tore, und selbst die klarste Sonne vermag nicht seine letzten Spuren zu löschen.

Unter den Malern ist ihm Botticelli einer der liebsten und wird es auf Jahre bleiben, als Schöpfer jungfräulicher Madonnen, aus deren schwermütigen Gesten und Gesichtern die Enttäuschung über eine nicht erreichte Reife abzulesen ist, als wären sie nicht Frucht geworden, sondern Blüte geblieben. An Cimabue und Giotto, wie an Duccio und anderen Sienesern, geht er vorüber; was er im Tagebuch in Form locker aufeinanderfolgender Impressionen zum Beispiel zu Fra Angelico, Giorgione, Benozzo Gozzoli und Raffael zu sagen hat, ist nicht neu, verrät aber Geschmack und Sicherheit im Urteil. Leonardo bedeutet ihm noch wenig; Michelangelo, besonders als Bildhauer, um so mehr. Rilke übersetzt später seine Gedichte und sieht in ihm von Anfang an die überwältigende Künstlerpersönlichkeit, an der ein müde gewordenes, an sich selbst zweifelndes Zeitalter sich aufrichten könnte. Er steht damit in unmittelbarer

Nachbarschaft von Herman Grimm, Karl Justi, Heinrich Wölfflin, Paula Modersohn-Becker und anderen Verkündern der deutschen Michelangelo-Begeisterung um die Jahrhundertwende. »Man denke sich Michelangelo in irgendeiner Zeitung besprochen«, bemerkt er hierzu, »gleichviel, ob gelobt oder getadelt. Mit jenen im vielen Gebrauch glänzend gewordenen Phrasen jüdischer Spitzfindigkeit. Ich glaube, der hätte den Kritiker zurechtgehauen wie einen vermeißelten Marmorblock.« Indem er sich über die Spitzfindigkeit anderer mokiert, übersieht Rilke freilich die eigene: »Wenn ich im *Bremer Tageblatt* schreibe«, gesteht er wenig später dem Maler Otto Modersohn, »dann schreibe ich immer so in meinen Bart hinein und halte dabei noch die linke Hand vor den Mund: dann wird es journalistischer.«

Eine weitere, auf den ersten Blick weniger plausible Lichtgestalt ist ihm der jüngere Bruder des Lorenzo il Magnifico, Giuliano de' Medici, der 1478 dem Attentat zum Opfer fiel, durch das die Familie und Parteigänger der Pazzi die Medici-Herrschaft stürzen wollten (der fünfundzwanzigjährige Giuliano wurde während des Hochamts im Florentiner Dom erdolcht, Lorenzo rettete sich mit knapper Not und ließ später einige der Verschwörer aufknüpfen). Rilke malt sich aus, Giuliano habe mit seiner heimlichen Geliebten, einem Mädchen aus dem Volke, neben Giulio de' Medici (dem späteren Papst Clemens VII.), ein weiteres Kind gezeugt, das weder seinen Vater gekannt habe noch die im Kindbett verstorbene Mutter. Wie wäre ein solches Kind aufgewachsen, mit welchen Gefühlen wäre es durchs Leben gegangen? In der Figur des Giuliano, eines »Frühlingsliebe«, der sterben mußte, als es Sommer werden wollte«, klingen Motive an, die erst viel später zur Reife kommen. Dem unwissend vom Helden gezeugten, nach dessen Tod geborenen Sohn werden wir in der ersten Fassung des *Cornet*, der an der Geburt des Kindes sterbenden jungen Mutter im *Requiem für eine Freundin*, den »Früheentrückten« in der *Ersten Duineser Elegie* wiederbegegnen.

Manchmal fühlt sich Rilke in diesen Florentiner Frühlingswochen selbst als Verkünder eines kommenden, wennschon nicht näher bestimmten Sommers. In solchen Stimmungen sind Anklänge an Nietzsche nicht zu überhören, besonders wenn es ihm darum zu tun ist, die eigene, aristokratisch-elitäre Kunstauffassung gegen die der Touristen abzugrenzen, die mit dem Kneifer auf der Nase und dem Baedeker in der Hand ihrerseits Bargello und Signoria, Uffizien und Pitti »abhaken«. »Wisset denn«, heißt es im Zarathustra-Ton, »daß die Kunst ist: das Mittel Einzelner, Einsamer, sich selbst zu erfüllen. Was Napoleon nach außen war, das ist jeder Künstler nach innen. Es geht über Siege wie über Stufen aufwärts. Aber hat Napoleon jemals dem Publikum zuliebe gesiegt?« Worauf die Antwort nur lauten könnte: Napoleon hat, zumindest nach 1806, überhaupt nur Krieg geführt und gesiegt, um sich in der Gunst des französischen »Publikums« zu behaupten. – Dem Bildungsphilister zieht Rilke sogar den Venedig-Reisenden vor, der das in dem feudalen Hotel Bauer Grunwald verspeiste Kotelett lobt; denn dieser Tourist hat doch wenigstens »etwas Lebendiges, Eigenes, Intimes« erfahren und damit innerhalb seiner Möglichkeiten sogar »Geschmack und Genußfähigkeit« bewiesen. (Obwohl er wenig ißt und bescheiden wohnt, kennt Rilke sich schon in frühen Jahren in den führenden Restaurants und Hotels von Europa aus.)

Reiseerfahrungen und -aufzeichnungen fördern bekanntlich den Aphorismus. Auch Rilke bedient sich unterwegs dieser dem Lyriker sonst eher fernliegenden Form. Das ist schon im *Florentiner Tagebuch* (1898) und seinen Nachfolgern, dem *Schmargendorfer* (1898–1900) und dem *Worpsweder Tagebuch* (1900) der Fall, die sämtlich ein Mittelding darstellen zwischen dem Kafkaschen Typ des Tagebuchs, aus dem ganze Seiten unverändert ins Werk übernommen werden könnten, und dem Brechtschen oder Jüngerschen Typ, der außer Werkstatt(selbst)gesprächen und Werksplittern auch Persönliches und Kommentare zum Tagesgeschehen enthält. So stehen im *Florentiner Tagebuch* neben allgemeinen Kunstbetrachtungen (z. B. über die damals auch von Hauptmann und vielen anderen heiß diskutierte polychrome Plastik), Anrufungen an die ferne Lou (»Du Herrliche, Du, wie hast Du mich weit gemacht«) und Werknotizen (zu den in *Mir zur Feier* veröffentlichten *Mädchenliedern*) einige Aperçus, die eines Schopenhauer oder Nietzsche würdig wären:

Gott ist das älteste Kunstwerk. Er ist sehr schlecht erhalten, und viele Teile sind später ungefähr ergänzt. Aber es gehört natürlich zur Bildung, über ihn reden zu können und die Reste gesehen zu haben.

Sogar die Summe der Florentiner Tage kleidet er in eine an Lou gerichtete aphoristische Bemerkung: »Siehe: ich habe geglaubt, ich werde eine Offenbarung mit heimbringen über Botticelli oder über Michelangelo. Und ich bringe nur eine Kunde mit – von mir selber, und gute Nachrichten sind es.« Sie ist zugleich eine gute Zusammenfassung des *Tagebuchs*, das von Anfang an weniger der Wahrheitsfindung als der Selbstfindung des Verfassers dient. Von hier ist es nur noch ein Schritt zu einer der berühmtesten aller seiner Aussagen, zu jenem »Du mußt dein Leben ändern«, das am Schluß des Gedichts *Archaischer Torso Apollos* die Wirkung der (großen) Kunst auf den (aufnahmebereiten) Betrachter exemplarisch beschreibt.

II

Erschöpft von den steinernen Wundern von Florenz fährt Rilke im Mai 1898 nach Viareggio, damals noch ein exklusiver, auch vom italienischen Königshaus besuchter Badeort ohne die »Zurechtmachung«, die ihm später an Capri so mißfällt. Er bleibt drei Wochen, in denen er das *Florentiner Tagebuch* redigiert und Ausflüge nach Pisa und Lucca und in die apuanischen Bergdörfer unternimmt, nach Pietrasanta und Sarzana bis hinauf in die Marmorbrüche von Carrara. Im Hotel freundet er sich mit seiner Tischnachbarin an, der dreißigjährigen Helene Woronin aus St. Petersburg, die mit Vater und Schwester die Kur macht. Er geht mit ihr am Meer und in der Pineta spazieren und empfiehlt ihr Bücher von Jacobsen und Ralph Waldo Emerson, der, obwohl Amerikaner, damals ebenfalls zu seinen Lieblingsautoren gehört. Als sie sich einmal auf einem abendlichen Strandspaziergang deprimiert zeigt, lenkt er sie, erstmals seinerseits zum Tröster geworden, mit der Aufforderung ab, die Leuchtkäfer zu zählen:

»Ein Glühkäferchen, sehen Sie?« Sie nickte: »Da auch.« – »Und da – und da«, ergänzte ich und riß sie hin damit. »Vier, fünf . . .«, zählte sie weiter, ganz erregt; da lachte ich: »Sie Undankbare; das ist das Leben: sechs Glühkäfer und immer mehr. Und Sie wollen es verleugnen?!«[48]

Er wird ihr auch von einem Abenteuer erzählt haben, das er in diesen Tagen erlebt hat. Eines Morgens sitzt er schreibend auf dem Balkon, von dem aus er den Hotelgarten und das Meer sehen kann, als ihn ein Geräusch unten auf dem Kiesweg aufschauen läßt: Dort steht plötzlich ein Mönch mit schwarzer Kutte und Gesichtsmaske, der um Almosen bettelt. Als dann ein Junge herauskommt und eine Münze in die Sammelbüchse wirft, da ist es dem Dichter, als stünde ein junges Mädchen unten am Eingang und ließe dem Tod, der es abholen kommt, sein Herz überbringen mit den Worten: »Ich habe mich geirrt, nimm das, und geh voraus. Ich kann noch nicht. Ich bin wirklich müd, wirklich. Lieben kann ich nicht mehr, nimm es. Aber laß mich noch schauen.« Dann entfernt sich der Mönch so unvermittelt, wie er gekommen war, dreht sich am Gartentor um, blickt zurück, als erwarte er jemanden, und ist verschwunden.

(Als Rilke später das Hotel verläßt, hat er die Erscheinung vergessen. Es fällt ihm aber auf, daß ein zum Haus gehörender Dackel einen ganz verstörten Eindruck macht und sich nicht mehr streicheln läßt. Hatte er die Erscheinung ebenfalls gesehen? Am Abend, bei der Rückkehr von einem Spaziergang, erfährt Rilke, daß der Dackel soeben von einem Pferd einen Hufschlag erhalten hat und auf der Stelle tot war.)

Aus diesen und anderen Anregungen erwächst bald nach der Rückkehr nach Berlin Rilkes wohl eindrucksvollstes Theaterstück, *Die weiße Fürstin* (»Eine Szene am Meer«). Es wird 1899 in der Zeitschrift *Pan* abgedruckt und Ende 1904 überarbeitet, wobei neben anderen Glättungen die Mittelachsen-Anordnung, auf der der junge Autor im Sinne des Jugendstils bestanden hatte, einem normalen Satzbild weicht. In dieser zweiten Fassung soll später Eleonora Duse, die Rilke über alle Schauspielerinnen seiner Zeit stellt, die Hauptrolle übernehmen; leider zerschlägt sich der Plan, obwohl er ihr das Stück selbst vorliest.

Der Schauplatz ist irgendwo an der ligurischen Küste, zur Zeit
der Spätrenaissance. Wir sehen die weiße Fürstin auf der dem Meer
zugewandten Terrasse ihrer prunkvollen Villa. Der Fürst, mit dem
sie, unberührt, in unglücklicher Ehe lebt, ist zum ersten Mal seit der
elf Jahre zurückliegenden Heirat gerade auf ein paar Tage fortge-
ritten.

> Wenn abends die Musik
> ihn sänftigte, so daß er nichts verlangte,
> so bot ich ihm mein Bett. Sein Auge dankte
> mir lange. Seine harte Lippe schwieg.
> So schlief er ein. Und mir war garnicht bange.
> Nachts saß ich manchmal auf und sah ihn an,
> die scharfe Falte zwischen seinen Brauen,
> und sah: jetzt träumte er von andern Frauen
> (vielleicht von jener blonden Loredan,
> die ihn so liebte) – träumte nicht von mir . . .

Nun will sie auch ihre Schwester, die jungmädchenhafte Monna
Lara, und den treuen alten Diener Amadeo aus dem Haus schicken,
denn ihr steht der Besuch des langersehnten, nie erblickten Geliebten bevor. Bei Sonnenuntergang, wenn seine Barke auf dem Meer
vorüberzieht, wird sie ihm von der Terrasse aus zuwinken zum
Zeichen, daß er heute nacht landen soll. Für diese späte Hochzeit
hat sie alle Leidenschaft aufgespart: »Mein Blut war übervoll«,
antwortet sie der von der eigenen Sinnlichkeit beunruhigten Schwester auf die Frage, wie sie die lange Jungfernschaft ertragen habe:

> Oft rief es laut, daß ich davon erwachte,
> mich weinen fand und in die Stille lachte
> und in mein Kissen biß, bis es zerriß.

Gerade wollen Monna Lara und der alte Amadeo aufbrechen, da
sprengt ein Bote in den Hof mit der Nachricht, daß in den
benachbarten Dörfern die Pest ausgebrochen ist. Die Totengräber
gehen um, allerlei Gelichter wagt sich hervor, der Bote rät zur
Vorsicht und zieht sich mit Amadeo zurück. Monna Lara, von der

Schilderung des Boten erschüttert, will alles tun, um das Elend zu
lindern. Auch die weiße Fürstin erbietet sich, den Kranken zu
dienen und für die Toten zu sorgen:

> Von morgen an wird das mein Tagwerk sein –
> und meiner langen Nächte Werk.

> Von morgen?

> Von morgen, Schwester. Heute bin ich sein,
> des Kommenden.
> Wie seiner Väter Erbschaft
> ihm zugefallen, reich für ihn allein.

Der Rest der Handlung, wenn bei diesem Seelen- und Sinnendrama
von einer solchen gesprochen werden kann, wird in einer einzigen,
langen Bühnenanweisung gegeben. Während die Sonne am Horizont versinkt, bleibt die weiße Fürstin allein auf der Terrasse zurück
und blickt in die Weite, als suche sie etwas auf dem Meer. Als ein
entferntes Rudern vernehmbar wird, greift sie zur Gürteltasche, wie
um zum Winken bereit zu sein. Dabei erblickt sie, drunten im
Garten, einen plötzlich hinzugetretenen Frater der Misericordia mit
Gesichtsmaske, dem sich sogleich ein zweiter hinzugesellt; die
beiden schwarzen Figuren flüstern miteinander und zeigen auf die
Villa. Vor Schreck erstarrt, versucht die weiße Fürstin mit aller
Kraft, das Tuch zu ziehen und zu winken; sie kann es nicht und
bleibt wie versteinert stehen. Inzwischen hört man die Barke
vorübergleiten, »leiser, ferner und ferner verliert sich der Ruder-
schlag in dem schweren Branden des fast nächtlichen Meeres«. Im
letzten Augenblick erscheint in einem Fenster oben in der Villa eine
helle, jungmädchenhafte Figur und winkt, »erst rufend; hält einen
Augenblick ein und winkt dann anders: schwer und langsam, in
zögernden Zügen, wie man zum Abschied winkt«.

Es ist ein lyrisches Drama von großer Schönheit und Intensität,
aus dem Geist von Hofmannsthals *Der Tor und der Tod*, Manns
Fiorenza und Maeterlincks *Der Tod des Tintagiles*. Auch Biographi-
sches mag hineingewirkt haben: Als Rilke in ihr Leben trat, hatte

auch Lou elf Jahre in einer Scheinehe gelebt. Bei allen Anklängen an Fremdes und Äußeres befinden wir uns aber in Rilkes eigenster Gedankenwelt. Schon damals von der Erfahrung der Angst und des unlösbar mit dem Tode verknüpften Lebens geprägt, umfaßt diese auch den Glauben an die größere Liebesfähigkeit der Frau und an die unerfüllte, die im Sehnen begriffene Leidenschaft.

III

Von Viareggio fährt Rilke über Prag und Berlin ins Ostseebad Zoppot, wo Lou ihn zu einem – wie es ihm scheint – in Anbetracht der langen Trennung eher kühlen Wiedersehen empfängt. Anfang August kehrt er nach Berlin zurück und nimmt sich ein Zimmer in der Villa Waldfrieden, in der Hundekehlestraße im damals noch recht ländlichen Schmargendorf. Der Grunewald liegt vor der Tür, er durchquert ihn mit Lou oft barfuß, auf dem Weg nach Paulsborn, »vorbei an zutraulichen Rehen, die uns in die Manteltaschen schnupperten«.

Im Winter 1898 werden zunächst einige italienische Anregungen und Erlebnisse verarbeitet. Es entstehen *Die weiße Fürstin* und das ihr thematisch verwandte, dem Jugendstil-Maler Ludwig von Hofmann gewidmete *Spiel*, ferner die kleine Florentiner Episode *Fernsichten* und die erst aus dem Nachlaß veröffentlichten *Notizen zur Melodie der Dinge*. – Neben Italien behauptet aber auch der ganze mit dem Stichwort »Prag« verbundene Problemkomplex sein Recht: die verlorene Kindheit, die sich aus den Nöten dieser Kindheit langsam herauskristallisierende Berufung zum Künstler, der Familien- und Generationskonflikt und das Mietwohnungs-Milieu mit allem, was es an gesellschaftlicher Nichtachtung beinhaltet. Im um diese Zeit verfaßten *Ewald Tragy* setzt Rilke sich mit dieser Sphäre so illusionslos auseinander, daß man über Seiten hinweg in privaten Aufzeichnungen, in einem Tagebuch oder einer Krankengeschichte zu lesen vermeint. Auch *Die Liebende*, die psychologische Skizze eines Dreiecksverhältnisses (ein Mädchen zwischen zwei Männern: einem überkultivierten ehemaligen Freund und dem derb-vitalen Verlobten, der ihn abgelöst hat), und die Erzählung *Die Letzten* entstammen dieser sonnenabgewandten, unitalienischen Welt.

Die Letzten: Das sind Harald, Sproß einer ehemals vornehmen und einflußreichen Familie, und die verwitwete Mutter, mit der er in einer möblierten Wohnung lebt. In seiner Tätigkeit als Redner und Schriftsteller vertritt er sozialistische Überzeugungen (obwohl das Reizwort nicht fällt), in denen er von seiner Freundin Marie bekräftigt wird, einem Mädchen aus dem Volke. Harald ist jedoch von schwächlicher Konstitution, und in dem Maße, in dem sich seine Krankheit verschlimmert, wird die anfangs wenig beachtete Mutter wieder zur Hauptperson, ja zum emotionalen Mittelpunkt seines Lebens, wie sie es seit seiner frühesten Kindheit nicht mehr gewesen war. Er gibt erst Marie, dann auch die Arbeit auf und läßt sich von der Mutter pflegen, bis diese in der Phantasie des dem Tode entgegenfiebernden Sohnes sowohl mit einem weißgekleideten Mädchen identifiziert wird (Weiß versinnbildlicht beim jungen Rilke neben der Vornehmheit auch die sexuelle Anziehungskraft), als auch mit einem in der Familie umgehenden Geist. Der Schluß des Werkchens, das die in *Einig* angeschnittene Mutter-Sohn-Problematik weiterführt, ist in schwüle Erotik getaucht und geht nur knapp am Inzest vorbei. Rilke selbst, auf den das Niederschreiben eine kathartische Wirkung ausgeübt haben mag, hat die Erzählung sehr geschätzt; die häusliche Atmosphäre und der volksschriftstellerisch-reformatorische Gestus spiegeln noch eigene Prager Erfahrungen wider. Anderes hingegen, wie das Familiengespenst, ein Schloß im Norden und die Allgegenwart längst verstorbener Ahnen, weist bereits voraus in die Welt des *Malte Laurids Brigge*.

In diesen Monaten entfaltet Rilke auch eine rege Tätigkeit als Tagesschriftsteller, auf die er bei aller Bescheidenheit der Lebensführung finanziell angewiesen ist. Er verfaßt Rezensionen, darunter eine lobende Besprechung von Hermann Hesses erster Erzählung, *Eine Stunde vor Mitternacht*. Er besucht Ausstellungen und Galerien und schreibt Artikel über *Die neue Kunst in Berlin* (Henry van de Velde und andere Kunstgewerbler) und *Impressionisten*. Er läßt sich auch als Theaterkritiker vernehmen, etwa nach einer Aufführung des Maeterlinckschen *Pelleas und Melisande*. Daß er übrigens bei allem zur Schau getragenen Ekel vor dem Journalismus mit Mentalität und Technik dieses Berufs vertraut ist, läßt sich seiner Schlußbemerkung zu eben dieser Besprechung entnehmen: »Aber man brachte es zuwege, mit allem einverstanden zu sein und durfte das Theater in guter Stimmung verlassen: Hungrig und mit einer fertigen Meinung.« Doch schon wenig später äußert er sein Mißtrauen gegenüber den Rezensenten und erklärt einem Briefpartner, daß »Kunst-Werke ... von einer unendlichen Einsamkeit [sind] und mit nichts so wenig erreichbar als mit Kritik«.[49] (Die ambivalente Einstellung zur Presse teilt Rilke mit Hesse, der sich später abschätzig über das »feuilletonistische Zeitalter« zu äußern liebte und von Zeit zu Zeit ganz ausgezeichnete Feuilletons schrieb.)

Schließlich befaßt sich Rilke in dieser Pause zwischen Italien und Rußland auch intensiv mit kunsttheoretischen und -geschichtlichen Fragen. Davon zeugen sowohl die Rezensionen als auch die später mit *Der Liebende* und *Die Letzten* zu einem Band vereinte Szene *Im Gespräch* (Künstler, Mäzene und Sammler unterhalten sich in einem venezianischen Palazzo) und der Essay *Über Kunst*. Er ist Rilkes Antwort auf Tolstois 1897 erschienene Studie *Was ist Kunst?*, in der dieser über alle Kunst, die ihre Wirkung nicht primär aus ihrer ethischen und religiösen Wirkung bezieht (und damit über die meisten seiner eigenen Bücher), den Stab gebrochen hatte. Später verdammt Rilke dieses Postulat in Bausch und Bogen als »schmählich und töricht«. Damals geht er behutsamer zu Werke, indem er sich darauf beschränkt, es durch seine eigenen, im wesentlichen schon im (unveröffentlichten) *Florentiner Tagebuch* dargelegten Thesen zu widerlegen. Verkürzt und vergröbert besagen diese, daß alle Kunst Selbstzweck ist, daß ihr Wesen nicht in der Wirkung auf Mit- oder gar Nachwelt, sondern im bloßen Da-Sein beschlossen liegt, und daß der Künstler, in seiner Ungezwungenheit und seinem vergeudeten Reichtum dem Kinde verwandt, Gott und die Welt jedesmal von neuem erschafft:

Die anderen haben Gott hinter sich wie eine Erinnerung. Dem Schaffenden ist Gott die letzte, tiefste Erfüllung. Und wenn die Frommen sagen: »Er ist«, und die Traurigen fühlen: »er war«, so lächelt der Künstler: »Er wird sein.« Und sein Glauben ist mehr als Glauben; denn er selbst baut an diesem Gott.

Es ist somit nur folgerichtig, daß er Hofmannsthal, dessen *Hochzeit der Sobeide* und *Der Abenteurer und die Sängerin* er im März 1899 mit Schnitzler gesehen hatte, in einem Gruß- und Dankbrief einen »übermäßigen unersättlichen Verschwender« nennt, denn genau das entspricht seinem damaligen Begriff vom Künstler.

Ansonsten lassen ihm die Schriftstellerei, die mit Lou betriebenen Russisch-Studien und die Vorlesungen über Kunstgeschichte an der Berliner Universität wenig Zeit zum Reisen. Im Dezember ist er einige Tage in Hamburg, wo er sich mit Dehmel und Liliencron trifft, und verbringt die Weihnachtstage als Gast der Familie Vogeler in Bremen. Mit Heinrich Vogeler, der sich 1894 dort niedergelassen hat, fährt er anschließend hinaus nach Worpswede, zu einer ersten Fühlungnahme mit dieser Landschaft, die ihm später so viel bedeuten wird. Im Frühjahr macht er einen Anstandsbesuch bei Phia in Arco und kehrt über Wien, wo er neben Hofmannsthal auch Rudolf Kassner kennenlernt und die Eröffnung der Sezession miterlebt, zurück nach Berlin. Dort treffen Lou und ihr Mann gerade die letzten Vorbereitungen für die Reise nach Rußland.

IV

Auf seiner ersten russischen Reise begleitet Rilke das Ehepaar Andreas. Von Berlin fahren die drei über Warschau nach Moskau, wo sie am Gründonnerstag, dem 27. April 1899, eintreffen. Sie bleiben eine knappe Woche, in der sie Leo Tolstoi, den Maler Leonid Pasternak und den Bildhauer Fürst Paul Trubezkoi besuchen, und fahren Anfang Mai weiter nach St. Petersburg; dort wohnt Lou mit ihrem Mann bei ihrer Mutter, während Rilke in einer Pension unterkommt. Er trifft sich verschiedentlich mit Helene Woronin, die die Honneurs ihrer Heimatstadt macht, und besichtigt die Eremitage und andere Sehenswürdigkeiten. Auch lernt er den Maler Ilja Repin kennen und sieht eine Dramatisierung von Gogols Kosakennovelle *Taras Bulba*. Die Briefe, in denen er diese ersten russischen Eindrücke der Mutter, Hugo Salus, Fanny von Reventlow, Frieda von Bülow und anderen schildert, klingen atemlos und begeistert. Schon am 28. Juni ist er wieder in Berlin, nach kurzem Besuch in Danzig und Oliva. Der eigentliche Aufenthalt in Rußland hatte kaum sechs Wochen gedauert.

Den Hochsommer 1899 verbringen Lou und Rainer auf dem Bibersberg bei Meiningen, bei Frieda von Bülow, die ihre Gäste aber nur selten zu Gesicht bekommt:

> Von Lou und Rainer hab ich bei diesem sechswöchigen Zusammensein äußerst wenig gehabt [klagt sie einer Freundin], nach der längeren russischen Reise, die sie in diesem Frühjahr (inkl. Loumann) unternommen, hatten sie sich mit Leib und Seele dem Studium des Russischen verschrieben und lernten mit phänomenalem Fleiß den ganzen Tag: Sprache, Literatur, Kunstgeschichte, Weltgeschichte, Kulturgeschichte von Rußland, als ob sie sich für ein fürchterliches Examen vorbereiten müßten. Kamen wir dann bei den Mahlzeiten zusammen, so waren sie so erschöpft und müde, daß es zu *anregender* Unterhaltung nicht mehr langte.[50]

Rilkes Fleiß, durch die Erlebnisse der ersten und die Vorfreude auf die von Anfang an geplante zweite Reise noch erhöht, ist tatsächlich phänomenal und beschert ihm im Herbst 1899 eine überaus reiche Ernte: im August und September den Gedichtzyklus *Die Zaren* im *Buch der Bilder*, Ende September bis Mitte Oktober das *Buch vom mönchischen Leben* als ersten Teil des *Stunden-Buchs*, im November die *Geschichten vom lieben Gott*. Mit dem gleichfalls in diesem Herbst verfaßten *Cornet* gehören diese schon zu Rilkes Lebzeiten zu seinen beliebtesten Werken.

Die zweite, mit Lou unternommene Rußland-Reise (Andreas bleibt diesmal zu Hause in Wilmersdorf) beginnt am 7. Mai 1900 und führt wiederum zuerst nach Moskau, wo sie Pasternak, den Literaturprofessor Nikolai I. Storoschenko, den Kunstschriftsteller und Sammler Paul Ettinger sowie die ihnen bereits aus Berlin bekannte Pädagogin Sofija Nikolajewna Schill sprechen und Museen und Kirchen besichtigen: die Tretjakow-Galerie, den

Kreml, das Historische Museum, die Uspenski-Kathedrale und die etwas außerhalb gelegene Künstlerkolonie Abramzewo, »eine Art russisches Worpswede«. Ende Mai brechen sie zu einer Rundreise durch den Süden auf, bei deren Planung ihnen ein russischer Freund, der Fürst Sergej I. Schachowskoi, behilflich ist. Ein Besuch in Jasnaja Poljana ist zwar nicht vorgesehen, aber als sie auf dem Kursker Bahnhof zufällig Pasternak und durch diesen einen Hausgenossen von Tolstoi treffen, einen Herrn Boulanger, unterbrechen sie kurz entschlossen die Reise, in der Hoffnung, den Dichter auf seinem Gut anzutreffen (man verabredet, daß Boulanger voraustelegraphiert und Lou und Rainer die Antwort in Tula erwarten). Von Jasnaja Poljana fahren sie nach Kiew, das sie sich in der Pfingstwoche gründlich ansehen, die Wladimir-Kathedrale, die Sophien-Kathedrale und vor allem das Höhlenkloster Petscheskaja Lawra mit seinen Katakomben. Mitte Juni – wir geben zunächst summarisch die Reiseroute wieder, um dann auf einige Höhepunkte zurückzukommen – geht es dnjeprabwärts über Krementschug nach Kresl, von dort mit der Bahn nach Poltawa und über Charkow und Woronesch zur Wolga, die sie bei Saratow erreichen. Dem Besuch des dortigen Puschkin-Museums (die Feier des 100. Geburtstags von Puschkin hatten sie schon im Vorjahr in Petersburg miterlebt) folgt eine längere Schiffsreise auf der Wolga, flußaufwärts von Saratow nach Samara, Kasan und Nischni-Nowgorod bis nach Jaroslawl, in dessen Umgebung sie vorübergehend das tägliche Leben der Bauern teilen. Nach einem kurzen Zwischenaufenthalt im sommerlich leeren Moskau kehren sie zu den Ufern der Wolga zurück, in das Dorf Nisowka, wo sie einige Tage bei dem Bauerndichter Spiridon D. Droschin und anschließend bei dessen Gutsherrn, dem entfernt mit Leo Tolstoi verwandten Grafen Nikolai A. Tolstoi, verbringen. Nach diesem teils auf rustikale, teils auf feudale Weise verlebten Landaufenthalt fahren sie nach Petersburg zurück, wo sich ihre Wege trennen. Lou reist zum Besuch einiger Familienmitglieder nach Finnland, Rainer bleibt in der großen, fremden Stadt allein. Er schreibt der Freundin einen mißmutig-masochistischen Brief, für den er alsbald Abbitte leistet (»Komm bald zurück . . . Ja, bitte sei Sonntag schon hier. Du glaubst nicht wie lang die Tage in Petersburg sein können«). Er fängt sich aber bald, besucht fleißig Bibliotheken und Museen und fährt hinaus nach Peterhof, wo Lou als Mädchen ihre Sommer verbracht hat. In diesen Tagen, in denen sein Interesse an russischer Kunst seinen Höhepunkt erreicht, knüpft er auch Verbindungen an zu den Herausgebern der Literatur- und Kunstzeitschrift *Mir iskusstva*, zur Fürstin Maria K. Tenischewa, dem Kunsthistoriker Alexandre N. Benois, den er 1906 in Versailles noch einmal besucht, und zu dem damals kaum dreißigjährigen Sergej Diaghilew. – Nach Lous Rückkehr reisen sie über Danzig nach Berlin, wo sie am 26. August eintreffen, nach einer Abwesenheit von etwa dreieinhalb Monaten. Bereits am nächsten Tag fährt Rilke weiter nach Worpswede.

Rilke, der Russisch lesen kann, es aber nur fehlerhaft spricht und schreibt, bringt insgesamt etwa fünf Monate in Rußland zu, fast immer in Gesellschaft der Freundin (»Kusine«, wie Sofija Schill einmal an Droschin schreibt), die zwar die Sprache beherrscht, Land und Leute mit Ausnahme des kosmopolitischen St. Petersburg jedoch kaum kennt. (Die Halbrussin Lou von Salomé ist und wirkt so wenig wie eine Russin, daß Droschin sie trotz ihrer Sprachkenntnisse für eine Deutsche hält . . . Weil nur verrückte Ausländer auf die Idee gekommen wären, für ein paar Tage freiwillig und ohne soziales Engagement den Muschik zu spielen?) Mit Rilkes eigener Rußlandkenntnis ist es kaum besser bestellt. Er hat zwar fleißig studiert, aber eben nur aus Büchern. Viele Aspekte der russischen Psyche, ihre emotionale Bandbreite und überhaupt all das, was sich aus westlicher Sicht wertfrei als »unberechenbar« definieren ließe, bleiben ihm ebenso verschlossen wie viele Seiten der physischen Realität des Landes – der russische Winter, die unerwartet südländische Krim, die sibirischen Weiten – und seiner sozialen Problematik. So weist keine Zeile aus Rilkes Feder auf ein Detail hin, das um 1900 von praktisch allen Reisenden je nach Temperament sorgenvoll oder auch selbstgefällig registriert wird: daß nämlich die gesellschaftlichen und politischen Spannungen im Lande, falls nicht durch dringende und tiefgreifende Reformen entschärft, in absehbarer Zeit zu einer Explosion führen müssen.

Rilkes Rußland-Bild setzt sich vielmehr aus vielen kleinen Illusionen zusammen, die in ihrer Gesamtheit den flüchtig zusammengezimmerten Fassaden ähneln, durch die einst Potemkin (dem bekannten, von einem sächsischen Diplomaten in die Welt gesetzten Gerücht zufolge) seiner Zarin ein blühendes Land hatte vorspiegeln wollen. Daß es sich um harmlose Illusionen handelt, die uns manche schöne Dichtung und auch einige wertvolle Einblicke in tatsächlich »typisch« russische Gegebenheiten beschert haben, ändert nichts an einer Realitätsferne, die sie mit anderen schöpferischen Mißverständnissen dieser Art gemein haben wie zum Beispiel mit dem Griechenland-Bild der deutschen Klassik.

Warum hat Rilke, der auch als Journalist gereist war und als solcher später die Essays *Russische Kunst* und *Moderne russische Kunstbestrebungen* veröffentlichte und der in Paris und München durchaus hinter die Kulissen blicken konnte, in Rußland darauf verzichtet? Er tat es zum Teil aufgrund seiner prinzipiellen Einstellung (warum sollte er sich im Ausland um Politik kümmern, wenn sie ihn schon in Deutschland nicht interessiert hatte?) und wohl auch, weil seine russischen Freunde und Gastgeber oft bemüht waren, ihm die Wirklichkeit vorzuenthalten. Vor allem aber tat er es, weil er die Illusion *braucht*, weil er sich – auf der Suche nach einer Heimat, aus Liebe zu Lou, im Gefühl einer geistig-seelischen Wahlverwandtschaft mit dem russischen Volk und aus welchen anderen Beweggründen auch immer – eine ganz persönliche Auffassung von Rußland und den Russen zurechtgelegt hat und alles, was ihr widerspricht, und sei's der eigene Augenschein, resolut beiseite schiebt:

Kiew ist mir unlieb deshalb [schreibt er von dort der Mutter], weil es durch den Einfluß jahrhundertelanger Polenherrschaft manches von jenem russischen Wesen, was ich so liebe, eingebüßt hat, es . . . hat elektrische Bahnen, breite Straßen mit großen Magazinen . . . große Hotels u. s. f. Von alledem versuche ich so wenig als möglich zu bemerken und wende den alten Kirchen und Kathedralen, in denen es alte Bilder und kostbare Reliquien gibt, alle Aufmerksamkeit zu.[51]

Aus diesem Zwiespalt zwischen dem wirklichen Rußland und dem, was Rußland für ihn bedeutet, erklärt sich wohl auch die paradoxe

Tatsache, daß Rilke, der das Land so liebt, nie wieder dorthin zurückkehrt. Obwohl er in den Jahren vor dem Ersten Weltkrieg Italien, Skandinavien, Frankreich, Spanien und Nordafrika ausgiebig bereist, erwägt er nie ernsthaft, sich in Rußland auch nur vorübergehend niederzulassen und so einzuleben, wie er es in Paris und später in der Schweiz tut. Trotzdem, oder gerade deswegen, kann er das Land bis zum Ende seiner Tage als seine eigentliche Heimat betrachten.

Der ungeheure Eindruck, den Rußland auf ihn macht, erstreckt sich bis zu den Gewohnheiten und Gerätschaften des täglichen Lebens. In der Schmargendorfer Wohnung (nach der Rückkehr aus Worpswede zieht er im Oktober 1900 aus der Villa Waldfrieden in die Misdroyer Straße um) richtet er sich eine russische Ecke ein, in der neben allerlei Kästchen und Kreuzen auch die von Helene Woronin gestiftete Kopie eines Gemäldes des Historienmalers Viktor M. Wasnetzow ihren Platz findet. Er spricht auch in Berlin eine Zeitlang wo immer möglich Russisch und bittet Pasternak und andere Briefpartner, ihm in ihrer Muttersprache zu schreiben. Noch ein 1904 in seinem römischen Arbeitszimmer aufgenommenes Bild zeigt ihn mit schütterem Rasputinbart und im Russenhemd mit Schulterverschluß. Das alles ist nicht Pose, sondern Ausdruck einer an Geistesverwandtschaft grenzenden Sympathie für alles Russische, die auch Pasternak bemerkte, als Rilke ihm das Empfehlungsschreiben eines gemeinsamen Freundes überreichte:

Es stand vor mir ein junger, ganz junger zarter blonder Ausländer im grünen Lodenmantel . . ., das ganze Äußere dieses jungen Deutschen, der mit seinem flaumweichen Kinn- und Backenbärtchen, seinen kindlich reinen großen blauen fragenden Augen mehr einem feinen russischen »Intellektuellen« ähnelte, seine edle Haltung, sein lebensfreudiges, fast kindlich-bewegtes Wesen, seine strahlende, kaum gebändigte Begeisterung für alles, was er schon auf der Durchreise in Rußland gesehen hatte, fesselte mich sofort.[52]

Sie werden Freunde und treffen sich auch später in Rom und in der Schweiz. Noch in seinem letzten, wenige Monate vor seinem Tod geschriebenen Brief an Pasternak faßt Rilke seine Beziehung zur russischen Wahlheimat in eines jener monumental-einfachen Bilder, über die er manchmal auch bei ganz nebensächlichen Äußerungen verfügt. Rußland, so schreibt er, sei »für immer eingelassen in die Grundmauern meines Lebens«. Pasternak hat Rilke in Moskau gezeichnet und stellt ihn aus der Erinnerung später in einem Ölporträt dar, das ihn verträumt, wie einer inneren Stimme lauschend zeigt, mit den Türmen des Kreml im Hintergrund. Sein Sohn, der Lyriker Boris Pasternak, der das Treffen auf dem Bahnhof von Kursk als zehnjähriger Bub miterlebte, bewundert Rilke gleichfalls und überträgt manches von ihm ins Russische. Der mit Boris Pasternak befreundeten exilrussischen Dichterin Marina Zwetajewa-Efron wiederum widmet Rilke eines seiner letzten größeren Gedichte, die im Juni 1926 entstandene Elegie *O die Verluste ins All, Marina, die stürzenden Sterne!*

Was Rilke an Rußland fasziniert, sind überhaupt in erster Linie seine Menschen. Einige kennt er schon von Deutschland und Italien her wie Akim Volynskij, Sofija Schill und Helene Woronin. Unter denen, die er im Lande selbst kennenlernt, ist ihm Pasternak der liebste, während Tolstoi derjenige bleibt, der ihn am nachhaltigsten beeindruckt. – Die Verbindung zu dem Dichter wurde von Pasternak gestiftet. Der Maler, der in Tolstois Haus verkehrte und die Tochter Tatjana im Zeichnen unterrichtete, hatte den Alten im April 1899 dazu bewogen, das soeben in Moskau eingetroffene Ehepaar Andreas mitsamt seinem Reisegefährten einzuladen. Tolstoi war Lous Lieblingsschriftsteller, nicht zuletzt wegen der vermittelnden Stellung, die er zwischen dem slawozentrischen Dostojewski und dem verwestlichten Turgenjew einnahm. Er war jetzt Anfang Siebzig und unterhielt sich beim Tee, der von einem uniformierten Lakaien aus silbernem Samowar serviert wurde, angelegentlich mit ihr und ihrem Mann, der ursprünglich nach Transkaukasien hatte weiterreisen wollen und nun über persische Religionen ausgefragt wurde. Rilke, bei weitem der Jüngste in der Runde und damals noch kaum in der Lage, einem auf russisch geführten Gespräch zu folgen, wird hauptsächlich zugehört haben bei diesem ersten Kontakt mit dem »Grafen«, wie er den Gastgeber in Briefen an deutsche Freunde tituliert, als sei die von Tolstoi selbst oft als lästig empfundene

Standeszugehörigkeit das Wichtigste an ihm. Wäre es bei dieser Gelegenheit zu einem wirklichen Gedankenaustausch gekommen, dann hätte Tolstoi Rilke bei dessen nächstem Besuch gewiß wiedererkannt.

Über diesen zweiten, im Frühsommer 1900 abgestatteten Besuch gibt es mehrere Berichte von Rilke und einen von Lou. Sie alle suchen den tatsächlichen Verlauf durch die Illusion zu kaschieren, daß der Russe seine Besucher (von Gästen kann bei dieser Gelegenheit nicht die Rede sein) ans Herz gedrückt und ihnen in einem tiefschürfenden Gespräch Einsichten offenbart habe, die anderen vorenthalten blieben. Bei genauer Lektüre der verbreitetsten dieser Versionen entpuppt sich Tolstoi allerdings weniger als gütigabgeklärter Weiser, wie Rilke ihn sich ausgemalt hatte, denn als der dämonische Alte, den zum Beispiel Thomas Mann, der Tolstoi persönlich gar nicht kannte, in ihm sah.

Vor [diesem] Tore steigen wir ab [schreibt Rilke an Sofija Schill schon am nächsten Tag, nach einer detaillierten Schilderung der langen Anreise aus Tula per Güterzug und Kutsche], und gehen leise wie Pilger die stille Waldstraße hinauf, bis das Haus immer weißer und länger hervortritt. Ein Diener bringt unsere Karten hinein. Und in einer Weile sehen wir hinter der Tür im dämmerigen Vorraum des Hauses die Gestalt des Grafen. Der älteste Sohn öffnet die Glastür, und wir stehen im Flur dem Grafen gegenüber, dem greisen Manne, zu dem man immer wie ein Sohn kommt, selbst wenn man nicht unter der Gewalt seiner Väterlichkeit bleiben will. Er scheint kleiner geworden, gebeugter, weißer, und wie unabhängig von dem greisen Körper erwartet das schattenlos klare Auge die Fremdlinge und prüft sie mit Absicht und segnet sie unwillkürlich mit irgendeinem unsagbaren Segen. Der Graf erkennt Frau Lou gleich und begrüßt sie sehr herzlich. Er entschuldigt sich und verspricht uns, von zwei Uhr ab mit uns zu sein. Wir haben es erreicht, und beruhigt bleiben wir im großen Saal in Gesellschaft des Sohnes zurück, mit ihm durchstreifen wir den weiten wilden Park und kehren nach zwei Stunden in das Haus zurück. Dort, im Vorraum, ist die Gräfin mit dem Einräumen von Büchern beschäftigt. Ungern, befremdet und ungastlich wendet sie sich einen Augenblick zu uns und erklärt kurz, der Graf sei unwohl . . . Nun ist es ein Glück, daß wir sagen dürfen: Wir haben ihn schon gesehen. Das entwaffnet die Gräfin einigermaßen. Sie tritt aber nicht mit uns ein, wirft im Vorraum die Bücher umher und ruft irgend jemandem mit böser Stimme zu: »Eben erst sind wir eingezogen! . . .« Dann, während wir in dem kleinen Zimmer warten, kommt noch eine junge Dame an, man hört Stimmen, ein heftiges Weinen, beschwichtigende Worte des alten Grafen, der bei uns eintritt, zerstreut und erregt einige Fragen stellt und uns wieder verläßt. Sie können sich denken, daß wir in viel Angst, zu unrechter Stunde gekommen zu sein, in dem kleinen Zimmer zurückbleiben. Aber in einer Weile tritt der Graf wieder ein, diesmal vollkommen uns zugewandt, aufmerksam, uns mit seinen großen Blicken umspannend. Denken Sie, Sofija Nikolajewna, – er schlägt uns einen Gang durch den Park vor. Statt des gemeinsamen Essens, das wir gefürchtet und bestenfalls erhofft hatten, gibt er uns die Möglichkeit, mit ihm allein zu sein in der schönen Landschaft, durch die er die schweren Gedanken seines großen Lebens trug. Er nimmt an den Mahlzeiten nicht teil, weil er, seit Tagen wieder leidend, fast nichts als Milchkaffee nimmt, und so ist dieses die Stunde, die er den anderen leicht entziehen kann, um sie uns wie ein unerwartetes Geschenk in die Hände zu legen. Wir gehen langsam die engumwachsenen langen Wege entlang in reichem Gespräch, das, wie damals, vom Grafen Wärme und Bewegung empfängt. Er spricht Russisch, und wo der Wind mir nicht die Worte verdeckt, verstehe ich jede Silbe. Er hat die linke Hand unter seiner Wolljacke in den Gürtel geschoben, die rechte ruht auf der Krücke des Stockes, ohne sich schwer aufzustützen, und er bückt sich von Zeit zu Zeit, um mit einer Bewegung, als wollte er eine Blume mit dem um sie stehenden Duft einfangen, ein Kraut zu pflücken, aus der hohlen Hand trinkt er das Arom und läßt dann im Sprechen die leere Blume achtlos fallen in den vielen Überfluß des wilden Frühlings, der dadurch nicht ärmer geworden ist . . .

Rilke erwähnt nicht, daß Tolstoi das von Boulanger aufgegebene Telegramm ostentativ unbeantwortet gelassen hatte, mit anderen

Worten: daß er und Lou dem alten und kranken Dichter (»greiser Mann . . . kleiner geworden, gebeugter, weißer . . . unwohl . . . seit zwei Tagen wieder leidend«) mit der Tür ins Haus gefallen sind. Sofija Andrejewna Tolstoi, immerhin »Gräfin« und Dame des Hauses, auch wenn Rilke sie als eine Art von mißmutigem Dienstmädchen schildert (von Lou ganz zu schweigen, die als erfahrene, selbst mit einem schwierigen und erheblich älteren Mann verheiratete Frau spätestens hier hätte vermittelnd eingreifen müssen), versucht die beiden »abzuwimmeln«, woraufhin es, wie öfters im Hause Tolstoi, zu einem vor den Fremden nur mühsam kaschierten Familienkrach kommt. Der sprichwörtlichen russisch-ländlichen Gastfreundschaft unbeschadet läßt Tolstoi den von der langen Anfahrt und ihrem zweistündigen Spaziergang erschöpften Besuchern nicht das erwartete Mittagessen, nicht einmal eine Erfrischung anbieten, sondern führt sie zu einem zweiten Spaziergang aus. Kaum zu zweifeln, daß er und seine Frau die ungeladenen Besucher – mit einem verräterischen Ausdruck bezeichnet Rilke sich selbst und Lou als »Fremdlinge« – loszuwerden trachteten. Wahrscheinlich war Lou, die bisweilen der Hafer stach, mit dieser Stippvisite wieder einmal einer plötzlichen Eingebung gefolgt; sie tat das öfter und nicht ohne Selbstgefälligkeit.[33]

Es erübrigt sich hinzuzufügen, daß Rilke, auch wenn er sich bei diesem Anlaß ausnahmsweise ebenfalls mal danebenbenommen hat, mit den Maßstäben der bürgerlichen Wohlanständigkeit allein genausowenig erfaßt werden kann wie Lou oder gar Tolstoi. So verrät das Bild des Alten, der mit seinem Krückstock die blumigen, vom Frühlingswind bewegten Wiesen durchstreift, bereits den Meißel eines Künstlers.

V

Rilke entdeckt Rußland auf zwei verschiedenen Ebenen: als kultivierter Tourist und, besonders auf der Reise in den Süden, als frommer Pilger. Als Tourist besucht er fleißig Museen und Bibliotheken und verkehrt mit Gelehrten und Künstlern und auffallend

vielen Grafen und Fürstlichkeiten beiderlei Geschlechts: mit Hoch-
schullehrern wie Storoschenko und Schill, Malern wie Pasternak
(der auch Professor an der Moskauer Kunstschule ist) und Repin,
Schriftstellern wie Ettinger und Benois. Neben diesem Weg, der
nach oben führt, zum Adel und gehobenen Bürgertum, verläuft von
Anfang an ein anderer, der nach »unten« geht, zum Volk. Das
beginnt gleich nach der Ankunft in Moskau, als Lou und Rainer,
entgegen Tolstois Rat, an diesem »abergläubischen Volkstreiben«
nicht teilzunehmen, die Osternacht im Kreml feiern. »Mir war ein
einziges Mal Ostern«, schreibt er in biblischem Tonfall fünf Jahre
später, bezeichnenderweise aus Rom, wo er gerade die Peterskirche
als ein »hoffährtig-großes leeres Haus« empfunden hat, »das war
damals in jener langen, ungewöhnlichen, ungemeinen, erregten
Nacht, da alles Volk sich drängte, und als der Iwan Welikij [der
große Glockenturm im Kreml] mich schlug in der Dunkelheit,
Schlag für Schlag. Das war mein Ostern, und ich glaube es reicht für
ein ganzes Leben aus; die Botschaft ist mir in jener moskauer Nacht
seltsam groß gegeben worden, ist mir ins Blut gegeben worden und
ins Herz.«[34]

Im Gegensatz zu Tolstoi, der seine Muschiks liebt, ohne sich
irgendwelchen Illusionen über sie hinzugeben, schließt Rilke vor
den weniger einnehmenden Seiten des russischen Volkes jener
Jahre, vor seinem Aberglauben und seiner Trunksucht und gelegentlichen Grausamkeit, die Augen. Diese Menschen gelten ihm,
zum Teil wohl durch Dostojewski (den er von allen russischen
Schriftstellern am besten kennt) und gewiß auch durch Lou, die in
ihnen »eine Volksart von ohne weiteres sich gebender Innerlichkeit«
sieht, als Träger und Verkörperung eines Gottesbegriffs, der sich
durchaus von dem des westlichen und weltlichen Christentums
unterscheidet. Der »russische« Gott ist unbestimmt und unscheinbar, ein kommender, noch im Wachsen begriffener Gott, der
vorzüglich in Bauern und Bettlern, in den Kindern, den Tieren und
den Dingen wohnt: in allem, was den Zwiespalt der Bewußtwer-
dung, das Auseinanderfallen in Ich und Welt noch nicht erlitten hat,
was noch naiv ist und unreflektiert, der Natur verbunden und bereit,
sich ihren Gesetzen zu fügen, besonders dem Gesetz der Demut als
einer Art Schwerkraft der Seele, die alles in Gott hineinfallen läßt

wie in das Zentrum der Schöpfung. Ein Gott der Ahnung und des Gefühls also, nicht des Verstands, und am allerwenigsten der Theologie. Dabei ist Rilke kein Mystiker; die *unio mystica*, die Verschmelzung der eigenen Seele mit Gott, bleibt ihm durchaus fremd. Er ist im orthodoxen Sinne nicht einmal ein Gläubiger, sondern, etwa wie Niels Lyhne, ein etwas melancholischer Atheist, ein Ungläubiger mit schlechtem Gewissen. An die Stelle des mit dem Verstand ansprechbaren, von den abendländischen Malern in Menschengestalt dargestellten Gottes, den Rilke aus Elternhaus und Schule kennt, tritt nun dieser, der auf den Ikonen eher angedeutet als abgebildet ist und vom Volk in einem Zustand kindhafter Naivität (oder in einer begnadeten Stunde auch vom Dichter) erst erschaffen werden muß. Im ersten Teil des *Stunden-Buchs* erscheint er in den verschiedensten Metamorphosen als »Nachbar Gott«, als verängstigter, von einem ebenso furchtsamen Gläubigen behutsam in der Hand gehaltener junger Vogel, als »Dunkelheit, aus der ich stamme«, und als Kirche oder Kathedrale:

> Wir bauen an dir mit zitternden Händen
> und wir türmen Atom auf Atom.
> Aber wer kann dich vollenden,
> du Dom . . .,

zu deren Bau ein jeder sein Scherflein beiträgt, der junge Mönch:

> Sieh, Gott, es kommt ein Neuer an dir bauen,
> der gestern noch ein Knabe war . . .,

und der große Meister:

> Werkleute sind wir: Knappen, Jünger, Meister,
> und bauen dich, du hohes Mittelschiff.
> Und manchmal kommt ein ernster Hergereister,
> geht wie ein Glanz durch unsre hundert Geister
> und zeigt uns zitternd einen neuen Griff.
> – – –
> Dann ist ein Hallen von dem vielen Hämmern

und durch die Berge geht es Stoß um Stoß.
Erst wenn es dunkelt lassen wir dich los:
Und deine kommenden Konturen dämmern.

Gott, du bist groß.

Nach der Osternacht im Kreml ist Rilke dem einfachen russischen
Volk, in dem er diese geduldige Frömmigkeit verkörpert zu sehen
meinte, erst wieder während der zweiten Reise begegnet, auf der
Fahrt durch den Süden. Zunächst in der Bauernhütte bei Jaroslawl,
»noch neu und harzduftend in ihrem ungeschälten Birkengebälk«,
die er und Lou Anfang Juli 1900 ein paar Tage bewohnen:
»Umlaufende Bank, ein Samowar, [ein] breiter, frisch für uns
gefüllter Heusack am Boden machten den Innenraum fertig; im
leeren Stallraum daneben eine zweite Strohschütte, obzwar die
Nachbarbäuerin treuherzig zu bedenken gab, daß die erste ausrei-
chend breit geraten sei.«[35] Vielleicht geschah es bei diesem Aufenthalt, daß irgend jemand ihm eine ganz gewöhnliche Frage stellte,
die aber wegen ihrer atavistisch-märchenähnlichen Formulierung
noch lange in ihm weiterklang: »Wievielmal vierundzwanzig Stunden bist du denn her?« Und als ihn eine alte Bäuerin zum Abschied
küßt und anerkennend feststellt: »Auch du bist wohl nur Volk!«, da
mag der überfeinert-sensible Dichter, der wenige Jahre zuvor seine
Wegwarten als »Lieder, dem Volke geschenkt« an einer Prager
Straßenkreuzung feilgeboten hatte, einen Augenblick selber der
Illusion erlegen sein, er habe nun den Weg zu seinesgleichen
zurückgefunden.

Ein zweiter Landaufenthalt wird von Sofija Schill in die Wege
geleitet. Von Petersburg aus hat sie ihrer Freundin Lou im Frühjahr
ein Bücherpaket nach Berlin geschickt, das neben dem *Igorlied* auch
Gedichte von Spiridon Droschin enthält. Rilke, dem Lou das
Bändchen zur Durchsicht übergibt, ist begeistert von dieser natur-
nahen Dichtkunst – zum Befremden der literaturkundigen Sofija
Nikolajewna, die unter einem Pseudonym selbst schreibt und den
Bauerndichter als bloßen Epigonen abtut. Nachdem das *Prager
Tagblatt* jedoch zwei seiner Gedichte in Rilkes Übertragung veröf-
fentlicht hat, macht sie sich anheischig, diesem und Lou für die

bevorstehende zweite Reise eine Einladung von Droschin zu verschaffen. So erhält Rilke, aus heiterem Himmel wie er sich nach einem Vierteljahrhundert erinnert, einen Brief, er möge doch kommen und das kleine Blockhaus einweihen, das er, Droschin, sich soeben gebaut habe, um ungestört dichten zu können. Rilke fährt also nach Nisowka und bewohnt mit Lou das Häuschen, das auf Betreiben des benachbarten Gutsherrn Nikolai Tolstoi extra instandgesetzt worden ist zur Aufnahme so vornehmer Besucher. Diese glauben, nun endlich mit dem »wirklichen« Rußland in Tuchfühlung gekommen zu sein: »Mit diesen Tagen«, versichert Rilke Sofija in einem Dankbrief, »tun wir einen großen Schritt auf das Herz Rußlands zu, nach dessen Schlägen wir schon lange hinhorchen im Gefühl, daß dort die richtigen Taktmaße sind auch für unser Leben.« (Trotz der schönen Metapher bleibt die Adressatin davon überzeugt, daß die Besucher, wie sie ihrerseits an Droschin schreibt, »unsere russische Wirklichkeit ein wenig idealisieren«.) Noch am Tage ihrer Ankunft liest der Hausherr einige Gedichte vor. Früh am nächsten Morgen, als er noch schläft, ergehen sich Rainer und Lou schon barfuß im taufrischen Gras am Wolgaufer; »sie meinten«, bemerkt der skeptische Droschin dazu, »das wäre sehr gesund«. Sie fühlen sich gut untergebracht im Blockhaus, in dem der Russe seine Bücher und Bilder aufbewahrt, mit Blick in den Garten, wie Rilke der Mutter berichtet, »und weiter auf die Scheune, darin das Heu seiner Wiesen überwintert. Er ist Starost des kleinen Dorfes, darin alle zu ihm mit großer Verehrung aufsehen, tut Sommers die gewöhnliche Bauernarbeit, und wird in jedem Winter . . . wieder Dichter.«

Die Idylle beim schollenverbundenen Dichter dauert drei Tage, nach deren Ablauf die Gäste in das mit allen Bequemlichkeiten ausgestattete gutsherrschaftliche Haus überwechseln. Dort kommt Rilke, der sich überall für Familiengeschichten und -traditionen interessiert, noch einmal auf seine Kosten, als ihn die Mutter des Grafen mit allerlei seltsamen Begebenheiten aus dem Leben ihrer Vorfahren unterhält.

Nächst dem als andächtig-in-der-Schwere-ruhend projizierten russischen Menschen liebt Rilke die russische Landschaft, ja entdeckt »Landschaft« im eigentlichen Sinn überhaupt erst in Rußland, schon weil die Größenordnung eine ganz andere ist als im dichtbesiedelten Böhmen oder in der Toskana. Waren Strand und Meer in der *Weißen Fürstin* noch Kulisse gewesen (»Nur in den Augen der Handelnden kann das Meer auf die Bühne gebracht werden«, hatte es dazu in einer brieflichen Regieanweisung geheißen), so gewinnt besonders die russische Ebene während der zweiten Reise ein beträchtliches Eigenleben. Es ist nicht gerade Bobrowskis Sarmatien, dem wir hier begegnen, aber doch eine geistige und topographische Landschaft von entschieden östlicher Prägung, ohne daß im übrigen der Name eines Landes oder Flusses genannt zu werden brauchte:

> Das Land ist weit, in Winden, eben,
> sehr großen Himmeln preisgegeben
> und alten Wäldern untertan.
> Die kleinen Dörfer, die sich nahn,
> vergehen wieder wie Geläute
> und wie ein Gestern und ein Heute
> und so wie alles, was wir sahn.
> Aber an dieses Stromes Lauf
> stehn immer wieder Städte auf
> und kommen wie auf Flügelschlägen
> der feierlichen Fahrt entgegen.

Die Zeilen finden sich im *Stunden-Buch*, in dem der dichterische Ertrag von Rilkes russischen Erfahrungen im wesentlichen niedergelegt ist.

VI

Mit den *Neuen Gedichten*, den *Duineser Elegien* und den *Sonetten an Orpheus* gehört dieser Band zu den großen Werken der modernen deutschen Lyrik. Er bezieht seinen Titel von den *Livres d'heures* oder *Stundenbücher* genannten, für die Laienandacht zusammengestellten und oft mit Miniaturen verzierten Brevieren, die seit dem späten

Mittelalter im Gebrauch waren, um den Ablauf des geistlichen Tages einzuteilen. In ihrer Gesamtheit stellen Rilkes Gedichte eine Art von geistlichem Tagebuch dar; sie entstehen, nicht zufällig, in den Jahren, in denen auch Georges *Jahr der Seele* (1897), Strindbergs *Nach Damaskus* (1898) und Tolstois *Auferstehung* (1900) geschrieben werden. Der Eindruck eines Breviers wird durch die Fiktion unterstrichen, daß es sich bei den einzelnen Gedichten um Gebete handele, die ein russischer Mönch in seiner Zelle aufzeichnet; sie wird im ersten Buch konsequent, im zweiten nur noch sporadisch aufrechterhalten und im dritten aufgegeben. Die 1905 als erstes Rilke-Werk im Insel-Verlag erschienene Gedichtsammlung, mit vollem Titel *Das Stunden-Buch, enthaltend die drei Bücher: Vom mönchischen Leben / Von der Pilgerschaft / Von der Armut und vom Tode*, ist Lou gewidmet, obwohl diese nur an den im eigentlichen Sinne »russischen« Erlebnissen Anteil hat, die in ihrer Mehrzahl im Herbst 1899 in Schmargendorf aufgezeichnet werden. Ihr Einfluß auf die literarische Ausarbeitung der gemeinsamen Rußland-Erfahrung ist andererseits insofern begrenzt, als sie Rilke zwar unzählige Anregungen, aber kaum gültige Formulierungen geliefert zu haben scheint. Zumindest sind ihre eigenen Ausführungen, etwa zur russischen Literatur, unlesbar (». . . letzte Grundaufrichtigkeiten reden fast kindhaft unmittelbar von Letztlichkeiten der Entwicklung, als wüchse diese hier direkter, unvermittelter aus Urhaftem empor zu Bewußtwerdungen«).[56] Das zweite, 1901 in Westerwede, und dritte, 1903 in Viareggio verfaßte Buch fußen größtenteils auf Eindrücken und Gedankengängen, mit denen Lou direkt nichts zu tun hatte: Ehe und Vaterschaft, die Spannung zwischen häuslicher und schöpferischer Existenz, die großstädtische Armut, die Verschränkung von Tod und Leben.

Im Titel *Das Stunden-Buch* schwingt neben der Analogie zu den altfranzösischen *Livres d'heures*, von denen Rilke bei seinem ersten Pariser Aufenthalt einige besonders schöne Exemplare gesehen hatte, auch etwas sehr Persönliches mit. Er hatte, wie wir sahen, schon in früher Jugend mit dem Dichten begonnen. Die Verse waren ihm leicht, zu leicht aus der Feder geflossen, und ihre Musikalität hatte oft genug die Seichtheit des Anlasses und Inhalts verdeckt. Das ändert sich mit dem Erwachen seines künstlerischen Gewissens, mit zunehmender Kenntnis der Werke bedeutender Zeitgenossen und mit dem langsamen Prozeß der Selbstfindung, zu dem Lou ihn hinführt. Nicht, daß die so angenehm plätschernde Quelle plötzlich versiegt oder daß er gar einer Krise der Art zum Opfer gefallen wäre, wie sie den Hofmannsthal des *Chandos-Briefes* am Wert der dichterischen, ja aller menschlichen Aussage hatte verzweifeln lassen. Aber Rilke verliert doch sehr bald den Glauben an seine Fähigkeit, aus eigener Kraft Gültiges dichterisch zu gestalten. Er empfindet sich vielmehr zusehends als bloßes Gefäß, in das eine ihm unbekannte Macht »seine« Gedichte gießt, oder als bloßer Mund, der eine ihm von auswärts oder von »oben« diktierte Botschaft verkündet; nicht als einer, der dichtet, sondern als einer, in dem bzw. aus dem es dichtet. Schon zu dieser Zeit bekundet er nicht ohne klinisches Befremden, als beträfe es jemand anderen: »Französische Verse entstanden auf einem Wege nach Halensee«, oder: »Das erste russische Gedicht kommt mir ganz unversehens heute im Walde.«[37] Wenn es ihm schon bei fremdsprachigen Gedichten so ergeht, wie bedrückend muß sich das Gefühl des dem Dichten-ausgeliefert-Seins erst dann auswirken, wenn ihm mal in der Muttersprache nichts »kommt«! So wird ihm das Warten – nicht auf die Laune zum Verfertigen hübscher Reime, sondern auf eine ihm eingegebene Dichtung, vor deren Niederschrift er dann selbst in kopfschüttelnder Überraschung steht – zeitweise zu einer solchen Qual, daß Lou meint, eine jede, auch die unscheinbarste Beschäftigung wäre besser für ihn als das monatelange und von schlechtem Gewissen begleitete Sich-Offenhalten für die Inspiration. (Rilke pflegt ihr halbherzig beizustimmen in diesem Gedankenspiel, das sie unter sich den »Entschluß zum Postschaffnerwerden« nennen.) Daher zum Teil der Jubel, mit dem im Eingangsgedicht die »Stunde« begrüßt wird, in der der Mönch beten und der Dichter dichten kann:

> Da neigt sich die Stunde und rührt mich an
> mit klarem, metallenem Schlag:
> mir zittern die Sinne. Ich fühle: ich kann –
> und ich fasse den plastischen Tag . . .

Es liegt auf der Hand, daß Rilke das, was ihn an Rußland besonders interessiert und berührt, auch dialektisch zu klären sucht, wozu sich der Vergleich mit Italien nicht nur aus biographischen Gründen anbietet. In solchen Augenblicken empfindet er den Aufenthalt in Florenz als Vorbereitung auf den in Moskau, im gleichen Sinne, in dem man sich durch das Studium der Vergangenheit auf das Gegenwärtige und Zukünftige vorbereitet. Die italienische Renaissance, Höhepunkt und Inbegriff abendländischer Kunst und besonders der religiösen Malerei, ähnelt in seiner Sicht einem Frühling, der, frühzeitig verdorrend, keinen Sommer nach sich gezogen hat:

> Der Ast vom Baume Gott, der über Italien reicht,
> *hat* schon geblüht.
>
> – – –
>
> Nur der Frühling Gottes war dort,
> nur sein Sohn, das Wort,
> vollendete sich . . .

Neben Christus, der in der Kunst der Renaissance eine größere Rolle spielte als Gottvater, hatte auch die Jungfrau Maria zu den Lieblingsfiguren der Maler von Fra Angelico über Botticelli und Michelangelo bis hin zu Tiepolo gehört:

> Da ward auch die zur Frucht Erweckte,
> die schüchterne und schönerschreckte,
> die heimgesuchte Magd geliebt . . .

Aber auch sie hatte nur den Menschensohn geboren:

> Wehe, sie gebar noch nicht den Größten.
> Und die Engel, die nicht trösten,
> Stehen fremd und furchtbar um sie her.

Auch war diese westliche Kultur normativ, sie stellte Regeln auf und benannte alle Wesen und Dinge, so daß vor lauter Identifizierung und Erklärung das Eigentliche – an Gott, am Künstler oder auch an

dem Mönch, dem Rilke diese »Gebete« in den Mund legt –
verdunkelt wird:

> Und deine Bilder stehn vor dir wie Namen.
> Und wenn einmal das Licht in mir entbrennt,
> mit welchem meine Tiefe dich erkennt,
> vergeudet sichs als Glanz auf ihren Rahmen . . .

Den Gegensatz zu allem, was hier als »westlich« eher angedeutet als
beschrieben wird, bildet das Russische:

> Mit einem Ast, der jenem niemals glich,
> wird Gott, der Baum, auch einmal sommerlich
> verkündend werden und aus Reife rauschen;
> in einem Lande, wo die Menschen lauschen,
> wo jeder ähnlich einsam ist wie ich . . .

Der Gottsucher ist einsam und vorzugsweise auch arm. Nicht weil
die Armut, einem vielzitierten und oft persiflierten *Stunden-Buch*-
Wort zufolge, »ein großer Glanz aus Innen« ist, sondern weil die von
Rilke hier gefeierte Erschaffung Gottes durch den Menschen nur
von den Armen vollzogen werden kann; denn die Reichen sind
hoffärtig und verstoßen gegen die Gesetze der Natur. In einer der
Geschichten vom lieben Gott erhält dieses Motiv eine Wende ins
Ironische, indem es einem Zuhörer anvertraut wird, der sich
»eingehend . . . der sozialen Frage genähert«, mit anderen Worten:
der versucht hat, dieser gottgefälligen, wenn nicht gar gottgewollten
Armut durch soziale Reformen Herr zu werden.

Die zu Weihnachten 1900 veröffentlichten *Geschichten vom lieben
Gott* sind ein eigenständiges Werk und dienen zugleich als Prosa-
Kommentar zu den Gedichten des *Stunden-Buchs*, wobei der
ursprüngliche Titel, *Vom lieben Gott und Anderes, an Große für Kinder
erzählt von Rainer Maria Rilke*, die Erzählsituation genau bezeichnet.
Auch wenn der Ich-Erzähler nicht direkt zu ihnen spricht, wendet er
sich an die Kinder der kleinen Stadt, in der die Rahmenhandlung
spielt. Er erzählt seine Märchen der Nachbarin, die er gerade nach
Hause begleitet, dem Lehrer oder auch seinem querschnittgelähm-

Jetzt reifen schon die roten Berberitzen,
alternde Astern atmen schwach im Beet.
Wer jetzt nicht reich ist, da der Sommer geht,
wird immer warten und sich nie besitzen.

Wer jetzt nicht seine Augen schließen kann,
gewiß, daß eine Fülle von Gesichten
in ihm nur wartet bis die Nacht begann,
um sich in seinem Dunkel aufzurichten: —
der ist vergangen, wie ein alter Mann.

dem kommt nichts mehr, dem stößt kein Tag mehr zu,
und alles lügt ihn an, was ihm geschieht —
auch du, mein Gott. Und wie ein Stein bist du,
welcher ihn täglich in die Tiefe zieht.

×

22. Sept. 1901.

Manuskriptseite aus dem zweiten Teil des *Stunden-Buches*, der 1901 in Westerwede
entstand.

145

ten jungen Freund Ewald. Letzten Endes aber sind sie immer für die Kinder bestimmt, für Kinder in jenem Alter, in dem man zum Beispiel wissen möchte: »Wie sieht der liebe Gott aus?« – Die Gefahr des Niedlichen liegt bei dieser Konstellation nahe, und Rilke ist ihr nicht immer ausgewichen. So ist die (den Wolken erzählte) Parabel *Wie der Fingerhut dazu kam, der liebe Gott zu sein* ein gar zu putziges Kleidchen für die gewichtige und in einigen *Stunden-Buch*-Gedichten viel überzeugender ausgedrückte Vorstellung, daß Gott auch in dem unscheinbarsten Objekt gegenwärtig sein kann und daß das Kind ihm nähersteht als der erwachsene Mensch.

Andere hingegen, etwa *Das Lied von der Gerechtigkeit* oder *Wie der alte Timofei singend starb*, gehören zu Rilkes bester Prosa, wobei die in Rußland spielenden Geschichten unmittelbarer auf Selbsterlebtes bzw. -gehörtes zurückgehen als die italienischen. Denn auch in diesem Seitenstück zum *Stunden-Buch* wird Italien als geistig-emotionale Heimat gegen Rußland abgewogen und mit einer Ausnahme für zu leicht befunden. Die Ausnahme ist Michelangelo (in der Geschichte *Von einem, der die Steine belauscht*), der hier wie anderswo in Rilkes Welt mit Tolstoi und Rodin eine Ausformung der Vater-Künstler-Imago bildet.

Rilke »nimmt« sich also von Rußland, was ihm zusagt, und verwandelt es unbeschadet des mangelnden Realitätsgehalts in Eigenes. Hätten wir in diesem illusorischen, zum Teil in hinreißende Sprache gebannten Rußland-Bild nur die private Vision eines Dichters vor uns, dann würde uns dieses Bild heute kaum noch interessieren. In Wirklichkeit enthält es jedoch Feststellungen, die inzwischen längst über das Idiosynkratisch-Persönliche hinausgewachsen und in unserem Kollektivbewußtsein aufgegangen sind. So ist die (um 1900 noch durchaus umstrittene) These von der Erschöpfung der abendländischen Kunst, besonders der anthropomorphisch-gegenständlichen religiösen Malerei, mittlerweile zu einem kaum noch wahrgenommenen Gemeinplatz geworden. Rilkes Preislied auf die »russische« Art des Gott-Erfahrens wiederum wurzelte in einem Bedürfnis, das seither unzählige andere Menschen in Richtungen aufbrechen ließ, von denen sie sich – vom Zen-Buddhismus bis zu den abstrusesten kalifornischen Sekten – mehr Trost und Erleuchtung versprachen

146

als von Kirchen, die, in den Worten eines bekannten *Stunden-Buch*-Gedichts:

> . . . Gott umklammern
> wie einen Flüchtling und ihn dann bejammern
> wie ein gefangenes und wundes Tier.

Auch hat sich der dem Positivismus so teure Glauben, mit der Benennung und Beschreibung eines Phänomens dieses in seinem Wesen erfaßt zu haben, mittlerweile ebenfalls als Trugschluß erwiesen und tiefes Mißtrauen sowohl gegenüber der Sprache ausgelöst als auch gegenüber ganzen Wissenschaften, die mit der wertfreien Definition eines Symptoms schon dessen Ursache aus der Welt geschafft zu haben meinen. Rilke hat diese und andere im *Stunden-Buch* umschriebenen Hohlräume in der abendländischen Kultur keineswegs als erster entdeckt; er war kein systematischer Denker, und Kierkegaard und Nietzsche (um nur diese beiden zu erwähnen) hatten das morsche Gebäude lange vor ihm abgeklopft. Trotzdem zeichnen sich in diesem Gedichtzyklus schon die Umrisse einer zeit- und kulturkritischen Wertung ab. Ohne daß er je im landläufigen Sinn des Wortes ein engagierter Dichter geworden wäre, legt sich Rilke in seinen größeren Werken von nun an zunehmend auf Positionen fest, die mit den Tagesereignissen von damals oder heute fast gar nichts, mit der Bewußtseinslage des modernen Menschen aber um so mehr zu tun haben.

Über alledem vergißt man leicht, daß er mit seinen russischen Studien und Reisen auch ein praktisches Ziel verfolgte: Er hoffte jahrelang, der chronischen Geldnot durch eine »stille Tätigkeit als Übersetzer aus dem Russischen« abhelfen zu können. Diese Pläne ließen sich zwar nicht verwirklichen, aber er hat nichtsdestoweniger Gedichte von Lermontow, Fofanow und Droschin, eine kurze Erzählung von Jantschewetzki sowie das altrussische *Igorlied* und Tschechows *Die Möwe* verdeutscht. Die Übersetzung dieses Stückes ist nicht erhalten; aber er wollte sich auch für *Onkel Wanja* einsetzen und empfand überhaupt eine große Sympathie für Tschechow, dessen handlungsarme Dramen trotz vieler formaler Unterschiede etwas mit seinen eigenen und denen von Maeterlinck gemein haben.

Obwohl Rilkes Reminiszenzen an Rußland im Laufe der Zeit von anderen Erlebnissen überlagert werden, kehren russische Motive in fast allen späteren Werken wieder, im *Buch der Bilder* und den *Neuen Gedichten*, in zwei unvergeßlichen Figuren im *Malte Laurids Brigge*, in den *Duineser Elegien* und den *Sonetten an Orpheus*. Rilke hat allerdings auch später alles Politische, Soziale und Ökonomische rigoros ausgespart und die Oktoberrevolution für einen Sturm an der Oberfläche gehalten, der die tieferen Gewässer unberührt läßt. Er betrachtete die Russische Revolution etwa so, wie Goethe das folgenschwerste Ereignis *seiner* Epoche, die Französische Revolution, betrachtet hatte: nicht so sehr ablehnend als verständnislos. (Wobei zu bedenken ist, daß der eine 1789 vierzig, der andere 1917 zweiundvierzig, daß beide also gestandene Männer und wohl nicht mehr fähig waren, ihr politisches und gesellschaftlich-soziales Weltbild von Grund auf zu revidieren.) Als Rilke nach dem Krieg von dem jungen russischen Komponisten Nicolas Nabokov in Weimar erfuhr, daß dieser nicht beabsichtigte, jemals in seine Heimat zurückzukehren, da blieb er sprachlos und »schien nicht zu wissen, wie er die Konversation fortsetzen solle«.[38] So schwer fiel es ihm, sich mit dem Gedanken an ein durch Revolution und Bürgerkrieg bis zur Unkenntlichkeit verändertes und von Hunderttausenden seiner eigenen Söhne fortan gemiedenes Rußland vertraut zu machen, daß er bei gelegentlichen Kontakten mit russischen Freunden, besonders Emigranten, sogar an diesen irre wurde: »Sie erschöpfen mich, diese Menschen, die ihre Empfindungen wie Blut ausspeien, und Russen nehme ich darum nur mehr wie Likör in ganz kleinen Dosen zu mir.«[59]

Da er aber ein Dichter war, hat Rilke auf seine eigene Art doch vieles von Rußland gewußt, was anderen verborgen blieb. Ein poetisches Dokument dieses intuitiven Erfassens stellen seine eigenen Gedichte in russischer Sprache dar, von denen acht überliefert sind. Es handelt sich um kurze, thematisch den *Stunden-Buch*-Gedichten nahestehende Gebilde, die – wie letzten Endes seine ganze Kenntnis und Erkenntnis von Rußland – in Lous Worten zwar »grammatikalisch arg«, also ungenau, wenn nicht falsch sind, aber dennoch »irgendwie unbegreiflich dichterisch« wirken.

I

Worpswede liegt am Südrand des Teufelsmoors, in Niedersachsen, nicht weit von Bremen. In dieser flachen, unter einem hohen Himmel gelegenen Moor- und Heidelandschaft, deren wenige, verstreut lebende Bewohner sich von Gemüsebau und Torfstechen ernährten, ließen sich gegen Ende des vorigen Jahrhunderts einige Maler nieder, die zumeist an der Düsseldorfer Kunstakademie und in München studiert hatten und nun ihre eigenen Wege gehen wollten. Der erste war Fritz Mackensen, der 1884 wegen einer Liebschaft mit einem aus Worpswede stammenden Mädchen gekommen war. Die stimmungsvolle Abgeschiedenheit des Dorfes und die feuchtklare, flimmernde Atmosphäre, die Umrisse und Farben hervortreten ließ, gefielen ihm so, daß er wenige Jahre später mit seinen Freunden Hans am Ende und Otto Modersohn zurückkehrte. Bald danach stießen die Bremer Fritz Overbeck und Heinrich Vogeler zu ihnen.

In seiner 1902 verfaßten Monographie *Worpswede* widmet Rilke nach einer allgemeinen Einführung in die Landschaftsmalerei jedem dieser Maler ein kurzes Kapitel. Dabei läßt er das begabteste Mitglied der Gruppe unberücksichtigt: die Malerin Paula Becker, die den verwitweten Modersohn heiratete. Rilke erwähnt sie nicht, weil er zur Zeit der Niederschrift noch kaum etwas von ihr gesehen hat. Nach einer verfrühten Ausstellung in der Bremer Kunsthalle, die sie mit ihrer Freundin Clara Westhoff bestritten und wegen der sie ein dortiger Kritiker arg gezaust hatte, malte sie jahrelang nur für sich, so daß selbst ihr Mann nicht alle ihre Arbeiten zu sehen bekam. Als Rilke sie entdeckte und erkannte, daß sie »rücksichtslos und geradeaus malend« Bilder machte, »die sehr unworpswedisch sind und die doch noch nie einer sehen und malen konnte«, war die

Monographie längst erschienen und Paula Modersohn-Becker längst in ihre Reifezeit eingetreten.

Die Öffentlichkeit war auf die Worpsweder zuerst 1895 aufmerksam geworden, als Mackensen bei der Jahresausstellung im Münchener Glaspalast die Goldmedaille zugesprochen wurde und die Neue Pinakothek ein Bild von Modersohn erwarb. Während Vogeler und in bescheidenem Maße auch Hans am Ende als Radierer und Graphiker bekannt wurden, malten die anderen vorzüglich die karge und schwermütige Landschaft, die auf Bildern wie Modersohns »Herbst im Moor« oder Overbecks »Stürmischer Tag« erscheint, oder auch Szenen aus dem Leben der Dorfbewohner wie Mackensens »Missionspredigt« und »Trauernde Familie«. Dabei bildeten die Worpsweder, die lange vergessen waren und erst in letzter Zeit wiederentdeckt worden sind, nur ganz vorübergehend eine eigene Schule. Sie blieben einander aber als Nachbarn und Altersgenossen verbunden und im Bestreben, den mythologischen Bildern von Anselm Feuerbach und Hans von Marées eine realistische Kunst entgegenzusetzen, die einige Berührungspunkte mit Julius Langbehn, dem für eine Wiedererweckung altdeutscher Tugenden plädierenden »Rembrandt-Deutschen«, aufzuweisen hatte. Paula Modersohn-Becker, die selbst freilich am liebsten in Paris arbeitete, faßte dieses nordische Fluidum einmal in dem Satz zusammen: »Man bekommt hier draußen eine lutherische Sprache.«[60]

Der 1872 geborene Vogeler war der Jüngste und weitaus Erfolgreichste der Gruppe. Er hatte sich vom Brennmeister der Worpsweder Ziegelei ein altes, am Rand der Sanddüne gelegenes Haus gekauft, den Barkenhoff, den er in jahrelanger Arbeit ausbaute und wohnlich machte. Ein Keller wurde ausgeschachtet, mehrere Zimmer und ein Atelier wurden hinzugefügt, der Schweinestall in eine Bibliothek verwandelt und eine Kupferpresse installiert, auf welcher der Hausherr seine Radierungen selbst drucken konnte. Das war ganz im Sinn des Jugendstils, zu dessen Programm auch die Durchdringung der häuslich-alltäglichen Sphäre mit Kunst gehörte, und um so notwendiger, als Vogelers Arbeiten gerade damals überall gefragt waren. Der Dichter Rudolf Alexander Schröder suchte ihn in Worpswede auf und gewann ihn zur

Mitarbeit an der *Insel*, die er mit seinem Vetter Alfred Walter Heymel gerade in einer Münchener Pension gegründet hatte. Als aus der Zeitschrift ein Verlag wurde und Heymel sich in der Leopoldstraße eine luxuriöse Wohnung mit Hausbar und anderen Extravaganzen einrichtete, mußte Vogeler ihm das Silbergeschirr entwerfen, während Schröder und der später als Architekt des »Hauses der deutschen Kunst« bekanntgewordene Paul Ludwig Troost die Inneneinrichtung übernahmen. Um diese Zeit schuf Vogeler auch eine vielbewunderte Titelseite zu Hofmannsthals *Der Kaiser und die Hexe* und Illustrationen für Bücher von Maeterlinck und Jacobsen. Bald erstreckte sich sein Ruhm über ganz Europa. Seine arabeskenreiche Buchkunst, seine Visitenkarten, Verlobungsanzeigen, Zierleisten und dergleichen mehr waren in Rußland, wo Rilke von ihm erzählen mußte, ebenso geschätzt wie in England (das Aubrey Beardsley verbundene Journal *The Studio* hatte schon in dessen Todesjahr 1898 einen langen Artikel über seinen präsumtiven Nachfolger Heinrich Vogeler gebracht) oder in Spanien, wo ihm die katalanische Zeitschrift *Joventut* 1900 eine Sondernummer widmete, an der auch der junge Pablo Picasso mitarbeitete. Von Deutschland ganz zu schweigen: Der Prinz Johann Georg von Sachsen ließ sich seine Exlibris, die Kronprinzessin Cäcilie ihren Briefkopf von Vogeler entwerfen.

Als Rilke im Herbst 1900 zu einem mehrwöchigen Aufenthalt auf dem Barkenhoff eintrifft, weist Vogeler ihm das auf den Arbeitshof hinausgehende Giebelzimmer an – gegen den Willen der alten Haushälterin, der es nicht geheuer ist, wenn der Gast dort oben »betet«, das heißt seine Gedichte laut hersagt. (Rilke tut dies, wo immer möglich, und preist sich noch in der Schweiz glücklich, einen dienstbaren Geist wie Frieda Baumgartner um sich zu haben, die ihn während der Arbeit an den *Elegien* betreut, »sorgend und ohne Angst, wenn ich hier oben« – das Muzoter Arbeitszimmer liegt im ersten Stock, Küche und Eßzimmer im Parterre – »ungeheure Kommando-Rufe ausstieß und Signale aus dem Weltraum empfing und sie dröhnend beantwortete mit meinen immensen Salutschüssen«.)[61] Soweit ist es im Barkenhoff noch nicht. Dafür hat man dort eine andere Sorge seinetwegen: daß er sich in den Kopf setzen könnte, in seiner kittelartigen, umgürteten grünen Rubaschka und den Tatarenstiefeln, in denen er im Hof auf und ab geht, auch mal im Dorf zu erscheinen. Als er das eines Tages tatsächlich tut, stoßen die Torfbauern einander an und sagen mit einem vieldeutigen Blick: »Der zieht sich sein Hemd über die Hose!«

Im Verlauf seiner Arbeit bei der Renovierung der Güldenkammer im Bremer Rathaus war Vogeler auch mit dem Eisenbahnbaurat Woldemar Becker und dessen Familie in Berührung gekommen. Der gerade pensionierte Mann hatte darauf bestanden, daß auch das begabteste seiner Kinder, die Tochter Paula, etwas Praktisches erlerne, obwohl sie sich seit ihrer frühesten Jugend für die Kunst interessiert hatte. Als sie jetzt, nach abgeschlossenem Lehrerinnen-studium, noch immer Malerin werden will, erlaubt er ihr, nach Worpswede zu gehen, um sich dort von Mackensen im Zeichnen ausbilden zu lassen; in der Meinung des alten Herrn war dieser, zusammen mit dem feingliedrig-aristokratisch aussehenden Voge-ler, der einzig »tragbare« unter den Worpsweder Künstlern. Dar-aufhin hatte sich ihre Freundin Clara, die zweiundzwanzigjährige Tochter des Bremer Kaufmanns Heinrich Westhoff, gleichfalls ein Herz gefaßt und sich in einem alten Strohdachhaus unweit des Barkenhoffs eingemietet. Vogeler, der Paula im Haus ihrer Eltern und Clara in der Tanzstunde ihrer Schwester kennengelernt hat, macht die beiden nun mit seinem aus Rußland zurückgekehrten Freund bekannt.

Die jungen Frauen empfangen Rilke mit offenen Armen. Wenn er nicht gerade an den Gedichten arbeitet, die dann in das *Buch der Bilder* eingingen, besucht er sie und läßt sich von ihnen von Paris erzählen, wo sie studiert und auf dem Boulevard Raspail zusammen gewohnt hatten. Dabei kommt die Rede auch auf Claras Lehrer, den Bildhauer Auguste Rodin. So hat Rilke, ohne daß er es zur Zeit hätte ahnen können, zum zweiten Mal das Glück, von Frauenhand in das Wesen eines neuen Landes und eines Künstlers eingeführt zu werden, der für ihn beispielhaft werden sollte. Hatte Lou ihm einst den Weg zu Rußland und Tolstoi eröffnet, so bereitet ihn Clara jetzt, durch ihre bloße Gegenwart und ihre Erzählungen, auf die Entdek-kung von Paris und Rodin vor. Kein Wunder, daß er sich in Worpswede gut aufgehoben fühlt: »Eure Heimat war mir«, bedankt er sich später aus Berlin, »vom ersten Augenblick, mehr als nur eine gütige Fremde . . . Ihr seid so lieb und nehmt mich wie ein echtes Geschwister.« Er dichtet, liest Jacobsen und Hauptmann, vertieft sich in das Werk von Böcklin und Rodin und läßt die Gegend auf sich wirken. Durch die vielen Anklänge an Rußland und den täglichen Kontakt mit den Malern wird sie ihm bald so lebendig, daß er sie in einer seiner seltenen Landschaftsschilderungen schließlich selbst mit den Augen eines Malers erlebt:

Ich sagte [notiert er sich über ein Gespräch mit Clara Westhoff], daß besonders eines mich so unheimlich berührte: die starken Farben, die ohne Sonne, wenn nirgends mehr strahlendes Licht ist, ausdauern. Das war an den Tagen mit grauem Himmel, der leise regnete: Aber deshalb war nichts verblichen oder ungewiß geworden, im Gegenteil. Nur noch lauter wurden alle Farben; das Violett der großen Heideflächen bekam samtene Nuancen von warmer Tönung, und irgendeine Ziege, die über die Heide ging, war weiß wie aus Elfenbein. Ganz unabhängig von dem fahlen Himmel spielte sich die Erde in ihren bunten lebendigen Farben ab, und sogar ihre Fernen verschwanden nicht in Nebeln. Dunkelbraun stand das Dach der großen Mühle vor den Wolken, und ihre starken Arme zeichneten ein deutliches Kreuz. Und was nicht im Fernen hätte wirken können, schien sich näher heranzuschieben; eine Hütte, rot mit grünem Rahmenwerk, mit ihrem moosigen Strohdach, eine große Kastanie, auf der die lichten Fruchtschalen im hängenden Blattwerk deutlich erkennbar waren, ein dunkelnder Busch an der schattigen Eingangstür und eine einzige rote Georgine in ihm, brennend vor Reife.

Rilkes außerordentliche Farbperzeption wird ihn später befähigen, als einer der ersten das radikal Neue an Cézannes Kunst zu erkennen. – Ohne Einschnitt fährt das Tagebuch fort:

> Die roten Rosen waren nie so rot
> als an dem Abend, der umregnet war.
> Ich dachte lang an Dein sanftes Haar . . .
> Die roten Rosen waren nie so rot.

Die Zeilen beziehen sich auf Paula, später wird auch Clara erwähnt. Wenn Rilke drauf und dran sein sollte, sich in beide zu verlieben, dann setzt Paulas Verlobung mit Modersohn dem ein Ende. Auf jeden Fall ist er selten allein in diesen wie verzauberten Tagen, wobei schwer zu sagen bleibt, was an diesen Erlebnissen Pose ist und was eher eine Grenzverschiebung zwischen Traum und Wirklichkeit zu nennen wäre. Wenn er beispielsweise über die eines Abends mit Freunden genossene Ziegenmilch schreibt: »Von Einbruch der Dämmerung an dunkelt also ihre Milch, und jetzt zwei Stunden nach Mitternacht ist sie noch ganz schwarz«, dann weiß man nicht recht: Glaubt er im Ernst, die Milch wechsele mit der Tageszeit ihre Farbe, oder trank er nur aus einem schmutzigen Behälter?[262] Alles wird gemeinsam erlebt, Natur und Kunst, Musik wie Literatur, auch wenn man von Worpswede zum Museums- oder Theaterbesuch nach Bremen oder Hamburg fährt und dort übernachten muß. Ein solcher Ausflug, zu dem sich Rilke, Modersohn, Mackensen, Clara, Paula und ihre Schwester Milly sowie Heinrich Vogeler und sein Bruder Franz zusammentun, gilt der Hamburger Aufführung eines Stückes von Carl Hauptmann, Gerharts älterem Bruder. Am nächsten Tag sieht man die *Zauberflöte*, am dritten und letzten besuchen alle eine Privatgalerie mit Bildern von Böcklin und Corot.

Rilke verbringt viele Stunden mit Vogeler, Mackensen und Modersohn, denen er in ihren Ateliers bei der Arbeit zuschaut, und unterhält sich mit Hauptmann, der auch gerade in Worpswede zu Besuch ist. Bei aller Sympathie für den Menschen kann er den Ansichten des überaus analytisch veranlagten Mannes, der unter dem Ruhm seines Bruders leidet, nur wenig abgewinnen. Am meisten verkehrt er mit Paula, der »blonden Malerin«, und ihrer Freundin Clara, die als »dunkle Bildhauerin« immer wieder auf den Seiten des Tagebuchs erscheint. Mal geht er mit der einen oder anderen spazieren, mal leistet er ihnen Gesellschaft bei der Arbeit, mal begleitet er sie ins Dorf, mal liest er ihnen und anderen Freunden vor:

Ich gebe wieder eine Gesellschaft. Einen schönen Augenblick gab es . . ., ganz in Weiß kamen die Mädchen vom Berg aus der Heide. Die blonde Malerin zuerst, unter einem großen Florentiner Hut lächelnd . . . Dann begrüßte ich alle . . . Als wir eben in der dunklen Diele standen und uns aneinander gewöhnten, kam Clara Westhoff. Sie trug ein Kleid aus weißem Batist ohne Mieder im Empirestil. Mit kurzer leicht unterbundener Brust und langen glatten Falten. Um das schöne dunkle Gesicht wehten die schwarzen, leichten, hängenden Locken, die sie, im Sinn ihres Kostüms, lose läßt zu beiden Wangen . . . Sie wartet, ganz hingegeben, auf das, was sie nun erleben soll . . . Da war es sehr gut, *Die weiße Fürstin* zu lesen. Ich hatte selbst einen starken Eindruck von Klang und Kraft, und es war nur schade, daß das sofort einsetzende Theoretisieren Carl Hauptmanns mich zwang zu reden, wobei denn auch nichts herauskam. Die Mädchen sprachen nicht mit. Sie glaubten alle an die *Weiße Fürstin*.

Das offene Haar und korsettlose Kleid erinnern ein wenig an den *Kunstwart*, bis hin zur allgegenwärtigen Rose, die zum Sinnbild dieses ganzen Herbstes wird:

Gerade bei der blonden Malerin empfinde ich wieder, wie ihre Augen, deren dunkler Kern so glatt und hart war, sich entfalten, wie sie, gleich gefüllten Rosen, im Aufgehen weich und warm werden und sanfte Schatten halten und zarte Lichter wie auf dem Bug und auf der Brust von kleinen sich zurücklehnenden Blätterschalen.

Rilke ist vom Symbol der Rose so angetan, daß er, unbewußt, schon seinen Grabspruch ausprobiert:

Ich erfand mir eine neue Zärtlichkeit: Eine Rose leise auf das geschlossene Auge zu legen, bis sie mit ihrer Kühle kaum mehr fühlbar ist und nur die Sanftmut ihres Blattes noch über dem Bild ruht wie Schlaf vor Sonnenaufgang.

Die »Zärtlichkeit« kehrt im *Malte Laurids Brigge* wieder, nur sind es dort die weißen Kamelien, die die vom Ball zurückgekehrte Maman auf dem Bett liegenläßt und die Malte, als er »merkte, wie kühl sie waren«, sich auf die verweinten Augen legt.

Nicht alles verläuft indes so verträumt im Zeichen des Eros und Narzissus. Es gibt auch Stunden, in denen getrunken und getanzt wird (»Hauptmann mit Fräulein Westhoff«, wie Rilke mißbilligend konstatiert – aber er selbst ist fürs Tanzen nicht zu haben). Vor lauter Schwerblütigkeit und Eifersucht sieht er in solchen Anlässen nur »Ulk, Ulk, Ulk . . . schauerliches Ende deutscher Geselligkeit«. Auch im gelegentlichen Verkehr mit den Worpsweder Fischern und Torfstechern geht ihm, im Gegensatz etwa zum jovialen Mackensen, durchaus die Unbefangenheit und leichte Hand ab. Er hat überhaupt etwas vom Snob an sich, aus Schüchternheit eher als aus Hochmut: »Erntefest«, schreibt er über einen anderen Abend in Worpswede, »nicht im Volke, das war gestern schon unter den . . . ach Gott, unter . . . nun, eben unter denen, welche. Aber die Maler machen mit. Die blonde Malerin im weißen Kleid, die gestern so ernst wurde, ist da, die Bildhauerin ist da mit ihrer ganzen dunklen Lebhaftigkeit . . .«

Anfang Oktober 1900 kehrt Rilke, der sich schon zum Bleiben entschlossen und in Worpswede ein Haus gemietet hatte, unvermittelt nach Berlin zurück. Hinter seiner erstmals zutage tretenden Neigung zu plötzlichem und scheinbar unmotiviertem Ortswechsel mag dabei auch der Wunsch eine Rolle gespielt haben, die sich anbahnende Beziehung zu Clara Westhoff zu überdenken.

II

Die Wintermonate verbringt Rilke in seiner Zweizimmerwohnung in der Misdroyer Straße mit Vorbereitungen für die für 1901 geplante dritte Rußlandreise. Er arbeitet an einem Essay über den religiösen Maler Alexander A. Iwanow, der die höchsten Erwartungen in seine Kunst gesetzt und ein Vierteljahrhundert über einem einzigen Bild zugebracht hatte, nur um am Ende feststellen zu müssen, daß das Werk seinen Erwartungen doch nie entsprechen würde. Daneben laufen die Korrespondenzen mit den Moskauer Kunstfreunden Pasternak, Storoschenko und Ettinger sowie mit Diaghilew, mit dessen Hilfe er eine Ausstellung moderner russischer

Kunst in der Wiener Sezession zu lancieren hofft. Zugleich liest er Korrektur für seine dritte Prosasammlung, die *Geschichten vom lieben Gott*, und bemüht sich bei Tolstois Verleger um die deutschen Rechte an dem Drama *Der lebende Leichnam*. Kurz, sein Rußland-Erlebnis intensiviert sich im Geist ein letztes Mal, ohne daß diese Nachblüte, vom zweiten und dritten Teil des *Stunden-Buchs* abgesehen, zu mehr geführt hätte als zur Veröffentlichung zweier Aufsätze über zeitgenössische russische Künstler. Die Ausstellungspläne zerschlagen sich alsbald, weder die Tolstoi-Übersetzung noch der Iwanow-Essay werden beendet, obwohl Rilke gerade in diesen Tagen ein Drama kennenlernt, das einen dem Russen nicht unähnlichen Maler zum Helden hat.

Anfang Dezember bittet Lou ein paar Freunde zu einem geselligen Abend in ihre Schmargendorfer Wohnung: Rilke, Gerhart Hauptmann mit seiner späteren Frau Margarete Marschalk und den gerade in Berlin anwesenden Heinrich Vogeler. Hauptmann findet solches Gefallen an Rilke, daß er ihm ein signiertes Exemplar des eben vollendeten *Michael Kramer* schickt und ihn nebst Lou zu einer Theaterprobe im Deutschen Theater einlädt. Rilke ist von dem Stück zutiefst beeindruckt und weiß der Probe »keine ebenbürtige Theatererfahrung« an die Seite zu stellen. Der Konflikt zwischen dem alten Kramer, einem braven Akademiemaler und -lehrer, und seinem verlottert-genialen Sohn, den das am eigenen Leib erfahrene und durch Pubertätsprobleme verschärfte Mißverhältnis von künstlerischer Berufung und bürgerlichem Scheitern in den Tod treibt; dazwischen die Gestalten des resignierten, sich mit der eigenen Mittelmäßigkeit abfindenden Lachmann und der begabten und tüchtigen Michaline, die als »bloße Frau« nicht ganz für voll genommen wird: Rilke braucht sich nur in seinem eigenen Leben oder unter den Münchner, Berliner und Worpsweder Freunden umzusehen, um sich von diesen Themen und ihrer Behandlung durch den Dramatiker angesprochen zu fühlen. Er schreibt diesem einen ausführlichen Brief der Zustimmung und läßt später in das *Buch der Bilder* eine Widmung setzen: »Dieses Buch ist Gerhart Hauptmann in Liebe und aus Dankbarkeit für *Michael Kramer* zugeeignet.«

Aus dem Frühjahr 1901 stammt auch eine der wenigen Stellungnahmen zum sozialen Tagesgeschehen, die wir von Rilke haben. Es handelt sich bei diesem wenig beachteten Schreiben um einen offenen Brief an den Herausgeber der *Zukunft*, den er auf einen jüngst in Wien verhandelten Mordprozeß aufmerksam macht, an dem ihn vieles bedrückte. Ein mittelloser, an epileptischen Anfällen leidender und vorübergehend arbeitsloser Zeitungsausträger hatte seinem kleinen Sohn, den er in Abwesenheit der arbeitenden Mutter selbst betreuen mußte, einen Abszeß geöffnet, woraufhin das Kind verblutet war. Der Vater, vom Schrecken gepackt und nicht wissend, was er mit der Leiche tun sollte, hatte sie in Stücke zerschnitten und auf dem Kochherd zu verbrennen versucht. Die aus Verzweiflung, nicht Mordlust begangene Bluttat war im Prozeß von Staatsanwalt und Presse derart ausgeschlachtet worden, daß den Geschworenen praktisch keine andere Wahl blieb, als auf vorsätzlichen Mord und damit auf Tod durch den Strang zu erkennen.

Unter Aussparung der rein kriminologischen und juristischen Aspekte des Falles wendet sich Rilke vor allem gegen die Falschmünzer und Hochstapler der Sprache. Er zieht gegen den Gerichtspräsidenten und seine Witzeleien zu Felde (»Gerade für Nervenleidende«, hatte dieser in öffentlicher Sitzung erklärt, »ist das Zerstückeln von Leichen gar keine passende Beschäftigung«), gegen einen Staatsanwalt, der von der »Majestät des Todes« bis zur »Tragik in der Vergeltung« alle Register einer klischeehaften Stimmungsmache gezogen hatte, und gegen die Zeitungen, deren Berichterstattung Rilke »leicht und nachlässig im Ton« findet, »fast überlegen, durch kolportageromanhafte Überschriften in kleine pikante Bissen zerschnitten«.

Was den *Offenen Brief an Maximilian Harden* von ähnlichen Stellungnahmen anderer Schriftsteller von Zola bis Böll unterscheidet, ist das Hinabtauchen in die eigene Kindheit. Im Bestreben, sich in die Gemütsverfassung eines Vaters zu versetzen, dem das Kind unter den Händen wegstirbt, tauchen bei Rilke längst verschüttete Erinnerungen an Kinder wieder auf, die sich beim Versuch, einen kranken Vogel oder eine wunde Katze zu kurieren, ungeschickt anstellen. Etwas Unerwartetes geschieht, was ihnen angst macht (». . . vielleicht treten die Gedärme des Tieres aus«), bis sie sich durch eine Kurzschlußhandlung retten, indem sie das Tier gegen die Wand schleudern. »Ich will keinen Kommentar zu dieser Erinnerung geben«, bemerkt Rilke dazu in einer bezeichnenden Geste des Sichzurücknehmens. – Ein Kommentar ließe sich allenfalls durch den Hinweis darauf nachliefern, daß er einige Wochen zuvor, bei jenem geselligen Beisammensein mit Hauptmann in Lous Wohnung, von der Beziehung zum Tier als einer existentiellen Bindung gesprochen hatte. Obwohl der andere der Ehrengast gewesen war, hatte Rilke, entgegen seiner sonstigen Gewohnheit bei erster Bekanntschaft, einen beträchtlichen Teil der Unterhaltung bestritten und ausführlich dargelegt, er wolle kein Tier an sich gewöhnen, weil er ihm im Krankheits- oder sonstigen Notfall wegen seiner Andersartigkeit doch nicht beistehen könne. »Dir helfen, wird schwer sein« heißt es noch 1922 im sogenannten »Hunde-Sonett«.[63]

Zu seinen emanzipatorischen Bestrebungen in dieser Zeit gehört auch die Unterschrift unter eine Petition, den die Homosexualität betreffenden Paragraphen 175 des StGB dahingehend abzuändern, daß »sexuelle Akte zwischen Personen desselben Geschlechts . . . nur dann zu bestrafen sind, wenn sie unter Anwendung von Gewalt, wenn sie an Personen unter 16 Jahren, oder wenn sie in einer ›öffentliches Ärgernis‹ erregenden Weise . . . vollzogen werden.« Die Petition wurde unter anderen auch von Dehmel, Hauptmann, Liliencron und Schnitzler unterzeichnet, ohne jedoch eine Änderung des Gesetzes herbeizuführen.

Wenn Rilke tatsächlich nach Berlin zurückgekehrt war, um durch Arbeit eine Distanz zur Worpsweder Atmosphäre zu schaffen, so konnte dies schon deshalb nicht gelingen, weil er Clara fast jeden Tag schreibt. Dabei unterliegt für ihn, der seine Korrespondenz so sorgfältig verfaßt wie andere Autoren ihre in Druck gegebenen Werke, der Brief demselben Gesetz des Auf-die-»Stunde«-Wartens, das damals die Hervorbringung seiner Dichtungen beherrscht: »Aus einem Vorsatz zu schreiben, wird nie ein Brief. Ein Brief muß einem geschehen wie eine Überraschung, und man darf nicht erkennen, wo am Tag Raum war für sein Entstehen.« Tatsächlich haftet seinen Briefen aus diesem Herbst und Winter etwas Sprunghaftes an, als wüßte er am Anfang des Schreibens noch nicht, wohin ihn dieses führen wird. Stimmung ist zur Zeit wichtiger als Inhalt. Die Entdeckung der Bilder »eines eigentümlichen Franzosen

Cézanne« fällt kaum ins Gewicht gegenüber dem kulinarischen Idyll, das er sich und Clara ausmalt:

Im kleinen Häuschen würde Licht sein, eine sanfte, verhüllte Lampe, und ich würde an meinem Kocher stehen und Ihnen ein Abendbrot bereiten: ein schönes Gemüse oder Grütze, – und auf einem Glasteller würde schwerer Honig glänzen, und kalte, elfenbeinreine Butter würde auf der Buntheit eines russischen Tischtuchs ruhig auffallen. Brot hätte da sein müssen, starkes, korniges Schrotbrot und Zwieback, und auf langer schmaler Schüssel etwa blasser westfälischer Schinken, von Streifen weißen Fetts durchzogen wie ein Abendhimmel mit langgezogenen Wolken. Zum Trinken stünde der Tee bereit, goldgelber Tee in Gläsern mit silbernen Untersätzen, leisen Duft ausatmend, jenen Duft, der zu der Hamburger Rose klang und der auch mit weißen Nelken oder frischer Ananas klingen würde . . . Große Zitronen, in Scheiben geschnitten, senkten sich wie Sonnen in die goldige Dämmerung des Tees, ihn leise durchleuchtend mit ihrem strahligen Fruchtfleisch, und seine klare, glatte Oberfläche erschauert von den steigenden sauren Kräften. Rote Mandarinen müßten da sein, in welche ein Sommer ganz klein zusammengefaltet ist, wie ein italienisches Seidentuch in eine Nußschale. Und Rosen wären um uns, hohe, welche sich von Zweigen neigen, und liegende, die leise ihre Häupter heben, und solche, die wandern von Hand zu Hand, wie Mädchen in einem Tanzspiel. So träumte ich. Voreilige Träume, das Häuschen ist leer und kalt, und auch meine hiesige Wohnung ist leer und kalt . . .

Eine appetitanregende und literarisch wie psychologisch aufschlußreiche Phantasie vom Dichter als Heimchen! Zeitgeschichtlich gehört sie zur Reformbewegung der Jahrhundertwende, stilistisch noch zur Bildersprache der Jugendzeit mit nicht weniger als vier durch ein »wie« eingeleiteten Vergleichen, deren erster, mit den an Abendwolken erinnernden Fettstreifen, an eine Büchsenfleisch-Nummer aus der Frühzeit der Reklame denken läßt. (Von seiten des vegetarischen Briefschreibers stellt die bloße Erwähnung von Schinken bereits ein Kompliment dar.) Zitronen zählen andererseits zu seinen Lieblingsfrüchten, mit denen er es ähnlich hält wie Schiller mit den Äpfeln in der Schreibtischschublade. Rilke läßt sich noch in der Schweiz den Winter über eine Schale ins Arbeitszimmer stellen: »Wie *erleb* ich ihn«, berichtet er einer Freundin, »diesen Citronengeruch, weiß Gott, was ich ihm zu Zeiten verdanke . . .«[64] Die sexuelle Symbolik von Fruchtfleisch und (Nuß-)Schale wird im *Requiem für eine Freundin* wiederaufgenommen, in Rilkes in ein Lob des sachlichen Sagens mündender Schilderung des Selbstporträts der schwangeren Paula Modersohn-Becker aus dem Jahre 1906:

> Denn Das verstandest du: die vollen Früchte.
> Die legtest du auf Schalen vor dich hin
> und wogst mit Farben ihre Schwere auf.
> Und so wie Früchte sahst du auch die Fraun
> und sahst die Kinder so, von innen her
> getrieben in die Formen ihres Daseins.
> Und sahst dich selbst zuletzt wie eine Frucht,
> nahmst dich heraus aus deinen Kleidern, trugst
> dich vor den Spiegel, ließest dich hinein
> bis auf dein Schauen; das blieb groß davor
> und sagte nicht: das bin ich; nein: dies ist.
> So ohne Neugier war zuletzt dein Schaun
> und so besitzlos, von so wahrer Armut,
> daß es dich selbst nicht mehr begehrte: heilig.

Schließlich besitzt auch das Kochen, das jemanden *Be*kochen, eine affektive Bedeutung für diesen Mann, der dies in seinen Mädchenkleidern schon in frühester Kindheit als Spiel betrieben hat und sich in reifen Jahren bei gelegentlichen häuslichen Anwandlungen jedesmal eine Frau wünscht, die für ihn kochen könne. Noch beim Engagieren von Haushälterinnen für Muzot spielen die Kochkünste, obwohl Rilke einfache und fleischlose Kost bevorzugt, eine weit größere Rolle als etwa Sauberkeit, Diskretion oder Pünktlichkeit.

Wenige Wochen nach diesem mit handfesten Haushaltsratschlägen schließenden Brief (»Wenn Sie sich einen doppelwandigen Patent-Kochtopf ›Kann alles‹ aus einem großen Haushaltungsgeschäft kommen ließen, müssen Sie kaum einmal durchrühren; die

Gefahr des Anbrennens ist dann ganz gering«) vertauscht er die Küchenschürze mit der Leier und schickt Clara den *Cornet* zum Geburtstag mit der Bitte, ihn »an einem Ihrer schönen Abende im weißen Kleid« zu lesen und gut aufzuheben, da es sich um die einzige Niederschrift handele. (Eine ähnliche Bitte richtet er später an den Verleger der ebenfalls nur in einer Abschrift existierenden Monographie *Worpswede*. Weniges vermag so die Sicherheit zu illustrieren, in die vor 1914 das tägliche Leben zumindest in Westeuropa eingebettet war, wie die Selbstverständlichkeit, mit der ansonsten gar nicht zum Hasardieren aufgelegte Schriftsteller wie Rilke oder Mann – der ein Originalmanuskript der italienischen Post anvertraute! – sich auf die Dienstleistungen des Staates verließen und offensichtlich auch verlassen konnten.)

Schon damals gehörte zu den Merkmalen Rilkescher Briefe – die Franz Werfel einmal mit Gedichten verglich, »die nur unter einem leichteren Druck stehn, sonst wären sie Kristall geworden« – die Bezugnahme auf die feinsten Seelenschwingungen des Empfängers. Mit Ausnahme der Geschäftsbriefe an Verleger und jener anderen, an Lou, später auch an Marie von Thurn und Taxis sowie Nanny Wunderly-Volkart gerichteten, in denen er hauptsächlich von sich selbst berichtet, geht er jedesmal genauestens auf das ein, was ihm der Briefpartner gerade erzählt oder geschrieben hat. Indem er auf der »Wellenlänge« des anderen »sendet«, erweckt er gemeinsame Erinnerungen wie hier die an eine kleine Skulptur, die er in Claras Atelier bewundert hatte und auf die er nun öfters zu sprechen kommt: »Lassen Sie bald Ihre Arbeiten photographieren«, bittet er einmal, »besonders den Knaben mit den aufgezogenen Knien, den ich so liebe.« Sein Einfühlungsvermögen reicht sogar in Tage hinab, da sie sich noch gar nicht gekannt hatten:

Erinnern Sie sich, liebe Clara Westhoff, des Abends im kleinen blauen Speisezimmer? Sie erzählten mir damals von jenen Tagen, welche vor Ihrer Reise nach Paris sich aufstauten. Auf Wunsch Ihres Vaters hin mußten Sie die Abreise verzögern und versuchen, seine Mutter zu modellieren. Ihre Augen, welche schon in Fernen und neuen Schönheiten ahnungsvoll verfangen waren, mußten zurückkehren, sich an das sehr nahe Gesicht einer ernsten, vornehmen, alten Frau gewöhnen und über Furchen und Falten täglich mühsame Wege gehn.

Die Frage, ob Clara, in der Mackensen eine Penthesilea zu sehen vermeinte, damals tatsächlich so gestelzt empfand und sprach, darf man übrigens verneinen. Die preziöse Ausdrucksweise dürfte vielmehr Rilkes Zutat sein. Zumindest haben sowohl Paula Becker als auch Heinrich Vogeler nach Claras Heirat eine Verdüsterung in ihrem Wesen festgestellt, an der sie Rilke schuld gaben, der das Leben seiner Frau zur »ewigen Weihestunde« habe machen wollen.

Ende Januar 1901 kommt Clara zu Besuch nach Berlin, in Begleitung von Paula, die sich verlobt hat und auf Wunsch des pedantischen Vaters nun eine Kochschule besuchen soll, um sich auf die Ehe vorzubereiten. Sie konnte nicht wissen, wie folgenschwer die Verbindung mit Modersohn sein sollte, einem braven Witwer, dem aus erster Ehe eine Tochter verblieben war. »Deine Pflicht ist es ganz in Deinem zukünftigen Manne aufzugehen«, ermahnt der pensionierte Eisenbahnbaurat seine Tochter, deren Genialität er nicht einmal erahnte, »ganz nach seiner Eigenart und seinen Wünschen Dich ihm zu widmen, sein Wohl immer vor Augen zu haben und Dich durch selbstsüchtige Gedanken nicht leiten zu lassen.«[65] Nach den damaligen Verhältnissen ist es freilich höchste Zeit für Paula, unter die Haube zu kommen: »Dein Bräutlein ist jetzt fünfundzwanzig Jahre alt«, schreibt sie, für unsere Begriffe allzu süßlich, dem in Worpswede zurückgebliebenen Verlobten, »Du Lieber, Du Meiner, Du Inbrünstig-Guter Du.« Wenn Paulas Verlobung Rilke überrascht oder gar erschüttert haben sollte, dann gesteht er sich das damals nicht ein; es sei denn, daß wir in seiner eigenen Verlobung und Eheschließung ein solches Eingeständnis zu sehen haben.

III

Über kein wichtiges Ereignis in Rilkes Leben, mit Ausnahme der nordafrikanischen Reise von 1911, fließen die Quellen so spärlich wie über seine Eheschließung. Wie meist in solchen Fällen, hat dies zu allerlei Spekulationen Anlaß gegeben wie der Vermutung, daß Rilke, dessen Tochter siebeneinhalb Monate später geboren wurde, im bürgerlichen Sinn heiraten »mußte«. Auch hat die Tatsache, daß wir bis zur Freigabe der betreffenden Briefe und anderen Dokumente im dunkeln tappen, die Biographen dazu verführt, diese Heirat, ja Rilkes ganze Ehe als Bagatelle zu behandeln (Angelloz und Butler widmen ihr z. B. je 3 von 375 bzw. 425 Seiten). In Wirklichkeit hat das Erlebnis der Ehe und Vaterschaft aber tiefe Spuren in Rilkes Leben und Werk hinterlassen, weshalb wir, ohne es als Nebensache abzutun oder andererseits in die Rolle des allwissenden Erzählers zu schlüpfen, hier zusammenstellen, was als gesichert gelten kann.

Mitte Februar 1901 gibt Rilke die Wohnung in der Misdroyer Straße auf, in der Clara und Paula ihn während ihres Berliner Aufenthalts oft besucht hatten, und zieht in ein Hotel. Zur gleichen Zeit läßt er seine Mutter wissen, »unerwartete Umstände« hätten die für den Sommer angesetzte dritte Rußlandreise, die er in einem anderen, nur eine Woche vorher aufgegebenen Brief noch als selbstverständlich dargestellt hatte, unmöglich gemacht. Ende Februar meldet Paula Beckers Mutter aus Bremen, sie habe soeben von Clara Westhoffs Verlobung erfahren. Rilkes bisher eher sporadische Bemühungen, durch literarische Gelegenheitsarbeiten zu etwas Geld zu kommen, intensivieren sich merklich; hatte er solche Gelegenheiten früher nur wahrgenommen, so sucht er sie jetzt bewußt herbeizuführen wie vordem in Prag. Bei der Wiener Zeitschrift *Ver Sacrum*, die ihn im Vorjahr veröffentlicht hatte, fragt er beispielsweise an, ob man ihn als Redakteur brauchen könne. Auf dem Rückweg vom jährlichen Besuch bei der Mutter in Arco will er eine Lesung in München halten. »Dieselben Umstände, die mich unversehens her verschlagen haben«, schreibt er, um das Honorar besorgt, an die Redaktion des lyrischen Jahrbuchs *Avalon*, das ihm eine Nummer gewidmet hat, »machen es notwendig, daß ich das Geld mit Aufmerksamkeit behandeln muß.« Zugleich läßt er, dem Anschein nach aus heiterem Himmel, durch einen Zusatz zu seiner Taufbucheintragung beim Pfarramt von St. Heinrich in Prag seinen Austritt aus der katholischen Kirche erklären (was Phia nie erfahren hat); irrtümlicherweise wird dabei hinzugefügt, er sei Protestant geworden. Von einem befreundeten Berliner Buchhändler erbittet er sich fünfzig Mark »für eine notwendige Reise nach Bremen« mit der Erklärung, er habe in Berlin »so gut wie keine Bekannten« und wisse nicht, an wen er sich sonst wenden soll – [66] als sei Lou Andreas-Salomé mitsamt ihrem Mann plötzlich vom Erdboden verschwunden.

In Bremen heiratet Rainer Maria Rilke am 28. April 1901 die Protestantin Clara Westhoff und verbringt die Flitterwochen mit ihr im Sanatorium »Weißer Hirsch« bei Dresden. Ein ungewöhnlicher Aufenthalt für junge Hochzeitsreisende, aber der Bräutigam ist gerade vom Scharlach genesen und zur Zeit der Heirat »noch völlig Rekonvaleszent«, so daß er »ziemlich teilnahmslos den Dingen ihren Gang« lassen muß;[67] auch entspricht die Lahmannsche Methode mit ihrer Bädertherapie und der vorzugsweise vegetarischen Kost seinen eigenen Vorstellungen vom gesund-naturnahen Leben. Ende Mai zieht er mit seiner Frau in ein Bauernhaus in Westerwede nahe Worpswede, wo er den Sommer und Herbst in angespannter Arbeit verbringt. Sein einziges Kind, die Tochter Ruth, kommt dort (vielleicht als Siebenmonatskind, wie er selbst eines gewesen war) am 12. Dezember 1901 zur Welt.

Bei dem Versuch, Klarheit zu gewinnen, muß man zunächst bedenken, daß Heiraten ansteckend sein kann und Rilkes Heirat ja nur eine von dreien ist, die im Worpsweder Kreis gefeiert werden. Fast zur gleichen Zeit wie Rilke mit Clara verheiratet sich Modersohn mit Paula und Vogeler mit seiner langjährigen Freundin Martha Schröder, deren in der Bremer Kunsthalle ausgestelltes Ölporträt sein erster großer Erfolg gewesen war. Damit löst sich die »Familie« – Vogeler und Modersohn mit ihren Frauen sowie Clara Westhoff – von den übrigen Worpswedern, die auch sonst in manchem anders denken. So hatten es Hans am Ende und Fritz Mackensen, die zwar ebenfalls Künstler, aber auch auf Wahrung der Dehors bedachte Reserveoffiziere waren, bereits mit Mißfallen zur Kenntnis genommen, daß Modersohn, wie ein aufgeregt herbeilaufender Dorfbewohner zu berichten wußte, in einem abgelegenen Tannenwäldchen auch mal ein Aktbild von seiner Braut gemalt hatte.

Das auslösende Moment für Rilkes Heirat liegt freilich weniger in den Hochzeiten seiner Freunde begründet als in seinen eigenen Nöten und Bedürfnissen sowie in seiner Beziehung zu Clara und Lou. Er kennt Clara nun ein halbes Jahr. Sie kommen gut miteinander aus und haben auch die obligate vorübergehende Trennung ausprobiert, als er im Spätherbst nach Berlin gezogen war. Nach der Rückkehr von ihrem dortigen Besuch schreibt sie ihm, er möge sich mit ihr in Westerwede treffen und nicht, wie geplant, zuerst zu ihren Eltern nach Bremen fahren. Bei dieser Unterredung, Mitte Februar 1901 in Westerwede, dürften sie sich zur Heirat entschlossen haben. – Vieles im Leben Rilkes, von dem man gesagt hat, er habe es »als Literat, als Stubenmieter mit einer Bücherkiste, als Wohngast« geführt,[68] weist damals wenn nicht auf eine Eheschließung so doch auf einen ernsthaften Versuch des Seßhaftwerdens hin. Die Eltern sind geschieden, ohne daß Josef oder Phia wieder geheiratet hätten. Er selbst ist fünfundzwanzig und hat wenig vom Bohemien und rein gar nichts vom Hagestolz an sich. Auch besitzt er weder Geschwister noch sonstige nahe Verwandte, bei denen er eine Zeitlang unterkommen könnte. Die Kusinen, die sein Studium als abgeschlossen betrachten, sind zwar im Begriff, die finanzielle Beihilfe einzustellen, so daß er außer dem bißchen, was er verdient, und einer gelegentlichen kleinen Zuwendung vom Vater über kein Einkommen verfügt; aber Clara hat ihren eigenen Beruf, auch wenn sie nur selten eine Skulptur verkauft, und kommt aus einer nicht unvermögenden Familie.

In den letzten Februartagen, als Clara gerade im Freundeskreis ihre Verlobung bekanntgibt, erhält Rilke ein folgenschweres Schreiben von Lou. In diesem Brief, dem sie die dramatische Überschrift »Letzter Zuruf« voranstellt, sagt sich die langjährige Freundin in aller Form von ihm los; weniger wegen des Verhältnisses mit Clara, das sie nur kurz streift (». . . für den Fall, daß Du Dich bindest«), als um ihre innere Unabhängigkeit wiederzugewinnen. Wenn sie ihm bisher immer wieder gestattet habe, sich an sie anzulehnen, dann sei dies hauptsächlich wegen eines Versprechens gewesen, das sie ihrem Freund, dem Wiener Arzt Dr. Pineles, gegeben hatte. Pineles, dem sie viel von Rilke erzählte, habe zeitweise befürchtet, dieser könne, wie der russische Lyriker Wsewolod M. Garschin, eines

Tages durch Selbstmord enden. Inzwischen – so fährt der Brief fort – habe sie jedoch den Weg zu sich selbst gefunden, den sie nun zu Ende gehen wolle. Es ist der Weg zurück zu ihrer eigenen Jugend, der dadurch, daß sie Rilke so lange habe bemuttern müssen, gleichsam verschüttet gewesen war. Jetzt lag er endlich frei vor ihr, »denn erst jetzt bin ich jung, erst jetzt darf ich sein, was Andere mit 18 werden: ganz ich selbst«. – Als ob ausgerechnet die zum Entsetzen ihrer gesamten Familie ans Züricher Polytechnikum strebende Generalstochter mit achtzehn nicht »ganz ich selbst« gewesen wäre! Noch verletzender, aus dem Munde der ehemaligen Freundin des in geistiger Umnachtung gestorbenen Nietzsche und des mutmaßlichen Selbstmörders Rée, war der Hinweis auf die Möglichkeit, daß Rilkes mit Hypochondrie untermischte Exaltiertheit »zu Rückenmarkserkrankung oder ins Geisteskranke« führen könnte. Nach Entsendung dieses vergifteten Pfeiles endet der Brief mit einer versöhnlichen Note, die von Rilke auch als solche aufgefaßt wird. Lou gibt ihm zu verstehen, er dürfe sich in der Stunde höchster Not, also wohl des drohenden Suizids oder einer ernsten Krankheit, auch weiterhin an sie wenden.

Dieser Brief, in dem die Freundin und Vertraute aller seiner Nöte ihn als wahnsinnsgefährdet, sich selbst aufgrund des Kontakts mit ihm als »verzerrt, zerquält, überangestrengt« (*sic*) darstellt und die ihm lebenswichtig gewordene Gewohnheit des »Allesmiteinanderteilens« (Lou) plötzlich aufkündigt, hat Rilke schwer getroffen. Andererseits wußte natürlich auch er, daß sich ihre Beziehung seit der Rückkehr aus Rußland und erst recht seit seinem Worpsweder Aufenthalt grundlegend geändert hatte. Es steht dahin, inwiefern der »Letzte Zuruf« als Reaktion auf die Nachricht von seiner Verlobung zu werten ist. Als Leserin des für sie bestimmten *Worpsweder Tagebuchs* kann sie von dieser Entwicklung nicht überrascht gewesen sein. Aber auch wenn ihr Verhältnis zu Rilke inzwischen längst andere Formen angenommen hatte, wird ihr der Verlust des einstigen Liebhabers (daß er ein Freund fürs Leben bleiben würde, stand damals noch nicht fest) an eine so viel jüngere Frau – Lou war fast vierzig, Clara zweiundzwanzig – nicht gleichgültig gewesen. Auf jeden Fall weiß Lou, wie es um ihn steht, ja man hat fast den Eindruck, als triebe sie ihn in dieser Phase ihrer

Beziehung der Rivalin förmlich in die Arme: »Er *muß* Anlehnung und Ausschließlichkeit haben um jeden Preis«, schreibt sie Frieda von Bülow noch vor dem »Letzten Zuruf«, »wenn nicht bei mir dann sonstwo.«

Bei den anderen Freunden löst Rilkes Heirat Befremden aus, schon wegen der augenscheinlichen Wesensverschiedenheit der Brautleute, von denen man beim besten Willen nicht sagen kann, sie seien füreinander geschaffen. Zu denken gibt bereits die physische Disproportion zwischen der robusten, vital aussehenden jungen Frau und ihrem eher schmächtigen Bräutigam, der, wie Professor Andreas im Verhältnis zu seiner Frau Lou, auch etwas kleiner ist als sie. Überdies kontrastiert Claras nicht unbedingt schönes, aber starkes und charaktervolles Gesicht mit dem von Rilke, das mit seinen nachlässig zurückgekämmten Haaren und dem schütteren Kinnbart gerade um diese Zeit seltsam unscharf wirkt. Diese Unterschiede in der äußeren Erscheinung werden denn auch ausgiebig kommentiert. Paulas Mutter empfindet die beiden als ein »auf den ersten Blick so ungleiches Paar«, daß die Nachricht von ihrer Verbindung sie mit Erstaunen erfüllt. Rudolf Alexander Schröder meint, Rilke sähe neben seiner Frau klein aus, und Gustav Pauli, der den Neuvermählten freundschaftlich verbundene Direktor der Bremer Kunsthalle, hat geradezu den Eindruck, daß zwischen ihnen die Rollen vertauscht seien.[69] Modersohn aber berichtet Paula von einem Besuch, den er erhalten hat: »Wer kam da? Du ahnst es schon: Clara W. mit ihrem Rilkchen unterm Arm.« Der gehässige Ton zeigt, daß Rilke von den Worpswedern nicht so rückhaltlos aufgenommen wird, wie er sie seinerseits ins Herz geschlossen hat. Er fühlt sich dort zwar zu Hause, bleibt im Grunde genommen aber doch ein Fremder. Auch wenn die Spannungen meist unter der Oberfläche bleiben, ist er in Worpswede doch der Dichter unter den Malern, der Österreicher unter den Deutschen, der Schwerblütige unter den Trinkfreudig-Leichtlebigen, das Genie unter den Talenten; denn Vogelers Entwicklung war bereits abgeschlossen und die von Paula Becker hatte noch kaum begonnen.

Als Paula zuerst Clara kennenlernte, schrieb sie, die so leidenschaftlich veranlagt wie die andere spröde war, in ihr Tagebuch:

»Die möchte ich zur Freundin haben. Groß und prachtvoll anzusehen ist sie und so ist sie als Mensch und so ist sie als Künstler.« Wenige Monate nach Claras Verheiratung muß Paula feststellen, daß sie, zumindest vorübergehend, in deren Leben kaum noch eine Rolle spielt: Die Freundin erwartet ein Kind und geht ganz in ihrer Rolle als werdende Mutter auf. Wahrscheinlich hat Paula Claras Eheschließung als Verrat an der Kunst und auch an einer Beziehung empfunden, die schon bestanden hatte, ehe Rilke in ihrer beider Leben getreten war. Zwar hat sie inzwischen selbst geheiratet; während aber der gutmütig-unbedeutende Modersohn keinen weiterreichenden Einfluß auf Paula ausübt und diese sich von ihm innerlich und künstlerisch bald löst, orientiert sich Clara zunächst durchaus an Rilke. »Sie haben viel von Ihrem alten Selbst abgelegt und als Mantel gebreitet, auf daß Ihr König darüber schreite«, unterstellt Paula ihr in einem Brief, der auch einige spitze Bemerkungen über den »König« Rilke und seine »schönen bunten Siegel« enthält, die er »nicht *nur* auf [seine] feingeschriebenen Briefe« drücke.

Rilke besaß kein Talent zum Entschärfen etwaiger gegen ihn gerichteter Sarkasmen. Anstatt auf Paulas Plauderton einzugehen oder die paar Kilometer zu einem Gespräch nach Worpswede hinauszufahren oder auch nur eine besinnliche Briefpause einzulegen, antwortet er postwendend aus Bremen, wo er gerade zu tun hat. Wie um zu zeigen, daß Paulas Hieb gesessen hat, weist er ihre Vorwürfe zurück und gibt ihr selbst schuld an der Entfremdung, weil sie nichts unternommen habe, um mit der Entwicklung ihrer nunmehr in einem stillen Wachstum begriffenen Freundin Schritt zu halten. Diese Auslegung wiederum ruft Modersohn auf den Plan, der sich hinter *seine* Frau stellt: »Welcher Hochmut liegt in Rilkes Worten, daß P. [Paula] warten soll vor der Tür, bis seine hohe Gattin und große Künstlerin die Tore auftut, P. hat versäumt, ihr zu folgen in ihre hohen Regionen.«

Die Verstimmung wird erst in Paris abgebaut, wo Paula, vorübergehend von ihrem Mann getrennt, öfters das Ehepaar Rilke besucht. Taktgefühl war nicht ihre starke Seite, und sie gehörte wohl überhaupt zu den Frauen, die sozusagen auch im Geistigen kein Parfum tragen. Daß ihre Kritik aber berechtigt war, hat Rilke Jahre später eingesehen, ohne Paula beim Namen zu nennen oder vielleicht auch nur an sie gedacht zu haben:

> Es ist in Clara sehr viel vom Mädchen [schreibt er an eine junge Freundin], darum immer wieder sehr viel Sehnsucht danach, ein Frauen-Leben zu haben, und doch, wo sie sich unterwirft, da ist sie sofort mehr Jünger als Frau, mehr Schüler und Anhänger und das nicht im stärksten Sinn, sondern eher in dem des Aufgebens und der Nachahmung. Darum glaube ich nicht, daß sie jemandem als Frau würde haben zur Seite stehen können: sie wird in der Hingabe an ein anderes Leben nicht stark, sondern nachgiebig, spiegelt anstatt ein Gegenspiel zu bilden, – selbst wenn sie, wie sie jetzt manchmal meint, ein ganz anderes Schicksal hätte haben müssen, eine rechte große Ehe, viele Kinder: es wäre am Ende nichts leichter für sie geworden, um nichts ein-deutiger. Daß sie freilich an mich geriet, ist besonders schwer: da ich weder der Künstlerin in ihr noch dem, was sich nach einem Frauendasein drängt, recht günstig zu sein vermochte. Je weiter, je vollständiger ich mich aus ihrem Leben zurückziehe, je besser dürfte es für sie sein . . . Daß Kunst-Arbeit und Leben irgendwo ein Entweder-Oder ist, entdeckt ja jeder zu seiner Zeit, – aber für die Frau mag diese Wahl freilich einen Schmerz und Abschied ohnegleichen bedeuten.[70]

IV

Bevor Rilke oder seine Frau sich Gedanken über die Ehe machen können, gilt es, diese erst einmal praktisch abzusichern. In den fast anderthalb Jahren, die zwischen seiner Heirat und dem ersten Pariser Aufenthalt liegen, arbeitet er so angestrengt wie nie zuvor. Wenn aus Rilke jemals ein bürgerlicher Mensch geworden wäre, dann wohl in diesen Monaten, als der frischgebackene Ehemann und baldige Vater verzweifelt nach einer Arbeit Ausschau hält, durch die er sich über Wasser halten kann. Der Lebensunterhalt in dem gemütlichen, von windschiefen Obstbäumen und dunklen Moosgräben umgebenen Westerweder Bauernhaus – Vogeler und andere Freunde hatten es erst instand setzen müssen – ist billig genug. Rilke veranschlagt ihn mit 250 Mark im Monat, und da Clara das Ihre beitragen will, entfällt nur die Hälfte auf ihn. Aber auch die Beschaffung von 125 Mark ist nicht leicht. Seine Bücher bringen praktisch nichts ein, so daß er sich bei Bekannten um Gelegenheitsaufträge bemühen und sogar Bettelbriefe schreiben muß, von denen einige auch erfolgreich sind: Auf Fürsprache von August Sauer und anderen Gönnern gewährt ihm zum Beispiel die Prager »Concordia« ein Darlehen. Nicht alle vermögen ihm aber so prompt unter die Arme zu greifen wie Pauli, der ihm Rezensionen für eine Bremer Zeitung und den Auftrag für das Worpswede-Buch verschafft, oder der Kunsthistoriker Richard Muther, Mitarbeiter an der Wiener Zeitschrift *Die Zeit* und Herausgeber der Rodin-Monographie, die Rilke in Paris schreiben wird. Andere wollen, aber können nicht helfen wie Schnitzler in Wien, an den er sich wegen der Möglichkeit wendet, dort als Zeitungskorrespondent unterzukommen, oder Axel Juncker in Berlin, in dessen Verlag Rilke sich als literarische Hilfskraft zu betätigen hoffte. Wieder andere scheinen auf seine Hilferufe gar nicht eingegangen zu sein, wie die mit einem Kommerzienrat verheiratete Münchnerin Julie Weinmann, der er vorsorglich ein Gedichtchen in *Advent* gewidmet hatte und von der er sich jetzt ein Darlehen erbittet, um ein Jahr lang ohne Geldsorgen schreiben zu können.

Zu allem Unglück hat sich inzwischen auch seine Hoffnung zerschlagen, doch noch einen Bühnenerfolg zu erringen. Das in Schmargendorf verfaßte Stück *Das tägliche Leben* erlitt bei der Berliner Uraufführung Ende 1901 völligen Schiffbruch, ohne daß es an der Handlung gelegen hätte: Ein Maler lernt eine Frau kennen, Helene, in der er eine Seelenverwandte gefunden zu haben glaubt; beim Wiedersehen erweist sich dies jedoch als Illusion, woraufhin ihm plötzlich zum Bewußtsein kommt, daß Mascha, sein vorher kaum beachtetes Modell, ihn liebt und ihm nähersteht als die andere. Dieser Dramenhandlung hat Rilke aber die Idee aufgepfropft, das im Titel berufene prosaische Alltagsleben (Mascha) sei mit dem der Phantasie (Helene) nicht zu vereinbaren – was stimmen mag, aus obigem aber nicht zwingend hervorgeht. An dieser Schwäche scheiterte das Stück, in dem auch sprachlich manches hohl klingt: »Die Menschen reden«, bemerkte Heinrich Hart, der mit seinem Bruder Julius in den *Kritischen Waffengängen* einst den Naturalismus hatte einläuten helfen, »wie lilientragende präraffaelitische Engel reden würden . . . Das Publikum wand sich denn auch beinahe vor Lachen.« Ein hartes Urteil, auch wenn es das Gute hat, daß Rilke sich nun vom Drama als einer ihm nicht gemäßen Form abwendet.

Das kommt zunächst dem *Buch der Bilder* zugute, einer Sammlung von 45 zumeist dem *Schmargendorfer* und *Worpsweder Tagebuch* entnommenen Gedichten von unterschiedlicher Qualität und Thematik, die im Juli 1902 erscheint. Episoden aus der russischen Geschichte stehen hier neben zuckersüßen »Mädchenliedern«, Pariser Eindrücke neben Naturlyrik, skandinavische neben biblischen Motiven. Es ist ein Übergangswerk zwischen der gefühlsbetonten frühen Lyrik und den präzis gearbeiteten *Neuen Gedichten* und enthält neben vielem anderen das oft zitierte, für das Lebensgefühl der Jahrhundertwende so bezeichnende Schlußstück:

> Der Tod ist groß.
> Wir sind die Seinen
> lachenden Munds.
> Wenn wir uns mitten im Leben meinen,
> wagt er zu weinen
> mitten in uns.

Auch markiert das *Buch der Bilder* einen ersten Höhepunkt in Rilkes – ebenfalls zeittypischen – Bestrebungen, den größtmöglichen Einfluß auf die äußere Gestaltung seiner Werke zu nehmen. Nicht nur muß Vogeler eine Titelblatt-Vignette liefern; Rilke besteht auch darauf, daß der gesamte Text in Großbuchstaben gedruckt wird:

Wie das Wesen der Prosa in einer langen Zeile, einem breiten Satzspiegel und still, unauffällig hinfließenden Buchstaben besteht, so wird das Charakteristische von Versen am besten ausgedrückt durch das Stehen, Monumentalwerden auch der kleinsten Worte. Es gibt nichts Unwichtiges, nichts Unfestliches da. Jedes Wort, das mitgehen darf im Triumphzug des Verses, muß schreiten, und das Kleinste darf dem Größten nicht nachstehen an äußerer Würde und Schönheit.

Hofmannsthal, dem er ein Exemplar des *Buches der Bilder* hatte schicken lassen, bedankte sich für die Übersendung mit dem Zusatz, daß ihm »die unglücklichen, durchwegs großen Buchstaben ... empfindlich die Freude des Lesens« geschmälert hätten. Er ahnte nicht, daß Rilke selbst für das absonderliche Druckbild verantwortlich war. – Einige der eindrucksvollsten Stücke aus dem *Buch der Bilder*, darunter *Herbsttag*, wurden freilich erst in die 1906 veröffentlichte, stark vermehrte zweite Auflage eingefügt.

Um diese Zeit spielt Rilke also, mit wenig Erfolg und noch weniger Lust, den literarischen Hansdampf in allen Gassen, indes die Geldsorgen »breitbeinig mitten im Weg zum Kommenden« stehen. Er erbietet sich, als Vorleser und Gesellschafter des Landgrafen von Hessen nach Darmstadt zu ziehen, und arbeitet an einer (Fragment gebliebenen) Übertragung der *Geschichte der russischen Malerei des 19. Jahrhunderts* seines Petersburger Freundes Alexandre Benois. Zwischendurch rezensiert er Neuerscheinungen von Friedrich Huch, Herman Bang, Thomas Mann und anderen; unter den besprochenen Werken befinden sich *Die Buddenbrooks*, über deren Autor er prophetisch schreibt: »Man wird sich diesen Namen unbedingt notieren müssen«, und *Das Jahrhundert des Kindes* aus der Feder der schwedischen Pädagogin und Schriftstellerin Ellen Key, die bald zu Rilkes besten Freunden zählen wird. Natürlich sieht er sich auch in Bremen um, wo er einen Vortrag über Maeterlinck hält, dessen Drama *Schwester Beatrix* inszeniert und zur Einweihung der Kunsthalle eine eigene Schauspielszene verfaßt, die auf der Freitreppe vor großem Publikum gesprochen wird. Bei dieser Gelegenheit lernt er in Alfred Walter Heymel einen Förderer kennen, dessen Wege die seinen auch späterhin kreuzen werden. Der vielseitig begabte Mann, Urbild des *Prinz Kuckuck* von Otto Julius Bierbaum und Gustav Pauli zufolge schon damals »ein Verführer der Frauen und ein Ärgernis der Tugendhaften«, ist der natürliche Sohn eines hohen sächsischen Beamten und einer Amerikanerin. Als Rilke ihn kennenlernt, hat er, zusammen mit Schröder und Bierbaum, mit dem Vermögen seines Adoptivvaters gerade den Insel-Verlag gegründet.

Um ungestört schreiben zu können, läßt Rilke sich die Mahlzeiten per Durchreiche ins Arbeitszimmer servieren, das er sich im Giebel eingerichtet hat; von dort führen ein paar Stufen hinunter zur Diele, die als Wohnzimmer dient und von Vogeler besorgte, zum Teil rustikale Möbel enthält. Inzwischen arbeitet Clara bis kurz vor der Entbindung in ihrem Atelier im Nebenhaus. Zu den Gästen, die das junge Ehepaar im Sommer und Herbst 1901 in seiner ländlichen Zurückgezogenheit aufsuchen, gehört erst Josef, nach seiner Abreise auch Phia Rilke. Ein Rilke-Westhoffsches Familienbild zeigt die Fünfzigjährige als Großstadtdame in schwarzem Kleid mit Pelzbesatz und Hut, während Clara und ihre Mutter, barhäuptig in sommerlichem Weiß, eher wie Personal aussehen; die Herren, Rilke mit seinem Schwiegervater und Schwager, dem späteren Maler Helmuth Westhoff, blicken ergeben ins Weite. Eine Photographie kann Rilkes Traditionsbedürfnis allerdings nicht Genüge leisten. Dazu bedarf es eines Bildes, weshalb er den Dresdner Maler Oskar Zwintscher nach Westerwede einlädt, um Clara porträtieren zu lassen. Das ist ein Luxus, den er sich keinesfalls leisten kann; er begründet ihn damit, daß Kinder wenn irgend möglich »unter den schönen Jugendporträts ihrer Mütter« aufwachsen sollen. Die Porträts, die Zwintscher von Clara und, aus dem Gedächtnis, später auch von Rilke anfertigt, mißfallen diesem allerdings so, daß sich seine Miene noch nach Jahren verdüstert, wenn der Name des Malers fällt. Dagegen zählt die Büste, die Clara um diese Zeit von ihrem Mann modelliert, zu ihren besten Arbeiten.

Allein am 18. Januar 1902, als seine Tochter eben fünf Wochen alt ist, schreibt er in seiner gepflegten Hand nicht weniger als vierzehn Briefe (er tippt nicht und geht später auch dem »widerwärtigen« Telefon nach Möglichkeit aus dem Wege). Bei so angespannter Tätigkeit bleibt kaum Zeit für ein Familienleben. Auch sonst führt er ein solches nur ganz sporadisch, zumeist als ein aus seinem täglichen Leben losgelöstes Zwischenspiel wie jenes Weihnachten 1907, als er mit der kleinen Ruth eine aus Böhmen geschickte Tanne von der Post abholt und putzt. Aber es bleibt immer Episode, denn Rilke gehört im Grunde genommen zu jenen Männern, die bessere Großväter als Väter abgeben. Obwohl er sich nach Maßgabe seiner Kräfte geradezu rührend um seine Tochter kümmert, gehen ihm, mit Ausnahme bescheidener Kochkünste, alle familienväterlichen Tugenden ab. – Als Ruth geboren wurde, im abseits gelegenen und weihnachtlich eingeschneiten Bauernhaus, war er allerdings ein paar Wochen lang ganz stolzer Papa gewesen:

> Was soll ich Ihnen von Ruth sagen [fragt er Fanny von Reventlow in München]. Sie hat dunkles Haar, ganz dunkelblaue Augen, eine ernste Stirne und ganz wunderschöne Hände. Aber: Sie wissen ja, wie das ist, wenn man von einem lieben, eigenen Kinde spricht, die Worte sind zu groß und zu eng zugleich, zu grob, zu ungelenk, um das auszudrücken, was man meint. Jedenfalls ist das Leben ganz neu mit einem Schlag: um eine neue Zukunft, um ein ganzes Leben reicher!

Die einzigen Ruhepausen, die Rilke sich während der Westerweder Monate gönnt, sind Besuche bei dem Lyriker Emil Prinz von Schönaich-Carolath, einem ehemaligen Beiträger zu den *Wegwarten*, der ihn nach Schloß Haseldorf bei Pinneberg an der Elbmündung eingeladen hat. Das erste Mal fährt er auf ein paar Tage mit Clara dorthin; im Sommer 1902 verbringt er mehrere Wochen allein auf Haseldorf, während Clara mit dem Kind holländische Freunde besucht. Bei diesem Aufenthalt bringt man ihn im Cavaliershaus inmitten eines großen Parks unter, wo er Korrektur für das *Buch der Bilder* liest und das zum Schloß gehörende Archiv mit seinen Unterlagen zur Geschichte der Reventlows und anderer deutsch-dänischer Familien durchstöbert. Manches davon geht in den *Malte Laurids Brigge* ein, anderes färbt auf Rilkes eigene spätere Lebensführung ab. Denn nach dem in jungen Jahren und unter ganz anderen Voraussetzungen erlebten (und viel kleineren) Weleslavin bei Prag ist Haseldorf sein erstes »Schloß«: der erste aristokratische Familienbesitz, der ihm vorübergehend als Domizil angeboten wird und auf dem er sich selbst überlassen bleibt – was ihm zeitlebens wichtiger ist als die »gute Adresse«, obwohl er auch diese zu schätzen weiß. Er kann dort arbeiten und die ihm so wichtige Illusion pflegen, die Unbehaustheit gegen eine ihn umhegende Bleibe eingetauscht zu haben. Die Arbeit wiederum, auch wenn sie im vorliegenden Fall erst in Paris zu Papier gebracht wird, ist ein

Destillat aus den Menschen und Möbeln, den Hunden und »Dingen«, den Bäumen und Ahnenporträts, aus dem ganzen Dunstkreis eines Schlosses, den er in Dichtung verwandelt – ein Vorgang, der sich in seinem Leben mehrfach wiederholt.

Als es nach mehr als einem Jahr klar wird, daß der Versuch einer Familien- und Heimgründung aus psychologischen, wirtschaftlichen und vor allem beruflichen Gründen (weder Rilke noch Clara können sich in der Abgeschiedenheit als Künstler entfalten) mißlungen war, beschließen sie, nach Paris zu übersiedeln. Dort will er die Rodin-Monographie schreiben und sie sich bei dem Bildhauer oder in dessen Nähe weiter ausbilden. Die kleine Ruth würde inzwischen bei Großmutter Westhoff untergebracht werden, auf dem Land bei Bremen. – Weiß Rilke, als er im Herbst 1902 die Wohngemeinschaft mit Frau und Kind auflöst, daß er seine Tochter damit einer noch viel schwereren Kindheit anheimgibt als der eigenen, an der er sein Leben lang leidet? Denn Ruth, ein Einzelkind auch sie, wird mal bei der Mutter und mal bei der Großmutter leben und dazwischen auch auf verschiedenen Schulen, aber nur selten beim Vater, dessen zerstreut-liebevollen Bemühungen um sie wenig Erfolg beschieden ist. »Wird man eine Schule finden oder einen Menschen, der sich des lieben Wesens annimmt?« fragt er später einmal allen Ernstes in einem Brief, als sei das Leben der Tochter ein Fortsetzungsroman.[71] Daß er selbst dieser Mensch sein müßte, kommt ihm nur hin und wieder zu Bewußtsein.

Rilkes Bestrebungen, als Gatte und Vater, Hausbesitzer und berufstätiger Mensch Fuß zu fassen, werden allerdings dadurch erschwert, daß er zugleich auch seiner Frau zu Arbeit und Anerkennung verhelfen will. Er setzt sich überall für sie ein: bei der Wiener Sezession mit der Bitte, in die nächste Ausstellung auch etwas von Clara aufzunehmen; bei Pauli, der eine ihrer Arbeiten für die Bremer Kunsthalle kauft und ihr Schüler hinaus nach Westerwede schickt; und bei Alfred Lichtwark und Gerhart Hauptmann, die er ersucht, Claras Bewerbung um ein Stipendium zu unterstützen. Schon sein erster Brief an Rodin enthält Grüße auch von ihr, die 1899 bei dem Bildhauer studiert hatte, in Rilkes devoter Phrase »das große Glück genossen hatte, in Paris nahe bei Ihnen und der Ewigkeit, die Ihre Person umgibt – *l'éternité qui entoure votre personne* –

Paula Modersohn-Becker mit Mann und Kind im Jahre 1902

Gemälde Rilkes von Paula Modersohn-Becker

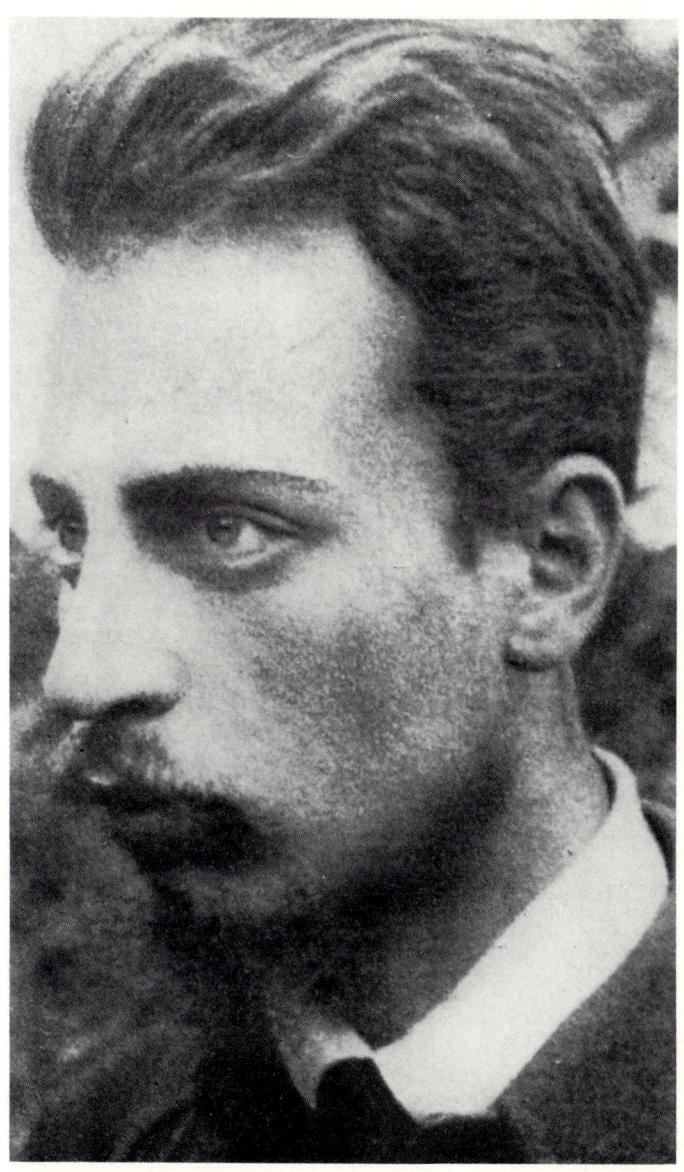

Rainer Maria Rilke im Jahre 1903 in Worpswede

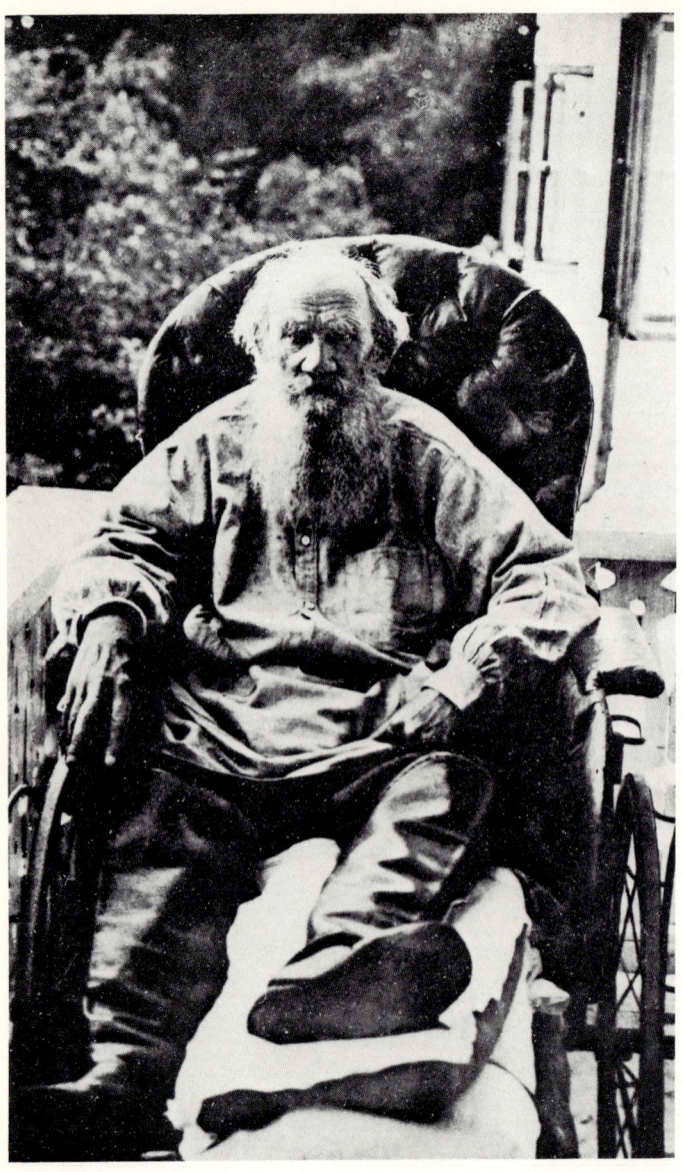

Aufnahme Leo Tolstois aus dem Jahre 1903

arbeiten zu dürfen.« Daß es ihm Ernst damit ist, zeigt sein Verhalten beim späteren Streit mit Rodin. Was ihn noch schmerzvoller berührt als die Rücksichtslosigkeit, mit der dieser ihn aus dem Haus weist, ist der Gedanke an (die damals in Deutschland wohnende) Clara als unschuldiges Opfer des Zerwürfnisses: »Warum muß sie das Unglück teilen«, fragt er den Meister, »das mich befallen hat?«

Die Sorge um Claras künstlerisches Fortkommen entspringt Rilkes Überzeugung, daß es die Pflicht des Liebenden ist, über die persönliche und geistige Sphäre des anderen zu wachen und ihm zu helfen, den Weg zu sich selbst zu finden. Eine Zweisamkeit im Sinne eines Miteinander zweier Menschen ist, wenn nicht von vornherein unmöglich, so doch nur auf Kosten des einen oder anderen zu verwirklichen, indem ein Partner oder der andere ein Stück seiner eigenen Freiheit zur Selbstverwirklichung aufgibt. So handelt es sich auch bei der Ehe nicht darum, die zwischen zwei Menschen bestehende Grenze niederzureißen und alle Unterschiede einzuebnen. Die Erwartung, daß dies bei einander ebenbürtigen Menschen durchführbar oder auch nur wünschenswert sei, ist vielmehr so abwegig, so von außen her in die Ehe hineingetragen wie jene Glückserwartung, die ganze Generationen von Ehen zerstört hat und dennoch von Freunden und Verwandten immer wieder beschworen wird: »Es fällt niemandem ein«, schreibt der Jungverheiratete kopfschüttelnd dem befreundeten Dichter Emanuel von Bodman, »von einem einzelnen zu verlangen, daß er ›glücklich‹ sei; – heiratet aber einer, so ist man sehr erstaunt, wenn er es *nicht* ist!«

Diese und ähnliche Ansichten vertritt Rilke in vielen Äußerungen aus seinen ersten Ehejahren, wobei er je nach Anlaß mal diesen, mal jenen Aspekt des Problems hervorhebt. An Paula schreibt er, »die wirklichen Gemeinsamkeiten« seien nur solche, »die rhythmisch tiefe Vereinsamungen unterbrechen«; an Friedrich Westhoff, Claras älteren Bruder, daß »alle Gemeinsamkeit nur im Erstarken zweier benachbarter Einsamkeiten bestehen kann«, während all das, »was man Hingabe zu nennen pflegt, seinem Wesen nach der Gemeinsamkeit schädlich ist«; in einem der an Franz Xaver Kappus gerichteten *Briefe an einen jungen Dichter* geißelt er den Mißbrauch, den die meisten Menschen mit ihrer Sexualität treiben, indem sie sie »als Reiz an die müden Stellen ihres Lebens setzen und als Zerstreuung statt als Sammlung zu Höhepunkten«. In einem bekannten Gedicht aus dem *Buch von der Pilgerschaft*, dem im September 1901 in Westerwede entstandenen zweiten Teil des *Stunden-Buchs*, sind es schließlich die ehelichen Besitzansprüche, die seine Kritik hervorrufen:

> Du mußt nicht bangen, Gott. Sie sagen: *mein*
> zu allen Dingen, die geduldig sind.
> Sie sind wie Wind, der an die Zweige streift
> und sagt: *mein* Baum.
>
> – – –
>
> Sie sagen *mein*, wie manchmal einer gern
> den Fürsten Freund nennt im Gespräch mit Bauern,
> wenn dieser Fürst sehr groß ist und – sehr fern.
> Sie sagen *mein* von ihren fremden Mauern
> und kennen gar nicht ihres Hauses Herrn.
> Sie sagen *mein* und nennen das Besitz,
> wenn jedes Ding sich schließt, dem sie sich nahn,
> so wie ein abgeschmackter Charlatan
> vielleicht die Sonne sein nennt und den Blitz.
> So sagen sie: mein Leben, meine Frau,
> mein Hund, mein Kind, und wissen doch genau,
> daß alles: Leben, Frau und Hund und Kind
> fremde Gebilde sind, daran sie blind
> mit ihren ausgestreckten Händen stoßen.

Der österreichische Philosoph und Kulturkritiker Rudolf Kassner, seit 1907 mit Rilke befreundet, hat dessen Verhalten Clara gegenüber einmal mit dem eines Frettchens verglichen, das ein Kaninchen bis in seinen letzten Schlupfwinkel verfolgt, um ihm den Garaus zu machen. Das war gewiß um der einprägsamen Formulierung willen übertrieben und ging möglicherweise auf die Fürstin Marie von Thurn und Taxis zurück, die für den Ehemann Rilke (übrigens auch den Ehemann Kassner) wenig übrig hatte. Immerhin gibt es zu denken, daß Rilke, der Ende 1926 starb, nie den Wunsch verspürte, seinen Schwiegersohn und seine Enkeltochter –

Ruth heiratete 1922 und bekam im darauffolgenden Jahr ihr erstes Kind – kennenzulernen und auch Clara nach 1918 nicht mehr gesehen hätte, wenn sie ihm nicht zu einem Besuch in die Schweiz nachgereist wäre. Andererseits unterhält er gerade nach der 1902 ausprobierten und dann immer häufiger praktizierten Trennung von Clara einen so regen und intimen Briefwechsel mit ihr, daß man den Eindruck einer wahren Herzensfreundschaft hat, die sich allerdings erst nach der faktischen Auflösung der ehelichen Gemeinschaft einstellt. Auch läßt er Clara durch seinen Verleger immer wieder Geld überweisen und empfiehlt sie Freunden, die sich porträtieren lassen wollen.

Hat Clara Rilke-Westhoff, die vorübergehend eine Scheidung erwog, den Zerfall ihrer Ehe mit demselben Gleichmut betrachtet wie ihr Mann? Schließlich lag die Sorge um das Kind auf ihren Schultern. Auch hatte sie weder den beruflichen Erfolg noch die vielen Freundschaften in allen Schattierungen bis hin zur Liebschaft, die ihm von Zeit zu Zeit über *seine* Einsamkeit hinweghalfen. Sie verbrachte die Jahre der Trennung und Witwenschaft als Bildhauerin zumeist in Fischerhude bei Bremen, wo sie 1954 im Alter von 76 Jahren gestorben ist. In Anbetracht ihrer norddeutsch-herben Art ist es denkbar, daß sie manches für sich behielt, was eine andere ausgeplaudert oder dem Tagebuch und andern Aufzeichnungen anvertraut hätte. Wenn sie sich, soweit bekannt, über ihr Schicksal nicht beklagt hat, dann wohl auch aus dem Grunde, weil sie, bei aller Verschiedenheit von ihrem Mann, in einem völlig mit diesem übereinstimmte: im Glauben an die Kunst und deren Primat vor der Ehe, ja vor dem Leben.

Worin aber besteht Rilkes Kunst in den Jahren, von denen hier die Rede ist? Werfen wir einen Blick in die Werkstatt des Dichters, der den *Cornet* schuf und ihn Clara mit der Bitte schickte, ihn zu lesen und gut aufzuheben. Weder er noch sie ahnten, daß die kleine Dichtung einmal das meistgelesene aller seiner Werke und für Hunderttausende von Lesern der Inbegriff der Rilkeschen Wortkunst schlechthin werden sollte.

DER CORNET

I

Die *Weise von Liebe und Tod des Cornets Christoph Rilke* ist schnell wiedergegeben. Der achtzehnjährige Junker Rilke reitet in den Krieg und meldet sich bei General Spork, einem gefürchteten Reiterführer, der ihn zum Cornet (Fähnrich) ernennt. Im Morgengrauen wird Rilkes Schwadron auf einem gräflichen Schloß, wo sie gerastet und gefeiert hat, von den Türken überrascht, die das Gebäude in Brand stecken. Der Cornet hat in den Armen der Gräfin gerade seine erste Liebesnacht erlebt; jetzt ergreift er die Fahne und eilt aus dem brennenden Schloß. Er wirft sich aufs Pferd, reitet den Kameraden voraus und fällt, weithin sichtbar unter der verlodernden Fahne.

Die Episode stammt aus dem Umkreis der 1664 geschlagenen Schlacht von Mogersdorf und St. Gotthardt, in der das österreichische Heer unter Montecuccoli mitsamt seinen französischen und anderen Hilfsvölkern die in Oberungarn eingefallenen Türken über die Raab zurückwarf. Rilke erzählt sie in etwa 350 Zeilen in einer Folge von 26 Momentaufnahmen oder Szenen, die von einer als Vorspann dienenden Aktennotiz und einem kurzen Schlußwort eingerahmt werden. Die erste Fassung entstand 1899 in Schmargendorf; eine zweite, revidierte erschien 1904 in der Prager Monatsschrift *Deutsche Arbeit*; die dritte, wiederum überarbeitete Fassung wurde Ende 1906 in Berlin publiziert. Der Durchbruch kam jedoch erst 1912 mit der Veröffentlichung des *Cornet* in der Insel-Bücherei. Das kleine Werk ist inzwischen in weit über einer Million Exemplaren verbreitet und zählt zu den berühmtesten Dichtungen der deutschen Literatur.

Wir haben keinen Grund, Rilkes Version der Entstehungsgeschichte anzuzweifeln, auch wenn sie unvollständig ist:

Der *Cornet* war das unvermutete Geschenk einer einzigen Nacht, einer Herbstnacht, in einem Zuge hingeschrieben bei zwei im Nachtwind wehenden Kerzen; das Hinziehen der Wolken über den Mond hat ihn verursacht, nachdem die stoffliche Veranlassung mir, einige Wochen vorher, durch die erste Bekanntschaft mit gewissen, durch Erbschaft an mich gelangten Familienpapieren, eingeflößt worden war.[72]

Bei diesen Papieren handelte es sich um einen Aktenauszug, den Jaroslav Rilke, der damals gerade seine Nobilitierung betrieb, im Juli 1870 im Königlich Sächsischen Hauptstaatsarchiv (Christoph Rilke hatte zur sächsischen Linie der Familie gehört) anfertigen ließ. Wichtiger als derartige Recherchen, wichtiger auch als die Kulisse aus Kerzen, Mond und Wolken waren wohl andere, von Rilke nicht erwähnte Impulse. Rang und Namen des Helden zeigen, daß beim *Cornet* auch die Ruhmsucht Pate gestanden hat und vielleicht sogar der unterschwellige Wunsch, es auf militärischem Gebiet doch noch irgendwie dem Vater gleichzutun – und sei es nur durch eine literarische Ersatzhandlung desselben Möchtegern-Helden, den wir schon aus der Schilderung der Reitstunde kennen. »Wievieles habe ich verdrängt«, sagt er sich noch 1920 beim Vergleich des Militärschulerlebnisses mit den Jugenderfahrungen einer Bekannten, »weils ganz unauflebbar war, wie vieles auch hab ich mir nach und nach umgedeutet, um es auszuhalten.«[73] Gewiß hat das Bedürfnis eine Rolle gespielt, das Trauma der Militärschule dadurch aufzuarbeiten, daß er die ganze Erfahrung, unter anderem Vorzeichen und sozusagen im »Ernstfall«, noch einmal durchspielte in einer Dichtung, die in ihrer Kürze und Intensität auch formal etwas von einem Handstreich an sich hat: Sie bezaubert den Leser nicht nur, sie überrumpelt ihn auch. Schließlich hat wohl auch Rilkes Vertrautheit mit dem Leben auf Schlössern zumindest die späten Szenen des *Cornet* beeinflußt. So schreibt Siegfried Trebitsch über einen Abend, den er mit Rilke auf Schloß Weleslawin verbrachte:

Eben begann eine leise Musik, und wir sahen in ziemlicher weiter Ferne, am anderen Ende des Saales, die schlanke Haustochter Láska van Oestéren einen Tanz eröffnen ... Wir eilten in den

Garten, wo wir, im Schein der Lampions nicht zu stark beleuchtet, plaudernd zu lustwandeln begannen.

Später werden die Freunde von der Schloßherrin verabschiedet:

»René, du bist müde«, lachte sie Rilke zu. »Ich sehe dir das an. Und Sie«, wandte sie sich wieder an mich, »müssen morgen um sieben Uhr wieder im Sattel sitzen.«

Hier sind wir schon auf halbem Wege zum Cornet Christoph Rilke, der ebenfalls ein Fest vom nächtlichen Garten aus beobachtet und von der Schloßherrin umsorgt wird.

Da Rilke den Auszug aus den Papieren seines Onkels bei der Niederschrift nicht zur Hand hatte, stellte er der ersten Fassung, dem »Ur-*Cornet*«, eine kleine Notiz voran:

»Appel Rilke, Herr auf Langenau, Gränitz Greußen u. s. f. hat drei Söhne. Der Jüngste Otto tritt in österreichische Dienste · Er fällt, 18 Jahre alt, als Cornet in der Compagnie des Freiherrn von Pirovano gegen die Türken in Ungarn (1664).«

Dieses ist der Inhalt einer Stelle, welche ich in alten Regesten gefunden habe. Man kann sie so lesen, oder auch auf folgende Art.

I.

Reiten, reiten, reiten durch den Tag, durch die Nacht, durch den Tag. Reiten, reiten, reiten. Und der Muth ist so müde geworden und die Sehnsucht so groß. Es gibt keine Berge mehr, kaum einen Baum. Nichts wagt aufzustehen. Fremde Hütten hocken durstig an versumpften Brunnen. Nirgends ein Thurm. Und immer das gleiche Bild.

182

»Appel Rilke, Herr auf Langenau, Gränitz, Greussen, u. s. f. hat drei Söhne. Der Jüngste, Otto, tritt in oesterreichische Dienste. Er fällt, 18 Jahre alt, als Cornet in der Compagnie des Freiherrn von Pirovano gegen die Türken (1664).«

Dieses ist der Inhalt einer Stelle, welche ich in alten Regesten gefunden habe. Man kann sie so lesen, oder auch auf folgende Art.

In der Eigenmächtigkeit, mit der das fiktive Ich des Verfassers dem trockenen Aktenmaterial ein poetisches Kleid verpaßt, erinnert der Vorspann an eine andere Weise von Liebe und Tod, an die *Leiden des jungen Werthers*, die Goethe mit einer ähnlichen Feststellung einleitet: »Was ich von der Geschichte des armen Werther nur habe auffinden können . . .« In beiden Fällen haben wir es mit Jugendwerken zu tun, die zu Bestsellern wurden und ihren Autoren, die über diese Art des Schreibens hinauswuchsen, später einiges zu schaffen machten. Wenn der alte Goethe darunter litt, daß die Leute in ihm allzuoft nur den Verfasser des *Werther* sahen, so wurde auch für den reifen Rilke die Beliebtheit des *Cornet* zu einem Begleitumstand, den sogar seine Freunde, je nach Temperament verärgert oder amüsiert, zur Kenntnis nehmen mußten:

Als ich in Leipzig zur Kriegszeit einmal einen eingeschriebenen Brief an [Rilke] in den Schalter des Postamts reichte [erinnerte sich Katharina Kippenberg], und der Beamte fragend den Namen las, fühlte ich mich leise am Ärmel gezupft und sah in das aufgeregt verlegene Gesicht eines jungen Mädchens, einer Kontoristin, wie es schien, die hinter mir stand. »Ist das der Dichter?« fragte sie. – »Ja«, sagte ich. – »Der mit der Fahne?« – »Ja.« – »Ach . . .«
Der entzückte Seufzer war noch nicht zu Ende, als der Postbeamte mich wieder ansprach.

Dabei hat die Beliebtheit des *Cornet* handfeste Gründe, die sich sowohl aus dem Thema erklären lassen als auch aus der wiederholten Überarbeitung durch den Dichter und der Geschäftstüchtigkeit von Katharinas Mann, Anton Kippenberg vom Insel-Verlag.

Gewiß ist die Romantisierung des Soldatentums spätestens seit den Materialschlachten des Ersten Weltkriegs einer völlig entgegengesetzten Auffassung vom Krieg gewichen. Statt von einem blindgeschossenen oder verschütteten Mann lesen wir hier noch von Säbeln, die »Strahl um Strahl« und wie ein »Fest« auf ihn zuspringen. Auch die Schilderung der Liebesnacht, die der Cornet – er ist schließlich ein Rilke! – mit der Schloßherrin und nicht, wie seinem Alter angemessener, mit einem Bauernmädel in der Scheune verbringt, kommt dem heutigen Leser bei aller formalen Schönheit irgendwie unseriös vor. Wer freilich so argumentiert bzw. das Argument an dieser Stelle auf sich beruhen läßt, der übersieht, daß eine literarische Behandlung, die Erlebnisse wie Liebe und Tod als rein materielle, von physiologischen, soziologischen oder sonstigen Mechanismen ausgelöste Vorgänge darstellt, uns auf die Dauer noch weniger zu befriedigen vermag.

Was diese Dichtung von anderen ihrer Art unterscheidet, ist ja neben dem mitreißenden, immer noch den »Schwung ihrer Entstehung«[74] wiedergebenden Elan (man kann das Bändchen *un*gelesen, aber nicht *an*gelesen aufs Regal zurückstellen) gerade ihre Botschaft, um nicht zu sagen »Moral«. Zwar läßt sich mit der Aussicht eines im Kampf gegen die »türkischen Hunde« oder sonstige Bösewichter erlittenen Heldentodes – übrigens hatte man Rilke im Ersten Weltkrieg allen Ernstes nahegelegt, den Cornet zu einem Kampfflieger umzustilisieren – kaum noch ein junger Mann hinter dem Ofen hervorlocken; aber die Vorstellung vom Leben als etwas, das im Rausch gekostet und dann weggeworfen werden soll, hat seit der Jahrhundertwende erstaunlich wenig von ihrem Reiz eingebüßt.

Indem er im *Cornet* zeigt, »daß es *viel* sei, warm aus der Kindheit heraus, durch einen Moment Mannestums, mit heißen Wangen in den Tod zu jagen«,[75] nimmt Rilke in poetischer Überhöhung das Lebensgefühl auch vieler Jugendlicher vorweg, deren Leitbild kein Soldat, wohl aber ein Leistungssportler oder auch nur ein Pop-Musiker ist, der den Tod mit zweiundzwanzig der Pensionierung mit zweiundsechzig vorzieht.

An den drei verschiedenen, in einem Zeitraum von insgesamt sieben Jahren geschaffenen *Cornet*-Fassungen läßt sich ermessen, wie Rilke dank seiner Begabung, seines Ehrgeizes und seiner unbestechlichen Selbstkritik über seine Anfänge hinauswuchs. Der Vergleich zeigt aber auch, in welchem Maße die Wirkung dieses zunächst in einem Guß niedergeschriebenen Werkes auf dem sorgfältigen Abwägen selbst des geringsten Bindewortes oder Satzzeichens beruht. Tatsächlich ließen sich für die Genese eines Gedichts oder kurzen Prosawerks keine günstigeren Umstände postulieren als die, unter denen diese Dichtung entstand: eine erste Niederschrift in der Weißglut der Inspiration, gefolgt von zweimaliger Überarbeitung (Rilke unternahm die erste Revision 1904 im schwedischen Borgeby-gård, die zweite 1906 in Paris). Eingedenk der vielen Aussagen moderner Autoren über die Problematik des literarischen Schaffensprozesses – von Ernst Jüngers Axiom, ein Text könne nicht zu oft abgeschrieben werden, bis hin zu Bertrand Russells Behauptung, man schreibe nie so gut, wie man sich das an guten, und nie so schlecht, wie man es sich an schlechten Tagen vorstellt – dürfen wir im *Cornet* ein unter optimalen Bedingungen »ausgetragenes« Werk sehen.

Das erweist sich bereits im Vorspann, dessen erste Version noch ganz subjektiv klingt, während die zweite zwar schon den Verfasser ausspart, sich im übrigen aber noch auf eine lakonische Bezeichnung des Wer? – Wann? – Wo? der zu erzählenden Geschichte beschränkt. Erst in der dritten Fassung belebt sich die steife Chronik und spannt sich die Erwartung des Lesers, ob der Cornet am Ende nicht doch wohlbehalten zurückkehren wird:

. . . den 24. November 1663 wurde Otto von Rilke / auf Langenau / Gränitz und Ziegra / zu Linda mit seines in Ungarn gefallenen Bruders Christoph hinterlassenem Antheile am Gute Linda beliehen; doch mußte er einen Revers ausstellen / nach welchem die Lehensreichung null und nichtig sein sollte / im Falle sein Bruder Christoph (der nach beigebrachtem Totenschein als Cornet in der Compagnie des Freiherrn von Pirovano des kaiserl. oesterr. Heysterschen Regiments zu Roß . . . verstorben war) zurückkehrt . . .

Dieser Vorspann zeichnet die zu erzählende Episode in ein historisches Koordinatensystem ein. Mit der dem militärischen Thema angemessenen Präzision liefert er die zum Verständnis des Ganzen notwendigen Informationen über den Handlungsträger: Name, Heimatort, Dienstgrad, Truppenteil. Anstatt Christoph Rilke aber einfach der Kavallerie zuzuordnen, läßt ihn der Dichter in der »Compagnie des Freiherrn von Pirovano des kaiserl. österr. Heysterschen Regiments zu Roß« dienen. Der italienische Name des Kompaniechefs und der deutsche des Regimentskommandeurs kennzeichnet das Heer des habsburgischen Vielvölkerstaats, in dessen Dunstkreis wir hier versetzt werden. Mit wenigen Strichen beschwört Rilke – unter lyrischem statt dramatischem Vorzeichen – eine Welt, die den Leser von ferne an die von *Wallensteins Lager* gemahnt.

Es folgt die erste Szene mit dem fast so oft parodierten wie rezitierten »Reiten, reiten, reiten, durch den Tag, durch die Nacht, durch den Tag«, das sich an Bekanntheit mit dem Eingangsmonolog von Goethes *Faust* messen kann. In dieser und den folgenden Szenen bis hin zu Sporks monumentalem »Cornet« (»Und das ist viel«, fügt der Erzähler hinzu: Weil es der höchste Dienstgrad war, den Josef Rilke erreicht hatte?), wurde nur wenig geändert. Der »Ritter« Rilke ist einem jugendlicheren »Junker« gewichen, Dialektanklänge sind ausgemerzt und das allzu Sentimentale ist präzisiert worden: Statt »Dann legt er den fremden Frühling unter den Waffenrock. Und das Blatt treibt so hin auf den einsamen Wellen seines Herzens« heißt es jetzt: »Dann schiebt er das fremde Blatt unter den Waffenrock. Und es treibt auf und ab auf den Wellen seines Herzens.«

Völlig neu hingegen ist die elfte Szene, die Befreiung der gefesselten Frau auf nächtlichem Ritt, deren Umarbeitung Rilke mehr Mühe kostete als die ganze übrige Arbeit am *Cornet*. In einem Brief an Clara spricht er von der »bewußten Stelle, die mich aufhält« und findet, daß die »oberflächliche anschauungslose Darstellung« der ersten Version hier immer noch durchscheint. Mitte Juni 1906 kann er berichten, es sei ihm »im letzten Augenblick« vor der Drucklegung geglückt, die Passage umzuschreiben. Die Entfernung, die die erste von der Endfassung trennt, ist nirgends so groß wie bei dieser zentralen Szene:

Die Compagnie liegt jenseits der Raab. Der von Langenau reitet
hin, allein, allein.
Heißer Abend. Glanz bricht über das Land herein, von allen Seiten
zugleich. Die Heide fängt Feuer, als ob sie plötzlich hundert
brennende Hände nach dem Himmel streckte. Und der Mond wird
rasch reif in dieser Glut. Er rollt aufwärts, ganz groß, ganz roth.
Der von Langenau träumt. Trab, trab.

Es ruft ihn ein Baum.
Ruft, wie wund. Trab, trab.
Ruft. Da wacht er auf und erschrickt: Halt!
Es ruft ihn ein Baum.
Er reitet heran: Ist ein braunes Mädchen daran gebunden,
ruft: »Mach mich los!«
Ist ganz nackt das braune Mädchen.
Und ruft: »Mach mich los!«

Und hat die Nacht in den Augen, das braune Mädchen
und den Abend im Nacken, wie einen Mantel.
Heftig durchhaut er die Schnüre, die an den Füßen zuerst, dann die
an den Handgelenken, die warm sind vom ungeduldigen Blut. Und
zum Schluß erlöst er die Brust. Und fühlt über seine Finger das erste
Aufathmen schlagen, wie eine landende Welle.
Und zittert.

Und sitzt schon zu Roß.
Und jagt in die Nacht, allein. Blutige Schnüre fest in der Faust.

Die Kompagnie liegt jenseits der Raab. Der von Langenau reitet
hin, allein. Ebene. Abend. Der Beschlag vorn am Sattel glänzt durch
den Staub. Und dann steigt der Mond. Er sieht es an seinen
Händen.
Er träumt.

Aber da schreit es ihn an.
Schreit, schreit,
zerreißt ihm den Traum.
Das ist keine Eule. Barmherzigkeit:
der einzige Baum
schreit ihn an:
Mann!
Und er schaut: es bäumt sich. Es bäumt sich ein Leib
den Baum entlang, und ein junges Weib,
blutig und bloß,
fällt ihn an: Mach mich los!

Und er springt hinab in das schwarze Grün
und durchhaut die heißen Stricke;
und er sieht ihre Blicke glühn
und ihre Zähne beißen.

Lacht sie?

Ihn graust.
Und er sitzt schon zu Roß
und jagt in die Nacht. Blutige Schnüre fest in der Faust.

Das lautmalerische »Trab, Trab« entfällt in der endgültigen Fassung, die wie ein expressionistisches Gemälde aufflammende Landschaft wird versachlicht, von den ursprünglich 187 Worten in den 26 Sätzen der Szene bleiben nur noch 131 in 19 übrig. Dabei bezogen sich Rilkes Hemmungen beim Überarbeiten gewiß weniger auf die Landschaftsschilderung als auf die Dämonisierung und Erotisierung des Mädchens zum »Weib«, bei dem man die thematische und zeitliche Nachbarschaft zu Lovis Corinths »Salome«, Gustav Klimts »Judith« und Edvard Munchs »Sünde« spürt. Könnte das (volksliedhafte braune) Mädchen, das nur »ruft« und geduldig auf seinen Befreier wartet, noch fast eine Jugendgespielin sein wie jenes andere, bei dem der Cornet sich im Geist entschuldigt (»Magdalena, – daß ich immer so *war*, verzeih!«), so läßt die Gestalt dieser jungen Frau keine verharmlosende Deutung mehr zu. Sie »schreit«: Ihr ist Gewalt angetan worden, und sie fällt ihrerseits den Reiter an, der sie losbinden will. Ihre Errettung, die sie nicht passiv, sondern mit glühenden Blicken und beißenden Zähnen – »Lacht sie?«, fragt sich der Cornet – geschehen läßt, ist nur die andere Seite der vorausgegangenen Fesselung und Schändung. Daher auch der herrische und haßerfüllte, als hilfeheischender Zuruf ganz unpassende Schrei: »Mann!« Das ist schon das Ineinandergreifen wenn nicht von Liebe und Tod, so doch von Sex und Tod, das im Schloß auf höherer Ebene noch einmal stattfindet.

Auf diese elfte folgen wiederum mehrere Szenen, vom Brief an die Mutter bis zu der inmitten der Feinde verbrennenden Fahne, in denen Rilkes Änderungen sich im wesentlichen auf den Stil, auf den sprachlichen und syntaktischen Duktus beschränken. Er strafft den Handlungsablauf, ersetzt schönklingende Phrasen durch plastische Bilder und entschlackt den Text von allem, was nicht dazugehört. So spiegelt sich in den Augen des erschlagenen Bauern jetzt nicht mehr »irgendein fremder, schwerer Himmel«, sondern, schrecklicher, »Etwas . . . kein Himmel«. So klingt die wegen der gehäuften Verbalnomina so eindrucksvolle Schilderung des Tanzes nicht mehr in das knapp am Unsinn vorbeigehende »Willigwerden jenen stillern Winden, die wie die Flügel fremder Blüten sind« aus, sondern in ein einigermaßen plausibles »Sich-Wiegen in den Sommerwinden, die in den Kleidern warmer Frauen sind«. Und so wird, da das Zittern des jungen Liebhabers ohnehin nichts mit der Temperatur zu tun hat, die Frage der Gräfin:

»Sehnst du dich nach deinem rauhen Rock?«
Und da friert er so als ob ein Wind oder Winter wäre.
»Hast du Heimweh?«

vereinfacht zu:

»Sehnt es Dich nach Deinem rauhen Rock?
— — —
Frierst Du? – Hast Du Heimweh?«

Durchaus im Sinne einer impressionistischen Bilderfolge ersetzen nun auch kurze, pointillistisch hingetupfte Sätze oft längere Aussagen: Statt »und er steht da, jünglingsnackt im Gefühl, neu, schlank«, heißt es jetzt: »Und nun ist nichts an ihm. Und er ist nackt wie ein Heiliger. Hell und schlank.« Überhaupt gehört die Verwendung des Punktes, wo normalerweise ein Komma (»Kürzer sind die Gebete im Bett. Aber inniger«), und des Doppelpunktes, wo gar kein Satzzeichen zu erwarten wäre (». . . und endlich aus den reifgewordenen Takten: entsprang der Tanz«) ebenso zu den im *Cornet* eingesetzten Stilmitteln wie die alliterierende Klangmalerei (»steigt steinern ein Schloß«), die Wiederholung (»wie im Traum poltern sie, poltern«) oder auch die Personifizierung lebloser Objekte (»die reglose Fahne hat unruhige Schatten. Sie träumt«). Aus der schlammigen Furche, in der es sich anders betet als im Bett, wird in einem fernen Anklang an die Soldatensprache eine »lumpige« Furche. An die Stelle der Kosenamen, die der Gräfin und ihrem Liebhaber »einfallen aus Geschichten, aus Träumen, in hundert Sprachen« tritt eine wundervolle Metapher: »Sie werden sich hundert neue Namen geben und einander alle wieder abnehmen, leise, wie man einen Ohrring abnimmt.« Das nichtssagende »Es ist eine unruhige Nacht geworden« wird, auch dies unzweifelhaft eine Verbesserung, zu: »War ein Fenster offen? Ist der Sturm im Haus?«

In der ersten Fassung hatte Rilke den dramatischen Höhepunkt verpatzt, den Ausbruch des Feuers im nächtlichen Schloß. Im

Vergleich zur disziplinierten, Binnenreim und Alliteration nur sparsam einsetzenden Endfassung:

> Das sind die Balken, die leuchten. Das sind die Fenster, die schrein. Und sie schrein, rot, in die Feinde hinein, die draußen stehn im flackernden Land, schrein: Brand. Und mit zerrissenem Schlaf im Gesicht drängen sich alle, halb Eisen, halb nackt, von Zimmer zu Zimmer, von Trakt zu Trakt und suchen die Treppe. Und mit verschlagenem Atem stammeln Hörner im Hof: Sammeln, sammeln!
> Und bebende Trommeln.

wirkt die erste Version wie eine Wagner-Persiflage mit in ein und derselben Rille steckengebliebener Grammophonnadel:

> Was hilft da verrammeln? Jetzt ist es verrathen. Ganz nahe waren Janitscharen. Thaten! Thaten! Thaten! bedarfs. Schande den Schwachen, die zaghaft erwachen. Schmach! Langsam erlangt der Drachen das Dach, es schwankt: Krachen. Und im Hof erschrockene Hörner stammeln: Sammeln, sammeln, sammeln . . .

Der Tod des Christoph Rilke schließlich, in der Endfassung eine einzige Szene, war anfangs auf zwei verteilt, während der Abgesang mit der alten Frau, die der Kurier hat weinen sehen, fast unverändert übernommen wurde. Ursprünglich war ihm allerdings ein weiterer Abschnitt gefolgt – womit wir zum letzten großen Unterschied zwischen den Fassungen kommen. Denn in der ersten Niederschrift hatte der *Cornet* so geendet:

> Ein riesiger Kürassier (er ist später bei St. Gotthardt gefallen) trug die Gräfin aus dem brennenden Schloß. Wie durch ein Wunder gelang die Flucht. Aber man weiß ihren Namen nicht und nicht den Namen des Sohns, den sie bald in anderen friedsamen Landen gebar.

Die Vorstellung, jene erste und letzte Liebesnacht habe nicht einer den Tod schon vorwegnehmenden Selbstaufgabe geglichen, sondern brav und bürgerlich der Zeugung eines Stammhalters gedient, ist so skurril, daß man meinen sollte, sie sei dem Kopf eines Parodisten entsprungen wie etwa die Vaterfreuden, die Friedrich Nicolai in seinen *Freuden des jungen Werthers* dem Goetheschen Helden zugedacht hatte. Wir sahen aber schon beim *Florentiner Tagebuch*, wie tief der jungverstorbene Held, der einen ungeborenen Sohn zurückläßt (Rainer Maria Rilke als Sproß einer ins Heroische erhobenen Ahnenreihe?), in der Vorstellungswelt des Dichters verwurzelt war. So hat er diesen Stilbruch, um nicht zu sagen diese Taktlosigkeit gegenüber dem Geist des eigenen Werkes, zunächst gar nicht bemerkt und den Absatz unverändert in die zweite Fassung übernommen, auch wenn diese im großen und ganzen der dritten näher steht als der ersten. Der »Sohn« wurde erst 1906 gestrichen.

III

Habent sua fata libelli – wenn Bücher wirklich, wie ein längst vergessener Römer meinte, ihre Schicksale haben, dann trifft dies auf den *Cornet*, dessen Schicksal so eng mit dem seines Schöpfers verknüpft ist, von allen Rilkeschen Büchern wohl am ehesten zu.

Im Frühjahr 1905 lernt Rilke während eines Kuraufenthalts im »Weißen Hirsch« bei Dresden die Gräfin Luise von Schwerin kennen, die ihn und Clara zu einem Besuch auf ihr Schloß einlädt. Bei diesem Besuch, vielleicht auch schon im Sanatorium, liest er ihr neben anderen Dichtungen auch die in der *Deutschen Arbeit* erschienene zweite Fassung des *Cornet* vor. Luise von Schwerin ist begeistert und drängt Rilke, das Werk als Buch zu veröffentlichen. Sie hat das Erscheinen der Ausgabe nicht mehr erlebt, bleibt dem Werk aber durch die Widmung verbunden:

Gudrun Baronin Uexküll
Geborenen Gräfin von Schwerin
Im Gedächtnis einer Erhabenen
Aus tiefer Freundschaft
Zu eigen gegeben.

Die Erhabene ist die 1906 verstorbene Luise von Schwerin; ihre Tochter Gudrun, deren Gastfreundschaft Rilke ebenfalls genießen wird, ist mit dem baltischen Naturforscher Jakob von Uexküll verheiratet.

Axel Juncker, der schon den Novellenband *Die Letzten* und das *Buch der Bilder* veröffentlicht hatte, reagiert positiv. Er ist bereit, eine Buchausgabe des *Cornet* zu machen, zumal er ohnehin seine Buchhandlung in der Potsdamer Straße in Berlin aufgeben und sich nur noch als Verleger betätigen will. Rilke ist ihm gewogen, weil der aus Kopenhagen stammende Mann skandinavische Literatur in Deutschland verbreiten hilft und moderne Lyriker wie Else Lasker-Schüler, Max Dauthendey, später auch Franz Werfel nach Kräften fördert.

Überdies gewährt der eher phlegmatische Juncker seinen Autoren ein ungewöhnliches Mitspracherecht bei der Ausstattung ihrer Bücher. Rilke hatte von dieser Freiheit bekanntlich schon beim *Buch der Bilder* vollen Gebrauch gemacht. Bei der *Weise von Liebe und Tod des Cornets Christoph Rilke* besteht er von Anfang an darauf, dem Buch ein antiquiert-würdiges, einer alten Chronik gemäßes Aussehen zu geben. Dazu gehört die dem Bändchen beigegebene Abbildung des Familienwappens mit den beiden einander zugewandten, springenden Windhunden sowie die Auswahl des Dickdruckpapiers und der altmodischen Fraktur. (Übrigens bereitet das ebenfalls altmodische Wort »Weise« den Übersetzern seit jeher die größte Mühe; die italienischen Übertragungen tragen Titel wie *Canto d'amore*... [Florenz 1943], *La Ballata d'amore*... [Turin 1946], *La Romanza d'amore*... [Florenz 1948] und *La Storia dell'amore*... [Verona 1951], die englischen *The Tale of*... [New York 1932], *Lay of*... [Wien 1947], *The Song of*... [o. O. 1950], *The Manner of Loving and Dying of*... [London 1958], u. a. m.)

Die Schriftproben, die Juncker ihm nach Paris schickt, wollen Rilke zunächst nicht gefallen; eine, die im Satz etwas groß geraten war, verwirft er kurzerhand als »Leseprobe im Zimmer eines Augenarztes«. Erst nachdem man sich hierüber bis ins letzte Detail geeinigt hat, schickt Rilke das druckfertige Manuskript (zusammen mit dem der zweiten Auflage des *Buches der Bilder*) an den Verlag ab. Paradoxerweise erscheint dieses volkstümlichste aller Rilkeschen

Werke zunächst also in einer von Autor und Verleger umhegten Luxusausgabe, in einem Privatdruck von nur 300 numerierten Exemplaren zum Preis von gebunden 4,– Mark, von denen 0,60 Mark oder 15 % als Honorar verbucht werden.

Kaum ist die bevorstehende Veröffentlichung des *Cornet* im *Börsenblatt für den deutschen Buchhandel* vom 3. November 1906 angekündigt worden, da meldet sich schon Anton Kippenberg, der im Vorjahr die Leitung des Insel-Verlags übernommen hat. In einem freundlich-bestimmten Brief gibt er seiner Verwunderung darüber Ausdruck, daß Rilke das neue Werk nicht, wie schon die *Geschichten vom lieben Gott* und das *Stunden-Buch*, dem Insel-Verlag überlassen hat. In seiner Antwort weist Rilke beschwichtigend auf die älteren Rechte Junckers hin, womit der andere sich vorläufig zufriedengeben muß. Erst nach beträchtlichem Hin und Her und der Zahlung einer kleinen Abfindung an Juncker gelingt es dem rührigen Kippenberg, die Rechte am *Cornet*, die Rilke nur für eine einmalige numerierte Ausgabe vergeben hatte, zu erwerben. Damit ist der Weg frei für den Siegeszug, den das Werk unter Kippenbergs Leitung antritt, als es auf Anraten Stefan Zweigs 1912 als erster Band der Insel-Bücherei zum Preis von 50 Pfennig erscheint. 1917 sind hunderttausend Exemplare verkauft, 1934 fünfhunderttausend, 1959 eine Million. Kippenbergs Umsicht und Energie, sein vielseitiger, vor allem an Goethe geschulter Geist und das menschliche Entgegenkommen, das er und seine Frau Katharina dem oft besorgten Dichter erweisen, lassen die geschäftliche Verbindung bald zu einer nur selten und vorübergehend getrübten Freundschaft reifen. Aber auch Juncker überwindet alsbald seine (in Anbetracht des phänomenalen Erfolgs des *Cornet* nur zu verständliche) Enttäuschung und bleibt mit seinem untreuen Autor auch weiterhin in Verbindung.

Rilke ist mit dieser Regelung um so zufriedener, als er wenig vom Geschäftlichen versteht und nur hoffen kann, daß Kippenberg, der im Laufe der Jahre viel an ihm verdient, ihn nicht übervorteilt. Schließlich muß er vom Ertrag seiner Feder leben und tunlichst auch Clara und Ruth unterstützen. Juncker hat sich beim Vertrieb seiner Bücher und bei den Abrechnungen als so fahrlässig erwiesen, daß er Rilke noch zwei Jahre nach der Buchausgabe des *Cornet* für diesen und das *Buch der Bilder* nur insgesamt 242,85 Mark zahlen kann. Für je zehntausend verkaufte *Cornet*-Exemplare in der »50-Pfennig-Serie«, wie die Insel-Bücherei verlagsintern heißt, erhält der Autor hingegen 400 Mark. Das sind durchaus keine fürstlichen Tantiemen, es ist prozentual sogar weniger als die von Juncker gezahlte Vergütung, nur daß sich der Absatz jetzt eben tatsächlich in Zehntausenden berechnen läßt. Schon nach wenigen Monaten kann Rilke den munteren Ritt seines *Cornet* unter Kippenberg mit dessen langsamem Fortkommen unter Juncker vergleichen: »Lieber Freund«, schreibt er jenem aus Venedig, »was haben Sie diesen guten Christoph Rilke beritten gemacht. Wer hätte das gedacht!«[76]

Bald kommen die ersten Übersetzungen: 1913 eine englische und ungarische, 1914 eine italienische und polnische. Wo es sich um Sprachen handelt, in denen Rilke sich einigermaßen auskennt, legt Kippenberg ihm die Texte zur Begutachtung vor. In einigen Fällen tragen sie Rilke neue Freunde ein wie die Gräfin Margot Sizzo, die ihm 1921 eine französische Übersetzung unterbreitet, oder vertiefen bereits bestehende Beziehungen wie die zu André Gide (der gleichfalls eine französische Übersetzung erwägt, den Plan aber bald fallenläßt), zu der dänischen Übersetzerin Inga Junghanns oder der Fürstin Aurelia Gallarati-Scotti, der Rilke 1922 eine weitere italienische Version zur Überprüfung schickt. Letzten Endes jedoch hält er, der selbst so vieles aus fremden Sprachen ins Deutsche übertragen hat, den *Cornet* für unübersetzbar, weil sich seine Wirkung hauptsächlich vom Elan der Vorwärtsbewegung herleite und dieser sich in einer anderen Sprache nicht wiedergeben lasse.

Im Ersten Weltkrieg zeichnen sich im Hinblick auf den *Cornet* zwei Entwicklungen ab, die Rilke mit Sorge erfüllen: die nationalistische und die musikalische Vermarktung. – Es ist verständlich genug, daß die in ihm enthaltene Verherrlichung des Soldatentums das Werk besonders in den ersten, von wehrhafter Begeisterung getragenen Kriegsmonaten noch beliebter macht, als es ohnehin schon ist. In vielen Tornistern, heißt es, wird der *Cornet*, wie sonst nur noch die Bibel und allenfalls Goethes *Faust*, als eine Art ideologischen Sturmgepäcks mitgeführt. Dabei spielt es keine Rolle, daß Rilke die patriotische Verballhornung seines Werkes an jenem Herbstabend 1899 unmöglich hatte voraussehen können und daß sie seiner Auffassung vom Wesen der Dichtung (der er nicht die geringste Einflußnahme auf das Tagesgeschehen zugesteht oder auch nur wünscht) radikal zuwiderläuft. Nur ganz gelegentlich, wenn es sich um Freunde oder Bekannte handelt, denen das Buch unter der Last der Ereignisse ans Herz gewachsen ist, gesteht er sich und ihnen ein, daß der *Cornet* sehr wohl mit dem Erleben einer Generation in Einklang gebracht werden kann, die mit wehenden Fahnen ins Feld gezogen ist. So in den Zeilen, mit denen er im Dezember 1914 dem verwundeten Husarenleutnant Friedrich Carl von Mosch ein Exemplar übersendet:

> Noch weiß ich sie, die wunderliche Nacht,
> da ich dies schrieb: was war ich jung.
> Nun hat seither des Schicksals Forderung
> Geschehen über Tausende gebracht,
> Mut über Tausende, Not über sie,
> und über Hunderte das Heldentum
> das plötzliche: als hätten sie noch nie
> ihr Herz gekannt. So war auch meines ganz
> wie neu für mich in jener fernen Nacht
> da ungeahnt, unausgedacht
> dieses Gedicht aus ihm entsprang . . .
> So sind wir etwas, *sinds* und wissens nicht
> und Schicksal ist nicht mehr als wir: es will.

Die bisweilen anzutreffende Identifizierung Rilkes mit dem deutschen Militarismus, die so giftige Blüten getrieben hat wie die in einem ostdeutschen Nachschlagewerk enthaltene Feststellung, der westdeutsche Dichter und Rilke-Forscher Hans Egon Holthusen habe als »unter dem Einfluß Nietzsches, Spenglers und Rilkes stehend« den deutschen Überfall auf Polen 1939 begrüßt,[77] läßt sich bis zur Vereinnahmung des *Cornet* durch die Kriegspropaganda von 1914-18 zurückverfolgen.

So unangenehm ihm die Zweckentfremdung auch ist, die mit dem *Cornet* als geistigem Rüstzeug getrieben wird – Rilke kann sie nicht verhindern in Anbetracht der Eigenbewegung, die das Buch inzwischen erworben hat. Es ist für Karl Kraus ein leichtes, sich vor der gemeinsamen Freundin Sidonie Nádherný von Borutin zu brüsten mit der Mitteilung, er habe Rilke geraten, die andauernden *Cornet*-Rezitationen zu verbieten, aber Rilke sei dazu zu schwach gewesen (»Der Cornet hätte sich zu helfen gewußt«, heißt es in einem seiner Briefe an Sidie). Die öffentlichen Darbietungen sind längst der Kontrolle des Autors entglitten. Auf einen anderen Mißbrauch hingegen glaubt er einigen Einfluß nehmen zu können: auf die Vertonungen, von denen bei Kriegsausbruch schon mehrere umgehen. Seine Einwände beziehen sich weniger auf spezifische Kompositionen – Rilke kann keine Noten lesen und findet erst später ein Verhältnis zur Musik –, als auf die Verbindung von Wort und Ton überhaupt. In markantem Gegensatz etwa zu Hofmannsthal sieht er in dieser Verbindung keine legitime künstlerische Ausdrucksform, sondern ein »Nebeneinanderherlaufen der einen neben der anderen Kunst, als käms darauf an, welche gewönne«. Nur allzu bald muß er jedoch erleben, daß gerade einige der ihm am nächsten stehenden Menschen ihm in diesem Rückzugsgefecht die Hilfe versagen. So setzt sich seine Freundin »Benvenuta«, die Pianistin Magda von Hattingberg, für die *Cornet*-Vertonung des ungarischen Komponisten Casimir von Pászthorý ein. Sie wird zunächst in Leipzig gespielt, wo sich unter dem Premierenpublikum auch Katharina Kippenberg befindet, der die Musik nicht übel gefällt (was wiederum Rilke ärgert). Mit Magda am Klavier und dem Schauspieler Ferdinand Onowotschek als Textsprecher findet am 27. März 1915 eine weitere, auch als gesellschaftliches Ereignis denkwürdige Aufführung statt. Die Fürstinnen Christiane Windischgraetz und Marie von Thurn und Taxis haben zu einem Wohltätigkeitsabend in den ovalen Marmorsaal des Palais Auersperg in Wien geladen, zugunsten der vom Kaiserhaus protegierten Stiftung »Invalidendank«, wobei der musikalische *Cornet*-Vortrag den künstlerischen Höhepunkt des Abends darstellt. Die Fürstin Marie, Herrin auf Duino und seit langem mit Rilke befreundet, hat ihn ausdrücklich um seine Zustimmung ersucht und selbstverständlich auch eingeladen, nicht ohne den schnippischen Zusatz: »Dazu kommen tun Sie natürlich nicht, wie ich Sie kenne . . .«[78]

Rilke kann der hohen Patronin seinen Segen nicht gut versagen, zieht es für seinen Teil aber wirklich vor, im ländlichen Irschenhausen zu bleiben. In einem Brief drückt er die Hoffnung aus, daß Magda, deren Geschäftigkeit ihm offenbar auf die Nerven geht, ohne daß er die Kraft aufbrächte, ihr Einhalt zu gebieten, es bei diesen zwei »Triumphen« belassen möge. An Katharina Kippenberg wendet er sich mit der Bitte, die musikalische Vermarktung des *Cornet* zu unterbinden; sie schreibt zurück, der Verlag besäße dazu keine juristische Handhabe. Ihr auf die Wahrnehmung des geschäftlichen Vorteils bedachter Mann setzt es jedoch durch, daß Verlag und Autor bei zukünftigen Vertonungen, etwa durch den Intendanten der Berliner Staatsoper Max von Schillings und seinen Schüler Paul August von Klenau, einige Tantiemen erhalten. – Um auf die ebenfalls ins Kraut schießenden Illustrationen einigen Einfluß zu gewinnen, erwägt die Verlegersgattin im Januar 1917, Oskar Kokoschka mit der Lieferung einiger *Cornet*-Zeichnungen zu beauftragen. Rilke winkt ab in der Erkenntnis, daß Kokoschka kein Künstler ist, »dem man einen Gegenstand vorschlagen kann, der nicht schon aus ihm gekommen ist«.[79] Damit war er gut beraten, denn »O.K.«, der den Dichter zwar mag, aber in ihm einen von Adligen verhätschelten Modepoeten wittert, hätte kaum das Richtige geliefert. Wahrscheinlich wären seine Illustrationen so ausgefallen, daß Katharina Kippenberg die Mappe mit einer raschen Bewegung ihrer gepflegten Hände wieder hätte zuklappen müssen.

Auf die gegen seinen ausdrücklichen Willen hin erfolgte, patriotisch-staatserhaltende Auswertung des *Cornet* gehen schließlich auch die Ehrungen zurück, die das Haus Habsburg dem Dichter zugedacht hat. Da ist zunächst die von Kaiser Karl als eine seiner letzten Amtshandlungen geplante Verleihung des Franz-Josephs-Ordens. In einem im Dezember 1918 an das »Präsidium der N.Ö. Landes-Regierung Wien« gerichteten Schreiben weist Rilke, der im Gegensatz zu den ebenfalls zu ehrenden Dichtern Anton Wildgans und Richard von Schaukal nie ein »guter Österreicher« war, die ihm zugedachte Auszeichnung höflich, aber bestimmt zurück unter Hinweis auf die Wahrung einer »persönlichen Unscheinbarkeit«, zu der seine künstlerische Arbeit ihn verpflichte. Wenn der Ruhm, wie Rilke über Rodin bemerkt, tatsächlich »nur der Inbegriff aller Mißverständnisse« ist, »die sich um einen neuen Namen sammeln«, dann muß zuletzt auch des grotesken, von wohlmeinenden Freunden inszenierten Planes gedacht werden, den Dichter bei der Ex-kaiserin Zita, Witwe des 1922 im Exil verstorbenen Karl, einzuführen. Dabei hatte sich Rilke, dem Bericht des mit ihm bekannten Schriftstellers Otto von Taube zufolge, zunächst an einem dritten Ort der Obersthofmeisterin vorzustellen:

> Die Einladung erging zum Nachmittagstee. Als Rilke eintraf, war die Obersthofmeisterin schon zur Stelle. Wie er das Zimmer betrat, erhob sich die Obersthofmeisterin und stürzte ihm entgegen: »Ach, lieber Herr Rilke, wie freue ich mich, Sie kennenzulernen! Ich habe schon so viel von Ihnen gehört. Und Sie haben im Kriege so Schweres erlitten. Der Kornett Rilke, der Gefallene, war wohl Ihr Bruder? Wann ist er doch gefallen? 1916 oder 1917?« – »1917«, erwiderte Rilke trocken.
> Rilke wurde mit der Kaiserin Zita nicht zusammen eingeladen.

Heute führt der *Cornet* in der Schule, in Buchhandelsstatistiken und Literaturgeschichten längst das Nachleben eines als klassisch einge-stuften Werkes. Sogar – oder erst recht – in prosaischen, aller Begeisterung abholden Zeiten verschafft die poetische Vollendung des *Cornet* und die Spontaneität, mit der Christoph Rilke sein Leben ohne metaphysische Abstützung sozusagen unbesehen fortwirft (denn er stirbt weder für den Kaiser Leopold noch für das »christli-che Abendland«), dem kleinen Epos immer wieder neue Leser.

I

Nachdem er im Frühjahr 1902 den Auftrag erhalten hat, eine Monographie über Rodin zu schreiben, schickt Rilke diesem von Schloß Haseldorf aus einen ersten Brief, in dem er sein Vorhaben erklärt und seine Absicht kundtut, nach Paris zu kommen. Rodin schreibt freundlich zurück und läßt auch seiner ehemaligen Schülerin Clara Westhoff, jetzt Madame Rilke, für ihre Grüße danken. Das ist der Auftakt zu einer Freundschaft, an deren Wechselfällen sich eine ganze Phase in Rilkes Leben verfolgen läßt.

Rilke hat von Rodin sehr viel, Rodin von Rilke fast nichts zu lernen. Der eine, siebenundzwanzig Jahre alt, ist ein noch wenig gelesener und in Paris völlig unbekannter Dichter, der andere, zweiundsechzig, ein seit langem berühmter Bildhauer; in seinem ersten Antwortschreiben weist er bereits auf ein Buch hin, das gerade über ihn erschienen ist. Auch Rilke bewundert ihn von Anfang an und wird in seiner Verehrung des Künstlers selbst dann nicht schwankend, als der Mensch Rodin in seinen Augen an Statur einbüßt. So nimmt es nicht wunder, daß seine Briefe mit einem *»Honoré maître«* einsetzen, sich schnell zu *»Mon cher maître«*, *»Mon cher grand maître«* und *»Mon grand ami et cher maître«* steigern, um im Rechtfertigungsbrief, den er im Mai 1906 nach ihrem Zerwürfnis schreibt, in ein distanziertes *»Mon maître»* zurückzufallen. Die Versöhnung und das nunmehrige Verhältnis von gleich zu gleich drücken sich dann in einem vertrauten *»Mon cher et grand Rodin«* aus.

Rilke kommt Ende August 1902 in Paris an und nimmt sich, einer Empfehlung des ihm aus Prag bekannten Schriftstellers Arthur Holitscher folgend, ein Zimmer in der Rue Toullier, im Studentenviertel unweit des Luxembourg. Schon am 2. September kann er der einstweilen in Westerwede zurückgebliebenen Clara melden:

> Gestern, Montag nachmittag 3 Uhr, war ich zuerst bei Rodin. Atelier Rue de l'Université 182 . . . Er ließ die Arbeit im Stich, bot mir einen Sessel an, und wir sprachen. Er war sehr gut und mild. Und mir war, als kennte ich ihn immer schon . . . Er ist mir sehr lieb. Das wußte ich gleich. Wir sprachen manches (soweit meine seltsame Sprache und seine Zeit es zuließ) . . . Dann arbeitete er weiter und bat mich, alles zu besehen, was im Atelier steht.[80]

Die nächste Unterredung findet am folgenden Tag statt, in der Villa des Brillants im Vorort Meudon. Rodin hat den ihm offensichtlich seinerseits sympathischen jungen Fremden zu sich nach Hause eingeladen.

> Und nun heute: heute fuhr ich um 9 Uhr früh mit der Bahn nach Meudon (gare Montparnasse, von da in 20 Minuten Fahrt). Die Villa . . . ist nicht schön. Sie hat 3 Fenster Front, rote Backsteine mit gelblichem Rahmenwerk, ein graues steiles Dach, hohe Kamine. Die ganze »malerische« Unordnung des Val Fleury breitet sich davor aus, eines schmalen Tales, in dem die Häuser arm sind und aussehen wie in italienischen Weinbergen . . . Dann kommt man um die Ecke des kleinen rotgelben Hauses und steht – vor einem Wunder, – vor einem Garten von Steinen und Gipsen. Sein großer Pavillon, derselbe, der auf der Ausstellung am Pont Alma gestanden hat [d. h. bei der Weltausstellung von 1900], ist nun in seinen Garten übertragen, den er scheinbar ganz ausfüllt, mit noch einigen Ateliers, in denen Steinhauer sind und in denen er selbst arbeitet . . . Es ist ein ungeheuer großer und seltsamer Eindruck, diese große helle Halle mit allen ihren weißen, blendenden Figuren . . . Man sieht, noch ehe man eingetreten ist, daß alle diese hundert Leben *ein* Leben sind, – Schwingungen einer Kraft und eines Willens . . . Ich war in Meudon bis gegen 3 Uhr. Rodin kam von Zeit zu Zeit zu mir, fragte und sagte manches, nichts Wichtiges. Die Grenze der

Sprache ist zu groß. Ich habe ihm heute meine Gedichte gebracht – wenn er sie doch lesen könnte.

Die Sprachgrenze wird Rilke, der vor der Abreise aus Deutschland sein Französisch auf der Bremer Berlitz-Schule aufgefrischt hat, überraschend schnell überwinden. Als dauernde, schmerzlich empfundene Hypothek lastet hingegen eine andere Einschränkung auf der Freundschaft: daß Rilke zwar die Werke des Bildhauers Rodin sehen, dieser aber nicht, oder nur verspätet und unzureichend in Übersetzungen, die Werke des Dichters Rilke lesen kann.

Obwohl die Aufnahme in Meudon um vieles herzlicher ist als damals in Jasnaja Poljana, so wiederholt sich doch, diesmal auf bürgerlich-häuslicher Ebene, die Episode vom jungen Besucher, der sich in Demut und Wißbegierde dem bewunderten, zur Vaterfigur emporstilisierten Alten nähert und unversehens Zeuge eines Familienstreits wird. Mit leichter, sich selbst einbeziehender Ironie schildert Rilke eine solche Szene im Haus Rodin. Immerhin hat er inzwischen doch genug vom Leben gesehen, um weder schockiert noch enttäuscht zu sein von dem, was sich vor seinen Augen zwischen dem Meister und dessen Lebensgefährtin (der Künstler heiratet sein einstiges Modell Rose Beuret erst in ihrer beider Todesjahr 1917) abspielt:

Nach 12 bat Rodin mich zum déjeuner, das wurde im Freien eingenommen; es war sehr seltsam. Madame Rodin (ich hatte sie schon vorher gesehen – er stellte mich nicht vor) sah müde, gereizt, nervös und nachlässig aus. Mir gegenüber saß ein französischer Herr mit einer roten Nase, dem ich auch nicht vorgestellt wurde. – Neben mir ein kleines, sehr liebes Mädchen von etwa 10 Jahren (von der ich auch nicht erfuhr – wer sie ist . . .). Kaum hatte man sich gesetzt, – so beklagte sich Rodin über die Unpünktlichkeit des Essens; er war schon angezogen, um zur Stadt zu fahren. Darauf wurde Mme Rodin sehr nervös. *Comment,* sagte sie, *puis-je être partout? Disez-le à Madeleine* (wahrscheinlich die Köchin), und nun kam eine Flut hastiger und heftiger Worte aus ihrem Munde, die nicht eigentlich böse klangen, nicht häßlich, aber wie von einem schwer gekränkten

Menschen, dessen Nerven alle im nächsten Augenblick springen werden. Eine Unruhe kam in ihren ganzen Körper – sie begann alle Dinge auf dem Tische ein wenig zu schleudern, so daß es aussah, als wäre man schon nach Tisch. Alles, was so ordentlich bereit gelegen hatte, war, wie nach der Mahlzeit, irgendwo verstreut liegen geblieben.

Haben wir in Rose Beuret eine Vorstudie zum Veitstänzer aus dem um diese Zeit konzipierten *Malte Laurids Brigge* vor uns, oder ist die Schilderung so ausgefallen, weil die Adressatin, Clara Rilke, Rodin und wohl auch »Madame« so gut kennt, daß sich weiteres erübrigt? Auf jeden Fall fährt Rilke fort:

Diese Szene war nicht peinlich, nur traurig. Rodin war ganz ruhig, sprach sehr ruhig weiter, weshalb er sich beklagte, motivierte seine Klage ganz genau, sprach sanft und unbeugsam zugleich. Endlich kam ein ziemlich schmutziger Mensch, brachte einige Sachen (die gut zubereitet waren), trug sie herum und nötigte mich, wenn ich nicht wollte, mit sehr gutmütiger Art zuzugreifen: er hielt mich offenbar für äußerst schüchtern. Ich habe noch kaum je ein so seltsames déjeuner mitgemacht. Rodin war ziemlich gesprächig, – sprach manchmal sehr rasch, daß ich es nicht verstand, meist aber deutlich ... Das Gespräch war nicht konventionell, auch nicht anders, so irgendwie. Manchmal nahm Madame auch teil, stets sehr nervös und leidenschaftlich redend. Sie hat graue Locken, dunkle, tiefliegende Augen, sieht mager, nachlässig, müde und alt aus, von irgendetwas gequält. Nach Tisch sprach sie sehr freundlich zu mir – erst jetzt als Hausfrau –, lud mich ein, immer wenn ich in Meudon wäre, am déjeuner teilzunehmen etc. Morgen gleich früh gehe ich wieder hinaus und vielleicht noch einige Tage: es ist unendlich viel. Es strengt aber furchtbar an – erstens wegen der Menge, zweitens weil alles weiß ist; man geht unter den vielen blendenden Gipsen in dem ganz hellen Pavillon wie im Schnee umher. Meine Augen schmerzen mich, meine Hände auch ...

Anderswo zieht Rilke das Fazit der häuslichen Misere von Männern wie Tolstoi und Rodin mit der Feststellung, daß die Großen, nachdem sie sich einmal für die Kunst entschieden haben, ihr Leben verkümmern lassen »wie ein Organ, das sie nicht mehr brauchen«. So hat auch Rodin seit langem seine Arbeit über alles gestellt und sich einer Devise verschrieben, die er nun auch Rilke empfiehlt: »*Il faut travailler, rien que travailler, et il faut avoir patience.*« Eine derart auf geduldiges Weiterarbeiten gestellte Existenz ist, vom Persönlichen wie dem Altersunterschied ganz abgesehen, für den Bildhauer allerdings leichter als für den Dichter. Rodin wird jeden Morgen von neuem von seinen Marmorblöcken empfangen, während Rilke klagt, daß auf ihn nur Papier und Bleistift warten. Ihm wachsen aus dem Material keine neuen Kräfte zu, er bleibt völlig auf seine Phantasie angewiesen und muß sich erst einmal in Geduld und Konzentration üben. Auch unterscheidet sich Rodins Art des Sehens, die nicht auf dem ersten oder zweiten oder zehnten Eindruck beruht, sondern auf unzähligen, präzisen, in der endlichen Wiedergabe des Zeitlos-Typischen mündenden Wahrnehmungen, durchaus von Rilkes Arbeitsweise; denn dieser war damals noch auf eine impressionistische Evozierung von Stimmungen angewiesen. Und schließlich ist die Welt des einen ein sichtbares Nebeneinander von Dingen, die des anderen ein gedankliches Nacheinander von Aussagen.

Es ist im Grund verwunderlich, daß Rilke sich an dieser künstlerisch so wichtigen Lebenswende einem französischen Bildhauer als Mentor anvertraut und nicht, was vielleicht näher gelegen hätte, einem deutschen Dichter. Zum einen aber ist seine Erziehung so lückenhaft gewesen, daß er die meisten bedeutenden Autoren, sowohl Zeitgenossen als auch Klassiker, erst in reifen Jahren kennenlernt (erschwerend kommt hinzu, daß er sich nach 1902 nur noch besuchsweise in Deutschland aufhält). Zum andern ist er, wenn nicht unbedingt auf Rodin, so doch auf die bildende Kunst bereits durch Venedig und Florenz, das Worpswede-Buch und die Beziehung zu Clara eingestimmt.

So gleichen die fast täglichen Besuche, die Rilke im Herbst und frühen Winter 1902 bei Rodin macht, einer Entdeckungsreise in eine Mentalität, von der er sich schon bald eine Heilung von der eigenen Zerfahrenheit und dem sterilen Warten auf die Inspiration verspricht. Denn Rodin kennt kein Warten auf eine *heure créatrice*, er arbeitet in einem fort und bezieht Kraft und Inspiration aus eben diesem Arbeiten. Hatte nicht schon Gerhart Hauptmann den alten Kramer sagen lassen: »Ich bin bloß 'n lumpiger Kerl ohne Arbeit. In der Arbeit werd' ich zu was«? Die Worte sind Rilke gleichsam aus dem Herzen gesprochen, denn der Begriff des »gut in Arbeit sein« wird ihm von jetzt an zum Synonym des inneren Friedens, wobei der Arbeit oft ein In-sich-Gehen oder Hinabsteigen ins Innere eigen ist. Bezeichnend sind Formulierungen wie *»Je suis descendu dans mon travail plus loin que jamais«* oder auch »Ich bin in der Arbeit wie der Kern in der Frucht.«[81]

Unter dem Gewicht dieser und ähnlicher Gedanken, die Rilke beim Vergleich zwischen der eigenen Arbeit und der von Rodin durch den Kopf gehen, verlagert sich der Schwerpunkt seiner Beziehung zu diesem. Der Bildhauer, anfangs bloß Gegenstand einer Monographie, die sich als literarische Brotarbeit nicht allzusehr vom Worpswede-Buch zu unterscheiden brauchte, wird für ihn jetzt ein Weiser, den man rundheraus fragen darf, wie man als Künstler zu leben habe. Es dauert lange, bis Rilke sich Rodins Antwort: »Durch Arbeit!« – *En travaillant* – auch nur vorübergehend zu eigen machen kann. Nur in einer Beziehung wirken sich Rat und Beispiel des anderen sofort aus: in der Sorgfalt, mit der Rilke von nun an mit *seinem* Material umgeht, mit der Sprache. Ausgerechnet in Paris nimmt er sich Grimms Wörterbuch vor und studiert es systematisch im Bestreben, dem einzelnen Wort sowohl die breiteste Skala von Bedeutung als auch die größtmögliche semantische Genauigkeit abzugewinnen. Anders als George ist es ihm nicht darum zu tun, den gängigen Ausdruck durch einen seltenen oder erlesenen zu ersetzen; er will sich vielmehr die Sprache als Vehikel zur Bezeichnung eigener, an der Grenze des Sagbaren angesiedelter Begriffe gefügig machen. Sprachwissenschaftliche Nachschlagewerke gehören fortan ebenso zu seinen Requisiten wie ein Stehpult – ist irgendwo keines vorhanden, dann läßt er sich eines tischlern, mit flacher, nicht geneigter Platte; er hat die Maße im Kopf wie andere Leute ihre Schuhgröße oder Kragenweite – oder hochformatiges blaues Briefpapier.

Rilke wird auch in Zukunft unzählige Stunden der Verzweiflung und des gebannten Starrens auf die eigene Unzulänglichkeit durchleiden, denn mit der bloßen Willensanstrengung, wie er in seiner ersten Rodin-Begeisterung angenommen hatte, ist es natürlich nicht getan: »Das ist die Hauptsache«, schrieb er damals, »daß man nicht beim Träumen, beim Vornehmen, beim In-Stimmung-Sein bleibt, sondern immer mit Gewalt alles in Dinge umsetzt. Wie Rodin es getan hat.« Schon im Frühjahr 1903 ist er wieder am Ende und gesteht kleinmütig, er könne sich gar nicht zur Arbeit aufraffen, weil »allein schon das Bewußtsein, daß zwischen meinem Schreiben und des Tages Nahrung und Notdurft eine Beziehung besteht, genügt, mir die Arbeit unmöglich zu machen«. Trotzdem behauptet sich die auf das Rodinsche Motto der Arbeit und Geduld ausgerichtete Komponente seines Wesens stets von neuem in einem Widerstreit, der bei Gelegenheit plastische Züge annimmt und an mittelalterliche Teufelsaustreibungen denken läßt. Er erwägt zum Beispiel nach den ersten, in der Rue Toullier verbrachten Pariser Wochen, in ein kleines Hotel am Boulevard St. Michel umzuziehen, das er durch Zufall entdeckt hat. Es ist ein sauberes Haus »ganz mit elektrischem Licht«, in dem zwei Zimmer mit schöner Aussicht frei sind, eines für ihn und eines für Clara, deren Ankunft bevorsteht. Auf einer Bank im Jardin du Luxembourg vergleicht er diese Zimmer mit seiner jetzigen Unterkunft, die eine niedrige Decke hat und eine »armselige schwankende und übelriechende Petroleumlampe«. Schließlich gibt er sich einen Ruck und sieht ein, daß das »wieder die alte Methode ist, von der ich mich ja befreien will, die Methode ›Reichtum‹«, und kehrt »schlicht und scheu aus der Versuchung in sein altes Zimmer zurück.

Als Clara eintrifft – sie hat inzwischen den Westerweder Haushalt aufgelöst und die kleine Ruth bei ihren Eltern in Oberneuland bei Bremen untergebracht –, zieht Rilke mit ihr in eine bequemere Wohnung in der Rue de l'Abbé de l'Epée. Dort verbringen sie Weihnachten und empfangen den Besuch von Paula Modersohn-Becker, die sich zu einem zweiten Studienaufenthalt in Paris einfindet. Rilke, gerade erkältet, kann sie nicht persönlich zu Rodin begleiten, gibt ihr aber ein Empfehlungsschreiben mit, in dem er sie diesem als *» Madame Modersohn, femme d'un peintre allemand très distingué«* vorstellt. Er kann sich noch immer nicht dazu durchringen, ihr eine künstlerische Individualität zuzugestehen, und weiß auch, daß Rodin, unbeschadet des freundlichen Gedenkens an Clara, wenig von schöpferisch tätigen Frauen hält. (Bekanntlich beurteilte man Frauen damals fast ausschließlich nach der Stellung ihrer Männer und verbot weiblichen Reisenden zum Beispiel, Zigaretten über die französische Grenze mitzunehmen – was den Herren selbstverständlich gestattet war.[82])

Außer der Villa des Brillants und dem Atelier in der Stadt erwirbt sich Rilke in diesen hektischen Monaten zwei weitere geistige Heimstätten in Paris: den Louvre und die Bibliothèque Nationale. Im ersteren ist es ihm um Botticelli und Leonardo, vor allem aber um die Antike zu tun. Die »Venus de Milo« ist ihm »zu modern«. Die »Nike von Samothrake« hingegen, die »Siegesgöttin auf dem Schiffrumpf mit der wunderbaren Bewegung und dem weiten Seewind im Gewand«, erscheint ihm als Inbegriff eines vom Schulstaub befreiten klassischen Altertums; erst in Anacapri wird er sich wieder so an der mittelmeerisch-antiken Welt begeistern. In der Bibliothek liest er moderne Franzosen wie Baudelaire, Flaubert und die Gebrüder Goncourt und vertieft sich in Reproduktionen mittelalterlicher Kathedralen sowie in Chroniken, durch die er ein tieferes Verständnis einiger Statuen von Rodin zu gewinnen hofft. – Bei diesen Studien hat er jedoch mit beträchtlichen Schwierigkeiten zu kämpfen.

Rilke hat schon bei der Durchsicht der auf Schloß Haseldorf gelagerten Chroniken entdeckt, daß es ihm äußerst schwerfällt, das Wichtige aus diesen Dokumenten schnell und zuverlässig herauszudestillieren. Bei den Pariser Vorarbeiten für das Rodin-Buch, später auch für *Malte Laurids Brigge* und einige der *Neuen Gedichte* wirkt sich der Mangel an archivarischer Ausbildung und Erfahrung als störend bis zur Lähmung aus. Statt einen Text konzentriert und zielgerecht zu exzerpieren, ist er immer wieder versucht, das ganze Buch abzuschreiben; heute hätte er sich gewiß aufs Fotokopieren verlegt. In einer nun schon zum Reflex gewordenen Handlung sucht er die Schuld dafür in der Kindheit und letzten Endes bei der Mutter, die ihn ohne ein rechtes Programm habe aufwachsen lassen:

Mein Lesen war ein Zufallslesen, weil es, aus mangelnder Vorbereitung, kein Arbeiten werden konnte. Bei meiner Erziehung, über der kein Plan gestanden hat, und bei der Verschüchterung in der ich aufwuchs . . ., konnte es geschehen, daß ich viel Vorbereitendes und das meiste Technische des Lebens, das allen später mühelos ist, gar nicht zu lernen bekam.[83]

Er übersieht, daß die Erwerbung technischer Fähigkeiten den wenigsten Menschen mühelos gelingt, daß er kein Historiker werden wollte und daß auch ein solcher sein Metier nur zum Teil auf der Schule lernt. Die Aneignung archivarischer Fertigkeiten steht denn auch ganz oben auf einer Liste von »Lernabsichten«, die er in einem Anfall von Pedanterie in Rom niederschreibt und die – vielleicht einzigartig für einen neunundzwanzigjährigen, also auf die Mitte des Lebens zugehenden Lyriker – »naturwissenschaftliche und biologische Bücher und Vorlesungen« als vordringlichsten, vom Erwerb archivarisch-historiographischer Methoden gefolgten Wunsch verzeichnet. Erst dann kommen russische und dänische Sprachstudien, das Grimmsche Wörterbuch, Übersetzungen und andere Projekte. Im übrigen zeigt der unmittelbare Ertrag des ersten Pariser Aufenthalts, das Buch über Rodin, daß Rilke diese Defekte, wenn es denn welche sind, glänzend zu kompensieren versteht.

II

Clara weckte als erste Rilkes Interesse an Rodins Kunst und bewog ihn, sich Notizen darüber zu machen. Vorübergehend planten die beiden sogar, gemeinsam etwas über den Bildhauer zu veröffentlichen. Die Hauptarbeit an der Monographie wird dann gleich nach der Ankunft in Paris geleistet, im November und Dezember 1902, wie wir sahen in fast täglichem Kontakt mit Rodin. Das bebilderte und mit einem Werkverzeichnis versehene Buch erscheint Ende März 1903 in Berlin, in der von Muther betreuten Reihe *Die Kunst* (»Sammlung illustrierter Monographien«), mit der für Clara bestimmten Widmung »An eine junge Bildhauerin«. Von der dritten Auflage (1907) an ist es um einen Vortrag erweitert, den Rilke 1905 in Dresden und Prag gehalten hat. Einige Teile des Buches, das selbst mit beigegebenem Vortragstext wenig mehr als hundert Seiten zählt, waren bereits im Vorabdruck erschienen, so der Aufsatz *Auguste Rodin als Zeichner* in einem der angesehensten Publikationsorgane der Epoche, der von dem Nationalökonom Werner Sombart geleiteten Wochenschrift *Morgen*. Richard Strauss referierte dort über Musik, Georg Brandes über Literatur, Richard Muther über Kunst, Hugo von Hofmannsthal über Lyrik.

Rilkes *Rodin* ist keine kunsthistorische Abhandlung, die ihr Sujet in eine Strömung oder Bewegung einzuordnen oder ein Œuvre von der Vergangenheit her aufzuschlüsseln sucht. Rodins frühe Tätigkeit in der Porzellanmanufaktur von Sèvres, oder seine erste Italienreise, werden mit keinem Wort erwähnt. Wohl aber ist die Monographie das persönliche Bekenntnis eines Verfassers, der zwar nicht bildender Künstler, aber ebenfalls ein schöpferischer Mensch ist; das Werk eines Schauenden, der einen Gestalter beschreibt. Und da Rilke ihn sich so wünscht, als Nachfolger von Tolstoi im eigenen Weltbild, zeichnet er einen Rodin, der einheitlicher und naturnäher, kurz: elementarer wirkt, als er tatsächlich ist.

Die Monographie setzt mit dem in Paris aufwachsenden Bildhauer ein, der sein Auge an den Meisterwerken im Louvre, aber auch an geringen und nebensächlichen Dingen wie den Wasserspeiern an den Dächern der Kathedralen schult. (In der Vorstellung Rilkes wie Rodins fungiert die Kathedrale vor allem als Sinnbild einer seit dem Mittelalter verlorengegangenen Einheit der Künste; sie ist sozusagen das Dach, unter dessen Schutz sich neben Architektur auch Malerei und Skulptur ansiedeln konnten. Seither ist besonders die letztere auf sich gestellt und obdachlos.) Rodins Hauptinteresse aber gilt von Anfang an dem menschlichen Körper, der durch so viele christliche Jahrhunderte hindurch von der Kleidung verdeckt worden ist:

Die Malerei träumte von diesem Körper, sie schmückte ihn mit Licht und durchdrang ihn mit Dämmerung, sie umgab ihn mit aller Zärtlichkeit und allem Entzücken, sie befühlte ihn wie ein

Blumenbeet und ließ sich tragen von ihm wie von einer Welle, – aber die Plastik, der er gehörte, kannte ihn noch nicht. Hier war eine Aufgabe, groß wie die Welt. Und der vor ihr stand und sie sah, war ein Unbekannter, dessen Hände nach Brot gingen, in Dunkelheit.

Im Gegensatz zu vielen anderen bildenden Künstlern beschäftigt Rodin sich weniger mit der Pose oder Komposition als mit der Oberfläche des Körpers. In seiner Behandlung dieser lebendig bewegten Fläche, einem *modelé*, das zur Aussage wird (»Jede Stelle war ein Mund«), liegt eines der Geheimnisse seiner Plastik. Da Rilke Rodin deuten und nicht dessen Platz in der Kunstgeschichte bestimmen will, erwähnt er kaum andere Bildhauer, wohl aber die Dichter, aus deren Werken Rodin Wissen und Zuversicht schöpft, zum Beispiel Dante und Baudelaire. Der Skulpteur des »Höllentors« illustrierte auch die *Blumen des Bösen*.

Als Rodin 1864 mit seinem Erstlingswerk, dem »Mann mit der gebrochenen Nase«, abgewiesen wird, arbeitet er wiederum jahrelang für sich allein, während sich die offizielle Bildhauerei weiterhin in einer blutleeren, akademischen Kunst erschöpft. Damals reift er zu dem Meister heran, der 1877 als Auftakt zu einer langen Reihe großartiger Werke das »Eherne Zeitalter« ausstellt. In diesen Werken gibt es keine toten oder »schönen« Stellen, sondern nur Züge, die das Schicksal eingegraben hat; wie denn die gute Arbeit, das Gut-gemacht-Sein, bei Rodin überhaupt wichtiger ist als die Schönheit. Die Aufzählung einiger Meisterwerke wie »Johannes der Täufer«, »Die Bürger von Calais«, »Eva«, »Balzac« und anderer mehr dient Rilke zur Herausarbeitung weiterer charakteristischer Aspekte wie des gelegentlichen Weglassens der Extremitäten (etwa der Arme bei »Die innere Stimme«) und der Bedeutung der Hand bei jener Berührung zweier Körper, die – siehe »Der Kuß« – bei Rodin so dynamisch und sinnlich wirken kann. Bei der Diskussion der Porträts fehlt naturgemäß die erst 1907 entstandene Büste eines Menschen, der Rilke bald nahestehen wird: Helene von Nostitz, Enkelin eines ehemaligen Botschafters in Paris und für Hofmannsthal »die anmutigste und schönste junge Frau, die ich in Deutschland kenne«.[84]

Bei der Analyse des »Balzac« verdichtet sich Rilkes von der Vorlage beschwingte Sprache zur Metapher. Wenn Lamartine etwa von Balzac schrieb, er habe so viel Seele besessen, daß sie »seinen schweren Körper trug wie nichts«, und Rodin ihn daraufhin mit zurückgeworfenem Haupt modellierte, dann schildert Rilke uns diesen Kopf »auf dem Gipfel dieser Gestalt wie [eine jener] Kugeln, die auf den Strahlen von Fontänen tanzen. Schwere war leicht geworden, stieg und fiel.«

Im zweiten Teil, dem Vortrag, ist Rilke bestrebt, auch den Menschen Rodin einleuchtend darzustellen. Er tut dies zunächst im Rückblick auf frühe Photographien, dann bei einer kurzen Führung durch die Werkstätten, in denen der Meister inmitten seiner halbvollendeten Werke steht und vom Besucher wissen will, ob dieser gut gearbeitet habe: »*Avez-vous bien travaillé?*« Denn er vertraut nur der Arbeit und hält wenig von der Eingebung, deren bloße Möglichkeit er »nachsichtig und mit ironischem Lächeln abschüttelt und meint, es gäbe keine . . .« Um die Wirkung der Rodinschen Persönlichkeit auszuloten, versetzt Rilke sich an die Stelle eines Zeitgenossen, der kurz vor seinem Tod die damals schon vorhandenen Partien des »Höllentors« besichtigt. Bezeichnenderweise wählt er dafür eine Gestalt aus der Literatur-, nicht der Kunstgeschichte: Oscar Wilde, hier unter seinem Pariser Decknamen Sebastian Melmoth. Ihn stellt sich Rilke in einem imaginären Gespräch mit Rodin vor, aus dem der Geächtete noch einmal Mut und Kraft zu einem Neuanfang geschöpft hätte. – Die Monographie endet mit einigen Einzelheiten aus dem täglichen Leben in der Villa des Brillants und einem Hinweis auf Rodins Tendenz, die Heimatlosigkeit der säkularisierten Kunst durch eine Hinwendung zu Landschaft und Natur auszugleichen.

Rodin starb 1917. Das Schrifttum über ihn ist zu einer kleinen Bibliothek angewachsen, in der Rilkes Monographie sich einen bescheidenen, aber sicheren Platz bewahrt hat. Sie verdankt ihn dem Einfühlungsvermögen, mit dem einzelne Plastiken interpretiert werden, und der Einteilung des Rodinschen Gesamtwerks in mehrere Stadien. Das erste ist nicht verwunderlich bei einem Quasi-Biographen, der seinen Helden und dessen Arbeit fast täglich vor Augen hatte. Das andere hingegen, der Versuch einer Typologie und inneren Chronologie, stellt ein Wagnis von seiten des Verfassers dar, der selbst kein bildender Künstler ist und nur die Werke der frühen und mittleren Schaffensperiode kennt. Der Erfolg hat ihm recht gegeben, so wie er ihm wenig später auch bei der Würdigung von Cézanne recht gibt, dessen Malerei Rilke im Oktober 1907 in einer Folge von Briefen an Clara zu einem Zeitpunkt analysiert, als der Maler eben erst gestorben war und es noch keinen kritischen Kanon gab.

III

Erschöpft von der konzentrierten Arbeit am Rodin-Buch und vom Leben in einer Stadt, die er nach wie vor als »fremd und feindlich« empfindet, fährt Rilke am 19. März 1903 allein nach Italien. Es ist diesmal kein plötzlicher Entschluß, der ihn zur Abreise bewegt, sondern die Einsicht, daß er Ruhe und Sammlung braucht und daß der unmittelbare Anlaß zum Aufenthalt in Paris mit der Ablieferung der Monographie entfallen ist. Er leidet seit Wochen an einer Influenza, die er nicht loswerden kann, und beschäftigt sich mit Nebenaufgaben wie der Durchsicht einiger dem Juncker-Verlag eingesandter Manuskripte und dem Briefwechsel mit Gerhart Hauptmann, Ellen Key, Arthur Holitscher und anderen teils persönlich vertrauten, teils nur brieflich bekannten Freunden.

Unter den letzteren befindet sich ein Zögling der Militärakademie Wiener-Neustadt, Franz Xaver Kappus, der sich Anfang 1903 an ihn mit der Bitte gewandt hat, ein paar Gedichte zu begutachten. Bei allem existentiellen Mitgefühl, das Rilke dem Jüngeren entgegenbringt (in dessen Lage als dichtender, an seiner Bestimmung zweifelnder Offiziersanwärter er sich unschwer versetzen kann), rät er ihm, sich lieber selbst die Frage zu stellen: *Muß* ich dichten? Nur wenn die Antwort als unmißverständliches Ja zurückkäme, könne Rilke ihn ermutigen: »Dann nehmen Sie das Los auf sich, und tragen Sie es, seine Last und seine Größe, ohne je nach dem Lohne zu fragen, der von außen kommen könnte.«

Aus dieser ersten Antwort entwickelt sich bald eine Korrespondenz, die, viele Jahre später unter Aussparung von Kappus' eigenem Anteil als *Briefe an einen jungen Dichter* der Öffentlichkeit übergeben, zu den beliebtesten aller Rilkeschen Werke zählt. Mit gutem Recht, denn die Briefe erstrecken sich über einen Zeitraum von fünf Jahren, in denen Kappus die verschiedensten Probleme anspricht, die ihm als jungem Mann zu schaffen machen. Aus Rilkes Antwort ließe sich eine ganze Bestandsaufnahme seiner damaligen Ansichten über Gott und die Welt im allgemeinen, aber auch über seine Lieblingslektüre (die Bibel und Jacobsen), über Rom und andere Städte, über Rodin und Dehmel und vieles mehr anfertigen. Was die Briefe zusammenhält ist einerseits Rilkes starke Sympathie für den Adressaten, andererseits seine wiederholt ausgedrückte Hoffnung auf ein zukünftiges Menschentum, das unter anderm den Gegensatz von Mann und Frau mitsamt allen ihm entwachsenden Konflikten überwunden haben wird. – So ist er, der sich selbst am Beispiel von Rodin zu orientieren trachtet, seinerseits zum Ratgeber und Vorbild eines suchenden jungen Menschen geworden. (Falls Rilke die Entwicklung des anderen nach dem Versiegen des Briefwechsels überhaupt noch verfolgt hat, dürfte sie ihn enttäuscht haben: Kappus wird Kriegsberichterstatter und schreibt später Unterhaltungsromane.)

Die Mutlosigkeit und Erschöpfung, die Rilke im Frühjahr 1903 überkommen haben, lassen sich an einer jener kleinen Schlappen ermessen, die jeder mal einsteckt, ohne daß es ihm gegeben wäre, sie mit dem entwaffnenden Charme zu schildern, der Rilke zur Wiedergabe derartiger Episoden zur Verfügung steht:

Die Nacht war nicht sehr gut [berichtet er über die Reise nach Modane an der französisch-italienischen Grenze], schlaflos und recht kalt, fühlbar kalt, trotz der Kamelhaardecke, deren Gegenwart ich dankbar empfand. Durch List war es mir allerdings gelungen, eine Spalte des Fensters hinter dem herabgelassenen Vorhang offen zu halten die ganze Nacht, bis sie gegen Morgen ein Italiener (der sich wohl immer über die Kälte gewundert haben mag) entdeckte und das Fenster schloß. Aber so war die Luft in dem ganz gefüllten Coupé doch immerhin erträglich.[85]

Die Möglichkeit, sich durchzusetzen und auf der Öffnung zumindest eines kleinen Schlitzes zu bestehen, kommt ihm gar nicht erst in den Sinn, obwohl er sein Lebtag bei offenem Fenster schläft. Kaum in Genua angekommen, bemerkt er, daß das Hotel voller Deutscher ist: »Da ahnte ich«, entringt sich ihm ein wahrhaft prophetischer Seufzer, »was das ist, was man italienische Riviera nennt.« Diese Deutschen, die ihn an die Cousine Paula und andere liebe Verwandte erinnern, reden nämlich »nicht wie im Ausland, nein ganz ungeniert, ohne Zurückhaltung, wie zu Hause«. Und zwar reden sie über verschiedene nahe Bäder, die ebenfalls überfüllt seien. Nur Santa Margherita wird von keinem erwähnt. Also fährt Rilke dahin in der Hoffnung, in diesem weiter südlich gelegenen Küstenort auf weniger Touristen zu stoßen. Aber die Rechnung geht nicht auf. Auch Santa Margherita ist voll von Deutschen, »Handlungs- und Hochzeitsreisenden, alten Herren, die laut Politik machten, Bureau-Menschen und Leuten in Ruheständen *[sic]*, die sich schmatzend erholten, alten Mädchen mit den Taschen voll Ansichtskarten, Malerinnen mit Kneifer . . .« Rilkes spätere, bei aller Zuneigung für die Freunde doch unmißverständliche Ablehnung alles dessen, was pauschal als »deutsch« bezeichnet werden kann, klingt vor 1914 noch gut gelaunt und undifferenziert.

Schnell entschlossen fährt er nach Viareggio weiter. Wie beim ersten Aufenthalt vor sechs Jahren bezieht er wieder ein Balkonzimmer mit Blick aufs Meer, diesmal im Hotel Florence, dem heutigen Hotel Plaza et de Russie nahe am Strand. Auch hier muß er den Speisesaal mit einer Reisegesellschaft teilen, aber es sind Engländer, an denen er weniger auszusetzen hat als an den Deutschen. Wie Aschenbach im *Tod in Venedig* (denn auch Thomas Manns Held fährt erschöpft im Nachtzug nach Süden, legt in einem von Fremden überlaufenen Badeort einen Zwischenaufenthalt ein und reist weiter zu einem im Unterbewußtsein längst vorprogrammierten Ziel) läßt Rilke sich am Strand eine Umkleidekabine mit Tisch und Stuhl und einer kleinen Veranda reservieren. Schon am ersten Nachmittag geht er ins Wasser und berichtet, er habe »die Wellen schon in meinen Kniekehlen gefühlt«. Ein Athlet ist er nie gewesen, aber mit Ausnahme des Segelns war der Wassersport vor dem Ersten Weltkrieg in Europa ohnehin praktisch unbekannt. Auch das

Badekostüm, das er sich von der alten Strandhütten-Vermieterin geben läßt, wäre damals niemandem aufgefallen: »Es ist Trikot, schwarz-weiß gestreift; aber ich ziehe es immer nur als Hose an und nehme den oberen Teil, der Brust und Rücken deckt und kleine Ärmelansätze hat, nur im Notfall über.« Mit anderen Worten: Er geht mit nacktem Oberkörper einher, was damals die meisten Männer noch genierte. Mehr noch: Am frühen Morgen, wenn erst wenige Leute unterwegs sind, badet er nackt. Er tut es aus ästhetischen Gründen, aber auch weil er es für gesund hält wie das Barfußlaufen und das meist vegetarische Essen. Außerdem verbringt er viele Stunden in der Sonne, auf der Veranda sitzend oder auf Spaziergängen den Strand entlang, an dem damals noch die Fischer ihren Fang sortierten. Dabei trägt er kurze Hosen oder geht »barbein«, wie er das nennt; überhaupt tut sich in den Briefen, in denen er Clara diese Einzelheiten mitteilt, eine Kluft auf zwischen einem Mann, der in seinem Körpergefühl offensichtlich seiner Zeit weit voraus ist, und einer Sprache, die, eben erst von »Beinkleider« zu »Hose« emanzipiert, dieses Gefühl noch nicht adäquat auszudrücken vermag.

Er hat keine Gesellschaft und wünscht sich keine. Den anderen Hotelgästen geht er aus dem Weg, indem er sich das Abendbrot, oft nur Obst und ein Glas Milch, aufs Zimmer bringen läßt. Auch die Mutter, die ihn von Arco aus besuchen will, hält er von sich fern. Rilke spinnt sich bewußt in eine Einsamkeit ein, von der er ahnt, daß sie ihm »nichts versagen wird, wenn ich auf sie mit neuen Kräften hören werde«. – Die Frucht dieser Einkehr läßt nicht lange auf sich warten. Die Säfte steigen so rasch, daß er nach einigen Tagen der Ruhe und Einsamkeit in einer einzigen Woche den dritten Teil des *Stunden-Buchs* verfaßt, das *Buch von der Armut und vom Tode*. Es »kommt« ihm so schnell, daß er einige der wichtigsten Gedichte nicht im Hotelzimmer auf Papier, sondern bei seinen Wanderungen am Strand und in der Pineta in das Reclam-Heft der Novellen von Jacobsen schreibt, das er immer mit sich führt. Und zwar wirft er sie nicht etwa schnell hin, was unter diesen Umständen doch zu erwarten gewesen wäre, sondern schreibt die Zeilen in einer praktisch vollendeten, keiner späteren Korrektur mehr bedürftigen Fassung nieder. In der ausgereiften Form, in der ihm die meisten

Arbeiten aus der Feder fließen, sieht er ein weiteres Indiz dafür, daß sie ihm »diktiert« werden.

Wenn Rilke in einem seiner ersten Briefe aus Paris klagt: »Diese Stadt ist sehr groß und bis an den Rand voll Traurigkeit«, dann umschreibt er damit ein zentrales Motiv des *Buchs von der Armut und vom Tode*. Zugleich bezeichnet der Satz freilich die Entfernung, die Rilkes Vorstellungs- und Erfahrungswelt von der des heutigen Lesers trennt und diesen zwingt, hier zwischen objektivem Tatbestand und subjektivem Befund des Dichters zu unterscheiden. Denn im Vergleich zu Tokio und Mexico City kann uns das Paris der ausgehenden Belle Epoque beim besten Willen nicht mehr so groß, im Vergleich zum vielgeschmähten Frankfurt und geteilten Berlin auch nicht so traurig erscheinen. Dazu kommt, daß die Bilder, in denen Rilke eine mit der städtischen Enge und Armut kontrastierende Fülle des Daseins schildert, daß jene von den »Herren deiner Hirtenvölker«, »Scheichs der Wüstenstämme« und »Ersten alter Handelshäfen« bewohnten

> . . . Reiche, die das Leben zwangen
> unendlich weit zu sein und schwer und warm,

nicht in eine sozialistische, vollautomatisierte, umweltbewußte oder wie immer beschaffene Zukunft weisen, sondern zurück in nahezu biblische Zeiten. Auch sind wir nachgerade nicht mehr gewohnt, gesellschaftspolitische Gedankengänge (die nicht das ganze, aber einen beträchtlichen Teil dieses Buches ausmachen) in voll orchestrierter Lyrik und in einer Sprache übermittelt zu finden, die noch kein »Ballungszentrum« für »Stadt« und kein »sozial schwach« für »arm« kennt.

Was einen hier aufhorchen läßt, ist vielmehr die Reduktion des Themas auf das Wesentliche und die Qualität seiner sprachlichen Wiedergabe. Hieß es im ersten Teil des *Stunden-Buchs* noch »Ich lebe grad, da das Jahrhundert geht« und im zweiten »Du erbst Venedig und Kasan und Rom«, so wird hier weder Datum noch Ort erwähnt; nicht einmal das Stichwort »Paris« fällt. Auch fehlen notgedrungen die vielen Bedeutungskomplexe, die uns seither den Blick auf das Phänomen der Stadt als solcher nahezu verstellt haben – Konsumzwang und Pendelverkehr und Drogenszene, und wie sie alle heißen. Sie bezeichnen Probleme, die es überall gibt, die anderswo aber weniger drängend sind als in der Großstadt amerikanischer oder westeuropäischer Prägung. Aus Rilkes Schilderung des Talmiglanzes einer solchen Stadt geht immerhin hervor, daß er diese Probleme vor annähernd achtzig Jahren vorausgeahnt hat, auch wenn er sie natürlich mit den Augen des Dichters sieht und nicht mit denen des Sozialreformers:

> Die Städte aber wollen nur das Ihre
> und reißen alles mit in ihren Lauf.
> Wie hohles Holz zerbrechen sie die Tiere
> und brauchen viele Völker brennend auf.
>
> Und ihre Menschen dienen in Kulturen
> und fallen tief aus Gleichgewicht und Maß,
> und nennen Fortschritt ihre Schneckenspuren
> und fahren rascher, wo sie langsam fuhren,
> und fühlen sich und funkeln wie die Huren
> und lärmen lauter mit Metall und Glas.
>
> Es ist, als ob ein Trug sie täglich äffte,
> sie können gar nicht mehr sie selber sein;
> das Geld wächst an, hat alle ihre Kräfte
> und ist wie Ostwind groß, und sie sind klein
> und ausgeholt und warten, daß der Wein
> und alles Gift der Tier- und Menschensäfte
> sie reize zu vergänglichem Geschäfte.

Der rettende Gegenpol zur widernatürlichen Stadt, in der selbst den Reichen alles fehlt, was glücklich macht, ist das Leben oder zumindest der Geisteshabitus der Armen. Das ist bei Rilke keine poetische Fiktion, sondern ein Glaubenssatz, den er noch zwanzig Jahre später, nach Krieg und Revolution, gegenüber Interpreten verteidigt, die in seiner Dichtung eine Bezugnahme auf konkrete soziale Mißstände hatten sehen wollen:

Ein menschlich Gleichgesinntes, ein Brüderliches ist mir freilich unwillkürlich [schreibt er dem Germanisten Hermann Pongs] und muß in meinem Wesen angelegt gewesen sein, sonst würde mich das Freiwerden dieser Eigenschaft unter dem Einfluß des russischen Beispiels nicht so tief und vertraulich ergriffen haben. Was aber eine solche freudige und natürliche Zuwendung vom Sozialen, wie wir es heute verstehen, durchaus unterscheidet, ist die völlige Unlust, ja Abneigung, irgend jemandes Lage zu verändern oder, wie man sich ausdrückt, zu verbessern. Niemandes Lage in der Welt ist so, daß sie seiner Seele nicht eigentümlich zustatten kommen könnte . . . Die Lage eines Menschen bessern wollen, setzt einen Einblick in seine Umstände voraus, wie nicht einmal der Dichter ihn besitzt, einer Figur gegenüber, die aus seiner eigenen Erfindung stammt . . . Die Lage eines Menschen ändern, bessern wollen, heißt, ihm für Schwierigkeiten, in denen er geübt und erfahren ist, andere Schwierigkeiten anbieten, die ihn vielleicht noch ratloser finden . . .

Gerade im *Stunden-Buch* sind die Armen Gott am nächsten. Ihr Lob wird in vielen Versen gesungen, darunter im letzten dieser Gedichte, im Preislied auf den (namentlich nicht genannten) heiligen Franz:

> O wo ist der, der aus Besitz und Zeit
> zu seiner großen Armut so erstarkte,
> daß er die Kleider abtat auf dem Markte
> und bar einherging vor des Bischofs Kleid
>
> – – –
>
> der braune Bruder deiner Nachtigallen,
> in dem ein Wundern und ein Wohlgefallen
> und ein Entzücken auf der Erde war.

Der Pantheismus, zu dem sich Rilke am Ende dieses Gedichts über den großen Tier- und Naturfreund aus Assisi bekennt:

> Und als er starb, so leicht wie ohne Namen,
> da war es ausgeteilt: sein Samen rann

in Bächen, in den Bäumen sang sein Samen
und sah ihn ruhig aus den Blumen an,

ist in den Schlußgedichten der Bücher *Vom mönchischen Leben* und *Von der Pilgerschaft* vorgebildet als eine der Klammern, die diese recht verschiedenen »Gebete« zusammenhalten. Der Philosoph Georg Simmel, bei dem Rilke in Berlin gehört hatte, betrachtete das *Stunden-Buch* als eine der verschwindend wenigen Dichtungen, in denen pantheistische Gedankengänge überzeugend wiedergegeben sind. Ein anderer Leser freilich, der sich mehr für die Probleme der realen Welt interessierte und fand, daß diese hier unter lauter Bild-Kaskaden verschüttet waren, parodierte das Werk in *Sechzig Bilder in sechzig Sekunden oder Das Minutenbuch:*

> Du bist der Mund, wir sind nur Nase,
> Wir sind nur Daumen, Du bist Hand.
> Wir sind die Blumen einer Vase,
> Die einst als Gabe ihrer Base
> Am Bette der Maria stand.
>
> Dein Vater ist die lila Lilie
> Und Deine Mutter ist der Mond.
> Wir aber sind nur die Familie,
> Die wie verdorrte Petersilie
> In den versteinten Städten wohnt.[86]

In den großen Städten ist nicht nur das Leben verfälscht: Der Tod ist es nicht minder. Er sollte die sinngerechte Vollendung des Lebens sein, nicht etwas, das feindlich in dieses hineingetragen wird. Der »eigene« Tod, den Rilke – zunächst wohl in Anlehnung an Nietzsches *Zarathustra* und Jacobsens Novelle *Frau Fönss* – im *Stunden-Buch* postuliert und in späteren Werken wieder aufnimmt, ist nur der letzte Ring aus der Kette des vorangegangenen Lebens. Er ist nicht fremd, sondern schon bei der Geburt in uns angelegt und reift in uns wie ein Organ:

Denn wir sind nur die Schale und das Blatt.
Der große Tod, den jeder in sich hat,
das ist die Frucht, um die sich alles dreht.

Obwohl die Idee vom eigenen Tod zu den bekanntesten Rilkeschen Vorstellungen gehört, ist er damit sehr sparsam umgegangen und hat sich zum Beispiel gehütet, sie auf historische Persönlichkeiten anzuwenden. Auch ist nicht ganz klar, inwiefern dieser Tod aus Beruf und Berufung hervorgeht, wie der Heldentod des Soldaten oder das Martyrium des Heiligen, oder aus einer Verschmelzung von Schicksal und Charakter. Auf jeden Fall hat Rilke seinem Namensvetter, dem Cornet, und auch dem Kammerherrn Christoph Detlev Brigge, Maltes Großvater, einen eigenen Tod zugedacht, ja er ist auf Muzot selbst so gestorben, sozusagen sehenden Auges und »stehend«, ohne schmerzstillende Mittel und in der Art von Niels Lyhne. Dabei ist die Nichtbeachtung ärztlicher Ratschläge, genauer: das Die-Ärzte-gewähren-Lassen von seiten des Sterbenden, nur *eine* Eigenart dieses Todes. Wichtiger ist, daß der eigene Tod eine Absage an alles Jenseitige bedeutet und zugleich das einzig menschenwürdige Gegenstück zu jenem Tod darstellt, der, mit dem Namen einer x-beliebigen Krankheit etikettiert, dem Menschen in der Anonymität irgendeines großen Krankenhauses verpaßt wird. Dieser Tod »von der Stange« steht in keinem Verhältnis zu dem Leben, das er beschließt:

Denn dieses macht das Sterben fremd und schwer,
daß es nicht *unser* Tod ist; einer der
uns endlich nimmt, nur weil wir keinen reifen.

Es ist für Rilkes konzentrierte und hermetische Arbeitsweise bezeichnend, daß sich im *Buch von der Armut und vom Tode* kein Hinweis auf die Umstände findet, unter denen es entstand. Die Kritik an der städtischen Kultur, der Begriff des eigenen Todes und die Auffassung von der Armut als Gottesnähe stehen in keinerlei Verbindung zum Strandleben von Viareggio. Vielmehr reichen die Erfahrungen, aus denen diese Verse hervorgingen, weit zurück und bedurften einer langen Verarbeitung, ehe sie zur Oberfläche durchbrachen und Dichtung wurden. Denkbar ist allenfalls, daß das Gefühl lastender Schwere, das ihm die vielen auf dem Weg nach Italien durchfahrenen Tunnel gaben, auf einige Zeilen abfärbte, in denen Gott als Berg erscheint:

> Geh ich in dir jetzt? Bin ich im Basalte
> wie ein noch ungefundenes Metall?
> Ehrfürchtig füll ich deine Felsenfalte,
> und deine Härte fühl ich überall.

Wie dem auch sei, das an pantheistischen Gleichnissen so reiche *Stunden-Buch* kannte dieses Bild vorher nicht. Und wir wissen, daß Rilke an der »wenigen schwarzen Luft« und dem »höhlenhaften Gedröhn« in den Alpentunneln litt und froh war, über Ventimiglia und Avignon anstatt über Modane nach Paris zurückfahren zu können.

IV

Kaum ist er aus Italien zurückgekehrt, da stellt sich die Influenza wieder ein und mit ihr, bedrohlicher denn je, die Verzweiflung, die Paris in ihm auslöst und die so von dem Hochgefühl absticht, mit dem er Moskau und Petersburg betreten hatte. Er empfand diese Verzweiflung zuerst an jenem Augusttag, an dem er, aus dem idyllischen Worpswede in die lärmende Metropole verschlagen, in strömendem Regen an der Gare du Nord ausstieg und in das verwohnte Zimmer in der Rue Toullier zog. In den ersten Monaten dienten die Besuche in Meudon und die Beschäftigung mit der auf Arbeit und Selbstbehauptung gestellten Welt von Rodin als Damm, hinter dem er sich gegen den Pariser Alltag verschanzen konnte. Dieser Schutzwall ist nun verschwunden. Rilke wird von Eindrükken überflutet, denen er sich nicht mehr durch Besuche bei Rodin oder bei Clara, die sich in ihre eigene Arbeit vertieft, entziehen kann. Bei jedem Schritt vor die Tür, auf jedem Gang in ein Museum oder eine Bibliothek sieht er Menschen und Tiere, Dinge und Begeben-

heiten, die ihn nicht mehr loslassen und die vorerst zu stark sind, als
daß er sie sich vom Leibe schreiben könnte. Andererseits kann er
Paris auch nicht aufgeben; die Stadt hält ihn von Anfang an in ihrem
Bann, auch wenn er sie bisweilen verabscheut. Er hat sonst keine
Bleibe und weiß sehr wohl, daß er ihrem Reichtum und ihrer
Lebensfülle Anregungen verdankt, die er braucht und nirgendwo
anders finden kann. In solchen Anwandlungen fühlt er, daß Paris
ihm »noch eine Arbeit schenken müßte«[87] und erwägt, den Arbeiten
über Worpswede und Rodin zwei weitere Kunstbücher folgen zu
lassen: über den Zeichner Eugène Carrière und den Maler Ignacio
Zuloaga, der ihm die Bilder von El Greco nahegebracht hat.

Im Sommer 1903 bieten sich mehrere Ausweichmöglichkeiten.
Ein Aufenthalt in Rom, von dem auch Clara profitieren würde, ist
seit langem geplant. Zuloaga empfiehlt eine Reise in seine baskische
Heimat. Aus Prag schreibt der wegen des bürgerlichen Fortkom-
mens seines Sohnes besorgte Vater, er könne sich dort für einen
Beamtenposten für Rilke stark machen; eine Lösung, die diesen, wie
er Ellen Key schreibt, sogleich an einen Kerker denken läßt. Als
Heinrich Vogeler schließlich ihn und Clara einlädt, ein paar
Wochen auf dem Barkenhoff zu verbringen, greift er mit beiden
Händen zu. Ein Besuch im wohlvertrauten Worpswede würde
wenig kosten und ein Wiedersehen mit Ruth in Oberneuland
ermöglichen.

Bevor er Paris am 1. Juli 1903 verläßt, macht Rilke seinem Herzen
in einem Brief Luft, dessen Adresse deutlich macht, wie es wirklich
um ihn steht. Zum ersten Mal seit dem über zwei Jahre zurückliegenden »Letzten Zuruf« wendet er sich an Lou Andreas-Salomé, die
er so aus den Augen verloren hatte, daß der Brief ihr über eine
gemeinsame Danziger Freundin zugeleitet werden muß. In wenigen
Zeilen bittet er, während seines bevorstehenden Deutschlandauf-
enthalts »einmal nur, für einen einzigen Tag [bei ihr] Zuflucht
suchen« zu dürfen. Wenn ihr das nicht genehm sei, möge sie ihm, so
fügt er vielsagend hinzu, die Anschrift des mit ihr befreundeten
Internisten Dr. Pineles geben. Lou antwortet postwendend aus
Berlin, daß er jederzeit willkommen sei, daß es aber besser wäre, das
Wiedersehen vorerst auf brieflicher Basis zu feiern: »Für zwei alte
alte Schreiberiche wie wir *[sic]* bedeutet das ja nichts Künstliches.«

Rüsternallee 36.

7. VIII 1903.

Lieber Rainer,

als Dein „Rodin" kam und ich
ihn kaum lasen, da schien mir, ich könnte
dir nun lange nicht schreiben! Wollte mich
in langer Ruhe sattlesen an dem kleinen
Buch, das viele tausend Seiten groß ist.
Und das mir unglaublich lieb ist, vielleicht — nein, ohne Vorbehalt, — am liebsten
von allen Deinen veröffentlichten Büchern.

denn wie sollte ich mich nicht freuen,
da du es sogar im Ausdruck des Lei-
dens narrätst, was du so wurdest:
diese Freude die über Deinen Briefen
liegt, ist zu dir selbst noch nicht niedergestiegen: aber sie ist ja Dein, und
in ihrem Schatten ruhst Du noch aus
ruhen von allem, was weh tut.

Lou.

Anfang und Schluß eines Briefes von Lou Andreas-Salomé an Rilke vom 7. August
1903. »Diese Freude, die über Deinen Briefen liegt, ist zu Dir selbst noch nicht
niedergestiegen . . .«

In einer Reihe von dicht aufeinanderfolgenden Briefen, die er Lou aus Worpswede schickt, bringt Rilke seine Pariser Eindrücke mit einer Intensität zu Papier, die alle früheren Äußerungen hierüber, ob im *Buch von der Armut und vom Tode* oder im *Buch der Bilder* oder in Briefen an Clara, Ellen Key, Arthur Holitscher und andere, als matt und nahezu teilnahmslos erscheinen lassen. Hatte er zum Beispiel den in Worpswede festgefahrenen Otto Modersohn eben noch ermahnt: »Halten Sie an Ihrem Lande!« und Paris pathetisch mit Sodom und Gomorrha verglichen (»von denen die Bibel erzählt, daß der Zorn Gottes hinter ihnen emporstieg«), so fällt jetzt alle Pose von ihm ab. Einmal mehr kommt der Zögling René Rilke zum Vorschein, verletzlich wie ein aus dem Nest gefallener Vogel, aber wie dieser auch mit weit aufgerissenen Augen, die alles registrieren:

Ich möchte Dir sagen, liebe Lou, daß Paris eine ähnliche Erfahrung für mich war wie die Militärschule; wie damals ein großes banges Erstaunen mich ergriff, so griff mich jetzt wieder das Entsetzen an vor alledem was, wie in einer unsäglichen Verwirrung, Leben heißt. Damals als ich ein Knabe unter Knaben war, war ich allein unter ihnen; und wie allein war ich jetzt unter diesen Menschen, wie fortwährend verleugnet von allem was mir begegnete; die Wagen fuhren durch mich durch, und die welche eilten, machten keinen Umweg um mich und rannten voll Verachtung über mich hin wie über eine schlechte Stelle in der altes Wasser sich gesammelt hat . . .

O es haben tausend Hände gebaut an meiner Angst [fährt er atemlos fort, weder um Syntax noch Satzzeichen bekümmert] und sie ist aus einem entlegenen Dorf eine Stadt geworden eine große Stadt, in der Unsägliches geschieht. Sie wuchs die ganze Zeit und nahm mir das stille Grün aus meinem Gefühl, das nichts mehr trägt. Schon in Westerwede wuchs sie . . . Und als Paris kam, da wurde sie rasch ganz groß. Im August vorigen Jahres traf ich dort ein . . . Da ging ich an den langen Hospitälern hin, deren Thore weit offen standen mit einer Gebärde ungeduldiger und gieriger Barmherzigkeit. Als ich zum ersten Mal am *Hôtel Dieu* vorbeikam [schreibt er über das Pariser Armenkrankenhaus, das auch im *Malte* an prominenter Stelle fungiert], fuhr gerade eine offene Droschke ein, in der ein Mensch hing, schwankend bei jeder Bewegung, wie eine zerbrochene Marionette schief, und mit einem schweren Geschwür auf dem langen, grauen, hängenden Halse. Und was für Menschen bin ich seither begegnet . . . Man fing sie höchstens als Eindruck auf und betrachtete sie mit ruhiger sachlicher Neugier wie eine neue Art Tier, dem die Not besondere Organe ausgebildet hat, Hunger- und Sterbeorgane. Und sie trugen das trostlose, mißfarbene Mimikry der übergroßen Städte und hielten aus unter dem Fuß jedes Tages der sie trat wie zähe Käfer, dauerten, als ob sie noch auf etwas warten müßten, zuckten wie Stücke eines zerhauenen großen Fisches, der schon fault aber immer noch lebt. Sie lebten, lebten von nichts, vom Staub, vom Ruß und vom Schmutz auf ihrer Oberfläche, von dem was den Hunden aus den Zähnen fällt, von irgend einem sinnlos zerbrochenen Dinge, das immer noch jemand kaufen mag zu unerklärlichem Gebrauch. O was ist das für eine Welt . . .

Da gab es alte Frauen, die einen schweren Korb absetzten an irgend einem Mauervorsprung, (ganz kleine Frauen, deren Augen wie Pfützen austrockneten) und als sie ihn wieder greifen wollten, da schob sich langsam und umständlich ein langer rostiger Haken aus ihrem Ärmel hervor, statt einer Hand, und ging gerade und sicher auf den Henkel des Korbes los. Und waren andere alte Frauen, die mit den Schubladen eines alten Nachttisches in der Hand umhergingen und jedem zeigten, daß drinnen zwanzig verrostete Stecknadeln herumrollten, die sie verkaufen mußten . . .

O Lou, ich habe mich so gequält, Tag für Tag. Denn ich verstand alle diese Menschen und obwohl ich in einem großen Bogen um sie herumging, hatten sie kein Geheimnis vor mir. Es riß mich aus mir heraus in ihr Leben hinein, durch alle ihre Leben hindurch, durch alle ihre beladenen Leben. Ich mußte mir oft sagen, daß ich nicht einer von ihnen bin, daß ich wieder fortgehen würde aus dieser schrecklichen Stadt, in der sie sterben werden; ich sagte es mir und fühlte, daß es kein Betrug war. Und doch wenn ich merkte, wie meine Kleider von Woche zu Woche schlechter und schwerer wurden und sah, wie sie zerschlissen waren an vielen Stellen, erschrak ich und fühlte daß ich rettungslos zu den

Verlorenen gehören würde, wenn nur irgend ein Vorübergehen-
der mich sah und mich halb unbewußt zu ihnen zählte . . .

Texte dieser Art sagen viel über Rilkes frühe Pariser Erfahrungen
aus. Sie lassen aber eine Frage offen: Warum wurde gerade Paris
zum Schauplatz einer solchen Erschütterung, ja Atomisierung
seiner Persönlichkeit? Elendsquartiere mitsamt ihrer Bevölkerung
von Armen und Kranken hatte es auch in München und Berlin, in
Moskau und Petersburg und sogar in Prag gegeben, ohne daß Rilke,
der durchaus nicht immer in großen Hotels oder bei reichen
Freunden wohnte, viele Worte darüber verloren hätte. Wo er
soziales Elend bisher beschrieben hatte, in einigen frühen Erzählungen und den Theaterstücken seiner naturalistischen Phase, war es
ihm um den Hintergrund zu tun gewesen, vor dem seine Personen
agierten. Hier hingegen spürt man in jedem Satz seine Betroffenheit.
Wenn Lou ihn in ihrer Antwort den Dichter der »Mühseligen und
Beladenen« nennt, dann gebraucht sie allerdings insofern die
falsche Terminologie, als Rilke Paris nicht mit den Augen eines
tätigen Christen oder Sozialreformers sieht und sich, im Gegensatz
zu anderen Wahlparisern wie später Henry Miller oder George
Orwell, auch nicht mit den Armen identifiziert. Im Gegenteil, er hat
Angst, irgendein belangloser Fremder könnte ihn als Clochard
einstufen.

Vieles spricht dafür, daß Rilkes Sensibilität auch dem von
anderen empfundenen Schmerz gegenüber, sein In-Mitleiden-
schaft-gezogen-Werden von allem, was um ihn vorgeht, jetzt einen
Höhepunkt erreicht, um einer noch stärkeren, zum Überleben
schlechthin unumgänglichen Nötigung zu weichen: dem Zwang,
den Schmerz aus sich herauszustellen und in Dichtung zu verwandeln. In einem nur wenig später verfaßten, in der Hauptsache von
Rodin handelndem Schreiben heißt es denn auch ganz unverblümt:
»O Lou, in einem Gedicht, das mir gelingt, ist viel mehr Wirklichkeit als in jeder Beziehung oder Zuneigung, die ich fühle.« Daß
selbst dies nur eine Rettung auf Widerruf und der Konflikt zwischen
Sensibilität und Selbstbehauptung nicht aus der Welt zu schaffen ist
(seine Lösung hätte Rilkes Ende als Dichter bedeutet), zeigt ein
ungemein aufschlußreicher Brief, den er Ende 1903 aus Rom

schreibt. Er freut sich, daß er das »unendlich Quälende«, das ihm Paris bedeutet, dort nicht empfindet und das Unangenehme nun überhaupt leichter von sich fernhalten kann, »selbst wenn es so schrecklich ist wie die Mißhandlung eines kleinen Wagenpferdes durch Stöcke, Fäuste und Füße von zwanzig Menschen (zugehörigen und zufällig hinzugekommenen), die« – und nun folgt ein unerwarteter, logisch unmöglicher und doch über alle Logik hinweg ausdrucksvoller Gebrauch des persönlichen Fürworts – »ich neulich auf der Piazza d'Aracoeli erlitt«.[88]

Mit der übergroßen Leidensfähigkeit allein ist Rilkes nahezu tödliche Reaktion auf Paris allerdings ebensowenig erklärt wie mit der Baudelaire-Lektüre jener Tage oder dem Rodinschen Vorbild einer bewußten Konfrontation mit der Wirklichkeit. Schwerer mag gewogen haben, daß Rilke ohne Übergang aus der Nestwärme einer jungen, durch ein Kind bekräftigten Ehe in die Anonymität des Großstadtlebens und aus dem efeubewachsenen, mit eigenen Büchern, Bildern und Möbeln ausgestatteten Bauernhaus in ein schäbiges Absteigequartier im fünften Arrondissement versetzt wurde (auch wenn das Gesicht der Gegend weniger von den Krankenhäusern, die in seiner Vorstellung so übermächtig sind, als von Schulen bestimmt wird; die Sorbonne und die Ecole de Droit, die Lycées Louis-le-Grand und Henri IV sowie das Institut Océanographique liegen in der unmittelbaren Umgebung). – Er kennt anfangs niemanden, dem er seine Ängste anvertrauen könnte, und seine Sprachschwierigkeiten, obwohl niemals kritisch, genügen vorerst doch, um ihn sofort als Orts- und Landesfremden zu kennzeichnen. Seine nie robuste Gesundheit macht ihm zu schaffen, der Geldmangel bedrückt ihn ebenso wie das chronische Unvermögen, mit vielen Fragen des praktischen Alltags fertigzuwerden: Aus irgendeinem Grunde fällt ihm sogar das Autobusfahren schwer (»Die Omnibusse sind für meine Unbeholfenheit nicht eingerichtet«). All das drängt ihn in eine Außenseiterstellung und bringt ihn denen näher, die ihr ganzes Leben im Abseits verbringen und schließlich in »dieser schrecklichen Stadt . . . sterben werden«.

Das Wiedersehen mit Worpswede lindert diese Schmerzen nur vorübergehend. Von den Malern fühlt er sich längst entfremdet, von keinem mehr als von Vogeler, der in seiner Häuslichkeit aufgeht – seine Frau erwartet ihr zweites Kind, als es kommt, müssen Rilke und Clara zu deren Eltern nach Oberneuland umziehen – und dessen künstlerisches Schaffen sich mehr und mehr in Wiederholung erschöpft. Rilkes Beziehung zu seinem Schwiegervater ist ebenfalls gespannt; der alte Herr leidet an Verkalkung und neigt zu Zornausbrüchen. Gerade unter dem Westhoffschen Dach kommt es Rilke immer wieder zum Bewußtsein, daß er, auch wenn ihm »die Allernächsten, die es angeht, keinen Vorwurf machen deshalb«, seine kleine Familie noch immer nicht ernähren kann. Die Formulierung legt nahe, daß einige Familienmitglieder ihn dies fühlen lassen. So sind die Tage mit Ruth, die ihre Eltern erst richtig kennenlernen muß, der einzige Lichtblick in diesem auch literarisch unproduktiven Sommer:

> Zuerst, als wir kamen [berichtet er Lou, der als zweiundvierzigjähriger, kinderloser Frau bei der Lektüre manches durch den Kopf gegangen sein mag], versuchten wir, ganz still und wie Dinge zu sein, und Ruth saß und sah uns lange an. Ihre ernsten, dunkelblauen Augen ließen nicht ab von uns und wir warteten eine Stunde lang fast ohne uns zu rühren, wie man wartet, daß ein kleiner Vogel näherkommt den jede Bewegung verscheuchen kann. Und schließlich kam sie ganz von selbst näher und versuchte einzelne Worte, ob wir sie verstünden; später erkannte sie von ganz nah in unseren Augen ihr kleines, glänzendes Bild. Und rief sich und lächelte; das war ihre erste Vertraulichkeit.

Schon nach wenigen Wochen muß sie wiederum unter der Obhut der Großeltern zurückbleiben: Rilke und Clara brechen nach Rom auf, wo sie mit Hilfe eines Stipendiums überwintern und, wie gewohnt, jeder für sich arbeiten wollen. Unterwegs ist ein kurzes Wiedersehen mit dem Vater in Marienbad vorgesehen. Wie eine der wenigen erhaltenen Postkarten von seiner Hand bezeugt, hat sich der stets auf äußeren Wohlstand bedachte Josef Rilke von Sohn und Schwiegertochter ausbedungen, daß sie nicht in Russenhemd und Reformkleid, sondern »gut angezogen« vor ihm und seinen Kurbekanntschaften erscheinen. Er erbietet sich sogar, dem Sohn von seinem Prager Schneider einen Anzug machen zu lassen. Erinnert er sich an einen lange zurückliegenden Sonntagsspaziergang auf dem Graben, in Gesellschaft des halbwüchsigen René, dessen Kleidung zu wünschen übrig ließ? Denkt Rilke seinerseits, wenn er sich in Marienbad die wohlgemeinten väterlichen Ratschläge anhört, die sämtlich die Vorteile eines abgesicherten Beamtendaseins hervorheben, an das *Stunden-Buch*-Gedicht, in dem er fragt:

> Ist uns der Vater denn nicht das, was *war;*
> vergangne Jahre, welche fremd gedacht,
> veraltete Gebärde, tote Tracht,
> verblühte Hände und verblichnes Haar?

Josef Rilke kehrt bald in seine Junggesellenwohnung in der Pflastergasse in Prag zurück, während die jungen Leute über München und Venedig nach Rom weiterreisen, von wo sie »Unserem lieben guten Papa« zu Weihnachten eine Karte mit ihrem Bild schicken. Sie wohnen zuerst nahe dem Kapitol, bis Rilke das Studio al Ponte bezieht, ein kleines, über einer Brücke gelegenes Atelier im Garten der Villa, die der elsässische Maler und Mäzen Alfred Strohl-Fern nahe der Piazza del Popolo besitzt. Clara bewohnt in der Nähe ein eigenes Atelier.

Obwohl ihm Rom nicht, wie Paris, den Atem verschlägt, ist Rilke wiederum bald enttäuscht. Wie viele Besucher vor ihm, sucht er in Rom vor allem das Antike und findet hauptsächlich den Barock. Selbst von Michelangelo, den Rodin ihm und Clara besonders ans Herz gelegt hat, scheint es weniger zu geben als von Künstlern wie Guido Reni oder Guercino. Nur die Aquädukte und Brunnen finden Rilkes sofortige Zustimmung, ihnen widmet er später mit *Römische Fontäne* ein bekanntes Gedicht. Doch klagt er bald über Regen, über den vorwiegend musealen Eindruck, den die Stadt, besonders im Gegensatz zum vitalen Paris, auf den Reisenden macht, und über seine angegriffene Gesundheit:

Jene merkwürdigen Unstätheiten im Gange meines Blutes [lesen wir in einem Brief an Lou], von denen ich Dir vor einem Jahre schrieb, traten wieder auf und verursachten mir Tage und

Nächte, die unter den heftigsten Kopfschmerzen, Zahnschmerzen qualvoll langsam und nutzlos vergingen . . .

Kaum hat er sich häuslich eingerichtet, da schweifen seine Gedanken schon in die Ferne: nach Rußland, um das er sich wegen des Krieges mit Japan sorgt; nach Paris, wo er Rodin weiß; nach Deutschland, wo er mit Juncker und dem Insel-Verlag über eine Neuauflage der *Geschichten vom lieben Gott* verhandelt; und vor allem nach Skandinavien.

Der Wunsch, Dänemark kennenzulernen, ist ihm seit seiner ersten Jacobsen-Lektüre nicht wieder aus dem Sinn gegangen. Seither hat die Bekanntschaft mit der zeitgenössischen skandinavischen Literatur (unter den von ihm rezensierten Autoren sind Karin Michaelis, Herman Bang und Ellen Key) seine Anteilnahme noch vertieft. In Rom kauft er sich eine dänische Grammatik, liest Kierkegaards *Tagebuch des Verführers* und entwirft den Plan eines Buches über Jacobsen. Auch der Briefwechsel mit Ellen Key wird immer reger; sie verschafft ihm eine Einladung auf das Gut Borgeby-gård in Südschweden, er läßt ihr seine Bücher schicken, über die sie in Göteborg und Kopenhagen Vorträge hält.

Die eigentliche Arbeit freilich, um deretwillen er nach Rom gezogen ist, stockt und versiegt bald völlig. Außer einigen Gedichten aus dem Januar 1904, wie den von römischen Bildwerken angeregten *Orpheus. Eurydike. Hermes* und *Geburt der Venus,* schreibt er nur noch den Anfang des *Malte Laurids Brigge* (damals noch *M. L. Larsen*). Zwar stellen diese paar Seiten, wie er selbst urteilt, »eine feste lückenlose Prosa« und einen »Fortschritt« dar; aber es sind eben nur wenige Seiten. Der Besuch der Mutter, der sich nun nicht mehr aufschieben läßt, und andere kleine Verstimmungen vergällen ihm bald den weiteren Aufenthalt in Rom. Obwohl er es noch oft besuchen wird, nimmt er innerlich bereits Abschied von Italien, von seiner zu offensichtlichen, kein Geheimnis duldenden Natur (»Hier ist die Nachtigall wirklich nur ein kleiner, brünstiger Vogel mit seichtem Gesang und leicht erfüllbarer Sehnsucht«) und seiner großen Vergangenheit, die den schmächtigen Enkeln wie ein zu weiter Mantel um die Schultern schlottert (». . . das Scheinleben dieses vergangenen Volkes, die Phrase seiner Nachkommenkunst, die Gartenblumenschönheit von d'Annunzios Versen«). Es ist eine Reaktion, die aus dem Leben von vielen nordischen Italienreisenden bekannt ist, von Goethe und Thomas Mann und anderen, die begeistert über die Alpen fuhren und nach einer Weile dem Land enttäuscht den Rücken kehrten. Jens Peter Jacobsen hatte es sogar fertiggebracht, Florenz langweilig und Neapel »gräßlich« zu finden.[89]

So sind die Weichen für Skandinavien gestellt. Im Juni 1904 reist Rilke in den Norden und trifft, ein zweiter Tonio Kröger und fast zur selben Zeit wie dieser Verwandte im Geist, nach stürmischer Überfahrt in Dänemark ein.

I

Nach kurzem Aufenthalt in Kopenhagen, »Jacobsens Stadt«, wo er vor der Glyptothek Rodins »Bürger von Calais« in Bronze bewundern kann, fährt Rilke über den Öresund weiter nach dem schwedischen Malmö. Dort wird er von Ernst Norlind in Empfang genommen, dem Freund und späteren Mann von Hanna Larsson, der Herrin von Borgeby-gård und Rilkes Gastgeberin. Sie ist »eine kleine feste Person mit dunklem Haar . . . einfach, wie eine Schaffnerin oder Wirtschafterin, mehr Mensch als Frau«, und stammt aus einer Bauernfamilie, in deren Besitz das Gut erst vor kurzem übergegangen ist. Da sie kein Deutsch kann und Rilke nur wenig Dänisch, verständigt man sich auf Französisch; auch hat Norlind, der malt und dichtet, etwas Deutsch von einem Aufenthalt in München mitgebracht.

Borgeby-gård, zwischen Malmö und Lund in der südschwedischen Provinz Skåne gelegen, besteht aus einem Schloß (einem alten Turm mit angebautem Herrschaftshaus) mit den dazugehörigen Wirtschaftsgebäuden, einem Park mit ausgedehntem Baumbestand, Feldern und Weideland. Selbstverständlich gehört auch ein großer Hund dazu, der den Gast auf seine Weise willkommen heißt: »Er beroch alles Neue und Meine aufmerksam, drückte seinen Kopf an mich, ging noch ein bißchen prüfend umher und sagte dann etwas ganz Tiefes, Zustimmendes.« Rilke läßt sich von ihm auf den Spaziergängen begleiten, die er barfuß über die Wiesen macht, und bei Besuchen in den Ställen – das Gut hat zweihundert Kühe –, wo er eine Schale warme Milch trinkt: »Weithin sah man ab und auf Rücken, warme Rücken und Atmendes . . . Und leises Kauen und Leben und Wohlsein.«

Da er keine dringenden schriftstellerischen und auch kaum

gesellschaftliche Verpflichtungen hat, kann er das Landleben in vollen Zügen genießen. Nach dem verregneten römischen Winter und dem hastigen, grellen Frühling dort unten empfindet er das kühle Wetter, mit viel Wind, mit dem Duft von Levkojen, Phlox und Malven und mit Stürmen, die vom Meer herübergefegt kommen und die Krähen aus den Baumwipfeln aufschrecken, als reine Wohltat. Obwohl er viel und gern allein ist, sind ihm auch die gelegentlichen Besucher auf Borgeby-gård sympathisch, allen voran der Zoologiestudent Torsten Holmström, der von der Universität Lund zum Entenschießen herüberkommt. In einem Brief an Clara schildert er diesen jungen Mann, der »mit jener weithingewendeten Jägeraufmerksamkeit, die Turgenjeff liebte«, die Felder durchstreift und . . . *Niels Lyhne* in der Tasche hat.

Als nach wochenlanger Ruhe und Beschaulichkeit keine Arbeitsstimmung aufkommen will, tröstet Rilke sich mit dem Gedanken, daß der Landaufenthalt der Erholung dient und er im Sommer ohnehin nicht gut arbeitet; seine Zeit ist der Herbst. Überdies bemerkt er an sich eine zunehmende Erschöpfung im Gespräch. Denn so rücksichtsvoll seine Gastgeber ihn auch behandeln, das heißt im wesentlichen sich selbst überlassen, und so sehr ihnen die gemeinsame Freundin Ellen Key die Schonung Rilkes ans Herz gelegt haben mag – als Hausgenosse glaubt dieser zum Abendessen erscheinen und das Seine zur Unterhaltung beitragen zu müssen. Auch wenn er nachher meist einen bitteren Geschmack, ein »Ausgabegefühl« und eine »Morgen-nach-einem-Gelage-Stimmung« bei sich feststellt. Dramatische Worte zur Kennzeichnung eines Gesprächs mit Ernst Norlind und Hanna Larsson? Man muß wohl in Rechnung stellen, daß diese Menschen, die auf wohlwollend-undiskriminierende Art »Gutes« tun, ihm letzten Endes doch fremd bleiben, auch wenn Norlind später zu den ganz wenigen Männern gehört, die Rilke duzen dürfen.

Überhaupt gibt dieser sich jetzt, wie immer in unproduktiven Zeiten seines Lebens, einer teils larmoyanten, teils griesgrämigen Stimmung hin, in der er an manchem kein gutes Haar läßt. Als ihn zum Beispiel Holitscher, der gerade eine Reise dorthin erwägt, brieflich über England befragt, brüstet Rilke sich mit seinem Unwissen: »Mir ist alles Englische fern und fremd; ich kenne nicht die Sprache dieses Landes, fast nichts von seiner Kunst, keinen seiner Dichter; und unter London stelle ich mir etwas sehr Quälendes vor.«[90] Obwohl ihm England nie recht vertraut sein und er es auch nie besuchen wird, steht er der englischen Literatur in Wirklichkeit nicht annähernd so borniert gegenüber, wie er sich hier gibt. – Ähnlich hält Rilke es um diese Zeit mit der Musik, zu der er erst spät einen Weg finden wird (auf dem er dann nicht weit geht). Aus diesem Sommer, in dem er wohl auch mal ein Haus-, oder Familienkonzert über sich ergehen lassen muß, stammt eine böse Bemerkung über diese Kunst mit ihren »leichten Auflösungen«, denen die Musiker nur selten widerstehen können: »Nur wenn sie, wie Beethoven als Lebender oder Bach als Beter, Auflösung um Auflösung verachten und ablehnen, wachsen sie. Sonst nehmen sie einfach an Leibesumfang zu.« (Die ungewöhnliche Verbindung von Musik und Leibesfülle ist Reminiszenz eines Jugenderlebnisses: Rilke war als Kind in Aussee bei einem Ausflug einmal in einen dicken Herrn hineingelaufen, der sich bei näherer Bekanntschaft als Johannes Brahms entpuppte.) Wenn es die Bestimmung des Wortes ist, so führt er in einem Brief aus Schweden aus, Gestalt anzunehmen, dann darf dieses Wort nicht in Gespräch oder Musik verausgabt und dann darf auch der Abend, Frucht und Krönung des Tages, nicht in belangloser Konversation verschwendet werden. Tatsächlich läßt er sich wie in Viareggio nun auch in Borgeby-gård vom gemeinsamen Essen dispensieren. In Jonsered, wo er später bei anderen Freunden als Gast wohnt, traut er sich nicht recht, dies zu tun, klagt aber wiederum, daß ihn die Hausordnung seine Abende koste: »Man ißt um sieben Mittag«, stellt er resigniert fest, »und bleibt dann beisammen!«

Ende August lernt Rilke auch seine Brieffreundin Ellen Key kennen; sie kommt zu Besuch nach Borgeby-gård und nimmt ihn gleich nach Göteborg mit. Ellen Key ist eine fünfundfünfzigjährige Frau von resolutem Geist und Gebaren, aber dennoch von der größten Hilfsbereitschaft gegenüber allen, die sich an sie wenden. In ihrem Hauptwerk, *Das Jahrhundert des Kindes* (1900), hatte sie die Wichtigkeit einer Selbstverwirklichung schon des ganz jungen Menschen betont und alle Praktiken abgelehnt, die einer leistungsorientierten Erziehung dienen. Zweifellos auf eigene Erfahrungen zurückgreifend, spricht Rilke in seiner Rezension des Buches von der Schule seiner Jugendzeit geradezu als dem Schauplatz eines »systematischen Kampfes gegen die Persönlichkeit« und führt aus, daß »freie Kinder zu schaffen . . . die vornehmste Aufgabe dieses Jahrhunderts [sein muß, denn] ihr Sklaventum ist schwer und schrecklich; es beginnt, noch ehe sie geboren sind, und endet damit, daß sie schließlich Erwachsene und Eltern, das heißt wieder Unterdrücker von neuen Kindern werden«. Aus dem Gefühl dieser und anderer Gemeinsamkeiten heraus hatte er Ellen Key aus Paris einen ersten Brief geschrieben und seine Bücher schicken lassen, von denen ihr die *Geschichten vom lieben Gott* so gut gefielen, daß er ihr in einer schönen Geste die zweite Auflage widmete. So entwickelt sich ein reger Kontakt, zumal die Schwedin, die als überzeugte Feministin mit vielen bedeutenden Zeitgenossinnen in Verbindung steht, auch mit Lou Andreas-Salomé befreundet ist.

In der Annahme, daß der ihr vorerst nur durch seine Werke und Briefe bekannte Rilke in praktischen Dingen nicht sehr beschlagen sein könne, versucht Ellen Key verschiedentlich, ihm unter die Arme zu greifen; sie will ihn vor dem Schicksal des norwegischen Neuromantikers Sigbjörn Obstfelder bewahren, der jung und in großer Armut gestorben war. Zu ihren Hilfsangeboten gehört die Bereitstellung möglicher Babysitter für den Fall, daß Rainer und Clara Rilke ihre kleine Tochter bei sich in Paris haben wollten: Eine Idee, von der die Eltern weit weniger angetan sind als die kinderlose Wohltäterin. Und dazu gehören auch die vielfältigen Aktivitäten – heute hießen sie »Public Relations« –, durch die sie Rilke nicht nur in ihrer skandinavischen Heimat bekannt macht. Ihr wichtigster Essay über ihn erscheint 1904 und wird im Rahmen einer größeren Veröffentlichung später nachgedruckt. Auch erwähnt sie Rilke noch auf Jahre hinaus in ihren pädagogischen Vorträgen (bei einem erfährt der pensionierte Generalmajor von Sedlakowitz vom Dichterruhm seines ehemaligen Zöglings und beschließt, die Verbindung zu ihm wieder aufzunehmen). So vertieft die persönliche Begegnung von Rilke und Ellen Key eine bereits bestehende Freundschaft, die auch Clara einbezieht, als diese auf ein paar Wochen zu Besuch nach Schweden kommt. Noch zu Ellen Keys sechzigstem Geburtstag im Jahr 1909 schreibt Rilke eine Würdigung ihres Lebenswerks, die zusammen mit den Glückwünschen vieler anderer Gratulanten, darunter so verschiedener Geister wie Maurice Maeterlinck und Maxim Gorki, in einer schwedischen Zeitung erscheint. Zu dieser Zeit, vielleicht schon bei einer Zusammenkunft 1906 in Paris, hat die Beziehung allerdings ihren Höhepunkt überschritten. Ellen Key ist von der Gottesferne des *Malte Laurids Brigge* schockiert, eines Buches, das sie als schlechthin krank ansieht. Rilke wiederum stößt sich am mütterlich-sozialpädagogischen Tatendrang dieser Frau, der sie zu einer »Allerweltstante« werden läßt, »die alle Taschen voll hat für die, die an Zuckerstücken und billigen Bonbons Vergnügen finden, die aber keinem einzigen den Hunger zu stillen vermag«.[91]

Im Herbst 1904 liegt das alles aber noch in weiter Zukunft. Auf einer Stippvisite in Kopenhagen lernt Rilke die schwedische Schriftstellerin Karin Michaelis kennen, deren *Schicksal der Ulla Fangel* er bereits rezensiert hat. Es kommt auch zu einem Gespräch mit dem einflußreichen Kritiker und Literaturwissenschaftler Georg Brandes, der aus Rilkes Sicht zwar »lieb und gut« ist, »aber alt und schließlich mehr ein Vergnügungsort ... als ein Mensch« (ein Urteil, auf das der Umstand abgefärbt haben mag, daß die junonische Clara es dem kleinen alten Herrn besonders angetan hatte). Rilkes Freundschaft mit der Malerin Tora Holmström, mit der er sich über den ihm damals noch fernstehenden Goethe unterhält, datiert gleichfalls aus diesen Tagen. Den Textilingenieur Jimmy Gibson und seine Frau Lizzie schließlich hat er durch Ellen Key schon in Göteborg kennengelernt. Anstatt nach Borgeby-gård zurückzukehren, nimmt er jetzt Gibsons Einladung an, mit Clara bei ihm in Haus Furuborg zu wohnen, im Industrievorort Jonsered außerhalb von Göteborg.

Ellen Keys Freundschaft mit der Familie Gibson beruht auf mehr als der gemeinsamen schottischen Herkunft. Was sie verbindet, ist in erster Linie das bald auch von Rilke geteilte Interesse am Wohlergehen einer neuartigen Schule, der 1901 gegründeten »Göteborgs Högre Samskola«. Diese Gesamtschule soll der gemeinsamen Erziehung von Kindern, Lehrern und Eltern dienen, wobei erstere natürlich im Mittelpunkt stehen, denn das Ziel ist kein geringeres als die Förderung eines harmonisch heranwachsenden, freien neuen

Menschen. Damit fügt sich die Samskola in eine pädagogische Reformbewegung ein, die auch anderswo zum Zuge kommt: John Deweys *Schule und Gesellschaft* erscheint 1900 in New York, Maria Montessori eröffnet 1907 die erste »Casa dei Bambini« in Rom. Bei der Samskola ist schon die Inneneinrichtung für damalige Verhältnisse ungewöhnlich: Der Lehrer sitzt nicht auf erhöhtem Pult, Bänke und Sitze lassen sich beliebig arrangieren, das Gebäude riecht nicht nach »Staub, Tinte und Angst, . . . sondern nach Sonne, blondem Holz und Kindheit«. So formuliert Rilke es in einem Aufsatz, den er Gibsons Freunden in Jonsered vorliest und später in der *Zukunft* veröffentlicht, um die Samskola auch dem deutschen Publikum nahezubringen. In den Werkstätten lernen die Kinder ein Handwerk, wobei Facharbeiter ihnen zeigen, wie man dies und jenes anpackt. Aber auch die Eltern gehen in dieser Schule ein und aus, oder es kommt mal ein Besucher, der andere Länder gesehen hat und nun darüber spricht. Überhaupt gehört die größere Durchlässigkeit, die Öffnung zur Gesellschaft, zu den Merkmalen dieses Anstaltstyps, der weder Leistungsdruck noch Prüfungen kennt und dessen Lehrer nicht so sehr unterrichten als sich bemühen, »nichts zu stören«.

Es mag überraschen, daß Rilke, der sonst wenig an gesellschaftspolitischen Belangen interessiert ist und der nichts von Verwaltung versteht, sich dermaßen für ein spezifisches pädagogisches Modell einsetzt, daß er tatsächlich erwägt, mit Clara irgendwo in Norddeutschland eine Samskola aufzuziehen. Und doch hat dies seine Logik. Zum einen, weil er zu jenen vielen deutschen Dichtern gehört, denen der Schulbesuch zu einem Trauma geriet, an dessen Folgen sie ihr Leben lang zu leiden hatten. Man braucht dabei nicht auf Schiller oder Keller zurückzugreifen. Gerade in den Jahren, die uns beschäftigen, erschienen mehrere Bücher, in denen die deutsche Schulmisere – und sie war »deutsch«, denn diesen Werken und den ihnen zugrunde liegenden Erfahrungen läßt sich in anderen Literaturen nichts an vergleichbarer Gefühlsdichte an die Seite stellen – in voller Schärfe abgehandelt wurde: Wedekinds *Frühlings Erwachen* und Thomas Manns *Buddenbrooks*, Rilkes *Turnstunde* und Heinrich Manns *Professor Unrat*, Hesses *Unterm Rad* und Musils *Verwirrungen des Zöglings Törleß*. Was war natürlicher, als daß ein Dichter diese

Mißstände nicht nur anprangerte, sondern auch auf praktische Abhilfe sann? Es verwundert eher, daß es nicht alle taten. Zum andern gab ihm die Samskola eine Möglichkeit, erzieherische Impulse abzureagieren, indem er sie einer ganzen Anstalt und der sie beseelenden Lehre zugute kommen ließ. Soweit bisher bekannt, befindet sich in seiner ausgedehnten Korrespondenz kein Brief, in dem er den Schulmeister spielt, wie Goethe dies gegenüber der Schwester Cornelia getan hatte oder Kleist gegenüber seiner Verlobten Wilhelmine von Zenge. Der erhobene Zeigefinger gehört nicht zu Rilkes Requisiten. Auch wo er anderen Ratschläge erteilt, wie in den Briefen an den Schwager Helmuth Westhoff oder an Kappus und manchen anderen, flickt er dem Adressaten, den er bezeichnenderweise oft persönlich gar nicht kennt, nie am Zeug. Was er an pädagogischem Ethos in sich verspürt, geht eher auf das Konto von Institutionen als von Individuen.

So ergibt es sich ganz von selber, daß nicht irgendein gemieteter Saal, sondern die Turnhalle der Göteborger Samskola am 17. November 1904 Schauplatz einer Dichterlesung wird, die Rilke vor rund zweihundert Menschen hält. Das Programm umfaßt unter anderem die Michelangelo-Episode »Von einem, der die Steine belauscht« aus den *Geschichten vom lieben Gott* sowie die Gedichte *Der Panther* und *Orpheus. Eurydike. Hermes.*

Aus dem Gedankengut der Samskola findet die Abschaffung des formellen Religionsunterrichts Rilkes besondere Zustimmung: »Man hat sich entschlossen«, schreibt er in dem für die *Zukunft* bestimmten Artikel, »die biblischen Stoffe nach den reinsten, absichtslosesten Quellen . . . vorzutragen, und man will nach und nach dazu kommen, Religion nicht ein- oder zweimal in der Woche zu geben . . ., sondern immer, täglich, mit jedem Gegenstande in jeder Stunde.« Als ihm kurz darauf eine an Männer aus verschiedenen Kreisen und Berufen gerichtete Anfrage der Bremer »Vereinigung für Schulreform« ins Haus geschickt wird, stellt er sich, unter Bezugnahme auf den Präzedenzfall der Samskola, ganz auf die Seite derer, die den Religionsunterricht aus dem Stundenplan entfernen wollen.

Weniger eindeutig ist seine Reaktion auf eine von dem späteren Reichstagsabgeordneten Dr. Julius Moses veranstaltete Rundfrage

»Zur Lösung der Judenfrage«, wie man das 1907 in aller Naivität und wohl auch Unschuld noch nennen konnte. Rilke antwortet mit dem Hinweis auf eine »Selbstaufrichtung« des jüdischen Volkes, die aus einer Rückbesinnung auf die Religion hervorgehen müsse. Bei einer späteren Erörterung dieses Problems greift er wiederum auf skandinavische Erfahrungen zurück, indem er einer Bekannten erklärt, man habe damals oft nach ihm geschickt, »wie man einen Arzt holen läßt«, damit er in den Häusern schwedischer Freunde Richard Beer-Hofmanns *Schlaflied für Mirjam* vortrage. Von dieser Erinnerung kommt Rilke auf das Schicksal der Juden zu sprechen, die ihre Wurzellosigkeit leichter ertragen können, da sie »bevorzugt schein[en] durch die in [ihnen] eingeborene Einheit von Nationalität und Religion«. Den Juden, so fährt er fort, hafte sowohl etwas Auflösendes wie etwas Behauptendes an, »und je nachdem man die eine oder andere Seite dieses jüdischen Auswegs betont, wird man ihn fürchten oder rühmen müssen«. In einer recht undurchsichtigen Formulierung scheint er einer zionistischen Lösung zuzuneigen, ohne auf Spezifisches einzugehen oder die Frage als vordringlich zu betrachten: »Vielleicht muß dieses Ferment«, so schreibt er zusammenfassend an eine jüdische Bekannte, »wenn es lange genug gewirkt hat, wieder zurückgezogen und in seinem eigensten Gefäß gesammelt werden. Die aus rein jüdischem Impuls stammende zionistische Bewegung wäre ein Anfang zu dieser, vermutlich gebotenen Austrennung.«[92] (Als diese schließlich durchgeführt wurde, lebte Rilke nicht mehr. Er konnte nicht ahnen, daß die »Austrennung« dereinst die Form der versuchten Ausmerzung eines ganzen Volkes annehmen würde; auch die Juden ahnten das damals nicht. Rilke, der Bewunderer Beer-Hofmanns und Kafkas, Förderer Else Lasker-Schülers und Franz Werfels, Freund Samuel Fischers und Kurt Wolffs, der Vertraute sowohl Walther Rathenaus wie Ernst Tollers und ein mit vielen jüdischen Frauen liierter Mann, war kein Antisemit – auch wenn er den gesellschaftlichen Antisemitismus seiner Mutter und einiger Freunde wie Marie von Thurn und Taxis stillschweigend hinnahm und an einzelnen Juden, wie an Deutschen und Österreichern, manches auszusetzen fand.)

Im Herbst 1904 übersetzt Rilke Sören Kierkegaards Briefe an

seine Verlobte, die ihn wegen ihrer dichterischen Intensität und gewisser biographischer Anklänge (z. B. der Schwierigkeit, die Liebe zu einem Menschen mit der als Lebensaufgabe aufgefaßten Arbeit zu vereinen) faszinieren. Anderes wird überarbeitet wie die *Weiße Fürstin*, die in Schweden ihre endgültige, und der *Cornet*, der dort seine zweite Fassung erhält. Der Roman macht zwar keine nennenswerten Fortschritte, aber es liegt auf der Hand, daß Malte nicht zufällig Däne ist und daß sein Schöpfer ihn ohne diesen selbsterlebten Hintergrund, der im Gesellschaftlichen übrigens eher schwedisch als dänisch ist, nicht hätte plausibel machen können. Denn Rilke wäre nicht Rilke gewesen, wenn er sich nicht auch im Norden in fremdes, vergangenes, oft weibliches Leben hineinversetzt und es in Dichtungen nachvollzogen hätte: »Erinnerungen, von denen viele nicht meine sind, gehen verhalten und hell durch meine Stube«,[93] meldet er später aus Paris und umschreibt damit das Material, aus dem er einige seiner kostbarsten Teppiche webt. So ist das in die *Neuen Gedichte* aufgenommene *In einem fremden Park*, mit dem Untertitel »Borgeby-gård«, das Selbstgespräch eines Dichters, der angesichts ihres Grabsteins das Leben einer Frau heraufbeschwört, die vor vielen Jahren einmal Herrin auf Borgeby-gård gewesen war. Aus alten Beschreibungen weiß Rilke, daß das Schloß jahrhundertelang in gräflichem Besitz gewesen und mütterlicherseits von Töchtern auf Töchter vererbt worden ist: zwei Merkmale, die es ihm besonders teuer erscheinen lassen.

Anfang Dezember, als Clara längst wieder in Deutschland ist und er selbst kurz vor der Abreise steht, hat er ein Erlebnis, das jene Verwandlung des Sichtbaren in Innenwelt illustriert, die für sein reifes Werk so charakteristisch ist. Während eines Besuchs bei Ellen Keys Bruder fährt man stundenlang mit Bahn und Schlitten – und am Ziel, bei der Ankunft vor dem Schloß, erweist sich, daß . . . es gar kein Schloß mehr gibt, daß es »verwandelt« ist:

> Dort aber, wo vier Treppen mühsam und schwer aus dem Schnee des Platzes zur Terrasse hinaufstiegen und wo diese Terrasse . . . auf das Schloß vorzubereiten glaubte, dort war nichts, nichts als ein paar schneeversunkene Büsche, und Himmel, grauer zitternder Himmel, aus dessen Dämmerung sich fallende Flocken

auslösten. Man mußte sich sagen, nein, es ist kein Schloß da, man erinnerte sich ja auch, gehört zu haben, daß es vor Jahren abgebrannt sei, aber man fühlte, daß dennoch etwas da war, man empfand irgendwie, daß die Luft hinter jener Terrasse noch nicht eines geworden war mit der übrigen, daß sie noch eingeteilt war in Gänge, Zimmer und in der Mitte noch einen Saal bildete . . . Aber da trat links aus dem Seitenflügel der Gutsherr, groß, breit, mit blondem Schnurrbart und verwies den vier langen Dachshunden ihr helles Gebell; – der Schlitten fuhr an ihm vorbei im Bogen vor den ganz kleinen rechten Flügel hin und aus seiner kleinen Tür trat die gute Ellen Key, schwarz und unscheinbar, aber lauter Freude unter dem weißen Haar.

In der Erinnerung des jungen Malte Laurids Brigge ist es das Schloß der Grafen Schulin, das, obwohl vor Zeiten abgebrannt, hinter der großen Freitreppe gefühlt und sogar gesehen wurde, auch wenn es die prosaischen Schulins nicht wahrhaben wollen: »Wenn Maman und ich hier wohnten«, bekräftigt Malte, »so wäre es immer da.« In der *Siebenten Elegie* wird diese Vorstellung vertieft und verallgemeinert:

Nirgends, Geliebte, wird Welt sein, als innen. Unser
Leben geht hin mit Verwandlung. Und immer geringer
schwindet das Außen. Wo einmal ein dauerndes Haus war,
schlägt sich erdachtes Gebild vor, quer, zu Erdenklichem
völlig gehörig, als ständ es noch ganz im Gehirne.

II

Kurz vor Weihnachten 1904 kehrt Rilke aus Schweden zurück und verbringt die Feiertage mit Frau und Tochter. Er braucht Ruhe, nachdem er sich schon im Herbst in einer dänischen Klinik hatte untersuchen lassen, wobei man ihm Blutarmut, Kreislaufstörungen und eine allgemeine Erschöpfung attestierte. Wie der Zufall es will, erhält er jetzt durch Ellen Key, die gerade in Prag einen Vortrag gehalten hat, wiederum ein kleines Stipendium von den dortigen Literaturfreunden.

Es ist bezeichnend für sein unbürgerliches Verhältnis zum Geld, daß er, ohne eigentlich krank zu sein, die unerwartete Zuwendung sogleich zu einer Kur verwendet. Und zwar geht er nicht auf ein paar Tage in ein Allerweltsbad, sondern verbringt, obwohl er nicht mehr über Unterstützung von zu Hause und noch nicht über nennenswerte schriftstellerische Einkünfte verfügt, sechs Wochen mit Clara in einem der teuersten Sanatorien Europas, in Dr. Heinrich Lahmanns »Weißem Hirsch« bei Dresden, wo die beiden sich schon während ihrer Flitterwochen aufgehalten hatten. (Lahmann stammt aus Bremen, wo sein Bruder eine Kunstsammlung besitzt; es ist nicht undenkbar, daß Rilke und Clara in den Genuß eines Vorzugspreises kommen.) Er kennt um diese Zeit weder die reichen Leute, die ihm später in einigen Fällen über die Runden helfen, noch seinen künftigen Verleger, Freund und Finanzberater Kippenberg. Seine Frau, die vorerst nur wenige Aufträge erhält, vermag sich ihrerseits kaum über Wasser zu halten und muß immer wieder die Hilfe ihrer Familie in Anspruch nehmen. Wie kann Rilke also, von diesem einmaligen Geldgeschenk und etwaigen kleinen Vergünstigungen abgesehen, sich das Leben leisten, das er führt?

Das Geheimnis lüftet sich ein wenig, wenn man gewisse Eigenheiten seines Charakters und seiner damaligen Lebensführung berücksichtigt. Trotz einer gewissen Désinvolture gehört er auch im Finanziellen nicht zu den Menschen, die unbekümmert in den Tag hineinleben. Er macht sich durchaus Sorgen um seine Lage und fragt einmal sogar bei seinem Freund Gibson an, ob dieser jemanden wüßte, der ihm das Manuskript der *Weißen Fürstin* abkaufen würde. Andererseits braucht er wenig zum Leben, nicht so sehr aus Sparsamkeit, als, weil er an manchem, wofür andere Geld ausgeben, keinen Gefallen findet. Er ißt zum Beispiel sehr einfach, und wenn vegetarische Restaurants wie das »Ethos« in München oder das »Natura Vigor« und »Jouven« in Paris auch keineswegs billig sind, so begnügt er sich doch tatsächlich oft mit Milch, Gemüse und einem Stück Obst; er gehört überhaupt zu denen, die lieber ein Käsebrot an einem wohlgedeckten Tisch als einen Gänsebraten in einer ungepflegten Gaststätte essen. Obwohl er für sein Leben gern reist, fährt er damals noch dritter oder zweiter Klasse und steigt lieber in unscheinbaren, aber bequemen Hotels ab als in teuren und modernen; in München etwa im Marienbad in der Barerstraße, in Paris im Hotel du Quai Voltaire und dem mittlerweile abgerissenen Hotel Foyot. Er zieht sich gern gut, bisweilen ausgesprochen vornehm an, kommt aufgrund seiner Lebensweise, die weder körperliche Betätigung noch berufliche Kleiderzwänge beinhaltet, aber mit wenigen gediegenen Sachen aus. Wenn ihn ein Bekannter 1908 in München »auf das eleganteste in einem langen wienerisch modisch zugeschnittenen Gehrock mit breiten seidenen Aufschlägen und kostbarer Kravatte« gekleidet sieht, dann schildern ihn andere als gut, aber unauffällig angezogen (während wiederum ein Psychoanalytiker in der Sorgfalt, die Rilke auf seine Kleidung verwendet, eine »Verdrängung der Analerotik« hat sehen wollen).[94] Niemand erwartet von Rilke, der weder Haus noch Wohnung sein eigen nennt, daß er sich für erhaltene Gastfreundschaft revanchiert. Er tut es dennoch: mit Widmungen und Gedichten, oder auch nur nach Junggesellenmanier mit Blumen oder einer mitgebrachten Flasche Wein. – Was sparen wirklich bedeutet, entdeckt er allerdings erst, als die wohlhabende, aber geizige Ellen Key ihn in Paris besucht: »Ich lebe, seit sie hier ist, in ganz ungekannter Armut, soweit ich mit ihr bin. Wir warten an den verschiedensten Ecken auf die verschiedensten Omnibusse, wir essen in einem Duval [einer Kette von *restaurants de bouillon* oder Suppenküchen, in denen man für 2¹/₂ bis 3 Franken eine Mahlzeit erhielt] zwischendurch, gleichsam heimlich, und ich vermute, sie nährt sich vor allem von dem, was sie bei irgendeinem Besuche vorgesetzt bekommt.«

Auch wenn Rilke wenig zum Leben benötigt und vorgibt, von Herkunft und Funktion des Geldes nichts zu verstehen, ist er im ökonomischen Bereich durchaus nicht unbedarft. Zwar liegt er seinen Freunden nie auf der Tasche und weigert sich zum Beispiel auch, für die Göteborger Lesung ein Honorar entgegenzunehmen; aber das ist nur Ausdruck seiner guten Kinderstube. Bei allen Lobpreisungen der Armut als »Glanz aus Innen« hat er einen höchst realistischen Begriff von den Freuden des Reichtums, und sei's auch nur, weil man damit anderen eine Last abnehmen kann, so wie Gibson es ihm gegenüber tut. An Lou schreibt er ganz unverblümt von den finanziellen Vorteilen des Gastseins, das es ihm in Jonsered erlaube, sein eigenes Geld auf die Erneuerung seiner Garderobe anstatt auf seinen Lebensunterhalt zu verwenden.

Überhaupt gehört das Ausgeben, das bekanntlich ebenso gelernt sein will wie das Verdienen und Sparen, zu den Künsten, die Rilke schon früh beherrscht. Ein Beispiel dafür ist sein Entschluß, die Kur im »Weißen Hirsch« zu machen. Sein eigentlicher Beweggrund dürfte bis tief ins Unterbewußtsein hinabgereicht haben bei diesem Schritt, durch den er sich erstmals einem Schicksal offenhält, das von nun an öfter an ihn herantreten wird: Wenn er auf dem trockenen sitzt und Hilfe braucht, dann wird ihm diese Hilfe gewährt, ohne daß er einen Finger rühren muß (ist sie einmal in Sicht, dann tut er freilich alles, um das Wasser auf seine Mühlen zu lenken). Denn er verdankt diesem Aufenthalt die Bekanntschaft mit der Gräfin Schwerin und, durch sie, mit einem ganzen Kreis einflußreicher Gönner: mit ihrer Stiefmutter Julie Freifrau von Nordeck zur Rabenau, »Frau Nonna« genannt; mit ihrer Schwester, der mit einem bürgerlichen Justizbeamten verheirateten Alice Faehndrich; mit ihrer Tochter Gudrun von Uexküll; und mit ihren Freunden Karl und Elisabeth von der Heydt. Bei Uexkülls ist Rilke während zweier Winter auf Capri, bei von der Heydts des öfteren in Bad Godesberg und Berlin zu Gast. Später wird er an *deren* Freunde und Verwandte weitergereicht, an August Baron von der Heydt und seine Frau Selma, an die Schriftstellerin Mary Gräfin Gneisenau und ihre Schwester, die Malerin Edith von Bonin, an die unter dem Künstlernamen »Menar« als Sängerin bekannte Lily Gräfin Kanitz und an zahlreiche andere adlige Damen und Herren, so daß er schließlich im *Almanach de Gotha*, den er in Duino bei sich auf dem Tisch liegen hat, auf so viele befreundete Namen stößt wie ein anderer beim Durchblättern des heimischen Telephonbuches.

So gesellt sich zu dem Glück, das Rilke in gesellschaftlicher Hinsicht hat, die Fähigkeit, den günstigen Zufall beim Schopf zu packen. Denn Luise von Schwerin, die er in einem Allerweltsbad eben *nicht* angetroffen hätte, hält sich nur wenige Tage im »Weißen Hirsch« auf, wo außer ihr und dem Ehepaar Rilke gewiß noch andere Gäste die Kur machten. Der sonst so schüchterne Dichter muß sich, wenn nicht vorgedrängt, so doch der Gräfin irgendwie kenntlich, ja er muß ihr darüber hinaus einen nahezu unauslöschlichen Eindruck gemacht haben, denn die Bekanntschaft führt bald schon zum Verkehr mit der ganzen Familie und zu Einladungen auf ihre Besitztümer. – Einige dieser Frauen haben das von Rilke ausgehende Fluidum zu schildern versucht, andere haben es einfach auf sich wirken lassen. Worin bestand es aber? Obwohl die näheren Umstände von Fall zu Fall verschieden sind, läßt sich einiges darüber schon anläßlich dieser ersten Begegnung zwischen Rilke und einer Gönnerin von Adel sagen.

Wenn Rilke aus Dresden an Ellen Key schreibt, er und Clara sähen dort niemanden, »nur seit drei Tagen eine liebe Frau, die von uns gewußt hat und uns mit Güte umgibt: eine Gräfin Schwerin«, dann werden bereits einige Konstanten bei seinen Beziehungen zu seinen Schutzherrinnen sichtbar (im Gegensatz zu seinen Geliebten, die auf einem anderen Blatt stehen). Da ist zunächst der ihm vorausgehende Dichterruhm, das heißt der mit jeder Veröffentlichung, aber auch jedem gesellschaftlichen Entree wachsende Bekanntheitsgrad, ohne den Rilke, weder jung noch schön, weder reich noch von Stand, schwerlich das Interesse dieser Damen auf sich gezogen hätte. Da ist des weiteren seine Frau, die er mit ausgesuchter Höflichkeit behandelt und die ebenfalls in den Genuß der gräflichen »Güte« gelangt; als geradezu ostentativ verheirateter Mann (wie immer er bei sich über diese Ehe auch denken mag) ist er überhaupt »sicher«, man kann ihn verwöhnen, ohne ins Gerede zu kommen. Dies um so mehr als Rilke, auch wenn er allein unterwegs ist, sich nie das Air eines ledigen oder unglücklich verheirateten Mannes gibt, so daß die naheliegende Vorstellung vom edlen Dichter, dessen hartherziges Eheweib ihn nicht »versteht«, völlig fehl am Platz wäre – abgesehen davon, daß Luise von Schwerin ohnehin eine verheiratete Frau von Sechsundfünfzig und Mutter einer erwachsenen Tochter ist. Hinzu kommt seine (gespielte, oder zumindest kokett übertriebene?) Unbeholfenheit im praktischen Leben, sein mit exquisiten Manieren gepaartes Taktgefühl und seine – von vielen Frauen dunkel als Herausforderung erahnte – Unfähigkeit zur Selbstaufgabe auch gegenüber denen, die ihm am nächsten stehen:

Nicht nur blindverliebte, entflammte Backfische [umschreibt ein flüchtiger Bekannter Rilkes wenig später die Wirkung, die von diesem ausgeht], nein, durchaus natürlich-sinnliche Frauen fanden diesen – wenn ich so sagen darf – mißlungenen Mann anziehend ... Dieser ganz ins Schöne verlagerte, eigentlich im groben Sinne unmännliche Mann war einer seines Geschlechtes, den diese Frauen noch nie erlebt hatten. Er war unentdeckt und geheimnisvoll wie keiner. Das reizte ihre Neugier und ihr Begehren. Dadurch aber, daß er immer gleicherweise zurückhaltend und verschlossen blieb, ... übte er einen so nachhaltigen Zwang auf sie aus, über den sie sich nicht klar werden konnten, dem sie einfach unterlagen ... Es war, als ob diese Frauen sich selber auslöschten, als seien sie nur noch ein willenloses Medium desjenigen, der doch garnichts dazutat.[95]

Weniger augenscheinlich als Rilkes Anziehungskraft auf ältere, mütterlich veranlagte Damen von Adel sind umgekehrt die Vorzüge, die *er* in *ihnen* sieht. (Bei den Herren läßt sich sein Interesse meist ohne weiteres verstehen, denn Karl von der Heydt zum Beispiel ist ein schriftstellernder Bankier und Jakob von Uexküll einer der führenden Biologen seiner Zeit.) Was mag zum Beispiel die Gräfin zu der »Erhabenen« gemacht haben, als welche sie in der Widmung des *Cornet* weiterlebt? Gewiß hat Rilke sie gemocht und hochgeschätzt, er hatte allen Grund dazu. Und ebenso gewiß dürfen wir in ihr eine warmherzige Frau von Welt sehen, die auch etwas von Kunst versteht und selbst Gedichte schreibt. Auch war sie inzwischen verstorben, und Rilke neigt mehr als andere Menschen dazu, die Toten in Gedanken und Gespräch aufzuwerten. Und schließlich will er sich wohl auch den Hinterbliebenen erkenntlich zeigen. Aber »erhaben« – aus der Feder eines so genauen Sprach-Handwerkers wie Rilke, der aus Grimms Wörterbuch weiß, daß das Wort mit dem lateinischen *sublimis*, *altus*, *excelsus* gleichgesetzt und sowohl in der Hochsprache, in Goethes *Faust* und bei Kant, als auch im Alltagsdeutsch in eben diesem quasi-religiösen Sinn gebraucht wird? Besitzt Luise von Schwerin Tugenden, die der weiteren Öffentlichkeit unbekannt bleiben, sie in den Augen ihrer Freunde aber zu einem ganz einmaligen Menschen machen? Hat Rilke, wie

Goethe, eine Schwäche für wohlmeinend-wohlgeborene Mediokrität? Oder bemüht er sich, in Jugendstilmanier, nur um eine originelle Widmung in der Art des »Gelegt in die Hände von Lou« des *Stunden-Buchs*? – Fragen, die sich bei jeder unvoreingenommenen Beschäftigung mit ihm einstellen, vorläufig aber noch nicht beantworten lassen. Sie beziehen sich übrigens nicht auf Luise von Schwerin allein. Zwei Jahre später lernt Rilke die Baronesse Sidonie Nádherný von Borutin kennen, mit der er bis zu seinem Tod in Verbindung bleibt. Sein Anteil am Briefwechsel wurde vor kurzem veröffentlicht; von dem ihren meinte der Herausgeber, daß »weder die erhaltenen Briefe noch die Tagebücher ihr Wesen völlig widerspiegeln«, daß sie aber, da zwei so bedeutende und verschiedene Männer wie Rilke und Karl Kraus mit ihr befreundet waren, »kein gewöhnlicher Mensch gewesen sein kann«.[96] Vielleicht war sie aber tatsächlich nicht mehr als eine hübsche junge Baronesse und Herrin eines böhmischen Schlosses, auf dem Kraus, der sie liebte, und Rilke sich gern aufhielten . . .

Wiederum ist jedoch eine naheliegende Vermutung fehl an Platz: Rilke, der Sophie Liebknecht und Rosa Luxemburg bewundert, ist kein bloßer Snob oder Hochstapler, der sich durch allerlei Humbug die Zuneigung aristokratischer Kreise erschleicht. Er schlägt mehr Einladungen aus, als er annimmt. Als ihn von der Heydt im Sommer 1907 nach Bad Godesberg einlädt, lehnt er dankend ab und verbringt die heißen Monate in seinem Pariser Hotelzimmer, um die Arbeit am *Malte Laurids Brigge* voranzutreiben. Ähnlich hält er es mit einer Pariser Freundin, der Prinzessin Madeleine de Broglie (»Madonna« in seinen Briefen), die er ausdrücklich bittet, ihn vorerst nicht einzuladen, und mit Marie von Thurn und Taxis, die ihn immerfort in Duino und Lautschin haben und 1913 nach Ägypten mitnehmen möchte.

Bald nach dem Aufenthalt im »Weißen Hirsch« fährt Rilke nach Göttingen zum lange aufgeschobenen Wiedersehen mit Lou. Er hat sie viereinhalb Jahre nicht gesehen, seit dem »Letzten Zuruf« vom Februar 1901. Seither ist er Ehemann und Vater geworden und hat sich von seiner Familie auch schon wieder weitgehend getrennt. Mit der bevorstehenden Veröffentlichung des *Stunden-Buchs,* der Buchausgabe des *Cornet* und des erweiterten *Buchs der Bilder* wird er das in seinen jugendlichen Reimen enthaltene Versprechen einlösen: Rilke ist im Begriff, als bedeutender Dichter anerkannt zu werden. Er hat in Frankreich, Italien und Schweden gelebt und in Rodin, zum zweiten und letzten Mal nach Lou, einen Menschen kennengelernt, der ihn durch sein bloßes Dasein zwingt, viele Prämissen der eigenen Existenz neu zu überdenken. In seinen Monographien über die Worpsweder Maler und Rodin hat er sich überdies als Fachmann in einigen Bereichen der zeitgenössischen Kunst ausgewiesen.

Lous Leben ist in ruhigeren Bahnen verlaufen. Mit Ausnahme von *Im Zwischenland* hat sie in jenen Jahren wenig veröffentlicht. Ihr letztes großes Erlebnis, die Freundschaft mit Sigmund Freud und die eigene Hinwendung zur Psychoanalyse, steht ihr noch bevor. Mit ihrem schwierigen Mann, der nach jahrelangem Hin und Her eine Berufung an die Universität erhalten hat, ist sie inzwischen ins Haus »Loufried« am Göttinger Hainberg gezogen. Dort findet auch ihr Wiedersehen mit Rilke statt, das harmonisch genug verläuft, um diesen an seine Frau schreiben zu lassen:

> Oft wünschen wir, Du wärst hier bei uns, wenn wir im Garten sitzen und lesen oder über alle die Dinge sprechen, mit denen ich Dich oft gequält habe und die nun um so vieles leichter werden oder wenigstens tragbarer in ihrer Schwere ... Und wenn mich nun alles hier freut und mir hilft, so ist unter den wirklichsten Freuden eine kaum mehr unterdrückbare Zuversicht: daß auch Dir dieser liebe weite Mensch hier eines Tages wird lieb werden können ... dieser Mensch, der in meiner inneren Geschichte so viel Handlung trägt.

Wie mag Clara diesen teils entwaffnenden, teils monströsen Brief aufgenommen haben, der sie endgültig an die Peripherie einer Erlebniswelt verbannt, in deren Mitte nach wie vor Lou thront?

Im Sommer 1905 unternimmt Rilke auch einen letzten halbherzigen Versuch, sich in Deutschland niederzulassen, zunächst als Hörer bei Georg Simmel in Berlin. Nach dreiwöchigem, von Museumsbesuchen ausgefülltem Aufenthalt empfindet er die

Stadt als unerträglich und setzt sich noch vor Semesterbeginn aufs Land ab, freilich an den falschen Ort, nach Treseburg im Harz:

> Deutsche Sommerfrische, ein kleines Tal, so breit wie der kleine rauschende Fluß es gemacht hat, und grade noch eine Straße daneben, damit recht viele Leute vorbei können. Und alles voll von Aufschriften, Zeigefingern, die hinauf und hinab und um die Ecke weisen, Andenken, Ansichtskarten, Musik und Schokoladenautomaten und ein vollvolles Gasthaus: ich kann mir eigentlich nicht vorstellen, daß und wie ich hier bis August aushalten soll.

Er hält es tatsächlich nicht aus, sondern fährt nach Kassel und Marburg; zur Ruhe kommt er erst bei Luise von Schwerin, auf Schloß Friedelhausen an der Lahn, wo auch Clara einige Wochen verbringt. Bei diesem Aufenthalt befreundet er sich mit Karl von der Heydt, der als Förderer des Deutschen Kunst-Vereins und des Kaiser-Friedrich-Museums am kulturellen Leben von Berlin teilnimmt und Dramen verfaßt, die er Rilke schickt und von diesem mit nachsichtigen, aber nicht unkritischen Bemerkungen zurückerhält. Auch in der Hochschätzung Rodins, von dem von der Heydt durch Rilkes Vermittlung eine Plastik erwirbt, sind sie sich einig. So ist Rilke ganz auf einen Brief vorbereitet, den er im Spätsommer aus Paris bekommt: eine Einladung von Rodin, er möchte bei seinem nächsten Aufenthalt in Paris bei ihm wohnen und ihm mit seiner Korrespondenz helfen. Rilke sagt zu und fährt über Godesberg, wo er in der wilhelminisch-prunkvollen Von-der-Heydt-Villa auf der Wacholderhöhe haltmacht, Anfang September 1905 nach Meudon.

»Wie ein großer Hund«, schreibt Rilke über sein Wiedersehen mit Rodin, »so hat er mich empfangen, wiedererkennend mit tastenden Augen.« (Später behauptet er von van Gogh, er sähe auf einem Selbstbildnis aus »wie wenn es ein Hund schlecht hat«, und zitiert zustimmend die Bemerkung der ihm aus dem Salon Lepsius in Berlin her bekannten Malerin Mathilde Vollmoeller über ein Bild von Cézanne: »Wie ein Hund hat er [Cézanne] davorgesessen und einfach geschaut, ohne alle Nervosität und Nebenabsicht.« Der

Hund bleibt für Rilke Inbegriff der kreatürlichen Wärme und Natür-
lichkeit.) Rodin weist ihm ein eigenes kleines Haus an, mit Arbeitszimmer, Schlafzimmer und Garderobe und einem weiten Blick über
das Sèvres-Tal. Man kommt überein, daß Rilke sich für ein Monats-
gehalt von 200 Franken (etwa die Hälfte dessen, was man in Paris zu
einer bescheidenen Existenz braucht) um die Korrespondenz kümmern und Bittschriften, Anfragen und aufdringliche Besucher vom
Meister fernhalten würde. Der Job ist als zweistündige Morgenbe-
schäftigung gedacht, damit Rilke den Nachmittag und Abend für
seine eigene Arbeit frei hat. Er wird als Familienmitglied behandelt,
begleitet Rodin auf Besuchen und ist oft zugegen, wenn Gäste oder
Auftraggeber am Samstag zum *jour fixe* nach Meudon hinaus kommen. Zu diesen Besuchern gehören der Diplomat und Kunstliebha-
ber Harry Graf Kessler, der Maler Sir William Rothenstein, Sidonie
Nádherný von Borutin mit ihrer Mutter und der von Rodin hochge-
schätzte belgische Dichter Emile Verhaeren; auch Eleonora Duse ist
wiederholt in Meudon, aber nie zur gleichen Zeit wie Rilke. Als
George Bernard Shaw für Rodin sitzt, hat Rilke Gelegenheit, gleich
zwei große Künstler bei der Arbeit zu sehen, denn der Dramatiker,
der ja eigentlich nur stillzusitzen hat, konzentriert sich darauf so
intensiv wie der Bildhauer auf das Hantieren mit Zollstock und
feuchtem Ton.

Eines Tages nimmt Rodin ihn auf einen Ausflug nach Chartres
mit und erklärt, als Rilke das Heraufkommen eines Sturms befürchtet, daß die Kathedralen wegen ihrer Höhe immer von einem
Fallwind umgeben seien. Wie um sich gegen die Kälte dieses
Windes abzuschirmen, richtet Rilke sein Augenmerk auf die Skulptur eines Engels, der, hoch über ihm an der Südseite der Kathedrale,
mit seligem Gesichtsausdruck eine Sonnenuhr vor sich hin hält. Es
ist der »Ange du Méridien« aus den *Neuen Gedichten*, in dem eine
Symbolfigur des späten Rilke, der dem Menschlichen schon ent-
rückte Engel, vorgeformt ist:

> Im Sturm, der um die starke Kathedrale
> wie ein Verneiner stürzt der denkt und denkt,
> fühlt man sich zärtlicher mit einem Male
> von deinem Lächeln zu dir hingelenkt:

lächelnder Engel, fühlende Figur,
mit einem Mund, gemacht aus hundert Munden:
gewahrst du gar nicht, wie dir unsre Stunden
abgleiten von der vollen Sonnenuhr,

auf der des Tages ganze Zahl zugleich,
gleich wirklich, steht in tiefem Gleichgewichte,
als wären alle Stunden reif und reich.

Was weißt du, Steinerner, von unserm Sein?
und hältst du mit noch seligerm Gesichte
vielleicht die Tafel in die Nacht hinein?

(Dies mag der Tag gewesen sein, an dem Rodin und Rilke frühmor-
gens, ohne zu sagen, wohin sie gingen, das Haus in besonders
angeregter Stimmung verließen. Madame, argwöhnisch geworden,
folgte ihnen unauffällig zum Bahnhof und in den Zug. Beim dritten
Halt stiegen die Herren aus und liefen freudig zu ihrer Verabre-
dung. Sie war, wie die hinterherhastende Frau entdeckte – mit der
Kathedrale von Chartres.)[97]

In einigen Momentaufnahmen aus dieser Zeit des täglichen
Beisammenseins schildert Rilke das Immer-und-überall-arbeiten-
Können, das er an Rodin so bewundert und nach Maßgabe der
eigenen Kräfte von ihm lernt. Als der Alte einmal mit Carrière im
Atelier verabredet ist und dieser nicht pünktlich zur Stelle ist, »sah
[Rodin] ein paarmal nach der Uhr, während er seine vorgefundene
Post erledigte, aber als ich wieder aufsah« – Rodin hat ihm
offensichtlich etwas diktiert –, »fand ich ihn tief arbeitend«. Dabei
geht Rilkes Verehrung weit über Fragen der praktischen Lebensführung hinaus. Vielmehr nimmt die Gestalt des anderen jetzt auch
archetypische, ja metaphysische Züge an:

Eben rief der liebe Meister mich herunter [berichtet er im
Zustand der Verzückung an Clara], *pour me montrer le paysage* . . .
Und Er [*sic*: groß geschrieben wie in der Bibel] wieder selig
davor . . . und jung vor Lust, das alles zu machen, auch das noch.
Was für ein Beispiel für uns!

So kann es nicht lange weitergehen, und geht es auch nicht. Dennoch verdient das Bild des sich schon seiner Bedeutung bewußten Dichters, der sich unter Zurückhaltung der eigenen Arbeiten als Sekretär und Faktotum eines Bildhauers betätigt, festgehalten zu werden, ehe es verblaßt. Rilke will es später selbst nicht mehr wahrhaben, wenn er schreibt, die Geschichte von seiner Tätigkeit als Sekretär sei »nicht viel mehr als eine hartnäckige Legende«; zu der Zeit, von der wir reden, ist er ehrlicher, dankbarer und weniger auf Selbststilisierung bedacht: »Seine [Rodins] große, liebe Freundschaft hält mich innerlich, und äußerlich das Amt, das er mir gegeben hat, um mir ein wenig weiterzuhelfen.«[98] Die Beziehung ist auf jeden Fall einzigartig und eher der Mentalität der Klassiker verwandt, etwa dem Goetheschen »Gegen große Vorzüge eines anderen gibt es kein Rettungsmittel als die Liebe«, als der von Zeitgenossen wie Thomas Mann oder Gottfried Benn.

Rilke entdeckt recht bald, daß es mit zwei Stunden am Tag nicht getan ist und er Gefahr läuft, seine ganze Freiheit und das letzte Quentchen Energie im Dienste Rodins auszugeben, ohne daß dieser sich eines solchen Opfers auch nur bewußt wäre. Älter und um ein vielfaches robuster als Rilke, sieht er das alles mit anderen Augen: »*Mais oui*«, antwortet er einem deutschen Besucher, der ihn darüber befragt, »er [Rilke] ist ein Freund. Ich sehe ihn viel und er hilft mir manchmal. *C'est un honneur pour moi.*«[99] Was Rilke trotz dieser Ehre und trotz aller im Hause Rodin empfangenen künstlerischen und gesellschaftlichen Anregungen das Leben erschwert, ist die ihm eigene sorgfältige Arbeitsweise, die ihn klagen läßt, er brauche zum Abfassen eines französischen Briefes zehnmal so lange wie ein Franzose. Auch ist Rodin, der in seiner Liebschaft mit der Marquise de Chantilly alle Nöte des alternden Mannes auf einmal durchmacht, oft in reizbarer Stimmung. Unglücklicherweise gehen ihre Ansichten gerade in diesem Punkt völlig auseinander: Während Rodin die Frau als Stimulans und Inspiration betrachtet, die am Werk des Mannes keinen Anteil hat, bleibt sie für Rilke auch in der Arbeit die anders geartete, aber gleichwertige Partnerin.

Die Spannungen wären wohl früher durchgeschlagen, wenn Rilke nicht zweimal auf Vortragsreisen gegangen wäre. Im Oktober 1905 fährt er nach Dresden, wo er vor 650 Menschen, und von dort nach

Prag, wo er vor erheblich kleinerem Publikum seinen Rodin-Vortrag hält. Mit Ausnahme einer Einladung zum Tee bei August und Hedda Sauer verbringt er die meiste Zeit in Prag mit seinem Vater, der sich nur langsam von einer Lungenentzündung erholt. Im Februar und März 1906 ist Rilke ein zweites Mal unterwegs, zu Rodin-Vorträgen in Elberfeld und Hamburg und einer Dichterlesung aus eigenen Werken – welchen, ist seltsamerweise nicht überliefert – im Salon Cassirer in Berlin. Clara Rilke und Lou Andreas-Salomé, die sich wenige Tage zuvor kennengelernt und Gefallen aneinander gefunden haben, befinden sich unter dem Publikum.

In Worpswede, wo er kurz haltmacht, erreicht ihn die Nachricht vom unmittelbar bevorstehenden Tod seines Vaters. Lou erinnerte sich später, daß Rilke es unterließ, von Berlin nach Prag so abzureisen, daß er den Sterbenden noch am Leben treffen könnte. Wie dem auch sei, er fährt nach Prag und veranlaßt alles Nötige, wobei Clara ihm zur Seite steht; da der Verstorbene (aus Angst, er könne als scheintot begraben werden) sich den damals noch gelegentlich durchgeführten Herzstich gewünscht hatte, läßt Rilke diesen vornehmen. Vor der Rückkehr nach Paris schickt er Phia, die es nicht über sich gebracht hat, zum Begräbnis nach Prag zu kommen, einen Bericht über die letzte Ruhestätte von Josef Rilke, »der auch Dir vor einer Reihe von Jahren ein Freund gewesen ist, ein herber Freund, der später in dem Drängen der Verhältnisse sich Dir entfernte«.

Obwohl der Tod des seit langem kränkelnden Mannes nicht überraschend kommt, wirkt die Erschütterung um so intensiver nach, als die Entfremdung von Rodin dem Verlust des Vaters fast auf dem Fuß folgt. Rilke ist kaum nach Meudon zurückgekehrt, als sich das Arbeitsverhältnis als nicht mehr tragbar erweist. Das Ende ist allerdings unnötig brutal: Rodin entläßt ihn unvermittelt aus seinem Dienst wegen zweier Briefe – von Sir William Rothenstein bzw. dem Kunstsammler Heinrich Baron v. Thyssen-Bornemisza, beide an den Sekretär adressiert –, deren Beantwortung durch Rilke er als willkürlich und eigenmächtig empfindet. Die Beschuldigung ist wenig mehr als ein Vorwand und wird von Rilke auch als solcher aufgefaßt. Gleichwohl ist der Bruch vollständig, auch wenn Rodin die Verbindung im nächsten Jahr wieder anknüpft. Rilke packt seine Sachen und bezieht ein Zimmer im Hochparterre des Hauses 29 Rue Cassette, in dem schon Paula Becker gewohnt hatte. Es ist das heutige Hotel Paris-Dinard, in dem später auch Romain Rolland, Ernest Hemingway und Albert Schweitzer abgestiegen sind. Von dort schickt er Rodin am 12. Mai 1906 einen Abschiedsbrief, in dem er sich das Zerwürfnis als ein aus der Verschiedenheit ihrer Naturen hervorgegangenes Mißverständnis erklärt. Der Brief, in Anbetracht der Rilke zuteilgewordenen Behandlung ein Dokument menschlicher Größe, enthält keine Vorwürfe, sondern schließt mit dem Gedanken an eine immanente Gerechtigkeit, die früher oder später »das Unrecht wiedergutmachen wird, das Sie einem Menschen antun zu müssen glaubten, der nun weder die Möglichkeit noch das Recht hat, Ihnen seine Gefühle zu offenbaren«.

III

Kurz nachdem Rodin den jungen Rilke kennengelernt hatte, gab er ihm den Rat, in den Pariser Zoo zu gehen, um erst einmal richtig sehen zu lernen. Der ohnehin tierliebende Dichter ließ sich das nicht zweimal sagen und verbrachte in den folgenden Jahren viele Stunden im Jardin des Plantes, den er mit einer *autorisation d'artistes*, einem Spezialausweis für bildende Künstler, von 8 bis 11 besuchen durfte, bevor das Publikum zugelassen wurde. Eines der ersten Resultate dieses Anschauungsunterrichts ist ein Gedicht, das im September 1903 in der Prager kulturellen Monatsschrift *Deutsche Arbeit* gedruckt wird: *Der Panther*. Bezeichnenderweise, denn es handelt sich hier nicht um einen Vorwurf dichterischer Phantasie, sondern um eine wertfreie, jederzeit und von jedermann nachzuvollziehende Bestandsaufnahme, trägt das Gedicht eine Angabe des Ortes, an dem es konzipiert wurde: »Im Jardin des Plantes, Paris.«

Sein Blick ist vom Vorübergehn der Stäbe
so müd geworden, daß er nichts mehr hält.

Ihm ist, als ob es tausend Stäbe gäbe
und hinter tausend Stäben keine Welt.

Der weiche Gang geschmeidig starker Schritte,
der sich im allerkleinsten Kreise dreht,
ist wie ein Tanz von Kraft um eine Mitte,
in der betäubt ein großer Wille steht.

Nur manchmal schiebt der Vorhang der Pupille
sich lautlos auf –. Dann geht ein Bild hinein,
geht durch der Glieder angespannte Stille –
und hört im Herzen auf zu sein.

Es ist vielleicht das schönste Tiergedicht deutscher Sprache, zumindest für Leser, denen Tier mehr bedeutet als Teddy oder Wauwau und Gedicht mehr als Reimgeklingel. Ein Gedicht mit vielen Feinheiten, von der Einrahmung durch das Wörtchen »sein«, in jeweils verschiedener Bedeutung, über die unerwartete Perspektive (in der nicht der Blick des Tieres an den Stäben, sondern diese an seinem Blick vorübergehen) und die »Zündfolge« von Stäbe-hält-Stäbe-gäbe-Stäben-Welt (die an das Rat-tat-tat eines Stockes gemahnt, mit dem ein kleiner Junge an einem Zaun oder Gitter entlangfährt) bis hin zur letzten, sinngemäß um eine Hebung gekürzten Zeile. *Der Panther* ist oft interpretiert worden, vorzugsweise als sinnbildliche Darstellung aller gefangenen Kreatur inklusive des Menschen, der am Bewußtsein der ihm gesetzten Grenzen – im Arbeitstag, in der Familie, in der eigenen Körperlichkeit, im bürgerlichen Leben und wie die Deutungen alle lauten – krankt und an dieser Erkenntnis zugrunde geht. Ein weniger metaphorisch veranlagter, dafür aber um so fleißigerer Interpret kam nach dem Studium von *Brehms Tierleben* gar zu dem prosaischen Schluß, daß wir es bei diesem Panther offenbar mit einem Exemplar »in ziemlich weit vorgerücktem Stadium der Gefangenschaft« zu tun haben.

Mag sein. Wir halten uns hier nicht an die Bücher, sondern an den Augenschein, gerade weil das dem Gedicht zugrunde liegende Erlebnis für jeden leicht nachzuvollziehen ist: Man braucht sich nur in einigen Zoos umzusehen. Dann entdeckt man sogleich, daß der Panther (selbstverständlich nicht mehr derselbe, den Rilke beschreibt) im Jardin des Plantes noch heute in einem viel zu kleinen Käfig dahindämmert – eine Tierquälerei, die also in Paris (wie übrigens auch in Frankfurt) immer noch fortdauert. Anderswo sind es andere Tiere, in der Stuttgarter Wilhelma zum Beispiel die Bären, die so gehalten werden, »als ob es tausend Stäbe gäbe und hinter tausend Stäben keine Welt«. In Berlin hingegen, wo der Panther hinter Glas wohnt, oder in München-Hellabrunn, wo wenigstens seine Verwandten, die Sibirischen Tiger, ihr eigenes Freigehege haben, spürt man sehr viel weniger von einem »Tanz von Kraft um eine Mitte, in der betäubt ein großer Wille steht«.

So schildert Rilkes Gedicht nicht nur einen Panther, sondern das gefährdete und gefangene Tier schlechthin und somit auch eine Phase in der Geschichte des Zoologischen Gartens, ja der Beziehung des Menschen zum Tier. Freilich ist das Gedicht so vollendet und jener »weiche Gang geschmeidig starker Schritte« so genau wiedergegeben, daß man es zu den Werken zählen muß, denen ihre eigene Perfektion im Wege steht. So gesehen gehört *Der Panther* in eine Reihe nicht nur mit Conrad Ferdinand Meyers *Der römische Brunnen* und anderen Dinggedichten, sondern auch mit einem Werk wie Paul Celans *Todesfuge*. Die vollendete Form verstellt nahezu den Blick auf das Thema: hier die für das Los vieler Gefangener stellvertretende Qual eines gefangenen Tieres, dort die Ermordung unzähliger Menschen.

Der Panther ist nicht nur das bekannteste und älteste, sondern auch eines der charakteristischsten der *Neuen Gedichte*, deren zweiter, Ende 1908 veröffentlichter Teil (der erste war ein Jahr zuvor erschienen) nicht zufällig eine Widmung an Rodin trägt. Neu an diesen Gedichten ist das Handwerkliche und Objektive, angefangen beim Dichter selbst, der sich, anders als im *Stunden-Buch* oder im *Buch der Bilder*, aus der jeweiligen Handlung oder Schilderung völlig heraushält und eben nur so »sieht«, wie Rodin es ihm aufgetragen hat. Und zwar bemüht er sich, das Objekt, hier den Panther, durch genaueste Beobachtung in seinem eigentlichen Wesen zu erfassen und es aus sich heraus, ohne Zutun eines dichterischen Ichs, darzustellen. Seine eigene Reaktion, die je nach Thema von Begeisterung bis zu Ekel reichen kann (Baudelaires *Das Aas* gehört wegen seiner kompromißlosen Aussage – Rilke nennt es »Unerbittlichkeit« – zu seinen Lieblingsgedichten), wird bewußt ausgespart, so daß diesen Gedichten unter anderem auch eine geradezu klinische Sachlichkeit eigen ist. In einem anderen Zusammenhang beschreibt Rilke diese Wendung zum genauen Sehen und sachlichen Sagen, die er unter dem Einfluß Rodins vollzieht, wie folgt:

> . . . O alter Fluch der Dichter,
> die sich beklagen, wo sie sagen sollten,
> die immer urteiln über ihr Gefühl
> statt es zu bilden; die noch immer meinen,
> was traurig ist in ihnen oder froh,
> das wüßten sie und dürftens im Gedicht
> bedauern oder rühmen. Wie die Kranken
> gebrauchen sie die Sprache voller Wehleid,
> um zu beschreiben, wo es ihnen wehtut,
> statt hart sich in die Worte zu verwandeln,
> wie sich der Steinmetz einer Kathedrale
> verbissen umsetzt in des Steines Gleichmut.[100]

Stand der Dichter des *Stunden-Buchs* noch im Zentrum seiner Welt:

> Ich komme aus meinen Schwingen heim,
> mit denen ich mich verlor.
> Ich war Gesang, und Gott, der Reim,
> rauscht noch in meinem Ohr,

so beschränkt sich seine Funktion in den *Neuen Gedichten*, die die Wörter »ich« und »mein« kaum kennen, auf die eines registrierenden Instruments. Während er sich früher narzißtisch von Stimmungen tragen ließ und ins *Buch der Bilder* noch Gedichte wie *Bangnis*, *Klage* und *Einsamkeit* aufnahm, schildert er jetzt das Typische und Generische unter Titeln wie *Der Blinde*, *Die Erwachsene*, *Die Greisin*. Statt eines Bildes oder einer Folge von Bildern gebraucht er gern ein Symbol. An die Stelle des Gefühls, das Anlaß und oft genug Gegenstand seines Dichtens gewesen war, tritt die aus genauer Beobachtung kondensierte Kenntnis eines Themas, Objekts oder »Dinges«. In den *Neuen*

Gedichten kann das eine Blume sein *(Blaue Hortensie)* oder ein Tier *(Der Panther)*, ein Kunstwerk *(Archaischer Torso Apollos)* oder architektonisches Gebilde *(Römische Fontäne)*, eine Landschaft *(In einem fremden Park)* oder ein menschliches Modell *(Der Gefangene)*, ein biblischer Vorgang *(Tröstung des Elia)* oder ein mythologischer *(Geburt der Venus)* und noch einiges mehr. Gemeinsam ist den 73 Gedichten des ersten und den 99 des zweiten oder »anderen« Teils, daß ein jedes für sich steht und daß diese innere Geschlossenheit auch in der Form, zum Beispiel in den vielen Sonetten, zum Ausdruck kommt. Nur aus dem Leben ist nichts genommen und aus der Arbeitswelt erst recht nichts. Wo die wirkliche Welt vorkommt, etwa in *Die Gruppe* oder *Auswanderer-Schiff*, erscheint sie bis zur Unkenntlichkeit verfremdet. Nicht das Häßliche ist ausgespart, wohl aber jeglicher Bezug auf die soziale Umwelt. Auch weisen Titel wie *Corrida*, *Falken-Beize*, *Persisches Heliotrop* auf eine gewisse Esoterik hin, auf eine gewollte Absonderung von Gegenwart und Wirklichkeit.

Andere Gedichte wiederum behandeln traditionelle Motive wie die in Kunst und Literatur so oft dargestellte Frau des Königs Tyndareos von Sparta, mit der Jupiter die schöne Helena zeugte. Ist es möglich, so fragt man mit leiser Ungeduld beim Lesen eines Titels wie *Leda*, diesem uralten Gegenstand noch etwas Neues abzugewinnen? Es *ist* möglich:

> Als ihn der Gott in seiner Not betrat,
> erschrak er fast, den Schwan so schön zu finden;
> er ließ sich ganz verwirrt in ihm verschwinden.
> Schon aber trug ihn sein Betrug zur Tat,
>
> bevor er noch des unerprobten Seins
> Gefühle prüfte. Und die Aufgetane
> erkannte schon den Kommenden im Schwane
> und wußte schon: er bat um Eins,
>
> das sie, verwirrt in ihrem Widerstand
> nicht mehr verbergen konnte. Er kam nieder
> und halsend durch die immer schwächre Hand

ließ sich der Gott in die Geliebte los.
Dann erst empfand er glücklich sein Gefieder
und wurde wirklich Schwan in ihrem Schoß.

Der Dichter ist nicht mehr Zeuge, Voyeur einer als schlüpfrig empfundenen Szene, sondern versetzt sich selbst in die Rolle des zeugenden Gottes und erlebt als solcher den Geschlechtsakt: erst das Werben (»in seiner Not ... er bat um Eins«), dann den Höhepunkt (»halsend durch die immer schwächre Hand ließ sich ... los«), schließlich das Wiedergewahrwerden der Umwelt (»dann erst empfand er ...«). Das ist alles mit großer psychologischer und physiologischer Genauigkeit sowie mit einer einzigartigen sprachlichen Subtilität wiedergegeben. In wie vielen Bedeutungen, vom Sublimen zum Obszönen und von der Bibel- zur Bordellsprache, schillert allein der Satz »die Aufgetane erkannte schon den Kommenden«? Welche Wahrheit steckt in dem zweimal gebrauchten, quasi Kleistschen Adjektiv »verwirrt«, vor dessen Wiederholung ein geringerer Dichter zurückgeschreckt wäre! Von wie vielen Seiten muß man das Verb »betreten« untersuchen, bis man es im Sinne von »vorübergehend Tiergestalt annehmen« gebraucht? Und doch: Was könnte kürzer und präziser, was könnte poetischer sein?

Solche Treffsicherheit entwickelt sich nicht in einem Vakuum und manifestiert sich nicht nur in dichterischen Stunden. Auch in seinen zufälligen Äußerungen und in seinen Briefen findet Rilke jetzt immer öfter nicht nur das richtige Wort, sondern auch das genaue und einprägsame, das (wie man hinterher empfindet) »einzig richtige« Bild oder Symbol; denn ein Dichter sieht die Welt nicht unbedingt klarer oder tiefer als wir, er sieht sie einfach mit anderen Augen. So schildert die Hand, die in *Spätherbst in Venedig*

> ... Und aus den Gärten hängt
> der Sommer wie ein Haufen Marionetten
> kopfüber, müde, umgebracht

schreibt, in einem Brief eine Relief-Landkarte, die »große Länder, mit Gebirgszügen wie mit Nußinnerem besetzt« zeigt, und evoziert in einem anderen Brief eine mit Rodin erlebte Advent-Messe in

Notre Dame: ». . . es sang über uns und für uns und für den Lieben Gott, sang und brauste und rauschte in den dunkelen Wipfeln der Orgel, aus denen dann und wann, aufgescheucht von Stimmen, der Sopran wie ein weißer Vogel aufflog und stieg und stieg.«[101]

In den *Neuen Gedichten* steht schließlich auch jenes *Selbstbildnis aus dem Jahre 1906*, in dem Rilke das – »einzig richtige«? – Bild seiner selbst zu projizieren sucht:

> Des alten lange adligen Geschlechtes
> Feststehendes im Augenbogenbau.
> Im Blicke noch der Kindheit Angst und Blau
> und Demut da und dort, nicht eines Knechtes
> doch eines Dienenden und einer Frau.
> Der Mund als Mund gemacht, groß und genau,
> nicht überredend, aber ein Gerechtes
> Aussagendes. Die Stirne ohne Schlechtes
> und gern im Schatten stiller Niederschau.
>
> Das, als Zusammenhang, erst nur geahnt;
> noch nie im Leiden oder im Gelingen
> zusammmgefaßt zu dauerndem Durchdringen,
> doch so, als wäre mit zerstreuten Dingen
> von fern ein Ernstes, Wirkliches geplant.

Ein bemerkenswertes Gedicht, das die Souveränität anzeigt, die Rilke sich, schwer genug, nach der skandinavischen Reise und dem Rodin-Erlebnis erworben hat. Wer über sich dergestalt aussagen, wer sich selbst dergestalt einschätzen kann, hat seine Reife erreicht. Hier wirkt das Physische (blaue Augen, großer Mund) mit dem Seelischen (der Kindheit Angst, Demut [aber] nicht eines Knechtes) und dem Künstlerischen (der Mund . . . genau . . . ein Gerechtes aussagend) zusammen in einem Menschen, der zu großen Hoffnungen Anlaß gibt, dessen eigentliches Lebenswerk, als »Ernstes, Wirkliches geplant«, aber noch aussteht. Damit bezeichnet Rilke nicht nur sein Aussehen, sondern auch seinen Standort nach dem fast gleichzeitigen Verlust des Vaters und dem Bruch mit Rodin. Nur wenige Jahre vorher hätte dieser doppelte Schock ihn in eine Krise gestürzt, von der er sich womöglich nicht wieder erholt hätte. Daß nichts dergleichen geschieht, ja daß er gerade jetzt entscheidende Fortschritte in seiner Arbeit macht, zeigen die *Aufzeichnungen des Malte Laurids Brigge*, die ihrer Vollendung entgegengehen.

I

Unter den Gästen, die sich am 21. April 1906 zur Enthüllung von
Rodins »Denker« vor dem Pariser Pantheon einfinden, ist auch
Paula Modersohn-Becker. Der Worpsweder Thematik und Technik
seit langem entwachsen, ist sie im Februar allein nach Paris
gekommen und steht nun vor schweren Entscheidungen. Paula ist
nicht sicher, ob sie den in Deutschland zurückgebliebenen Otto
Modersohn noch liebt. Sie weiß nur, daß er das künstlerische
Mittelmaß nicht überschreiten wird, während sie gerade jetzt mehr
und mehr zu ihrem eigenen Stil findet. Sie hat vorübergehend
wieder ihren Mädchennamen Paula Becker angenommen, erwägt
die Scheidung von ihrem Mann und weigert sich, mit ihm nach
Worpswede zurückzufahren, als er sie bei einem kurzen Paris-
Besuch dazu zu überreden sucht. Andererseits ist sie ihm dankbar,
daß er trotz der Mehrkosten in eine vorläufige Trennung eingewil-
ligt hat. Aus diesem krisenreichen, künstlerisch aber um so produk-
tiveren Frühling und Sommer stammen einige ihrer besten Bilder,
darunter das bekannte Porträt von Rilke, das ihn mit Kinnbart zeigt
(er läßt ihn sich wenige Wochen später endgültig abnehmen, behält
aber den über die Mundwinkel herabhängenden Schnurrbart) und
mit geöffnetem Mund wie einen Sänger oder Propheten.

Das Bild bleibt unvollendet, weil Rilke aus Zeitmangel die
restlichen Sitzungen absagt: ein »Eingeständnis von Untreue«, wie
er zugibt. Sie treffen sich zwar gelegentlich in einem Restaurant und
machen auch mal einen gemeinsamen Ausflug mit Ellen Key; als
Paula ihn aber zu einem Theaterabend nach Champigny-la-Bataille
einlädt, sagt er ab: »Ich bin jetzt dermaßen in das Regelmäßige
meiner Tage verliebt, daß die Reise nach Champigny-la-Bataille
mir wie im Jenseits vorkommt: schön, aber von dieser Sterblichkeit

aus nicht antretbar . . . danke, daß Sie an mich gedacht haben.«[102]
Ist es wirklich nur die Arbeit, die ihn der Anschluß suchenden
Malerin gegenüber so spröde erscheinen läßt, oder leidet er an der
Wunde, die Rodin ihm soeben geschlagen hat? Fürchtet er, mit der
besten Freundin seiner abwesenden Frau – denn auch Clara ist, wie
Modersohn, den Sommer über in Worpswede – in eine Beziehung zu
geraten, die unter diesen Umständen intim werden könnte? Oder ist
es nur der übergroße Respekt vor ihrer Privatsphäre, der ihn
bewegt, sich dieser wohl einzigen Frau in seinem Leben, die ihm an
künstlerischer Potenz ebenbürtig ist, gerade jetzt zu entziehen? Aus
welchen Gründen auch immer, er überläßt Paula sich selbst. Als
Modersohn nach Paris kommt, um sie abzuholen, hütet Rilke sich,
in dem sich anbahnenden Familienkonflikt Partei zu ergreifen. Er
stellt sich auch taub, als sie ihn nach einem geeigneten Ferienort
fragt und durchblicken läßt, daß sie gern mit ihm und Clara
irgendwo an der Küste Urlaub gemacht hätte. Rilke, der sich mit
seiner aus Deutschland angereisten Familie in Belgien getroffen hat,
schreibt Paula aus Furnes, wo er, aus Zufall oder vom schönen
Namen bestrickt, im Hôtel de la Noble Rose abgestiegen ist: »Das ist
nicht, was Sie suchen . . . Wir haben uns nun . . . für einen kleinen
Küstenort entschieden.« *Welchen* Ort, sagt er nicht, wiederholt aber
vorsichtshalber: »Also – nein: ich kann Ihnen nicht raten, hierher zu
kommen«, und verabschiedet sich wie von einer Zufallsbekanntschaft: »Wir grüßen Sie alle sehr und wünschen Ihnen herzlich
einen guten Entschluß und gute Reise; sagen Sie uns ein kleines
Wort, wenn Sie entschlossen sind.«

Er ahnt nicht, daß er Paula bereits zum letzten Mal gesehen hat.
Im März des folgenden Jahres bewegt ihn aber das schlechte
Gewissen, ihr sein Verhalten brieflich zu erklären:

Jetzt darf ich Ihnen sagen, daß ich es die ganze Zeit wie eine
Schuld empfand, Ihnen damals . . . nicht geschrieben zu
haben, daß Sie kommen möchten. Ich war in jenen Tagen von
dem Wiedersehen mit Clara und Ruth absorbiert, und Oostdu-
inkerke machte mir keinen überzeugenden Eindruck. Später
aber glaubte ich zu fühlen, daß ich unrecht getan hatte mit
meiner Antwort und unaufmerksam gewesen war in einem

Augenblick unserer Freundschaft, da ich es nicht hätte sein dürfen.

Als Paula diesen Brief erhält, ist sie, den Erwartungen ihrer Familie und vielleicht auch ihrer innersten Berufung als Frau folgend, bereits zu Modersohn zurückgekehrt, von dem sie ein Kind erwartet. Kurz nach dessen Geburt stirbt sie, einunddreißig Jahre alt, im November 1907 an einer Embolie.

Nach kurzen Aufenthalten in Ostende, Ypern, Brügge und Gent (Verhaeren und Rodin hatten ihm die flandrischen Städte empfohlen, denen in den *Neuen Gedichten* ein ganzer Zyklus gewidmet ist) fährt Rilke mit Frau und Kind nach Schloß Friedelhausen, wo sie den September verbringen. An eine Rückkehr nach Paris kann er vorerst nicht denken, denn die in der Hochsaison unternommene und in Hotels verbrachte Urlaubsreise hat seine geringe Barschaft aufgezehrt, so daß er bis auf weiteres wieder auf die Gastlichkeit von Freunden angewiesen ist. Diesmal ist es Alice Faehndrich, Luise von Schwerins Schwester, die ihn einlädt, den Winter »in voller Arbeitsfreiheit« bei ihr auf Capri zu verbringen. Zuvor begleitet er Clara nach Berlin, wo sie sich ein Atelier einrichtet; auch muß er sich, nicht zum ersten Mal in seinem Leben, einer langwierigen und schmerzhaften zahnärztlichen Behandlung unterziehen. Wie zur Belohnung geht er viel ins Theater. Moissi und die Sorma sind gerade in Ibsens *Gespenster* zu sehen und die Duse als Rebekka West in *Rosmersholm*; durch Karl von der Heydt bemüht Rilke sich vergebens, ihr vorgestellt zu werden. Er pflegt aber auch die Verbindung mit dem Verleger Samuel Fischer, bei dem Lou ihn einst eingeführt hatte. Das ruft wiederum Kippenberg auf den Plan, der seine Leute überall sitzen hat und Verrat wittert: »Ich bin . . . gewiß«, beruhigt ihn Rilke diplomatisch, »daß es für meine Arbeit von recht wesentlicher Bedeutung sein wird, ob die so sympathisch eingeleitete Verbindung mit Ihrem Verlage zu Fortsetzung und Dauer sich wird entwickeln dürfen.«[103] Ende November ist es dann soweit: Er kann das nach wie vor ungeliebte Berlin verlassen und fährt nach Capri, wo er am 4. Dezember 1906, seinem einunddreißigsten Geburtstag, eintrifft.

Im Cimitero Acattolico, dem »unkatholischen« oder überkonfes-

sionellen Friedhof von Capri, trägt heute ein Grabstein einige ohne
Autorenangabe eingemeißelte Rilkesche Zeilen:

> Wir wissen nichts von diesem Hingehn, das
> nicht mit uns teilt. Wir haben keinen Grund,
> Bewunderung und Liebe oder Haß
> dem Tod zu zeigen, den ein Maskenmund
>
> tragischer Klage wunderlich entstellt.
> Noch ist die Welt voll Rollen, die wir spielen . . .

Sie entstammen dem Gedicht *Todes-Erfahrung*, das er in Capri am
ersten Jahrestag des Todes von Luise von Schwerin schreibt und das
jetzt das Grab ihrer Tochter bezeichnet, der erst 1969 gestorbenen
Gudrun Baronin Uexküll. Sie ruht neben ihrem Mann an einem der
malerischsten Plätzchen dieses malerischen Friedhofs. Sieht man
über die niedrige Mauer, die ihn umgibt, dann hat man den ganzen
Golf von Neapel vor sich und am Horizont die bläuliche Silhouette
des Vesuvs. Es ist ein Panorama von jener Ansichtskarten-Schön-
heit, die Rilke in den ersten Wochen seines Capri-Aufenthalts so auf
die Nerven geht.

Alice Faehndrich, wohl wissend, wie wichtig ihm das Alleinsein
ist, stellt ihm das »Rosenhäusl« zur Verfügung, das ihn an das
Studio al Ponte seines römischen Winters erinnert; wiederum ist er
in einem kleinen, ruhigen, abseits gelegenen Gebäude im Garten
einer Villa untergebracht. Den Tag über kann er nach Belieben
arbeiten und spazierengehen, ohne zu stören oder gestört zu
werden. Zum Abendessen findet er sich meist im Herrenhaus ein, in
der von Clematis und Rosen umrankten Villa Discopoli, die nahe
der Via Tragara liegt und einen weiten Ausblick auf die Certosa und
das Meer hat. Dort hält Rilke Hof, dort unterhält er an den langen
Winterabenden seine Damen, die neunundvierzigjährige Alice
Faehndrich geb. Freiin von Nordeck zur Rabenau, ihre vierund-
sechzigjährige Stiefmutter »Frau Nonna« alias Julie Freifrau von
Nordeck zur Rabenau geb. Gräfin Wallenberg und die vierund-
zwanzigjährige Manon Gräfin zu Solms-Laubach, deren Familie er
von einem Besuch in Darmstadt her kennt. Er liest ihnen vor,

eigenes und Gedichte von Verhaeren sowie den *Peter Camenzind* von Hesse, und läßt sich von ihnen verwöhnen. Noch nach Jahren, wiederum als Gast auf adligem Besitz, denkt er wehmütig an diese so seltsam von Mütterlichkeit, Literatur und Erotik durchsetzte Atmosphäre:

> Ach, liebe Frau Nonna, so beneidenswert das sein mag [schreibt er aus Schloß Duino, wo außer einem alten Diener und der Haushälterin niemand um ihn ist], Capri, die Discopoli ist es nicht, was gäb ich darum, manchmal am Abend auf zwei Frauenhände zu sehen, die sich, fast geistig, in einer Handarbeit rühren –, ganz abgesehen davon, daß niemand da ist, mir einen Apfel zu schälen. Aus jenem Schauspiel und diesem Liebesdienst hab ich mir damals irgendwie Kräfte für Jahre geholt, aber nun sind sie schon lange aufgebraucht ...

Wieder einmal muß man über die Preziosität dieses Mannes lächeln, der im Jahr 1906 auf einer Zauberinsel vor drei adligen Damen den Tasso bzw. vor einer apfeldarreichenden jungen Eva den Adam spielt, während draußen in der Welt die Simplon-Bahn eröffnet, das Internationale Verbot der Nachtarbeit für Frauen unterzeichnet und der drahtlose Fernsprecher eingeführt wird. Andererseits darf das sybaritische Bild, auf das er noch nach dem Krieg in einem Brief an Nanny Wunderly-Volkart zurückkommt, nicht den Blick auf die Tragik verstellen, die es zu kaschieren sucht. Denn Rilke gehört zu den Menschen, denen das Glück stets anderswo winkt als an dem Ort, an dem sie sich gerade befinden. So werden die apfelschälenden Frauenhände in der Villa Discopoli bald zur Chiffre der Unfaßbarkeit eines Glückes, das ihm öfters in der Vergangenheit, manchmal in der Zukunft, aber kaum je in der Gegenwart blüht. Ein solches Aus- oder Anprobieren eines fremden, vergangenen Glücks liegt auch seiner Beschäftigung mit einer Rose zugrunde, die Mary Gneisenau ihm beim Abschied in Berlin mitgegeben hatte und über die er jetzt den wohl längsten und affektiertesten Satz schreibt, den er jemals zu Papier gebracht hat:

Was aber an Schwerem darin ist, an Schicksal, an Himmel

gleichsam und Erde, an Sternennacht, an Stille, an Einsamkeit (denn wie oft war sie einsam und gab hin, Schönheit ihres Erwachens, ihres tauigen Kühlseins Mund, das Aus-sich-Herausschauen, das sie gegen Abend haben konnte, und die aufgelöste, nicht mehr zu haltende Blässe ihrer Nächte, gab hin, gab zurück, niemandem, nirgendhin –), was aber an also Unsagbarem, an von uns nie Genommenem und doch uns nicht Verlorenem in ihr war, das blieb in ihr, nicht mehr gefährdet nun, sicher, heimgekehrt, wie die Kräfte heimgekehrt sind in einem Talisman, gesammelt, wie wir in unserem Herzen gesammelt sind, von nichts zurückgehalten, aber doch ohne Neigung auszuströmen, gleichsam ganz beschäftigt mit dem Genuß des eigenen Gleichgewichts.[104]

Hinzuzufügen bleibt, daß diesem reichlich undurchsichtigen Humus auch eine schöne Blüte entsprossen ist: das Gedicht *Die Rosenschale*.

Tagsüber ist Rilke viel unterwegs, besonders nachdem er im Frühling 1907 Anacapri für sich entdeckt hat und über die Migliera und die verlassene Kirche Santa Maria a Cetrella Gedichte schreibt. Auf diesen Spaziergängen, auf denen ihn oft Manon zu Solms-Laubach begleitet, bekommt er die mediterrane Landschaft »in den Griff«, in jenen spezifisch Rilkeschen, samtpfotig zupackenden Griff, in dem die Sprache, lyrisch und registrierend zugleich, als Musikinstrument und Präzisionswerkzeug in einem eingesetzt wird. Am 1. Januar 1907 schildert er zum Beispiel eine »weiße«, eine Vollmondnacht:

Wie blendeten die beschienenen Mauerränder, wie war das Laub der Oliven ganz aus Nacht gemacht, wie ausgeschnitten aus Himmeln, älteren, nicht mehr benutzten Nachthimmeln. Und die Berghänge sahen so mondhaft verfallen aus ... Und die Häuser waren dunkel, und wo die Holzpersianen nicht vorgezogen worden waren, hatten die Fenster den fahlen, durchscheinenden Schein blinder Augen.

Von der gleichen lyrischen Genauigkeit ist die Beschreibung eines sonnendurchfluteten Tages auf dem höchsten Punkt der Insel, von dem aus man an klaren Tagen vom Kap Circeo im Norden bis hinunter zum Ende der Küste von Amalfi sehen kann:

> Wir waren auf dem Monte Solaro und sahen die Insel wie Vögel an und ganz im Gefühl, als ob wir im nächsten Moment auch hoch über dem Meere sein könnten . . . dieses tiefe flimmernde Blau, das, sozusagen an seiner Vorderseite, warm und voll und milde war und mit dem Seewind wie mit Seide gefüttert schien, wenn es bisweilen umschlug und wehend, mit der Unterseite, einen berührte.

Im *Lied vom Meer*, das er am Abend des 26. Januar 1907 vorliest und später in das Gästebuch der »lieben Insel-Villa« einträgt, faßt er die Quintessenz des Ortes in ein paar Zeilen zusammen, in denen ein elegischer Grundakkord mit den spezifisch Capreser Motiven des Urgesteins (des *rocca viva* genannten Kalksteins) und des treibenden Feigenbaums *(fichidindia)* unterlegt ist:

> Uraltes Wehn vom Meer,
> Meerwind bei Nacht:
>   du kommst zu keinem her;
> wenn einer wacht,
> so muß er sehn, wie er
> dich übersteht:
>   uraltes Wehn vom Meer,
> welches weht
> nur wie für Ur-Gestein,
> lauter Raum
> reißend von weit herein . . .
>   O wie fühlt dich ein
> treibender Feigenbaum
> oben im Mondschein.

Zur gleichen Zeit wie dieses und andere auf Capri verfaßte Gedichte, darunter *Alkestis* und *Die Kurtisane*, entsteht Rilkes Bearbeitung der *Sonnets from the Portuguese* der englischen Dichterin

Elizabeth Barrett Browning. Alice Faehndrich, die von ihrer Mutter, einer gebürtigen Philipps, Englisch gelernt hat, liest jedes einzelne der 44 Sonette vor und übersetzt es dem Sinn nach, worauf Rilke den Text in poetische Sprache und ein dem Original gegenüber stark vereinfachtes Reimschema faßt. Daß seine Version dieser 1908 als *Elizabeth Barrett Brownings Sonette aus dem Portugiesischen* (»übertragen von Rainer Maria Rilke«) veröffentlichten Gedichte nur eine Annäherung an die Vorlage darstellt, weiß er natürlich selbst: »[Ich bin] den englischen Versen nur so nachgegangen, wie man manchmal in bewegten Windnächten dem klaren Mond nachgeht; ohne Hoffnung ihn zu erreichen.«

Thematisch verwandt ist eine andere Arbeit aus diesem Frühling, der Essay über die kurz zuvor ins Deutsche übersetzten *Fünf Briefe der Schwester Marianna Alcoforado*, einer portugiesischen Nonne, die in der zweiten Hälfte des 17. Jahrhunderts lebte. Sie zählt zu Rilkes Lieblingsfiguren, weil sie, von ihrem Geliebten verlassen, über sich hinauswuchs, da ihr Gefühl nun nicht mehr auf Erwiderung angewiesen war. Ihre Briefe bestärken den Dichter in der Überzeugung, daß »das Wesen der Liebe nicht im Gemeinsamen [liegt], sondern darin, daß einer den andern zwingt, etwas zu werden, unendlich viel zu werden, das Äußerste zu werden wozu seine Kräfte reichen«. (1913 veröffentlicht Rilke seine eigene Übersetzung dieser Briefe; inzwischen hat die Forschung erwiesen, daß der Urtext aus dem Jahr 1669 nicht aus dem Portugiesischen ins Französische übersetzt und nicht von der portugiesischen Nonne, sondern von dem Franzosen Guilleragues verfaßt worden war.)

So vergehen die Tage in Arbeit und Geselligkeit. Rilke läßt sich von Axel Munthe, dem schwedischen Modearzt, der später das *Buch von San Michele* schreiben wird, durch dessen Kunstsammlung führen. Ein andermal rafft er sich zu einem Besuch bei Maxim Gorki auf, der Rußland nach den Unruhen von 1905 verlassen und sich vorübergehend auf Capri niedergelassen hat. Rilke hat wenig für ihn übrig, denn er glaubt immer noch, daß der russische Mensch, dessen hervorstechendste Eigenschaft die Geduld ist oder sein sollte, sich zum Revolutionär so wenig eigne »wie ein Batisttaschentuch . . . zum Tintenaufwischen«. Die Diskrepanz zwischen Gorkis aufwendigem Lebensstil und seinen radikalen Reden macht ihn Rilke nicht sympathischer.

Ellen Key, unermüdlich im Verbreiten reformatorischer Ideen über dieses und jenes, kommt vom Festland herüber, fegt wie ein Sturm durch die ruhige Villa und hinterläßt ihre Bewohner verdutzt und »erstaunt«, wie Rilke seiner Frau berichtet, »daß die neue Zeit, ach, die unerhört neue, mit einem so alten Fräulein bei ihnen einbricht«. Im Januar 1907 taucht Clara, von der er sich wenige Wochen zuvor in Berlin verabschiedet hat, ebenfalls in Neapel auf. Sie ist auf dem Weg nach Ägypten, wo die Baronin May Knoop sie in ein Sanatorium in Heluan bei Kairo eingeladen hat, das ihr gehört. Rilke holt Clara ab und bringt sie nach ein paar Tagen auf Capri zurück zum Schiff mit der Bitte, ihm recht viel über ihre ägyptischen Eindrücke zu schreiben, da er Lust habe, selbst einmal dorthin zu fahren. – Trotz Claras habitueller Langmut scheint das Gespräch zwischen den Eheleuten diesmal nicht ohne Spannungen verlaufen zu sein, da Lou, die sich inzwischen mit Clara angefreundet hat, dieser zu verstehen gegeben hatte, daß Rilke ihrer Meinung nach nicht zwischen verschiedenen Verpflichtungen wählen und die nächstliegende, die Sorge um Frau und Kind, einfach von sich wegschieben dürfe. Rilke versucht den Vorwurf dadurch zu entkräften, daß er die sich erstmals auch auf Weihnachten erstreckende Trennung (er verbrachte die Feiertage auf Capri, seine Familie wie üblich in Oberneuland) in einem Brief an Clara als naturgegeben darstellt:

Wenn wir so, durch Tagereisen getrennt voneinander, wohnen und versuchen, das zu tun, was unser Herz Tag und Nacht von uns verlangt (wenden wir uns nicht vom Schweren weg um des Schweren willen? Hab ich nicht dieses Bewußtsein wenigstens für mich, so wie ich dieses einsame Leben zu leben versuche?), sag: ist dann nicht doch ein Haus um uns, ein wirkliches, für welches nur das sichtbare Zeichen fehlt, so daß es die anderen nicht sehen? Aber sehen wir es selbst nicht gerade dann am deutlichsten, dieses herzliche Haus, darin wir so von Anbeginn an beisammen sind und aus dem wir eines Tages nur hinausgehen werden, um in den Garten zu treten?

Das Gedicht *Es winkt zu Fühlung fast aus allen Dingen*, in dem Rilke im Herbst 1914 neben dem später so berühmten Wort »Weltinnenraum« auch die Formulierung »Ich sorge mich, und in mir steht das Haus« finden wird, kann Clara damals noch nicht trösten; auch wissen wir nicht, wie sie auf seinen Versuch einer rechtfertigenden Erklärung reagierte. – Als sie Ende April 1907 aus Ägypten zurückkehrt und wiederum ein paar Tage in der Villa Discopoli verbringt, ist er schon dabei, sich zur Rückkehr nach Paris zu rüsten.

Obwohl Rilke auf Capri fleißig arbeitet und sich im Frühling 1908 noch einmal dort aufhält, hat er im literarischen Leben der Insel keine Spuren hinterlassen. Es führen keine Wege von ihm zu Ferdinand Gregorovius und Paul Heyse, Ada Negri und Edwin Cerio, Compton Mackenzie und Norman Douglas, Roger Peyrefitte und Graham Greene und zu noch anderen Autoren, in deren Leben und Werk die Insel eine Rolle gespielt hat. Zwar hat Rilke 1897 in München ein paar Gedichte von Ada Negri übersetzt und lernt jetzt Gorki und Munthe kennen; der einzige Schriftsteller, mit dem er auf Capri Kontakt pflegt, ist aber der Maeterlinck-Übersetzer Leopold von Schlözer, dem er noch 1923 in einem handschriftlichen Zusatz die *Sonette an Orpheus* erläutert. An der Sozialgeschichte von Capri, einer Chronique scandaleuse gerade in jenen Tagen, scheint Rilke, der sich sein Leben lang so gern in Familiengeschichten vertiefte, ahnungslos vorübergegangen zu sein. Wußte er, daß der aus dem Gefängnis entlassene Oscar Wilde (den er eben noch in der Rodin-Monographie hatte auftreten lassen) wenige Jahre zuvor mit Alfred Lord Douglas ins Hotel Quisisana zum Essen gegangen war, woraufhin die anderen, meist angelsächsisch-klerikalen Gäste sich wie ein Mann vom Tisch erhoben und schweigend den Speisesaal verlassen hatten, so daß dem Empfangschef nichts übrigblieb, als den Dichter mitsamt seinem Schützling vor die Tür zu setzen, was Wilde mit dem bitteren Satz: *»Ils m'ont refusé du pain!«* quittierte? – Das Quisisana liegt wenige Minuten vom Rosenhäusl entfernt, fast so nah wie der Garten des Augustus, von dem aus sich die Via Krupp zur Piccola Marina hinunterschlängelt. Sie wurde von Friedrich Alfred Krupp gestiftet, den die Fischerknaben auf Capri mehr interessierten als die väterliche Kanonenschmiede in Essen und der vor kurzem gestorben war, nachdem ein neapolitanischer Klatschjournalist ihm die wildesten Orgien unterschoben und so sein Leben auf Capri (dank des *Vorwärts*, der die Insinuationen nachdruckte, bald auch in Deutschland) zur Hölle gemacht hatte. Rilke, der über die Homosexualität und über die Sensationspresse so dezidierte Meinungen hegte, erwähnt die Geschichte nirgends und hat sie womöglich gar nicht gekannt. – Hat er je mit Jacques d'Adelsward-Fersen gesprochen, Peyrefittes »Exilé de Capri«, der sich gerade die Villa Lysis am Fuße des Monte Tiberio bauen ließ und seinem Leben später durch eine Überdosis von Kokain ein Ende machte? Der junge Baron, Nachfahr des Günstlings der Königin Marie Antoinette, war immerhin Dichter und Herausgeber einer Zeitschrift.

Gerade zur Zeit von Rilkes Aufenthalt beherbergt Capri also eine ganze Reihe außergewöhnlicher Menschen, auch wenn es meist Männer und Frauen sind, die der bürgerlichen Wohlanständigkeit den Rücken gekehrt haben und denen denn auch nichts ferner liegt als der Wunsch, ausgerechnet auf dieser Insel ein gottgefälliges Leben zu führen. Es ist bedauerlich, daß Rilke, der im *Malte Laurids Brigge* einen so sicheren Blick für Originale beweist und in Pariser Salons, venezianischen Palazzi und böhmischen Schlössern ein ausgeprägtes Gespür für das mondäne Leben an den Tag legt, vom kosmopolitisch-literarischen Treiben auf Capri, das sich vor seiner Nase abspielt, offenbar so gut wie nichts gewußt hat und vielleicht auch nichts wissen wollte. Das zurückgezogene Leben mit seinen drei Damen mag dafür verantwortlich gewesen sein und wohl auch der zweifelhafte Ruf der Insel, dem Rilke nach seinem Besuch in der Villa Jovis, dem Palast des Tiberius, gleichfalls seinen Tribut entrichtet, wenn er sich in Gedanken an den Hof dieses Kaisers versetzt:

Es blitzte und funkelte in der Sonne und alles war Marmor und Gold und edles Gestein. Auf kostbaren Teppichen dehnten sich rosengeschmückte Sklaven und griffen mit frechem Lachen nach dem goldenen Pokal . . . Im schattigen Säulengang aber lauschte Caligula dem Weheruf des greisen Titanen.[105]

Das klingt ein wenig nach jener Jugendlektüre, die man mit brennenden Augen verschlingt, nach *Ein Kampf um Rom* oder *Die letzten Tage von Pompeji*. Es klingt – daß wir's nur zugeben – zugleich auch ein wenig spießig: So etwa stellt sich der kleine Mann, der Rilke sonst durchaus nicht war, das große Laster vor.

II

Nach der Rückkehr aus Italien wohnt Rilke einige Tage in seinem Lieblingshotel am Quai Voltaire, gegenüber dem Louvre, und mietet sich dann wieder in der Rue Cassette 29 ein, wo er nach zähen Verhandlungen 80 Franc im Monat inklusive Frühstück bezahlt. Sein Zimmer, im zweiten Stock, liegt über dem einst von Paula Becker bewohnten; es hat eine Aussicht auf den Klostergarten und die Kirche gegenüber, die im Sommer hinter hohen Kastanien versteckt ist. Er läßt sich das Stehpult und einige andere Möbel kommen, die er bei Freunden abgestellt hatte, und verbringt den gesamten Sommer 1907, von Anfang Juni bis zum Aufbruch zu einer Vortragsreise Ende Oktober, bei konzentrierter Arbeit an den *Neuen Gedichten* und am *Malte Laurids Brigge*. Nach der Naturnähe des Lebens auf Capri fällt es ihm schwer, sich wieder an die »betonte Heimatlosigkeit« des Pariser Hotelzimmers und die Anonymität des Lesesaals der Bibliothèque Nationale zu gewöhnen. Manchmal ist ihm geradezu, als habe er sich in Capri an die Umgebung verausgabt und müsse sich nun mühselig erst wieder einsammeln. Auch hat er wieder einmal kein Geld und klagt, er müsse ohne Teetrinken, Bücherkäufe und Wagenfahrten auskommen, das heißt den Omnibus nehmen. Aber es gelingt ihm doch, sich in eine schöpferische Einsamkeit einzukapseln, die »ganz dicht gemacht« ist, »wie eine Dunkelkammer zum Entwickeln«. Unter den wenigen Unterbrechungen, die er sich in diesem am Stehpult verbrachten Sommer gönnt, ist eine Autofahrt mit Karl von der Heydt zu den Königsgräbern von Saint-Denis. Auf dem Rückweg haben sie eine Panne, als der Wagen »die Pneumatik abstreift« und die Herren gezwungen sind, mit der Straßenbahn nach Hause zu fahren. Mit Madeleine de

Broglie verkehrt er meist schriftlich und geht auch Mathilde Vollmoeller aus dem Weg. Desgleichen läßt er den Kontakt mit anderen Bekannten einschlafen, etwa mit dem in Paris lebenden Kunsthistoriker Erich Klossowski, den er mit seiner Frau, der Malerin Baladine Klossowska, durch Ellen Key kennengelernt hatte.

Erst im Herbst geht Rilke wieder aus und sieht seine Freunde, besonders im Salon d'Automne, in dem eine Gedächtnis-Ausstellung für den im Vorjahr verstorbenen Cézanne stattfindet. Er schildert sie Clara in einer Reihe von Briefen, die nicht so sehr einzelne Bilder beschreiben als die Wendung zur Dinglichkeit, die Cézannes Spätwerk kennzeichnet und Rilkes eigener Entwicklung entspricht. Die Übermacht der Farben in Cézannes letzten Bildern dient ihm zum Beweis, daß ein Künstler nicht mit der Reflexion arbeiten oder gar »zum Bewußtsein seiner Einsichten kommen« darf; vielmehr müssen seine Fortschritte, »ihm selber rätselhaft, so rasch in die Arbeit eintreten, daß er sie in dem Moment ihres Übertritts nicht zu erkennen vermag«. Anderswo erwähnt er zustimmend, daß der Maler die Beerdigung seiner Mutter verpaßt habe, weil er »*sur le motif*«, tief in der Arbeit, gesteckt habe. – Unter dem Publikum, das sich vor den Cézannes staut, sieht Rilke Harry Graf Kessler und den Kunsthistoriker Julius Meier-Graefe.

Rilkes »Arbeitshygiene«, wie er das nennt, erlaubt ihm bald den Abschluß eines größeren Werkes. Schon Ende Juli kann er Clara den ersten, Karl und Elisabeth von der Heydt gewidmeten Teil der *Neuen Gedichte* zur Durchsicht schicken. Er geht später an Kippenberg, der eine erste Auflage mit einem Honorar von 15 Prozent des Ladenpreises in Aussicht stellt. Außer dieser bevorstehenden Veröffentlichung gibt es auch andere Anzeichen dafür, daß Rilkes Namen in immer weiteren Kreisen bekannt wird. In Bonn hält der Übersetzer Friedrich von Oppeln-Bronikowski vor der Literarhistorischen Gesellschaft einen Vortrag, in dem er ihn den Neuromantikern zuordnet, in Leipzig bringen die *Beiträge zur Literaturgeschichte* einen Essay über seine Dichtungen. Beide Texte werden Rilke zugeschickt, beide Male weigert er sich, sie zu lesen: »Ich habe vielleicht unrecht«, erklärt er einem Rezensenten, »aber ich lese nie irgend etwas von meinen Arbeiten Handelndes . . . Ich muß mit meiner

Arbeit allein sein und habe so wenig das Bedürfnis, andere von ihr reden zu hören, wie etwa einer wünschte, die Urteile anderer über die Frau, die er liebt, gedruckt zu sehen und zu sammeln.« Die literarische Kritik, die er, was Buchbesprechungen betrifft, schon 1905 aufgegeben hat, erscheint ihm jetzt wie ein an das Publikum adressierter Brief, »den der Autor, als nicht an ihn gerichtet, nicht zu öffnen und zu lesen hat«. Analog zur postulierten Ausschaltung des Bewußtseins im Schaffensprozeß bei Cézanne, der sich um die Kritik ebenfalls nicht kümmerte, erblickt Rilke in der Literaturkritik eine potentielle Störung des prekären Verhältnisses zwischen einem Schriftsteller und seinem Werk. Es ist dies eine Gedankenverbindung, auf die er beim Begründen seiner ablehnenden Haltung gegenüber der Psychoanalyse zurückkommen wird.

Ende Oktober packt er wieder einmal seine Koffer: eine Tätigkeit, die den Vielgereisten bei jedem Aufbruch von neuem in Verzweiflung stürzt: »Da sind jene Dinge, die sich eine Freude daraus machen, einem in gewissen Abständen immer wieder in die Hände zu kommen, so lange, bis sie sich im entscheidenden Augenblick verstecken und von irgendwo zusehen, daß man sie, die man schon wegwünschte, sucht und nötig hat.« Sein erstes Reiseziel ist Prag, wo Phia Rilke zur Dichterlesung ihres Sohnes erscheint, mit allerhand »abscheulichen alten Damen, über die ich mich als Kind verwunderte«. Wer weiß, was ihn das Eintauchen in diese Atmosphäre gekostet hätte, wenn ihm nicht zwei günstige Omen begegnet wären. Das eine ist ein Besuch auf Schloß Janowitz, dem Besitz der Familie Nádherný von Borutin, wo er sich unter Begleitumständen einfindet, die in ihm wieder einmal »Erinnerungen« erwecken, »von denen viele nicht meine sind«:

Und das war Böhmen, das ich kannte, hügelig wie leichte Musik und auf einmal wieder eben hinter seinen Apfelbäumen, flach ohne viel Horizont und eingeteilt durch die Äcker und Baumreihen wie ein Volkslied von Refrain zu Refrain. Und plötzlich glitt man aus alledem . . . in ein Parktor, und es war Park, alter Park, und kam ganz nahe an einen heran mit seinem feuchten Herbst. Bis nach mehreren Wendungen, Brücken, Durchblicken, durch einen alten Wassergraben abgetrennt, das Schloß aufstieg, alt, oben zurückgebogen wie aus Hochmut, mit Fenstern und Wappenschildern ungleichmäßig bedeckt, mit Altanen, Erkern und um Höfe herumgestellt, als sollte sie nie jemand zu sehen bekommen. Die Baronin, die verwitwet ist, blieb . . . zurückgezogen; die schöne Baronesse, (die wie eine Miniatur aussieht, welche ein Jahr vor der großen Revolution gemacht worden ist, im letzten Augenblick) kam mir mit ihren beiden sehr sympathischen jungen Brüdern auf der Schloßbrücke entgegen; wir gingen durch den Park; als es schon dämmerte, durch das merkwürdige Schloß (mit einem unvergeßlichen Speisesaal), während zwei Diener mit schweren Silberarmleuchtern in die tiefen Gemächer wie in Höfe hineinleuchteten. So blieben wir ganz unter uns und . . . tranken schließlich Tee (wozu es Ananasscheiben gab) und waren gerne beisammen, jeder des anderen froh.

Neben der Freundschaft mit Sidie erlebt er in Prag die Versöhnung mit Rodin. Auf dem Weg zum Vortrag wird ihm ein Brief aus Paris überbracht, in dem der Meister um Auskunft über eine Wiener Buchhandlung bittet, die für eine Ausstellung einige Zeichnungen angefordert hat (es ist die von Hugo Heller, bei der Rilke lesen wird; durch seine Vermittlung werden dort später sechzig Blätter von Rodin ausgestellt). Damit ist der Bruch zumindest äußerlich geheilt. Rilke antwortet umgehend, Rodin dankt für die beruhigende Nachricht und fordert ihn auf, sich in Paris wieder sehen zu lassen. Daß Rilke auf diese Geste der Wiedergutmachung so sachlich einzugehen vermag, ist ein weiteres Zeichen seiner Reife und der Kontrolle über eine Tendenz, die er Lou gegenüber einmal geradezu als Krankheit bezeichnete: den Zwang, anderen gegenüber »unverhältnismäßig weit aufzugehen« und bei ihnen alle seine Sorgen abzuladen, wogegen er jetzt gelernt hat, »der Abwartende zu sein, der Erwidernde womöglich und nicht der Einleitende«.[106] Dieser Sprung über den eigenen Schatten gelingt ihm trotz des Wiedersehens mit Prag, mit Phia und mit dem Grab des Vaters, das er heimlich besucht (»sonst wäre meine Mutter mitgefahren«).

Auf die Vorträge in Prag und in Breslau, wo er das Podium mit Schillers Enkel Alexander Freiherr von Gleichen-Rußwurm teilt, folgt am 8. November 1907 ein triumphaler Leseabend in der Hellerschen Buchhandlung in Wien, am Bauernmarkt im Ersten Bezirk. Wiederum wird seine Selbstbeherrschung auf die Probe gestellt, als ihn ein plötzliches Nasenbluten zwingt, die Lesung zu unterbrechen. Er bittet die Anwesenden, sich zu gedulden, geht in das Nebenzimmer, um sich mit Hilfe von Waschbecken und Handtuch wieder herzurichten, und kehrt nach einigen Minuten in den Lesesaal zurück. Inzwischen ist auch Hofmannsthal ins Zimmer gekommen und hat sich erboten, im Notfall an Rilkes Stelle zu lesen. Den Eindruck, den Rilke damals hinterließ, beschreibt Rudolf Kassner:

Im Herbst 1907 kam er nach Wien und las hier zum ersten und einzigen Male aus seinen Gedichten vor. Es war trotz des Nasenblutens, wodurch die Vorlesung für eine Weile unterbrochen werden mußte, ein sehr großer Erfolg, wohl der größte, den je ein vorlesender Dichter in Wien gehabt haben dürfte. Sein Zimmer im Hotel Matschakerhof soll am nächsten Tag dem einer Diva geglichen haben. Ich war durch Krankheit verhindert gewesen, der Vorlesung beizuwohnen. Hofmannsthal aber war zugegen [und] erzählte mir davon . . .
Einige Tage nach der Vorlesung kam Rilke zu mir nach Hietzing, wo ich damals wohnte. Was man unsere Freundschaft nennen mag, geht jedenfalls auf diesen Besuch zurück, zeitlich und auch sonst. Ein schmächtiger Mann trat da ein, knabenhaft schmal um die Schultern, ein wenig nach vorn gebeugt, entgegenkommend, schnellen, leichten Schrittes. Der stille, reine Blick seiner Augen vom blauesten Blau nahm mich gefangen und hielt mich fest, bevor mir noch der große, unförmige, welke, wie gebrauchte Mund mit dem in zwei langen Spitzen von den Mundwinkeln herabreichende Schnurrbart ins Auge fiel. Ein Arzt mit dem Blick des Physiognomikers hätte aus diesen Lippen, deren Färbung, an der Haut, an irgend etwas Unbeschreiblichem daran in der Tönung, die Krankheit ablesen können, scheint mir, an der Rilke sterben sollte. Doch kam aus diesem Munde, durch diese Lippen hindurch, eine reiche, volle, tönende Stimme, die nichts Knabenhaftes, Unreifes an sich hatte. Aus dem ganzen Wesen sprach

Unbefangenheit ohne die geringsten Spuren oder Reste von Eitelkeit oder Betroffenheit.

Nach Besuchen bei Hofmannsthal in Rodaun und bei anderen Wiener Freunden hält Rilke am 13. November im Saal der Landwirtschaftlichen Gesellschaft in der Schauflergasse seinen bereits erprobten Vortrag über Rodin, bei dem wiederum etwas schiefzugehen droht:

Als er geendigt hatte und der feierliche Eindruck seines Wesens den Beifall zunächst abhielt, beging er, der damals . . . ja noch jung war, einen Fehler. Er fragte das Publikum, ob es nunmehr einen Begriff von Rodins Kunst gewonnen habe. Diese Frage beeinträchtigte die Wirkung seiner Gabe. Das Schweigen, das vorhin das der Ergriffenheit gewesen war, wurde zu dem der Verlegenheit. Niemand wagte zu antworten – was auch hätte man zu sagen vermocht? Lächelnd wiederholte er seine Erkundung, und da die Stille weiter unfruchtbar blieb, drohte ihm die Gefahr, ein drittes Mal fragen zu müssen.
Diese peinliche Lage rettete der Schriftsteller und Anwalt Dr. Robert Scheu: »Ja, wir wissen jetzt«, rief er laut aus, »wer Rodin war, und wir danken Ihnen, Herr Rilke, für Ihre Erläuterung.« Danach brach der längst fällig gewesene Applaus mit einer Herzlichkeit aus, die das ungelegene Zwischenspiel vergessen machte.[107]

In dem Brief, in dem Rilke Rodin den Erfolg dieses Abends meldet, liest sich das naturgemäß etwas anders. Dort schreibt er, das Publikum sei am Ende zu ergriffen und überzeugt gewesen – *trop pris et trop convaincu* –, um Fragen zu stellen, bis ein junger Mann ihm im Namen aller gedankt habe, woraufhin die Zuhörer ihm gratuliert hätten mit Ausnahme der »von ihrem grausamen Handwerk verhärteten« Journalisten.

Daß Rilke trotz des kleinen ihm hier unterlaufenen Kunstfehlers ein ganz ausgezeichneter Vorleser war, der seine Zuhörer in eine andere Welt zu versetzen wußte, ist vielfach bezeugt. Bei der Wiener Lesung wurde dieser Effekt dadurch erreicht, daß Rilke neben dem

Tod des Kammerherrn Brigge aus dem Roman auch einige Gedichte zum besten gab, darunter *Das Karussell*, das zum Vorlesen geradezu gemacht ist und von ihm so gelesen wurde, daß der junge Herbert Steiner, der Herausgeber der Zeitschrift *Corona*, ganz hingerissen kommentierte: »Wir hörten, wir sahen das Karussell immer schneller, fast schwindelnd kreisen, langsamer werden, ausschwingen, stillstehen«:

> Mit einem Dach und seinem Schatten dreht
> sich eine kleine Weile der Bestand
> von bunten Pferden, alle aus dem Land,
> das lange zögert, eh es untergeht.
> Zwar manche sind an Wagen angespannt,
> doch alle haben Mut in ihren Mienen;
> ein böser roter Löwe geht mit ihnen
> und dann und wann ein weißer Elefant.
>
> Sogar ein Hirsch ist da, ganz wie im Wald,
> nur daß er einen Sattel trägt und drüber
> ein kleines blaues Mädchen aufgeschnallt.
>
> Und auf dem Löwen reitet weiß ein Junge
> und hält sich mit der kleinen heißen Hand,
> dieweil der Löwe Zähne zeigt und Zunge.
>
> Und dann und wann ein weißer Elefant.
>
> Und auf den Pferden kommen sie vorüber,
> auch Mädchen, helle, diesem Pferdesprunge
> fast schon entwachsen; mitten in dem Schwunge
> schauen sie auf, irgendwohin, herüber –
>
> Und dann und wann ein weißer Elefant.
>
> Und das geht hin und eilt sich, daß es endet,
> und kreist und dreht sich nur und hat kein Ziel.
> Ein Rot, ein Grün, ein Grau vorbeigesendet,

ein kleines kaum begonnenes Profil –.
Und manchesmal ein Lächeln, hergewendet,
ein seliges, das blendet und verschwendet
an dieses atemlose blinde Spiel . . .

III

Nach den Wiener Erfolgen gestattet Rilke sich einen Abstecher in die Stadt, die er nach Paris am besten kennt: Er fährt nach Venedig. Es ist sein dritter Besuch nach den Reisen von 1897 und 1903. Diesmal wohnt er bei der Familie des Kunsthändlers Piero Romanelli, mit dem er sich auf dem Salon d'Automne in Paris angefreundet hatte. Obwohl er sich nur zehn Tage in der Lagunenstadt aufhält, fällt ihm der Abschied schwer, denn er hat sich in Pieros jüngere Schwester Adelmina (Mimi) verliebt, mit der er noch auf Jahre hinaus französische Briefe wechselt. Besonders prägt sich ihm der Weg zurück zum Bahnhof ein, an einem frühen Wintermorgen auf dem Wasser, als der Ruf des Gondoliere, der sein Einbiegen in einen Kanal ankündigt, »unbeantwortet verhallte wie im Angesicht des Todes«.

Auch die Heimkehr in die familiäre Enge von Oberneuland, wo er Weihnachten verbringt und bis in den Februar bleibt, fällt ihm diesmal schwer, schwerer als die Gedanken, die nach Venedig gehen: »Inmitten meiner Traurigkeit bin ich doch glücklich im Wissen, daß Sie da sind, Sie Schöne – *heureux de savoir que vous êtes, Belle* –, glücklich, daß ich mich ohne Bedenken Ihrer Schönheit hingegeben habe wie ein Vogel, der sich dem Raum anheimgibt.« (Daß Mimi tatsächlich eine Schönheit war, zeigen ihre Bilder und die Tatsache, daß ihr der von den Frauen so verwöhnte d'Annunzio ebenfalls den Hof machte.) Zugleich teilt Rilke ihr mit, er habe seiner Frau viel von ihr erzählt, so wie er auch umgekehrt Mimi viel über Clara gesagt hatte: »Es kam mir immer seltsam vor«, berichtet die Venezianerin, »daß er mich wahnsinnig zu lieben vorgab – *diceva d'amarmi ciecamente* – und mir zugleich von seiner Zuneigung zu seiner Frau und Tochter erzählte.«[108] Allen poetischen Gleichnissen zum Trotz kann von wirklicher Hingabe also nicht die Rede sein. Nicht einmal im Sprachlichen, das bei diesem Liebhaber von so zentraler Bedeutung ist, kann er sich zum familiären *tu* durchringen und bevorzugt überhaupt statt des Namens generische Anreden wie *Belle* und *Chère*, später auch erfundene wie Benvenuta, Merline, Nike und noch andere. Auch bei seinen deutschen Freundinnen geht er mit dem Namen so behutsam um, als fürchte er, daß mit dessen Aussprechen die Besitzergreifung einherginge. Eine solche scheint Mimi übrigens geplant oder erwartet zu haben, denn in keiner anderen Rilkeschen Liebesbeziehung, über die wir unterrichtet sind, schlägt die Leidenschaft so schnell in Flucht um: »Ich bitte alle diejenigen, die mich liebhaben«, ermahnt er alsbald die Freundin, »doch auch meine Einsamkeit liebzuhaben, weil ich mich andernfalls selbst vor ihren Augen und Händen verbergen müßte wie ein wildes Tier, das sich vor den Feinden versteckt, die ihm nachstellen.«

Um so rückhaltloser verfolgt er die Illusion, daß die Geliebte selbst eine schöpferische Persönlichkeit zu sein habe. Als er sich bei der Arbeit am *Malte Laurids Brigge* wieder einmal in die intransitive, über ihr Objekt hinausgehende Liebe von Frauen wie der italienischen Renaissance-Dichterin Gaspara Stampa, der Nonne Marianna Alcoforado oder auch Eleonora Duse vertieft, fragt er bei Mimi an, ob sie Lust habe, mit ihm die *Rime* der Stampa zu lesen. Dabei weiß er, daß Mimis Interessen (wie später die von Benvenuta) vorwiegend auf dem Gebiet der Musik liegen. Beide sind ausgebildete Pianistinnen.

Rilkes Lebensrhythmus, der im Herbst gewöhnlich seinen Höhepunkt erreicht, wird in diesem Winter arg geschwächt. Er fühlt sich lustlos und deprimiert wie 1903 vor der Reise nach Viareggio, 1904 in Rom und 1905 vor der Kur im »Weißen Hirsch«. Seine Lebensgeister erholen sich erst wieder, als er zu einem erneuten Aufenthalt in Capri eintrifft. Er benutzt den Auftrieb zu einem Brief an Kippenberg, in dem er seine finanziellen Nöte schildert, die irgendwie behoben werden müßten, bevor er an die als immer drängender empfundene Ausarbeitung des Romans und an andere Arbeiten, darunter Essays über Hofmannsthal und Cézanne, auch nur denken kann. Nach einigem Zögern erklärt sich der Verleger zur vierteljährlichen Überweisung eines Betrags bereit, der nach einer komplizierten Formel aus den jeweils laufenden und zukünftigen Tantiemen errechnet wird. Die wahre Hilfe kommt jedoch von Karl von der Heydt, der ihm von 1906 bis 1909 rund 5000 Mark zur Verfügung stellt, und von Samuel Fischer.[109] Dieser bietet ihm 3000 Mark an, ohne Verpflichtung zu einer Gegenleistung, und bleibt auch dann dabei, als Rilke auf seine Verabredungen mit dem Insel-Verlag hinweist. Die Gabe, für die Rilke sich im Verlauf der Zeit durch einige Beiträge zu der von Fischer herausgegebenen *Neuen Rundschau* revanchiert, sowie ein paar andere Zuwendungen ermöglichen es ihm, die nächsten anderthalb Jahre ohne gar zu ernste Geldsorgen an der Vollendung des *Malte Laurids Brigge* zu arbeiten.

Nach siebenmonatiger, in Deutschland, Österreich und Italien verbrachter Abwesenheit kehrt Rilke am 1. Mai 1908 nach Paris zurück und bezieht ein Atelier in der Rue Champagne-Première, das ihm Mathilde Vollmoeller überläßt. Zur gleichen Zeit trifft Clara, die wieder bei Rodin arbeiten will, aus Oberneuland ein und mietet eine Wohnung, die ihr aber nicht sonderlich zusagt. Als ihr eine Bekannte von einem leerstehenden Atelier berichtet, greift sie schnell zu und übersiedelt in das verlassene ehemalige Sacré-Coeur-Kloster an der Ecke Rue Varenne und Boulevard des Capucines. Das Kloster liegt im 1728/31 erbauten Hotel Biron, in dem einst die Duchesse du Maine und der russische Botschafter am Hof Napoleons I. gewohnt hatten. Durch Erbschaft war es dann den Damen des Sacré Coeur zugefallen und 1905 in den Besitz der Französischen Republik übergegangen. Als Clara im August 1908 nach Deutschland zurückkehrt, übernimmt Rilke dieses Atelier und schildert es Rodin in so leuchtenden Farben – »Sie müßten dieses schöne Gebäude sehen und den Saal, *cher grand ami*, den ich seit heute früh bewohne, mit drei Fensternischen, die in großzügigster Weise auf einen verlassenen Garten hinausgehen« –, daß dieser sich ebenfalls dort niederläßt und bald das ganze Parterre mit seinen Werken füllt. Der Meister bleibt zwar in Meudon wohnen, wo auch seine Former, Gießer und anderen Gehilfen untergebracht sind, arbeitet und empfängt seine Gäste von nun an aber im Hotel Biron, dem heutigen

Musée Rodin. Eine Gedenktafel an der Gartenmauer erinnert daran, daß Rilke den Bildhauer auf das Gebäude aufmerksam gemacht und eine Zeitlang selbst dort gelebt hat.

Als Rodins Untermieter bewohnt er den Rundbau an der linken Ecke mit zwei sehr hohen Zimmern und direktem Zugang zur Terrasse. Benötigt er etwas, einen Tisch oder eine Lampe, dann läßt Rodin es ihm hereinstellen; wenn dieser einen Spaziergang machen will, fragt er bei Rilke an, ob er Zeit und Lust habe, ihn zu begleiten. So hört Rilke viele der Einfälle, die Rodin unterwegs kommen und die er sich, damit sie nicht verlorengehen, auf die Manschetten zu schreiben pflegt (zu Hause angekommen, wechselt er diese aus und versteckt sie, damit sie nicht der Wäscherin in die Hände fallen). Aus den harmonischen Herbsttagen des Jahres 1908 datiert die Widmung des zweiten oder anderen Teils der *Neuen Gedichte*, »*A mon grand Ami Auguste Rodin*«, die Rilke trotz der zunächst beanstandeten französischen Fassung bei Kippenberg durchsetzt. Unter den anderen Künstlern, die sich im Hotel Biron einmieten – billig, denn das Gebäude soll abgerissen werden und wird erst 1911 in ein Museum umgewandelt –, sind Jean Cocteau, Henri Matisse, Romain Rolland, die amerikanische Tänzerin Isadora Duncan und die Malerin Erika Scheel, die später Gerhart Hauptmanns Sohn Ivo heiratet.

Rilkes erste größere Arbeit in der neuen Wohnung ist das *Requiem für eine Freundin*, das Anfang November 1908 geschrieben wird, ein Jahr nach Paula Modersohn-Beckers Tod in Worpswede. Es ist eine Klage um die Freundin, die durch Liebe, Ehe und Mutterschaft, mit einem Wort: durch ihr Frauenschicksal, wie man es damals verstand, ihrer Kunst entrissen wird und an diesem Konflikt zugrunde geht:

> Denn irgendwo ist eine alte Feindschaft
> zwischen dem Leben und der großen Arbeit.

Nicht nur der viel zu frühe Tod ist tragisch an ihrem Schicksal, sondern auch sein Eintreten gerade zu dem Zeitpunkt, als sie gelernt hatte, »ohne Neugier«, das heißt sachlich, zu sehen und zu malen. Die Schuld trägt nicht etwa Otto Modersohn als Individuum, wohl

aber »der Mann«, der die Frau, die als Künstlerin soeben ihren
eigenen Weg angetreten hat,

> die uns nicht mehr sieht und die
> auf einem schmalen Streifen ihres Daseins
> wie durch ein Wunder fortgeht, ohne Unfall,

dadurch zurückhält, daß er sie als sein Eigentum ansieht und
gebraucht:

> Denn *das* ist Schuld, wenn irgendeines Schuld ist:
> die Freiheit eines Lieben nicht vermehren
> um alle Freiheit, die man in sich aufbringt.

Unmittelbar danach entsteht das *Requiem für Wolf Graf von Kalckreuth*,
einen Lyriker und Baudelaire-Übersetzer, der sich 1906 als Einjäh-
rig-Freiwilliger erschossen hatte. Rilke, der ihn persönlich nicht
kannte, erfuhr davon durch Kippenberg, der die Gedichte des Toten
veröffentlichte. Im *Requiem* tadelt er die Ungeduld des jungen Mannes, der sich in dem Augenblick das Leben nimmt, in dem die Schwere des Lebens vielleicht ins Positive, in Dichtung umgeschlagen wäre:

> Dies war die Rettung. Hättest du nur *ein* Mal
> gesehn, wie Schicksal in die Verse eingeht
> und nicht zurückkommt, wie es drinnen Bild wird
> und nichts als Bild, nicht anders als ein Ahnherr,
> der dir im Rahmen, wenn du manchmal aufsiehst,
> zu gleichen scheint und wieder nicht zu gleichen –:
> du hättest ausgeharrt.

Den in diesen Zeilen ausgedrückten Vorwurf nimmt Rilke in der
Schlußbetrachtung zurück, derzufolge wir in Zeiten leben, in denen
sich die existentielle Erfahrung des einzelnen zusehends in einem
unsichtbaren Raum abspielt als ein »Tun ohne Bild«, wie es in der
Neunten Elegie heißt. Deshalb kann auch der diesen frühen Toten
beklagende Dichter keine großen Worte machen: »Wer spricht von
Siegen? Überstehn ist alles.«

284

Die Requien erscheinen im folgenden Jahr in einem Band. Von nun an veröffentlicht Rilke kaum noch einzelne Gedichte, sondern konzentriert sich auf geschlossene Zyklen. Dadurch entsteht beim Publikum der Eindruck eines Versiegens der lyrischen Produktion, bis dann im Jahr 1922 plötzlich die *Duineser Elegien* und *Sonette an Orpheus* hervorbrechen.

Als nächstes gilt es, die *Aufzeichnungen des Malte Laurids Brigge* fertigzustellen. Rilke wendet sich ihnen mit einer Zielstrebigkeit zu, die ihn an den Rand eines Nervenzusammenbruchs führt und nach überwundener Krise von einem »offenen Feuer« sprechen läßt, über dem er vor Arbeit »siede«. (Um sich einen Begriff von Rilkes spartanischer Lebensführung während dieser Monate zu machen, muß das bekannte Bild, das ihn in seinem Eckzimmer im Hotel Biron an der Arbeit am *Malte Laurids Brigge* zeigt und an Mobiliar nur einen Tisch, einen Stuhl und die bloße Wand aufweist, mit der etwa gleichzeitigen Photographie von Hofmannsthal im Fresken-saal seines Hauses in der Badgasse in Rodaun verglichen werden, mit erlesenen Möbeln und einem prächtigen Leuchter, Blumen auf dem Arbeitstisch und *last but not least*, diskret im Hintergrund, der um das Wohl ihres Gatten besorgten Frau Gerty Hofmannsthal.) Die Fortschritte an dem Roman und die Besuche von Mimi, die den Winter bei ihrem Bruder in Paris verbringt, sowie von Lou, Ellen Key und Karl von der Heydt können Rilke nicht über die Sorge hinweghelfen, daß es mit seiner Gesundheit nicht zum besten steht. Es ist diesmal mehr und etwas anderes als die »jährliche Influenza«, von der er Samuel Fischer klagt. Vielmehr fühlt er sich so schwach, daß er im Frühjahr wochenlang nicht arbeiten kann. Weder eine im Mai unternommene Reise in die Provence noch ein Kuraufenthalt in Bad Rippoldsau im Schwarzwald verschaffen ihm Besserung. Er leidet bis in den Herbst hinein an möglicherweise psychosomati-schen, aber darum nicht minder schmerzvollen Zuständen wie einer »Spannung . . ., die bald da bald dort in den Muskeln auftritt, bei der geringsten Leseermüdung in der Stirn, in den Wangen, an der Zungenwurzel, im Halse« und einem Gefühl in Rücken und Speise-röhre, »als ob eine Alaunlösung in die Muskelbänder geraten wäre«.[110]

Ende September ist er ein zweites Mal im Süden, in Avignon, wo ihm der Palast der Päpste einen unvergeßlichen Eindruck macht, und in dem malerischen Felsennest Les Baux, aus dem während der Glaubenskämpfe im frühen 17. Jahrhundert eine Familie Salomé, in der er Lous Vorfahren entdeckt zu haben glaubt, hatte auswandern müssen. Trotz dieser Reisen bleibt der schöpferische Bogen so straff gespannt, daß eine Kleinigkeit wie der Kauf eines für Ruth bestimmten Bilderbuchs Rilke in helle Freude versetzen kann, weil er dadurch für ein paar Stunden dem Arbeitsdruck entgeht. Die naiven Verschen lassen ihn nicht los, bis er in einem Brief die Geschichte vom kleinen Jochen wiedererzählt, der ganz verdreckt vom Spielen kommt und auf dem Heimweg verschiedenen Tieren begegnet. Mit der Freude am Kindlichen, die so vielen komplizierten Menschen innewohnt, zitiert der Dichter des *Malte Laurids Brigge* und der *Duineser Elegien* die Zeilen:

> Doch selbst das Schwein wird stutzig
> und schüttelt sich und spricht:
> Pfui, Jochen, du bist schmutzig,
> so schmutzig bin ich nicht!

Trotz Müdigkeit und Depressionen kann Rilke den Roman Ende 1909 abschließen. Als er im Januar 1910 zu einer Vortragsreise nach Deutschland aufbricht, befindet sich das für Kippenberg bestimmte Manuskript in seinem Gepäck.

IV

Malte Laurids Brigge ist ein junger Däne, letzter Sproß eines adligen Geschlechts, der in den ersten Jahren unseres Jahrhunderts einsam und in großer Armut in Paris wohnt und seine »Aufzeichnungen« in einer Form niederschreibt, die manchmal einem Tagebuch, manchmal einem bloßen Zettelkasten ähnelt. Neben diesem primären, stark autobiographisch gefärbten Handlungsstrang verlaufen andere, die als Erläuterung oder auch Gegengewicht zu den Pariser Erlebnissen dienen: Erinnerungen an seine in Dänemark

Doppelseite aus den Entwürfen zu den *Aufzeichnungen des Malte Laurids Brigge*, im Pariser Winter 1908 in kleinen Taschenbüchern notiert. Hier die Beschreibung der Wandteppiche »Die Dame mit dem Einhorn« im Musée de Cluny, die Rilke besonders liebte.

verbrachte Jugend, Exkurse über bedeutende Menschen wie Beethoven, Ibsen und die Duse, Zitate aus Baudelaire und der Bibel, Rückgriffe auf weit zurückliegende historische Ereignisse. Obwohl Rilke so unmißverständlich für Malte Modell gestanden hat, daß eine englische Übersetzung des Romans den Titel *The Journal of my Other Self* trägt, ist er doch nicht das einzige Vorbild gewesen. Hinter ihm steht – in einer komplizierten, dem Verhältnis von Goethe, Werther und Karl Wilhelm Jerusalem vergleichbaren Anordnung – die Figur Sigbjörn Obstfelders, der in Paris gelebt hatte und dessen *Pilgerfahrten* Rilke rezensierte.

Wenn *Malte Laurids Brigge* trotz seiner für einen deutschen Roman recht bescheidenen Länge von knapp 250 Seiten (etwa die Hälfte von *Berlin Alexanderplatz*, ein Drittel des *Zauberbergs* oder der *Blechtrommel*, ein Viertel des ersten Teils des *Manns ohne Eigenschaften*) ein eher schwieriges Buch ist, dann liegt das am Fehlen einer kontinuierlichen Romanhandlung auf einheitlicher Zeitebene. Zwar ist der Text in 71 Kapitel oder Abschnitte von jeweils sehr unterschiedlicher Länge eingeteilt; man vermißt aber allzuoft Übergänge von einem Abschnitt zum nächsten, so daß die Episoden und Epochen durcheinanderwirbeln, als wäre das Ganze ein Karussell oder eine Folge von Bildern von El Greco oder Goya, auf denen einzelne Motive aus dem Dunkel hervorleuchten.

Der so modern anmutende Verzicht auf eine geschlossene Form und logische Handlungsabfolge ist gewiß nicht auf künstlerisches Unvermögen des Verfassers zurückzuführen, sondern auf sein Bestreben, historische Figuren als Sinnbilder für Maltes Schicksal oder auch als »Vokabeln seiner Not« aufzurufen. Denn daß die *Aufzeichnungen des Malte Laurids Brigge*, 1910 nach sechsjähriger Arbeit veröffentlicht, technisch und thematisch ihrer Zeit weit voraus waren, unterliegt keinem Zweifel. Ob man allerdings tatsächlich nicht mehr erzählen kann, wie Malte behauptet – »Daß man erzählte, wirklich erzählte, das muß vor meiner Zeit gewesen sein« –, ist eine andere Frage.

Der Schauplatz des Romans ist im wesentlichen Paris, die Gegend um den Jardin du Luxembourg im Sechsten und den benachbarten Arrondissements, die Rilke am besten kannte. Einige Kapitel sind auch in Kopenhagen (das nicht genannt wird, sich aus den Straßennamen aber identifizieren läßt) sowie in Petersburg und Venedig lokalisiert. Neben diesen Städten spielen auch die Rittergüter eine Rolle, auf denen Malte aufwuchs: Ulsgaard, der zur Zeit der Niederschrift bereits verkaufte Stammsitz der Familie Brigge, und das den Grafen Brahe, Maltes Vorfahren mütterlicherseits gehörende Urnekloster.

Malte Laurids Brigge setzt tagebuchartig ein mit dem Vermerk »11. September, rue Toullier« und zeigt uns Paris aus dem Blickwinkel nicht nur des Helden, sondern auch des Verfassers, der Ende 1902 in eben dieser Straße wohnte. Wenn Malte schreibt: »Ich lerne sehen«, dann lernt er vor allem das Elend der Großstadt sehen, etwa das *Hôtel Dieu* oder Armenkrankenhaus von Paris:

Dieses ausgezeichnete Hotel ist sehr alt, schon zu König Chlodwigs Zeiten starb man darin in einigen Betten. Jetzt wird in 559 Betten gestorben. Natürlich fabrikmäßig. Bei so enormer Produktion ist der einzelne Tod nicht so gut ausgeführt, aber darauf kommt es auch nicht an. Die Masse macht es. Wer gibt heute noch etwas für einen gut ausgearbeiteten Tod? Niemand. Sogar die Reichen, die es sich doch leisten könnten, ausführlich zu sterben, fangen an, nachlässig und gleichgültig zu werden; der Wunsch, einen eigenen Tod zu haben, wird immer seltener.

Einer, der diesen Wunsch noch hatte und verwirklichte, war Maltes Großvater gewesen, der Kammerherr Christoph Detlev Brigge, der im Herrenhaus seines Gutes gestorben war, so langsam und ausführlich, daß alles Leben auf Ulsgaard, Familie, Gesinde und Tiere, sich unter dem Gewicht dieses Todes zu beugen hatte:

Christoph Detlevs Tod lebte nun schon seit vielen, vielen Tagen auf Ulsgaard und redete mit allen und verlangte. Verlangte, getragen zu werden, verlangte das blaue Zimmer, verlangte den kleinen Salon, verlangte den Saal. Verlangte die Hunde, verlangte, daß man lache, spreche, spiele und still sei und alles zugleich. Verlangte Freunde zu sehen, Frauen und Verstorbene, und verlangte selber zu sterben: verlangte. Verlangte und schrie.

Denn, wenn die Nacht gekommen war und die von den übermüden Dienstleuten, welche nicht Wache hatten, einzuschlafen versuchten, dann schrie Christoph Detlevs Tod, schrie und stöhnte, brüllte so lange und anhaltend, daß die Hunde, die zuerst mitheulten, verstummten und nicht wagten sich hinzulegen ... Und wenn sie es durch die weite, silberne, dänische Sommernacht im Dorfe hörten, daß er brüllte, so standen sie auf wie beim Gewitter, kleideten sich an und blieben ohne ein Wort um die Lampe sitzen, bis es vorüber war. Und die Frauen, welche nahe vor dem Niederkommen waren, wurden in die entlegensten

Stuben gelegt und in die dichtesten Bettverschläge; aber sie hörten es, sie hörten es, als ob es in ihrem eigenen Leibe wäre, und sie flehten, auch aufstehen zu dürfen, und kamen, weiß und weit, und setzten sich zu den andern mit ihren verwischten Gesichtern. Und die Kühe, welche kalbten in dieser Zeit, waren hilflos und verschlossen, und einer riß man die tote Frucht mit allen Eingeweiden aus dem Leibe, als sie gar nicht kommen wollte . . . Das war nicht der Tod irgendeines Wassersüchtigen, das war der böse, fürstliche Tod, den der Kammerherr sein ganzes Leben lang in sich getragen und aus sich genährt hatte. Alles Übermaß an Stolz, Willen und Herrenkraft, das er selbst in seinen ruhigen Tagen nicht hatte verbrauchen können, war in seinen Tod eingegangen, in den Tod, der nun auf Ulsgaard saß und vergeudete.

Wie hätte der Kammerherr Brigge den angesehen, der von ihm verlangt hätte, er solle einen anderen Tod sterben als diesen. Er starb seinen schweren Tod.

Solche Erinnerungen und seine Verlassenheit in der großen Stadt bewegen Malte, sich Rechenschaft abzulegen über sein bisheriges Leben und Tun. Zwar ist er achtundzwanzig und hat einiges geschrieben; aber es waren auch Verse darunter, und die darf man, sagt Rilke, nicht zu früh schreiben. Vielmehr soll man warten damit und

Sinn und Süßigkeit sammeln ein ganzes Leben lang und ein langes womöglich, und dann, ganz zum Schluß, vielleicht könnte man dann zehn Zeilen schreiben, die gut sind. Denn Verse sind nicht, wie die Leute meinen, Gefühle (die hat man früh genug), – es sind Erfahrungen. Um eines Verses willen muß man viele Städte sehen, Menschen und Dinge, man muß die Tiere kennen, man muß fühlen, wie die Vögel fliegen, und die Gebärde wissen, mit welcher die kleinen Blumen sich auftun am Morgen. Man muß zurückdenken können an Wege in unbekannten Gegenden, an unerwartete Begegnungen und an Abschiede, die man lange kommen sah . . . an Tage in stillen, verhaltenen Stuben und an Morgen am Meer, an das

Meer überhaupt, an Meere, an Reisenächte, die hoch dahin-
rauschten und mit allen Sternen flogen, – und es ist noch nicht
genug, wenn man an alles das denken darf. Man muß Erinnerungen haben an viele Liebesnächte, von denen keine der
anderen glich ... Und es genügt auch noch nicht, daß man
Erinnerungen hat. Man muß sie vergessen können, wenn es
viele sind, und man muß die große Geduld haben, zu warten,
bis sie wiederkommen. Denn die Erinnerungen selbst *sind* es
noch nicht. Erst wenn sie Blut werden in uns, Blick und
Gebärde, namenlos und nicht mehr zu unterscheiden von uns
selbst, erst dann kann es geschehen, daß in einer sehr seltenen
Stunde das erste Wort eines Verses aufsteht in ihrer Mitte und
aus ihnen ausgeht.

Beim nun folgenden ersten Einstieg in die eigene Vergangenheit ist
Malte zwölf oder dreizehn, zu Besuch beim Großvater mütterlicherseits auf Urnekloster. Neben anderen skurril gezeichneten Verwandten trifft er dort den etwa gleichaltrigen Spielkameraden Erik
Brahe, der als »Knabe ... mit dem braunen Schielaug« in der
Vierten Elegie wieder auftaucht, und den Geist der vor vielen Jahren
im Kindbett verstorbenen Christine Brahe, dessen Erscheinen vom
Großvater, für den »die Zeitfolgen ... durchaus keine Rolle spiel-
ten«, ohne viel Aufsehens akzeptiert wird. (Unter den Gründen,
weshalb er den Roman zum Teil in Dänemark spielen ließ, gab der
Verfasser einmal die Vertrautheit der Skandinavier mit Gespen-
stern an.)

Der Tagebuchvermerk »Bibliothèque Nationale« bringt uns nach
Paris zurück und aktiviert in Malte eine Reihe angstdurchtränkter
Momentaufnahmen aus der Stadt. Sie gipfeln in der berühmten
Schilderung der Wand eines halbabgerissenen Hauses, die sich ihm
unauslöschlich eingeprägt hat:

Man sah ihre Innenseite. Man sah in den verschiedenen Stock-
werken Zimmerwände, an denen noch die Tapeten klebten, da
und dort den Ansatz des Fußbodens oder der Decke. Neben den
Zimmerwänden blieb die ganze Mauer entlang noch ein schmut-
zig-weißer Raum, und durch diesen kroch in unsäglich widerli-

chen, wurmweichen, gleichsam verdauenden Bewegungen die offene, rostfleckige Rinne der Abortröhre . . .

Am unvergeßlichsten aber waren die Wände selbst . . . aus diesen blau, grün und gelb gewesenen Wänden, die eingerahmt waren von den Bruchbahnen der zerstörten Zwischenmauern, stand die Luft dieser Leben heraus, die zähe, träge, stockige Luft, die kein Wind noch zerstreut hatte. Da standen die Mittage und die Krankheiten und das Ausgeatmete und der jahrealte Rauch und der Schweiß, der unter den Schultern ausbricht und die Kleider schwer macht, und das Fade aus den Munden und der Fuselgeruch gärender Füße. Da stand das Scharfe vom Urin und das Brennen vom Ruß und grauer Kartoffeldunst und der schwere, glatte Gestank von alterndem Schmalze. Der süße, lange Geruch von vernachlässigten Säuglingen war da und der Angstgeruch der Kinder, die in die Schule gehen, und das Schwüle aus den Betten mannbarer Knaben. Und vieles hatte sich dazugesellt, was von unten gekommen war, aus dem Abgrund der Gasse, die verdunstete, und anderes war von oben herabgesickert mit dem Regen, der über den Städten nicht rein ist.

Es ist eine außerordentliche Schilderung, zumal für das Jahr 1910, als man keine zerbombten und kaum sanierte Städte kannte und es durchaus noch nicht in jedermanns Bewußtsein eingedrungen war, daß zum Beispiel der Regen über den Städten *nicht* sauber ist. Und sie wirkte um so schockierender aus der Feder eines Lyrikers, der vor kurzem noch Rosenknospen, junge Mädchen und einen heldenhaften jungen Vorfahren besungen hatte.

Kein Wunder, daß Malte, den nichts auf solche Erlebnisse vorbereitet hat, krank wird. Er geht zu einem Arzt, dessen Wartezimmer aus Kafkas Feder stammen könnte, und legt sich in seinem armseligen Zimmer fiebernd zu Bett, indes die Alpdrücke aus der Kindheit emporsteigen wie Furien aus dem Hades:

Die Angst, daß dieser kleine Knopf meines Nachthemdes größer sei als mein Kopf, groß und schwer . . . die Angst, daß irgendeine Zahl in meinem Gehirn zu wachsen beginnt, bis sie nicht mehr

Raum hat in mir . . . die Angst, daß ich mich verraten könnte und alles das sagen, wovor ich mich fürchte, und die Angst, daß ich nichts sagen könnte, weil alles unsagbar ist.

Kaum ist Malte einigermaßen genesen, da bemerkt er auf dem Weg zur Bibliothèque Nationale einen Kellner, der vor einem Café den Bürgersteig fegt und zu ein paar anderen, gleichfalls auf dem Gehweg beschäftigten Kollegen hinüberwinkt, bis sie alle lachend den Boulevard St. Michel entlangblicken in der Richtung, in welcher Malte geht. Auch die Passanten, die die frühmorgendliche Straße heraufkommen, drehen sich um. Als er freie Sicht erhält, sieht Malte in einiger Entfernung vor sich einen unauffällig gekleideten Mann, der in diesem Augenblick über etwas zu stolpern scheint. Malte beschließt, dort achtzugeben; als er aber an die Stelle kommt, ist nichts da, worüber man stolpern könnte. Nach ein paar Minuten hüpft der Mann plötzlich ohne ersichtlichen Grund. Dann macht er sich am Kragen seines Überziehers zu schaffen, den er umzuklappen sucht, zwischendurch aber mit einer verstohlenen Bewegung wieder aufrichtet, als wüßte die eine Hand nicht, was die andere tut. Nun erkennt Malte, daß dieses Hüpfen im Körper des anderen herumirrt, daß es versucht, hier und da auszubrechen. Er bemüht sich, die plötzlichen und unmotivierten Bewegungen des Mannes dadurch abzudecken, daß er ebenfalls stolpert oder hüpft und die Leute glauben macht, es läge tatsächlich etwas auf dem Bürgersteig. Der Mann macht jetzt einen verzweifelten Versuch, seine Bewegungen unter Kontrolle zu bekommen, indem er sich den Spazierstock fest ins Kreuz drückt; Malte aber weiß, daß »es« aus dem Armen bald ausbrechen und daß sein eigener, dem anderen sozusagen zur Verfügung gestellter Wille nicht ausreichen wird, um das Unheil abzuwenden. So kommen die beiden, der Veitstänzer und hinter ihm der junge Däne, zur Place St. Michel, ohne allzuviel Aufmerksamkeit auf sich gezogen zu haben. Kaum hat der Mann aber die Brücke betreten, da bricht es in ihm und aus ihm los:

Er wandte ein wenig den Kopf, und sein Blick schwankte über Himmel, Häuser und Wasser hin, ohne zu fassen, und dann gab er nach. Der Stock war fort, er spannte die Arme aus, als ob er auffliegen wollte, und es brach aus ihm aus wie eine Naturkraft und bog ihn vor und riß ihn zurück und ließ ihn nicken und neigen und schleuderte Tanzkraft aus ihm heraus unter die Menge. Denn schon waren viele Leute um ihn, und ich sah ihn nicht mehr.

Malte, vernichtet von dem Schauspiel und seiner Unfähigkeit, dem Kranken zu helfen, treibt »wie ein leeres Papier« wieder den Boulevard hinauf und zurück in sein Zimmer.

Abermals sucht er Zuflucht in Kindheitserinnerungen. Sie gelten diesmal Maman, seiner eleganten und ein wenig zerstreuten Mutter, die keine »Einteilung der Dinge in nebensächliche und wichtige« zuwege bringt und trotz ihres herzlicheren Verhältnisses zum Sohn viele Züge von Phia Rilke trägt. Sie liest Malte vor und hat es gern, wenn dieser beim Spielen in die Rolle seines verstorbenen Schwesterchens schlüpft. Am liebsten aber versetzt er sich in das Kind zurück, das fiebernd und schreiend im Bett liegt, bis die verängstigten Dienstboten schließlich die Eltern, die gerade auf einem Ball beim Kronprinzen sind, holen lassen und die Mutter sich zwischen ihn und das Böse stellt:

Maman kam herein in der großen Hofrobe . . . und lief beinah und ließ ihren weißen Pelz hinter sich fallen und nahm mich in die bloßen Arme . . . Und wir blieben so und weinten zärtlich und küßten uns, bis wir fühlten, daß der Vater da war und daß wir uns trennen mußten. »Er hat hohes Fieber«, hörte ich Maman schüchtern sagen, und der Vater griff nach meiner Hand und zählte den Puls. Er war in der Jägermeisteruniform mit dem schönen, breiten, gewässerten blauen Band des Elefanten. »Was für ein Unsinn, uns zu rufen«, sagte er ins Zimmer hinein, ohne mich anzusehen.

Bald darauf stirbt Maman, und es gibt nur noch einen Menschen, dem Malte sein Herz eröffnen kann: ihre jüngere Schwester, seine Tante Abelone. Ihr schildert er in einem Brief aus Paris die sechs Wandteppiche der »Dame mit dem Einhorn« im Musée de Cluny (ein Lieblingswerk Rilkes, dem er auch in den *Neuen Gedichten* und den *Sonetten an Orpheus* huldigt). In einer Vorahnung des großen Kunstausverkaufs unseres Jahrhunderts klagt Malte, daß auch diese Gobelins nicht mehr dort sind, wo sie hingehören, in dem alten Schloß von Boussac, für dessen Herren sie einst gewebt worden waren. Jetzt aber ist die Zeit da, sagt er, »wo alles aus den Häusern fortkommt« und – ein Paradox, das sich seither in Kriegen und Revolutionen bewahrheitet hat – »die Gefahr . . . sicherer geworden [ist] als die Sicherheit«.

Der Tod des Vaters zieht den Schlußstrich unter die Auflösung der Familie Brigge. Er stirbt in einer Stadtwohnung, da Ulsgaard bereits in andere Hände übergegangen ist. Malte, schon im Ausland wohnend, kommt zu spät, um den Sterbenden noch bei Bewußtsein anzutreffen, bleibt dafür aber im Zimmer, als zwei Ärzte, ein alter und ein jüngerer, an dem aufgebahrten Toten den Herzstich vornehmen:

Kaum war die breite, hohe Brust bloßgelegt [lesen wir in diesem Kapitel, in das manches vom Tod Josef Rilkes eingegangen sein dürfte], so hatte der eilige kleine Mann schon die Stelle heraus, um die es sich handelte. Aber das rasch angesetzte Instrument drang nicht ein. Ich hatte das Gefühl, als wäre plötzlich alle Zeit fort aus dem Zimmer. Wir befanden uns wie in einem Bilde. Aber dann stürzte die Zeit nach mit einem kleinen, gleitenden Geräusch, und es war mehr da, als verbraucht wurde . . .
Ich sah mir den Mann an, den ich nun schon so lange kannte. Nein, er war völlig beherrscht; ein rasch und sachlich arbeitender Herr, der gleich weiter mußte. Es war keine Spur von Genuß oder Genugtuung dabei. Nur an seiner linken Schläfe hatten sich ein paar Haare aufgestellt aus irgendeinem alten Instinkt. Er zog das Instrument vorsichtig zurück, und es war etwas wie ein Mund da, aus dem zweimal hintereinander Blut austrat, als sagte er etwas Zweisilbiges. Der junge, blonde Arzt nahm es schnell mit einer eleganten Bewegung in seine Watte auf. Und nun blieb die Wunde ruhig, wie ein geschlossenes Auge.

Der Tod des Vaters löst Reflexionen über den Tod im allgemeinen aus bis hin zu jener bekannten Anekdote von Felix Arvers, der sich im Krankenhaus zum Sterben hinlegt, dieses aber aufschiebt, als er eine Nonne von einem »Kollidor« sprechen hört. Erst nachdem er ihr erklärt hat, daß es »Korridor« heißt, kann er in Ruhe sterben, denn »er war ein Dichter und haßte das Ungefähre«.

Vom Tod, dessen gelehriger Schüler Malte seit langem ist, wenden sich seine Gedanken einigen Nachbarn zu, die er in Pensionen und Studentenbuden kennengelernt hat, darunter zwei Originale aus seiner Petersburger Zeit: ein Medizinstudent, der durch ein herabfallendes Augenlid an der Arbeit gehindert wird, und Nikolai Kusmitsch. Dieser kleine Beamte war eines Tages auf die Idee verfallen, die ihm bei einer Lebenserwartung von weiteren fünfzig Jahren noch verbleibende Zeit zu zählen. Die Hochrechnung ergibt eine astronomische, sich trotzdem aber stetig vermindernde Summe von Stunden, Minuten und Sekunden, deren Ablauf er dadurch zu regulieren sucht, daß er im Bett bleibt und Gedichte aufsagt.

Einer tieferen Schicht als diese etwas gagartigen Einfälle entstammen Erinnerungen, die Malte sich als Kind angelesen hat und jetzt stellvertretend nacherlebt. Neben einigen Figuren aus der »kleinen« Geschichte des dänischen Landadels wie der Gräfin Reventlow (über deren Leben Rilke in den Familienchroniken auf Schloß Haseldorf gelesen hatte) sind es vier Männer aus der »großen«, der Weltgeschichte, deren Schicksal Malte durch den Kopf geht. Als Prototyp des Menschen, der schauspielerhaft einen anderen mimt, tritt Grischa Otrepjow auf, der 1606 als »falscher Demetrius« ermordet wurde und der auch Schiller und Hebbel beschäftigt hat. Nach dem im *Malte Laurids Brigge* herrschenden Strukturprinzip des Komplementären wird ihm der 1477 gefallene Karl der Kühne von Burgund als Gegenstück zur Seite gestellt, »der sein ganzes Leben lang Einer war, der Gleiche, hart und nicht zu ändern wie ein Granit«. Ihnen folgen Karl VI. der Wahnsinnige, König von Frankreich 1380–1422, und Papst Johannes XXII. (1316–1334) aus dem Exil in Avignon, dessen »schwere, massive, verzweifelte Zeit« Malte ebenfalls angstvoll nacherlebt.

Zu den Büchern, aus denen Malte seiner Tante (und Jugendliebe) Abelone bisweilen vorliest, gehören schließlich auch Bettina von Arnims Briefe an Goethe, der ihre Liebe nie recht wahrhaben wollte. Für Malte/Rilke zählt Bettina zusammen mit Gaspara Stampa, Marianna Alcoforado und einer langen Reihe anderer, von Sappho bis Eleonora Duse reichender Frauen zu denen, die weiterleben, weil sie über die Bedürfnisse, ja über die Wahrnehmung des Mannes sozusagen ins Offene liebten, denn »Geliebtwerden ist vergehen, lieben ist dauern«. Der Mann ist dabei fast überflüssig oder zumindest gleichgültig; er ist bloßer Anlaß, Katalysator sozusagen, »abgetan, erledigt«, wie es anderswo heißt, . . . »durchgeliebt, wie ein Handschuh durchgetragen ist«. So ist es nur folgerichtig, daß Rilke das ursprüngliche, um Tolstoi konstruierte Ende des Romans verwirft und ihn statt dessen mit einer Variante der biblischen Parabel vom verlorenen Sohn schließt, der hier vor allem als ein Mensch erscheint, der grenzenlos lieben kann, aber nicht geliebt werden will. In der Tat ist die Angst vor dem Geliebtwerden die letzte, aber nicht geringste der Ängste, die in den *Aufzeichnungen des Malte Laurids Brigge* vor uns ausgebreitet werden.

Rilke hat seine Weigerung, sich einer psychoanalytischen Behandlung zu unterziehen, einmal mit dem Hinweis darauf begründet, daß er sich nichts davon verspräche, die unverarbeitete Kindheit gewissermaßen in großen Brocken wieder von sich zu geben. Gerade dies tut er jedoch in dem Roman, nach dessen Vollendung er dem befreundeten Psychiater Viktor Freiherr von Gebsattel schreiben kann, seine Bücher seien eigentlich »nichts anderes . . . als eine derartige Selbstbehandlung«.[111] Er hätte auch seine Korrespondenz erwähnen können, aus der ganze Seiten praktisch unverändert in den Roman übernommen wurden. Für die Lektüre des Werkes wirkt es sich allerdings als erschwerend aus, daß Rilke die Kenntnis nicht nur der von ihm bemühten historischen Figuren und Ereignisse, sondern auch von Maltes Leben als bekannt voraussetzt und uns, ohne das geringste Entgegenkommen seinerseits, in dessen private Welt nicht so sehr hineinführt als (um eines seiner Lieblingsverben zu gebrauchen) hinein»reißt«. So ist *Malte Laurids Brigge*, im Gegensatz etwa zu den *Buddenbrooks* – deren Untertitel »Verfall einer Familie« er ohne weiteres ebenfalls tragen könnte – und vielen anderen Romanen aus jener Zeit, auch kein Bildungs- oder Erziehungsroman. Dazu fehlt allzuviel, von der Schilderung von Maltes Schulzeit über sein Äußeres bis hin zu den näheren Umständen seines Todes, auf den wir schließen müssen, ohne daß er uns mitgeteilt würde.

Rilke fordert uns neben dieser aber auch noch eine weitere Vorgabe ab: die Vertrautheit mit zwar historischen, aber so entlegenen Personen und Begebnissen, daß das Buch ohne Kommentar streckenweise unverständlich bleibt wie bei folgendem Kapitelanfang:

> Ich weiß, wenn ich zum Äußersten bestimmt bin, so wird es mir nichts helfen, daß ich mich verstelle in meinen besseren Kleidern. Glitt er nicht mitten im Königtum unter die Letzten? Er, der statt aufzusteigen hinabsank bis auf den Grund . . .

Erst sechs Seiten später erfährt man, daß es sich bei diesem »er« um Karl VI. von Frankreich handelt (womit ein Leser, der nicht sehr geschichtsfest ist, auch nicht viel anfangen kann). Dem polnischen Übersetzer des *Malte Laurids Brigge* erklärte Rilke zwar, es käme nicht darauf an, »daß man mehr von den Beschworenen weiß, als der Scheinwerfer seines [Maltes] Herzens eben erkennen läßt«.[112] Wie aber, wenn man bei diesem Licht nicht einmal die Umrisse, geschweige denn die Züge einer derart beschworenen Figur ausmachen kann? Denn nicht selten spielt Maltes Nabelschau ins Preziöse hinüber wie in der Charakterisierung Abelones bei ihrer letzten Begegnung mit Malte in einem venezianischen Salon: »Sie erinnerte, wenn man will, an ein gewisses Jugendbildnis der schönen Benedicte von Qualen, die in Baggesens Leben eine Rolle spielt.« Hermetischer kann sich ein Schriftsteller von seinen Lesern nicht abkapseln. Auch wer etwas von dem dänischen Dichter Jens Baggesen kennt, weiß noch lange nicht und braucht auch nicht zu wissen, wie jenes Mädchen auf jenem Porträt aussah.

Doch für solche kleinen Frustrationen wird man überreich entschädigt, unter anderm durch die Einsicht, daß die Welt hier so geschildert wird, wie immer mehr Menschen sie empfinden: als so sinnentleert, daß man auf sie »eigentlich« nur mit Verzweiflung reagieren kann. »Der Leser schlägt das Buch auf«, meinte Arthur Holitscher schon 1910 in einer der ersten Rezensionen, »liest eine

Seite, errötet, erbleicht: *mea res*!« Auch heute noch, siebzig Jahre später und jenseits der Wasserscheide zweier Weltkriege, denkt man bei diesen Seiten oft genug: Das geht auch mich an, hier wird auch mein Fall verhandelt. Und wenn andere unter Rilkes Zeitgenossen mit Rudolf Alexander Schröder glaubten, die im *Malte Laurids Brigge* angesprochenen Regionen der Seele seien »nicht mehr am Stabe der Dichtkunst betretbar«, dann meinten sie im Grunde etwas ganz ähnliches: daß die Gattung des Romans hier eine Grenze erreicht hat, die sie nie überschritten hat und nicht überschreiten kann.[113]

Das Buch verdankt seine Wirkung nicht zuletzt seiner überaus präzisen, eindringlichen und zugleich poetischen Sprache, was um so überraschender ist, als es im fremdsprachlichen Ausland geschrieben wurde. Rilke hat die Problematik des in dieser Situation Schreibenden einmal durch den Hinweis auf den Unterschied von Umgangs- und Dichtersprache erläutert und hinzugefügt, sein Deutsch habe »eine eigentümliche Sammlung und Klarheit« gerade deshalb annehmen können, weil er es nicht im täglichen Gebrauch abnutze und abstumpfe.[114] Wie dem auch sei, die *Aufzeichnungen des Malte Laurids Brigge* sind auch in dieser Hinsicht wegweisend für eine bestimmte Form innerhalb der erzählenden Literatur unseres Jahrhunderts geworden: als erster in einer langen Reihe großer deutscher Romane, die außerhalb von Deutschland entstanden sind.

I

Am selben Freitag, dem 10. Dezember 1909, an dem Rilke das für
seine Tochter bestimmte Bilderbuch in Paris auf die Post bringt,
empfängt er einen an »Herrn Rielke« adressierten Brief von der
Fürstin Marie von Thurn und Taxis-Hohenlohe. Sie ist auf der
Durchreise im Hotel Liverpool abgestiegen und bittet ihn für den
folgenden Montag zum Tee, wobei sie sich auf die gemeinsame
Freundschaft mit Kassner beruft. Bei all ihrer Ungezwungenheit
hätte selbst Marie Taxis schwerlich einen ihr persönlich nicht
bekannten Herrn zum Tee geladen, wenn ihre Freundin, die
Dichterin Anna-Elisabeth de Noailles, sie nicht dazu ermuntert
hätte. Madame de Noailles, deren *Eblouissements* ihr gerade großen
Erfolg und die Hochachtung von Marcel Proust eingetragen hatten,
wollte wissen, wer dieser Rainer Maria Rilke sei, von dem ihr
ebenfalls ein paar zustimmende Zeilen zuteil geworden waren. So
beschloß die Fürstin, die beiden zusammen einzuladen. Sie hat die
Ankunft der Dichterin im Tea-Room des Hotels später geschildert:

> Es war die Zeit der riesigen Hüte und der langen, sehr engen
> Kleider. Der große dunkle, federnbeladene Hut konnte kaum
> durch die Tür. Geschnürt von oben bis unten, glich die Comtesse
> fast einer ägyptischen Statuette. Aber ich glaube, unser Dichter
> sah nur die großen schwarzen, gebieterischen Augen. Sie kam
> einen Schritt näher, blieb von neuem stehen und rief: »Herr Rilke,
> was halten Sie von der Liebe, was denken Sie über den Tod?«

Rilkes Antwort ist nicht überliefert; wohl aber, daß er Anna de
Noailles in Zukunft aus dem Weg ging. Denn sie war mehr als eine
dichtende Frau. Als Tochter eines rumänischen Fürsten und einer

Griechin in Paris geboren und mit dem Grafen Mathieu de Noailles verheiratet, galt sie als exotische Schönheit und verfügte über eine beträchtliche persönliche Ausstrahlung. Gerade dies aber empfindet Rilke, jetzt ganz auf die Vollendung des *Malte Laurids Brigge* gestellt, als Gefahr. Er weiß, daß er seinen Gefühlen keinen rechten Widerstand leisten kann, und hat ein wenig Angst davor, nicht nur die gefeierte Lyrikerin, die er schon 1907 in dem kleinen Aufsatz *Die Bücher einer Liebenden* gewürdigt hat, sondern auch die faszinierende, fast gleichaltrige Frau kennenzulernen. Außerdem hat er sie aufgrund ihrer Gedichte bereits unter die großen Liebenden eingereiht und verspürt eine Scheu davor, sie, entzaubert, auf gesellschaftlichmondäner Ebene noch einmal zu treffen. So zieht er das Fazit aus der zur Unzeit zustande gekommenen Begegnung und hält die Comtesse, die ihn gern in ihrem Salon gesehen hätte, durch ein paar unverbindliche Zeilen auf Distanz. Rilke ist niemals diplomatischer, als wenn es sich darum handelt, seine Einsamkeit zu bewahren, indem er die Leute von sich fernhält, ohne sie vor den Kopf zu stoßen. – Ganz anders ist seine Reaktion auf Marie Taxis, die ihn auf ihr Schloß Duino an der Adria eingeladen hat. Er dankt für das Teestündchen, legt eine Abschrift des Aufsatzes über Anna de Noailles bei und verspricht, bald nach Duino zu kommen.

In den Jahren von Anfang 1910 bis zum Kriegsausbruch im Spätherbst 1914 durchlebt Rilke eine tiefe Krise. Er ist von der angespannten Arbeit am *Malte Laurids Brigge* erschöpft und leidet unter dem Gefühl, er habe sich mit diesem Buch als Schriftsteller verausgabt und könne nicht darauf zählen, daß noch etwas »käme«. Alte Pläne tauchen wieder auf wie die Medizin oder ein anderes Studium, am liebsten an irgendeiner kleinen deutschen Universität. Daneben will er reiten lernen und trägt sich mit allerlei Reiseplänen, die im Verlauf dieser rastlosen Jahre zum Teil auch ausgeführt werden. Die Arbeit am Roman war ein allzu schmerzvolles Aussich-Herauslösen eines Teils seiner selbst gewesen, eines Teils, der sich zusehends verselbständigt, so daß Rilke sich von jetzt an öfter auf den Dänen als seinen Doppelgänger beruft. Als im Jahr 1911 zum Beispiel die Mona Lisa aus dem Louvre gestohlen wird, spricht er von seiner Kreatur wie von einem nahen Freund:

Aber die Monna Lisa *nie mehr zu sehen*: Malte Laurids, für den sie, wenn ich mich recht erinnere, von unbeschreiblicher Realität war, würde, wenn er das noch erlebt hätte, aus diesem Umstand wahrscheinlich geschlossen haben, daß er gestorben sei –: so sicher schien sie ihm in ihrem offenbaren Geheimnis, verglichen mit seiner eigenen Existenz. Freilich, er übertrieb immer.[115]

Zunächst aber holt Rilke an geistigen und gesellschaftlichen Kontakten nach, was er in den langen Monaten der Arbeitseinsamkeit versäumt hatte. Nur noch einmal in seinem Leben, beim letzten Besuch in Paris im Sommer 1925, kommt er so unter Menschen, genauer: unter so viele Menschen, die ihm etwas bedeuten, wie zu Anfang des Jahres 1910. Nach einem Vortrag in Elberfeld verbringt er zwei Wochen bei Kippenbergs in Leipzig, wo er, erstaunlich »modern« im Hinblick auf seine Scheu vor allem Technischen, den Roman einer Schreibkraft in die Maschine diktiert. Er wohnt im Haus des Verlegers in der Richterstraße, ein aufmerksamer Gast, der keine besonderen Ansprüche stellt, der Dame des Hauses auch nach der Abreise noch Blumen schicken läßt und in ihr nicht nur Gefühle der Bewunderung, sondern auch einen bisher vielleicht nicht an die Oberfläche gedrungenen Snobismus wachruft. Wäre Katharina Kippenberg, geborene von Düring, mit jemand anderem als ihrem Hausgast im nahen Rosengarten spazierengegangen, dann hätte sie sich schwerlich über den »zahlreich dort promenierenden Mittelstand« mokiert und gewünscht, daß »wie früher jeder Stand die ihm eigene Tracht trüge« – Rilkesche Empfindungen und Formulierungen, die der biederen Verlegersgattin sonst kaum über die Lippen gekommen wären.[116] Übrigens ist das Bewußtsein gemeinsamer Exklusivität kein schlechtes Bindemittel für eine Freundschaft, die sich daneben auch auf solidere Emotionen stützt.

Zwischendurch macht Rilke einen Abstecher nach Jena, wo er am 21. Januar aus eigenen Werken liest (darunter den noch »warmen« Schluß des *Malte Laurids Brigge*), einem Augenzeugenbericht zufolge wieder mit großem Effekt:

Es war ein Miterleben und Schauen, ein Mitgerissenwerden in eine Welt, die uns sonst verschlossen bleibt. Es war keine

Rezitation . . . kein »Arbeiten« mit dynamischen Wirkungen, kein Herauspräparieren von Einzelheiten, keine artistisch kultivierte Pose und Tongebung, sondern es war ein fast widerwillig Sicherschließen einer Künstlerseele.[117]

In den Augen einer Dame der Gesellschaft nimmt sich das weniger exaltiert aus: »Rilke zog langsam dunkelgraue Handschuhe aus und erhob auf seine Zuhörer die milden, tiefblauen Augen . . .« Helene von Nostitz ist mit ihrem als Verwaltungsjurist in sächsischen Diensten stehenden Mann, Alfred von Nostitz-Wallwitz, zur Dichterlesung aus Weimar herübergekommen. Als Rilke die beiden zum Bahnhof geleitet, erweist es sich, daß ihn vieles mit dem jungen Ehepaar verbindet. Auch Helene ist in Rußland gewesen und hat in Italien und in Paris gelebt, wo Rodin sie porträtierte; sie hat mit ihrem Mann sogar in demselben Häuschen in Meudon gewohnt, in dem dann Rilke als Sekretär untergebracht wurde. Ein anderer gemeinsamer Bekannter ist Harry Graf Kessler. Rilke kennt ihn aus Paris, als Kunstsammler und Mäzen des Bildhauers Aristide Maillol; für Alfred und Helene von Nostitz ist der Direktor des Weimarer Museums ein guter Freund. Kesslers Haus in der Cranachstraße wiederum ist von dem belgischen Architekten Henry van de Velde entworfen worden, den Rilke in München kennengelernt hatte; auch er lebt jetzt in Weimar. Als Rilke, der Nostitzschen Einladung folgend, seinerseits kurz nach Weimar kommt, findet er also einen ganzen Kreis alter und neuer Bekannter vor. Am Abend des 2. März versammelt man sich bei Kessler, wo Hofmannsthal aus dem gerade entstehenden *Rosenkavalier* liest. Für Rilke ist es der zweite Hofmannsthal-Abend innerhalb weniger Wochen: Als er sich im Februar mit Clara in Berlin getroffen hatte, wurde im Deutschen Theater gerade die Premiere von *Christinas Heimreise* gegeben. Danach hatte man, wie jetzt bei Kessler, im Hotel de Rome ein paar gesellige Stunden verlebt – Rilkes und Kippenbergs, Hofmannsthals und van de Veldes, Rudolf Alexander Schröder, Emil Orlik und noch einige Freunde.

Auch in Rom, wo er sich einen Monat aufhält, um Korrektur zu lesen, führt Rilke ein geselliges Leben. Sidonie Nádherný ist dort, Jakob Wassermann kommt vorbei, Samuel Fischer wohnt mit seiner

Familie sogar im selben Hotel an der Piazza del Popolo, in dem Rilke abgestiegen ist. Sollte der Verleger sich darüber Gedanken gemacht haben, daß der von ihm so großzügig unterstützte Dichter nun sein Nachbar in einem feudalen Hotel ist, dann hat er sie für sich behalten. Rilke verbringt manchen Abend mit Fischers in ihrem Salon, »sich immer vorher mit einer fragenden Karte anmeldend«, wie Brigitte (»Tutti«) Fischer zu berichten weiß, »natürlich immer willkommen«.[118] Zwischendurch überprüft er die Fahnenabzüge des *Malte Laurids Brigge*, der Ende Juli im Insel-Verlag erscheint.

II

Von Rom aus fährt Rilke zu seinem ersten Besuch nach Duino, auf Marie Taxis' »Schloß am Meer«, das auf einem Felsenvorsprung hoch über der Adria gelegen ist. Der Überlieferung zufolge soll es den aus Florenz ausgewiesenen Dante als Gast des Patriarchen von Aquileja beherbergt haben, wovon angeblich der unterhalb des Schlosses gelegene Sasso di Dante oder Dante-Felsen Zeugnis ablegt. Dann war es jahrhundertelang im Besitz der Familie von Marie Taxis' Mutter, bis diese, eine venezianische Schönheit namens Therese Gräfin Thurn-Hofer und Valsassina, es in ihre Ehe mit Egon Prinz Hohenlohe-Waldenburg-Schillingsfürst einbrachte. Als Marie elf war, wurde das nahe Venedig als Folge des Krieges von 1866 dem Königreich Italien einverleibt (während Duino bis 1918 österreichisch blieb). Die Änderung wird sie kaum berührt haben. Zwar hatte ihr Vater in kaiserlichen Diensten gestanden; aber er war kurz vor Kriegsausbruch gestorben, und sie gehörte selbst noch einer Generation an, in der das Verbindende des Standes, der Erziehung und der Interessen schwerer wog als die im Paß vermerkte Staatsangehörigkeit.

In Rilkes Geburtsjahr 1875 verheiratete sich die mittelgroße, blonde junge Frau mit dem auf Schloß Lautschin in Böhmen aufgewachsenen Alexander Prinz von Thurn und Taxis. Er war ein Gentleman alten Schlages, ein guter Geiger und glänzender Fech-

Rilke mit seiner Frau Clara Westhoff

von links nach rechts:
Frieda von Bülow, Rainer Maria Rilke, August Endell,
Lou Andreas-Salomé

Lou Andreas-Salomé

Gemälde Rilkes von Albert Lazaro aus dem Jahre 1916

ter, als Großwildjäger öfter mit dem späteren Erzherzog-Thronfolger Franz Ferdinand unterwegs. Zu Hause unterstützte er seine Frau in ihren künstlerischen Interessen und Tätigkeiten. Diese waren vor allem musikalischer Natur: Selbst eine gute Klavierspielerin, pflegte sie im Herbst das Böhmische Streichquartett nach Lautschin und im Frühsommer das Quartetto di Trieste nach Duino einzuladen, wo bei gutem Wetter auch draußen konzertiert wurde, auf der großen, von Kletterrosen überwachsenen Terrasse, die auf einem der Befestigungstürme errichtet worden war; von dort konnte man zur Linken Triest und die Istrische Halbinsel sehen und rechter Hand, flacher, die Küste in Richtung Monfalcone (wo der Zug hielt) und Venedig. Auch im Literarischen ging Marie Taxis' Anteilnahme über das bloße Mäzenatentum hinaus. Sie hatte in Florenz eine gute Erziehung genossen, konnte bis ins Alter Dante und Petrarca seitenweise rezitieren und war so sprachbegabt, daß sie zwei schwer verständliche Bücher von Kassner ins Französische und mehrere Rilke-Gedichte, darunter die ersten zwei *Elegien*, ins Italienische übersetzte. Als Mitglied der Londoner Society for Psychical Research beschäftigte sie sich überdies mit der Erforschung telepathischer und spiritistischer Phänomene.

Neben Rilke und Kassner wurden auch d'Annunzio, die Duse und viele andere Künstler und Dichter, die sich gerade in Venedig aufhielten, nach Duino eingeladen, denn Marie Taxis führte im Geistigen wie im Gesellschaftlichen ein großes Haus. Trotz des fehlenden elektrischen Lichtes konnte man sich dort auch wohl fühlen, da eine lockere Hausordnung es allen Anwesenden gestattete, ihren eigenen Interessen nachzugehen. Frühstück wurde auf dem Zimmer serviert, am Vormittag blieb man sich selbst überlassen, um eins gab es Lunch für die Familie und ihre Gäste. Nach der Siesta machte man bei gutem Wetter eine Autofahrt entlang der Küste, abends wurde musiziert. – Wer weiß, wie die englische Literatur sich weiterentwickelt hätte, wenn die intelligente, warmherzige und mit viel Humor begabte Marie Taxis neben dem Schloßkind Rilke auch den stachligen James Joyce hätte fördern können! Er hielt sich in jenen Jahren mit Sprachunterricht in Triest über Wasser und war noch zu wenig bekannt, als daß die Thurn und

Taxis, die auch in der anglo-amerikanischen Kolonie in Venedig und Triest viele Freunde besaßen, je von ihm gehört hätten.

Zu Rilkes Zeit war Duino mitsamt seinem Wahrzeichen, einem uralten viereckigen Turm, noch von spätmittelalterlichen Festungsmauern umgeben. Marie Taxis unterhielt ihre Gäste am liebsten im Roten oder dem Kaisersaal, so genannt nach einem Deckenfresko mit der Apotheose Kaiser Leopolds I., dem der Graf Thurn-Valsassina einst die Herrschaft Duino abgekauft hatte. Dieser Raum enthielt Porzellan- und Bücherschränke und war mit dunkelrotem Samt tapeziert, im Gegensatz zu dem mit hellen Möbeln ausgestatteten Weißen Saal, von dessen drei großen Fenstern man eine weite Sicht über den Golf von Triest genoß; dort stand auch ein Flügel, auf welchem Franz Liszt gespielt hatte. In diesem »immens ans Meer hingetürmten Schloß« bewohnte Rilke ein Zimmer, das »in den offenen Meerraum hinaussieht, unmittelbar ins All möcht man sagen«.[119] Unterhalb der Gebäude gab es einen Tiergarten mit Fußwegen, die an Steineichen, Lorbeerbüschen und Kiefern vorbeiführten. Weiter unten am Strand lag das zu Duino gehörende Seebad Sistiana.

Der größte Teil des Schlosses wurde in den Isonzo-Schlachten des Ersten Weltkriegs zerstört. Dennoch ist vieles in den zwanziger Jahren wiederaufgebaut worden, als sich der zweite Sohn der Fürstin, Alexander (genannt »Pascha«) von Thurn und Taxis, den Kriegsfolgen Rechnung tragend, als »Principe Della Torre e Tasso, Duca di Castel Duino« in Italien einbürgern ließ.

Bei seinem ersten Aufenthalt (oder »Séjour«, wie man damals gern sagte) auf Duino kommt Rilke dem ebenfalls anwesenden Kassner näher, der Marie Taxis zuerst auf ihn aufmerksam gemacht hatte und als der eigentliche Stifter ihrer Freundschaft mit dem Dichter gelten muß. Denn eine Freundschaft ist es von Anfang an: »Wie sonderbar daß wir zwei doch so ganz verschiedene Menschen so oft gleiche Gefühle haben«, schreibt sie, mit der ihr eigenen Gleichgültigkeit gegenüber den Regeln der Interpunktion und oft auch der Rechtschreibung, »Sie ein junger Mann und ein Dichter – ich eine alte Frau die nur vieles erlebt hat.« In der Tat ergänzen sie einander aufs glücklichste. Rilke verleiht dem Leben dieser begeisterungsfähigen und -bedürftigen Frau, die mit dem halben europäischen Adel verschwägert ist und schließlich so viele Enkelkinder hat, daß sie sie einmal mit Insekten vergleicht, einen geistigen Schwerpunkt. Wie alle seine Beziehungen zu einflußreichen Freunden basiert auch diese auf Gegenseitigkeit, ohne daß so etwas je zur Sprache käme. Sehr bald zieht die Fürstin den zwanzig Jahre jüngeren und aus ganz anderen Verhältnissen stammenden Mann ins Vertrauen bei familiären Angelegenheiten, in die Außenstehende sonst nicht eingeweiht werden. Sein Takt bewährt sich auch hier. Er hört aufmerksam zu, redet ihr sogar ein paarmal ins Gewissen und hilft ihr, die Last der Sorgen zu tragen, ob es sich um die unterbrochene Erziehung und zerrüttete Ehe von Pascha handelt oder um eine etwas peinliche Affäre, die ihr Bruder Fritz von Hohenlohe-Waldenburg-Schillingsfürst noch mit sechzig Jahren durchzustehen hat. Im Bestreben, der mütterlichen Freundin von Nutzen zu sein, erledigt der sonst so unpraktische Dichter sogar Geschäftliches für sie. Als sie ein paar Bilder für Schloß Lautschin kaufen will, vermittelt er zwischen ihr und Piero Romanelli in Paris. Ein andermal wohnt er, von der Wirtschafterin Miss Greenham und dem alten Diener Carlo betreut, allein auf Duino und hält die Schloßherrin brieflich über den Fortgang von Tischler- und Anstreicherarbeiten und andere häusliche Probleme auf dem laufenden. Sie schenkt ihm auch in diesen Angelegenheiten volles Vertrauen, wohl wissend, daß der gute Wille die Unerfahrenheit und gelegentliche Vergeßlichkeit aufwiegt.

Rilke kann ihr im Gespräch und Briefwechsel auch seinerseits alles mitteilen, was ihn bedrückt oder sonstwie beschäftigt. Darunter ist Privates wie die Auswahl eines silbernen Kettchens mit Medaillon als Geburtstagsgeschenk für Marthe Hennebert, eine siebzehnjährige Pariser Fabrikarbeiterin, die er im Sommer 1911 kennengelernt – einer späteren Rilke-Freundin zufolge, »aus einem verrufenen Haus errettet«[120] – hat und nun halb als Geliebte, halb als Schützling umsorgt. Marthe lebt in Paris, er ist auf Duino, Marie Taxis befindet sich in Wien und erledigt dort die Besorgung für ihn, ohne viel zu fragen. Auch über Kunstwerke und Bücher unterhalten sie sich, etwa über Romain Rollands *Jean-Christophe*; Rilke schätzt den Verfasser als Menschen, kann sich aber mit seinem Roman (»unaussprechlich dünn und mit Recht nach Deutschland verlegt, vonwegen Länge und Sentiment«) nicht anfreunden, während Marie Taxis ihn mag. Ähnlich verschieden ist beider Reaktion auf Hauptmanns *Der Narr in Christo Emanuel Quint*; von einer anderen Neuerscheinung hingegen, Prousts *Der Weg zu Swann* (dem ersten Teil der *Suche nach der verlorenen Zeit*), sind sie gleichermaßen begeistert.

Unter stillschweigend-selbstverständlicher Wahrung der Formen, die durch die Veranlagung und verschiedene gesellschaftliche Stellung der beiden vorgegeben sind, verkehrt man miteinander in ungezwungener Herzlichkeit. Sie findet bei näherer Bekanntschaft, daß sie ihn unmöglich »Herr Rilke« nennen kann. »Rainer Maria« verbietet sich als zu familiär, also verfällt sie auf »Dottor Serafico«, teils wegen seines allem Groben abholden Wesens, teils wegen der Figur des Engels, die in seiner Dichtung um diese Zeit immer mehr in den Vordergrund rückt; auch eine Erinnerung an den zwischen Himmel und Erde schwebenden Pater Seraphicus aus dem letzten Akt des *Faust* mag dabei eine Rolle gespielt haben. Zugleich wird Kassner, ebenfalls im Hinblick auf seine Werke, zum »Dottor Mistico« befördert. Die humor- und doch auch respektvolle Bezeichnung des »seraphischen« Dichters weist auf die besondere Art ihrer Fürsorge hin, denn die Fürstin kennt ihren Rilke, wie ihn sonst nur noch Lou kennt. Anstatt aber wie diese auf seine Depressionen einzugehen und sie zu analysieren, versucht Marie Taxis, ihn aus dem bisweilen überhandnehmenden Selbstmitleid mit *common sense* und guter Laune hinauszuführen:

O Dottor Serafico, ich beneide Sie! Ich denke mir Sie sind der glücklichste Mensch auf Gottes Erdboden (jetzt ärgern Sie sich wie eine Wanze – *con rispetto parlando* – aber es ist doch so, – wenn diese merkwürdigen Augen von Ihnen . . . einmal offen wären für Sie selbst). Also ich werde es Ihnen aufzählen:

Sie sind ein großer Dichter und wissen es ganz genau.

Sie sind verliebt (*nicht* räsonniren, Sie *sind* verliebt und immer verliebt, wer wie und was, ist gleichgültig).

Sie haben ein kleines Atelier in Paris – und es ist März – der ganze wundervolle Frühling klopft an der Tür –

Herein! gerufen Dottor Serafico!

Schauen Sie – ich bin eine Frau – und eine Frau in meinem Alter,
sollte jedes Mal wenn sie sich im Spiegel anschaut sich jedes
einzelne Haar ausreißen und dann sich sofort am nächsten Strick
aufhängen – ich habe so viel Kummer und so viel Sorge in
meinem Leben gehabt . . . Und doch ein blühender Obstbaum,
ein goldener Sonnenstrahl *make me wild with delight!*
Aber andrerseits wenn Sie nicht so desperat wären würden Sie
wahrscheinlich nicht so wunderbar schreiben. Also seien Sie
desperat! seien Sie sehr desperat seien Sie noch desperater![121]

Bald wird Rilke in den ganzen Kreis von Familienmitgliedern und
Gästen einbezogen, den Marie Taxis in Duino und Lautschin, in
Wien und Venedig und auf ihren Reisen um sich versammelt. Er
besteht aus namenlosen Antiquaren und Bibliothekaren, aus
berühmten Standesgenossinnen wie (der mit ihr verschwägerten)
Pauline Metternich oder der Prinzessin Marthe Bibesco, aus Adligen und Bürgerlichen aus aller Herren Länder. Und gerade weil es,
wie Kassner anmerkt, »nicht Rilkes Art oder Verlangen« war,
Mittelpunkt eines Kreises zu sein, wurde er von dieser bunten
Gesellschaft geschätzt. »Wenn die Tür im roten Salon aufging und
der knabenhafte Mann darin erschien, wollte ihn jeder neben und
für sich haben.«[122]

Aber auch *sie* interessierte sich für *seine* Familie und Freunde. Sie
korrespondiert mit Clara, schickt Ruth eine Kleinigkeit zu Weihnachten, läßt den ihr persönlich gar nicht bekannten »Dr. Kilten-
berger« (Kippenberg) grüßen und geht im Frühjahr 1914 sofort auf
Rilkes Wunsch ein, seine Freundin Benvenuta nach Duino mitbringen zu dürfen. Danach liest sie ihm allerdings die Leviten: nicht weil
er, von Clara ganz abgesehen, neben Marthe Hennebert noch
andere Freundinnen hat, sondern weil Benvenuta ihrer Meinung
nach nicht die Richtige für ihn ist. Vor allem aber ist Marie Taxis, in
ungleich größerem Maße als Clara oder Lou, die Vertraute seiner
literarischen Sorgen und Freuden. So wie Alice Faehndrich mit ihm
einst die Sonette der Elizabeth Barrett Browning übersetzt hatte,
hilft ihm jetzt Marie Taxis mit einer Übertragung von Dantes *Vita
Nuova* (das Manuskript ging verloren, als Rilkes Pariser Habe im
Krieg beschlagnahmt wurde). Sie ist eine hochgebildete Frau von

sicherem Geschmack, und wo dieser Geschmack am Neuen mal keinen Gefallen findet, da läßt sie sich von Rilke geduldig eines Besseren belehren – wobei sie ihn mit Fragen wie: »Es ist doch nicht möglich, daß Sie das Buch bewundern?« (über Giraudoux' *Bella*) freilich auch immer wieder zwingt, sich über die eigene Meinung Rechenschaft abzulegen.

III

Hand in Hand mit diesen neuen Begegnungen erfolgt die Absage an manche Bindung und Gewohnheit. Rilke häutet sich, wie er es schon 1896 beim Umzug nach München und 1902 bei der Abreise aus Westerwede getan hatte. Er wird weder nach Rom zurückkehren noch nach Oberneuland, wo er im Sommer 1910 noch einmal mit Frau und Kind wohnt; auch die Geburtsstadt Prag sieht er 1911 zum letzten Mal. Im selben Jahr lockert sich die Beziehung zu Clara so, daß sie eine Scheidung erwägen:

> Der Wunsch ging von meiner Frau aus [schreibt er seinem Prager Anwalt], und wir haben uns über denselben nicht nur auf das Freundschaftlichste geeinigt, sondern geradezu im Gefühl, daß eben dieser Schritt uns in den Stand setzen wird, einander diejenige Freundschaft zu bewahren und zu beweisen, die wir von Anfang an füreinander gehabt haben. Auch leben wir ja tatsächlich seit so vielen Jahren schon getrennt, so daß die gerichtliche Scheidung nur gleichsam nachträglich ein Verhältnis zu bestätigen hätte, das in Wahrheit längst besteht . . .

Aus rein bürokratischen Gründen sehen sie schließlich doch von der Scheidung ab: aus der Verschiedenheit der Konfession, der Staatsangehörigkeit und des Aufenthaltsortes ergeben sich so viele Schwierigkeiten, daß die ganze Angelegenheit zu teuer und zeitraubend würde.

Die Freundschaft mit Heinrich Vogeler zerbricht unter der Last eines Projekts, das sie schon 1900 in Worpswede erwogen hatten und das der Maler jetzt wieder aufnehmen möchte. Es ist die Herausgabe eines *Marien-Lebens* mit Texten von Rilke und Zeichnungen von Vogeler, in dem einzelne Stationen aus dem Leben der Jungfrau (unter anderm Mariä Verkündigung, Geburt Christi, Pietà und schließlich ihr Tod) in einer Folge von Episoden geschildert wird. Rilke hatte damals drei kurze Gedichte geschrieben, zu denen jetzt zwölf neue hinzukommen. Da er, inzwischen an Rodinsches und Cézannesches Format gewohnt, in Vogeler aber nur noch einen in seiner künstlerischen Entwicklung stehengebliebenen Buchillustrator und Epigonen seiner selbst sieht, scheut Rilke sich davor, das *Marien-Leben* in Zusammenarbeit mit dem alten Freund zu veröffentlichen. Er zieht sich aus der Affäre, indem er den Zyklus 1913 ohne Illustrationen, dafür aber mit einer Widmung drucken läßt: »Heinrich Vogeler, dankbar für alten und neuen Anlaß zu diesen Versen.« Trotz der diplomatischen Lösung fühlt Vogeler sich verletzt, sonst hätte er seine letzte Begegnung mit Rilke wohl nicht in diesen Farben geschildert. Denn der bei Kriegsausbruch eingerückte und auf Urlaub in Partenkirchen weilende Künstler will dort vor einem Hotel einen Schlitten gesehen haben,

in dem eine in Pelz gehüllte rothaarige Frau saß. Am Schlitten stand Rainer Maria Rilke. Freudig ging ich auf ihn zu und wollte ihm die Hand reichen. Er aber wandte sich kalt ab und stieg ein. Der Schlitten sauste ab. Offenbar wirkte ich in meinem Feldgrau wie ein Gespenst auf ihn, hatte er doch mit dazu beigetragen, daß mein Leben und meine Arbeit in engen Schranken blieb . . . Jetzt mag er gefühlt haben, daß ich diese Schranken gesprengt hatte. Bittere Enttäuschung für ihn. Mag auch sein, daß er in mir einen Kriegspatrioten sah.[123]

Wahrscheinlich hat Rilke den andern, eben weil er Feldgrau trug, nicht gleich wiedererkannt. Er mag sich auch geniert haben, mit seiner Freundin Lulu Albert-Lasard ausgerechnet dem Mann zu begegnen, der ihn einst mit Clara Westhoff bekannt gemacht hatte.

An die Stelle der alten Beziehungen treten jetzt zunehmend andere, in denen Rilke nicht mehr als bedürftig und hilfeheischend, sondern als ein Gebender erscheint, der sich für andere einsetzt. So bringt er Marthe Hennebert bei einer Pariser Bekannten als eine Art Pflegetochter unter; sie soll kochen, später, da Rilke künstlerische Fähigkeiten in ihr zu entdecken vermeint, auch zeichnen und malen lernen. Er schreibt Gedichte auf diese junge Frau, der er zu einem eigenen Leben verhelfen will, und läßt Kassner, Verhaeren, Sidie Nádherný und Marie Taxis brieflich an ihrem Schicksal teilnehmen. Selbst als Marthe mit einem russischen Bildhauer in der Boheme untertaucht, zieht Rilke nicht seine Hand von ihr. Er sieht sie nach dem Krieg in der Schweiz wieder und lernt auch ihren späteren Mann kennen, den Maler Jean Lurçat.

Ein ähnliches und doch wieder ganz anderes Leben, in das er helfend eingreift, ist das der Dichterin Regina Ullmann aus St. Gallen, die seit 1901 in München wohnt, wo sie sich mit zwei unehelichen Töchtern mühsam durchschlägt. Rilke ist von der dialogisierten Geschichte *Die Feldpredigt* angetan und schreibt ein Geleitwort zu ihrem Erzählband *Von der Erde des Lebens* (1910). Später macht er Regina ein Kompliment, das er jenen Dichtern vorbehält, deren Werk er besonders schätzt: für den Hausgebrauch und zum Verschicken an Freunde fertigt er eigenhändige Abschriften ihrer Gedichte an, weil das Kopieren eine intimere Art der Aneignung ist als die Lektüre der gedruckten Seite. Auch mobilisiert er besser gestellte Freundinnen, darunter Magda von Hattingberg und Lulu Albert-Lasard, für finanzielle Hilfeleistungen für diese Dichterin, mit der ihn manches verbindet: die Erfahrung der Inspiration als eines Diktats von außen und eine Ausdrucksweise, in der Gedanken und Bilder derart kondensiert erscheinen, daß sozusagen die einzelnen Posten und Zwischenbilanzen fehlen und nur noch »lyrische Summen« übrigbleiben.

Franz Werfel gehört ebenfalls zu den Dichtern, für die Rilke sich in diesen letzten Vorkriegsjahren einsetzt; er wird ihm unter allen jüngeren der liebste, lieber noch als Georg Trakl oder Alexander Lernet-Holenia. Anläßlich eines Besuchs im Insel-Verlag sieht er Werfels (bei Kurt Wolff erschienenen) Gedichtband *Wir sind* auf einem Tisch liegen und liest darin. Voller Begeisterung schreibt er dem dreiundzwanzigjährigen Verfasser einen Brief und empfiehlt ihn den Freunden zur Lektüre. Dem gerade entstehenden Essay *Über den jungen Dichter*, in dem Rilke den Punkt zu bestimmen sucht, an dem sich ein werdender Dichter vom gewöhnlichen Menschen zu unterscheiden beginnt, fügt er eine Anmerkung bei: »Für den Verfasser war die vielfach beglückende Beschäftigung mit den Gedichten Franz Werfels gewissermaßen die Voraussetzung zu diesem Aufsatz.« Zu einer Begegnung kommt es im Oktober 1913 bei der deutschen Premiere von Claudels *Mariä Verkündigung*, zu der Rilke sich mit Lou, Sidie, den Kippenbergs, Helene von Nostitz und anderen Freunden in der Gartenstadt Hellerau bei Dresden einfindet, die damals als Sitz der Deutschen Werkstätten für Handwerkskunst und der Dalcrozeschen Rhythmus-Gymnastik ein beliebtes Reiseziel war. Werfel kommt rasch über Rilkes auf den ersten Blick etwas befremdende Erscheinung (»seine schönen Bewegungen waren hilflos, als müßten sie immer erst Lähmungen überwinden«) und über das vegetarische Mittagessen hinweg (»Ich verschlang ein Grünzeug und sann auf Flucht«); nach einigen auf der Brühlschen Terrasse verbrachten Stunden verabschiedet er sich in unverminderter Ehrfurcht, auch wenn er den Älteren natürlich als einen der »Väter« empfindet, die es zu überwinden gilt.

Nicht so Rilke. In einem Bericht an Hofmannsthal sucht er sich Rechenschaft über seine Enttäuschung zu geben und kommt zu dem Schluß, daß sie mit irgend etwas Jüdischem in Werfels Wesen zu tun haben müsse. Zusammenfassend heißt es dann: »Alles war da, eine jedenfalls außergewöhnliche Begabung, eine starke Entschlossenheit zur vollkommensten Leistung, eine unerfundene natürliche Not, nur daß an alledem, letzthin, doch eine feine Fremdheit haftete . . .«[124] Das letzte Wort hat wohl Lou, die als Empfängerin einiger Werfel-Gedichte in Rilkes Abschrift Zeugin von dessen anfänglicher Begeisterung war (»Schön und ergreifend war es, ihn dies erleben zu sehn: sehnsüchtig, beglückt und neidlos – wie man den ›Sohn‹ erfährt, als Erbe«) und auch die Ernüchterung in Dresden miterlebte: »Alles in allem blickten sie einander erstaunt an, und trotz der ehrlichen Frische und großen Intelligenz dieses Frühreifen wurde es dennoch nicht das erwartete Sohnesereignis. ›Umarmen kann ich ihn nicht!‹ sagte Rainer traurig.« Obwohl Rilke später wenig von Werfels Romanen hielt, hat er sich nicht über ihn lustig gemacht wie Alfred Kerr oder ihn befehdet wie Karl Kraus.

Vor allem aber ist es *ein* Mensch, dessen Schicksal Rilke jetzt ans

Herz greift und dem er ein adäquates Wirkungsfeld verschaffen möchte: die Schauspielerin Eleonora Duse. Er empfindet eine Art von Seelenverwandtschaft mit dieser Frau, die auf der Bühne immer wieder fremden Schicksalen Gestalt gegeben hat, während das eigene ihr jetzt aus den Händen zu gleiten droht; als er sie im Sommer 1912 in Venedig kennenlernt, entspricht der Leerlauf in ihrem Leben recht genau der Ziellosigkeit des seinen. – Ihre Wege haben sich in den vergangenen Jahren mehrmals gekreuzt, ohne daß es zu einer persönlichen Begegnung gekommen wäre. Rilke hatte schon bei der Entstehung der *Weißen Fürstin* an die Duse gedacht; in Berlin hatte er sie in *Rosmersholm* bewundert, in Paris in seiner Funktion als Rodins Sekretär manchen Brief an sie geschrieben; in den *Neuen Gedichten* ist ihr das *Bildnis*, im *Malte Laurids Brigge* ein ganzer Abschnitt gewidmet. Als er ihr jetzt von einem gemeinsamen Bekannten endlich vorgestellt wird, ist sie dreiundfünfzig und hat seit drei Jahren nicht mehr gespielt. Ihre Tage als Ibsen-Darstellerin und als Wegbereiterin und -gefährtin von d'Annunzio sind vorüber; jetzt rechnet sie damit, daß eine befreundete italienische Schriftstellerin ihr eine *Ariadne* auf den Leib schreibt. Während sie auf das richtige Bühnenstück wartet, droht ihre einst von Shaw und anderen Theaterkennern so bewunderte, immer noch starke Ausdruckskraft sich in den Frustrationen des täglichen Lebens zu verschleißen. Rilke wird Zeuge eines solchen Auftritts, als sich die vitale, nicht mehr junge und etwas dicklich gewordene Diva in seiner Begleitung eine Wohnung ansieht, die ihr ein Bekannter im dritten Stock des Palazzo Pisani zur Verfügung gestellt hat: die Duse, Vollblutschauspielerin auch hier, ersteigt »die erste Treppe wie eine Fürstin, die zweite zögernd, etwas asthmatisch – die dritte wie eine Bettlerin«.[125]

Rilke, der sie oft besucht, erwägt nochmals eine Aufführung der *Weißen Fürstin*. Das Projekt verläuft im Sande, wie auch eine 1914 von ihr vorgeschlagene Rezitation des *Marien-Lebens* auf italienisch und in Nonnentracht. Er bemüht sich, ihr mit Hilfe von Max Reinhardt eine angemessene Rolle, ja wenn möglich eine eigene Bühne zu sichern. Was ihn an dieser Frau fesselt, sind nicht zuletzt die bei einer Schauspielerin besonders traurigen Rückzugsgefechte gegenüber den fortschreitenden Jahren. – Aus einem ähnlichen

Gefühl heraus erwägt er jetzt, die Biographie eines alten Mannes zu schreiben, der auf sein Leben zurückblickt. Er denkt zunächst an Tizian, läßt sich im Museo Correr aber auch Materialien über den venezianischen Mäzen und Admiral Carlo Zeno bereitstellen, der 1418 im Alter von vierundachtzig starb. Der Plan zerschlägt sich, teils weil Rilke nach wie vor jede wissenschaftliche Methodik fremd bleibt, teils auch wegen seiner mangelnden Konzentrationsfähigkeit:

> Ich möchte alles aufeinmal lesen und dabei behalt ich das Mindeste, es ist schrecklich, die Mäuse des Kummers von der einen Seite, die Raubvögel des Gefühls von der andern haben mein Gedächtnis rein aufgefressen, ich befühle mich, es läßt sich gar nicht mehr feststellen, wo es seinen Platz hatte.

Trotz der selbstironisierenden Pose geht die gesundheitliche Krise weit über Gedächtnisschwäche und andere Unzulänglichkeiten hinaus, die ihn seit längerem plagen und mit denen er sich denn auch abfindet wie mit den häufigen Zahnschmerzen (bei blendend weißen Zähnen), den Migränen und den Hämorrhoiden. Obwohl man es ihm nicht ansieht – »Ich habe ihn für einen Jüngling gehalten«, schreibt die junge Schauspielerin Hedwig Bernhard 1913 in ihr Tagebuch, »und siehe da, er sagt mir gestern, daß er 38 ist, ein Weib und ein zwölfjähriges Mädchen besitzt« –, macht er unter anderen, nur ihm auferlegten Belastungen wie der monatelangen Arbeitsunfähigkeit wohl auch das durch, was man jetzt als Midlife-crisis bezeichnet. Er leidet an Erschöpfungszuständen und einer außerordentlichen, zum Krankheitsbild des Neurasthenikers gehörenden Wetterfühligkeit, die ihn in Duino über Schirokko und Bora, in München und später in Muzot über den Föhn klagen läßt. Auch nimmt sein seit jeher überdurchschnittliches Schlafbedürfnis nun besorgniserregende Ausmaße an. Kurz, er ist in diesen Monaten ein wahres Bündel von Beschwerden, auch wenn diese sich nicht immer klinisch orten lassen:

> Die Überempfindlichkeit z. B. der Muskeln ist so groß [gesteht er Lou, der Vertrauten auch seiner physischen Nöte, im Januar

1912], daß etwas Gymnastik oder eine irgendwie übertriebene Haltung (etwa beim Rasieren) gleich Schwellungen, Beschwerden u. s. w. zur Folge hat, Erscheinungen, an die sich dann wieder, als ob sie nur gewartet hätten, Ängste, Auslegungen, Quälereien aller Art anschließen.

Und ähnlich heißt es noch am Ende desselben Jahres in einem Schreiben an Marie Taxis:

Mir stürzt die Welt jeden Augenblick völlig ein innen im Blut . . . Ich nehm mir vor, Fürstin, ich muß dem Grund dieser *Malaise* auf die Spur kommen, die Quelle entdecken, aus der immer wieder Übel nachkommt, kaum daß ich irgendwo ein kleines Beet habe, schon steigt diese Trübnis und überschwemmts und läßts trostlos zurück. Und ich weiß, daß da der Arzt helfen kann, nicht ich, wenns nur der rechte wäre . . .

Welcher aber *ist* der rechte Arzt für diese Krankheit, die vorwiegend seelischer Natur zu sein scheint, auch wenn die Symptome (»Schwellungen«, »im Blut«) von Ferne schon an die Vorstadien der Leukämie gemahnen? – Rilke hat von der Psychoanalyse wahrscheinlich schon 1907 gehört, als er bei dem Wiener Buchhändler Hugo Heller, dem Herausgeber der frühen Schriften Sigmund Freuds, jene denkwürdige, durch Nasenbluten unterbrochene Dichterlesung hielt. Seither hat er in München und Paris mit dem Psychoanalytiker Viktor Emil Freiherr von Gebsattel Kontakt aufgenommen, bei dem sich Clara in Behandlung befindet (übrigens ist, schwerlich durch bloßen Zufall, auch Rilkes Hausarzt Wilhelm Schenk von Stauffenberg ein Baron, obwohl die Träger adliger Namen in der Ärzteschaft eine verschwindend kleine Minderheit bilden). Ende 1911 überlegt er, ob er sich nicht ebenfalls von Gebsattel, der sich nach einigem Zögern dazu bereit erklärt, betreuen lassen soll. Clara redet ihm gut zu und hält seine Hemmungen für bloße Angst. Lou hingegen, die gerade am Ersten Psychoanalytischen Kongreß in Weimar teilgenommen hat und sich bald zur Praktikantin ausbilden lassen wird, rät dringend ab und telegraphiert sogar nach Duino, weil sie befürchtet, er sei schon nach München zur Behandlung abgereist. Es ist ungewiß, ob sie den Arzt oder den Zeitpunkt der Analyse oder andere Nebenumstände für unpassend hielt. Zweifel am prinzipiellen Wert der psychoanalytischen Methode dürfte sie um so weniger gehegt haben, als sie in ihrem *Lebensrückblick* schreibt, neben eigenen Kindheitserfahrungen habe ihr gerade »das Miterleben der Außerordentlichkeit und Seltenheit des Seelenschicksals eines Einzelnen« – Rilkes – den Weg zur Freudschen Tiefenpsychologie gewiesen. War es, ironischerweise, gerade ihre genaue Kenntnis von Rilkes Psyche, die sie bewog, ihm von dieser Therapie abzuraten, die vielleicht zum künstlerischen Verstummen geführt hätte? Er hatte inzwischen selbst davon Abstand genommen, teils, wie wir sahen, im Glauben, daß seine Dichtung schon »eine Art Selbstbehandlung« darstelle, teils tatsächlich aus Furcht vor diesem »großen Aufgeräumtwerden«, hauptsächlich aber, weil die Analyse seiner Meinung nach nur dann Sinn hätte,

wenn der merkwürdige Hintergedanke, *nicht mehr zu schreiben*, den ich mir während der Beendigung des *Malte* öfters als eine Art Erleichterung vor die Nase hängte, mir wirklich ernst wäre. Dann dürfte man sich die Teufel austreiben lassen, da sie ja im Bürgerlichen wirklich nur störend und peinlich sind, und gehen die Engel möglicherweise mit aus, so müßte man auch das als Vereinfachung auffassen und sich sagen, daß sie ja in jenem neuen nächsten Beruf (welchem?) sicher nicht in Verwendung kämen.[126]

Es gibt für ihn natürlich keinen »neuen Beruf«: Rilke bleibt Dichter und legitimiert sich zur Zeit dieser Erwägungen, im Januar 1912, als solcher mit der *Ersten Elegie*, in welcher der Engel, eine Projektion des Über-Ichs, wenn man so will, eine zentrale Rolle spielt.

Im Herbst des nächsten Jahres lernt Rilke auf dem Münchner Psychoanalytischen Kongreß, den er mit Lou besucht, Sigmund Freud kennen und verbringt einen ganzen Abend mit ihm sowie Lou, Viktor von Gebsattel und Sandor Ferenczi. Danach lassen die Herren einander freundlich grüßen, über Lou, der Freud im April 1915 aufträgt: »Herrn R. M. Rilke wollen Sie sagen, daß ich auch eine 19j. Tochter habe, die seine Gedichte kennt, zum Teil auswendig herzusagen weiß, und dem Bruder in Klagenfurt um den Gruß neidisch ist.«[127] Rilke hatte Freuds Sohn Ernst, damals Soldat, grüßen lassen, aber die Tochter Anna vergessen. Vielleicht hat er dies im Dezember 1915 in Wien nachgeholt, als er kurz vor seiner Einberufung Freud in dessen Wohnung in der Berggasse besuchte. Sie sind sich später nicht mehr begegnet.

IV

Der nach Beendigung des *Malte Laurids Brigge* gewissermaßen beschleunigte Stoffwechsel von Rilkes Leben drückt sich auch in den Reisen aus. Dem oft unterbrochenen, aber doch von 1902 bis Anfang 1910 währenden Aufenthalt in Paris folgen Jahre eines ruhelosen Umherirrens, das erst im Sommer 1921 mit dem Einzug in Muzot ein Ende findet. Dabei steigt nicht nur die Häufigkeit der Ortswechsel derart, daß Rilke, der 1909 in Paris, der Provence und dem Schwarzwald verbracht hatte, sich 1914 nacheinander in Paris, Berlin, München, Zürich, Paris, Duino, Venedig, Assisi, Mailand, Paris, Leipzig, München, Irschenhausen, München, Frankfurt, Würzburg und Berlin aufhält. Mit der Zahl der Reisen erhöht sich auch ihre Bequemlichkeit. Hatte er in Paris noch in bescheidenen Quartieren bzw. als Untermieter von Rodin gelebt, so steigt er jetzt in besseren, gelegentlich schon erstklassigen Hotels ab und wohnt viel auf Schlössern. Allein im Jahr 1910 ist er bei Sidie Nádherný auf Janowitz zu Gast und bei Marie Taxis auf Lautschin und auf Duino, das zeitweise einen Gegenpol zu Paris bildet: hier das mittelalterlich-feudale, in eine gleichsam heroische Landschaft von Fels, Wind und Meer hineinragende einsame Schloß, dort die moderne, bürgerliche und aller Natur entfremdete Metropole. Wenn Rilke sich jetzt überhaupt längere Zeit in einer Stadt aufhält, dann vorzugsweise in Venedig, wo er nicht mehr bei Romanellis, sondern im Hotel bzw. in dem von Marie Taxis gemieteten Mezzanin des Palazzo Valmarana wohnt, wo er auch die Duse empfängt. Mit der Tochter des Hauses, Contessina Pia (Agapia) di Valmarana, verbindet ihn bald eine herzliche Freundschaft; nach dem Krieg zählt Pia zu den ersten ausländischen Briefpartnern, mit denen er wieder Kontakt aufnimmt. Rilke kennt sich auch sonst in Venedig aus und ist bei alten Familien wie den Morosini und dem Baron Franchetti (dem die Cà d'Oro gehört) ebenso zu Hause wie bei Wahl-Venezianern aus dem Adel und gehobenen Bürgertum ihrer jeweiligen Herkunftsländer.

Nicht nur ist Rilke jetzt so viel unterwegs, daß er zum Beispiel Weihnachten 1910 in Tunis, 1911 in Duino, 1912 in Ronda und 1913 in Paris verbringt; er reist auch gern im Auto, mit dem man damals noch kaum Überlandfahrten machte. Im August 1911 nehmen ihn die Thurn und Taxis von Lautschin nach Leipzig mit. Im Oktober läßt er sich, allein, in ihrem Wagen von Paris über Avignon, Juan-les-Pins, Genua und Venedig nach Duino chauffieren. Als ihm Marie Taxis aber wenig später Wagen und Fahrer für eine Reise nach Sizilien zur Verfügung stellt, lehnt er dankend ab, weil er befürchtet, auf einer solchen Fahrt zu viel Zeit zu verlieren, die eigentlich der von Tag zu Tag erhofften Wiederaufnahme der *Duineser Elegien* gewidmet sein sollte. Er schätzt die Exklusivität und Bequemlichkeit einer derartigen Autoreise, der heute etwa ein Flug im Privatjet entspräche; aber der bloße Luxus, oder gar dessen Zurschaustellung im großen, mit dem Fürstlich Thurn-und-Taxisschen Wappen versehenen und vom livrierten Chauffeur gesteuerten Wagen, läßt ihn kalt. Ähnlich hält er es mit der Kleidung, in der sich sein Geschmack längst gefestigt hat. Als er auf dem Weg zum ersten Besuch auf Lautschin entdeckt, daß er seinen Abendanzug in Paris gelassen hat, kauft er sich nicht etwa einen neuen oder verschiebt die Reise, sondern schreibt seiner Gastgeberin augenzwinkernd: »Sie werden mich gegen Abend verstecken müssen, vielleicht auch sonst.« Ein Snob drückt sich nicht so aus und ein Parvenu erst recht nicht; wohl aber ein Mensch, der die guten Umgangsformen achtet, ohne darüber Wichtigeres aus den Augen zu verlieren.

Das Wichtigere, die Übereinstimmung zwischen ihm und Marie Taxis in allen wesentlichen Bereichen des Lebens, schlägt sich in jenem *Entre nous soit dit*, in dem »Unter uns gesagt« nieder, das sich wie ein Refrain durch ihren Briefwechsel zieht als Topos eines Zutrauens, das diese beiden Menschen über alle Unterschiede des Alters und Standes hinweg verbindet. Dabei ist Marie Taxis keine adlige *bohémienne* wie Franziska von Reventlow, sondern eine *grande dame*. Als sie bei der Wiener Generalprobe von *Ariadne auf Naxos* einen Unbefugten auf ihrem Platz findet, der freche Bemerkungen macht, zögert sie keinen Augenblick, den Intendanten vor versammeltem Publikum zu ersuchen, »für die Fürstin von Thurn und Taxis eine Loge aufmachen zu lassen«, was auch sofort geschieht. Nie wäre sie darauf verfallen, wie die Fürstin Mechtilde Lichnowsky auf die Anrede »Durchlaucht« je nach Laune auch mal mit »Durchschnittlaucht« zu antworten. Ebenso selbstverständlich, wie sie auf der ihr gebührenden Rücksichtnahme besteht, gewährt sie anderen die Hochachtung, die *ihnen* zukommt. Als sie ein Märchen veröffentlichen will, das ihre Enkelkinder sie gern erzählen hören, verspricht sich der Verleger einen besseren Absatz, wenn es ihr gelänge, Rilke zu einem Vorwort zu bewegen. Sie bittet ihren Serafico darum, wiewohl ungern; Rilke schreibt ein paar Zeilen, die aber so unverbindlich klingen, daß Kassner ob dieser halbherzigen Schützenhilfe protestiert; Rilke aber weigert sich, literarisches Lob zu spenden, wo es ihm nicht angebracht erscheint. Ohne im geringsten verstimmt zu sein, zieht Marie Taxis ihre Bitte zurück, denn sie weiß im Grunde selber, daß an ihr keine Schriftstellerin verlorengegangen ist. Was das erwünschte Vorwort betrifft, so springt Hofmannsthal für Rilke ein und schreibt, ohne sich etwas zu vergeben, einige einführende Sätze.

Das Reisen und der Aufenthalt in Schlössern und Hotels kosten selbst dann Geld, wenn man als Gast dort weilt. Wenn Rilke manchmal keines hat, dann liegt dies jetzt weniger an unzureichenden als an unregelmäßig einlaufenden Mitteln. Im Jahre 1910 zum Beispiel erhält er im Mai 600 Kronen (etwa 550 Mark) in Form einer »Ehrengabe«, die ihm das k. u. k. Ministerium für Kultus und Unterricht auf Betreiben seines alten Mentors August Sauer bewilligt hat. Wenig später zahlt ihm Kippenberg 2700 Mark Honorar für die Erstauflage des *Malte Laurids Brigge* und 900 Mark für zwei weitere *Stunden-Buch*-Auflagen. An regulären Zuwendungen kann er auf 80 Kronen im Monat von Phia und 500 Mark pro Vierteljahr vom Insel-Verlag zählen. Das sind keine großen Einkünfte für einen Mann mit Frau und Kind, aber es ist, wenn man daneben die Überweisungen von Samuel Fischer und Karl von der Heydt berücksichtigt, auch längst keine Armut mehr. Dazu kommen immer wieder unvorhergesehene Glücksfälle, als erster ein Legat von 10 000 Kronen von seiner im Sommer 1911 gestorbenen Kusine Irene von Kutschera-Woborsky. Rilke bestimmt die Hälfte für die Erziehung der jetzt zehnjährigen Ruth (Clara mietet sich mit dem Geld eine Wohnung in München, damit Ruth bei ihr sein und dort in die Schule gehen kann) und hebt den Rest in kurzen Abständen für sich ab. Kaum ist der Betrag aufgebraucht, als die mit Ellen Key befreundete Pädagogin Eva Cassirer im Frühling 1912 10 000 Mark zur Verfügung stellt, um Ruth den Besuch der Odenwald-Schule zu ermöglichen. Zwar verweigert Clara ihre Zustimmung, aber das Geld bleibt verfügbar und wird Rilke in Raten ausgezahlt, bis es 1914 erschöpft ist.

Zur gleichen Zeit leiten die Freunde Hilfsaktionen in die Wege, um Rilke, unter tunlicher Schonung seiner Gefühle, nach Möglichkeit seiner Geldsorgen zu entheben. (Derartigen Projekten haftete vor dem Ersten Weltkrieg, als Dichter – und Lyriker ganz besonders – in hohem Ansehen standen, weniger Peinlichkeit an als in der integrierten Massengesellschaft von heute, die auch dem geistig Schaffenden, sofern er nicht als Hippie oder Revoluzzer gelten will, ein Mindestmaß an steuerzahlender Solidität sowohl ermöglicht als auch abverlangt. Als zum Beispiel der aus wohlhabendem Haus stammende Peter Altenberg von einem kostspieligen Nervenleiden genesen war, erließen Dehmel, Hofmannsthal, Hesse und andere Freunde einen Aufruf, in dem sie das Publikum um finanzielle Beihilfe baten, die entweder an den S. Fischer Verlag oder an – Altenberg persönlich geschickt werden konnte. Heute wäre das allenfalls bei politisch Verfolgten denkbar.)

Als der rührige Hofmannsthal erfährt, daß Rilke Anfang 1911 mittellos aus Ägypten zurückgekehrt ist, schreibt er neben anderen an Helene von Nostitz und Harry Graf Kessler, um rasch ein paar tausend Kronen flüssig zu machen. Inzwischen sammelt Kippenberg bei Karl von der Heydt, Rudolf Kassner und anderen eine größere Summe, so daß er Rilke die nächsten drei Jahre einen Zuschuß von je 4000 Mark gewähren kann. In einem Brief vom Juli 1913, in dem der Dichter seine Freude über solche Fürsorge ausdrückt und zugibt, daß er allerhand vergeude »wie ein Papagey mit dem Schnabel nach rechts und links«, spricht Rilke von den »monatlichen Fünfhundert«, die er vom Verlag erhalte.

Im Sommer 1914 laufen gleich zwei Aktionen, die ihm ein finanziell abgesichertes Leben verschaffen sollen. Von London aus verschickt die Schriftstellerin Fürstin Mechtilde Lichnowsky, Gattin des letzten Botschafters des deutschen Kaiserreiches am Hof von St. James, ein Rundschreiben an etwa vierzig Bekannte, die sich verpflichten sollen, fünf Jahre lang einen Beitrag von jährlich mindestens 100 Mark zu leisten. Falls Rilke sich nicht ausdrücklich nach der Identität der Wohltäter erkundigt, würden diese ungenannt bleiben. Unter denen, die zeichnen, sind Werfel und der Verleger Kurt Wolff, der der Fürstin eine Äußerung seines Konkurrenten Kippenberg hinterbringt: Der eifersüchtig über seine Autoren wachende Insel-Herr habe gesagt, Rilke würde »noch weniger schaffen, wenn es ihm finanziell besser ginge«, und benutze »jetzt schon häufig bei Reisen die erste Wagenklasse«.

Am 26. Juli 1914 schließlich, dem letzten Sonntag vor dem Krieg, macht der spätere Mathematiker und Sprachphilosoph Ludwig Wittgenstein Rilke ein Geschenk von 20 000 Kronen. Er hat gerade eine Erbschaft angetreten und bei dem Herausgeber der Zeitschrift *Der Brenner*, Ludwig von Ficker, angefragt, welche österreichischen Dichter einer solchen Unterstützung am würdigsten seien. Von Ficker erwähnt Trakl und Rilke, Wittgenstein stimmt in beiden Fällen sofort zu. Rilke erfährt von der Schenkung erst im September, ohne vorläufig zu wissen, von wem sie stammt; um sich erkenntlich zu zeigen, läßt er dem unbekannten Wohltäter über von Ficker eigenhändige Abschriften einiger Gedichte zukommen. Das Geld wird teils von Rilke im ersten Kriegsjahr ausgegeben und nach einigem Tauziehen zwischen Dichter und Verleger zum Teil auch von dem auf Sicherheit bedachten Kippenberg angelegt.

Nach dem Krieg wendet sich Wittgenstein, der einen Verleger für den *Tractatus logico-philosophicus* sucht, um Rat an von Ficker. Dieser schreibt an Rilke, der sich erbietet, sich beim Insel-Verlag für das Buch einzusetzen. Inzwischen hat Bertrand Russell aber schon die deutsch-englische Buchausgabe in die Wege geleitet, in der Wittgensteins Hauptwerk 1922 in London erscheint.

Unter Rilkes zahlreichen Reisen in diesen Jahren sind zwei, die ihn aus Mitteleuropa hinausführen, einmal nach Nordafrika und Ägypten, das andere Mal nach Südspanien. Die eine Reise beruht auf einem plötzlichen Entschluß, auf die andere hat er sich innerlich seit langem vorbereitet.

Ende Oktober 1910 läßt er sich von Kippenberg unvermittelt etwas Geld vorstrecken, da er jemanden – er macht keine näheren Angaben zur Person – auf einer längeren Reise zu begleiten gedenke. Vom Nordafrika-Kenner André Gide, den er kurz zuvor kennengelernt hat, will er sich Auskunft über Algerien und Tunesien holen. Bei Rodin fragt er schließlich an, ob er ihm Madame Jenny Oltersdorf, »meine Freundin, mit der ich reisen werde«, vor der gemeinsamen Abfahrt im November vorstellen dürfe (die Beziehung zu Rodin erschöpft sich mehr und mehr in Gefälligkeiten, die Rilke diesem abverlangt, ob es sich wie hier um Einführungen für durchreisende Freunde handelt oder um ein Porträt, das Clara vom Meister machen will, ohne daß dieser Zeit oder Lust hätte, ihr zu sitzen). An anderer Stelle spricht Rilke von *mehreren* Reisegefährten. Wer sie sind und in welchem Verhältnis sie zu ihm stehen, ist so ungeklärt wie die Art seiner Beziehungen zu Jenny Oltersdorf, der Frau eines wohlhabenden Pelzhändlers.

Die Reise geht nach Algier, dann über El Kantara nach Tunis mit einem kurzen Abstecher zum islamischen Pilgerort Kairouan. Während Rilkes wiederholt in die Formel »Tausendundeine Nacht« gekleideten landschaftlich-folkloristischen Eindrücke auf dieser Reise sich mit denen vieler anderer Touristen decken, sagt ihm alles Mohammedanische sofort und restlos zu:

> Wie eine Vision liegt die flache weiße Stadt da in ihren rundzinnigen Wällen, mit nichts als Ebene und Gräbern um sich, wie belagert von ihren Toten, die überall vor den Mauern liegen und sich nicht rühren und immer mehr werden. Wunderbar empfindet man hier die Einfachheit und Lebendigkeit dieser Religion, der Prophet ist wie gestern, und die Stadt ist sein wie ein Reich.[128]

Aus unerfindlichen Gründen kehrt die Reisegesellschaft in den letzten Dezembertagen über Tunis und Sizilien zurück nach Neapel; erst nach Neujahr geht die Reise weiter nach Alexandrien und Kairo. Von dort fährt man mit dem Schiff nilaufwärts über Luxor und die Tempel von Karnak bis nach Assuan. Nach der Rückkehr erkrankt Rilke in Kairo. Er trennt sich von den anderen und verbringt einen Monat, in dem er sich von den Strapazen der Reise erholt, bei Claras Freunden John und May Knoop in Heluan. Ende März ist er wieder in Venedig, Anfang April in Paris. Mit Ausnahme der Nilfahrt hat er die ganze Nordafrika-Reise im Rückblick als »Ausrede« bzw. als etwas »Verfehltes [und] nahezu Verhängnisvolles« bezeichnet. Gewiß hat auch diese, wie die meisten seiner Reisen, etwas von Selbstbetäubung an sich. Was jedoch bleibt und schließlich in den *Elegien* fruchtbar wird, ist eine Sympathie für gewisse Leitvorstellungen des Islams und des altägyptischen Totenkults, der manchen Berührungspunkt mit Rilkes eigener Todesauffassung aufweist; das altägyptische *Gespräch eines Lebensmüden mit seiner Seele*, eine der ältesten literarischen Auseinandersetzungen mit dem Selbstmord, glaubt Rilke sogar besser verstanden zu haben als die Ägyptologen. Auch mit der ägyptischen Plastik beschäftigt er sich so eingehend, daß er erwägt, ein Buch darüber zu schreiben. Er ist versucht, an einer Ausgrabung teilzunehmen, liest Mechtilde Lichnowskys *Götter, Könige und Tiere in Ägypten* und bewundert bei Besuchen in Berlin die vor kurzem in der Königsstadt Amarna aufgefundene Büste des Amenophis IV. (Echnaton).

Einer tieferen Schicht von Rilkes Wesen entsprang der Wunsch, nach Spanien zu fahren. Er geht auf die frühen Pariser Jahre und die Freundschaft mit dem Maler Ignacio Zuloaga zurück, dem er seine erste Begegnung mit den Bildern von El Greco verdankt. Seither hat er diese Bilder, deren »sinnliche Geistigkeit« ihn nicht mehr losläßt, immer wieder auf sich wirken lassen. El Grecos »Toledo« macht 1908 in Paris einen solchen Eindruck auf ihn, daß er eine Beschreibung für Rodin anfertigt und in einem Zusatz dessen Meinung einholt: »Vielleicht war es unrecht von mir, zu diesem Bild eine so heftige Zuneigung zu fassen; aber Sie werden es mir schon sagen, wenn Sie es gesehen haben.« 1910 sieht er ein paar El Grecos in Rom, 1911 den gleichfalls auf Toledo hinweisenden »Laokoon« in

München. Er führt Sidie vor das Bild und schildert es Marie Taxis in einem Brief, der in dem Ausruf gipfelt: »Wissen Sie, daß ich eine einzige Sehnsucht hätte: nach Toledo zu reisen!« In dieser Sehnsucht wird er von dem Porträtmaler Leo von König bestärkt, mit dem er in München freundschaftlich verkehrt. König gehört mit Julius Meier-Graefe zu den Wegbereitern El Grecos, der bis zum Anfang unseres Jahrhunderts außerhalb Spaniens kaum bekannt war.

Rilkes Spanien-Erlebnis ist daher so eklektisch wie nur irgendein Vorgang in seinem geistigen Leben. Es beruht nicht auf dem Gefühl einer Wahlverwandtschaft mit Land und Volk – Rilke spricht kein Spanisch, kennt von der Literatur kaum mehr als den *Quijote*, interessiert sich nicht für spanische Geschichte oder Musik –, sondern fast ausschließlich auf seiner Begeisterung für einen aus Kreta stammenden Künstler, der in der spanischen Malerei keinen Vorgänger und kaum Nachfolger hat! Genau besehen beruht seine Aneignung von Spanien also auf einem ähnlichen (übrigens auch ähnlich fruchtbaren) Mißverständnis wie das idiosynkratische Bild, das er sich von Rußland gemacht hatte.

Die Neugierde auf Spanien wird auch durch die spiritistischen Sitzungen angestachelt, die im Herbst 1912 auf Duino stattfinden und auf Toledo und Ronda hinzuweisen scheinen. Rilke nimmt an diesen von Marie Taxis, Pascha und einigen anderen besuchten Séancen als interessierter Zuhörer teil und fertigt Protokolle von ihnen an, nach den Aufzeichnungen der Planchette (ein auf zwei Laufrollen oder Gleitern ruhendes und mit einem Bleistift versehenes Brett, auf dem die Finger der Teilnehmenden leise ruhen, während »es« schreibt). Rilke glaubt nicht unbedingt an solche Offenbarungen und spricht sich selbst alle mediale Tauglichkeit ab; er ist aber überzeugt, daß die bei derartigen Gelegenheiten freigesetzten Kräfte auf irgendeine Art und Weise auch ihn beeinflussen. So scheint ihn auf einer dieser Sitzungen die Stimme der »Unbekannten« nach Toledo und speziell zu einer Brücke bzw. einem Gelände zu weisen, an dessen Gesims die blutigen Ketten der aus maurischer Gefangenschaft befreiten Christen aufgehängt sind. Kaum ist Rilke in Toledo angekommen, da geht er auch schon, ohne zu wissen warum, zur Kirche von San Juan de los Reyes, wo als

Weih- und Dankgabe genau solche Ketten hängen, wie sie ihm in der Séance suggeriert worden waren.

Rilke bleibt den ganzen November 1912 in dieser Stadt, die ihm alles bietet, was er sich von ihr erwartet hatte: eine »unverminderte, ununterworfene« Landschaft, starke Farben, wohin man blickt, und über allem einen weiten Himmel mit dramatischen, rasch wechselnden Wolkenbildungen. Hier vertieft er sich in ein Motiv im Werk des El Greco, der, »getrieben von den Verhältnissen Toledos, . . . gleichsam oben himmlische Spiegelbilder dieser Welt zu entdecken« begann. Es ist der Engel, bei El Greco »nicht mehr anthropomorph wie das Tier in der Fabel, auch nicht das ornamentale Geheimniszeichen des byzantinischen Gottesstaates. Sein Wesen ist fließender, er ist der Fluß, der durch beide Reiche geht, ja, was das Wasser auf Erden und in der Atmosphäre ist, das ist der Engel in dem größeren Umkreis des Geistes . . . Niederschlag und Aufstieg.«[129]

Beim Lesen dieser Zeilen meint man schon den Rilkeschen »Engel« vor sich zu haben, so nahe ist dieser verwandt mit den Engeln einiger in Toledo hängender Bilder des Malers wie der »Himmelfahrt Christi« oder dem »Begräbnis des Grafen Orgaz«. Der Engel, der die Seele des Grafen zum Thron des richtenden Heilands geleitet, schwebt in der Bildmitte, auf halbem Wege zwischen Leben und Tod, zwischen einem in verjüngter El-Greco-Perspektive angedeuteten Himmel und der realistisch wiedergegebenen Grablegung: ein Bruder des Engels der *Elegien*, der tatsächlich »durch beide Reiche geht«.

Der Eindruck von gerade noch verhaltener Energie, den Rilke von Toledo empfängt, ist so stark, daß es nur eines Funkens bedarf, damit das ganze Bild in Bewegung gerät. So schreibt er an Helene von Nostitz:

Stellen Sie sich vor, daß da zwischen den Dingen dieser unbeschreiblichen Stadt etwa die Spannung besteht, die zwischen der Erscheinung herrscht und einem, dem etwas erscheint, ein sich gegenseitig Nichtglaubenkönnen, ein atemloses Voreinanderdastehn von Ding zu Ding; ein Erschrecken reißt die Türme in die Höhe – ein Schrei macht die Tore zu dem, was sie sind –, ein Nachgeben hat die Brücken hinübergebogen, und das alles hat keine Möglichkeit, sich auszuruhen, denn es geht auf einem entsetzten Berg vor sich, um den, tief unten, der Fluß seine Schlinge, wie würgend, zugezogen hat; und die Brücken, die, wie mit geschlossenen Augen, jenseits ankommen und aufschauen, finden sich vor der reißendsten Natur, der Weg, den sie fügsam herübergebracht haben, verwildert dicht vor ihnen und kehrt sich wider sie mit knirschenden Zähnen.

Ist das Rilkes Toledo oder das von El Greco? Es ist beides – und so wie etwa der Schmerz oder der Tod einem Menschen als Beweis für und einem andern als Beweis gegen die Existenz Gottes gelten mag, so bedient sich der antireligiöse Affekt des Dichters hier der gleichen Sprache und Symbolik, in die der Maler einst seinen Glaubenseifer gekleidet hatte. Denn gerade in Toledo und gerade bei der Beschäftigung mit dem Werk des ekstatisch-mystischen El Greco entzündet sich in Rilke eine »rabiate Anti-Christlichkeit«, die sich, wie schon zur Zeit der *Christus-Visionen,* vor allem gegen den Sohn richtet, gegen den Mittler, von dem der Dichter meint, er störe nur das Gespräch zwischen Gott und dem Menschen. Rilke wird diese Überzeugung noch in seinem letzten Prosawerk vertreten, dem *Brief des jungen Arbeiters* von 1922. Statt des Christentums preist er jetzt jene Religion, die auf spanischem Boden das Antichristliche verkörpert:

Ich lese den *Koran*, er nimmt mir, stellenweise, eine Stimme an, in der ich so mit aller Kraft drinnen bin, wie der Wind in der Orgel. Hier meint man in einem Christlichen Lande zu sein, nun auch hier [sic] ists längst überstanden . . .

Einmal in Schwung gekommen, steigert er sich in eine Tirade, die mit Ausnahme der letzten, von Kassner als »über jedes Maß geschmacklos« beanstandeten Metapher auch von Nietzsche stammen könnte:

Jetzt ist hier eine Gleichgültigkeit ohne Grenzen, leere Kirchen, vergessene Kirchen, Kapellen die verhungern, – wirklich man soll sich länger nicht an diesen abgegessenen Tisch setzen und die

Fingerschalen, die noch herumstehen, für Nahrung ausgeben. Die Frucht ist ausgesogen, da heißts einfach, grob gesprochen, die Schalen ausspucken. Und da machen Protestanten und amerikanische Christen immer noch wieder einen Aufguß mit diesem Teegrus, der zwei Jahrtausende gezogen hat. Mohammed war auf alle Fälle das nächste, wie ein Fluß durch ein Urgebirg, bricht er sich durch zu dem einen Gott, mit dem sich großartig reden läßt jeden Morgen, ohne das Telephon »Christus«, in das fortwährend hineingerufen wird: *Holla, wer dort?*, und niemand antwortet.

Als ihn die Kälte schließlich aus Toledo vertreibt, fährt Rilke in den Süden, in die Bergstadt Ronda, wo er bis Mitte Februar 1913 bleibt. Wieder wohnt er, wie in Toledo, im ersten Haus am Platz, dem bequemen, von Engländern für Engländer aus dem nahen Gibraltar gebauten Hotel Victoria. Und wieder zeigt sich, daß Rilke, der ein so feines Gespür für den Hautgout längstvergangener Reiche besitzt, für das Schicksal der avignonesischen Päpste oder Karls XII. von Schweden, sich nicht im geringsten für die Machtverhältnisse seiner eigenen Zeit interessiert. Sonst wäre ihm vielleicht aufgefallen, daß ihn der Zufall vor genau zwei Jahren in einer anderen Hochburg des kolonialen Lebens hatte übernachten lassen, in Shepheard's Hotel in Kairo, am anderen Ausgang des Mittelmeers und ebenfalls fest in der Hand jenes British Empire, das gerade im Zenit seiner Macht steht.

Unmittelbarer als in den *Duineser Elegien* hat sich Rilkes El-Greco-Erlebnis und die spanische Landschaft in einigen an Ort und Stelle geschriebenen Gedichten niedergeschlagen, wie in *Christi Höllenfahrt*, *Sankt Christofferus* und der *Spanischen Trilogie*, deren letzter Teil deutlich die Gegend um Ronda wiedergibt:

Daß mir doch, wenn ich wieder der Städte Gedräng
und verwickelten Lärmknäul und die
Wirrsal des Fahrzeugs um mich habe, einzeln,
daß mir doch über das dichte Getrieb
Himmel erinnerte und der erdige Bergrand,
den von drüben heimwärts die Herde betrat.
Steinig sei mir zu Mut

und das Tagwerk des Hirten scheine mir möglich,
wie er einhergeht und bräunt und mit messendem Steinwurf
seine Herde besäumt, wo sie sich ausfranst.
– – –

Abwechselnd weilt er und zieht, wie selber der Tag,
und Schatten der Wolken
durchgehn ihn, als dächte der Raum
langsam Gedanken für ihn.

Sei er wer immer für euch. Wie das wehende Nachtlicht
in den Mantel der Lampe stell ich mich innen in ihn.
Ein Schein wird ruhig. Der Tod
fände sich reiner zurecht.

Rilke hat den Kontrast zwischen der nicht unergiebigen, aber
unter einem Unstern beendeten nordafrikanischen und der glücklich verlaufenen spanischen Reise später im Rückblick auf zwei
Begegnungen mit Hunden erläutert, denn der Hund ist ihm nach
wie vor ein Wesen, an dessen Verhalten man wie an einer
Kompaßnadel die Richtigkeit des eigenen Weges ablesen kann:

Als mich in Kairouan, südlich von Tunis, ein gelber kabylischer
Hund ansprang und biß (zum ersten Mal in meinem Leben, in
dem das Verhalten der Hunde nicht ohne Bezug war), da gab ich
ihm recht, er drückte nur auf seine Art aus, daß ich völlig im
Unrecht sei, mit Allem.

In Spanien hingegen weiß er sich einig mit sich selbst und deshalb
auch mit der Kreatur:

Mein Los ist, gleichsam am Menschlichen vorbei, ans Äußerste
zu kommen, an den Rand der Erde, wie neulich in Cordoba,
wo eine kleine häßliche Hündin, im höchsten Grade vormutter-
schaftlich, zu mir kam, es war kein rühmliches Tier, und sicher
war sie voll zufälliger Junge, von denen kein Aufhebens
gemacht worden sein wird, aber sie kam, da wir ganz allein
waren, so schwer es ihr fiel, zu mir herüber und hob ihre von

Sorge und Innerlichkeit vergrößerten Augen auf und begehrte meinen Blick, – und in dem ihren war wahrhaftig alles, was über den Einzelnen hinausgeht, ich weiß nicht wohin, in die Zukunft oder ins Unbegreifliche; es löste sich so, daß sie ein Stück Zucker von meinem Kaffee abbekam, aber nebenbei, o so nebenbei, wir lasen gewissermaßen die Messe zusammen, die Handlung war an sich nichts als Geben und Annehmen, aber der Sinn und der Ernst und unsere ganze Verständigung war grenzenlos.[130]

Beileibe nicht alle Bildungserlebnisse des reifen Rilke ereignen sich in exotischen Gegenden. Er entdeckt jetzt auch zu Hause manches, was er auf der Schule nicht mitbekommen bzw. ungeduldig beiseite geschoben hatte wie etwa die deutsche Literatur: unter den Erzählern Kleist und Stifter, unter den Lyrikern Klopstock und Hölderlin, und vor allem natürlich Goethe. Nachdem er diesen jahrzehntelang gemieden und im *Malte Laurids Brigge* noch wegen seiner geheimrätlichen Höflichkeit gegenüber der werbenden Bettina ins Gebet genommen hatte – »Diese Liebende ward ihm auferlegt, und er hat sie nicht bestanden« –, liest er jetzt, von Kippenberg ermutigt, zunächst die autobiographischen Werke. Die *Tag- und Jahreshefte* entlocken ihm bald die überraschte Bemerkung: »Von da aus . . . komm ich ihm überaus nah, und er duldet mich dann, gleich als sollte es so sein.« Eine seltsame und doch sehr Rilkesche Beobachtung, die wohl besagen soll, daß er hinter der Fassade des Olympiers den lebenden Menschen entdeckt hat. Denn Rilke steht auch hier außerhalb der literarischen Tradition und lehnt das überlieferte, vom Goethe-Biographen Albert Bielschowsky soeben noch kanonisierte Bild vom »edlen Dichterfürsten« ab. Er hat sich an den Russen und Skandinaviern, an den Worpsweder Malern, an Rodin und Cézanne orientiert und kommt überhaupt erst auf Umwegen zum deutschen Schrifttum zurück. (Nebenbei sei hinzugefügt, daß Rilkes unbeugsames Hinausstreben über die von der Sprache gesetzten Grenzen – und seine Selbstbehauptung als Künstler in einer vom Künstlerischen durchaus abgewandten Welt – im Grunde genommen »faustischer« sind als Goethes eigener, würdevoller Rückzug in die Resignation.)

Seine Goethekenntnis hält sich allerdings auch später in Grenzen. Über den *Wahlverwandtschaften* hatte schon der siebzehnjährige Verehrer von Vally David-Rhonfeld einen tränenreichen Abend verbracht, während der reife Rilke das (damals noch Goethe zugeschriebene) Fragment *Die Natur* schätzt. *Faust* und *Iphigenie* werden hingegen in seinen Schriften kaum erwähnt, *Tasso* ist ihm »ein mißvergnügtes, übellauniges Buch«, in dessen Helden er vielleicht ein potentielles Abbild seiner selbst erblickt, und von den Gedichten haben ihm wohl nur *Harzreise im Winter*, die Elegie *Euphrosyne* und das lange unterdrückte *Tagebuch* etwas bedeutet.

Derselbe Rilke, der sich von Anton und Katharina Kippenberg in diese deutsch-bildungsbürgerliche Welt einführen läßt, begeistert sich für die Darbietungen der avantgardistischen und mondänen Ballets Russes, die Sergej Diaghilew seit 1909 regelmäßig nach Paris bringt. Im Juni 1911 sieht er im Théâtre du Châtelet zum ersten Mal Anna Pawlowa, Tamara Karsawina und Waclaw Nijinsky, der gerade im *Spectre de la Rose* auftritt. Rilke will etwas schreiben, was die Schwerelosigkeit dieses begnadeten Tänzers ausdrückt, »ein Gedicht, das sich sozusagen verschlucken läßt und dann tanzen«, und entwirft einige Figuren für ein Ballett. Hätte er sie vollendet, dann wäre ihm vielleicht als einzigem Deutschen ein Platz in der bemerkenswerten Reihe von Künstlern zugefallen, die Diaghilew für die Ballets Russes einzuspannen wußte: Maler wie Matisse, Picasso und de Chirico, die Choreographen Massine und Balanchine, Komponisten vom Kaliber eines Strawinsky, Ravel und Prokofjew. – Dafür hat Rilke aber seine eigenen Lieblingstänzer, den damals sehr bekannten Russen Alexander Sacharoff und dessen Schülerin, Partnerin und spätere Frau, die preußische Offizierstochter Clotilde Derp, mit denen ihn eine herzliche, in München, Paris und der Schweiz erneuerte Freundschaft verbindet.

Es nimmt nicht wunder, daß Rilke in diesen späten Wanderjahren auch einige Übersetzungen aus dem Französischen anfertigt, kurze Texte, die weder schöpferische Einsamkeit noch viel Konzentration erfordern. Im Frühjahr 1911 übersetzt er in Paris eine dem berühmten Kanzelredner Bossuet zugeschriebene Predigt aus dem 17. Jahrhundert, *Die Liebe der Magdalena*, und den 1840 postum erschienenen *Kentauer* des Romantikers Maurice de Guérin, ein

Prosagedicht über die naturphilosophischen Reflexionen eines sterbenden Bergkentauren in einer archaisch-griechischen, vom Menschen noch kaum betretenen Welt (Rilke widmet diese Übersetzung der gastfreundlichen Baronin May Knoop). 1913 legt er seine eigene Übertragung der *Portugiesischen Briefe* der Marianna Alcoforado vor, deren Verdeutschung durch einen anderen Übersetzer er schon auf Capri besprochen hatte. Kurz vor Kriegsausbruch erscheint seine deutsche Fassung der *Rückkehr des Verlorenen Sohnes* von André Gide, in der die biblische Vorlage ähnlich abgewandelt wird wie am Schluß des *Malte Laurids Brigge*.

Unter den Gelegenheitsarbeiten dieser Jahre, die auch viele Gedichte umfassen, die sich allerdings zu keinem Zyklus schließen, ist der kleine Aufsatz *Puppen* zu erwähnen. Angeregt durch die von einer Puppenkünstlerin geschaffenen Wachsfiguren – es sind meist weibliche, erwachsene Puppen, zu denen man sich keine Kinder vorstellen kann –, ruft Rilke frühe Erinnerungen aus seinen »Mädchenjahren« herauf, und schildert unter anderm das Umschlagen der an die leblose Puppe verausgabten kindlichen Zuneigung in Enttäuschung und schließlich in Haß. Wie vieles, was er damals schreibt, stellen auch diese wenigen Seiten eine Art von Fingerübung dar für die *Elegien*, in deren vierter der Puppe eine wichtige Funktion zukommen wird. (Durch die 1914 erfolgte Veröffentlichung dieses Essays zieht er sich allerdings eine Rüge von Kippenberg zu, denn es erscheint nicht im Insel-Verlag, sondern in der von Kurt Wolff ins Leben gerufenen Zeitschrift *Die Weißen Blätter*, die der neuen, besonders der expressionistischen Literatur, aufgeschlossen gegenübersteht; unter den dort gedruckten Autoren befindet sich auch Kafka, dessen *Verwandlung* Rilke tief beeindruckt.)

Zu den Erlebnissen, die sich ihm jetzt auftun, gehört schließlich auch die Musik. Er hat sie sich nicht annähernd so intensiv zu eigen gemacht wie vordem die Malerei und Plastik, aber sie wird ihm nach Maßgabe seiner beschränkten Aufnahmefähigkeit doch von drei klavierspielenden Frauen nahegebracht, von Mimi Romanelli, Marie Taxis und Magda von Hattingberg, die Anfang 1914 als »Benvenuta« oder »die Willkommene« in sein Leben tritt. Als sie ihm nach der Lektüre der *Geschichten vom lieben Gott* einen Verehrerinnenbrief schreibt, entspinnt sich eine Korrespondenz, die bald

zur Liebesaffäre führt, zuerst in Berlin, dann, nach gemeinsamer
Reise, in Paris, wo sie im Hotel du Quai Voltaire lebt und er in der
Atelierwohnung, die er sich seit Februar 1913 dort hält. Benvenuta
genießt in der Forschung keinen guten Ruf, weil ihr Erinnerungs-
buch zahlreiche Ungenauigkeiten und einige alberne Phrasen enthält wie: »Er ist kein Mensch, er ist eine Erscheinung, die wie durch
ein Wunder auf unsere arme Erde und zu mir gekommen ist.«[131] Im
Unterschied zu den Rilke-Forschern hat sie den Dichter aber in
dieser, seiner letzten Pariser Wohnung besucht – und von diesem
Besuch natürlich eine Schilderung hinterlassen:

Mit einem Kerzenstümpfchen, das uns die Alte mitgab [keine
Kupplerin, sondern die mehr oder minder ehrbare Concierge des
Hauses 17, Rue Campagne-Première], leuchteten wir uns die
Treppen hinauf, an vielen hellgrün gestrichenen Türen vorbei,
fast bis unter das Dach. Dann schloß Rainer auf, machte Licht,
ein sehr großer Raum, dessen eine ganze Wand das riesige
Fenster einnimmt, tat sich auf. Ich umfaßte mit einem Blick . . .
Rodins Schreibtisch [Rilke hatte ihn sich beim Auszug aus dem
Hotel Biron erbeten], das Arbeitspult, Bücher an den Wänden,
das Rilkesche Wappen im Rahmen an der Wand, die grünver-
hangene Lampe auf dem Tisch, den Vorhang vor dem großen
Bücherbord. Rilke hatte den Arm um meine Schulter gelegt und
führte mich zum Fenster. In ungewissen Umrissen erhob sich im
Abenddunkel die Kuppel des Invalidendomes über schweigen-
den, finsteren Gärten, hie und da sah man durch die Baumäste
Licht in fernen Häusern. Es war sehr still, Wagengerassel und
Autosignale tönten nur manchmal wie von weit her vom großen,
lärmenden Boulevard Raspail herüber . . . Ich konnte nicht
anders, als die Gegenstände des Raumes wie mit segnenden
Händen berühren: das Tintenfaß, die Mappe, das Arbeitspult,
den Lehnstuhl, das kleine russische Christusbild aus dunklem
Silber . . .[132]

Sie sehen einander täglich, besuchen Museen und Konzerte und
fahren auch aufs Land hinaus. Benvenuta mietet sich einen Flügel
und spielt ihm vor, meist Klassisches, besonders Händel und

Paris, 17, rue Campagne Première

am 26. Januar 1914

Gute Freundin,

lassen Sie mich den reichen Ton
aufnehmen, er wird mir ganz zur
Natur vor Ihren Briefen; umlauf trende,
daß Sie ihn geschrieben haben, wie gut
aber auch, daß es Schwierigkeiten hatte,
sich gerade zu Ellen Key zu verpran-
deln, das hätte die Sache über die Maa-
ßen kompliziert. Unsicher wie wir,
von den „Geschichten vom lieben Gott" ab
gegenseitig mit unseren Produktionen
durchaus unzufrieden waren, zum
Schluß hätten wir uns darüber alle
jene liebevollen Grobheiten geschrieben, zu
denen eine gründliche und lange ein-
gewurzelte Freundschaft berechtigt.

Aber vielleicht ist auch Ihnen alles
was ich seither hervorgebracht habe, unrecht

Der erste einer Reihe von tagebuchartigen Briefen, die Rilke im Januar/Februar 1914
an die junge Pianistin Magda von Hattingberg schrieb.

Beethoven, zu denen er, wie zu Shakespeare und Goethe, erst jetzt in reifen Jahren den Weg findet. Bei einem Konzert stellt ihr Lehrer Ferruccio Busoni den zufällig anwesenden Gabriele d'Annunzio vor, der ihr in Rilkes Gegenwart gleich ein wenig den Hof macht. (Seltsamerweise ist über Rilkes Reaktion auf diesen wohl einflußreichsten italienischen Lyriker und Dramatiker seiner Generation – ein Mann, an dem sich durchaus die Geister schieden – so gut wie nichts bekannt geworden. Ihre Wege kreuzten sich oft genug, in Paris und Venedig; d'Annunzio hatte die Duse geliebt und bewegte sich im Umkreis der Ballets Russes, er war auf Duino gewesen und kannte Rodin. Es läßt sich kein größerer Kontrast vorstellen als der zwischen dem introvertiert-friedfertigen Serafico und dem bombastischen Lebemann und Kriegsflieger, der freilich ebenfalls ein bedeutender Dichter war. Zu dieser Zeit hatte er in Deutschland und Österreich-Ungarn die denkbar schlechteste Presse, weil man ihn, einen kleinen und häßlichen *décadent*, während des italienisch-türkischen Krieges der Säbelrasselei verdächtigte:

> Sonst ein Ästhet, der honigsüßen Maules
> und wiederkauend gab ein Wortgepräng...
> Kam Pfeffer in den Hintern deines Gaules,
> Daß er so wiehernd stürzt in das Gedräng?
>
> – – –
>
> O tägliches Objekt der Manikure,
> Du duftend eingesalbter Moschusratz,
> Sing wieder uns das Lied der Badehure,
> Das Lied vom schönen Spitzenhemdbesatz![133]

Rilkes Zurückhaltung mag sich auch aus dem Wunsch erklären, sich von dieser Art von Journalismus zu distanzieren.)

Später fahren Rilke und Benvenuta nach Duino, wo sie mit dem Quartetto di Trieste musiziert und mit Marie Taxis noch ein paar Tage in Venedig verbringt, bevor sie allein wieder abreist. Sie hat sich inzwischen damit abgefunden, daß die Beziehung nicht dauern kann; weniger wegen seiner Ehe, die eine nur mehr formelle Bindung darstellt, als weil sie befürchtet, ihn von der Arbeit abzuhalten und weil er außerhalb dieser Arbeit, im Täglich-Kreatürlichen, von einer Empfindlichkeit und Pflegebedürftigkeit ist, die sie als Last empfindet. Sie scheiden in Freundschaft, aber Rilke weiß, daß auch Benvenuta, trotz ihres Namens, nicht die »künftige Geliebte« ist, deren Kommen in einigen Gedichten aus den Jahren 1911/14 erwartet wird. – Auch das gehört zum Dilemma seiner damaligen Existenz: daß er einerseits, wie Marie Taxis meint, nicht leben kann »ohne um sich die Atmosphäre einer Frau zu spüren«, andererseits aber niemandem zumuten darf, »in dem Augenblick zurückzutreten, da die Stimme ihn riefe«. Rilke war zeitweise nicht weit von der Erotomanie entfernt, die den alternden Rodin dazu brachte, sich von der Marquise de Choiseul (aus Rilkes Sicht) an der Nase herumführen zu lassen.

Ohne es zu wissen, hält er sich in jenem Frühsommer 1914 zum letzten Mal in Duino auf. Es war überhaupt, schreibt Kassner,

ein großer Séjour damals in Duino. Ich erinnere mich nicht, einen größeren in den Jahren vorher dort erlebt zu haben. Man kam von überall, aus Venedig, Wien, Berlin, England. Ihm vorausgegangen ist ein kurzer Besuch Lord Kitcheners, der, aus Ägypten kommend, in Triest gelandet war. Ich glaube, der zweite Sohn der Fürstin, Alexander, genannt Pascha, hatte seinerzeit in Kairo die Bekanntschaft des berühmten Marschalls gemacht. Den Séjour gewissermaßen beschlossen hat dann später ein Besuch des Erzherzogs Franz Ferdinand kurz vor seiner Fahrt nach Sarajewo. Ihm zu Ehren wurde, hörte ich später, ein Taubenschießen vom Dantefelsen aus veranstaltet. Zwei Menschen der Gewalt und des gewaltsamsten Endes, nicht ohne eine gewisse Ähnlichkeit in den Zügen des Gesichts, in dessen Ausdruck [Kassner ist der Verfasser der *Grundlagen der Physiognomik*]. Kitcheners Augen hatten etwas von Wunden im Fleisch, der Blick derer des Erzherzogs ging wie durch Gewehrläufe hindurch. Er war ein großer Töter von Tieren. Es ging die Rede, daß er die Zahl der erlegten Tiere auf eine Million bringen wolle . . . Beide werden auf der Terrasse des Schlosses gestanden sein und werden wohl mit verschiedenen, ja entgegengesetzten Gefühlen zur nahen italienischen Grenze hin geblickt haben.

Im Juni desselben Jahres 1914 wird Franz Ferdinand in Sarajewo erschossen. Im Mai 1915 erfolgt die italienische Kriegserklärung an Österreich-Ungarn. Im Juni 1916, während Marie Taxis vom Balkon ihres Triester Hotels aus mit dem Feldstecher die Zerstörung von Duino durch italienische Granaten verfolgt, geht Lord Kitchener mit dem Kreuzer *HMS Hampshire* vor den Orkney-Inseln im Nordmeer unter.

VI

Rilke hat die *Duineser Elegien* als sein Hauptwerk betrachtet, und seine Leser und Interpreten sind ihm darin gefolgt. Die zehn Gedichte, von ungefähr gleicher Länge, tragen die Bezeichnung »Elegie« weniger wegen ihrer Form (obwohl auch sie viele Distichen enthalten, die in der Antike als Hauptmerkmal dieser Gattung galten), als wegen ihrer klagenden und in hohem Maße subjektiven Aussage. Aus Dankbarkeit gegenüber seiner Gastgeberin auf Duino hat er später den ganzen Zyklus nach dem Schloß benannt, auf dem die ersten zwei Elegien, mitsamt einigen Bruchstücken und Ansätzen zu späteren, Anfang 1912 entstanden. Die dritte Elegie kam im Spätherbst 1913 in Paris, die vierte Ende 1915 in München hinzu, die restlichen sechs wurden im Februar 1922 in Muzot geschrieben. Es sind schwierige, aber nicht unverständliche Gedichte, die zugänglicher werden, wenn man sich folgendes vergegenwärtigt:

Die Elegien, die einem dramatisierten inneren Monolog näher stehen als einer lyrischen Dichtung, sollen nach Möglichkeit vorgelesen oder gesprochen werden; die gedruckte Seite ist nur ein unzureichender Ersatz für das gesprochene Wort, das eigentliche Vehikel dieser wie aller Rilkeschen Gedichte. Rilke fühlte sich nicht als ihr Schöpfer, sondern als ihr Empfänger: als das Gefäß, in das sie gegossen oder das Prisma, in dem die Strahlen der Eingebung gebrochen und zerstreut werden. Da ihm diese Gedichte in der Art einer Offenbarung diktiert wurden, haftet ihnen die Mehrdeutigkeit an, die zum Wesen der Prophezeiung oder Offenbarung gehört. Das bedeutet zum einen, daß der Autor nur wenig zum Verständnis der

Gedichte beitragen, zum andern, daß auch der Leser nicht hoffen darf, sie bis zur letzten Silbe gedanklich zu durchdringen. Es bleibt vielmehr ein nicht aufzulösender Rest, zu dessen Bewältigung uns ein Vertrauensvorschuß abverlangt wird. Die eine Prämisse hat Rilke in eine rhetorische Frage (»Und bin *ich* es, der den Elegien die richtige Erklärung geben darf? Sie reichen unendlich über mich hinaus«), die andere in bezug auf die *Sonette an Orpheus* einmal in ein Gebot gekleidet: »Wo ein Dunkel bleibt, da ist es von der Art, daß es nicht Auf-Klärung fordert, sondern Unterwerfung.«[134] Bei Dante, Milton und Klopstock, ja noch bis in die Romantik hinein ist diese Unterwerfung von den Lesern eines von den »letzten Dingen« handelnden dichterischen Textes zumeist als selbstverständliche Vorleistung erbracht worden. Darf aber ein Dichter sie fordern, dessen Mythologie – um damit die Gesamtheit seiner metaphysischen Vorstellungswelt zu umschreiben – nicht mehr die universelle der antik-christlichen Kultur ist, sondern eine so private, daß in ihr schon das Wort »Engel« in der ersten Zeile der ersten (wie auch der zweiten) Elegie eine ganz eigene Bedeutung hat? Wer solches fordert, wer den Erwartungshorizont des Lesers so radikal *über*fordert, der muß viel bieten.

Wenn Rilke schließlich die Einsamkeit vor der Niederschrift der ersten Elegie als ein »wahres Elixir« preist, denn »es muß erst schlimm, schlimmer, am Schlimmsten werden, weiter gehts in keiner Sprache . . . Ich krieche den ganzen Tag in den Dickichten meines Lebens herum und schreie wie ein Wilder und klatsche in die Hände –: Sie glauben nicht, was für haarsträubendes Getier da auffliegt«, dann nimmt er schon zwei weitere Eigenheiten der Elegien vorweg.[135] Zum einen wird in ihnen die Sprache bis zu ihren äußersten Möglichkeiten hin gespannt und gedehnt, zum andern kommt neben dem allgemeinen Menschenschicksal auch das individuelle Los des Dichters Rainer Maria Rilke zur Sprache. So ersetzt die private Symbolik und Mythologie nicht nur die als nicht mehr verbindlich angesehene antik-christliche, sondern weitgehend auch die unterbliebene Psychoanalyse. Marie Taxis hat die Umstände geschildert, unter denen die erste Elegie entstand:

Er ahnte nichts von dem was sich in ihm vorbereitete . . . Eine große Traurigkeit überfiel ihn, er begann zu glauben, daß auch dieser Winter [der von 1911, den er alleine auf Duino verbringt] ohne Ergebnis bleiben würde.

Da erhielt er eines Tages in der Frühe einen lästigen geschäftlichen Brief. Er wollte ihn rasch erledigen und mußte sich mit Ziffern und anderen trockenen Dingen abgeben. Draußen blies eine heftige Bora, aber die Sonne schien, das Meer leuchtete blau, wie mit Silber übersponnen. Rilke stieg zu den Bastionen hinunter, die, vom Meer aus nach Osten und Westen gelegen, durch einen schmalen Weg am Fuße des Schlosses verbunden waren. Die Felsen fallen dort steil, wohl an 200 Fuß tief, ins Meer herab. Rilke ging ganz in Gedanken versunken auf und ab, da die Antwort auf den Brief ihn sehr beschäftigte. Da auf einmal, mitten in seinem Grübeln, blieb er stehen . . ., denn es war ihm, als ob im Brausen des Sturmes eine Stimme ihm zugerufen hätte: »Wer, wenn ich schriee, hörte mich denn aus der Engel Ordnungen? . . .«

Lauschend blieb er stehen. »Was ist das?« flüsterte er halblaut . . . »Was ist es, was kommt?« Er nahm sein Notizbuch, das er stets mit sich führte, und schrieb diese Worte nieder und gleich dazu noch einige Worte, die sich ohne sein Dazutun formten.

Wer kam? . . . Er wußte es jetzt: der Gott . . .

Sehr ruhig stieg er wieder in sein Zimmer hinauf, legte sein Notizbuch beiseite und erledigte den Geschäftsbrief.

Am Abend aber war die ganze Elegie niedergeschrieben.

Es besteht kein Grund, an der Wahrheit dieser gewiß etwas dramatisierten, aber auf Rilkes eigenem Bericht fußenden Schilderung zu zweifeln.

Die Elegie setzt also mit der Anrufung des Engels ein:

Wer, wenn ich schriee, hörte mich denn aus der Engel
Ordnungen? und gesetzt selbst, es nähme
einer mich plötzlich ans Herz: ich verginge von seinem
stärkeren Dasein. Denn das Schöne ist nichts

als des Schrecklichen Anfang, den wir noch grade ertragen,
und wir bewundern es so, weil es gelassen verschmäht,
uns zu zerstören. Ein jeder Engel ist schrecklich.

Der Engel ist keine niedliche Puttofigur wie auf vielen Renaissance-
und Rokokogemälden, sondern eher ein alttestamentarischer, der
mit flammendem Schwert auftritt, oder auch derjenige, der sich bei
der Verkündigung Mariae mit einem »Fürchte dich nicht!« zu
erkennen gibt; auf eine solche Art von Engel weisen auch die
Ordnungen (etwa der Seraphim und Cherubim) hin. Mit diesen
vorgegebenen Ordnungen kontrastiert die Verlorenheit des Menschen, wie sie sich auch in der Syntax des Eingangssatzes ausdrückt:
»Wer, wenn ich schriee, hörte mich . . .« ist nicht nur ein existentiel-
ler Urschrei und Anruf an die im Engel verkörperte Inspiration, es
ist auch die sprachliche Wiedergabe zweier hypothetischer, zugleich
stattfindender Handlungen, die, wie in der kubistischen Malerei, in
synchroner statt perspektivischer Sicht dargestellt werden.

Daß das Schöne dem Schrecklichen benachbart und vom Menschen kaum zu ertragen ist, gehört spätestens seit Goethe (»Am
farbigen Abglanz haben wir das Leben«) und Platen (»Wer die
Schönheit angeschaut mit Augen, / ist dem Tode schon anheimge-
geben«) zu den Gemeinplätzen der Literatur. Als Mittler zwischen
Gott und Mensch und als ein Wesen, das im Leben und im Tod
gleichermaßen zu Hause ist, wirkt der Engel auf uns »schrecklich«;
es ist dasselbe Adjektiv, mit dem Faust den Erdgeist beschreibt: als
»schreckliches Gesicht«.

Und so verhalt ich mich denn und verschlucke den Lockruf
dunkelen Schluchzens. Ach, wen vermögen
wir denn zu brauchen? Engel nicht, Menschen nicht,
und die findigen Tiere merken es schon,
daß wir nicht sehr verläßlich zu Haus sind
in der gedeuteten Welt. Es bleibt uns vielleicht
irgend ein Baum an dem Abhang, daß wir ihn täglich
wiedersähen; es bleibt uns die Straße von gestern
und das verzogene Treusein einer Gewohnheit,
der es bei uns gefiel, und so blieb sie und ging nicht.

Wiederum wechselt der Sprechende von »ich« zu »wir«, vom Dichter zum Menschen im allgemeinen, in dieser Aufzählung alles dessen, an das wir uns in unserer Not *nicht* klammern können: Der Engel ist zu weit über uns (»Deine Lust ist *über* unserm Reiche, / und wir fassen kaum den Niederschlag« heißt es schon in dem in Spanien verfaßten Gedicht *Der Engel*), der Mitmensch wird in den nächsten Zeilen als ebenso verlassen und hilfsbedürftig geschildert, wie wir es selbst sind, und die Tiere, die kein Aufgespalten-Sein in bewußtes und unbewußtes Leben kennen, sind (wie die Hunde beim Tod des Kammerherrn Brigge) zu trieb- und instinktsicher, um nicht zu wissen, daß unser Verstand die Welt zwar deuten, aber uns in ihr keine Sicherheit geben kann. So bleibt nur das Zufällige: irgendein Baum, die Straße, eine Gewohnheit. Alles andere ist Illusion.

O und die Nacht, die Nacht, wenn der Wind voller Weltraum
uns am Angesicht zehrt –, wem bliebe sie nicht, die ersehnte,
sanft enttäuschende, welche dem einzelnen Herzen
mühsam bevorsteht. Ist sie den Liebenden leichter?
Ach, sie verdecken sich nur mit einander ihr Los.
Weißt du's *noch* nicht? Wirf aus den Armen die Leere
zu den Räumen hinzu, die wir atmen; vielleicht daß die Vögel
die erweiterte Luft fühlen mit innigerm Flug.

Auch die Nacht ist eine Illusion: Anstatt uns zuzudecken und zu (ver)bergen, vermindert sie uns und zehrt uns am Gesicht. Sogar das intimste Zusammensein zweier Menschen, das der Liebenden, gibt uns nur die Illusion der Geborgenheit, indem sie die Einsamkeit bloß überdeckt. Bis jetzt handelte es sich um das, was *wir* brauchen. Nun folgt die Liste dessen, was *uns* braucht, genauer: Was den Dichter braucht, damit er es besinge:

Ja, die Frühlinge brauchten dich wohl. Es muteten manche
Sterne dir zu, daß du sie spürtest. Es hob
sich eine Woge heran im Vergangenen, oder
da du vorüberkamst am geöffneten Fenster,
gab eine Geige sich hin. Das alles war Auftrag.
Aber bewältigtest du's? Warst du nicht immer

noch von Erwartung zerstreut, als kündigte alles
eine Geliebte dir an? (Wo willst du sie bergen,
da doch die großen fremden Gedanken bei dir
aus und ein gehn und öfters bleiben bei Nacht.)
Sehnt es dich aber, so singe die Liebenden; lange
noch nicht unsterblich genug ist ihr berühmtes Gefühl.
Jene, du neidest sie fast, Verlassenen, die du
so viel liebender fandst als die Gestillten. Beginn
immer von neuem die nie zu erreichende Preisung;
denk: es erhält sich der Held, selbst der Untergang war ihm
nur ein Vorwand, zu sein: seine letzte Geburt.
Aber die Liebenden nimmt die erschöpfte Natur
in sich zurück, als wären nicht zweimal die Kräfte,
dieses zu leisten. Hast du der Gaspara Stampa
denn genügend gedacht, daß irgend ein Mädchen,
dem der Geliebte entging, am gesteigerten Beispiel
dieser Liebenden fühlt: daß ich würde wie sie?
Sollen nicht endlich uns diese ältesten Schmerzen
fruchtbarer werden? Ist es nicht Zeit, daß wir liebend
uns vom Geliebten befrein und es bebend bestehn:
wie der Pfeil die Sehne besteht, um gesammelt im Absprung
mehr zu sein als er selbst. Denn Bleiben ist nirgends.

Frühlinge, Sternbilder, Musik – das alles war »Auftrag«, waren
Themen, die der Dichter nicht bewältigt, weil er, alleine in der Welt,
immer wieder auf eine Geliebte wartet, ohne einzusehen, daß er
keinen Menschen, ja nicht einmal einen Gedanken bei sich bergen
kann. Denn er ist kein Handelnder, sondern ein bloßes Gefäß, in dem
die Gedanken sich sammeln bzw. das sie wieder verlassen. Nicht die
Geliebten, wohl aber die *Liebenden* verdienen die »Preisung«, denn mit
der Erfüllung der Liebessehnsucht werden jene zu »Gestillten«; für
sie ist es um die Liebe geschehen, wenn man diese, mit Rilke, als
»Angst um die Freiheit des anderen« auffaßt. Während der Held in
Kunst und Literatur immer von neuem erschaffen und gerade wegen
seines Untergangs – man denke an Achill oder Siegfried – besungen
wird, bleibt für die Liebenden noch viel zu tun, besonders für die,
denen, wie der Renaissancedichterin Gaspara Stampa, der Geliebte

entging (im Wortsinn: ent-ging). Das Sinnbild dieser intransitiven Liebe ist der Pfeil: Er ist Stoff – Holz oder Metall – *und* Energie. So hat Dante seine Beatrice, so haben die Troubadours ihre (oft hochgestellten und verheirateten) Frauen besungen: ohne Aussicht, erhört zu werden. Die wahre Erfüllung, ein Bleiben, gibt es nicht einmal im Herzen des Geliebten. – Die Vorstellung von Schmerzen, die für andere fruchtbar werden, geht hingegen auf den Opfertod Christi zurück.

> Stimmen, Stimmen. Höre, mein Herz, wie sonst nur
> Heilige hörten: daß sie der riesige Ruf
> aufhob vom Boden; sie aber knieten,
> Unmögliche, weiter und achtetens nicht:
> *So* waren sie hörend. Nicht, daß du *Gottes* ertrügest
> die Stimme, bei weitem. Aber das Wehende höre,
> die ununterbrochene Nachricht, die aus Stille sich bildet.
> Es rauscht jetzt von jenen jungen Toten zu dir.
> Wo immer du eintratst, redete nicht in Kirchen
> zu Rom und Neapel ruhig ihr Schicksal dich an?
> Oder es trug eine Inschrift sich erhaben dir auf,
> wie neulich die Tafel in Santa Maria Formosa.
> Was sie mir wollen? leise soll ich des Unrechts
> Anschein abtun, der ihrer Geister
> reine Bewegung manchmal ein wenig behindert.

Den Helden und den Liebenden gesellen sich jetzt die Heiligen zu. Auch sie sind »ganze« Menschen von einer derartig spezifischen Dichte, daß sogar die Gesetze der Schwerkraft auf sie nicht zutreffen: Erhörte Gott sie beim Gebet, dann konnte es vorkommen, daß sie im Zustand der Levitation über dem Boden schwebten, ohne es zu bemerken. Mit derselben Anspannung hört der Dichter auf die Stimmen, die sich aus der Inspiration bilden (in der Umgangssprache würde man sagen, er sei »ganz Ohr«: Was die Physiologie der Sinneswahrnehmung betrifft, ein durchaus glaubhafter Vorgang in der Einsamkeit von Duino und dem hoch über dem Meer wehenden Wind). Die Stimmen sind die der jungen Toten, die sich dem Dichter auftragen, weil so viel von ihrem Leben, unverbraucht, verlorenging.

Nur er kann sie für das Unrecht entschädigen, das ihnen der zu früh eingetretene Tod zugefügt hat, indem er ihnen in seiner Dichtung zu neuem Leben verhilft.

Diese poetische und plausible Vorstellung wird leider durch den Hinweis auf die Tafel in Santa Maria Formosa gestört; denn es gibt kaum einen Leser, der sich an dieser Stelle nicht fragt, was auf dieser Tafel wohl stehen mag. Es ist leicht genug erklärt: Im rechten Querschiff dieser venezianischen Kirche besagt eine Inschrift, daß hier ein Wilhelm Hellemans aus Antwerpen begraben liegt, der 1593 als junger Mann in Venedig starb – aber das Dilemma: nachschlagen, oder darüber hinweglesen in der Hoffnung, daß es sich um ein unwichtiges Detail handelt, zerreißt das feingesponnene Netz, das den Leser bis hierher getragen hat.

Freilich ist es seltsam, die Erde nicht mehr zu bewohnen,
kaum erlernte Gebräuche nicht mehr zu üben,
Rosen, und andern eigens versprechenden Dingen
nicht die Bedeutung menschlicher Zukunft zu geben;
das, was man war in unendlich ängstlichen Händen,
nicht mehr zu sein, und selbst den eigenen Namen
wegzulassen wie ein zerbrochenes Spielzeug.
Seltsam, die Wünsche nicht weiterzuwünschen. Seltsam,
alles, was sich bezog, so lose im Raume
flattern zu sehen. Und das Totsein ist mühsam
und voller Nachholn, daß man allmählich ein wenig
Ewigkeit spürt. – Aber Lebendige machen
alle den Fehler, daß sie zu stark unterscheiden.
Engel (sagt man) wüßten oft nicht, ob sie unter
Lebenden gehn oder Toten. Die ewige Strömung
reißt durch beide Bereiche alle Alter
immer mit sich und übertönt sie in beiden.

Schließlich brauchen sie uns nicht mehr, die Früheentrückten,
man entwöhnt sich des Irdischen sanft, wie man den Brüsten
milde der Mutter entwächst. Aber wir, die so große
Geheimnisse brauchen, denen aus Trauer so oft
seliger Fortschritt entspringt –: *könnten* wir sein ohne sie?

Ist die Sage umsonst, daß einst in der Klage um Linos
wagende erste Musik dürre Erstarrung durchdrang;
daß erst im erschrockenen Raum, dem ein beinah göttlicher
                                                    Jüngling
plötzlich für immer enttrat, das Leere in jene
Schwingung geriet, die uns jetzt hinreißt und tröstet und hilft.

Jetzt versetzt sich Rilke sozusagen in die Geistesverfassung der
Frühverstorbenen. Für sie fallen alle Bezugspunkte weg, durch die
wir uns im Leben zurechtfinden: Gebräuche, Rosen als Sinnbild
sowohl der Ehe als auch des Zukünftigen, die sorgende Betreuung
(»unendlich ängstliche Hände«) von seiten der Eltern und Freunde,
der Name als äußerliches Merkmal der Individualität und die auf die
Zukunft gerichteten Wünsche. Das plötzliche Versagen alles dessen,
was das Leben ähnlich im Lot hält, wie es im Physischen die
Schwerkraft tut, wird in einem Bild ausgedrückt, das – gewiß ohne
daß Rilke dies beabsichtigt hätte – schon den Zustand der Schwerelosigkeit vorwegnimmt, mit dem wir inzwischen durch die Raumfahrt
vertraut geworden sind: »Alles, was sich bezog, so lose im Raume
flattern zu sehen.« Der Engel hingegen, und später auch Orpheus,
überbrückt beide Reiche, das der Lebenden und das der Toten, und
»alle Alter«: Vergangenheit, Gegenwart, Zukunft. Diese (mit der
Entwicklung der modernen Physik synchrone) In-Frage-Stellung
der überlieferten Begriffe von Raum und Zeit geht mit dem Mißtrauen gegenüber der übergroßen Unterscheidungsfähigkeit des
Menschen einher, womit das Motiv der »gedeuteten Welt« wieder
aufgenommen wird. Denn es kommt nicht auf die Vermessung und
Benennung der sichtbaren Welt an, sondern auf deren Verwandlung
ins Unsichtbare, in »Weltinnenraum«. Das ist die wahre Aufgabe des
Menschen und vor allem des Dichters; eine Aufgabe, die der Engel
bereits gelöst hat.

Letzten Endes brauchen uns aber die Frühverstorbenen so wenig
wie die Engel. Es' sind im Gegenteil *wir*, die *sie* brauchen, weil die
Trauer um ihr Los eine Quelle der Tröstung sein sollte wie alles
Fruchtbarwerden der »ältesten Schmerzen«. Dies wird am Beispiel
des schon in der *Ilias* erwähnten Halbgottes Linos erläutert, dessen
viel zu früher Tod den Raum so erschütterte, daß er zu vibrieren

begann und die Musik gebar. – Die Klage um die »Früheentrückten«, die in der *Ersten Elegie* einen so breiten Raum einnimmt, ist ein Rilkesches Lieblingsthema von der Schilderung des Giuliano de'Medici im *Florentiner Tagebuch* über den *Cornet* und die Requien für Paula Modersohn-Becker und Wolf Graf von Kalckreuth bis zum *Malte Laurids Brigge* und den als »Grab-Mal« für die junge Tänzerin Wera Ouckama Knoop konzipierten *Sonetten an Orpheus*. Mit dem Ausbruch des Ersten Weltkriegs verliert das Thema die Esoterik, die ihm bis dahin angehaftet haben mag. Die Sorge und Trauer um das in seiner Blüte hinweggeraffte Leben ist plötzlich nicht mehr dichterischer Vorwurf, sondern millionenfach erlebtes Schicksal.

Rilke schickt die Elegie an Marie Taxis in Wien, die sie, begeistert, Kassner und Hofmannsthal vorliest. In einem Austausch von Geschenken, wie ihn die Literaturgeschichte nicht oft zu verzeichnen hat, revanchiert sich Hofmannsthal mit einem Exemplar seines soeben erschienenen *Jedermann* mit der Widmung: »R. M. R. in stetem Gedächtnis und als ein Gegengeschenk für die Duineser Elegie.« Obwohl Rilke nicht von Anfang an mit einem Zyklus gerechnet hat, folgt der ersten Elegie nach wenigen Tagen eine zweite mitsamt einigen Zeilen, die später in der sechsten und am Anfang der zehnten Verwendung finden. Anderthalb Jahre später, während derer Rilke eine Anzahl einzelner Gedichte, aber nichts an den Elegien schreibt, entsteht im Oktober 1913 in Paris die dritte. Sie ist durch ihre Anfangszeilen:

Eines ist, die Geliebte zu singen. Ein anderes, wehe,
jenen verborgenen schuldigen Fluß-Gott des Bluts,

mit den vorhergehenden verbunden, vertieft aber deren Thematik, indem sie das Geschlechtliche in der Liebesbeziehung hervorhebt als eine in der Natur verankerte, in der Dunkelheit des Blutes vom Vater auf den Sohn vererbte chaotische Macht, von der das Mädchen, das einen jungen Mann liebt, kaum etwas ahnt. Nach der Niederschrift dieser Elegie versiegt die Quelle, um erst ein Jahr später, unter den veränderten Bedingungen des inzwischen ausgebrochenen Krieges, wieder zu fließen.

»HEIL MIR, DASS ICH ERGRIFFENE SEHE«

I

Rilke, der Paris am 19. Juli 1914 zu einer, wie er meinte, kurzen
Reise nach Deutschland verlassen hat, wird vom Kriegsausbruch in
München überrascht. Während einer hektischen, aber nur nach
Tagen bemessenen Phase der Begeisterung stimmt auch er in den
Jubel ein, mit dem das Ereignis in ganz Europa begrüßt wird. In der
ersten Kriegswoche entstehen die *Fünf Gesänge / August 1914*, die er,
wie einst die *Stunden-Buch*-Gedichte in den Novellenband von Jacobsen, in ein Buch einträgt, das er gerade bei sich hat. Diesmal ist es
der vierte Band der neuen Hölderlin-Ausgabe, den ihm der Herausgeber, Norbert von Hellingrath, gerade in Leipzig überreicht hat; er
enthält die späten Hymnen, denen Rilkes Gesänge in der Anrufung
der Götter und der rhapsodischen Sprache auffallend ähneln. Im
ersten Gesang ist diese Verwandtschaft besonders fühlbar:

Zum ersten Mal seh ich dich aufstehn
hörengesagter fernster unglaublicher Kriegs-Gott.
Wie so dicht zwischen die friedliche Frucht
furchtbares Handeln gesät war, plötzlich erwachsenes.
Gestern war es noch klein, bedurfte der Nahrung,
mannshoch steht es schon da: morgen
überwächst es den Mann. Denn der glühende Gott
reißt mit Einem das Wachstum
aus dem wurzelnden Volk, und die Ernte beginnt.
Menschlich hebt sich das Feld ins Menschengewitter.
Der Sommer bleibt überholt zurück unter den Spielen der Flur.
Kinder bleiben, die spielenden, Greise, gedenkende,
und die vertrauenden Frauen ...

Endlich ein Gott. Da wir den friedlichen oft
nicht mehr ergriffen, ergreift uns plötzlich der Schlacht-Gott,
schleudert den Brand: und über dem Herzen voll Heimat
schreit, den er donnernd bewohnt, sein rötlicher Himmel.

So feiert auch Rilke jenen Krieg, der die Welt, aus der er kommt und
in der allein er leben kann, unwiderruflich zerstört. Aber er feiert ihn
auf eine andere Art als die übrigen Dichter und Schriftsteller, die in
den Augusttagen des Jahres 1914 fast ausnahmslos »in die Saiten
greifen«.

   Bei aller Kritik, mit der er das alte Europa schon vor seinem
Untergang bedacht hat, fehlt ihm beispielsweise die Ungeduld und
Zivilisationsmüdigkeit, die Georg Heym bereits 1911 hatte wün-
schen lassen:

   Daß das Kriegshorn wieder im Lande schallt,
   Daß die Äcker liegen mit Leichen voll,
   Öde Zeit ist, wie ein Kranker das Jahr,
   Herr gib uns das Feuer. Und reiche uns Prüfungen dar.

Ähnlich hatte sich Rilkes Freund Heymel ausgedrückt:

   Es fehlt uns vielen Dienst und Ziel und Zwang,
   die allen nottun und so wenige wollen;
   so schmachten wir in Freiheit sonder Siege.
   Im Friedenreichtum wird uns tödlich bang.
   Wir kennen Müssen nicht noch Können oder Sollen;
   wir sehnen uns, wir schreien nach dem Kriege.

Katharina Kippenberg hat ebenfalls von dem »furchtbaren Wort«
berichtet, »das man hier und da vernehmen konnte: ›Es müßte
einmal ein Krieg dazwischenfahren‹, nicht von den Schlechtesten
und nicht aus politischen oder gar imperialistischen Gründen
gesagt.«[136]

   So wenig wie das Unbehagen am Frieden kennt Rilke den Haß auf
den Feind; nicht nur weil er viel im Ausland gelebt hat, sondern weil
ihm der Nationalitätenhaß einfach unverständlich bleibt. Im *Kriegs-*

almanach auf das Jahr 1915 des Insel-Verlags findet man zum Beispiel, wie unter den Umständen nicht anders zu erwarten, eine Sammlung patriotischer Gedichte und Kurzprosa, zu der auch die Germanistik ihr Scherflein beiträgt in Form einer Abhandlung von Oskar Walzel über *Deutsche Kriegsstimmung heute und einst*. Rilkes *Fünf Gesänge* sind eingebettet zwischen die Gedichte zweier bedeutender Lyriker, die ihn gut kannten und über ihn geschrieben haben, Rudolf Alexander Schröder und Albrecht Schaeffer. Der eine haut auf die teutsche Pauke:

> Gottlob, es ist erschollen,
> Das Wort, worauf wir bang geharrt . . .
>
> Es ist noch nicht zerbrochen
> Der Eichenstab der deutschen Treu;
> Aus aller Herzen Pochen
> Empfinden wirs: er grünt aufs neu . . .,

der andere zeigt mit dem Finger auf den bösen Feind:

> Nicht die Untat eines Serben
> Keines Russen oder Franken
> Hahnensporn und Bärenpranken,
> Keines Engelländers Stich
> Brachten diesem Traum Verderben, –
> Höhre Macht aus andern Weiten,
> Schicksal schrie aus Ewigkeiten,
> Schicksal rief und weckte dich . . .

Rilke hingegen bringt es fertig, fünf Gesänge zu schreiben, in denen das Deutsche nicht verherrlicht und das Fremde nicht angefeindet, wohl aber der Krieg als elementare, mythische Macht gefeiert wird, die die Menschen aus dem gleichgültigen Alltag emporreißt (»Heil mir, daß ich Ergriffene sehe«, beginnt das zweite dieser Gedichte) und – dies dürfte für ihn den Ausschlag gegeben haben – den einzelnen aus seiner Vereinsamung erlöst.

Die Ernüchterung, schon vorausgeahnt im fünften Gesang, in

dessen 29 Zeilen »Schmerz« bzw. »schmerzlich« gleich zehnmal vorkommen, folgt auf dem Fuß. Schon im Oktober spricht er vom Krieg als einer »Heimsuchung« und läßt Juncker wissen, er könne keine Kriegslieder schreiben. Ein Jahr später heißt es rückblickend:

> Nur die ersten drei, vier Tage im August 1914 meinte ich einen monströsen Gott aufstehen zu sehen; gleich darauf wars nur das Monstrum, aber es hatte Köpfe, es hatte Tatzen, es hatte einen alles verschlingenden Leib –, drei Monate später sah ich das Gespenst – und jetzt, seit wielange schon, ist's nur die böse Ausdünstung aus dem Menschensumpf.

Inzwischen hat er den in seiner Dichtung so oft angerufenen Tod aus nächster Nähe erlebt. Der Herrenreiter und Reserveoffizier Alfred Walter Heymel hat mit den Oldenburger Dragonern die Kämpfe in Frankreich mitgemacht, muß aber, schwer an Tuberkulose leidend, nach wenigen Wochen aus dem Feld heimkehren und stirbt, erst sechsunddreißig, Ende November 1914 in einem Berliner Hospital. Am Bett des Sterbenden, »in dem nur Einspritzungen aufregender Drogen ein stundenlanges Flackern unterhalten«, lernt der nach Berlin geeilte Rilke den Arzt Hans Carossa kennen, von dem er schon Gedichte und die Prosadichtung *Doktor Bürgers Ende* gelesen hat.

Der Schock, den der Krieg in Rilke auslöst, ist in seinem Militärschulerlebnis begründet und wird durch die Erfahrung der Heimatlosigkeit unendlich verschärft. Er ist zwar in Böhmen geboren und besitzt einen österreichischen Paß, hat sich aber nie als Österreicher gefühlt. Das tritt im Krieg besonders klar zutage, war dem scharfsichtigen Rudolf Kassner aber schon 1907 bei jener ersten Begegnung in Hietzing aufgefallen, in deren Verlauf der andere,

> obwohl Österreicher in allem und jedem, von Wien wie von einer fremden Stadt sprach, darin ihn außer seinem Hotel und den paar Freunden rein nichts anging, [und] Prags, Böhmens mit keinem Wort gedachte. Das Theater, die Oper, die sozusagen den Mittelpunkt Wiens für alle Menschen hier, einheimische und

fremde, bildeten, schienen für ihn nicht zu existieren. Alles bedeutete für ihn Rodin, Paris, Rußland natürlich, einige deutsche Orte im Norden . . .[137]

Tatsächlich ist seine emotionale Heimat, sofern er eine besitzt, in Rußland zu suchen und seine geistige Heimat in Paris. Er hat sich in Skandinavien zu Hause gefühlt, wiederholt in Italien gelebt und letzthin auch Spanien liebgewonnen. Das Deutsche, besonders in seinem »jetzigen aufbegehrlichen Bewußtsein«, wie er die Kriegspsychose taktvoll umschreibt, ist ihm hingegen fremd geworden und alles Österreichische erst recht. Der Donaumonarchie hatte er schon vor dem Krieg kurioserweise gerade das zur Last gelegt, was wir, aus der Sicht der Nachfolgestaaten, als ein Ruhmesblatt zu sehen geneigt sind, nämlich daß sie

von Anfang an, den an [ihr] beteiligten Völkern ihre Nationalität und die Stärke dieser Nationalität verdarb, sie ihnen zur Hälfte wegnahm und einschränkte, ohne eine neue National-Einheit aus den Elementen zu bilden, die [ihr] solche Opfer gebracht hatten. Jeder gab sich halb auf, aber dabei blieb es auch eigentlich, Oesterreich blieb immer im Bau, es ist eine chronisch gewordene Vorläufigkeit.[138]

Andere Dichter haben es da leichter. So sehr auch sie unter dem Krieg leiden, vertritt doch jeder von ihnen den Standpunkt, zu dem ihn seine vorausgegangene Entwicklung prädestiniert hat. Thomas Mann fühlt sich in der deutsch-bürgerlichen Kultur verwurzelt, Hesse ist überzeugter Pazifist, Hofmannsthal hat als Einjähriger gedient und bekennt sich vorbehaltlos zu Österreich. Unter den etwas Jüngeren gehen Carossa, Döblin und Benn ihrem Beruf nach und dienen als Ärzte. Unter den Älteren gibt Dehmel nicht auf, bis er, einundfünfzig, den Behörden zum Trotz als Soldat im Westen steht. Trakl, Musil, Lernet-Holenia und zahllose andere rücken ein. Einzig Rilke, der in Deutschland später ein Land sieht, mit dem er »nur durch die Sprache zusammenhing«, kann sich mit nichts von alledem identifizieren.[139] Ohne viel an den praktischen Erfolg solcher Schritte zu glauben, unterstützt er die Bemühungen der deutsch-französischen Dichterin Annette Kolb, die mitten im Krieg eine internationale Zeitschrift gründen will, sich in der Schweiz mit Romain Rolland trifft und auch sonst aktiv für den Frieden einsetzt. So haben wir im Umstand, daß Rilke seinen gesamten Besitz in Paris zurückgelassen hat und den Krieg über aus seinem Koffer lebt, wohl weniger einen Zufall zu sehen als ein Spiegelbild seiner geistigen Situation: die des unbeteiligten, aber exponierten einzelnen innerhalb der fanatisierten Menge. Diese Position befähigt ihn, die Verluste, die die folgenden Jahre bringen, früher zu sehen und klarer zu formulieren als andere Menschen. Als sich zum Beispiel Sigmund Freud – Österreicher, Jude, und schon damals ein scheinbar gegen alle Illusionen gefeiter alter Mann – noch mit dem Befund tröstet, daß »unser deutsches Volk« sich beim allgemeinen Zusammenbruch der Humanität »noch am besten benommen« habe, da weiß Rilke bereits, daß es nicht auf das Volk, sondern auf den einzelnen ankommt:

> Nirgends mehr ist das Maß des einzelnen Herzens anzulegen, das doch sonst die Einheit war der Erde und des Himmels und aller Weiten und Abgründe. Was war sonst der Schrei eines Ertrinkenden und wenns der Dorf-Idiot war, der mit plötzlich klarerem Schrei aus dem Wasser griff, so stürzte alles herbei und war auf seiner Seite und wider den Untergang, und der rascheste Mann wagte sich für ihn. Wie unvordenklich ist [das] alles geworden.[140]

II

Rilke war am 1. August 1914 vom Besuch bei Kippenbergs in Leipzig nach München weitergefahren, um sich von seinem Arzt untersuchen zu lassen und nach Möglichkeit dem rätselhaften, jetzt in der Magengegend konzentrierten Unwohlsein abzuhelfen, das ihn von Zeit zu Zeit überkommt. Stauffenberg will ihn zu einem Psychiater schicken, beläßt es angesichts der Weigerung des Patienten aber bei dem Rat, einen längeren Kuraufenthalt auf dem Land anzutreten. Rilke fährt dementsprechend nach Irschenhausen an der Isar. Dort lernt er an der Table d'hôte der Pension Schönblick eine junge Frau mit kupferrotem Haar und grünen Augen kennen, die er schon ein paarmal in Paris gesehen hatte, ohne daß es zu einer Begegnung gekommen war. Auf dem Rasenplatz vor der Pension, wo sie sich im Liegestuhl ausruht, und auf Spaziergängen durch den Wald erzählt er ihr jetzt die Geschichte, die noch jede Zuhörerin gefesselt hat: von seiner unglücklichen Kindheit und den ersten Dichtversuchen, von Rußland und Frankreich und sogar von jenem »jungen Mädchen aus dem Volke, das er in Paris angehalten hatte, als er es in voller Verzweiflung, die Hände in seinem Schal ringend, die Straße entlanggehen sah«.[141] Seine Kurbekanntschaft ist freilich alles andere als ein Mädchen aus dem Volk. Es ist Lulu (auch Lou oder Loulou) Albert-Lasard, die dreiundzwanzigjährige, mit dem Münchner Chemiker Eugen Albert verheiratete Tochter des Bankiers und Geheimen Kommerzienrats Leopold Lasard. Sie hatte ihren über dreißig Jahre älteren Mann zu überreden vermocht, sie in Paris malen zu lassen, während er sich zu Hause um die von ihm begründete Firma Albert und Bruckmann kümmerte. Vom Kriegsausbruch auf einer Ferienreise in der Bretagne überrascht, war sie in letzter Minute nach München zurückgekehrt und von dort aufs Land gefahren, um sich von den Aufregungen dieser Tage zu erholen. Lulu hat schon viel von Rilke gelesen und weiß sofort, wer der Herr ist, der ihr bei Tisch mit der Wasserkaraffe hilft und (»das Wasser neben das Glas gießend«, wie sie amüsiert feststellt) dabei sagt: »Gnädiges Fräulein, ich habe Sie doch in Paris gesehen!«

Nach einem halbherzigen Versuch, sich ihr zu entziehen, kehrt Rilke mit Lulu nach München zurück, wo sie in einer Pension in der Finkenstraße sozusagen ihre Flitterwochen verbringen. Sie malt und er dichtet, sie besuchen auch gemeinsame Freunde wie Regina Ullmann, die von Lulu gleich porträtiert wird. Ein paarmal ißt man sogar zu dritt: Rilke, Lulu und ihr Mann, der allerdings bald mit Scheidung droht und darauf besteht, daß sie zu ihm zurückkommt. Auf Lulus Rat und um dem heraufziehenden Sturm zu entgehen, reist Rilke jetzt nach Berlin, wo er von dem sterbenden Heymel Abschied nimmt und einiges Geschäftliche zu erledigen hat. Unter den Freunden, die er wiedersieht, sind von der Heydts und Hauptmanns, Magda von Hattingberg und die in Italien geborene, mit einem Berliner Bankier verheiratete Sängerin Giulietta Mendelssohn, über die ihm Marie Taxis nach einem Konzert einmal geschrieben hatte: »An*sehen* darf man sie nicht wenn sie singt, aber ein Dutzend Ohren könnte man haben.« Eine neue Bekannte ist hingegen die schöne Marianne Mitford, die zweiundzwanzigjährige Tochter des Industriellen Fritz von Friedländer-Fuld. Sie läßt sich gerade von ihrem ersten Mann scheiden, einem englischen Lord, und stellt Rilke, da sie unter das Dach ihrer Eltern zurückkehrt, bis auf weiteres ihre Wohnung in der Bendlerstraße zur Verfügung.

So verbringt er Weihnachten 1914 in einem von Alfred Messel, dem Erbauer des Warenhauses Wertheim, entworfenen Haus, umsorgt von Freunden aus dem rheinischen Adel, dem jüdischen Großbürgertum und der Berliner Gelehrten- und Museumswelt. In dieser verfügt er über so gute Verbindungen, daß der Kurator des Ägyptischen Museums auf seine Bitte hin die Büste des Echnaton aus der Vitrine nimmt, damit Lulu sie zeichnen kann (Rilke hat sich die Geliebte, gewissermaßen als Weihnachtsgeschenk, telegraphisch aus München verschrieben). Daß sein Glück prekär ist und draußen ein Krieg tobt, wird ihm täglich durch die ostpreußischen Flüchtlinge nahegebracht, die im Haus einquartiert sind.

In München, wo er sich den größten Teil des Jahres 1915 aufhält, zieht Rilke zunächst wieder in die Finkenstraße zu Lulu, die mit ihrem Gatten inzwischen vereinbart, mit der Scheidung bis nach Kriegsende zu warten. Im Februar besucht er eine Thomas-Mann-Lesung, bei der er, den nicht immer zuverlässigen Erinnerungen von Lulu zufolge, neben Heinrich Mann zu sitzen kommt. Wohl mit Bezug auf den Streit, der zwischen dem patriotisch-deutsch gesonnenen Thomas und dem ententefreundlichen Heinrich Mann ausgebrochen war, soll dieser seinem Nachbarn während des Vortrags zugeflüstert haben: »Mein Bruder hat druckfähigere Gedanken als ich.« – Wäre es je zu einer Annäherung zwischen Rilke und Thomas Mann gekommen, dann hätte sie wohl in den Jahren 1914/19 stattfinden müssen, als sie einander gelegentlich bei gesellschaftlichen Veranstaltungen begegneten. Rilke hatte, wie wir sahen, zu den ersten Rezensenten gehört, die den Rang der *Buddenbrooks* erkannten, während ihm vom *Tod in Venedig* nur der Anfang gefiel.

Thomas Mann scheint wenig über Rilke gesagt zu haben, obwohl er durch Arthur Holitscher, das Ehepaar Fischer, Annette Kolb und andere gemeinsame Freunde gewiß oft genug von ihm reden hörte. Auch später ließ er es bei ein paar Tagebucherwähnungen zu Rilke bewenden, aus denen hervorgeht, daß er mit ihm wenig anzufangen wußte, ihn aber dem verabscheuten Stefan George vorzog. (Übrigens widerlegten beide Lyriker durch ihre bloße Existenz eine Mannsche Lieblingsthese, nämlich die von der Unhaltbarkeit eines nach vorwiegend ästhetischen Gesichtspunkten ausgerichteten Lebens und Werkes.) Mann lehnte es später unter einem Vorwand ab, zu dem noch zu Lebzeiten des Dichters erschienenen Huldigungsband *Reconnaissance à Rilke* beizutragen, während sein Sohn Klaus ein großer Rilke-Verehrer war und diesem über die *Duineser Elegien* und *Sonette an Orpheus* schrieb: »Es ist ein Trost für uns alle, die wir heute beginnen, daß diese Gedichte entstehen durften, in dieser Zeit.«[142]

An anderen Abenden hören Rilke und Lulu Freund Hellingrath über Hölderlin und Alfred Schuler über »Das Wesen der Ewigen Stadt« sprechen. Dieser dem George-Kreis nahestehende Privatgelehrte propagierte einen mitten im Weltkrieg besonders makaberen Totenkult, in dem das Leben des einzelnen als wenig mehr denn eine kurze Unterbrechung galt; seine Leitvorstellung vom »offenen«, dem Tod gegenüber aufgeschlossenen Leben klingt in den *Sonetten an Orpheus* nach. Im Haus einer gemeinsamen Bekannten, der Witwe des Schriftstellers Gerhard Ouckama Knoop, kommt Rilke dem menschenscheuen Schuler auch persönlich nahe.

So wie er einst Mimi Romanelli seiner Frau in Paris vorgestellt und Magda von Hattingberg nach Duino mitgenommen hatte, macht Rilke jetzt Lulu mit seinen Freunden bekannt, ob sie in München ansässig sind oder sich auf der Durchreise dort aufhalten. Er bringt sie mit Clara und Lou zusammen, mit alten Bekannten wie Kassner und Hofmannsthal und neuen wie dem Maler Paul Klee, der ein Zimmernachbar ist und auf der Terrasse Geige spielt, und dem jungen Kunsthistoriker Wilhelm Hausenstein, dem späteren ersten Botschafter der Deutschen Bundesrepublik in Paris. Ihm verdanken wir eine Momentaufnahme von Rilke aus dieser Zeit:

Der Dichter ging in einem marineblauen Anzug, trug lichtgraue Gamaschen; seine zarte Gestalt war etwas geneigt, sein Schritt weder schnell noch langsam; der blonde Lippenbart hing halbbogenförmig, fast wie bei den Chinesen; die Augen waren vorgewölbt und blau; die Hände bewegten sich vorsichtig, ohne Ausladung in hellen Wildlederhandschuhen; er trug einen Stock. Die Erscheinung des bedeutenden Menschen war in einer weltmännischen Konventionalität verborgen.[143]

Dabei ist der von Rilke ausgehende Eindruck des Reinen, Delikaten und wohl auch narzißtisch auf sich selbst Bezogenen bei näherer Bekanntschaft so stark, daß Hausenstein manchmal versucht ist, dessen »auf der feinsten Waage gewogenen Worten heftige Worte, grelle Worte, unüberlegte, entgegenzusetzen«, und dem Herrgott dankt, daß er ihm die Kraft gegeben habe, den häßlichen, aber verständlichen Impuls zu unterdrücken. Hausenstein ist nicht der erste, der dies empfindet; schon Gustav Pauli war sich, als er den jungen Rilke in Westerwede besuchte, wie ein Elefant im Porzellanladen vorgekommen. – Dem sprichwörtlichen Konvertiten ähnlich, der sich päpstlicher gebärdet als der Papst, wirkte Rilke, ein Konvertit zur aristokratischen Lebensform, vornehmer als mancher Adlige.

Schon am Anfang seiner Beziehung mit Lulu hatte er Marie Taxis gebeichtet, er habe noch einmal ernsthaft die Möglichkeit des »Nicht-allein-Bleibens« erwogen. Seine bei aller Geselligkeit doch unübersehbare Vereinsamung, gerade im Krieg, da die Menschen überall zusammenrückten, mag ihm den Gedanken an eine dauernde Verbindung mit Lulu nahegelegt haben. Aber es war nur eine Anwandlung, und die Fürstin wusch ihm denn auch energisch den Kopf:

Dottor Serafico!!! Eigentlich möchte ich Sie furchtbar verschimpfen – ich glaube Sie würden es notwendig brauchen wirklich ausgezankt zu werden wie ein baby – der Sie ja auch eines sind, obwohl dabei ein ganz großer Dichter . . . *Jeder* Mensch ist einsam, und *muß* es bleiben und *muß* es aushalten und *darf* nicht nachgeben und *muß* die Hilfe nicht in anderen Menschen suchen . . .

Es kommt mir vor, D. S. daß der selige Don Juan ein Waisenknabe neben Ihnen war – und Sie tun sich immer solche Trauerweiden aussuchen, die aber gar nicht so traurig sind in Wirklichkeit, glauben Sie mir – *Sie, Sie* selbst spiegeln sich in allen diesen Augen –

Im Grund verläuft das erste Kriegsjahr, bis zu seiner Einberufung Ende 1915, äußerlich recht angenehm für Rilke. Er genießt die Zuneigung einer attraktiven jungen Malerin, und wenn diese Beziehung zum Teil auch nur die Leere ausfüllt, die das durch den Krieg gesteigerte Bewußtsein der Heimatlosigkeit in ihm hinterlassen hat, so bestärkt sie ihn doch auch im Vertrauen auf sein dichterisches Können. Unter Lulus Einfluß entstehen mehrere Gedichte, darunter das bekannte *Ausgesetzt auf den Bergen des Herzens*, das er am 20. September 1914 abschließt, drei Tage nach der ersten Begegnung.

Seine Gesundheit hat sich inzwischen gefestigt – oder ist es nur das allgemeine Leid, das die Sorge um das eigene Befinden eine Zeitlang übertönt? Sogar finanziell geht es ihm ausnahmsweise gut, dank der Wittgensteinschen Schenkung und der wachsenden Beliebtheit vor allem des *Cornet*. Während er versucht, die Miete für das Pariser Atelier über eine holländische Adresse zu überweisen, stellen ihm deutsche Freunde mehrere Unterkünfte zur Verfügung: In Berlin kann er jederzeit in Marianne Mitfords Wohnung zurückkehren, in München steht ihm Lulus Pension in der Finkenstraße offen. In der Hoffnung auf ungestörte Arbeit bezieht er im Juni statt dessen jedoch die Zimmer, die ihm Hertha Koenig in der Widenmayerstraße, heute noch eine der besten Adressen in München, für den Sommer überläßt. Rilke hatte diese junge Lyrikerin bei Fischers kennengelernt und suchte sie in der Folgezeit verschiedentlich zu fördern. Während sie auf ihr westfälisches Gut fährt, richtet er sich in ihrer Wohnung ein, wo er manche Stunde vor Picassos »Saltimbanques« verbringt; in der (Hertha Koenig gewidmeten) *Fünften Elegie* treten die auf dem Bild erscheinenden Akrobaten als »die Fahrenden, diese ein wenig Flüchtigern noch als wir selbst« auf. Als Hertha im Oktober nach München zurückkehrt, nimmt sich Rilke eine Wohnung in der Keferstraße am Englischen Garten. Sie liegt in einem Haus, das zwar klein aussieht, drinnen aber . . . ich weiß nicht wieviel Ateliers, Zimmer, Kammern und Zwischenräume [enthält]; kleine Treppen, die sich auskennen, gehen darin höchst überlegen herum, – ich bin sicher noch lange nicht überall gewesen, eigentlich nur bei der blonden wunderschönen und besonderen Hausfrau, die mir, in Abwesenheit ihres Mannes (des Dr. Herbert Alberti, der im Haag der Gesandtschaft angeschlossen ist) den ersten Stock vermietet hat. Das will sagen, einen großen vierfenstrigen Arbeitsraum, in dem sich seitenlang auf- und ab-gehen läßt, ein Schlafzimmer und ein kleines Eßzimmer dazwischen, so gut und wohnlich siehts aus, als müßte sich drin bestehen lassen. Seit ein paar Tagen erst versuch ichs, es scheint brauchbar, vielleicht schön, nun ist die Frage nur, ob's mir heuer gelingt, mir alles Eindringende fernzuhalten und so still und ungefunden zu bleiben, wie ichs sonst gewohnt war.[144]

Unter dem, was allenfalls »eindringen« könnte, sind die Zeitungen, die Rilke viele Jahre lang nur ganz sporadisch gelesen hat, sich jetzt aber genauer ansieht. Ende Oktober 1915, als er dies schreibt, berichten sie von schweren Kämpfen in den Argonnen und im Artois, in Kurland und Wolhynien, in Serbien und am Isonzo.

Während er die Nachrichten von den Kriegsschauplätzen verfolgt und trotz aller häuslichen Bequemlichkeit an der Erkenntnis leidet, »Zeitgenosse dieser Weltschande« zu sein, trifft ihn, über die mit ihm und miteinander befreundeten Schriftsteller Romain Rolland und Stefan Zweig, die Nachricht vom Verlust seiner gesamten Habe: Seine Garderobe, ein paar ererbte Möbelstücke, Bücher, Briefe und, am allerschmerzlichsten, seine Manuskripte, alles, was er besaß, ist im April 1915 in Paris versteigert und verstreut worden. Die Miete war doch nicht, oder zu spät, von Holland aus überwiesen worden. Einiges hat Rilke nach dem Krieg durch die Bemühungen André Gides, Charles Vildracs und anderer französischer Autoren zurückerhalten, aber weitaus das meiste ging verloren und ist auch später nicht wieder aufgefunden worden. (Übrigens hatte der Erlös von Bibliothek und Mobiliar nur 538 Francs betragen, man hatte die Sachen also eher verschleudert als verkauft.) In dem Brief, in dem er Marie Taxis davon berichtet, bemüht er sich zwar, den

Verlust zu bagatellisieren, verfällt dann aber doch auf einen Vergleich, an dem das Schlafwandlerische seiner ganzen damaligen Existenz abzulesen ist. Er gehe, so schreibt er,

> seit jener Nachricht aus Paris in einem wunderlichen Gefühle herum, etwa wie einer, der einen Sturz getan hat, schmerzlos aufgestanden ist und doch irgendwie den Verdacht nicht los wird, es könne plötzlich in seinen Eingeweiden ein nachträglicher Schmerz ausbrechen und ihn zum Schreien bringen.

Trotz dieses schweren Schlages erlebt Rilke im Herbst 1915, als der ihm vom Schicksal, sprich: vom k. u. k. Kriegsministerium, zugestandene Aufschub seinem Ende entgegengeht, wieder eine seiner charakteristischen, plötzlich einsetzenden, intensiven Schaffensperioden. Im November schreibt er in zwei Tagen die *Vierte Elegie* nieder, die vor allem von der Vater-Kind-Beziehung handelt und in ihren spezifischen Feststellungen (»Feindschaft / ist uns das Nächste«) und Fragestellungen:

> . . . Wer macht den Kindertod
> aus grauem Brot, das hart wird, – oder läßt
> ihn drin im runden Mund, wo wie den Gröps
> von einem schönen Apfel? . . . Mörder sind
> leicht einzusehen. Aber dies: den Tod,
> den ganzen Tod, noch *vor* dem Leben so
> sanft zu enthalten und nicht bös zu sein,
> ist unbeschreiblich . . .

die düsterste des ganzen Zyklus bleibt. Vorausgegangen war ihr die hübsche kleine *Ode an Bellman*, den schwedischen Dichter und Komponisten aus der Mozart-Zeit, dessen Lieder die dänische Sängerin und Übersetzerin Inga Junghanns gerade in München vorgetragen hatte. Aus diesen Tagen stammt auch das *Requiem auf den Tod eines Knaben*, den jungverstorbenen Sohn des mit Rilke befreundeten Nationalökonomen Edgar Jaffé, der 1918/19 der Regierung Eisner als Finanzminister angehören wird. Ferner werden die in die Strophen

Wie rief ich dich. Das sind die stummen Rufe,
die in mir süß geworden sind.
Nun stoß ich in dich Stufe ein um Stufe
und heiter steigt mein Samen wie ein Kind.
Du Urgebirg der Lust: auf einmal springt
er atemlos zu deinem innern Grate.
O gib dich hin, zu fühlen wie er nahte;
denn du wirst stürzen, wenn er oben winkt

mündenden, sieben sogenannten »phallischen« Gedichte im Spätherbst 1915 verfaßt, wie schließlich auch das grandiose Gedicht *Der
Tod*:

Da steht der Tod, ein bläulicher Absud
in einer Tasse ohne Untersatz . . .,

das mit der Evozierung eines Meteors schließt, den Rilke 1911 in
Toledo vom Puente de San Martín aus gesehen hatte:

O Sternenfall,
von einer Brücke einmal eingesehn –:
Dich nicht vergessen. Stehn!

Die Gedichte von 1915 sind, wie aus der historischen Lage heraus
verständlich – wir befinden uns im zweiten Kriegsjahr und der
Expressionismus steht im Zenit –, zum Teil Vorstöße in poetisches
Neuland, zu Themen und manchmal auch zu Formen, in denen sich
Rilke bisher noch nicht versucht hat. Um so überraschender ist die
Zähigkeit, mit der sich daneben das Alte behauptet. Ob zum
Beispiel das folgende Gedicht, wie Lulu berichtet, tatsächlich als
Trost für sie geschrieben wurde, als sie über das gespannte Verhält-
nis mit ihrem Vater geklagt hatte, oder ob Rilke es aus anderem
Anlaß zu Papier brachte – es ist erstaunlich, daß er selbst in der
allgemeinen Weltuntergangsstimmung scheinbar jederzeit in sich
hineingreifen und die altvertrauten Gefühle aus sich herausstellen
kann wie in diesen Zeilen:

Ach wehe, meine Mutter reißt mich ein.
Da hab ich Stein auf Stein zu mir gelegt,
und stand schon wie ein kleines Haus,
um das sich groß der Tag bewegt, sogar allein.
Nun kommt die Mutter, kommt und reißt mich ein.

Sie reißt mich ein, indem sie kommt und schaut.
Sie sieht es nicht, daß einer baut.
Sie geht mir mitten durch die Wand von Stein.
Ach wehe, meine Mutter reißt mich ein.

Die Vögel fliegen leichter um mich her.
Die fremden Hunde wissen: das ist *der*.
Nur einzig meine Mutter kennt es nicht,
mein langsam mehr gewordenes Gesicht.

Von ihr zu mir war nie ein warmer Wind.
Sie lebt nicht dorten, wo die Lüfte sind.
Sie liegt in einem hohen Herz-Verschlag
und Christus kommt und wäscht sie jeden Tag.

Sie wurden im Oktober 1915 geschrieben, als sich Phia und ihr
vierzigjähriger Sohn, ohne es zu wissen, zum letzten Mal begegneten. In ihrem emanzipatorischen Freimut und ihrer elementaren
Bildersprache könnten sie, vielleicht mit Ausnahme der letzten zwei
Zeilen, aus dem Jahr 1981 und aus der Feder eines Zwanzigjährigen
stammen. Rilkes Beziehungen zu seiner Mutter schillern in zu vielen
Farben, als daß sie sich auf einen Nenner bringen ließen. In
Anbetracht seines ebenfalls gestörten Verhältnisses zum Vater und
zur eigenen Tochter liegt aber der Schluß nahe, daß ihm, wie vieles
andere, so auch die Kluft zwischen den Generationen noch mehr zu
schaffen machte als den meisten seiner Mitmenschen.

III

Im Spätherbst 1915 läuft Rilkes »Schonzeit« als Zivilist aus. Im
Oktober erfährt er, daß für die in Bayern ansässigen österreichischen Staatsangehörigen eine neue Musterung ausgeschrieben ist,
und fragt sich, warum der Krieg denn weitergehen müsse:

> Kanns denn keiner hindern und aufhalten? Warum gibt es nicht
> ein paar, drei, fünf, zehn, die zusammenstehn und auf den
> Plätzen schreien: Genug! und erschossen werden und wenigstens
> ihr Leben dafür gegeben haben, daß es genug sei, während die
> draußen jetzt nur noch untergehen, damit das Entsetzliche währe
> und währe . . .[145]

Die Musterung findet am 24. November in München statt, am Tag
nach der Vollendung der *Vierten Elegie*. Trotz eines von Stauffenberg
erstellten, von der Kommission allerdings ungelesen beiseite geleg-
ten medizinischen Gutachtens, das ihm einen Lungenschaden und
andere körperliche Leiden bestätigt, wird Rilke als tauglich zum
Landsturmdienst mit der Waffe befunden. Er soll am 4. Januar in
Turnau einrücken, setzt aber Himmel und Erde in Bewegung, sich
statt dessen in Wien melden zu dürfen; denn er befürchtet zu Recht,
daß ihm die Protektion der Freunde, die er inzwischen eingespannt
hat, um vom Dienst wieder freizukommen, in diesem nordböhmi-
schen Nest wenig nützen würde. Es gelingt ihm tatsächlich, den
Standort zu wechseln, so daß er am Stichtag in Wien als »uneinge-
reihter Landsturmmann« beim Landwehr-Schützenregiment Nr. 1
antritt – eine ironische Fügung, weil an diesem 4. Januar seine auf
Veranlassung des Prinzen Ludwig Ferdinand von Bayern verfügte
Freistellung vom Militärdienst in Wirkung treten sollte. Die diesbe-
züglichen Unterlagen werden ihm aus München nachgeschickt, aber
Rilke kann, einmal in das Räderwerk der Rekrutenausbildung geraten, keine Dienststelle ausfindig machen, bei der sie sich einreichen
ließen. So wird der vierzigjährige Mann in eine »durchlöcherte alte
Uniform« gesteckt, »die mehrmals im Felde gewesen sein mochte«,[146]
und in Hütteldorf bei Wien drei Wochen lang zum Felddienst mit
Gewehr und Gepäck ausgebildet, oder wie er es nennt, »abgerichtet«.

Die Vierte Elegie

O Bäume Lebens, o wann winterlich?
Wir sind nicht einig. Sind nicht wie die Zug-
vögel verständigt. Überholt und spät,
so drängen wir uns plötzlich Winden auf
und fallen ein auf teilnahmslosen Teich.
Blühn und verdorrn ist uns zugleich bewußt.
Und irgendwo gehn Löwen noch und wissen,
solang sie herrlich sind, von keiner Ohnmacht.

Uns aber, wo wir Eines meinen, ganz,
ist schon des andern Aufwand fühlbar. Feindschaft
ist uns das Nächste. — Treten Liebende
nicht immerfort an Ränder, eins im andern,

Anfang der im November 1915 vollendeten *Vierten Duineser Elegie*, in der Reinschrift für die Fürstin Marie von Thurn und Taxis.

Da er nie gedient hat, muß er dies als einfacher Soldat über sich ergehen lassen. Er fällt bei einer Übung in Ohnmacht und ist am Ende seiner Kräfte, als er, bei einer Nachmusterung am 27. Januar 1916, zu dem von General Maximilian Freiherr von Höhn geleiteten k. u. k. Kriegsarchiv abkommandiert wird.

Indessen haben sich so viele Freunde für ihn eingesetzt, daß ihn allein schon die Koordinierung dieser Hilfeleistungen einige Mühe kostet. Von Berlin aus wird Karl von der Heydt, von Leipzig aus Katharina Kippenberg beim Münchener Generalkommando wegen Rilke vorstellig. Philipp Freiherr von Schey-Rothschild, Ordonnanzoffizier eines österreichischen Generals und durch Marianne Mitford mit Rilke bekannt, läßt seine Verbindungen ebenso für ihn spielen wie Sidie Nádherný die ihren. Alexander Thurn und Taxis schaltet sich ein, desgleichen der Adjutant des Prinzen Ludwig Ferdinand von Bayern, dessen wiederholte Interventionen beim k. u. k. Kriegsministerium den Ausschlag gegeben zu haben scheinen. Obwohl sie über wenig Einfluß verfügen, bemühen sich auch die Dichter um ihn: Hofmannsthal, Karl Kraus, Stefan Zweig und der Dramatiker Franz Theodor Csokor versuchen, Rilke, wenn er schon dienen muß, zumindest einen Platz im Kriegsarchiv zu sichern.

Unter den Argumenten, die in diesen Gesuchen und Eingaben geltend gemacht werden, wird immer wieder sein Dichterruhm und die Erwartung weiterer Werke genannt. »Wir brauchen nicht zu sagen«, schreiben etwa Anton und Katharina Kippenberg ans Kriegsministerium, »welche Werte der Menschheit entzogen würden, wenn diese Werke durch die Ungunst der Zeiten erstickt würden.« Rilkes Alter und schwächlicher Gesundheitszustand werden ebenfalls angeführt, daneben auch handfeste geschäftliche Gründe wie der Verlust, den das Verlagswesen durch das Ausfallen weiterer Bücher von ihm zu erleiden hätte. Die (vom Humanitären abgesehen) entscheidende Überlegung wagt niemand vorzubringen: daß sogar ein Staatswesen, das um sein Leben kämpft, von einem guten Dichter mehr hat als von einem schlechten Soldaten.

Der vorläufige Erfolg aller dieser Schritte ist Rilkes Dispensierung vom Dienst mit der Waffe und seine Abkommandierung zur historischen Abteilung des k. u. k. Kriegsarchivs. Unter dem selbst literarisch tätigen Oberstleutnant Alois Veltzé beschäftigen sich dort einige Schriftsteller mit der publizistischen Verbrämung der einlaufenden Nachrichten *ad majorem Austriae gloriam*: Unscheinbare Ereignisse aus dem militärischen Alltag werden so aufbereitet, daß der Zeitungsleser auch weiterhin an die Gesundheit der Donaumonarchie und die Gerechtigkeit ihrer Sache glaubt. Als einer der ersten hatte Hofmannsthal auf das »Heldenfrisieren« im Kriegsarchiv als mögliche Verwendung für Rilke hingewiesen, als er diesem schrieb, man habe dort »ziemlich viele Litteraten, mit denen Sie nichts gemein haben, hineingesteckt«[147]. Es war eine tröstlich gemeinte, aber etwas unglückliche Formulierung, da sich unter den »Litteraten« immerhin Stefan Zweig und Alfred Polgar befanden. Das waren zwar keine großen Dichter, aber respektable Schriftsteller, und im übrigen als friedfertig bekannte Herrschaften, während Rilke durch den in dieser Beziehung so fatalen *Cornet* unverdienter-, aber verständlicherweise in den Geruch eines Heldendichters gekommen war.

Glücklich, der Rekrutenschinderei entkommen zu sein, sieht sich Rilke dennoch außerstande, am »Heldenfrisieren« teilzunehmen, so daß er von seinem verständnisvollen Vorgesetzten zum Ausfüllen von Karteikarten und ähnlichen Büroarbeiten verwendet wird. Er braucht nicht mehr in der Baracke zu schlafen, sondern wohnt in einem Hotel in Hietzing, muß während der Dienststunden jedoch Uniform tragen. Die Abende und Wochenenden verbringt er meist auswärts. Er ist oft bei Marie Taxis in der Victorgasse, besucht Hofmannsthal in Rodaun und trifft sich mit Karl Kraus im Café Imperial. Auch befreundet er sich mit dem Wiener Großindustriellen Richard Weininger, dem Bruder des Verfassers von *Geschlecht und Charakter*, und verkehrt bei Eugenie Schwarzwald, in deren Montessori-ähnlichem Institut Arnold Schönberg und Oskar Kokoschka arbeiten und aus dem später Frauen wie Helene Weigel, Alice Herdan-Zuckmayer und Hilde Spiel hervorgehen. Bis zu seiner endgültigen Entlassung im Juni 1916 nimmt Rilke überhaupt das Leben wieder auf, das er in Berlin und München vor seiner Einberufung geführt hatte: Er hilft sich über die Unproduktivität – sie ist erschreckend und führt dazu, daß er im Jahr 1916 außer einigen Kleinigkeiten im *Insel-Almanach auf das Jahr 1917* und dem

k. u. k. *Kriegsalmanach 1914–1916* nichts veröffentlicht – durch Theater- und Konzertbesuche und eine hektische Geselligkeit hinweg. Als Lulu Albert-Lasard ihn besuchen kommt, zieht er mit ihr in ein Hotel in Rodaun, in unmittelbarer Nachbarschaft von Hugo und Gerty von Hofmannsthal, die ihnen helfen, sich häuslich einzurichten. In diesen Wochen entsteht Lulus Porträt von Rilke, das einzige, das ihn einigermaßen zufriedenstellt, selbst wenn er sein Lob in die vorsichtige Formel faßt, das Bild habe »bei Kassner, bei Hofmannsthal und einigen anderen maßgeblichen Freunden ... Zustimmung, ja Bewunderung gefunden«. Ihrer eigenen Aussage nach hatte sich die Malerin bemüht, den überraschenden Kontrast zwischen Rilkes »unergründlichen Augen« und der unteren Gesichtshälfte wiederzugeben, »die mit dem üppigen, von einem merkwürdigen grünlich blonden Chinesenbart umrahmten Munde voll blendender Zähne seinen Lebensdurst ausdrückte und eine gewisse Schwäche in dem leicht fliehenden Kinn«. Es ist eine recht sachliche Charakteristik von seiten der Freundin, mit der er nach dem Sommer 1916 nur noch gelegentliche Briefe wechselt. Von dieser Ausnahme abgesehen identifiziert sich Rilke zeitlebens mit der Gebärde,

> mit der ich eine arabische Frau einmal in Kairouan ... beide Hände vors Gesicht schlagen sah, als sie, mit Entsetzen, gewahrte, daß ein photographischer Apparat es auf sie abgesehen habe; dieses, genau *dieses* Entsetzen ist mir immer ganz unwillkürlich, wenn es sich darum handelt, irgendwie malerisch oder photographisch »abgenommen« zu sein.[148]

Wie sein Mißtrauen gegenüber jeglicher Namensgebung und seine Überzeugung von der Beseeltheit der Dinge gehört auch seine Furcht vor dem Abgebildet-Werden zu einer magisch-atavistischen Komponente seines Wesens, die ihn manchmal in Harmonie mit der Vorstellungswelt primitiver Völker bringt.

So gesellt sich zu anderen Gründen für sein Versagen als Soldat – zum kosmopolitischen Grundakkord seines Wesens, zur physischen Anfälligkeit und zur Angst vor einer Wiederbelebung des kaum vernarbten Militärschultraumas – ein ungewöhnlich starker Drang zur Wahrung seiner Privatsphäre. Übrigens ist dieses Versagen so vollständig und in Rilkes ganzer Anlage so vorprogrammiert, daß niemand auf den Gedanken verfällt, ihm seine Bemühungen zu verübeln, vom Militärdienst so rasch wie möglich wieder loszukommen. Sowohl Marie Taxis, deren beide Söhne im Feld stehen, als auch der kriegsgefangene Wittgenstein und der schwerverwundete Kokoschka betrachten es als selbstverständlich, daß Rilke von alledem verschont bleiben muß. Das gleiche gilt von Trebitsch, der mit der Sachkenntnis des altgedienten Offiziers und der Anteilnahme des Schriftstellers und langjährigen Bekannten ein Bild des von seinem »Spieß« kujonierten Dichters gezeichnet hat:

»Wie heißen S'?« Blaß und bedrängt antwortete der Poet in den Zwillichhosen: »Rainer Maria Rilke.« – »Was?« wurde er angeschrien. »Wem sollen S' denn einreden, daß Sie Maria heißen? Seit wann heißt ein Mannsbild Maria? Da müßt' man ja Mitzi zu Ihnen sagen! So schaun S' auch aus.« – Rilke stammelte verlegen: »Oh, ich bin ja nicht der einzige. Denken Sie nur an Karl Maria von Weber, den Komponisten des *Freischütz*!« – »Mir san hier keine Freischützen, mir schießen nur auf Kommando. Ich rat Ihnen gut, packen S' die Maria ein, Rainer Rilke!« Dann schritt er an dem Betroffenen vorbei.

Am nächsten Morgen – die Nacht hatte Rilke schlaflos auf seinem Strohsack verbracht – wurde er von der rauhen Stimme seines unmittelbaren Vorgesetzten, der ihm seinen Namen übelgenommen und zugestutzt hatte, angerufen: »Kommen S' herunter, Mitzi, von da oben! Gewehrgriff' üben! Vorwärts!« Rilke kletterte benommen und blicklos von seiner Schlafstätte hinab und wurde erst einmal ohne Gewehr gedrillt, als die Tür zu diesem Mannschaftszimmer aufflog und General von Höhn in Begleitung der Prinzessin Thurn und Taxis eintrat. Es herrschte Totenstille. »Ist hier ein gewisser Rainer Maria Rilke?« fragte der General, auf den Feldwebel zutretend. Rilke hatte seinen Namen gehört und die erlauchte Frau gesehen, die um sein Schicksal besorgt war. Von keinerlei Disziplin angekränkelt, eilte er zu seiner Beschützerin und an die Seite des ihn mit einer Handbewegung begrüßenden Generals, der ausrief: »Aber so ein Irrtum! Wie kommen Sie denn da herein? Wir brauchen Sie im Archiv wie einen Bissen Brot!«[149]

IV

Nach der Entlassung aus dem Militärdienst kehrt Rilke in seine Münchner Wohnung in der Keferstraße zurück, in der er mit Ausnahme weniger Wochen vom Juli 1916 bis zum Juli 1917 bleibt, in einem Zustand der Lähmung aller produktiven Kräfte. Sie drückt sich im fast vollständigen Stillstand der dichterischen Hervorbringung, in einer für Rilke ganz ungewohnten Seßhaftigkeit und in Schreibhemmungen aus, die es vor jeder Seite von neuem zu überwinden gilt. Immer öfter muß er sich entschuldigen, daß er sich nicht gemeldet oder, entgegen seiner Gewohnheit, für dieses oder jenes nicht bedankt hat: »Gestern, am Sonntag, kam Ihr Brief«, hatte er Helene von Nostitz schon 1915 erklärt, »ich hätt ihn noch den Abend beantwortet, aber ehe ich meine Feder überrede ... schreiben heißt jetzt, etwas über sich vermögen, denn was schreiben, wo doch alles, woran man rührt, unsäglich, unkenntlich ist.« Anderen Briefpartnern teilt er mit, er habe »die Feder noch nicht in die Hand genommen ... für niemanden«, oder daß er lange »ausgeholt« habe, »um die Feder auf Sie anzusetzen« – eigenartige Bilder, in denen das unscheinbare Schreibinstrument, Nachfolger beschwingterer Kommunikationsmittel wie der Stimme, ihm angesichts des Unsagbaren den Dienst zu versagen droht.[150]

Eine ihm angetragene Ausgabe der Briefe und Papiere von Paula Modersohn-Becker lehnt er nach geraumer Überlegung ab, weil er fürchtet, der Ruf der verstorbenen Freundin könnte durch eine solche Veröffentlichung möglicherweise verfälscht und vermindert werden. Die einzige Arbeit, zu der er sich aufraffen kann, ist eine Nachdichtung der Sonette des Michelangelo, von denen einige im *Insel-Almanach auf das Jahr 1917* erscheinen, und die Übertragung der *Vierundzwanzig Sonette der Louize Labé, Lyoneserin*, in denen diese, eine Dichterin aus dem 16. Jahrhundert, ihre unerfüllte Liebe beklagt, am überzeugendsten vielleicht in den Quartetten des vorletzten Sonetts:

Was hilft es mir, daß du so meisterhaft
mein Haar besangst und sein gesträhntes Gold,
und daß du diese meine Augen hold
wie Sonnen nanntest, deren reine Kraft

der Gott benutzt, dich innig zu verstören?
Wo sind die Tränen, die dir schnell vergingen?
Wo ist der Tod? Ich höre dich noch schwören,
er einzig könne deine Liebe zwingen . . .

Unfähig zu eigener Dichtung und bis ins Innerste gelähmt von
der Unmöglichkeit, dem immer schneller sich drehenden Rad der
Zerstörung in die Speichen zu fallen, beschäftigt Rilke sich jetzt,
intensiver als jemals seit den ersten Monaten in Berlin 1898 und
1899, mit der neuesten Kunst und Literatur. Er entdeckt für sich
das Werk von Franz Marc (»Mich ergreift es ganz und gar«) und
pflegt den persönlichen Kontakt mit Kokoschka und Klee, freilich
nicht ohne gewisse Vorbehalte auf beiden Seiten. Er kann sich
zwar mit Kokoschkas Graphik, nicht aber mit dessen Dramen
anfreunden, während Klee in einer nebensächlichen, aber ans
Herz der Dinge rührenden Bemerkung auf die Distanz hinweist,
die Rilke, beileibe nicht nur in punkto Kleidung, von seinesgleichen trennt: »Rätselhaft ist für mich die perfekte Eleganz seines
Äußeren«, notiert er sich nach einer Unterhaltung mit dem
Dichter, »wie man das nur macht?«[151] Zugleich liest Rilke die
neuesten Werke von Else Lasker-Schüler, Alfred Wolfenstein und
Johannes R. Becher, wobei die Sympathie für die pazifistisch-
völkerverbindende Haltung dieser Expressionisten seine Zweifel
an ihrer übersteigerten Sprache übertönt. Er informiert sich in
Horst Stobbes »Bücherstube am Siegestor« laufend über Neuerscheinungen und besucht die von der Bücherstube Hans Goltz
veranstalteten »Abende für neue Literatur«, an denen er die
Lasker-Schüler und Wolfenstein lesen hört, ja, er trägt einige
Gedichte des letzteren im kleinen Kreis bei Hertha Koenig selbst
vor. Auf einer von dem Rhapsoden Theodor Däubler gehaltenen
Dichterlesung fühlt er sich allerdings an eine »Verschüttung«
erinnert, »wie wenn einem beim Büchereinräumen die obersten

schon aufgestellten Reihen über Kopf und Schultern herunter-
kommen, darunter ganz große Bände, Enzyklopädien, und immer
noch einer«.[152]

Die Kontakte zur neuen Dichtergeneration überschneiden sich
zum Teil mit den zahlreichen Beziehungen, die Rilke, nach dem
Ende der Liebesaffäre mit Lulu, zu jungen Frauen hat. Für Claire
Studer, spätere Goll, ist er ein Liebhaber, für Wera Ouckama
Knoop ein väterlicher Freund; in vielen anderen Fällen muß die
Frage nach der Intimität des Verhältnisses (soweit sie uns überhaupt etwas angeht) offenbleiben. Einige dieser Frauen sind
angehende Schauspielerinnen wie die von Csokor protegierte
Anni Mewes, Ellen Delp vom Reinhardt-Ensemble und Elya
Maria Nevar, die sich bei ihm mit einem dramatischen Brief
einführt: »Rainer Maria – einmal liebte ich Deine Seele, fast so
wie man Gott liebt.«[153] (Hatte sich Magda von Hattingberg einst
zu Rilke aufgrund der *Geschichten vom lieben Gott* hingezogen
gefühlt, so ging im Fall von Elya eine aphrodisische Wirkung vom
Stunden-Buch aus.) Andere Freundinnen tanzen, wie Sent
M'Ahesa, die im Herbst 1916 eine auch von Rilke besuchte halb
private Vorstellung gibt und ihn in der Folgezeit an Samstag-
nachmittagen in ihrer Schwabinger Wohnung empfängt, auf seinen Wunsch hin allein. Tänzerin ist auch Wera, die Tochter des
1913 gestorbenen Gerhard Ouckama Knoop, aus einer Familie,
die in Rußland ein großes Textil- und Webstuhlunternehmen
aufgezogen hatte, nach der Devise: »In jedem Dorf ein Pop', in
jedem Dorf ein Knoop.« Der als Textilingenieur ausgebildete
Schriftsteller hatte sich eines Tages auszahlen lassen und war mit
seiner Familie nach München gezogen, wo die beiden Töchter
aufwuchsen. Die blonde Lilinka heiratete später einen Bildhauer;
ihre jüngere Schwester Wera, von einer »vollendet harmonischen
Gestalt, braun, schlank, wohlgeformt«,[154] erkrankte plötzlich an
Leukämie und starb, neunzehnjährig, Ende 1919 in München.
Rilke hat ihr die *Sonette an Orpheus* gewidmet und im 25. Sonett des
ersten Teils ein persönliches Denkmal gesetzt:

Dich aber will ich nun, *Dich*, die ich kannte
  wie eine Blume, von der ich den Namen nicht weiß,

noch *ein* Mal erinnern und ihnen zeigen, Entwandte,
schöne Gespielin des unüberwindlichen Schrei's.

Tänzerin erst, die plötzlich, den Körper voll Zögern,
anhielt, als göß man ihr Jungsein in Erz;
trauernd und lauschend –. Da, von den hohen Vermögern
fiel ihr Musik in das veränderte Herz.

Nah war die Krankheit. Schon von den Schatten bemächtigt,
drängte verdunkelt das Blut, doch, wie flüchtig verdächtigt,
trieb es in seinen natürlichen Frühling hervor.

Wieder und wieder, von Dunkel und Sturz unterbrochen,
glänzte es irdisch. Bis es nach schrecklichem Pochen
trat in das trostlos offene Tor.

Eine der Frauen, die Rilke damals kennenlernte, war die »Grande
Dame du Dada« Claire Studer, die Mitte November 1918 nach
München kam und Rilke, dem sie schon ihren Gedichtband *Mitwelt*
geschickt hatte, bei dieser Gelegenheit (das Wort ist mit Bedacht
gewählt) vernaschte. Kaum im Hotel Regina abgestiegen, läßt sie
ihm Grüße von Schweizer Freunden überbringen. Er dankt mit
Rosen und einem Kompliment – »Ich bin, seit lange, ein Freund
Ihrer Gedichte« – und lädt sie ein, ihn zu besuchen. Sie tut es am
folgenden Tag, nicht ohne Hemmungen: »Da ich Rilkes Ruf als
Frauenverführer kannte, zitterte ich wie Espenlaub«, zieht aber
bald zu ihm und läßt sich verwöhnen:

Wenn ich bei ihm dinierte, bereitete er stets eigenhändig Omelet-
tes zu, die ihm wunderbar gelangen. Obendrein war es seine
Leidenschaft, den Tisch zu decken. Er verbrachte Stunden
damit, gestickte Tischtücher passend zum erlesenen Porzellan
auszuwählen. Ich habe nie wieder einen so ausgesuchten
Geschmack bei einem Mann gefunden.

Als Claire, nach Berlin weitergereist, behauptete, ein Kind von ihm
zu erwarten, will er nichts davon wissen, und der Schriftsteller Iwan

Goll, ihr in der Schweiz zurückgebliebener Freund und späterer Ehemann, erst recht nicht:

> Ich mußte also abtreiben. Der Operation ging eine längere Korrespondenz zwischen den beiden Dichtern voraus, die schließlich übereinkamen, alle Spuren zu verwischen und die gegenseitigen Briefe zu verbrennen.[155]

Von anderen Rilke-Freundinnen ist wenig mehr als der Name überliefert, wie etwa von Mia Mattauch, mit der er 1916/17 eine leidenschaftliche Beziehung unterhielt. Daraus, daß einige Frauen ihre Erinnerungen an ihn zu Papier brachten, ist nicht unbedingt zu schließen, daß sie eine größere Rolle in seinem Leben gespielt haben als ihre mehr oder minder anonym gebliebenen Schwestern. Viel Selbststilisierung ist in diese Beziehungen eingegangen, auf seiner Seite wie auf der seiner Freundinnen, die sich meist für wichtiger nahmen, als sie waren.

Es gibt in Rilkes kompliziertem Verhältnis zum anderen Geschlecht Fixsterne, die, wie Lou Andreas-Salomé, Katharina Kippenberg und Marie Taxis, unveränderlich am Firmament verweilen, und Kometen, wie Magda von Hattingberg, Lulu Albert-Lasard und (in den ersten Schweizer Jahren) Baladine Klossowska, die sein Dasein meteorhaft erleuchten. Daneben gibt es ganze Schwärme von schnell verglühenden Sternschnuppen, auf die die Bemerkung jener jungen Münchnerin zutreffen mag, die sich plötzlich und scheinbar unmotiviert von Rilke verlassen sah: »Für einen solchen Mann ist jede Frau nur eine Durchgangsstation.«[156] Und schließlich gibt es Clara, die sich um diese Zeit in Fischerhude ein neues Leben aufbaut. Sie und Rilke sorgen füreinander, wie es nur sehr alte Freunde tun. Als Tochter Ruth im Frühling 1917 durch München kommt, um Bekannte in Dachau zu besuchen, gibt die Mutter ihr etwas Honig und drei Eier für Rilke mit. Er holt Ruth am Bahnhof ab, ißt mit ihr in einem Restaurant und setzt sie zur Weiterreise in den richtigen Zug. Dann schreibt er Clara, sie brauche sich um die Tochter keine Sorge zu machen, und legt die Fleischkarten bei, die er als Vegetarier nicht benötigt.

Warum läßt Rilke, der so an Deutschland leidet und sich

1914–1918 dort wie ein Gefangener vorkommt, über ein halbes Jahr nach Kriegsende verstreichen, bevor er wegfährt? Er hat Einladungen in die Schweiz und nach Schweden und weiß, daß er jederzeit auch in Böhmen willkommen ist, bei Sidie Nádherný und Marie Taxis. Der Grund liegt zum Teil darin, daß der gebürtige Prager mit der Auflösung der österreichisch-ungarischen Monarchie einen nur mehr provisorischen Paß besitzt und Schwierigkeiten hat, ein Visum ins Ausland zu erhalten. (Später wird er staatenlos und schließlich Tscheche, was ihm im Prinzip recht ist, denn er bewundert den Staatsgründer Masaryk.) Auch seine Müdigkeit läßt ihn die Abreise verzögern und das ganze Geflecht von Freundschaften, das sich um ihn gebildet hat, nicht zuletzt die mit Elya Maria Nevar, mit bürgerlichem Namen Else Hotop. Nachdem er ihren schwärmerischen Brief erhalten hat, sieht Rilke sie auf der Bühne und läßt sich von ihr aus den Werken von Adalbert Stifter vorlesen, in den Zimmern, die er seit Mai 1919 im vierten Stock des Hauses Ainmillerstraße 34 bewohnt und die sein letztes Domizil auf deutschem Boden sind. Elya ist eine emanzipierte Frau, aggressiv und auf eine »Selbstfindung« bedacht, über deren Zwecke oder Richtung sie sich nicht im klaren ist. Einerseits lädt sie, noch ganz höhere Tochter, Rilke zum Tee bei ihrer Familie ein; vielleicht hofft sie, daß der Anstandsbesuch eines so soignierten Herrn das Mißtrauen der Eltern ausräumen würde. Andererseits weigert sie sich, einige von ihrem Vater, einem aus dem Feld zurückgekehrten Oberst, beanstandete Freundschaften aufzugeben und überhaupt »die Form meines Zusammenseins mit mir nahestehenden Menschen auf das Maß der Konvention zurück[zu]schrauben«.[137] Sie nimmt sich eine Junggesellenwohnung und fährt nach Rilkes Abreise auf eigene Faust nach Rom. Ende 1920 bekommt sie ein Kind, dessen Vater sie heiratet; bald danach versiegt der Briefwechsel mit Rilke.

Der Altersunterschied, schon bei Lulu Albert-Lasard beträchtlich, ist bei Elya nicht mehr zu übersehen: Rilke geht auf die Mitte Vierzig zu, die Freundin ist halb so alt. Marie Taxis hätte laut aufgelacht, wenn sie gewußt hätte, daß der von ihr gerade mit Don Juan verglichene Serafico, für den Lulu noch unbedenklich ihre Ehe aufs Spiel gesetzt hatte, sich jetzt erbietet, dem sittenstrengen Obristen Hotop einen beschwichtigenden Brief zu schreiben, der gewiß mehr wie von Vater-zu-Vater als wie von Mann-zu-Mann ausgefallen wäre. Bezeichnenderweise reagiert Elya auch kaum auf die Freunde, mit denen er sie nach seiner Gewohnheit bekanntmacht. Es sind interessante Leute darunter wie Regina Ullmann, Rudolf Kassner und die besuchsweise in München weilende Lou Andreas-Salomé, aber sie gehören samt und sonders einer Generation an, die für Elya schon zum alten Eisen zählt. Trotzdem ist sie zumindest von Rilkes Manieren bezaubert. Keine andere Freundin ist in ihren Erinnerungen so auf seine exquisite Form des Schenkens eingegangen: Blumen, Bücher, auch mal ein kleines, nicht teures Objet d'art. Was vor dem Krieg noch selbstverständlich war, ist selten geworden und wird dankbar registriert. – Als es dann gilt, Abschied zu nehmen, hilft sie ihm beim Packen und bringt ihn am 11. Juni 1919 zur Bahn.

Rilke lebt im Winter 1918/19 überhaupt im Zuge der Zeit, also »schnell«. Er nimmt regen Anteil am Gedeihen der Räterepublik, liest eine vieldiskutierte Neuerscheinung, Oswald Spenglers *Untergang des Abendlandes*, und kann sich vor Einladungen kaum retten. Zu Hause rückt er die Möbel so zurecht, daß das Schreibpult als Arbeitsplatz in der Mitte des Wohnzimmers zu stehen kommt und ihm jederzeit, gewissermaßen als Mahnung und stiller Vorwurf, vor Augen ist. Aber die Produktion, die dort stattfinden soll, will sich mit Ausnahme einiger kleiner Übersetzungen und Essays noch immer nicht einstellen, so daß er den größten Teil des Tages bald wieder mit anderem zubringt. Immerhin entschließt er sich jetzt, ein paar längst geschriebene, kleinere Sachen zur Veröffentlichung freizugeben, darunter die 1913 in Ronda verfaßte Studie *Erlebnis*. Sie schildert die Empfindungen eines Mannes – Rilkes –, der sich in einem südlichen, an Duino gemahnenden Garten nahe dem Meer an einen Baumstamm lehnt. Durch fast unmerkliche, vom Baum ausgehende Schwingungen gerät er »auf die andere Seite der Natur«, in einen Zustand, in dem sein Bewußtsein sich vorübergehend von seinem Körper trennt, so daß er, wie ein Rilkescher Engel, zum Beispiel die Erscheinung eines Verstorbenen genausogut hätte ertragen können wie die eines seiner Hausgenossen. Die kurze Aufzeichnung, die Rilke einmal als die »intimste, die ich je aufgeschrieben habe«, bezeichnet hat, wird durch das postum veröffentlichte *Erlebnis II* ergänzt, in welchem anläßlich eines auf Capri gehörten Vogelrufes die Grenze zwischen Geist und Körper wiederum verschwindet und der Ruf in einem »ununterbrochenen Raum« fortklingt.

Mehr denn je legt er in seinen Briefen und persönlichen Kontakten eine Hellhörigkeit für das Kommende an den Tag, ein fast astrologisch anmutendes, ihm selbst unbewußtes Ertasten zukünftiger Konstellationen. Es mag damit zu tun haben, daß er im eigenen Leben kaum noch Zukunft vor sich sieht und sich um so mehr in die Möglichkeiten vertieft, die im Wesen und Umfeld des Gesprächs- oder Briefpartners beschlossen liegen. Aus der großen Anzahl dieser Kontakte seien drei erwähnt, in denen das besonders klar zutage tritt. In diesen Monaten lernt er durch Claire Studer eine hübsche junge Schauspielerin kennen, die er 1925 in Paris kurz wiedersieht; zugleich korrespondiert er mit einer um ihre Kinder besorgten Gräfin, die mit einem Verwandten seines 1918 gestorbenen Arztes verheiratet ist, und schickt einer Münchner Bekannten, die es ihn hatte vortragen hören, eine Abschrift seines *Requiems auf den Tod eines Knaben*. Das wäre alles nicht der Rede wert, wenn – lange nach Rilkes Tod – die Schauspielerin nicht als Elisabeth Bergner, der jüngste Sohn der Gräfin nicht als der Widerstandskämpfer Claus Schenk von Stauffenberg und die Kusine der Münchner Bekannten nicht als die Dichterin Nelly Sachs in die Geschichte eingegangen wären.

V

Man ist gewöhnt, in Rilke den Einzelgänger und in George die Führernatur zu sehen, die die besten unter den Jungen um sich schart und Männern wie Karl Wolfskehl, Ludwig Klages und Friedrich Gundolf ihren Stempel aufdrückt. Und doch hat auch Rilke, dem nichts ferner lag als das Sammeln einer Gefolgschaft oder die Gründung eines »Kreises«, einen prägenden Einfluß auf viele Zeitgenossen ausgeübt, wobei weniger an seine literarische Wirkung und Nachwirkung zu denken ist, die ein Kapitel für sich darstellt, als an das Vorbildliche, das viele in seiner Persönlichkeit und Lebenshaltung sahen. Zu diesen Männern gehörte Hans Carossa, der, ohne mit Rilke eng befreundet zu sein oder sich gar als sein Jünger zu fühlen, im Rückblick auf diese Zeit schrieb: »Bevor ich meinen Weg zu den europäischen Schlachtfeldern einschlug, empfing ich eine Segnung: Rainer Maria Rilke begegnete mir.«[158] Von ähnlichen Gefühlen war eine Reihe meist junger Leute beseelt, die dies und jenes von Rilke gelesen hatten, jenseits aller Literatur aber von seinem Wesen, von seiner Art des Sich-Gebens und Sich-Mitteilens angezogen waren, die so deutlich von den Kruditäten des öffentlichen Lebens und der Seichtheit des Kulturbetriebs abstach. Einer dieser Männer war Norbert von Hellingrath; als Deutschlektor an der Sorbonne hatte er Rilke schon 1910 in Paris kennengelernt. Ein anderer war Thankmar von Münchhausen, der in späteren Jahren das Pariser Goethe-Haus leitete. Er war durch seine Mutter, eine Freundin von Lou Andreas-Salomé, mit Rilke bekannt geworden und ging ihm oft bei Bücherbestellungen und mit ähnlichen Hilfeleistungen zur Hand. Paul von Keyserlingk, der Dichter Bernhard von der Marwitz, der Maler Götz von Seckendorff und einige andere gehörten gleichfalls zu dieser Gruppe.

Nichts schmerzte Rilke im Krieg mehr als der Verlust von Männern wie Hellingrath, Keyserlingk, von der Marwitz und Seckendorff, die zur Elite ihrer Generation gehörten: nicht weil sie Adlige, sondern weil sie künstlerisch veranlagte junge Menschen waren, die die Vorteile ihrer Familien- und Standeszugehörigkeit als Verpflichtung auffaßten. In ihnen erwies sich, wie Rilke es in einem Beileidsschreiben ausdrückte, »die Tradition wirksam zugleich mit einer vollkommenen Bereitschaft zur geistigen Freiheit«. Damit bezeichnet er auch den eigenen Standort, denn seine Äußerungen zu den Ereignissen von 1914–1918 lassen erkennen, daß seine im Grunde konservativen Ansichten von Anfang an mit einer starken Sympathie für die geistigen und sozialen Kräfte einhergingen, die schließlich den Umsturz vom November 1918 auslösten.

Nach Aufgabe der Wohnung in der Keferstraße verbringt Rilke den Sommer 1917 als Gast auf der Herreninsel im Chiemsee und auf Hertha Koenigs westfälischem Gut. Bei seinem letzten Besuch in Berlin, im Oktober und November, geht er viel in Museen und

Konzerte und sieht sich die Chagall-Ausstellung in der Sturmgalerie an, in Begleitung des Lyrikers und Kabarettdichters Walter Mehring, der ihn »schmächtig und preziös« findet, »mit cremefarbenen Wickelgamaschen und einem goldenen Lorgnon, wahrhaft aristokratisch in einer Welt, die Feldgrau trug«.[139] In diesen Wochen, in denen die Russische Revolution ihren Höhepunkt erreicht, verkehrt Rilke aber nicht nur mit »seinesgleichen«, mit Dichtern wie Mehring und Hauptmann oder mit der Bildhauerin Renée Sintenis und der Cembalistin Wanda Landowska. Er bespricht sich auch mit einem alten Bekannten, dem Diplomaten Harry Graf Kessler, sowie mit dem AEG-Chef und späteren Außenminister der Weimarer Republik, Walther Rathenau, mit dem er eine Zeitlang korrespondiert. Bei Karl von der Heydt frühstückt er mit Detlev Graf Moltke, dem Flügeladjutanten des Kaisers; er nimmt an einem Herrenabend bei Joachim von Winterfeldt-Menkin, dem Landesdirektor der Provinz Brandenburg, teil und trifft sich mit dem Staatssekretär des Äußeren, Richard von Kühlmann, der bald den Friedensvertrag von Brest-Litowsk unterzeichnen wird. Noch im September 1918, kurz vor dem Umsturz, ist Rilke Gast auf Kühlmanns Gut bei Ohlstadt.

Daraus geht hervor, daß der Hausfreund literarisch interessierter Damen aus adligen und großbürgerlichen Familien auch von ihren Männern, die zur Machtelite des spätwilhelminischen Deutschland gehören, als Gesprächspartner geschätzt wird – wobei es selbstverständlich nichts schadet, daß er sich mit den Damen besonders gut versteht, etwa mit der Bankiersgattin Edith Andreae, Rathenaus Schwester, oder mit Marianne Mitford, die wenig später in zweiter Ehe den verwitweten Kühlmann heiratet. Man bleibt auch in diesen Kreisen am liebsten unter sich, und Rilke gehört nun einmal dazu, obwohl er weder Uniform trägt noch ein Amt innehat oder gar einen Betrieb leitet (er hat wieder einmal so wenig Geld, daß ihm Sidie Nádherný, Richard Weininger und Philipp Schey-Rothschild diskret unter die Arme greifen müssen). Was mögen diese Herren, die Ende 1917 weiß Gott ihre Sorgen hatten, in ihm gesehen haben, daß sie sich so lange mit ihm unterhielten? Er war einer der ganz wenigen Menschen in ihrem Umkreis, der keine eigenen noch Partei-Interessen vertrat; der keinerlei diplomatische, militärische, wirtschaftliche oder Börseninformationen suchte, sondern sich auf die Rolle eines guten Zuhörers beschränkte, dessen Diskretion und persönliche Integrität keinem Zweifel unterlagen. Er hatte viel im Ausland gelebt und sich in der allgemeinen Hysterie sein eigenes Urteil bewahrt. Im übrigen trug er, als völlig unbürgerlicher, ja unpolitischer Mensch, auf diesem Gebiet keine Scheuklappen, so daß sich zum Beispiel die Ereignisse in Rußland, und die Möglichkeit ihres Übergreifens auf die Mittelmächte, mit ihm ohne die Vorbehalte diskutieren ließen, mit denen andere Gesprächspartner, ob rechts oder links, dieses Thema angingen.

Etwas sehr Ähnliches werden sich die Männer gedacht haben, mit denen Rilke, ohne »umgefallen« zu sein, ein Jahr später im München der Räterepublik in gelegentlichem Kontakt ist. Außer dem befreundeten Jaffé, der bis März 1919 als Finanzminister amtiert, befinden sich darunter zwei »Kollegen«, die hohe Stellungen im Staat bekleiden. Der sozialistische Schriftsteller Kurt Eisner hatte am 8. November das Haus Wittelsbach für abgesetzt erklärt und den republikanischen Freistaat Bayern proklamiert, dem er bis zu seinem gewaltsamen Tod im Februar 1919 als provisorischer Ministerpräsident vorsteht. Kurz darauf wird der als Kriegsfreiwilliger verwundete Ernst Toller, später wegen seiner expressionistischen Theaterstücke berühmt, zum Zweiten Vorsitzenden des Zentralrats der bayerischen Arbeiter-, Bauern- und Soldatenräte gewählt.

Der Zufall hatte Rilke bereits mit einer jungen Frau zusammengeführt, die ihn, wenn nicht mit der Ideologie, die ihn nicht interessierte, so doch mit dem menschlichen Milieu der extremen Linken vertraut machte. Sophie Liebknecht, mit dem inhaftierten Sozialistenführer verheiratet und Rilke schon deswegen sympathisch, weil sie eine gebürtige Russin ist, verbringt im Sommer 1917 ebenfalls einige Wochen auf Herrenchiemsee, wo sie sich mit dem Dichter anfreundet. Als dieser ihr sein Leiden am Krieg klagt, gibt sie ihm zu verstehen, daß dieses Leiden leichter zu ertragen wäre,

wenn Sie unsere Zeit nicht so von sich weisen würden, wenn Sie mehr sich um sie kümmerten [und] durch Zeitungslesen und überhaupt nähere Anteilnahme mehr reelle Beziehung zu ihr hätten.[160]

Dann, so glaubt Sophie, würde er auch wieder dichten können, »und schließlich ist das doch für Sie das wichtigste«. Es ist kein schlechter Rat, auch wenn Rilke, seiner ganzen Natur nach, ihn nicht befolgen kann. Er erinnert sich aber noch nach Jahren an die rückhaltlose Bewunderung, mit der die junge Russin von ihrem Mann gesprochen hatte und von ihrer Freundin Rosa Luxemburg, die damals gleichfalls im Gefängnis saß (und im Januar 1919 während des Spartakus-Aufstands zusammen mit Karl Liebknecht ermordet wurde).

Im Januar 1918 ergibt sich ein weiterer Kontakt mit dem Lager der aktiven Kriegsgegner. Hertha Koenig weiht ihn in ihre Absicht ein, auf ihrem Gut in Westfalen ein soziales Hilfswerk für die Armen aufzuziehen, wobei sie an das Vorbild eines Grafen Baudissin denkt, der auf seinem pommerschen Besitz ein ähnliches Projekt in die Wege geleitet hat. Rilkes Instinkt läßt ihn ein derart patriarchalisches Unternehmen als unzeitgemäß empfinden; er sähe es lieber, wenn nicht die Gutsbesitzer und Geldgeber, sondern die Empfänger dieser Hilfe die Verantwortung für ihre Verwirklichung übernähmen. Er wendet sich brieflich um Rat an Eisner, der einen Ruf als politischer Aktivist genießt und dem er aufgrund einer flüchtigen Garderobenbekanntschaft (Eisner ist lange Theaterkritiker gewesen) den guten Willen und die Fähigkeit zutraut, eine solche Hilfsaktion zu organisieren. Die vorgesehene Besprechung zerschlägt sich allerdings, weil Eisner wegen Beteiligung am Munitionsarbeiterstreik festgenommen und erst kurz vor Kriegsende wieder auf freien Fuß gesetzt wird. So verfügt Rilke über Verbindungen zu den führenden Kreisen der Räterepublik, noch ehe diese sich konstituiert hat. Er hat diese Verbindungen nicht bewußt geknüpft, um im Fall eines Umsturzes auch unter den neuen Machthabern ein paar Freunde zu besitzen. Im Gegenteil, er bewegt sich durch die politischen Wirren wie ein Schlafwandler und nimmt inzwischen eine Einladung aus Zürich an, wo er am 25. November 1918 vor dem Lesezirkel Hottingen aus seinen Werken lesen soll.

Als die politische Lage dann tatsächlich in Bewegung gerät, sorgt Rilke sich nicht um Clara und Ruth, die er in Sicherheit auf dem

Land bei Fischerhude weiß, sondern um Katharina Kippenberg, der er noch vor kurzem sicherheitshalber einen Stoß Manuskripte zur Aufbewahrung im Insel-Safe geschickt hatte. Da ihr als Reserveoffizier dienender Mann in Belgien eine Armeezeitung herausgibt, muß sie sich neben Kindern und Haushalt auch um den Verlag kümmern. Es bestehen erhebliche Meinungsverschiedenheiten zwischen dem stramm patriotischen Verlegerehepaar und dem Dichter, der nach der Oktoberrevolution gesteht, daß ihn inmitten so vieler kriegsbedingter Widrigkeiten nur »der Gedanke an das herrliche Rußland« aufrechterhalte; eine Bemerkung, die die sonst so schreibfreudige Insel-Herrin keiner Antwort würdigt. Als Rilke in den ersten Novembertagen 1918 aber einen Brief von ihr erhält, in dem sie, nicht ohne obrigkeitsstaatliche Verwunderung ob der bloßen Möglichkeit solcher Gedanken, von »ganz ruhigen Leuten« in ihrer Umgebung berichtet, die »die *innere* Lage für bedrohlich« halten, und den Stoßseufzer hinzufügt: »Wenn mein Mann doch erst wieder da wäre!«, da erwägt er sofort, ob er nicht nach Leipzig fahren soll, um ihr zur Seite zu stehen. Er unterdrückt den ritterlichen Impuls in der Erkenntnis, er würde, unpraktisch, wie er nun einmal ist, »am Ende doch nur im Wege« sein.[16]

An sich denkt Rilke in diesen Tagen ausnahmsweise gar nicht, sondern läßt sich mit der Volksmenge treiben und sieht und hört zu, wo sie sich gerade staut:

Überall große Versammlungen in den Brauhaussälen [berichtet er Clara am 7. November], fast jeden Abend, überall Redner . . . und wo die Säle nicht ausreichen, Versammlungen unter freiem Himmel nach Tausenden. Unter Tausenden auch war ich Montag Abend in den Sälen des Hotel Wagner, Professor Max Weber aus Heidelberg, Nationalökonom, der für einen der besten Köpfe und für einen guten Redner gilt, sprach, nach ihm in der Diskussion der anarchistisch überangestrengte Mühsam und weiter Studenten, Leute, die vier Jahre an der Front gewesen waren, – alle so einfach und offen und volkstümlich. Und obwohl man um die Biertische und zwischen den Tischen so saß, daß die Kellnerinnen nur wie Holzwürmer durch die dicke Menschenstruktur sich durchfraßen, – wars garnicht beklemmend, nicht einmal für den Atem; der Dunst aus Bier und Rauch und Volk ging einem nicht unbequem ein, man gewahrte ihn kaum, so wichtig wars und so über alles gegenwärtig klar, daß die Dinge gesagt werden konnten, die endlich an der Reihe sind . . . Solche Momente sind wunderbar, und wie hat man sie gerade in Deutschland entbehren müssen, wo nur die Aufbegehrung zu Worte kam, oder die Unterwerfung, die in ihrer Art auch nur ein Machtanteil der Untergebenen war.

Der in der Tat »wunderbare« Moment, in dem Rilke den ungewohnten Dunst von »Bier und Rauch und Volk« genießt, ist von kurzer Dauer. Nur zu bald wird er, ohne sich Rechenschaft darüber abzulegen, derselben Meinung sein wie Thomas Mann, der, ironisch wie eh und je, sich von dieser Veranstaltung von dem ungarischen Literaturkritiker Franz Ferdinand Baumgarten (»ein hochelegantes Budapester Herrchen mit Monokel«) hatte berichten lassen:

Baumgarten erzählte von der großen politischen Versammlung, deren Hauptredner M. Weber gewesen, und der das intellektuelle München beigewohnt. Alle möglichen Leute, natürlich auch Mühsam, seien zu Worte gekommen. B. habe sich mit dem jungen Dichter H. Johst über den Eindruck von Traurigkeit, Hoffnungslosigkeit und nationalistischer, menschlicher Öde geeinigt, den das ganze schreckliche Aneinander vorbeireden gemacht habe. Das entspricht meinen eigenen Erfahrungen.[162]

Schon im Dezember muß sich auch Rilke sagen, daß von einer grundlegenden Veränderung der Gesellschaftsstruktur nicht die Rede sein kann und daß nur »die alte Gesinnungslosigkeit . . . mit sich selber unter der roten Fahne groß [tut]. Es ist furchtbar, es zu sagen: aber dies ist alles ebensowenig *wahr* wie die Aufrufe, die zum Krieg aufgefordert haben.«[163] Was er von Rußland glaubte, daß nämlich die Revolution nur die Oberfläche kräusele und das eigentliche Leben darunter unverändert fortfahre, bewahrheitet sich nun vor seinen Augen in Deutschland. In einem Brief an Lisa Heise, die, nach der Scheidung mit einem kleinen Kind allein gelassen, sich als Gärtnerin ein neues Leben aufbaut und ihn um Zuspruch bittet, drückt Rilke noch einmal seine Enttäuschung aus: »Für mich . . . besteht kein Zweifel, daß es Deutschland ist, das, indem es sich nicht erkennt, die Welt aufhält . . . Deutschland hätte, im Jahr 1918, im Moment des Zusammenbruchs, alle, die Welt, beschämen und erschüttern können durch einen Akt tiefer Wahrhaftigkeit und Umkehr.« Deutschland war aber, so fährt er in einem Gedankengang fort, der auch für die Jahre nach 1945 nicht ohne Interesse ist, »nur auf Rettung bedacht in einem oberflächlichen, raschen, mißtrauischen und gewinnsüchtigen Sinn, es wollte leisten und hoch- und davonkommen«.[164]

Obwohl er vorerst in München bleiben und die Schweizer Reise wegen Visaschwierigkeiten auf 1919 vertagen muß, stellt Rilke seine Wohnung Bekannten von so eindeutiger politischer Couleur wie Ernst Toller und dem kommunistischen Schriftsteller (und späteren Vizepräsidenten der Akademie der Künste in der DDR) Alfred Kurella als Treffpunkt zur Verfügung. Nach Eisners Ermordung am 21. Februar 1919 sind Max Levien (Redakteur der *Rote Fahne*), Rudolf Egelhofer und Eugen Leviné die tonangebenden Mitglieder der Räteregierung, der durch das Freikorps des Ritters von Epp am 2. Mai ein Ende bereitet wird. In diesen Monaten, besonders in den Tagen unmittelbar nach dem Einzug der Befreiungstruppen, schwebt Rilke in einiger Gefahr. Ist die Ainmillerstraße auch nicht in die Kampfhandlungen einbezogen, die sich vor allem um den Hauptbahnhof und den Justizpalast abspielen, so grassiert doch die Angst und jagen sich die Gerüchte. Sogar Prinz Leopold von Bayern und der Erzbischof von München, der spätere Kardinal Faulhaber, werden unter den Opfern des »roten Terrors« gemeldet. Viele Menschen werden denunziert, wie der Schriftsteller Max Krell, und erst einmal eingesperrt, bis man ihnen schließlich die Möglichkeit gewährt, ihre Unschuld zu beweisen. Einige werden erschlagen, wie der Schriftsteller und »Volksbeauftragte« Gustav Landauer, andere verschwinden spurlos, wie Levien, oder werden zum Tode verurteilt, wie der Russe Leviné. Haussuchungen sind an der Tagesordnung; auch Rilke muß sie zweimal über sich ergehen lassen, wohl aufgrund von Denunziationen. Er hatte schon im

Dezember anonyme Anrufe erhalten, weil er die als Bolschewistin geltende Claire Studer bei sich beherbergte.

Bei den bürgerlichen Parteien ist Rilke als Bekannter von Leuten wie Eisner, Jaffé und Toller suspekt, bei den Sozialisten und Kommunisten wegen seiner Beziehungen zu großbürgerlichen und adligen Kreisen (unter den Geiseln, die am 30. April 1919 im Luitpoldgymnasium erschossen werden, befindet sich ein Thurn und Taxis und die Gräfin Hella von Westarp). Zusammen mit dem damals links stehenden Wilhelm Hausenstein, dem konservativen Thomas Mann und anderen Persönlichkeiten des kulturellen Lebens unterzeichnet Rilke einen am 8. Mai in den *Münchner Neuesten Nachrichten* gedruckten Aufruf an das siegreiche Bürgertum, seiner »Schicksalsgemeinschaft mit dem arbeitenden Volke inne zu werden« und sich gemeinsam mit diesem dem Wiederaufbau des Landes zu widmen. Aber obwohl das Kriegsbeil begraben wird, gehen die Fahndungen nach tatsächlichen und vermeintlichen Rädelsführern weiter. Unter den letzteren befindet sich der Schriftsteller Oskar Maria Graf, für dessen Unbescholtenheit Rilke sich in einem Schreiben an einen Münchner Rechtsanwalt verbürgt. Er versucht auch Toller zu helfen, der sich im Haus einer Freundin versteckt hat und Rilke bittet, ihn bei sich aufzunehmen, was sich jedoch als unmöglich erweist:

Ich bin sehr betrübt, bei mir sind Sie nicht sicher, zweimal schon wurde mein Haus durchsucht. Sie hatten meine Wohnung unter den Schutz der Räterepublik gestellt, ich vergaß, den Anschlag zu entfernen, das wurde mir zum Verhängnis. Vor zwei Tagen war die Polizei wieder da. Detektive haben beim Photographieren eine Mappe gefunden, in der Ihr Bild neben meinem lag. Dieser Zufall war Anlaß zu neuer Verfolgung.[165]

Hausenstein und andere Münchner Freunde haben bezeugt, daß es vor allem eine am frühen Morgen von schwerbewaffneten Polizisten durchgeführte Haussuchung war, die Rilke bewog, München endgültig zu verlassen. Er hatte inzwischen die Einreiseerlaubnis in die Schweiz erhalten, um die mehrmals vertagte Dichterlesung in Zürich zu geben und vorher noch einer durch Sidie Nádherný vermittelten Einladung nach Nyon am Genfer See Folge zu leisten. Er ist von dieser Reise nicht mehr nach Deutschland zurückgekehrt.

So hat sich Rilke, dem es immer um den Menschen zu tun war und nicht um die sozialen oder gar politischen Probleme, innerhalb dieser Beschränkung in den Jahren 1918/19 doch so engagiert, daß man in ihm nach heutigem Sprachgebrauch zwar keinen Aktivisten, aber wohl doch einen Sympathisanten der republikanisch und fortschrittlich gesonnenen Kräfte sehen muß. Übrigens ist dieses auf den ersten Blick vielleicht überraschende Engagement in vielem nur die Verwirklichung von Tendenzen, die von Anfang an in ihm beschlossen liegen. Wenn er sich jetzt zum Beispiel für eine im Entstehen begriffene sozialistische Lehrerzeitung stark macht und schreibt, daß eine Revolution, »die nicht vor Allem die Schulen revolutionierte, ... wenig Aussicht [hätte], weit in die Zukunft hinauszureichen«, dann handelt er ganz im Sinn des Weggenossen von Ellen Key, der *Das Jahrhundert des Kindes* rezensiert, die Samskola bewundert und, aus bitterster persönlicher Erfahrung, einer antiautoritären Erziehung das Wort geredet hat.

Die Folgerung liegt nahe, daß Rilke ein Parteigänger der Linken gewesen sei. Das ist im Dritten Reich sowohl in der Hochsprache der Stehkragen-Germanistik als auch im Jargon der Rassisten behauptet worden, indem man etwa hervorhob, daß er im »klaren willensgerichteten Deutschland der Gegenwart« keinen Platz habe, oder ihn unter die »kraftlosen Ästhetennaturen, dekadenten Verskünstler, weltfremden Stimmungsmacher, rassisch minderwertigen Typen und deutschfeindlichen Pazifisten und Judenfreunde« einreihte.[166] In unseren Tagen wiederum hat man in ihm einen Protofaschisten gewittert, hauptsächlich aufgrund einiger Bemerkungen in seinem französisch geführten Briefwechsel mit Aurelia Gallarati-Scotti, einer in Mailand ansässigen Kusine von Pia di Valmarana. In einem dieser Briefe lobt Rilke eine Rede, die der Duce gerade gehalten hat, woraufhin ihn die junge Frau mit *»Non, cher Rilke, je ne suis pas une admiratrice de M. Mussolini«* zurechtweist und erklärt, daß ihr jegliche Gewaltanwendung zuwider und die Freiheit das höchste der Güter sei.[167] Da hakt Rilke noch einmal ein (»Ist es denn nicht gerade die Freiheit, an der die Welt krankt? ... Die Soviets haben uns gezeigt, wohin der Weg der Freiheit führt«),

Foto nach einem Rilke-Porträt von Baladine Klossowska

Rilke im Schwarzwald im Jahre 1913

Rilke mit der Malerin
Baladine Klossowska (›Merline‹) und ihrem Sohn
Baltusz 1922 in der Schweiz

Lou Andreas-Salomé als 80jährige in München

in einem langen Brief vom Januar 1926, in dem der schon Schwerkranke seine Vorstellungen von Staat und Individuum erklärt, die der feudalen bzw. absolutistisch-aufgeklärten Weltordnung um vieles näher liegen als den Ideologien moderner Massenbewegungen. Mit seiner positiven Bewertung Mussolinis, der mit Austen Chamberlain, Aristide Briand und Gustav Stresemann soeben brav den Locarno-Pakt ausgehandelt hatte, vertrat er im übrigen eine damals weitverbreitete Ansicht.

Rilke war ein unpolitischer Mensch, der sich für diese und jene Sache, den einen oder anderen Staatsmann (es waren so verschiedene wie von Kühlmann, Eisner, Masaryk, Rathenau und Mussolini) erwärmen und mit ihm sozusagen ein Stück Weges gehen konnte, ehe er wieder zu sich oder in sich zurückkehrte. Diesen dem Politischen völlig fremden Aspekt seines Wesens haben die Zeitgenossen oft kommentiert:

Denk' ich an die Besuche der münchner Revolutionäre bei ihm [schrieb Oskar Maria Graf], so rückt jedesmal etwas gleicherzeit Frappierendes und Komisches in meine Erinnerung. Schlicht, mit einer fast zärtlichen Interessiertheit bot er sich jedem. Diese scheinbar so rauh-realistischen Männer aber verwandelten sich in seiner Gegenwart im Nu. Unwillkürlich nahmen sie Rilkes Art an, ja sie redeten sogar mit einem Male so wie er, was mitunter besonders lächerlich wirkte.

Daß Rilke die Richtung, in der sich die Welt bewegte, nicht gefiel, wird ihm ein Beobachter, der nicht dem plattesten Fortschrittsglauben verfallen ist, nicht verdenken wollen. Zu beklagen ist nicht, daß dieser Weltbürger und Kriegsgegner ein paar Kommunisten zu seinen Freunden zählte oder Bewunderung für den frühen Mussolini empfand, sondern daß sich die Aussichten für die Zukunft, die ihm vor annähernd sechzig Jahren solches nahelegten, seither nicht gebessert haben.

DER EINSIEDLER VON MUZOT

I

Rilkes Einreise in die Schweiz wäre weniger angenehm verlaufen, wenn ihm, wie der Zufall es mit sich bráchte, dabei nicht zwei hübsche junge Frauen behilflich gewesen wären. Kaum hat er sich von Elya am Bahnhof verabschiedet, da trifft er im Abteil auch schon Annemarie Seidel von den Münchener Kammerspielen, die ihm mit Hilfe eines Lindauer Bekannten in letzter Minute ein zur Grenzüberschreitung nötiges Papier verschafft. Ähnlich ergeht es ihm im Zug Romanshorn-Zürich, in dem er mit der Kabarettistin Albertina (»Putzi«) Casani-Böhmer ins Gespräch kommt; als er ihr klagt, die »guten hottinger Leute« wollten ihn in einem bescheidenen Hotel in Bahnhofsnähe unterbringen, was er »etwas phantasielos« fände, geht sie noch einmal schnell auf den Perron und bestellt ihm telefonisch ein Balkonzimmer im »Eden au Lac«.[168] Rilke nimmt es beglückt zur Kenntnis, denn er steigt mit zunehmendem Alter gern in guten Hotels ab und kommt in der Schweiz mehr als anderswo auf seine Kosten, in Häusern wie dem »Baur au Lac« und »Eden au Lac« in Zürich und in seinem Lieblingshotel, dem »Bellevue Palace« in Bern. Nach den Kriegsjahren in Deutschland verspürt er den Wunsch, sich ein wenig verwöhnen zu lassen. Zwar ist auch in Zürich manches knapp, so daß er bei einem späteren Aufenthalt eine Bekannte, die er ins Hotel zum Tee einlädt, bitten muß, ein paar Stück Zucker mitzubringen. Zunächst aber ist der Besucher aus dem notleidenden München vom Reichtum der Schweiz überwältigt und staunt über die Schokolade und die vielen Arten von Seife in den Schaufenstern der Bahnhofstraße.

Nachdem Rilke sich mit dem Vorstand des Lesezirkels auf einen Termin im Herbst geeinigt hat, fährt er nach Nyon am Genfer See. Dort hat ihn Sidies Freundin, die Gräfin Mary Dobrčensky, auf ihr

Chalet eingeladen. Dieses ist zwar hübsch gelegen, am Ufer des Sees, aber klein und voller Menschen, weshalb der erholungsbedürftige Dichter nach wenigen Tagen weiterreist. In Genf sieht er eine ihm aus Paris bekannte Malerin wieder, Elisabeth Dorothee Spiro, die Schwester des Porträtisten Eugen Spiro. Sie hat sich inzwischen von ihrem Mann, dem Kunsthistoriker Erich Klossowski, in Freundschaft getrennt und unter dem Künstlernamen Baladine Klossowska eine Wohnung in der Stadt gemietet. Rilke, der sie »Merline« nennt, befreundet sich bei dieser Gelegenheit auch mit ihren beiden Söhnen, mit Pierre, der Schriftsteller wird, und dem damals elfjährigen Baltusz, heute unter dem Künstlernamen Balthus einer der führenden Maler Frankreichs.

Eine knappe Woche später ist er wieder unterwegs, zunächst nach Bern, wo er mit der Familie de Wattenwyl und anderen Mitgliedern des Schweizer Patriziats bekannt wird, dann zurück nach Zürich zu einem Wiedersehen mit alten Bekannten: Alexander und Clotilde Sacharoff geben gerade eine Tanzvorstellung, Jean Lurçat überbringt Grüße von Marthe Hennebert aus Paris, der Komponist Ferruccio Busoni lädt ihn zum Frühstück ein, Claire Studer und Iwan Goll zeigen ihm ihr Atelier. Als nächstes fährt Rilke in das Engadin zu einem kurzen Besuch bei Inga Junghanns, die mit ihrem lungenkranken Mann ein Häuschen in Sils-Baselgia bewohnt. In dieser familiären Atmosphäre atmet er förmlich auf nach so vielen neuen Eindrücken:

Mein Gatte war nach St. Moritz gegangen [erinnert sich die Gastgeberin], um ihn an der Bahn abzuholen . . . Lange schon vor der Ankunft stand ich auf der Treppe, die zu unserer Mansarde hinaufführte, und hörte den Wagen ins Dorf hineinrollen. Endlich waren sie da. Rilke nahm meine beiden Hände, küßte sie, sah mich lange prüfend an. Und schon stand ein liebes Lächeln in seinem Gesicht, während Tränen der Freude über meine Wangen rollten. In der Küche mit der schrägen Decke sollten wir essen. Nie habe ich einen Gast an meinem Tische gehabt, der so schnell in die rechte Stimmung gekommen wäre wie Rilke. Daß er leichte Speisen vorzog, wußte ich von früher her. Daß aber Spiegeleier auf Toast mit einer selbstkomponierten

Madeira-Sauce ihm so viel Spaß machen und [ihn] sofort an Kopenhagen erinnern würden, war ein glücklicher Zufall. Und daß schließlich das letzte Glas Oliven, das ich bei dem Kaufmann in Sils-Maria noch gerade aufgetrieben hatte, in Rilke einen kindlichen Appetit und zugleich alle fröhlichen Pariser Erinnerungen erwecken sollte, war mehr als eine Hausfrau je hätte erwarten dürfen: »Darf ich sie mit den Fingern nehmen? Das taten wir damals in Paris, wo wir sie auf der Straße kauften und sie gleich aus dem Papier aßen!«[169]

Es gefällt ihm so gut bei dem jungen Ehepaar, daß er mit ihnen in den Bergen um den Silser See wandert, den Nietzsche-Stein auf der Insel Chasté besucht und drei Tage bleibt statt des geplanten einen. Erst dann fährt er den Maloja-Paß hinunter zu seinem eigentlichen, von Berner Bekannten empfohlenen Reiseziel, Soglio in den Bündner Bergen unweit der italienischen Grenze. Er kennt dort niemanden und gibt sich in der Pension, wie ein Augenzeuge berichtet, naturgemäß anders als bei den Freunden in Sils-Baselgia:

Ein mittelgroßer, leicht nach vorn gebeugter Mann in braunem Straßenanzug trat mit einigen raschen, aber etwas schwerfälligen Schritten ins Zimmer und blieb stehen. Es war der Dichter, der nun mit dem bekannten traurig-sinnenden Blick schüchtern, fast ängstlich, den Raum und die Tischgesellschaft betrachtete, bis im nächsten Augenblick die rundliche, feste Gestalt des Wirtes hinter ihm in der Türöffnung erschien und ihn zu seinem Platz führte. Etwas abseits von der Haupttafel war ein runder Tisch mit einem Gedeck bereitet und dort saß fortan Rilke, mit langen, schmalen Händen das Weißbrot brechend, in kleinen Schlucken den Rotwein schlürfend und uns von Zeit zu Zeit mit seinen weichen, blauen Augen schweigend musternd.[170]

In Soglio hat Rilke zum ersten Mal seit Monaten Ruhe, seine Lage zu überdenken. Sie ist, trotz der angenehmen Einreise und Aufnahme in der Schweiz, durchaus kritisch.

Die größten Sorgen bereitet ihm die Nötigung, das ursprünglich auf nur wenige Tage bewilligte Einreisevisum verlängern zu lassen und so bald wie möglich durch eine unbefristete Aufenthaltserlaubnis zu ersetzen, denn Paris ist vorläufig unerreichbar und die Aussicht, in das – wie er es jetzt öfter nennt – »verunglückte« Deutschland zurückkehren zu müssen, erfüllt ihn mit Schrecken. Zwar wird das Visum immer wieder für jeweils ein Vierteljahr verlängert, wobei sich die Atteste befreundeter Ärzte und die Fürsprache prominenter Schweizer Familien als nützlich erweisen; aber es vergeht noch geraume Zeit, bis er die Aufenthaltserlaubnis erhält und erstmals seit Kriegsausbruch sozusagen auch innerlich auspacken und sich niederlassen kann. Bis dahin lebt er in ständiger Furcht, die Schweiz verlassen zu müssen, was ihn besonders hart träfe, weil er auch in München keine Bleibe mehr hat. Dort ist inzwischen ein Gesetz erlassen worden, demzufolge nach dem 1. August 1914 zugezogene Ausländer im Freistaat Bayern kein Wohnrecht haben. Wenig später sieht sich Rilke tatsächlich gezwungen, die Zimmer in der Ainmillerstraße, um die sich Elya Nevar in seiner Abwesenheit gekümmert hat, endgültig aufzugeben. (Der neue Mieter ist Franz Schönberner, ein Neffe von Lou Andreas-Salomé und 1934 letzter Chefredakteur des alten *Simplicissimus*.) Mit der im Friedensvertrag von St. Germain stipulierten Auflösung des österreichischen Staates verliert auch Rilke am 10. September 1919 offiziell seine Staatsangehörigkeit. »Das Gefühl, zwischen zwei Ausweisungen zu stehen«, schreibt er in diesem Interregnum, als er nicht mehr Österreicher ist und noch keinen tschechischen Paß besitzt, »vermehrt meine Unbehaglichkeit und Unruhe um ein Beträchtliches.« So muß er zu der ihm eigenen metaphysischen Unbehaustheit und der familiären Entwurzelung auch noch die juristische Staatenlosigkeit, und somit das Heimatlosen-Schicksal in gleichsam dreifacher Ausfertigung, auf sich nehmen.

Inzwischen freundet er sich mit der Schweiz an, durch die er, kein Freund von Postkarten-Landschaften, vor dem Krieg »hinter absichtlich verhängten Wagenfenstern« gefahren war. Auch nach der Einreise erscheint sie ihm zunächst noch als »gewiß kein Land für mich«.[171] Es stört ihn eine in der Literatur und im öffentlichen Leben zu beobachtende pädagogische Tendenz und eine so einseitige Ausrichtung auf den Fremdenverkehr, daß er in der ganzen Eidgenossenschaft einmal eine einzige »Verschwörung von Hotels«

zu sehen meint. Was ihm schließlich die Eingewöhnung dennoch erleichtert, ist seine zunehmende Toleranz für die bürgerliche Lebensform als solche, wo sie sich nicht (wie so oft im Vorkriegs-Österreich) im Kleinkariert-Völkischen, sondern auf weltoffene, gast- und geistfreundliche Art und Weise offenbart. Besonders in Bern scheint ihm dies der Fall zu sein, so daß die Hauptstadt, bis hin zu ihren »bürgerlichen Brunnen, die mit so viel Haltung und Selbstbewußtsein das Wasser austeilen«, für ihn bald den Inbegriff eines organisch gewachsenen Staatswesens darstellt. Dabei dürfte Rilkes Alter eine Rolle gespielt haben: In mancher Gepflogenheit des mittelständischen Lebens, die er früher als Zwang empfunden hatte, sieht er jetzt eine Sicherung und Stütze.

Seine Vorbehalte gegen die Schweiz werden auch insofern abgebaut, als sich die Lage jenseits der Grenze verschlimmert und die Deutschen, nach der in den Ansätzen steckengebliebenen Revolution von 1918/19, sich in seiner Sicht weiterhin als voller »Aufbegehrlichkeit . . . Weltlosigkeit . . . Unselbständigkeit« erweisen. So schreibt er an einen Gesinnungsgenossen, den ehemaligen Krupp-Direktor Wilhelm Muehlon, der nach Kriegsausbruch in die Schweiz gezogen war und in einem Buch den Gang des Unheils recht genau vorausgesagt hatte. Rilke steht auch mit dem »roten Prinzen« in Verbindung, mit Alexander Fürst zu Hohenlohe-Waldenburg-Schillingsfürst. Dieser ist der prominenteste unter den Deutschen, die, wie Muehlon, Otto Flake oder die Elsässer René Schickele und Hans Arp (von dem seit langem dorthin ausgewanderten Hermann Hesse ganz zu schweigen), die Schweiz während des Krieges als Asyl betrachtet hatten. Hohenlohe, Sohn eines ehemaligen Reichskanzlers, war bei Wilhelm II. in Ungnade gefallen und hatte lange als Privatmann in Paris gelebt. 1914 war er in die Schweiz geflüchtet, wo er seine pazifistischen Ansichten u. a. in der *Neuen Zürcher Zeitung* vertrat. Rilke setzt sich bei seinen Freunden für ihn ein, kann aber nicht verhindern, daß der verarmte und partiell gelähmte Mann schließlich doch nach Deutschland zurückkehren muß. Von dort hält er seine Schweizer Bekannten brieflich über die politische Entwicklung auf dem laufenden. Zu den letzten Ereignissen, durch die Rilke von dem 1924 verstorbenen Hohenlohe erfährt, gehört der versuchte Hitler-Putsch vor der Münchener Feldherrnhalle.

Die Unsicherheit wegen der Aufenthaltserlaubnis ist nicht Rilkes einzige Sorge in diesen Tagen. Auch seine finanzielle Lage macht ihm zu schaffen. Die nicht unbeträchtlichen Einkünfte, über die er in Deutschland verfügt, schmelzen wie Schnee an der Sonne, sobald er Geld wechselt: Im Januar 1920 herrscht zwischen der deutschen Mark und dem Schweizer Franken ein Gefälle von zehn zu eins. Rilke führt auch in dieser Hinsicht ein provisorisches Leben und muß sich, peinlich genug, von Gastfreunden, die ihn gerade bewirtet haben, manchmal auch noch kleinere Summen borgen. Dazu kommt eine so schwankende Gesundheit, daß er schon im Sommer 1919 das Sanatorium des Züricher Diätarztes Bircher-Benner aufsuchen will, weil er sich immer wieder matt und erschöpft fühlt, und schließlich als Dauerpatient in ärztliche Behandlung begeben muß.

Überschattet werden alle diese Ängste jedoch von dem dringenden Wunsch, eine ruhige, einsam gelegene und mit einem minimalen Komfort ausgestattete Unterkunft zu finden, in der er die Arbeit wieder aufnehmen könnte, die ihm die Einberufung vor nun schon sechs Jahren aus der Hand gerissen hat. Denn das sehnlich erwartete Anheilen an die »Bruchstellen« seines Lebens, wie er es nennt, kann erst eintreten, wenn er die Bleibe gefunden hat, in der er die *Elegien* beenden kann. Er zieht dabei die verschiedensten Möglichkeiten in Betracht: Neben der immer wieder drohenden Rückkehr nach Deutschland oder in das ihm völlig fremde Rumpf-Österreich – »Seine Wände sind eingestürzt«, lautet Rilkes Epitaph auf den Staat, in dem er aufgewachsen ist, »und nun weht's über Österreich hin wie über eine Brandstätte«[172] – denkt er an Böhmen, wo ihm Marie Taxis im Schloßgarten von Lautschin ein Häuschen freihält. Ein andermal erwägt er, in eine leerstehende Villa zu ziehen, die ihm Verwandte von Pia di Valmarana in den Euganeischen Hügeln bei Padua zur Verfügung stellen. Die meisten Unterkünfte, die als »Elegien-Ort« in Frage kämen, liegen freilich in der Schweiz, in der er nun die Dichterlesungen halten muß, zu denen man ihn eingeladen hat. Aus der einen im Lesezirkel Hottingen sind inzwischen sieben geworden; zwei sollen in Zürich und fünf in anderen Städten stattfinden.

Rilke bereitet sich darauf in der Pension in Soglio vor, in der er im August und September 1919 wohnt. Sie liegt im Palazzo Salis, zu dessen Bibliothek er durch eine besondere Vergünstigung Zutritt erhält. In diesem hohen, mit seinen Butzenscheiben und antiquierten Bücherschränken etwas mittelalterlich wirkenden Raum vertieft er sich, seiner Gewohnheit folgend, auch in die Familienüberlieferung der Schloßbesitzer, des weitverbreiteten Geschlechts derer von Salis, die neben Schweizerischen Würdenträgern auch einen k. u. k. Feldzeugmeister und einen britischen Botschafter beim Vatikan gestellt haben. Die Lektüre von Familienchroniken fördert ihrerseits eine vertraute Atmosphäre, in der Rilke noch nicht an die wunden Bruchstellen, aber doch schon ein wenig an sein früheres Selbst anheilt. Nicht zufällig entsteht gerade in diesen besinnlichen Tagen der kleine Aufsatz *Ur-Geräusch*, in dem es ihm erstmals gelingt, ein Militärschul-Erlebnis objektiv zu verarbeiten. Es handelt sich um ein Experiment, zu dem sein Physiklehrer, »ein zu allerhand emsigen Basteleien geneigter Mann«, die Klasse anhielt. Aus den gerade vorhandenen Materialien bauten die Jungen eine primitive Sprechmaschine: aus Pappe, die zu einem Trichter zurechtgebogen wurde, aus einem als Membran dienenden Stück undurchlässigen Papiers sowie einer Borste, die als Stift zur Tonabnahme, und einem drehbaren, mit einer dünnen Wachsschicht überzogenen Zylinder, der als Walze verwendet wurde. Sprach man in den Trichter, so ließ sich der Ton aus den in die Walze eingeritzten Rillen reproduzieren. Als Rilke sich viele Jahre später in Paris mit Anatomie befaßte, fühlte er sich beim Betrachten der Kronennaht des menschlichen Schädels plötzlich an die Spur erinnert, die die Borste damals in der Walze hinterlassen hatte. Was würde man wohl vernehmen, schoß es ihm durch den Kopf, wenn man den Borsten-Stift statt dessen über die Kronennaht eines Schädels gleiten ließe? Ein nie zuvor gehörtes, nicht aus der Wiedergabe registrierter Tonwellen, sondern aus sich selbst entstehendes »Ur«-Geräusch! Diese Erwägung, die dem Erfinder des Phonographen, Thomas Alva Edison, Ehre gemacht hätte, löste bei Rilke weitere, über das Physikalische hinausgehende Spekulationen über den ungleichen, weil weitgehend auf das Optische beschränkten Anteil der fünf Sinne an der dichterischen Wiedergabe der Welt aus . . .

In Soglio macht er sich auch an die Aufarbeitung der Briefrückstände, die sich seit der Abreise aus München angesammelt haben.

Mehr denn je droht das Briefeschreiben, von den meisten Menschen mit der linken Hand erledigt, für Rilke zum Tagesinhalt zu werden. Er lebt in einem ständigen Konflikt zwischen der dichterischen Schöpfung, der er durch seine ganze Lebensweise Vorschub zu leisten sucht, und einer als unumgänglich betrachteten Verpflichtung, Briefe auf *seine* Art zu beantworten: druckreif, mit wie gestochenen, dabei etwas eigenwilligen Lettern (sein Lieblingsbuchstabe ist ein Ypsilon mit Umlautzeichen, er schreibt Junÿ statt Juni), auf graublauem, vierseitigem Briefpapier, das Kuvert mit grauem Siegellack verschlossen, in den er sein Petschaft mit dem Familienwappen drückt. Er verabscheut Ansichtskarten (»Schlagworte der Freundschaft«), zumal in der pittoresken Schweiz, und bequemt sich in Telegrammen nur ungern zu Abkürzungen. Die eintreffenden Briefe bewahrt er mitsamt den Kuverts in dunkelgrünen Umschlägen auf, nach den Absendern geordnet. So verbindet sich im Briefeschreiber Rilke das Aristokratische auf eigenartige Weise mit dem Ärarischen und die Preziosität mit der Pedanterie. Dabei nimmt die Korrespondenz immer mehr Zeit in Anspruch, weil es neben dem Briefwechsel mit Freunden und Verlegern auch zahlreiche Anfragen von Fremden zu beantworten gilt. Lisa Heise, der er aus Soglio den ersten der unter diesem Titel bekannt gewordenen *Briefe an eine junge Frau* schreibt, ist nicht der einzige junge Mensch, der sich, nach dem durch den Krieg ausgelösten Bankrott so vieler moralischer und geistiger Instanzen, in Fragen der Weltanschauung und Lebensgestaltung an Rilke wendet, der seine zahlreichen Briefwechsel schließlich mit den Köpfen der Hydra vergleicht, die man abschlägt, während neue nachwachsen. Was ihm in diesem Sommer an Freizeit bleibt, verbringt er mit der Lektüre einiger Schweizer Dichter und Besprechungen mit Inga Junghanns, die ihn besucht, um die dänische Übersetzung des *Malte Laurids Brigge* mit ihm durchzugehen.

Den Zutritt zur Bibliothek des Palazzo Salis verdankt Rilke einer jener Zufallsbekanntschaften, an denen sein Leben so reich ist – oder scheint es nur so, weil er in außergewöhnlichem Maße die Fähigkeit besaß, Menschen der verschiedensten Herkunft und Veranlagung an sich zu binden? Kaum in der Pension abgestiegen, begegnet er der Oldenburger Pastorentochter Auguste (Gudi)

Nölke, die, mit einem bei Mitsui angestellten Ingenieur aus Berlin verheiratet, bis kurz vor Kriegsbeginn in Japan gelebt hat. Nach dem Tod ihres Mannes war sie mit ihren drei Kindern und einer japanischen Haushälterin nach Soglio gezogen, wo sie jetzt beim Pensionsbesitzer ein gutes Wort für Rilke einlegt. Nachdem ihr im Krieg als feindliches Eigentum eingezogenes Vermögen 1920 von den japanischen Behörden wieder freigegeben worden ist, kauft sie sich ein großes Haus bei Meran. Rilke gibt ihr Empfehlungen an dortige Bekannte mit und verbleibt mit ihr in einem Briefwechsel, in dem er sich über die Schweiz freimütiger äußert, als er es den Einheimischen gegenüber für klug hält. Denn Gudi Nölke hat ebenfalls jahrelang im Ausland gelebt und kennt sowohl das Gefühl einer scheinbar unabänderlichen Verlorenheit, das einen in solcher Lage überkommen kann, als auch die Euphorie, die von einer unerwarteten Gastfreundschaft ausgelöst wird. Ihr darf er, je nach Stimmung und ohne für unbeständig gehalten zu werden, einmal klagen, daß die Schweiz für ihn »doch nur ein Warteraum« sei, und ein andermal voller Freude vom Erfolg der Vortragsreise berichten:

> Da es nun schon einmal sein soll, mach ich mich an meinen Abenden so gebend als möglich und erstaune selber über die Penetranz, mit der ich den Schweizern durch die Schalen dringe. So gings, gesteigert, in St. Gallen, in Luzern, zuletzt in Basel, das sich mir auf eine unvergeßliche Art gastlich erwiesen hat. Diese, wie man mir immer beschrieb, verschlossenste Stadt: eines ihrer schönsten, angestammtesten Häuser hat sich mir, durch wunderbare Fügung, ganz freundschaftlich aufgetan . . . [173]

Das Haus, das ihn so gastlich empfängt, ist der Ritterhof von Hélène Burckhardt-Schazmann, der Mutter des als Historiker, Schriftsteller und Völkerbundskommissar in Danzig bekannt gewordenen Carl Jacob Burckhardt. Ihrer Tochter Theodora (Dory) Von der Mühll gehört das Gut Schönenberg bei Basel, auf dem Rilke im Frühling 1920 zu Gast ist. Überhaupt ist Rilkes Umgang in der Schweiz bald ebenso distinguiert, wie er in Deutschland gewesen war. In Basel verkehrt er im Hause Burckhardt, in Bern geht er bei den Wattenwyls aus und ein, in Genf kennt er die Familie Bonstetten.

Vor den Lesungen gönnt er sich ein paar Wochen in der französischen Schweiz. Er besucht Mary Dobrčensky in Nyon und trifft sich mit Marthe Hennebert, die ihm von den Kriegsjahren in Paris erzählt. Wenn das Wiedersehen nach so langer Zeit etwas »welk an den Rändern« ist, wie er Marie Taxis schreibt, so kann er sich doch sagen, daß er für diese Frau getan hat, was er tun konnte: Marthe geht auf die dreißig zu und steht längst auf eigenen Füßen. – In Genf begeistert Rilke sich für das internationale Theater, das der Exilrusse Georges Pitoëff mit seiner Frau Ludmilla ins Leben gerufen hat. Er möchte diesem begnadeten Schauspieler helfen und erwägt – wenn auch nur für einen Augenblick –, sich als Sekretär nützlich zu machen wie einst bei Rodin. Und abermals sieht er Baladine Klossowska, die ihm schreibt, sie habe nach seiner Abreise eine *profonde mélancolie* bei dem Gedanken empfunden, daß er sie vielleicht nur aus Höflichkeit besuchte. Obwohl sie aus Breslau stammt und er aus Prag, korrespondieren sie miteinander meist auf französisch, wohl weil sie sich zuerst in Paris kennengelernt hatten.

II

Die lang erwartete Vortragsreise beginnt am 27. Oktober 1919 mit der Lesung und Causerie im ausverkauften Kleinen Tonhalle-Saal in Zürich, im Rahmen der »Abende für Literatur und Kunst 1919/20« des Lesezirkels Hottingen. Sie endet am 28. November mit einer Darbietung vor der Literarischen Vereinigung Winterthur. Dazwischen liest er noch einmal in Zürich sowie in St. Gallen, Luzern, Basel und Bern vor zahlreichem Publikum und mit großer Wirkung: »Rückblickend darf gesagt werden«, stellt ein Zuhörer nach dem zweiten Züricher Vortrag fest, »daß der Erfolg des Abends zum sehr großen Teil auf Rilkes Vortragskunst beruhte, die selbst den Rilke-Kennern eine Überraschung gewesen sein dürfte.«[174] Gelobt wird besonders seine Fähigkeit, mit einer nicht lauten, aber sonoren und disziplinierten Stimme den Saal bis zur letzten Ecke zu durchdringen. Der Ablauf ist jedesmal der gleiche. Nach der Einführung weist

Rilke mit ein paar Worten darauf hin, daß er seit etwa zehn Jahren zum ersten Mal wieder vor die Öffentlichkeit träte und kein festes Programm habe, sondern sich »unter dem Einfluß Ihrer Gegenwart und Teilnehmung«, wie es im schriftlichen Entwurf zur Hottinger Lesung heißt, »zu diesem oder jenem Gedicht zu entschließen« gedenke. Er läßt sich also vom Geist des Augenblicks tragen, ohne indes ganz dem blinden Zufall zu vertrauen; vielmehr hat er Gudi Nölke die in Frage kommenden Gedichte in Soglio vorgelesen und ihre Meinung eingeholt (vermutlich lagen diese Seiten in einem Stoß vor ihm auf dem Pult, so daß er nur hineinzugreifen brauchte). Während er in Luzern vor lauter unbekannten Menschen liest, sieht er in Zürich einige vertraute Gesichter unter dem Publikum. Alexander und Clotilde Sacharoff sind gekommen sowie Claire Goll, Putzi Casani-Böhmer und zwei Malerinnen: die ihm von München her bekannte Marianne von Werefkin und die Pariserin Marie Laurencin, deren Bilder und Zeichnungen zarter junger Mädchen er seit langem bewundert. Ein typischer Vortragsabend beginnt mit einigen Proben aus dem *Buch der Bilder*, fährt mit dem *Requiem auf den Tod eines Knaben* und einigen besonders publikumswirksamen *Neuen Gedichten* wie *Das Karussell* oder *Spanische Tänzerin* fort und schließt mit der Prosa des *Ur-Geräusch*. Ein oder das andere Mal liest er auch aus Übersetzungen, erst französischen oder italienischen Urtext, dann seine deutsche Wiedergabe. Unterbrochen und aufgelockert wird die Lesung jedesmal durch eine »Causerie«, einen zwanglos-improvisierten, auf den jeweiligen Ort abgestimmten kleinen Vortrag. In St. Gallen erzählt Rilke den Zuhörern von den Gedichten ihrer einstigen Mitbürgerin Regina Ullmann, in Winterthur spricht er über Rodin und Cézanne.

Die Tour bringt nicht nur manches Wiedersehen mit alten Freunden, sondern auch Berührungen mit Menschen, die ihn vorher nur dem Namen nach gekannt hatten. So kommt er in Zürich zum ersten Mal mit Nanny Wunderly-Volkart ins Gespräch, die die treueste Freundin seiner letzten Jahre sein wird und die einzige, die er in seiner Sterbestunde um sich duldet. Nanny ist eine zierliche, jung wirkende Blondine von Anfang Vierzig, mit einem Gerbereibesitzer verheiratet und Mutter eines schon erwachsenen Sohnes. Sie lädt Rilke ein, sie in der »Unteren Mühle« zu besuchen, ihrem Haus in Meilen am Zürcher See, wo sie als Hobby Blumen züchtet und Bücher einbindet. Wegen ihrer zarten Statur und ihres zuversichtlichen Wesens nennt er sie, im Anklang an antike Figurinen, bald »Niké«, die Siegesgöttin, »die man so klein bilden kann und die doch immer das Große gibt, den großen Sieg«.[173]

Und doch ist das Siegen, um eine seiner berühmtesten Aussagen sinngemäß abzuwandeln, für ihn längst nur noch eine Frage des Überstehens. Alles, was sich in dem Sechsundvierzigjährigen, seit seinem elften Lebensjahr sich selbst überlassenen Mann an unerfüllter Häuslichkeit angesammelt hat, konzentriert sich jetzt auf diese Frau, auf deren von Vernunft und Weltkenntnis temperierter Herzensgüte er von nun an angewiesen bleibt. Das Verhältnis zu ihr – mal schwesterlich mal mütterlich, dabei nicht frei von erotischen Strömungen, denn Nike ist eine aparte Frau und hält auf sich – ist in diesen Jahren das einzige, in dem er sich ganz so geben darf, wie er ist. Ob er gerade Geld braucht oder ein Dutzend Taschentücher (mit eingesticktem Monogramm, *cela va sans dire*), einen praktischen Ratschlag oder menschlichen Trost: Er wendet sich an Nike und wird nie enttäuscht. Sie verwöhnt ihn und schickt ihm Porzellan, Bücher und auch mal ein Kissen oder eine Decke, damit er sich in den Zimmern, die er in Hotels oder Pensionen gerade bewohnt, nicht allzusehr wie ein Handlungsreisender vorkommt. Weil seine häuslichen Anwandlungen so spät auftreten oder weil vielleicht auch sie letzten Endes nur eine Maske sind, die er ausprobiert, haftet ihnen ein Stich ins Sentimentalisch-Verspielte an. Als er für das Zimmer, das er sich im Winter 1919/20 in Locarno gemietet hat, einen kleinen Louis-Seize-Schreibtisch kauft, schildert er Nike nicht nur liebevoll die vielen »Lädchen« und das »winzige Fläschchen Rosenöl«, das er zum dort aufbewahrten Briefpapier gelegt hat, sondern er denkt dem Möbelstück auch gleich eine Heimat zu:

Ach, wenn doch in der »Unteren Mühle« soviel Platz wäre, daß dieses Möbelchen mal dort wohnen könnte, wenn ichs hier nicht mehr brauche: in dem Raum etwa, durch den man ins »Stübli« geht? In einem Gastzimmer? Es ist ein sehr bescheidenes Tischchen, aber lieb und einträchtig, hier im Zimmer spielts natürlich

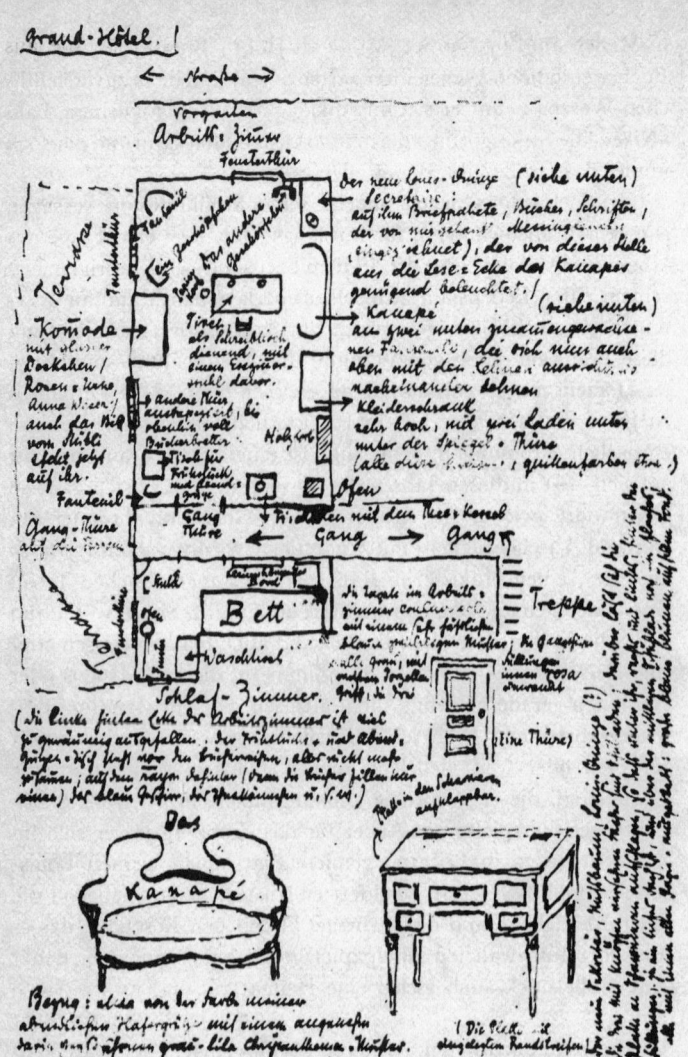

Rilkes Skizze des Pensionszimmers, in dem er Anfang 1920 in Locarno wohnte. (Aus einem Brief an Nanny Wunderly-Volkart.)

398

das Wunderkind und verkehrt nur mit den Dingen, die aus Meilen stammen.

Daß das »Stübli« eine Chiffre für Heimat und Geborgenheit ist, zeigt sich erst recht in den gefährlichsten Tagen des Jahres, zu Weihnachten. 1919 verbringt er das Fest gewohnheitsgemäß allein, in Locarno. Am zweiten Weihnachtstag aber bricht es aus ihm heraus:

Ach, daß ich einmal ein Jahr lang ein »Stübli« um mich hätte, in dem ich weinen dürfte. Ich habs nie für unrühmlich gehalten oder für schwach, ich hab noch so große Knabentränen in mir und ein gewaltiges Weinen meiner Männlichkeit, das muß hinaus. Mir fällts ein, daß ich nie geweint habe in der Erstarrung und Qual dieser fünf Jahre –, ich merke immer mehr, warum ich so sehr nach einer Zuflucht auf der Suche bin –: ein Arbeitszimmer, – das heißt für mich ein Raum, wo ich auf und ablaufen kann, aber auch dies, aber auch schreien, aber auch weinen. Wo kann man's noch!

Im Briefwechsel und in der Unterhaltung mit Nike kommt nicht nur Kreatürliches zur Sprache. Obwohl Rilke sich im Gegensatz zu sehr vielen anderen Dichtern nur selten Bosheiten über andere Leute erlaubt, tut er sich auch in dieser Beziehung vor Nike keinen Zwang an. Als ihn die Kippenbergs in Schloß Berg besuchen wollen, reagiert er, der im Lauf der Jahre so oft bei seinem Verleger zu Gast war, mit Schrecken: »Man wird reden und reden, ›er‹ wird rauchen, – ›sie‹, ach was wird sie nicht alles fühlen, vorfühlen, nachfühlen, hastig und krampfhaft in einem viel zu großen Körper« – worauf, wie zur genügenden Erklärung dieses angeblichen Riesenwuchses, in Klammern noch »Hamburgerin!« folgt.[176] Ist es Nikes grazile Erscheinung, die ihm die Insel-Herrin plötzlich so groß erscheinen läßt? Dagegen spricht, daß er einer jungen Frau, bei deren Heirat er Trauzeuge war, einmal im Vertrauen sagte, er habe den »Typ Virago« (dem freilich auch Clara Westhoff zuzuzählen war) schon in seiner Jugend nicht gemocht.[177]

War Rilke am Anfang der Vortragsreise Nanny Wunderly-Volkart begegnet, so lernt er am Ende ihren Vetter Werner Reinhart kennen. Dieser ist Teilhaber an der 1851 in Winterthur und Bombay gegründeten Import-Firma Gebrüder Volkart. Mit einem seiner drei Brüder bewohnt er das an Kunstschätzen reiche Haus Rychenberg, in dem auch Rilke bei seinem ersten Aufenthalt in Winterthur untergebracht wird. Sämtliche Reinharts sind Sammler und haben literarische, Werner auch starke musikalische Interessen. Es dauert eine Weile, bis Rilke, der sich Männern nicht leicht zugänglich macht, mit dem seinerseits etwas spröden Gastgeber Freundschaft schließt. Als er aber einmal so weit ist, findet er dank dieser Freundschaft endlich den »Elegien-Ort«.

Die wenigen Gedichte, die er in diesen Monaten veröffentlicht, erscheinen in Zeitschriften und waren, wie *Ausgesetzt auf den Bergen des Herzens* und *So angestrengt wider die starke Nacht,* Jahre zuvor geschrieben worden. Rilke fährt mit seinen Michelangelo-Übersetzungen fort und versucht sich auch an Mallarmé, hält im übrigen aber weniger die Arbeits- als die »Brief-Feder« in Bewegung. Dies ist besonders der Fall, nachdem er in einer Buchhandlung in Locarno Angela Guttmann kennengelernt hat, eine noch junge, aus Mähren stammende Frau, die nach einer religiösen Krise zum Judentum übergetreten war und nach zwei gescheiterten Ehen nun herzkrank und mittellos in der Schweiz gestrandet ist. Er verbringt viele Stunden an ihrem Krankenbett, weil sie ihm von Rußland erzählt, wo sie lange gelebt hat, und weil er in ihr wieder einmal eine Frau von großen künstlerischen Gaben gefunden zu haben glaubt. Er setzt sich brieflich und mündlich für sie ein, bei Kippenberg, dem sie ihre Manuskripte unterbreitet, bei Nike und Reinhart, die Geld für sie stiften, und bei einer Baseler Zeitung, bei der er ihretwegen in Person vorspricht. So verausgabt er Zeit und Nerven, ohne Angela (die wenig später in Davos stirbt) entscheidend helfen zu können. Was ihm an Energie und Lebensmut verbleibt, erschöpft sich im Umzug von Locarno auf Dory Von der Mühlls Besitz bei Basel sowie in den Bemühungen, einen Paß zu erlangen. Anfang Mai 1920 ergibt sich eine unerwartete Verzögerung, als das tschechoslowakische Konsulat das schon ausgefertigte Dokument zurückbehält, weil Rilke vergessen hatte, die Geburtsdaten seiner Schwiegereltern beizufügen. »Österreich ist dahin«, stellt er resigniert fest, »aber seine Pedanterie scheint sich in den neuen Ländern zu erhalten.«

Als der Paß schließlich eintrifft, fährt Rilke, einer Einladung von Marie Taxis folgend, auf einen Monat nach Venedig. Die Fürstin und ihr Mann, die er zuletzt im Mai 1914 gesehen hat, empfangen ihn in altgewohnter Herzlichkeit und stellen ihm nach ihrer Abreise das Mezzanin des Palazzo Valmarana zur Verfügung, in dem er schon vor dem Krieg gewohnt hatte. Auch die Freundschaft mit Pia hat die Jahre überdauert, obwohl ihn die Leichtigkeit nachdenklich stimmt, mit der diese, nach schrecklichen Erlebnissen als Krankenschwester in einem Militärhospital, sich scheinbar unverändert wieder in das seichte gesellschaftliche Leben einer venezianischen »contessina« findet. Für ihn selbst ist das Wiedersehen mit Venedig nicht ohne Melancholie, weil er weiß, daß sich unter dem Firnis der mondänen Tradition alles verändert hat. Kaum in die Schweiz zurückgekehrt, faßt er seine Eindrücke für Marie Taxis zusammen in einem jener Briefe, in denen er den Zeitgenossen um Jahrzehnte voraus ist – denn wer konnte damals schon ahnen, daß die »Bildungsreise« unwiederbringlich der Vergangenheit angehörte?

Vor der Hand merk ich nur, daß sich das Leben nicht in der Weise, wie ich meinte, an die Bruchstellen der Vorkriegszeit wird ansetzen lassen –, es ist doch alles verändert, und jenes »zum Genuß«, zur arglosen und immerhin etwas müßigen Aufnehmung eingestellte Reisen, kurz das Reisen des reisenden »Gebildeten« wird ein für allemal abgelaufen sein . . . Ich meine alles ästhetische Anschauen, das nicht unmittelbar Leistung ist, wird fortan unmöglich sein . . . Sie glauben gar nicht, Fürstin, *wie anders* die Welt geworden ist, es handelt sich drum, das zu begreifen. Wer von jetzt ab so zu leben gedenkt, wie ers »gewohnt war«, der findet sich beständig vor der unmittelbarsten Wiederholung, vor dem bloßen Nocheinmal und dessen ganzer heilloser Unfruchtbarkeit.[178]

Um für seinen Teil einer solchen »Wiederholung« auszuweichen, hatte er Venedig auf die Nachricht hin verlassen, daß die Duse im Anzug sei . . .

Bald nach der Rückkehr aus Italien fährt Rilke zum dritten Mal nach Genf. In Abschiedsstimmung, denn er fürchtet, sich aus

Geldmangel in der Schweiz nicht mehr lange halten zu können; vorsichtshalber hat er seinen Paß schon für Deutschland visieren lassen. Bei diesem Besuch wird aus der Freundschaft mit Baladine Klossowska alias Merline unversehens eine leidenschaftliche Liebesbeziehung. Es ist, als schlügen plötzlich die Flammen aus lange schwelendem Feuer, wozu die den beiden so vertraute französische Atmosphäre der Stadt, der anregende Verkehr mit den Pitoëffs und das hochsommerliche Urlaubswetter ihren Teil beigetragen haben mögen. Schon nach wenigen Tagen muß die Geliebte, deren Söhne in Genf die Schule besuchen, zu einem seit langem geplanten Ferienaufenthalt in Beatenberg am Thuner See aufbrechen. Rilke bleibt in Genf zurück und fährt anschließend nach Zürich und Bern. Sie korrespondieren miteinander und schicken Blumen; ganze Beete müssen daran glauben, denn die Leidenschaft ist so intensiv, daß von einem Brief»wechsel« kaum die Rede sein kann. Auch als sie wieder in Genf ist und er in Bern, schreiben sie am gleichen Tag, ja zur gleichen Stunde, ohne die Antwort des anderen abzuwarten. Dabei zeigt es sich, daß Rilke in Merline oder auch »Mouky«, wie er sie mit Kosenamen nennt, eine Korrespondentin gefunden hat, die, obwohl sie Malerin ist und wenig von Literatur weiß, doch alle Register der Briefkunst zu ziehen versteht. Hatte ihr erster Brief noch mit *»Cher Monsieur Rilke«* begonnen, so setzt der zweite schon mit »René, ich denke an Sie« ein: »Das kleine Bächlein weiß es, die Spinne weiß es, der Baum weiß es, der Kieselstein im Wasser weiß es, der Himmel weiß es und Sie, Sie sollen es auch wissen!« (Sie schwankt in ihren Briefen zwischen *vous* und *tu*, er bleibt meist bei *vous*.) Den verliebten Anreden entsprechen originelle Briefschlüsse wie das hübsche *»Je tombe dans vos bras – Merline«* oder, am Ende eines weitgehend auf deutsch geschriebenen Briefes: »Erscheine mir, ergieße Dich über mich, mein süßer Sommerregen – M.«[179] Er antwortet in derselben Tonlage: *»Ne laisse jamais vides mes bras, Merline, ils s'ouvrent à toi plus que [qu'à?] la vie même«* und übersendet ihr schon Ende August das erste von mehreren, ihr gewidmeten französischen Gedichten. So steigern sie einander zu immer neuen Liebesbeteuerungen und treffen sich, so oft es die Umstände erlauben. Er sucht sie in Genf auf, sie kommt nach Zürich und Bern, später fährt man zusammen nach Sion und Sierre. Wie andere

Liebespaare haben auch sie ihre Talismane (bis zum Tod bewahrt er einige Zeilen von ihr in seiner Brieftasche auf) und »ihre« Orte: den Balkon vor Merlines Genfer Wohnung und das Zimmer im vierten Stock des Bellevue-Hotels in Bern, wo Merline, den Lift verlassend, immer in die falsche Richtung gegangen war.

Sie weiß von Anfang an, daß er Ruhe und Einsamkeit braucht. Mit jedem Brief fürchtet sie, ihn zu stören, aber sie kann sich nicht anders helfen, sie schreibt trotzdem. Eine erste Belastungsprobe kommt im Oktober auf sie zu, als ihm eine Wohnung in Genf angeboten wird. Er ist gerade in Bern und überlegt sich, ob er zusagen soll, als ihm Nike brieflich eine andere Unterkunft in Aussicht stellt: Ein mit ihr befreundeter Schweizer Oberst ist bereit, Rilke das Schlößchen Berg am Irchel (Kanton Zürich) für den Winter zu überlassen, während Nike selbst sich erbietet, die dazu gehörende Haushälterin für ihn zu engagieren. Von seinen Besuchen in Meilen kennt Rilke das ruhig gelegene, aus dem 18. Jahrhundert stammende Gebäude mit großem Park und einer Fontäne, deren Plätschern man im Haus vernimmt. Er entscheidet sich für Berg am Irchel, das einen idealen Platz zum Arbeiten abgibt und wo das Leben weniger kostet als im teuren Genf. Merline, die sich schon auf einen in engster Nachbarschaft mit dem Freund verbrachten Winter gefreut hat, verwindet ihre Enttäuschung, so wie sie sich auch damit abfindet, daß er vor dem Einzug in das Schlößchen schnell nach Paris fährt, anstatt alle freie Zeit mit ihr zuzubringen.

Der Drang, die Stadt Rodins und Maltes wiederzusehen, war übermächtig geworden. Rilke ist eine Woche dort, sieht niemanden, obwohl er mit Gide und anderen Pariser Bekannten längst wieder Briefe wechselt, und genießt statt dessen ausgiebig das Wiedersehen mit der über alles geliebten Stadt. Das Anknüpfen an die Vergangenheit, das in Venedig noch zu bloßer Wiederholung zu erstarren gedroht hatte, gelingt diesmal vollauf. Seiner ältesten Freundin, der er vor fast zwanzig Jahren so verzweifelte Briefe aus Paris geschrieben hatte, berichtet er freudig:

Denk nur, Lou, *ich war dort!* sechs Tage, Ende Oktober . . . Das Herz kam wohl auch dem dortigen mit seinen Bruchstellen entgegen, aber die Anheilung vollzog sich in der ersten Stunde . . . Welches Neusein der Morgen, welches Alter der Wasser, welche Zärtlichkeit und Fülle des Winds, obwohl er durch die Straßen kommt. Und diese Straßen: oh sie waren nicht weniger geworden, nichts war unterdrückt, vermindert, entstellt oder auswählig geordnet –: sie besaßen ihre alte Vollzähligkeit, ihr Strömen, ihr ununterbrochenes Geschehen, ihre an allen Stellen spielende nirgends versagende Erfindung. Menschen kamen mir entgegen: ich erkannte sie, den und jenen, die mir an den gleichen Stellen, etwa der *rue de Seine*, seit soviel Jahren begegnet waren: sie hatten überstanden. Einer trug die gleiche Krawatte. Ich erkannte die Händler in den Geschäften, kaum gealtert –, die Zeitungsfrauen in den Kiosken, – ja, der Blinde auf dem *Pont du Carrousel*, um dessen Leben ich schon im Winter 1902 besorgt gewesen war –, stand, verregnet und grau, an seiner Stelle: ich kann Dir nicht sagen, wie mich in diesem Moment das Glück der Heilung durchflutete und überstieg, – da erst begriff ich, daß nichts verloren sei, und ein Fortsetzen möglich sein würde, trotz des eben noch so tief unterbrochenen Herzens.[180]

Er geht im Luxembourg-Garten spazieren, flaniert an den Ufern der Seine und kauft sich ein Notizheft, in dem er seine Eindrücke festhalten will. Aber er kommt nicht über den Eingangssatz *»Ici commence l'indicible«* hinaus, wobei wir unter dem »Unsagbaren« wohl den wiedergewonnenen Glauben an die Beständigkeit des Lebens verstehen sollen, die sich ihm nicht im kulissenhaft-musealen Venedig, wohl aber im »alles überstehenden« Paris offenbart hat.

Auf dem Rückweg verbringt er zwei Wochen mit Merline in Genf und fährt dann nach Meilen, zu Nike, die ihn im Wagen nach Berg am Irchel bringt. Der kleine Herrensitz mit seiner Patina aus Rokoko-Zeiten, dem weißgetäfelten Arbeitszimmer mit großem Kachelofen und verläßlichen Pendeluhren in den Fluren, sagt ihm sofort zu. Auch mit der Haushälterin Leni Gisler, die ihm seine bescheidene Kost aus Nudelsuppe, Reis, Karotten und Obst serviert und ihn nicht mit unnötigen Fragen belästigt, versteht er sich bestens; er preist wiederholt ihre Tüchtigkeit und den Takt, mit dem sie ihrer häuslichen Sphäre vorsteht, ohne an die seine zu rühren. Eine wegen Maul- und Klauenseuche über die Gegend verhängte Quarantäne sanktioniert Rilkes Einsamkeit gewissermaßen offiziell. Die Post wird vom Dorfpfarrer abgeliefert, er selber darf Haus und Park vorerst nicht verlassen.

Nachdem er in Paris und Genf nach langen Jahren wieder einmal französisch gesprochen hat, macht er sich mit Vergnügen an eine kleine Arbeit, die mehr einen Liebesdienst für Merline und ihren Sohn Baltusz darstellt als eine literarische Schöpfung. Es handelt sich um ein französisches Vorwort zu einem Album von Tuschzeichnungen, in denen Baltusz (zu dessen bekanntesten Bildern, Jahrzehnte später, ein fischessender Kater mit Messer und Gabel zählen wird) die Geschichte des Kätzchens Mitsou erzählt, das er gefunden und nach Hause mitgenommen hat. Rilke hilft dem zur Zeit ihrer »Zusammenarbeit« erst zwölfjährigen Künstler auch bei der Veröffentlichung des Albums, das 1921 als *Mitsou. Quarante Images de Baltusz (Préface de R. M. R.)* erscheint. Später setzt er sich auch für Baltusz' älteren Bruder Pierre ein, den er eine Zeitlang bei Gudi Nölke in Meran unterbringt und an Gide in Paris empfiehlt.

Als Rilke eines Abends in Schloß Berg von der Lektüre aufschaut, meint er im Halbdunkel einen Mann zu sehen, der, nach der Mode des 18. Jahrhunderts gekleidet, am Kamin sitzt und mit aufgestütztem Kopf ins Feuer starrt. Dieser Mann, so behauptet Rilke gegenüber Kippenberg, habe ihm den Gedichtzyklus diktiert, der später unter dem Titel *Aus dem Nachlaß des Grafen C. W.* veröffentlicht wird. Rilke hält auch in der Folgezeit an der Fiktion fest, die Gedichte stammten nicht von ihm, sondern von dem nächtlichen Besucher, der sich seiner, des Dichters, als schreibendes Medium bedient habe. Es ist schwer zu sagen, ob die Fiktion auf der Atmosphäre des im Winternebel vielleicht etwas verwunschen wirkenden Schlosses oder auf Rilkes schon auf Duino zutage getretenen spiritistischen Neigungen oder gar auf dem Wunsch beruhte, sich von diesen im Grunde matten Gedichten durch das Vorschieben eines fiktiven Verfassers zu distanzieren. Möglicherweise befand er sich infolge der wochenlangen Abgeschiedenheit auch in jenem in der Skizze *Erlebnis* geschilderten Zustand zwischen zwei Bewußtseinsschichten, in dem ihm das plötzliche Erscheinen

eines Verstorbenen glaubhafter vorgekommen wäre als das eines
Mitmenschen aus Fleisch und Blut.

Das interessanteste (und einzige zu Lebzeiten veröffentlichte)
dieser Gedichte ist das auf einer Reminiszenz an die Ägypten-Reise
von 1911 beruhende

> In Karnak wars. Wir waren hingeritten
> Hélène und ich, nach eiligem dîner.
> Der Dragoman hielt an: die Sphinxallee –,

dessen salopp-mondäner Auftakt in eine Betrachtung des Kontrasts
zwischen der archäologischen und mythischen Größe Alt-Ägyptens
und der Vergänglichkeit des Menschen mündet. – Nach Aufarbeitung der Korrespondenz, darunter des Briefes von seinem ehemaligen Lehrer Sedlakowitz, gelingen Rilke einige Zeilen, die formell
und thematisch zu den *Elegien* gehören, aber Fragment bleiben und
in diese nicht aufgenommen werden. Sie beginnen mit »Laß dir, daß
Kindheit war . . .« und definieren diese als einen Besitz, den kein
späteres Schicksal wegnehmen kann, und zugleich, in wortschöpfe-
rischer Autobiographik, auch als Gefahr:

> Nicht, daß sie harmlos sei; der behübschende Irrtum,
> der sie verschürzt und berüscht, hat nur vergänglich getäuscht.

Denn die Kindheit ist der »undichte« Punkt, an dem die Angst
(»Zugluft/ zuckt sie herein durch die Fugen«) zuerst ins Bewußtsein
des Menschen dringt.

Zu Weihnachten 1920, das er allein auf Schloß Berg verbringt, ist
Rilke also ungefähr wieder dort, wo er sich Ende 1915 befunden
hatte: in einem Zustand der Aktivität und »Offenheit«, der ihm
neben diesem Fragment möglicherweise die Vollendung des ganzen
Elegien-Zyklus gewährt hätte. Aber es sollte anders kommen. Wie vor
fünf Jahren wird er unterbrochen und muß in dem »großen Anlauf,
der mich . . . schon fast bis an den Sprung heran geschwungen
hat«[181], in letzter Minute innehalten und sich einer völlig anderen
Sphäre zuwenden. Damals war es die Einrückung gewesen, dieses
Mal reißen ihn irgendwelche, nicht näher geklärte, aber wohl mit

Merline zusammenhängende Angelegenheiten, »deren Ordnung ich niemandem überlassen durfte und die Gefährdung enthielten für alle fernere Zukunft«, unversehens aus dem mühsam gewonnenen Gleichgewicht.[182] Auf jeden Fall erhält er von der in Genf krank zu Bett liegenden Merline einige Briefe, die ihn nicht zur Ruhe kommen lassen. Während sie am Abend des 3. Januar 1921 noch resigniert geschrieben hatte: »Ich fühle, daß Sie schon fern sind, Sie werden mich in der Nacht nicht mehr besuchen *[vous ne venez plus me voir dans la nuit]*«, so versichert sie ihm zwei Tage darauf, er brauche sie nur zu rufen: »Dann will ich alles vergessen, meinen Namen, mein Haus, meine Familie, ich will in Dir aufgehen, Geliebter, in Dir, Du meine Heimat *[en toi, chéri, toi ma patrie]*, ich will vergessen, daß ich sprechen kann, und werde nichts hören außer dem Blut und dem Schlagen unserer Herzen.«[183] Plötzlich leidet es Rilke nicht mehr in seiner Klausur. Fluchtartig verläßt er Schloß Berg, um vier Uhr morgens bei strömendem Regen, und fährt nach Genf. Nachdem er die »Angelegenheiten«, was immer sie gewesen sein mögen, geregelt hat, nimmt er die Freundin mit nach Berg, während sich ihre Schwester um die in Genf zurückgebliebenen Kinder kümmert.

In diesem Frühjahr 1921, bis Merline aus finanziellen Gründen genötigt ist, vorübergehend zu ihrem Bruder nach Berlin zu ziehen, durchlebt Rilke zum letzten Mal den großen Konflikt zwischen dem Leben (und das heißt bei ihm vor allem: der Liebe) und der Arbeit. Der sich mitunter zur Panik steigernde innere Zwang, sich ganz auf die Vollendung seines Werkes zu konzentrieren, kollidiert mit einer Leidenschaft, die ihn zu lähmen droht. »Solange es so zwischen uns steht«, heißt es denn auch in den als *Testament* zusammengefaßten Aufzeichnungen und Briefentwürfen aus dieser Zeit, »weiß ich nicht zu leben – denn ich bin gleich unfähig dazu, wenn ich Dich durch meine Schuld unglücklich weiß, wie wenn ich Dich in *der* Weise, wie Du es nun von mir erwartest, glücklich mache.« *Die* Weise bedeutet – wie könnte es anders sein? – vor allem das Zusammensein mit dem Freund, und gerade das kann Rilke nicht versprechen. Er gibt Merline vielmehr zu verstehen, so schonend es geht, daß sie an seiner Arbeit keinen Anteil habe, ja, er bittet ausdrücklich, ihn nicht einmal auf diese Arbeit hin anzusprechen: »*Ne me parlez jamais des Elégies, je vous supplie!*«

Merline ist ihrerseits überzeugt, daß ihre Liebe ebenso wertvoll ist wie seine Dichtung: ein Rilkescher Gedankengang. Es ist überhaupt ironisch, daß der Verkünder der intransitiven, über-den-Mann-hinweg gerichteten Liebe gegen Ende seines Lebens selbst in die Rolle eines jener Männer gedrängt wird, die der Liebenden nicht gewachsen sind und sich ihr zu entziehen suchen. Hatte er Goethe im *Malte*-Roman nicht vorgeworfen, er habe Bettinas Liebe nicht »bestanden«, weil er die Liebende mit guten Worten abspeiste? Genau dies tut Rilke, nachdem Merline ihn »tapfer«, das bedeutet ohne Vorwürfe oder Tränen, hatte nach Schloß Berg ziehen lassen. »Es überrascht mich nicht«, schreibt er aus sicherer Entfernung, »Sie so stark zu sehen, denn was Sie in diesem Augenblick tapfer macht, ist dieselbe Freiheit, die es Ihnen gestattete, in das Heiligtum unserer Liebe einzudringen und dort in die Knie zu fallen, nicht als einfache Beterin, sondern als die erwählte Priesterin, die mit ihren wonniglich erfahrenen Armen [*de ses bras délicieusement éprouvés*] dem Herrn das endgültige Opfer darbringt.«[184] Der Wortkünstler Rilke kennt auch den so modernen Gebrauch des Wortes zur *Nicht*-Kommunikation, zur Abgrenzung des Ich vom Du anstatt zur gegenseitigen Verständigung. In Wirklichkeit hat ihm die Liebe nämlich so wenig die (normale) Sprache verschlagen, daß er am selben 18. November 1920, an dem er sich Merline gegenüber in diesen hochgestochenen Wortschwall einnebelt, Nike ganz prosaisch mitteilt, die Haushälterin Leni habe ihm soeben »ein vorzügliches Weißbrot gebacken«. Am nächsten Tag schildert er Marie Taxis seine Reise nach Paris, am übernächsten meldet er Katharina Kippenberg seine Ankunft auf Schloß Berg (mit der Bitte, seine Tochter Ruth bei einem etwaigen Besuch *nicht* mitzubringen) und beglückwünscht Sidie Nádherný zu ihrer Heirat mit dem Sportmediziner Max Graf Thun-Hohenstein.

Merline nimmt seine Ausflüchte betrübt zur Kenntnis und schreibt in ihrem holprigen Deutsch ein wenig später aus Berlin: »Ich wollte alles nehmen was ich hatte, um fort zu Dir zu gehen. Ich ahnte, immer trauriger werdend, daß Du anderer Meinung warst, denn immerhin mußte ich doch Deine ›Einwilligung‹ erst abwarten.« Die Klage könnte von Marianna Alcoforado stammen. Anders als die portugiesische Nonne ist Merline aber eine leidenschaftliche und eifersüchtige Frau. Als sie erfährt, daß Marie Taxis Rilke in Etoy im Waadtland besucht, wohin er aus Schloß Berg umgezogen ist, kann sie sich nicht enthalten, ein paar hämische Bemerkungen über seine *honorable protectrice* zu machen, woraufhin er sie milde zurechtweist.

Warum hat sich der derart auf seine Unabhängigkeit bedachte Dichter mit dieser »schwierigen« und, im Gegensatz zu seinen anderen Geliebten, von Mutterpflichten in Anspruch genommenen Frau so liiert, daß er sich nur mit Mühe wieder freikämpfen konnte? Von den Imponderabilien des Geschmacks und der seelischen und körperlichen Bedürfnisse abgesehen, hatte wohl die Parallelität der Lebensläufe damit zu tun: Sie hatten sich beide aus dem deutschen Kulturraum, in dem sie aufgewachsen waren, nach Paris geflüchtet und dort wie in eine neue Heimat eingelebt. Auch entwickelte Rilke, der viel zu früh geheiratet hatte, erst in reifen Jahren ein Verständnis für Kinder (im Gegensatz zur Abstraktion »Kindheit«). Dies kommt jetzt Pierre und Baltusz zugute, Merlines Söhnen, anstatt der armen Ruth, die auf einem Bauernhof bei Bremen als Magd gearbeitet hat und sich in diesen Tagen verlobt, ohne daß ihr Vater für seinen Schwiegersohn in spe, den Rechtsreferendar Carl Sieber, ein nennenswertes Interesse aufgebracht hätte. Merlines Temperament und Draufgängertum wird Rilke, der dem praktischen Leben meist zögernd und mißtrauisch begegnet, gleichfalls angezogen haben, von der Bewunderung ganz zu schweigen, die sie ihm entgegenbringt. Wie anders, wenn nicht mit Verliebtheit und einer bis zur Verblendung gehenden Nachsicht, sollte ein sechsundvierzigjähriger, wenig attraktiver, um seine Gesundheit und Schöpferkraft besorgter Künstler auf eine vitale und erheblich jüngere Frau reagieren, die ihm einen Brief mit dem Wunsch ins Haus schickt: »Ach Du, daß Du so jung und schön bleiben möchtest und ohne Kranksein, daß wirklich ein Gott sich in Dir niedergelassen, der nie stürbe!«[185]

Im Prieuré d'Etoy, einer in eine Pension umgewandelten ehemaligen Augustinerpropstei, wohnt Rilke im Mai und Juni 1921 und . . . wartet. Er wartet auf den nun nicht mehr fernen Tag, an dem er entweder einen permanenten Aufenthaltsort in der Schweiz finden wird oder das Land verlassen muß, denn er kann nicht immer in

Privathäusern zu Gast sein oder in Hotelzimmern wohnen, von der Arbeit ganz zu schweigen. Er wartet auf Marie Taxis, mit der er sich im nahen Rolle bespricht, wo sie ihre im Internat untergebrachten Enkel, die beiden Söhne von Pascha, besucht. Er fragt sie um Rat, ob er nach Lautschin fahren soll oder an den Wörthersee, wo ihre Nichte, Nora Purtscher-Wydenbruck, ihm ein Haus angeboten hat, oder gar zurück nach München. Und er wartet auf Merline, die aus Berlin zu Besuch kommt und an seiner Seite ist, als er am Abend des 30. Juni 1921 auf einem Ausflug in dem Rhonetal-Städtchen Sierre im Schaufenster eines Coiffeurs eine Photographie entdeckt, die ihn neugierig macht. Sie zeigt ein turmartiges Schlößchen, das den etwas hochtrabenden Namen »Château de Muzot« – sprich »Müsott« – führt und zu vermieten ist. In Begleitung eines Grundstückmaklers fährt er mit Merline am nächsten Tag hinaus, um den Besitz in Augenschein zu nehmen. Es ist ein Gebäude aus dem 13. Jahrhundert, trotz einer um 1900 vorgenommenen Renovierung arg vernachlässigt und ohne Elektrizität (sie wird, wie auf Duino, erst nach Rilkes Aufenthalt installiert). Dazu gehört ein Garten mit Ziehbrunnen und wilden Rosen sowie eine kleine Kirche, die St.-Annen-Kapelle, die Rilke später auf seine Kosten restaurieren läßt. Das nächste Dorf ist Miège; das nächstgelegene Hotel, in dem er mit Merline wohnt und später seine Gäste unterbringt, ist das »Bellevue« in Sierre, eine knappe halbe Stunde zu Fuß entfernt.

Die Eigentümerin von Muzot, eine etwas wunderliche alte Dame, der auch der Friseurladen in Sierre gehört, will nur für wenige Monate vermieten und dies zum exorbitanten Preis von 250 Franken monatlich. Auf der Rückkehr nach Etoy schreibt Rilke einen langen Brief an Nike, in dem er ihr das Château und seine Verhandlungen mit der Besitzerin schildert. Sie setzt sich daraufhin mit ihrem Vetter Werner Reinhart in Verbindung, der Muzot für Rilke anmietet, ohne daß dieser verpflichtet wäre, dort zu bleiben; später kauft Reinhart das Château und überläßt es dem Dichter auf Lebenszeit. Rilke zögert zunächst, das Angebot anzunehmen. Merline, bei aller Theatralik eine tatkräftig zupackende Frau, redet ihm gut zu und gibt bei seiner Entscheidung den Ausschlag. Sie plant auch die Instandsetzungsarbeiten, bei denen Decken abgestützt, Wände geweißt und Rattenlöcher vermauert werden, und bestimmt die Einrichtung der einzelnen Räume. Nike, die sich mit ihr gut versteht, steuert einige Möbelstücke aus der »Unteren Mühle« bei. Als letztes läßt sich Rilke beim Dorfschreiner ein Stehpult zimmern. Anfang 1922 kommt ein zweites hinzu, mit Kerzen, an dem er bis »tief in die seltsamen Nächte hinein« an den *Elegien* schreibt, während die *Sonette* am anderen, älteren Pult entstehen.

Eßzimmer, Wohnzimmer, W. C. und das Zimmer der Haushälterin liegen im Erdgeschoß, wo in einem Anbau auch die Küche untergebracht ist. Im ersten Stock hat Rilke sein Arbeitszimmer, mit einem schweren Eichentisch und zwei Fenstern, von denen aus er das ganze weite Tal überblickt. Daneben liegt sein Schlafzimmer, kaum größer als eine Mönchsklause aber mit Balkon, sowie eine kleine Kapelle, über deren niedriger Tür nicht ein Kreuz eingemeißelt ist, sondern »das ›Swastika‹, das geheimnisvolle indische Hakenkreuz«, wie er Nike schreibt, »das später durch die Jahrhunderte das Abzeichen so seltsamer religiöser Bewegungen geworden ist«. Im Dachgeschoß befinden sich zwei Kammern und ein gelegentlich benutztes Gästezimmer.

Wie stets auf »Wurzelsuche« bedacht, stellt Rilke erfreut fest, daß Muzot auf eine bewegte Geschichte zurückblicken kann und daß in der unmittelbaren Umgebung sogar ein Gespenst sein Wesen treibt; es ist Isabelle de Chevron, die im frühen 16. Jahrhundert lebte und den Verstand verlor, nachdem sich zwei Bewerber ihretwegen duelliert und einander ins Jenseits befördert hatten. Rilke glaubt durchaus an sie und bittet sich in seinem Letzten Willen aus, nicht auf dem Friedhof von Miège, auf dem sie liegt, begraben zu werden. Er wird auch Mitglied einer Gesellschaft für Walliser Heimatkunde, der »Société d'histoire du Valais romand«; da er aber an keinen Sitzungen teilnimmt und niemand ihn von Angesicht kennt, werden ihm die Einladungen und geschäftlichen Mitteilungen unter dem Namen »Frau Maria Rilke« zugestellt.[186]

Zu den letzten Aufgaben, die Merline vor ihrer Rückkehr nach Berlin erledigt, gehört die Anstellung einer Wirtschafterin. Kein einfaches Problem, weil es sich um die Betreuung eines Junggesellen handelt und Muzot so einsam gelegen ist, daß die Haushälterin auch am Sonntag kaum auf Abwechslung zählen kann. Merline engagiert schließlich die aus der Nachbarschaft stammende Frieda

Baumgartner, später »das Geistlein« genannt, die zur ersten Unterweisung zu Nike nach Meilen geschickt und von Merline anschließend in die Idiosynkrasien ihres Dienstherrn eingeweiht wird. Sie erlernt die vegetarische Küche, die Pflege der Blumen- und Gemüsebeete und der Apfelbäume und gewöhnt sich bald an den Umgang mit dem freundlich-schweigsamen Dichter, der sich seinerseits in den »Elegien-Ort« einlebt. Dieser Vorgang wird durch die Landschaft begünstigt, in die sich das verwitterte kleine Château harmonisch einfügt. Sie erinnert Rilke in ihren Farben und Proportionen an die Provence und das südliche Spanien.

III

Bei ihrer Abreise aus Muzot am 8. November 1921 ließ Merline eine Abbildung zurück, die sie in Sion gekauft und an der Wand gegenüber von Rilkes Schreibtisch angeheftet hatte. Es war eine Reproduktion einer Federzeichnung des Cima da Conegliano (gestorben 1517) und zeigte den sitzend an einen Baum gelehnten Orpheus, der sich beim Singen auf einer frühen Art von Geige begleitet, wobei ihm ein Vogel, zwei Rehe und zwei Hasen zuhören. Rilke hatte die Zeichnung oft vor Augen in diesem Winter, in dem er sich zielstrebiger denn je auf die Vollendung der *Elegien* vorbereitete. Durch die Abkapselung von der Außenwelt hatte er zunächst die Gefahr gebannt, dasjenige, was der Dichtung vorbehalten bleiben soll, mündlich von sich zu geben, es zu zerreden. Da er weiß, daß ihm besonders nach den Erschütterungen des Krieges »jedes Mitteilen zur Rivalität der Leistung«[187] wird, stellt er Ende Januar bis auf weiteres auch das Briefschreiben ein und versetzt sich im Geist so weit wie möglich in die Atmosphäre von Duino zurück; der Hundefreund weist sogar einen Hund von sich, den ihm irgend jemand angeboten hat, aus Angst, ein solcher Hausgenosse würde ihn ablenken. So sucht er den Anschluß an die *Elegien*-Welt zugleich durch Absonderung von der Gegenwart und durch das Sichversenken in die Lebensstimmung von damals zu fördern. Auch wenn Rilke Lyriker ist und die anderen Romanschriftsteller sind, ähnelt

412

sein Vorhaben den gleichzeitigen Bemühungen Thomas Manns und Marcel Prousts, sich bei der Arbeit am *Zauberberg* bzw. an den späteren Partien der *Suche nach der verlorenen Zeit* in die Welt vor 1914 zurückzuversetzen, wobei das schalldichte Zimmer des Franzosen eine recht genaue Analogie zu dem von der Umwelt isolierten Turm von Muzot darstellt. (Obwohl sie formell der Avantgarde zuzurechnen sind, gehören auch Eliot, der 1921 im nahen Lausanne am *Wüsten Land* arbeitet, und Joyce, der in Paris gerade die letzte Hand an *Ulysses* legt, zu den weitgehend der Retrospektive verpflichteten Autoren, deren 1922/24 erschienene Werke die frühen zwanziger Jahre zu einem Wendepunkt in der Literaturgeschichte machen.)

Noch bevor ihm der Anschluß an die Vorkriegszeit gelingt, schreibt Rilke, gewissermaßen als Gegenstück und Ergänzung zu den im Entstehen begriffenen sechs letzten *Duineser Elegien*, Anfang Februar in wenigen Tagen 26 Sonette, denen gegen Ende des Monats weitere 29 folgen. Der Entstehung nach in zwei Teile gegliedert, bilden diese *Sonette an Orpheus* ein in sich geschlossenes Ganzes. – Wenn Rilke die *Sonette* auch nicht geplant hatte, so war er doch vielfältig auf sie vorbereitet, wobei die Zeichnung an der Wand seines Arbeitszimmers sicherlich nur eine untergeordnete Rolle spielte. Ob er Kokoschkas 1919 veröffentlichtes Schauspiel *Orpheus und Eurydike* kannte, ist ungewiß und in Anbetracht seiner ganz anderen Intentionen auch belanglos. Wichtiger war, insofern die Entstehung dieser Gedichte überhaupt auf äußere Anlässe zurückgeht, Rilkes intensive, um diese Zeit einsetzende Beschäftigung mit den Werken des letzten der großen Künstler, die ihm als Leitbild dienten: Was ihm in der Jugend Tolstoi und in seinen frühen Mannesjahren Rodin gewesen war, ist ihm jetzt der französische Lyriker Paul Valéry. Die *Sonette* erhalten Anklänge an dessen *Orphée*, an den *Cimetière marin*, den Rilke im Vorjahr übersetzt, und an den Dialog *L'âme et la danse*, den er im Januar 1922 abgeschrieben hatte und 1926 übertragen wird. Auch vom Biographischen her mag das Vorbild von Valéry, der sich jahrelang mit Mathematik beschäftigt und erst später wieder der Dichtung zugewandt hatte, nicht ohne Wirkung auf den ebenfalls vorübergehend verstummten Rilke geblieben sein. Als die unmittelbarste Verpflichtung zur Arbeit empfindet dieser jedoch die Aufzeichnungen, die Gertrud Ouckama Knoop über die Krankheit und den Tod ihrer Tochter Wera gemacht und ihm auf seine Bitte hin geschickt hatte. Das Bild der vielversprechenden jungen Tänzerin, deren »dunkler seltsam zusammengefaßter Liebreiz«[188] ihm so unvergeßlich blieb, daß er die *Sonette an Orpheus* ihrem Andenken weihte, verfloß mit der Gestalt der dahingeschiedenen Frau des göttlichen Sängers. In *Orpheus. Eurydike. Hermes*, einem der eindrucksvollsten der *Neuen Gedichte* (1904), hatte Rilke die Sage von Orpheus, der durch sein Saitenspiel die Gattin Eurydike von Persephone freibittet und zum Leben zurückführt, sie aber wieder verliert, weil er sich entgegen der ihm auferlegten Bedingung nach ihr umsieht, als bekannt vorausgesetzt und sich auf die der Unterwelt entsteigende Tote konzentriert. Mit dem dort geschilderten, etwas naiven, männlich-ungeduldigen Orpheus, dessen Blick ihm »wie ein Hund vorauslief«, während sein (der lautlos hinter ihm gehenden Frau zugewandtes) Gehör »wie ein Geruch zurückblieb«, hat der Held der *Sonette* freilich wenig zu tun. Hier ist er, schon im ersten Gedicht, vor allem der Dichter, der die Welt in Gesang verwandelt:

Da stieg ein Baum. O reine Übersteigung!
O Orpheus singt! O hoher Baum im Ohr!
Und alles schwieg. Doch selbst in der Verschweigung
ging neuer Anfang, Wink und Wandlung vor.

Tiere aus Stille drangen aus dem klaren
gelösten Wald von Lager und Genist;
und da ergab sich, daß sie nicht aus List
und nicht aus Angst in sich so leise waren,

sondern aus Hören. Brüllen, Schrei, Geröhr
schien klein in ihren Herzen. Und wo eben
kaum eine Hütte war, dies zu empfangen,

ein Unterschlupf aus dunkelstem Verlangen
mit einem Zugang, dessen Pfosten beben, –
da schufst du ihnen Tempel im Gehör.

Das Sonett setzt gewissermaßen dort ein, wo die Federzeichnung des venezianischen Künstlers aufhört. Denn Rilke geht über die Überlieferung hinaus, nach der nicht nur die Tiere, sondern auch die unbeweglichen Felsen und Bäume dem Gesang bzw. der Leier des Orpheus folgten. Er läßt den Baum, der sich aus dem Erdreich löst und »steigt«, selbst zu Gesang werden, so daß er im Ohr des Hörenden ist – ein Teil der Metamorphose des Sichtbaren in Gehörtes, die eines der durchgehenden Motive des Werkes bildet. So wird auch die Tierwelt in Stille verwandelt und das Gehör, d. h. das Ohr als Ort und Organ des Hörens, von einer Hütte in einen Tempel.

Durch Eurydike ist Orpheus mit dem Totenreich verbunden. Er kennt, hierin dem »Engel« verwandt, keinen Unterschied zwischen Lebendigen und Toten, die er gleichermaßen »rühmt«. Zu dieser als der eigentlichen Aufgabe des Dichters hatte sich Rilke schon in einem der frühesten, noch vor den *Sonetten* auf Muzot verfaßten Gedichte bekannt, in den Zeilen:

> Oh sage, Dichter, was du tust?
>   – Ich rühme.
> Aber das Tödliche und Ungetüme,
> Wie hältst du's aus, wie nimmst du's hin?
>   – Ich rühme.
> Aber das Namenlose, Anonyme,
> wie rufst du's, Dichter, dennoch an?
>   – Ich rühme.
> Woher dein Recht, in jeglichem Kostüme,
> in jeder Maske wahr zu sein?
>   – Ich rühme.
> Und daß das Stille und das Ungestüme
> wie Stern und Sturm dich kennen?
>   –: weil ich rühme.

Noch deutlicher wird dieses Ja-Sagen zu einem Leben, das den Tod mit einbezieht, in einem anderen Sonett ausgedrückt, dessen Kurzzeilen auch den Formenreichtum dieses Gedichtskreises veranschaulichen. (Den vielfach abgewandelten Metren und Rhythmen ist es zu verdanken, daß man die 55 *Sonette an Orpheus* hintereinander lesen kann, ohne die Ermüdung zu verspüren, die die Lektüre von schon zwölf oder fünfzehn formal identischen Sonetten auslöst.)

> Nur wer die Leier schon hob
> auch unter Schatten,
> darf das unendliche Lob
> ahnend erstatten.

> Nur wer mit Toten vom Mohn
> aß, von dem ihren,
> wird nicht den leisesten Ton
> wieder verlieren.

Daß Rilkes Vorstellungen sich in manchem mit dem Gedankengut der orphischen Geheimlehren aus der Antike berühren, ist Nebensache und Zufall. Auch wenn er mit den Vorstellungen Alfred Schulers und Johann Jakob Bachofens, des Entdeckers des Mutterrechts, vertraut war, so ist er doch weder hier noch anderswo ein gelehrter Dichter. Vielmehr nimmt er sich seine Bilder und Vergleiche, seine Metaphern und Parabeln wo immer sie sich ihm bieten, und kann deshalb im Schlußgedicht des ersten Teils den von Mänaden zerrissenen Orpheus genauso im All aufgehen lassen wie weiland den heiligen Franz von Assisi am Ende des *Stunden-Buches*. Wie der Heilige lebt auch der Sänger in der Natur weiter, »in den Bäumen und Vögeln. Dort singst du noch jetzt.« Im Sichverschwenden an die Welt ist Rilkes Orpheus (kein Mensch oder Gott, sondern die Verkörperung und Quintessenz des Dichterischen) am weitesten von dem ganz auf sich selbst bezogenen Rilkeschen Engel entfernt – und der vom Dichter sonst so verpönten Christusgestalt am nächsten.

Wenn von Orpheus trotzdem nur in verhältnismäßig wenigen Gedichten die Rede ist, dann trifft dies erst recht auf die andere »Titelfigur« zu, die in der Widmung genannte Tänzerin Wera Ouckama Knoop. Mit ihr befassen sich nur zwei Sonette, während der Tanz als solcher öfter vorkommt. Andere Gedichte behandeln Autobiographisches. Zwar tritt Rilke in den *Sonetten* nicht selber auf, aber einige Motive beruhen auf Persönlichem wie der Schimmel mit dem hölzernen Pflock am Vorderfuß (um ihn am Springen im Kornfeld zu hindern), den er mit Lou eines Abends in Rußland gesehen hatte und der im 20. Sonett des ersten Teils nun dem Sängergott geweiht wird. In einem anderen Gedicht ist der biographische Bezug durch den Zusatz »In memoriam Egon von Rilke« (ein frühverstorbener Vetter) ausdrücklich hergestellt.

Auch die Mädchen, die Rosen, die Kindheit, der Hund, das Einhorn und andere Rilkesche Lieblingsmotive werden in den *Sonetten* »besungen« – das längst zum Klischee gewordene Zeitwort stellt sich von selber ein zur Kennzeichnung dieser auch vom Metrum her beschwingten Gedichte, von denen einige im jambischen Pentameter der Klassik, die meisten aber in Mischformen aus daktylischen und trochäischen Versen von sehr verschiedener Länge abgefaßt sind. Der spielerische Eindruck des Ganzen, der Menuettschritt, in dem sich die *Sonette* im Gegensatz zu den im Trauermarsch einherschreitenden *Elegien* darbieten, erklärt sich aus der Souveränität, mit der Rilke die Form handhabt. Im Begleitbrief, mit dem er die Reinschrift an Katharina Kippenberg zur Drucklegung schickt, spricht er von der »eigentümlichen Probe und Aufgabe«, die er darin sieht, »das Sonett abzuwandeln, es zu heben, ja gewissermaßen es im Laufen zu tragen, ohne es zu zerstören«.[189]

Vom »Rühmen«, von der Bekräftigung des Hiesigen, ist ein Bereich ausgenommen: die Technik, deren Heraufkommen Rilke auch hier als etwas Feindliches registriert. Zwar ist seine Kritik an der modernen, von der Maschine bestimmten Kultur hier nicht so spezifisch wie etwa im *Stunden-Buch* oder in den *Elegien*, aber sie wirkt vielleicht gerade auf dem heiteren Hintergrund der *Sonette* stärker als in den anderen Gedichtkreisen. In der Nachbarschaft von Strophen wie:

> Wagt zu sagen, was ihr Apfel nennt.
> Diese Süße, die sich erst verdichtet,
> um, im Schmecken leise aufgerichtet,
>
> klar zu werden, wach und transparent,
> doppeldeutig, sonnig, erdig, hiesig –:
> O Erfahrung, Fühlung, Freude –, riesig!

zeichnet sich das Technische schon im Metrum und Klang als
unheilschwanger ab:

> Hörst du das Neue, Herr,
> dröhnen und beben?
> Kommen Verkündiger,
> die es erheben.
>
> Zwar ist kein Hören heil,
> in dem Durchtobtsein,
> doch der Maschinenteil
> will jetzt gelobt sein.
>
> Sieh, die Maschine:
> wie sie sich wälzt und rächt
> und uns entstellt und schwächt.
>
> Hat sie aus uns auch Kraft,
> sie, ohne Leidenschaft,
> treibe und diene.

In einem weiteren, mit den Zeilen

> O erst *dann*, wenn der Flug
> nicht mehr um seinetwillen
> wird in die Himmelstillen
> steigen, sich selber genug,

einsetzenden Sonett, das mit Ingeborg Bachmanns *Nachtflug* zu den
wenigen guten Flug-Gedichten der deutschen Literatur zählt, wird
der technische Fortschritt als eine Gefahr gesehen, weil er den Menschen sich selbst entfremdet, anstatt seine Erlebnisfähigkeit zu
steigern. Daß sich die Probleme der Industriegesellschaft mit dieser
Geisteshaltung nicht lösen lassen, ist klar. Im übrigen lag Rilke
beim Abfassen dieser Gedichte nichts ferner als der Wunsch, in
ihnen Probleme zu lösen.

Einige im weiteren Sinn des Wortes gesellschaftspolitische Fragen berührt er, auf seine idiosynkratische Art, jedoch im *Brief des jungen Arbeiters*, der zur selben Zeit wie die *Sonette* und *Elegien* entsteht. Dort wendet sich ein fiktiver französischer Fabrikarbeiter – beileibe kein typischer, denn er hat einmal studiert und sagt von sich, er habe meist im Büro zu tun – an einen Herrn V., dessen Gedichte er auf einer Versammlung hatte vortragen hören. (Gemeint ist der von Rilke sehr geschätzte, 1916 verstorbene flämische Dichter Emile Verhaeren, dessen positive Einstellung zum Maschinenzeitalter ihn zu einem plausiblen Empfänger eines solchen Briefes gemacht hätte.) Der Arbeiter läßt sich über zwei miteinander verbundene Themen aus: das Christentum und die Sexualität. Ersterem wird wegen seiner Ausrichtung auf ein »später zu beziehendes Jerusalem« zunächst die Häßlichkeit unserer Städte angelastet; nur der heilige Franz von Assisi habe es verstanden, das christliche Gebot einer Abkehr von der Welt mit einem Gefühl für ihre Schönheit zu verbinden. Erst recht habe sich der Einfluß des Christentums auf dem Gebiet des Sexuellen schädlich ausgewirkt, weil es uns lehrte, im Geschlecht nicht eine Quelle des Glücks, sondern einen Lebensbereich zu sehen, »in dem wir irren und uns stoßen und straucheln, um schließlich wie Ertappte wieder hinauszustürzen in das Zwielicht der Christlichkeit«. Die Gedankengänge des »Arbeiters«, dessen Freundin wohl nicht zufällig den Namen Marthe trägt, sind bildhaft ausgedrückt (»Einmal waren wir *überall* Kind«, heißt es über den Unterschied zwischen kindlicher und erwachsener Sinnlichkeit, »jetzt sind wirs nur noch an einer Stelle«), aber zu sehr mit antireligiösen Affekten befrachtet, als daß sie sich zur Aufnahme in die Dichtungen geeignet hätten. Im übrigen entsprechen sie in vielem dem Freudschen Postulat der infantilen Sexualität.

IV

Die *Duineser Elegien* sind nicht jedermanns Sache. Unser Bedarf an Lyrik mit metaphysischem Tiefgang ist in den meisten Fällen rasch gedeckt, besonders wenn diese Lyrik weder im landläufigen Sinne »schön« ist, noch sich mit den Aktualitäten befaßt, deren Erörterung viele Leser auch vom Gedicht erwarten. Man kann auf Rilkes Hauptwerk durchaus so reagieren wie Ricarda Huch, die Kippenberg gegenüber zugab, ihr seien die *Elegien* »unverständlicher als böhmisch« und alles sträube sich in ihr, »darüber nachzugrübeln«.[190] Und doch erfreut sich der dünne Band – die *Elegien* umfassen insgesamt 853 Zeilen, allein der erste Teil des *Faust* hat 4612 – einer solchen Berühmtheit, daß er im In- und Ausland immer wieder neue Leser und Interpreten findet. Die einen sind vom Thema fasziniert, von dem Versuch, in einer Zeit des mangelnden Gottvertrauens und Jenseitsglaubens der menschlichen Existenz einen Sinn abzugewinnen. (Zwar gibt Rilke keine verbindlichen Antworten oder nur solche, die auf einen Dichter zuträfen. Aber seine Fragestellungen sind ungewöhnlich und berühren die verschiedensten Wissensgebiete: bildende Kunst und Psychoanalyse, Anthropologie und Literaturgeschichte, Mythenforschung und Technik.) Die anderen fühlen sich von der Weite des Panoramas angesprochen, das hier vor uns ausgebreitet wird. Nicht nur der vielberufene »Weltinnenraum«, sondern auch der historische Raum ist schier unermeßlich, er reicht von den alttestamentarischen »Tagen Tobiae« bis hinein in unsere eigenen, da der »Bürger . . . durch seine Küche in die Wohnung« geht.[191] Wer an der Genese von Dichtung interessiert ist, etwa an der Wechselwirkung von jahrelanger Inkubation und plötzlich hervorbrechender Inspiration, kommt hier ebenso auf seine Kosten wie der Leser, dem es um das Verhältnis von Individuum und Gemeinschaft zu tun ist; Rilke spricht in den Elegien mal mit der Stimme des Dichters, mal aus der Sicht des Mitmenschen.

Was die Elegien von den meisten anderen – auch Rilkeschen – Dichtungen unterscheidet, ist aber etwas anderes: die Verbindung von gedanklichem Höhenflug und sprachlicher Dichte. Denn das Gerüst, auf dem die Engel, die Liebenden, die Heiligen, die Helden und anderen Projektionen des Rilkeschen Ich agieren, ist mit viel Phantasie entworfen und mit großer Sorgfalt zusammengefügt. So schildert Rilke in der *Fünften Elegie* zum Beispiel einen Akrobaten, den er in Paris auf der Straße gesehen hat und der auch in Picassos Gemälde »La famille des saltimbanques« erscheint:

> Aber der junge, der Mann, als wär er der Sohn eines Nackens
> und einer Nonne: prall und strammig erfüllt
> mit Muskeln und Einfalt.

Ein unmöglicher Satz. Ihm fehlt das belebende Verb, dafür enthält er
ein nicht existierendes Adjektiv (man sucht »strammig« vergeblich
im Wörterbuch, Rilke hat es aus »stramm« und »stämmig« geformt)
und zwei widersinnige Genitive, denn ein »Nacken« kann und eine
»Nonne« darf keinen Sohn haben. Trotzdem »trägt« das Gerüst nicht
nur, man erkennt in dem jungen Mann auch sofort den Typ des
dümmlich-gutmütigen Kraftprotzes, zu dessen Kennzeichnung ein
anderer Dichter vielleicht doppelt so viele Zeilen gebraucht hätte. Es
ist, unter anderm, die Häufigkeit solcher Stellen, die die Lektüre der
Elegien zu einem besonderen Erlebnis macht.

Den zwei ersten, 1912 auf Duino verfaßten war im Spätherbst
1913 in Paris die dritte und im November 1915 in München die
vierte Elegie gefolgt. Dazu hatten sich zu verschiedenen Zeiten
Fragmente zu weiteren Elegien eingestellt, mal ein paar Zeilen, mal
ganze Strophen und Absätze, von denen einige auch wieder ausge-
schieden wurden. Als Rilke in Duino einzog, war von dem ganzen,
schließlich zehn Einzeldichtungen umfassenden Werk etwa die
Hälfte vorhanden. Die sechs fehlenden Elegien, zu denen größere
Ansätze existierten, wurden innerhalb einer Woche geschrieben,
vom 7. bis 14. Februar 1922. Unmittelbar danach entstand der
zweite Teil der Sonette, am 26. folgte als letztes der Schluß der
siebenten Elegie.

Eingeläutet wird diese Woche, die produktivste in Rilkes Leben,
durch die Niederschrift der siebenten Elegie (mit Ausnahme des
Endes) am Dienstagmorgen, dem 7. Februar. Sie setzt freudig ein,
voller Zustimmung zum Frühling (»da ist keine Stelle, / die nicht
trüge den Ton der Verkündigung«) und zu den Sommernächten als
einem Gipfel des Jahres. Von den frühverstorbenen Mädchen, die,
vom Frühling erweckt, ihre »schwächlichen«, das heißt noch nicht
gewohnten und sozusagen noch nicht festgetretenen Gräber verlassen, führt der Weg zu Rilkes Preisung des Lebens: »Hiersein ist
herrlich.« Das nun folgende Motiv der Verwandlung, angeschnitten
in dem schon erwähnten »Nirgends, Geliebte, wird Welt sein, als

innen«, ist eng verbunden mit der Entwurzelung des Menschen durch eine Technik, die uns zu »Enterbten« macht, »denen das Frühere nicht und noch nicht das Nächste gehört«. Trotzdem endet das Gedicht mit einem Lobgesang auf die Schöpferkraft des Menschen. Sie ist eine Stütze der Selbstbewahrung sogar gegenüber dem Engel, dem ihre Errungenschaften gewissermaßen zur Begutachtung vorgehalten werden:

> Säulen, Pylone, der Sphinx, das strebende Stemmen,
> grau aus vergehender Stadt oder aus fremder, des Doms.
>
> Aber ein Turm war groß, nicht wahr? O Engel, er war es, –
> groß, auch noch neben dir? Chartres war groß –, und Musik
> reichte noch weiter hinan und überstieg uns.

Noch am selben Tag beginnt die Arbeit an der achten Elegie, die am folgenden Nachmittag fertig vorliegt. Wie ihre unmittelbare Vorgängerin knüpft auch sie nicht an vorhandene Ansätze an, sondern wird von Anfang bis Ende aus dem Nichts erschaffen; mit Ausnahme der Fünften, Hertha Koenig zugeeigneten Elegie ist sie die einzige, der eine Widmung vorangestellt ist (aus nicht leicht ersichtlichen Gründen hat Rilke sie Rudolf Kassner zugedacht). Die Achte Elegie definiert den Menschen als ein Wesen, das im Unterschied zum Rest der Schöpfung durch ein Bewußtsein gekennzeichnet, in Rilkes Sicht schon fast gebrandmarkt ist. Das läßt ihn alles Äußere als andersartig, als ein Gegenüber empfinden:

> Dieses heißt Schicksal: gegenüber sein
> und nichts als das und immer gegenüber.

Auch weiß der Mensch vom Tod, während das Tier »seinen Untergang stets hinter sich« hat, ihn nicht sehen oder erdenken kann. Und doch gibt es auch bei anderen Lebewesen Abstufungen der Geborgenheit, die das Unbewußt-Leben mit sich bringt. Sie ist am ausgeprägtesten bei Tieren, die nicht aus dem Mutterleib ausgestoßen, sondern, wie die Insekten, im Freien, sozusagen unter offenem Himmel geboren werden und die ganze Welt als

Notizen zu den letzten *Duineser Elegien*, im Februar 1922 in Muzot niedergeschrieben.

bergenden Mutterleib betrachten dürfen – »denn Schoß ist Alles«. Der aus einem zerbrechlichen Ei, einem Ersatz-Schoß geschlüpfte Vogel genießt dagegen nur eine »halbe Sicherheit«. Vollends verwundbar und »bestürzt« ist die Fledermaus, halb Säuger halb Vogel, deren existentielle Lage (um ein gewichtiges Wort auf ein Tier anzuwenden) Rilke in einem Vergleich von großer Leuchtkraft verdeutlicht:

> . . . Wie vor sich selbst
> erschreckt, durchzuckts die Luft, wie wenn ein Sprung
> durch eine Tasse geht. So reißt die Spur
> der Fledermaus durchs Porzellan des Abends.

Diese besonders lyrische, »elegischste« der Elegien endet mit dem Motiv des Abschieds, den wir, auf der Erde nicht recht zu Hause, immer und überall nehmen müssen.

Am nächsten Tag, dem 9. Februar 1922, schreibt Rilke den Hauptteil der neunten Elegie, deren Anfang zehn Jahre zuvor auf Duino entstanden, aber Bruchstück geblieben war. Sie ist gedanklich und syntaktisch eine der schwierigsten, weil sie den Sinn des Daseins nicht in Aussagen, sondern in dialektischer, in Fragen und Negationen gegliederter Form aufzuschlüsseln sucht. Was dem Leben (notabene: dem Leben des Dichters) Sinn verleiht, ist nicht das hinfällige Glück, sondern das Sagen, die verinnerlichende Verwandlung in Sprache alles dessen, was in Gefahr ist, vom »Tun ohne Bild« einer funktionellen Maschinenwelt verdrängt zu werden: »Was, wenn Verwandlung nicht, ist dein drängender Auftrag? / Erde, du liebe, ich will.« Es sind besonders die alten, geschichtsträchtigen Dinge, deren Überleben dem Dichter anvertraut wird, ja, die ihm ihre Verwandlung selbst auftragen.

Am selben Tag entstehen die noch fehlenden zehn Verse zur sechsten, der von Rilke so bezeichneten »Heldenelegie«, deren Anfänge ebenfalls bis in den Januar 1912 zurückreichen und zu der 1913 in Ronda und Paris einiges hinzugekommen war. Ausgehend vom Symbol des Feigenbaums, der das Blühen fast überschlägt und statt dessen gleich Frucht trägt, preist sie den Helden, der ohne Umschweife auf das Ziel zusteuert, um dessentwillen er lebt: auf die Tat.

Denn der Held ist kein duldender St. Sebastian (ein Typ, der Rilke an sich nähersteht als der Draufgänger), sondern, effektvoller, einer der »hinstürmt«. Die sechste Elegie ist die zugänglichste, freilich auch die schwächste und mit ihren 44 Zeilen mit Abstand die kürzeste.

Am späten Nachmittag des 9. Februar telegraphiert Rilke an Nike: »Sieben Elegien nun im ganzen fertig; jedenfalls die wichtigsten. Freude und Wunder.« Am Abend folgen Briefe an die Freundin *(»Merline, je suis sauvé«)* und an Kippenberg:

> Mein lieber Freund, spät, und ob ich gleich kaum mehr die Feder halten kann . . . ich bin überm Berg! Endlich! Die ›Elegien‹ sind da . . . Ich bin hinaus gegangen, in den kalten Mondschein und habe das kleine Muzot gestreichelt wie ein großes Tier –, die alten Mauern, die mirs gewährt haben . . . Und: mein lieber Freund: *dies*, daß *Sie* mirs gewährt haben, mirs geduldet haben: *zehn* Jahre! Dank! und immer geglaubt: *Dank!*

Der 10. Februar ist ein Tag der Ruhe und Sammlung. Am 11. entsteht die zehnte, Rilkes Lieblingselegie, deren Eingangsverse wiederum auf Duino und Paris zurückgehen:

> Daß ich dereinst, an dem Ausgang der grimmigen Einsicht,
> Jubel und Ruhm aufsinge zustimmenden Engeln.
> Daß von den klar geschlagenen Hämmern des Herzens
> keiner versage an weichen, zweifelnden oder
> reißenden Saiten . . .

Trotz der Hoffnung auf ein Ende der »grimmigen Einsicht« (ins Los des Menschen? in den Tod?) sind die Schmerzen das Bleibende im Leben, ja unsere eigentliche Heimat, »sind Stelle, Siedelung, Lager, Boden, Wohnort«. Mehr noch: Schmerzen, die nur im Hinblick auf ihr erhofftes Ende ertragen werden, sind nutzlos: »Wir, Vergeuder der Schmerzen. / Wie wir sie absehn voraus, in die traurige Dauer, / ob sie nicht enden vielleicht.«

Statt uns ihnen hinzugeben und sie zu bestehen, verstellen wir uns den Blick auf Schmerz und Tod durch die Kulissen einer »Leid-Stadt«, von der ein bloß illusorischer Trost ausgeht. Sie enthält eine

Kirche (eine protestantische oder gar amerikanische? Auf jeden Fall ist sie »fertig gekauft: / reinlich und zu und enttäuscht wie ein Postamt am Sonntag«) und einen Jahrmarkt mit Buden und Gauklern. Abgegrenzt wird das Ganze von einem Zaun, »beklebt mit Plakaten des ›Todlos‹, / jenes bitteren Biers, das den Trinkenden süß scheint, / wenn sie immer dazu frische Zerstreuungen kaun.« Die Bier-Marke symbolisiert das Falsche an der Stadt, die Aussparung des Todes aus ihrem Leben; eine zentrale These, die ein Rilke-Kenner einmal in die Formel: »Glück ist nicht nur Lebenkönnen, auch Sterbendürfen« faßte.[192]

Jenseits des Zauns beginnt die von Liebenden, Kindern und Hunden bevölkerte Natur und das wirkliche, auf den Tod zugehende Leben. Ein solches ist das des jungen Mannes, der einem winkenden Mädchen durch die Wiesen folgt, und zwar mit einem achselzuckenden »Was solls?«, das bei Elegiendichtern wie Klopstock oder Hölderlin unvorstellbar wäre, in diese – vordergründig – banale Vorstadtszene aber hineinpaßt. Das Mädchen ist nicht aus Fleisch und Blut, sondern eine Allegorie, eine »junge Klage«, die ihn bald einer anderen, älteren übergibt: »Wir waren«, erklärt ihm diese, »ein Großes Geschlecht, einmal, wir Klagen.« Sie führt den Todgeweihten nun durch eine imaginäre Welt, wie sie Dante unter der Führung Vergils oder Faust in der »Klassischen Walpurgisnacht« durchquert. Hier ist es eine Trauerlandschaft, nächtlich-mondbeschienen, in der Emotionen zu geologischen und biologischen Phänomenen geronnen sind, zu »geschliffenem Ur-Leid« und »schlackig versteinertem Zorn«, zu »Tränenbäumen«, »Feldern blühender Wehmut« und »Tieren der Trauer«. Bald nimmt die Landschaft ägyptische Züge an, bis wir an einer Grenze haltmachen, an der der Jüngling ungeleitet weitergehen muß:

Doch der Tote muß fort, und schweigend bringt ihn die ältere
Klage bis an die Talschlucht,
Wo es schimmert im Mondschein:
die Quelle der Freude. In Ehrfurcht
nennt sie sie, sagt: – Bei den Menschen
ist sie ein tragender Strom. –

Stehn am Fuß des Gebirgs.
Und da umarmt sie ihn, weinend.

Einsam steigt er dahin, in die Berge des Ur-Leids.
Und nicht einmal sein Schritt klingt aus dem tonlosen Los.

Die Elegie und mit ihr das ganze Werk endet mit dem Bild eines
Fallens, das nicht ein Ende, sondern eine Erneuerung anzeigt nach
zwei der Natur entnommenen Beispielen:

Aber erweckten sie uns, die unendlich Toten, ein Gleichnis,
siehe, sie zeigten vielleicht auf die Kätzchen der leeren
Hasel, die hängenden, oder
meinten den Regen, der fällt auf dunkles Erdreich im Frühjahr. –

Und wir, die an *steigendes* Glück
denken, empfänden die Rührung,
die uns beinah bestürzt,
wenn ein Glückliches *fällt*.

Mit der Beendigung dieses schon auf Duino als Schlußstück konzipierten Gedichts weiß Rilke, daß der große Wurf gelungen ist. Noch
atemlos von der angespannten Arbeit verkündet er Marie Taxis die
Vollendung des Werkes, das durch die Widmung »Aus dem Besitz
der Fürstin Marie von Thurn und Taxis-Hohenlohe« mit ihrem
Namen verbunden bleibt. Trotz des ekstatischen Tonfalls ist der
Brief nicht frei von Pose, als habe sein Verfasser sich in dem
angezeigten Werk bloßgestellt und müsse nun rasch wieder die
Maske des im Konventionellen befangenen Hofdichters aufstülpen.
Schon die typographische Anordnung läßt es als wahrscheinlich
erscheinen, daß Rilke beim Schreiben auch dieses Briefes[193] ein Auge
auf die Nachwelt gerichtet hielt:

Endlich,
        Fürstin,
                endlich, der gesegnete, *wie* gesegnete Tag, da

ich Ihnen den Abschluß – so weit ich sehe – der
Elegien

anzeigen kann:
Zehn!

Von der letzten,
großen: (zu dem, in *Duino* einst, begonnenen Anfang: »*Daß ich dereinst, am Ausgang der grimmigen Einsicht / Jubel und Ruhm aufsinge zustimmenden Engeln . . .*«) von dieser letzten, die ja auch, damals schon, gemeint war, die *letzte* zu sein, – von dieser – zittert mir noch die Hand!
Eben, Samstag, den *elften*, um sechs Uhr abends, ist sie fertig! –
Alles in ein paar Tagen, es war ein namenloser Sturm, ein Orkan
im Geist (wie *Damals* auf *Duino*), alles, was Faser in mir ist und
Geweb, hat gekracht, – an Essen war nie zu denken, Gott weiß, wer
mich genährt hat.

Aber nun ists. Ist. Ist.
Amen.

Ich habe also dazu hin überstanden, durch alles hindurch. Durch
Alles. Und das wars ja, was not tat. *Nur* dies.
Eine, hab ich *Kassner* zugeeignet. Das Ganze ist *Ihr's*, Fürstin, wie
sollts nicht! Wird heißen:

Die Duineser Elegien.

Im Buch wird (: denn ich kann Ihnen nicht geben, was Ihnen, seit
Anfang, gehört hat) *keine* Widmung stehn, mein ich, sondern:

Aus dem Besitz . . .

Und nun, Dank für Ihren Brief und alle seine Mitteilungen; ich
war sehr gespannt darauf.
Von mir, nichtwahr? heute nur dies . . . es ist ja, endlich, »etwas«!

Leben Sie wohl teuere Fürstin,

Ihr

D.S.

Am selben Abend zeigt er den Abschluß der Arbeit Lou Andreas-
Salomé, am Tage darauf Nike und Mary Dobrčensky an, mit einer
Danksagung, da sie ihm durch die Einladung nach Nyon den Weg in
die Schweiz geebnet hatte. Rilkes Frau und Tochter erfahren von
der Vollendung seines Hauptwerkes erst später, im Mai, in einem
zum Anlaß von Ruths Hochzeit geschriebenen Brief.

428

Ganz vollendet ist es freilich noch nicht, denn in einem »strahlenden Nach-Sturm« folgt am 14. Februar eine weitere, völlig neue, die fünfte Elegie, der jetzt dieser Platz angewiesen wird, der ursprünglich einem *Gegen-Strophen* betitelten Dialog-Gedicht zugedacht gewesen war. – Es ist die nach dem Picasso-Bild, das in Hertha Koenigs Münchener Wohnung gehangen hatte, sogenannte »Saltimbanques«-Elegie. In Rilkes Interpretation, die sich sowohl auf die Figuren im Gemälde wie auf die einer Akrobatengruppe bezieht, die er 1907 in Paris gesehen und in einem bezaubernden Essay geschildert hatte, wird vor allem die Heimatlosigkeit der Artisten betont. Es sind »Fahrende«, die noch weniger ein Zuhause haben als wir, die wir kraft unseres Menschseins ohnehin nur »flüchtig« auf der Welt sind. Sie schlagen ihre Purzelbäume nicht wie Kinder und Sportler aus Übermut oder Freude, sondern »ziehen«, wie man heute sagen würde, »eine Schau ab«, um Geld zu verdienen. Und zwar tun sie dies mit der »scheinlächelnden Unlust« der Berufsakrobaten, die sich die Langeweile genauso wenig anmerken lassen dürfen wie den Schmerz oder die Erschöpfung. Zwei Figuren haben es Rilke besonders angetan: der Großvater und sein Enkel, dessen »Laufbahn« eben erst beginnt. In dem (postum veröffentlichten) Essay *Saltimbanques* hatte es von dem Alten geheißen: »Er ist aufs Trommeln gesetzt. Rührend geduldig steht er da mit dem zu weit gewordenen Athleten-Gesicht, in dem die Züge locker durcheinanderhängen, als wäre aus jedem einzelnen das Gewicht ausgehängt worden, das ihn spannte.« In der Elegie ist daraus geworden:

Da: der welke, faltige Stemmer,
der alte, der nur noch trommelt,
eingegangen in seiner gewaltigen Haut, als hätte sie früher
zwei Männer enthalten, und einer
läge nun schon auf dem Kirchhof, und er überlebte den andern,
taub und manchmal ein wenig
wirr, in der verwitweten Haut.

Das bißchen Menschlichkeit, das sich die Akrobaten gestatten dürfen, ist in dem scheuen Lächeln enthalten, mit dem der Junge, ein Anfänger noch, zu seiner ebenfalls zur Gruppe gehörenden Mutter hinübersieht. Hatte er im Essay geweint, weil ihm das Aufspringen nach dem Salto weh tat (»Er hat ein großes Gesicht, das eine Menge Tränen fassen kann, aber sie stehen doch manchmal bis an den Rand in den ausgeweiteten Augen. Dann muß er den Kopf ganz vorsichtig tragen, wie eine zu volle Tasse«), so ist es jetzt sein Lächeln, das uns rührt. Als einzige spontane Äußerung eines in ständiger Wiederholung zur Routine erkalteten Artistentums ist dieses Lächeln so kostbar, daß es wie ein wertvoller Extrakt »in lieblicher Urne . . . mit blumiger, schwungiger Aufschrift« in einer Apotheke aufbewahrt werden sollte.

Daß wir in Paris sind, wird nicht nur ausdrücklich erwähnt, es wird auch durch den Namen einer Modistin unterstrichen, Madame Lamort (*la mort*), die in ihrem Laden

> Schleifen erfindet, Rüschen, Blumen, Kokarden, künstliche
> Früchte –, alle
> unwahr gefärbt, – für die billigen
> Winterhüte des Schicksals . . .,

die also jenen trügerischen Tod versinnbildlicht, den Rilke schon im *Stunden-Buch* und *Malte Laurids Brigge* als Teil seiner Paris-Erfahrung geschildert hatte und der hier die innere Leere des Akrobaten-Daseins ergänzt. In einem letzten, mit dem Auftritt der Artisten und der Putzmacherin antithetisch verbundenen Bild erscheinen kurz die Liebenden, die wahre Höhepunkte erleben (»ihre kühnen / hohen Figuren des Herzschwungs, / ihre Türme aus Lust«) im Gegensatz zu den künstlichen der Akrobaten. Sie erreichen sie freilich nicht hier, sondern im Reich des Engels und vor den Toten.

Nach der Einfügung dieser Elegie bleiben nur noch die Schluß-verse der sechsten, die am 26. Februar 1922 gedichtet werden und das Werk zu seiner endgültigen Form vervollständigen.

Die Briefe, in denen Rilke den Freunden den Abschluß der *Elegien* und das »Geschenk« der *Sonette* anzeigt, lösen je nach Empfänger abgestufte Reaktionen aus. Merline, die den Mann Rilke seit jeher besser versteht als den Dichter, läßt nach Empfang seiner Siegesmeldung eine Woche verstreichen: »Es ist schwer, Ihnen zu antworten«, schreibt sie ratlos, »ich hätte es früher tun sollen«, und verfällt dann in den Stil einer französischen Grammatikübung: »Ich bin zufrieden, sehr zufrieden, daß Sie mit dem zufrieden sind, was Sie geschrieben haben – *je suis contente, très contente que vous soyez content de ce que vous avez écrit.*«[194] Lou, für die er drei Elegien kopiert hatte, antwortet hingegen postwendend, sie freue sich besonders über die Achte, die »Elegie der Kreatur«, die ihr aus dem Herz gesprochen sei (sie erinnert tatsächlich an ihre 1917 veröffentlichten *Drei Briefe an einen Knaben*). Marie Taxis ist begeistert; als sie im Juni zu Besuch nach Sierre kommt, läßt sie sich an einem Tag die *Elegien* und am folgenden die *Sonette* vorlesen. Nike gratuliert und freut sich, neben den Manuskripten, die sie in einem eigens eingerichteten Depot für Rilke in der »Unteren Mühle« verwahrt, nun auch Abschriften dieser Gedichte zu haben. Kippenbergs kommen im Juli nach Sierre, wo ihnen die *Elegien*, Frau Katharina außerdem die *Sonette* vorgelesen werden.

Als gegen Ende 1923 die ersten Rezensionen erscheinen, ist Rilke bereits mit anderem beschäftigt. Die für ihn bezeichnende »Aufspaltung von sprachlicher und nationaler Identität«[195] vertieft sich in seinen letzten Lebensjahren, in denen er nicht nur sein deutsches Hauptwerk vollendet, sondern auch viel aus dem Französischen übersetzt, darunter zwei lange Dialoge und die Gedichtsammlung *Charmes* von Valéry. Zugleich entwickelt er sich zu einem ausgezeichneten Kenner der neueren französischen Literatur und verfaßt selbst Gedichte in dieser Sprache. Diese Nebenproduktion hatte mit der *Chanson orpheline* im *Schmargendorfer Tagebuch* begonnen und bis auf wenige Verse fast ein Vierteljahrhundert geruht, bis sie in den Jahren nach 1922 wieder einsetzt. Eine größere Sammlung französischer Gedichte von Rilke erscheint 1926 in Paris unter dem Titel *Vergers* (»Obstbaumgärten«) mit einer Porträtzeichnung des Dichters von Baladine Klossowska alias Merline. Als Anhang sind ihr die

Quatrains Valaisans beigegeben, kurze, aus vierzeiligen Strophen bestehende Dichtungen, die meist die Walliser Landschaft besingen und einer dortigen Freundin gewidmet sind, der mit einem Arzt in Sierre verheirateten Jeanne de Sépibus-de Preux. Zwei kleinere Gruppen, die als *Les Roses* zusammengefaßten Rosen-Gedichte sowie *Fenêtres* (mit Radierungen von Merline), hat er noch fertiggestellt; andere französische Versuche, meist Widmungs- und Gelegenheitsverse, sind handschriftlich erhalten. Es sind ausnahmslos kleine lyrische Gebilde, leicht, ja spielerisch im Ton und den *Sonetten* weitaus verwandter als den grandiosen, aber auch spröden *Elegien*:

> Après une journée de vent,
> dans une paix infinie,
> le soir se réconcilie
> comme un docile amant.

> Tout devient calme, clarté . . .
> Mais à l'horizon s'étage,
> éclairé et doré,
> un beau bas-relief de nuages.

Nachhaltiger als solche Gedichte wirkt sich Rilkes Tätigkeit als Vermittler der französischen Literatur aus. Sie ist so intensiv, daß Merline sagen kann, er habe »Valéry den Deutschen gegeben«, und er selbst seine Valéry-Übersetzungen höher einschätzt als die eigene Produktion nach 1922. Bei einem anderen Dichter sollte sich seine divinatorische Gabe, sein Hellhörigkeit gegenüber dem Kommenden, als noch fruchtbarer erweisen. 1925 schlägt Rilke dem Insel-Verlag vor, die *Anabase* des noch wenig bekannten Lyrikers Saint-John Perse durch einen jungen Schriftsteller übersetzen zu lassen, der sich im französischen Geistesleben gut auskennt, ohne daß sein Name an die breite Öffentlichkeit gedrungen wäre. Fünfunddreißig Jahre später erhielt Saint-John Perse den Nobelpreis für Literatur, während sein Übersetzer, Walter Benjamin, der 1940 den Freitod wählte, heute zu den führenden Kritikern unseres Jahrhunderts gerechnet wird.

Neben Valéry, der 1924 in Sierre bei Rilke zu Gast ist, gehören André Gide, Paul Claudel, Anna de Noailles, André Maurois, Roger Martin du Gard, Jean Moréas, Edmond Jaloux, Henry de Montherlant, Jean Cocteau, Jean de Lacretelle und noch andere zu den Schriftstellern, die Rilke in das deutsche Sprachgebiet einführen hilft, teils durch Empfehlungen an Kippenberg und andere Verleger, teils durch eigene Übersetzungen, teils durch Hinweise in seiner Korrespondenz. Da er kaum je einen längeren Brief schreibt, ohne auf gerade bestellte oder gelesene Bücher einzugehen, und da Briefpartnerinnen wie Marie Taxis oder Helene von Nostitz ihrerseits über einen ausgedehnten Freundeskreis verfügen, bleiben Rilkes Empfehlungen selten auf den Adressaten beschränkt.

Am erfolgreichsten übt Rilke die Funktion des deutschen Schrittmachers bei einem ihm wesensverwandten, persönlich aber nicht bekannten Erzähler aus: bei Marcel Proust (von dem Thomas Mann zuerst im Sommer 1920 hört, als ihm Annette Kolb von einem »franz. Romancier« erzählen muß, »der Proust o. ä. heißen soll«[196]). Rilke hatte Marie Taxis schon 1913 auf *Der Weg zu Swann* aufmerksam gemacht und den letzten noch zu Lebzeiten des Verfassers erschienenen Roman, *Sodom und Gomorra*, 1921 gleich nach der Veröffentlichung gelesen. So ist es nur folgerichtig, wenn Gide nach Prousts Tod vorschlägt, man solle Rilke um einen Beitrag zur Gedenknummer der *Nouvelle Revue Française* bitten. Der Plan scheitert am Einspruch des Arztes Robert Proust, der nicht will, daß sich ein deutscher Schriftsteller am Gedenkheft zu Ehren seines Bruders beteilige.

Dieser Affront ist nicht der einzige, der Rilke aus der anomalen Lage eines frankophilen, deutschsprachigen, mit tschechischem Paß in der Schweiz lebenden Dichters erwächst. Wegen seiner Loyalität gegenüber der Tschechoslowakei (die er übrigens nie betreten hat) wird er auch von einigen Deutschen scheel angesehen, während er sich bei anderen durch seine unverminderte Liebe zu Frankreich unbeliebt macht. Als er sich 1925 bei seinem dortigen Besuch wieder einmal glücklich preist, in Paris zu sein, protestiert der vom Vorkämpfer der Heimatkunst, Friedrich Lienhard, herausgegebene *Türmer* (»Monatsschrift für Gemüt und Geist«) in Stuttgart:

Es ist für uns schwerringende Deutsche, die wir mit ganzem Sinnen und Trachten auf Wiederaufbau bedacht sind, wahrlich nicht leicht, solche Dinge zu lesen. Am schwersten leiden wir unter Frankreich: und der »größte Lyriker des heutigen Deutschland« flaniert in Paris herum . . . Man muß sich solche ästhetische Duselei merken.[197]

Rilke seinerseits schreibt das politische Deutschland spätestens mit der Ermordung Walther Rathenaus im Juni 1922 als hoffnungslos ab, ohne deswegen die von den Alliierten verfolgte Politik in allem gutzuheißen; in der Besetzung der Ruhr sieht er z. B. einen schweren Fehler.

Wenn er sich solche Anfechtungen überhaupt zu Herzen nimmt, dann wird er dafür durch die Anerkennung entschädigt, die man ihm in immer breiteren Kreisen entgegenbringt. Sie drückt sich in wachsenden Auflageziffern aus (im *Elegien*-Jahr 1922 erreicht der *Cornet* die Viertelmillion, das *Stunden-Buch* das 40.–49., das *Marien-Leben* das 51.–60. Tausend), in einer Flut von Leserbriefen und in Anfragen von Germanisten wie Alfred Schaer und Hermann Pongs, die sich um Auskunft über seinen »dichterischen Werdegang« bemühen. Kippenberg erwähnt 1921 erstmals eine Gesamtausgabe der Werke, Rilkes Gedichte erscheinen in Anthologien, Briefe aus der Frühzeit werden bereits antiquarisch gehandelt, eine erste Rilke-Bibliographie wird »erarbeitet« – mit einem Wort: er wird zum Klassiker. Das zeigt sich besonders anläßlich seines 50. Geburtstages, an dem er, wie Marie Taxis feststellt, »in allen Zeitungen . . . gefeiert« wird. Rilke nimmt es mit sanfter Ironie zur Kenntnis und mokiert sich über die »Eckermännchen«, die sich mit ihm beschäftigen. Den 4. Dezember 1925 verbringt er, schwerkrank und allein, auf Muzot, wo die zu diesem Tag eintreffende Post den Korb füllt, den er sich für die Apfelernte angeschafft hat.

Zum Ruhm gehören auch die Kontakte mit jungen Leuten, die ihm ihre Gedichte ins Haus schicken, wie der spätere Kunsthistoriker Xaver von Moos, oder, mit Empfehlungen versehen, ihn aus Neugierde besuchen, wie Jean Rudolf von Salis. Dieser kommt im April 1924 als zweiundzwanzigjähriger Student durch Muzot und ist einer der letzten, die Rilkes Bekanntschaft zu einer Zeit machen, da er sich noch im Vollbesitz seiner Kräfte befindet:

> Das jugendliche Aussehen der Erscheinung und die weltmännische Ungezwungenheit des einsam hausenden Dichters überraschten mich (in einer Zeit, wo der auf Kothurnen schreitende Stefan George von seinen Anhängern als das Idealbild des Seher-Dichters gefeiert wurde). Auf dem feingliedrigen, eher kleinen Körper wirkte der Kopf groß, fast schwer, und die Gesichtsbildung war äußerst auffallend durch die Trennung zwischen der oberen und der unteren Gesichtshälfte. Alle Geistigkeit schien in der prächtigen Wölbung der klaren Stirn und den groß blickenden malvenblauen Augen gesammelt, während die Nase in breiten Nüstern endete und der Mund übermäßig groß war; ein hängender dünner Schnurrbart milderte den Eindruck der fleischigen Lippen . . .
> Wir hatten uns nach dem einfachen Abendmahl ins Arbeitszimmer im oberen Stockwerk begeben, wo ich erwartungsvoll auf dem Sofa sitzend den Hausherrn beobachtete, wie er die Petrollampe anzündete und auf dem Tisch im Hintergrund des Raumes stehenließ, während zwei Kerzen ihr Licht über die Blätter auf dem Stehpult verbreiteten. Er las zuerst das französische Original, dann seine Übertragung einiger Gedichte von Paul Valéry . . . Die bleibendste Erinnerung an den mit starken Betonungen und einer sehr reinen, sehr klangvollen Baritonstimme vortragenden Rilke ist der Eindruck souveränen Künstlertums. Hier las nicht nur ein Dichter, hier stand auch ein Mann.[198]

Der junge Salis ist nur einer von zahlreichen Besuchern, die, besonders in den Sommermonaten, nach Sierre kommen und dem Dichter nach brieflicher oder telegraphischer Anmeldung (Muzot hat keinen Telephonanschluß) ihre Aufwartung machen. Dabei ist Rilke ein aufmerksamer Gastgeber. Den Damen überreicht er ein paar Rosen aus seinen eigenen Beeten; er hat sie erheblich vergrößert, schon um die Blumenvasen, von denen jedes Zimmer mindestens eine hat, nicht leerstehen zu lassen. Er zieht auch seinen eigenen Wein, der ihn freilich dreimal so teuer zu stehen kommt wie gekaufter. Obwohl er Nichtraucher ist und wenig trinkt, hält er für die Herren Zigarren und Liköre bereit. Der Höhepunkt eines Besuches bei ihm ist oft ein Privatissimum der Art, wie es Salis beschreibt.

Es kommen zunächst die alten Freunde, allen voran Merline, die mehrere Sommer auf Muzot verbringt und während der großen Ferien von Baltusz begleitet wird (sein Bruder Pierre ist bereits in Paris). Nike erscheint ab und zu auf ein paar Tage aus Meilen, meist im Auto, in dem man kurze Touren durch die Süd- und Westschweiz unternimmt; im Juni 1924 z. B. fahren sie über Lausanne, Neuchâtel und Bern nach Bad Ragaz, wo Rilke sich mit Marie Taxis zur gemeinsamen Kur verabredet hat. Im selben Jahr trifft Clara mit ihrem Bruder Helmuth Westhoff zu einem kurzen Besuch ein; es ist das letzte Mal, daß die Ehegatten, durch Ruths Tocher Christine Sieber-Rilke zu Großeltern geworden, beisammen sind. Ellen Delp und Regine Ullmann finden sich aus München ein, Lulu Albert-Lasard aus Pairs, Renée Sintenis aus Berlin, Kassner aus Wien. Andere Freunde aus den Kriegs- und Vorkriegsjahren wie Helene von Nostitz, Sidie Nádherný und vor allem Lou hat Rilke nach der Einreise in die Schweiz nicht mehr gesehen. Mit der Mutter, die in ihrem Geburtshaus in der Prager Herrengasse ein Zimmer bewohnt, verkehrt er längst nur noch durch Weihnachts- und Geburtstagsbriefe. Unter den Freunden und Bekannten neueren Datums befinden sich naturgemäß viele Schweizer. Von der Mühlls waren nach der Beendigung der *Elegien* die ersten Besucher auf Muzot gewesen. Ihnen folgt der Zoologe Jean Strohl aus Zürich, der Rilke mit Büchern versorgt und immer bereit ist, ihm einen Gefallen zu tun, und sei es auch nur ein Besuch beim französischen Konsulat, um Pierre Klossowski ein Visum zu verschaffen. Um den Besitzer von Muzot zu ehren, seinen »Lehens-Herrn«, wie Rilke ihn scherzend nennt, wird eine Schweizer Fahne angeschafft und bei Werner Reinharts Besuchen aufgezogen. Der musikliebende Industrielle bringt Gäste wie die australische Geigerin Alma Moodie und den jungen österreichischen Komponisten Ernst Krenek, für den Rilke 1925 in Paris die kleine Trilogie *Ô Lacrimosa* verfaßt. Der prominenteste Gast auf Muzot ist Antoine

Contat, Vizekanzler der Eidgenossenschaft, der Rilke auf sein Gut in Sierre zur Weinlese mitnimmt.

Contat fragt ihn auch, ob er nicht einen Leseabend in Bern geben wolle. Ähnliche Anfragen erreichen Rilke aus Deutschland und Skandinavien, ganz abgesehen von persönlichen Einladungen zu gemeinsamen Reisen und Ferienaufenthalten. Im Sommer 1923 soll er Marianne Weininger, in deren Wiener Haus er im Krieg verkehrt hatte, nach Brioni begleiten, im Sommer 1924 Aurelia Gallarati-Scotti und ihren Mann in Viareggio besuchen. (Rilke, der den Mann als Bühnenautor schätzt, aber nicht weiß, daß er ein Herzog ist, fügt seinen Briefen an die »Chère comtesse« meist Grüße an »Monsieur de Gallarati-Scotti« bei - ein amüsanter Fauxpas in Anbetracht seiner Vorliebe für den Adel.) Aber der Dichter ist nur noch schwer aus seinen Mauern hervorzulocken; er ist ein Einsiedler geworden und fühlt sich »unendlich unbeweglich, ein Gefangener meiner selbst in meinem alten Turm«[199]. Auch aus diesem Grunde empfängt er Besucher mit offenen Armen, während er sich ihnen in der schöpferischen Klausur der frühen Pariser Jahre, der Winter auf Duino und Berg und der ersten Monate in Muzot nach Möglichkeit entzogen hatte. Jetzt, da seine Arbeit im großen und ganzen getan ist und er nicht mehr reisen mag, bedeuten Besuche nicht mehr eine Unterbrechung, sondern oft genug die Würze eines Tagesablaufs, in dem er das Leben vor sich hin schiebt. »Infolge späten Schlafengehens« steht Rilke »*sehr* (entsetzlich, sträflich!) spät auf« und widmet sich dann der »Briefarbeit; ... nachmittags etwas Übersetzerei, abends Lektüre: es wird gewöhnlich 1 Uhr!!!«[200] Vervollständigt man das Bild durch die vegetarischen Mahlzeiten, die sich der einsame Hausherr, der auch auf Muzot am Abend im Smoking erscheint, am sorgfältig gedeckten Tisch wortlos vom »Geistlein« servieren läßt, dann stößt man in der Tat auf eine zur Fassade erstarrte Existenz. Die Erstarrung erklärt es auch, daß der Mann, der vor dem Krieg, einer plötzlichen Eingebung folgend, von Venedig quer durch Europa nach Toledo gefahren war, sich jetzt mit einem Ausflug von Muzot nach Lausanne schwertut. Denn hinter dieser Fassade verbirgt sich die Erschöpfung der dichterischen Gestaltungskraft und die Krankheit, die ihn schon im Sommer 1923 gezwungen hat, einen Monat im Sanatorium zu verbringen.

Selbstverständlich bleibt Rilke trotz der Valéry-Übersetzungen und der eigenen französischen Verse auch weiterhin ein Dichter deutscher Sprache. Er verfaßt Geburtstags-, Widmungs- und andere Gelegenheitsgedichte für Freunde wie Kippenberg, Carossa und Reinhart. Mit der achtzehnjährigen Wiener Lyrikerin Erika Mitterer, die ihm im Mai 1924 einige Verse schickt und Ende 1925 nach Muzot zu Besuch kommt, führt er bis kurz vor seinem Tod einen erst später veröffentlichten *Briefwechsel in Gedichten*. In *Tränenkrüglein*, in der *Zueignung an M . . .*, die er Merline/Mouky in ihr Exemplar der *Elegien* schreibt, in *Eros* und einigen anderen Gedichten aus dieser Zeit erreicht er noch einmal die Höhe seiner besten Arbeiten. In der Elegie an die russische Dichterin Marina Zwetajewa-Efron, deren Werke ihm Boris Pasternak empfohlen hatte, nimmt er, ein halbes Jahr vor dem Ende, sogar noch einmal den zustimmenden Tonfall der *Sonette* auf:

Wir beginnens als Jubel, schon übertrifft es uns völlig;
plötzlich, unser Gewicht dreht zur Klage abwärts den Sang.
Aber auch so: Klage? Wäre sie nicht: jüngerer Jubel nach unten.
Auch die unteren Götter wollen gelobt sein, Marina.
So unschuldig sind Götter, sie warten auf Lob wie die Schüler.
Loben, du Liebe, laß uns verschwenden mit Lob.

In zwei oder drei sehr späten Gedichten geht er über Bisheriges hinaus und erreicht unter Aufgabe jeglicher Gegenständlichkeit eine Komprimierung, unter deren Druck die Syntax zerbricht. Ein Gedicht wie *Idol* (in dem das ungewisse Geschlecht des Wesens, das ein Rätsel suggerierende Verb »verlistet« und die katzen- bzw. löwenartige Figur den Gedanken an den/die Sphinx nahelegen) weist schon über Rilke hinaus in die Zukunft, zu Dichtern wie Ingeborg Bachmann oder Paul Celan:

Gott oder Göttin des Katzenschlafs,
kostende Gottheit, die in dem dunkeln
Mund reife Augen-Beeren zerdrückt,
süßgewordnen Schauns Traubensaft,

ewiges Licht in der Krypta des Gaumens.
Schlaf-Lied nicht, – Gong! Gong!
Was die anderen Götter beschwört,
entläßt diesen verlisteten Gott
an seine einwärts fallende Macht.

Im Gegensatz zu den vorausgegangenen sind Rilkes späte Gedichte jedoch einzelne Würfe, die sich nicht zu einem Ganzen zusammenschließen wie einst das *Stunden-Buch* und *Buch der Bilder*, die *Neuen Gedichte* und noch die *Duineser Elegien* und *Sonette an Orpheus*. Ihnen fehlt die Anlage zum Zyklischen, die gedankliche und formelle Ausrichtung auf eine größere Einheit; auch sind sie nicht sehr zahlreich und meist recht kurz. Außerdem hatte sich Rilke von seinen früheren Werken jedesmal distanziert, nachdem die bei seiner Arbeitsweise unvermeidliche Erschöpfung einmal abgeklungen war; die innere Abstandnahme war am deutlichsten beim *Cornet*, die Erschöpfung nach dem *Malte Laurids Brigge* am stärksten zum Ausdruck gekommen. Die *Elegien* hingegen hat er nie als abgetan empfunden, so wie er sich auch nicht mehr von der Ermüdung erholte, die auf ihre Niederschrift folgte.

Wenn Rilke seine Krankheit von medizinischer statt metaphysischer Warte aus verfolgt und genaue Unterlagen hinterlassen hätte, ließe sich dies wohl auch klinisch belegen. Tatsache ist, daß die Indizien schwerer, vorläufig noch unbestimmter körperlicher Mißstände nach dem Februar 1922 rapide ansteigen. Schon im Juli erwähnt er seine »große Müdigkeit« und fügt hinzu, daß er »bei frühem Schlafengehen ... 10–11 Stunden« schlafe. Nachdem er im Dezember zehn Tage lang nur Hafersuppe zu sich nehmen konnte, klagt er im Januar 1923 über eine »krankhafte Empfindlichkeit« des Sympathicus, d. h. des Sonnengeflechts unter dem Zwerchfell. Im Mai stellt er bei sich »chronische oft sehr lästige Schwellungen der Magen- und Leibmuskeln« fest, die sich »trotz brav eingenommenem Charbon Fraudin« (granulierte Pappelkohle gegen Verdauungsstörungen) nicht legen wollen. Mit einem Körpergewicht von 49 Kilo begibt er sich im August ins Sanatorium Schöneck am Vierwaldstätter See, um durch Massage, Umschläge, Güsse und Galvanisierung »allerhand krampfhafte Darmbeschwerden« auszukurieren. Das Übel ist jedoch »obstinat und weit verwurzelt«, so daß er, auch aus finanziellen Gründen, unverrichteterdinge bald wieder nach Muzot zurückkehrt.[201] Dort erleidet Rilke kurz nach Weihnachten 1923 einen Kollaps und muß Werner Reinhart telegraphisch um eine Empfehlung an einen Arzt bitten. Der Freund verweist ihn an Dr. Theodor Haemmerli-Schindler im Sanatorium Val-Mont sur Territet oberhalb des Genfer Sees. Röntgenaufnahmen und andere Untersuchungen ergeben keine klinischen Befunde, aber eine Besserung will sich auch auf Val-Mont nicht einstellen: »Auskennen tut sich niemand vor der Hand«, meldet er Nike im Januar 1924, »so wenig wie in Schöneck, meine Natur spielt ihnen ein kurioses Stücklein vor –, nur, ich bin es müde, die Schaubühne solcher Mysterien zu sein.«

Als bemerkenswert, ja im Rückblick geradezu unheimlich, erweist sich bei alledem Rilkes Hellhörigkeit gegenüber den Vorgängen, die sich, den Ärzten noch auf Jahre unbekannt und unzugänglich, in seinem Körper abspielen. Er registriert die Krise vom Jahresende 1923 – in der wir mit großer Wahrscheinlichkeit früheste, noch submikroskopische, der Leukämie in weitem Abstand vorausgehende Modifikationen im Zellgewebe zu sehen haben – sogleich als eine »plötzliche oder plötzlich entscheidend gewordene Veränderung in den Verhältnissen der ›inneren Sekretion‹, [die] . . . dauernde und unaufhebbare Hemmungen oder Verwandlungen im Organismus« zeitigen würde. Wenn er dazu schreibt, er habe den Schock »jusque dans la moelle de mes os« gespürt, dann bestimmt er mit dem Knochenmark sogar den klinischen Ort, von dem diese unheilschwangeren Veränderungen ihren Ausgang nahmen. Rilkes einzigartige Sensitivität äußert sich also nicht nur subjektiv, in der Dichtung, sondern auch in der Erkenntnis eines objektiven, mit dem Sensorium des Durchschnittsmenschen oder den Hilfsmitteln der medizinischen Diagnostik nicht faßbaren Sachverhalts. So wie es Menschen gibt, die sich an ihre Geburt zu erinnern meinen, besitzt Rilke einen sechsten Sinn, der ihn befähigt, selbst eine so schleichende Krankheit wie die Leukämie praktisch bis zum Augenblick ihrer Genese zurückzuverfolgen. Da er sich aber für die Medizin nicht interessiert und wenig von ihr hält, erwägt er allen Ernstes zugleich die Möglichkeit, daß zwei Todesfälle und eine Geburt, die sich »im

Bereiche meines Blutes« ereignet hatten, seine Gesundheit beeinträchtigt haben könnten: Oswald von Kutschera-Woborsky, sein Vetter zweiten Grades, war 1922, seine Kusine Paula Rilke von Rüliken war 1923 gestorben, im Geburtsjahr seiner Enkelin.[202]

Im Sommer 1924 stellt sich nach einem Kuraufenthalt in Ragaz mit anschließendem Besuch in Meilen, Lausanne und Bern eine gewisse Besserung ein, aber gegen Ende des Jahres muß er zum zweiten Mal nach Val-Mont fahren, trotz der erhöhten Kosten von 45 Franken am Tage, deren Beschaffung ihm nicht leichtfällt. Zwar verlangt Reinhart keine Miete für Muzot, und er stellt kleinere Beträge für die Reparaturen zur Verfügung, die bei einem so alten Gebäude immer wieder anfallen. Aber Rilke muß für Friedas Lohn aufkommen – sie erhält bei freier Unterkunft und Verpflegung monatlich 90 Franken, ihre Nachfolgerin bekommt 100 – und für Lebensmittel, Heizmaterial für die Kachelöfen und andere Haushaltskosten. Auch wenn sich Kippenberg um die Finanzen kümmert, indem er die Zuwendungen an Clara, gelegentliche kleinere Summen an Phia, ja sogar Ruths Aussteuer nach eigenem Ermessen festsetzt und sich von Rilke nur bestätigen läßt, sind es doch dessen Tantiemen, aus denen solche Zahlungen bestritten werden. Im Jahre 1924 sind die Geldsorgen wiederum drückend, weil Rilke seine Mittel für einen besonderen Zweck zusammenhalten will: für einen Aufenthalt in Paris, von dem er sich Heilung verspricht, der aber immer wieder verschoben werden muß. Erst Anfang 1925 ist es soweit: Ohne nach Muzot zurückzukehren, reist er mit dem Mut der Verzweiflung von Val-Mont direkt nach Paris, wo er im Hotel Foyot am Ende der Rue Tournon absteigt, in unmittelbarer Nachbarschaft des Luxembourg-Gartens.

VI

Kaum in Paris angekommen, will Rilke sich in einem Friseurladen nahe der Madeleine eine Flasche Houbigant-Haarwasser kaufen, muß beim Zahlen aber feststellen, daß er seine Brieftasche im Hotel gelassen hat. »Das kann jeder behaupten, Monsieur!« ereifert sich der Verkäufer, woraufhin ein distinguiert aussehender Herr sich erbietet, die Flasche für Rilke zu erstehen. Es ist Carl Jacob Burckhardt, der sich gerade das Haar waschen läßt und im Spiegel Zeuge des kleinen Vorfalls geworden ist. Ihm bleibt das »klangvolle Kinderlachen« unvergeßlich, mit dem der Dichter ihm dankt, weil Rilke »nicht wie die meisten Leute beim Lachen die Augen schloß oder zusammenkniff, sondern sie weit öffnete und einen voll anschaute«.[203]

Da Rilke in Paris viele Leute sehen muß, geht er nicht wie früher zu Fuß, sondern nimmt sich oft ein Taxi, was ihn gegen Ende seines Aufenthalts wiederum in eine ungewöhnliche Lage bringt. Aufgrund einer Empfehlung von Helene von Nostitz besucht ihn ein junger Schriftsteller, Walther Georg Hartmann, im Hotel:

Nach dem stillen, ungestörten Gespräch . . . mußten wir beide sagen, daß wir für den Abend »in der Stadt« verabredet seien, und wir stellten fest, daß wir einen längeren Taxiweg noch gemeinsam fahren könnten. Auf der Fahrt war Rilke von ungewöhnlicher Heiterkeit bei Fragen und Erzählen. Ich fühlte mich ganz unbelastet an seiner Seite und beglückt frei, bis – ja bis ein kläglicher Gedanke mich beschwerte; ich mußte noch ein paar Blumen haben für das Ehepaar, bei dem ich zu Gast sein sollte. Und seltsam: als ob diese bedenkliche Ablenkung sich auf Rilke übertrüge, wurde er stiller, schien er mit einer Frage beschäftigt, so daß ich nun schleunigst meine Blumen sein ließ und wartete. Da sagte er mit schüchterner Stimme . . . »Dürfen wir einmal halten lassen, – ich muß ein paar Blumen mitbringen.« Er sagte das mit so wahrem Entschuldigungs-Bedürfnis, daß ich ihn lachend davon befreite: Mir ginge es ebenso und ich druckse schon eine Weile daran herum. Rilkes herzliches Lachen wird mir Erinnerung an ihn bleiben . . . Ich stieg nicht wieder zu ihm ein, wir verabschiedeten uns fröhlich, als hätten wir uns gegenseitig »ertappen« müssen.[204]

So wird Rilkes letzter Aufenthalt in Paris von Szenen eingerahmt, die ihn lachend zeigen – zu Recht, denn in allem, was den äußeren

Erfolg betrifft, verlebt er jetzt die glücklichsten Monate seines Lebens. Merline, 1924 nach zehnjähriger Abwesenheit nach Paris zurückgekehrt, wohnt in der Rue Férou, nicht weit vom »Foyot«, so daß Rilke sie oft sieht; zu oft in den Augen von Harry Graf Kessler, der ihm wiederholt in Gesellschaft begegnet und konstatiert, er habe »sich anscheinend hier ganz von der Klossowska einfangen lassen«[205]. Pierre Klossowski geht auf die Schule, Baltusz bildet sich zum Maler aus, beides dank der Fürsorge von Gide und Rilkes Wiener Freund Richard Weininger, der einen finanziellen Beitrag zur Erziehung der beiden Jungen leistet.

Einem Ertrinkenden ähnlich, dessen Leben in rasender Schnelle noch einmal vor seinen Augen abläuft, läßt Rilke die Freunde und Freundinnen Revue passieren, die jetzt in Paris leben oder sich zufällig gerade dort aufhalten. Unter ihnen ist Marianne Mitford, in dritter Ehe mit einem Bankier verheiratet und so wohlhabend wie zehn Jahre zuvor in Berlin. Helene Woronin hingegen hat in der Revolution alles verloren und gehört nun zu den weißrussischen Emigranten, die sich in Paris kümmerlich durchschlagen müssen. Thankmar von Münchhausen und Hugo von Hofmannsthal kommen vorbei, Georges und Ludmilla Pitoëff sind aus Genf zugezogen, Alexander und Clotilde Sacharoff sind Lieblinge des Pariser Publikums geworden, Claire Goll hat sich als Schriftstellerin, Elisabeth Bergner als Schauspielerin einen Namen gemacht: Rilke sieht sie alle, auch Marthe, die er mit ihrem Mann in Montmartre, und Emile Verhaerens Witwe, die er draußen in Saint-Cloud aufsucht. Hatte der kurze, gewissermaßen verstohlene Paris-Besuch von 1920 vor allem einem Wiedersehen mit der Stadt gegolten, bei dem er den Menschen aus dem Wege gegangen war, so dient dieser Aufenthalt den Kontakten mit alten und neuen Freunden. Rilke wird von so vielen Leuten mit Beschlag belegt, daß er sich bald mit dem Zauberlehrling vergleicht, der die Geister, die er gerufen, nicht mehr los wird. Um sich für so viel Gastfreundschaft erkenntlich zu zeigen, gibt er schließlich seinerseits ein kleines Déjeuner im Hotel Foyot.

Der namenlose deutsche Dichter, der ein knappes Vierteljahrhundert zuvor mit dem Auftrag nach Paris gekommen war, eine Monographie über den berühmten Rodin zu schreiben, ist inzwischen selbst berühmt geworden. In den literarischen Kreisen ist man über ihn um so besser unterrichtet, als bei seiner Ankunft die von Valéry redigierte Zeitschrift *Commerce* und kurz vor seiner Abreise die *Nouvelle Revue Française* und die *Revue Nouvelle* einige französische Gedichte aus seiner Feder veröffentlichen (ein Teil des französischen *Malte Laurids Brigge* liegt seit 1923 vor, ein paar erste Proben sind in Gides Übersetzung sogar schon 1911 erschienen). Rilke wird von Anna de Noailles empfangen, die behauptet, ihn seit jener flüchtigen Begegnung im Hotel Liverpool nicht mehr vergessen zu haben. Er lernt den Romancier Edmond Jaloux kennen und die schriftstellernde Princesse de Bibesco, die Duchesse de Clermont-Tonnerre und Jean Giraudoux, ja, er trifft sogar zwei Amerikanerinnen, die sich in Paris für Kunst und Literatur einsetzen, Natalie Clifford-Barney und Valérys Gönnerin, die Fürstin Marguerite Bassiano.

Der Empfang, der ihm von der Pariser literarischen Gesellschaft bereitet wird, erfreut Rilke besonders in Anbetracht des peinlichen Eindrucks, den ein anderer deutschsprachiger Besucher hinterlassen hatte. Im Pariser PEN-Club hatte man im Vorjahr den expressionistischen Dramatiker Fritz von Unruh willkommen geheißen, was diesen nicht hinderte, in seinem Reisetagebuch *Flügel der Nike* einige tonangebende Pariser Intellektuelle zu karikieren. Madame de Noailles soll ihn zum Beispiel bei einem Diner gefragt haben: »Habe ich nicht schöne Augen? Ihr Einstein sagte mir, ich hätte die schönsten Augen der Welt.« Danach habe sie, berichtet v. Unruh weiter, »ihre Pupillen hinter den langen seidenen Wimpern des Augenlides so schwärmerisch [verdreht], daß ich nur einen weißen milchigen Glanz in den Augen sehe«.[206]

Rilke hatte es seinerzeit begrüßt, daß der bescheiden auftretende Physiker zu den ersten Deutschen gehörte, die man nach dem Krieg in Paris empfing. Jetzt ist er bemüht, die durch Unruhs Buch erregten Wogen wieder zu glätten, und sei's auch nur im Wasserglas der Salons des Faubourg Saint-Germain, in denen er als gern gesehener Gast verkehrt. Valéry macht sich sogar anheischig, ihn für die Ehrenlegion vorzuschlagen, aber Rilke, der schon 1918 den ihm von Kaiser Karl zugedachten Orden ausgeschlagen hatte, winkt dankend ab. Dagegen nimmt er im Herbst 1926 mit großer

Freude die *Reconnaissance à Rilke* zur Kenntnis, eine 160 Seiten starke Sondernummer der *Cahiers du mois*, in der André Gide, Paul Valéry, Ellen Key, Helene von Nostitz und andere Bewunderer ihre Erinnerungen und Huldigungen an ihn zu Papier bringen.

Mit zwei Kritikern verbindet ihn bald eine richtige Freundschaft: mit Charles Du Bos, der sich von Rilke einen Beitrag zu einer geplanten Veröffentlichung ausbittet, und mit dem Herausgeber der *Cahiers du mois*, dem Elsässer Maurice Betz. Dieser hatte 1915 in der Schweiz den *Cornet* gelesen, als Schüler, und dabei Christoph Rilkes Ritt durch die ungarische Ebene als wirklicher empfunden als den draußen tobenden Krieg – »*plus réelle que la guerre qui bouleversait l'Europe*«[207]. Jetzt verbringt er, um seine Übertragung des *Malte Laurids Brigge* zu vervollständigen, so viel Zeit wie möglich mit dessen Verfasser. Er liest den französischen Text vor, Rilke kontrolliert ihn anhand des deutschen Originals und unterbricht von Zeit zu Zeit mit Verbesserungsvorschlägen. Danach plaudert der Dichter bei einem Glas Wein über seine Jugend und beantwortet die Fragen, die Betz und seine Frau über dies und jenes stellen.

Rilke verläßt Paris am 18. August 1925 nach einem Aufenthalt von über sieben Monaten, ohne Abschiedsbesuche zu machen, da die meisten Bekannten ohnehin ans Meer oder in die Berge gereist sind. In Begleitung von Merline fährt er zuerst nach Sierre und von dort nach Mailand, obwohl die Gallarati-Scottis im Hochsommer ebenfalls verreist sind. Am 8. September bringt er die Freundin, die zu Hause erwartet wird, in Sierre auf die Bahn und winkt, bis sie verschwunden ist: »*Oh René*«, schreibt sie aus Paris, »*que vous deveniez petit, vu de mon train* und unerreichbar! *Mon coeur est écrasé net.*« Das Gefühl, das sie über ihr gebrochenes Herz klagen läßt, trügt nicht. Sie weiß, daß Rilke schwer krank ist, und ahnt wohl auch, daß sie ihn nicht wiedersehen wird.

VII

Rilke war auch deshalb nach Paris gefahren, um durch einen völligen Wechsel in seiner Lebensweise den Teufelskreis der Krankheit zu durchbrechen, der ihn so lange gefangengehalten hatte: ein

Versuch, zu dem Dr. Haemmerli seinen Segen gegeben hatte. Sein Befinden, das in Paris bis auf eine Grippe erträglich gewesen war, verschlimmert sich nach der Rückkehr dermaßen, daß er vor dem Winter auf Muzot noch eine Kur in Ragaz einlegen muß.

Im Spätherbst 1925 treten erstmals spezifische Krankheitssymptome auf, darunter Knötchen an der Innenseite der Lippen, die ihn vorübergehend am Sprechen hindern. Er glaubt Krebs zu haben, aber eine diesbezügliche Untersuchung in Zürich verläuft negativ. Trotzdem ist ihm so elend zumute, daß er, kaum nach Muzot zurückgekehrt, sein Testament verfaßt und es Nike zur Verwahrung schickt.

Rilke hatte seit der Arbeit am *Malte Laurids Brigge* bisweilen befürchtet, er könne den Verstand verlieren; jetzt, wo zu dieser Sorge die körperliche Erkrankung getreten ist, bestimmt er für den Fall der Unzurechnungsfähigkeit, daß bei seinem Ableben »jeder priesterliche Beistand, der sich andrängen könnte«, von ihm fernzuhalten sei. Darüber hinaus legt der Letzte Wille fest, daß mit Ausnahme der für Ruth bestimmten Familienbilder alles auf Muzot befindliche Mobiliar Nike und Werner Reinhart gehören soll. Dem Insel-Verlag wird anheimgestellt, Rilkes Briefwechsel nach Gutdünken zu veröffentlichen. Auch erklärt der Dichter, er wünsche nicht in Muzot oder Sierre, sondern auf dem Friedhof der alten, hoch über dem Rhonetal gelegenen Kirche von Raron beigesetzt zu werden, mit einem Grabstein, der seinen Namen, das Rilkesche Familienwappen und die Verszeilen tragen soll:

> Rose, oh reiner Widerspruch, Lust,
> Niemandes Schlaf zu sein unter soviel
> Lidern.

Es ist einer der berühmtesten Grabsprüche, die die Literaturgeschichte kennt. Schon 1972 hat man nicht weniger als 26 verschiedene Auslegungen gezählt, ganz zu schweigen von den Parodien . . .[208] Sie können den Versen indessen nichts anhaben, die längst weiterleben dank einer Eigenbewegung, die mit ihrer Bedeutung nur wenig zu tun hat. Man kommt dieser Bedeutung vielleicht am nächsten, wenn man den Text nicht als »lyrische Summen« oder

»letzte Wahrheiten«, sondern, bescheidener, als Resultat mehrerer Assoziationsreihen auffaßt, sozusagen als Worte *und* Wörter. Dann zeigt es sich, daß das auf einem Grabstein sehr ungewöhnliche Wort »Lust«, der beim Laut-Lesen von dunklen zu hellen Vokalen ansteigende Klang und der im ersten Teil stockende, im zweiten sich lockernde Sprachduktus ein Ineinandergreifen zweier Sphären, sagen wir in Anbetracht des Ortes ruhig: des Todes mit dem Leben symbolisiert. Es ist die gleiche Verschränkung, die in den doppeldeutigen »Li[e]dern« dessen zum Ausdruck kommt, der unter diesem Stein schläft – oder, insofern sein Werk weiterlebt, in reinem Widerspruch *nicht* schläft. So verkörpern die kurz vor dem Tod verfaßten Zeilen noch einmal die zu Beginn erwähnte Entwicklung der Rilkeschen Dichtung von der quasi-mathematischen, restlos aufgehenden Gleichung bis zum Hermetisch-Undurchdringlichen. Tatsächlich kann man sich keine anderen zwölf Worte vorstellen, die sich, unter Wahrung des Wortsinns und bei aller Musikalität, zu einem grammatikalisch so eindeutigen und in der Aussage so vieldeutigen Satz zusammenfügten.

Nachdem er sein Haus bestellt hat, verläßt Rilke Muzot kurz nach seinem fünfzigsten Geburtstag und fährt zum dritten Mal ins Sanatorium Val-Mont. Diesmal verbringt er fünf Monate dort, ohne daß sich sein Befinden ändert. Die Behandlung besteht aus Massagen, Kleie-Lavendel-Bädern und einer Kost, bei der er immerhin etwas zunimmt; die schmerzhaften Schwellungen in Mund und Rachenhöhle lassen sich jedoch nicht beheben. Eine Mitpatientin hat die Gäste des Sanatoriums als »amerikanische Ölmagnaten, brasilianische Pflanzer, argentinische Weizenkönige« geschildert, die »Tisch an Tisch mit ungarischen Adligen [und] holländischen Industriellen« gesessen haben sollen. Es fällt schwer, sich Rilke in einem solchen Milieu vorzustellen; es erinnert gar zu sehr an den damals gerade veröffentlichten *Zauberberg*.[209] Auf jeden Fall verläßt er Val-Mont im Mai 1926 und zieht ins Hotel Bellevue in Sierre, da in Muzot Reparaturen im Gange sind. Jeden zweiten Tag geht er ein- oder zweimal hinauf, um nach seinen Rosen zu sehen und den Haushalt mit Ida Walthert zu besprechen, der Nachfolgerin des »Geistlein«, der in ihr Heimatdorf zurückgekehrten Frieda Baumgartner.

Was Rilke momentan dringender benötigt als eine Haushälterin, ist eine Sekretärin, wie er sie im Herbst 1924 schon einmal auf kurze Zeit engagiert hatte: eine sprachkundige junge Frau, die ihm bei den Übersetzungen und den Vorbereitungen für die geplante Gesamtausgabe zur Hand gehen könnte. Er bittet Nike, nach einer geeigneten Person für ihn Ausschau zu halten, und fährt Mitte Juli nach Ragaz, um ein paar Tage mit Marie Taxis zu verbringen. Nach ihrer Abreise hält er sich weitere fünf Wochen im Hotel »Hof Ragaz« auf, denn er fühlt sich in seinem Element in dem etwas altmodischen Kurort, in dem »das Promenieren noch etwas anerkannt Behäbiges hat, obgleich es ja auch nicht mehr von denselben Personen ausgeführt wird, die bis zum Jahr Vierzehn sich dort traditionell einfanden«[210]. Unter den Kurbekanntschaften, die er auf einer mehr als sechzig Namen enthaltenden Liste einträgt, ist die junge holländische Sängerin Beppy Veder, die er an »unsere Stunden allein« erinnert und bis zu ihrer Abreise »noch so viel zu sehen« hofft, wie sie es ihm erlauben möge.[211] Eine andere Freundin ist die achtzehnjährige Alice Bürer, Telegraphistin im Postamt Ragaz, der er den *Cornet* mit einer Widmung schenkt und sein zur Kur gebrauchtes Trinkglas »bis zum nächsten Jahr« in Verwahrung gibt. Auch mit seiner Zimmer- und Tischnachbarin, einer jungen Belgierin, knüpft er zarte Bande, obwohl sie mit Mutter und Tochter reist. Nach dem Abschied von Marie Taxis kehrt Rilke noch einmal jenen Serafico hervor, gegen den Don Juan ein Waisenknabe gewesen sein soll. Sogar seine Reiselust stellt sich wieder ein; er trägt sich mit Plänen, mit Marie Taxis nach Rom, zum Besuch von Aurelia Gallarati-Scotti nach Mailand oder auch nach Südfrankreich zu fahren, ins Languedoc, die Heimat von Valéry.

Im September 1926 steigt Rilke im Hotel Savoy in Ouchy-Lausanne ab, um sich mit Richard und Marianne Weininger zu treffen. Er sieht auch Edmond Jaloux wieder, der in Lausanne ein Haus besitzt und ihn mit der dreiundzwanzigjährigen Nimet Eloui bekannt macht, einer soeben geschiedenen Ägypterin tscherkessischer Herkunft, die gerade die *Cahiers de Malte Laurids Brigge* gelesen hat und sich freut, nun den Verfasser kennenzulernen. Im Gegensatz zur umsichtigen Nike ist Nimet eine rasante Autofahrerin, von der sich Rilke, der das Fahren liebt, durch die Gegend chauffieren läßt, bis er sich in einem kleinen Brief entschuldigen lassen muß: »*Désolé, Madame, désolé*, denn morgen werde ich den ganzen Tag fort sein: Paul Valéry erwartet mich am anderen Ufer des Sees!«[212] Bei dieser letzten Begegnung, in Anthy, entsteht eine Aufnahme der beiden Dichter, die Rilke bei scheinbar bester Gesundheit, ja sogar lachend zeigt, was bei seinen Bildern sonst nicht der Fall ist. Wenige Tage darauf stellt sich ihm Génia Tscheroswitow vor, eine junge Russin, die mit ihrer Mutter ins Hotel kommt und sich um die Stellung als Sekretärin bewirbt. Rilke engagiert sie und nimmt sie nach Sierre mit, wo sie im Hotel wohnt, während er wieder in Muzot einzieht. Mit Génias Hilfe geht die Übertragung der beiden Dialoge von Valéry, auf die der Insel-Verlag bereits wartet, schnell vonstatten. Als Nimet Eloui gegen Ende September mit einer Freundin zu Besuch nach Muzot kommt, macht Rilke die Honneurs und pflückt den Damen ein paar Rosen, wobei er sich in der Eile an einem Dorn die Hand verletzt. Die Wunde entzündet sich und muß verbunden werden; bald tut ihm auch der andere Arm weh, so daß er vorübergehend am Schreiben gehindert ist. So fährt er mit Génia kurz entschlossen nach Lausanne, um ein Gastspiel des Théâtre du Vieux-Colombier zu sehen. Auf dem Rückweg machen sie in Vevey und Sion halt, wo Rilke sich so jugendlich gibt – *plein d'une verve, d'une jeunesse* –, »daß man unmöglich auf sein nahes Ende hätte schließen können«.[213]

Das Ende ist in der Tat nahe, obwohl Rilke es nicht weiß oder wahrhaben will. Ende Oktober berichtet er Kippenberg über die letztvergangenen Wochen:

So gut mir Ragaz gewesen ist . . ., so gut auch noch Lausanne war im Anschluß an die Ragazer Wochen –, so viel Heimsuchung mußte ich mir gleich nach meiner Rückkehr hierher gefallen lassen. Die Verletzung durch einen tief eingedrungenen Rosendorn setzte meine linke Hand für Wochen außer Gebrauch, gleich darauf wurde auch die Anwendung der rechten, infolge einer schwierigen und schmerzhaften Nagelinfektion erschwert: beide Hände staken zehn Tage lang in teilweisen Verbänden; kaum daß diese Übelstände überstanden waren, holte ich mir in Sion, wo sie, scheints, umgeht, eine fiebrige Darmgrippe, mit der ich nun, seit nächstens vierzehn Tagen, sehr geschwächt, zu Bett liege.[214]

Rilke geht noch ein paarmal hinauf nach Muzot, verbringt die meiste Zeit aber bettlägrig im Hotel Bellevue, wo Génia ihm vorliest und beim Ordnen seiner Briefwechsel hilft, die er wie eh und je nach den Empfängern sorgfältig sortiert. Nachdem er den Besuch eines Arztes so lange wie möglich hinausgeschoben hat, fährt er, nun von unerträglichen Schmerzen gepeinigt, mit ihr am 30. November nach Val-Mont. Dort zeigt es sich bei der Untersuchung, daß er Leukämie hat, in einer seltenen, besonders schmerzhaften Form, die sich zuerst in den Gedärmen bemerkbar macht und im Endstadium auf den Schleimhäuten auch des Mundes und der Nase schwarze Pusteln erscheinen läßt; diese brechen auf und bluten, was den Kranken am Trinken hindert, so daß er neben den Schmerzen auch von nicht zu stillendem Durst gepeinigt wird.

Nike, durch Génia (die bald darauf zu ihrer Mutter nach Lausanne zurückkehrt) unterrichtet und selber erst von einer Krankheit genesen, trifft am 9. Dezember in Val-Mont ein und bleibt bis zum Ende an Rilkes Seite. Eine Heilung gibt es nicht, es kann sich nur darum handeln, ihm das Leiden erträglicher zu machen. Am 13. schreibt er an Lou in Göttingen[215]:

Das siehst Du also wars, worauf ich seit drei Jahren durch meine wachsame Natur vorbereitet und vorgewarnt war . . . Und jetzt, Lou, ich weiß nicht wie viel Höllen, Du weißt wie ich den Schmerz, den physischen, den wirklich großen in meine Ordnungen untergebracht habe, es sei denn als Ausnahme und schon wieder Rückweg ins Freie. Und nun. Er deckt mich zu. Er löst mich ab. Tag und Nacht!
Woher den Mut nehmen?
Liebe, liebe Lou, der Arzt schreibt Dir, Frau Wunderly schreibt Dir, die hilfreich hierher gekommen ist für ein paar Tage. Ich habe eine gute verständige garde-malade und glaube den Arzt der mich nun seit drei Jahren wiedersieht, dies mal zum vierten Mal, im Rechten. Aber. Die Höllen.
Bei Dir, bei Euch, Lou, wie? Seid Ihr beide gesund, es weht etwas

Ungutes in diesem Jahresschluß, Bedrohliches . . .
[auf Russisch] Leb wohl, meine Liebe.

D. Rainer

In den Briefen, die Dr. Haemmerli und Nike beilegen, schildern sie
den Zustand des Patienten genauer und weisen darauf hin, daß er
über die Prognose nicht unterrichtet sei und sie auch nicht wissen
wolle, sich aber auf eine lange Leidenszeit eingerichtet habe. Dies
geht auch aus Rilkes letzten Briefen an Merline (*»enfermé cette fois
pour longtemps . . .«*) und an Kassner hervor, dem Rilke es anheim-
stellt, Marie Taxis »von dieser meiner Lage, die nicht die vorüberge-
hendste sein wird . . . soviel, als Sie es für gut halten« zu unterrichten. In diesen Tagen, Mitte Dezember 1926, trägt er, in kaum
veränderter Handschrift, sein letztes Gedicht in das Notizbuch ein,
das er immer bei sich hat:

> Komm du, du letzter, den ich anerkenne,
> heilloser Schmerz im leiblichen Geweb:
> wie ich im Geiste brannte, sieh, ich brenne
> in dir; das Holz hat lange widerstrebt,
> der Flamme, die du loderst, zuzustimmen,
> nun aber nähr' ich dich und brenn in dir.
> Mein hiesig Mildsein wird in deinem Grimmen
> ein Grimm der Hölle nicht von hier.
> Ganz rein, ganz planlos frei von Zukunft stieg
> ich auf des Leidens wirren Scheiterhaufen,
> so sicher nirgend Künftiges zu kaufen
> um dieses Herz, darin der Vorrat schwieg.
> Bin ich es noch, der da unkenntlich brennt?
> Erinnerungen reiß ich nicht herein.
> O Leben, Leben: Draußensein.
> Und ich in Lohe. Niemand der mich kennt.

Am 22. läßt er Nimet Eloui bitten, keine Blumen mehr zu schicken
(»ihre Gegenwart stachelt die Dämonen an, von denen mein
Zimmer voll ist«), am 23. schreibt er noch eigenhändig an Merline,
er sei schwer krank und in großen Schmerzen, wünsche aber nicht

451

besucht zu werden. Clara, die auf die Nachricht von seiner Erkrankung nach Sierre geeilt ist, wird nicht vorgelassen.

Rilke lebte als Dichter und starb als Dichter. Nicht nur, weil er in den oben zitierten Versen das eigene Sterben zum Vorwurf eines Gedichts machte oder sich die Hand so »romantisch« an einer Rose aufriß (die Todesursache war akute Leukämie, nicht Blutvergiftung oder gar Weltschmerz). Er starb als Dichter, weil ihm sogar angesichts des Todes die eigene Vorstellung wichtiger und wirklicher war als die Wirklichkeit. So wie er sich, seiner in die Dichtung eingegangenen Innenwelt zuliebe, ganzen Bereichen des Lebens – dem Beruf, dem Geld, der Ehe – gegenüber weitgehend verschlossen hatte, so weigerte er sich, sein bevorstehendes Ende zur Kenntnis zu nehmen:

> Der Gedanke an das Sterben war ihm so fürchterlich [schrieb der Arzt später an Marie Taxis], daß er ihn weit genug von sich wies, um niemals auch nur zu fragen, an welcher Krankheit er denn leide. Nicht ein einziges Mal hat er die Möglichkeit seines Todes erwähnt, obwohl wir jeden Tag, wenn ich auf seinen Wunsch hin mit ihm allein war, recht offen über seinen Zustand und von seinen Freunden sprachen.[216]

Rilke hat das Wort »Tod«, das er auch in seinem Testament sorgsam aussparte, nur gebraucht, um Nike zu bitten, ihm zu seinem eigenen Tod zu verhelfen: »Ich will nicht den Tod der Ärzte – ich will meine Freiheit haben.«[217] Er wollte so weit wie möglich auch ohne Betäubungsmittel auskommen und blieb bis wenige Tage vor dem Ende im Glauben, daß man ihn retten könne. Es steht dahin, ob oder wieweit das Sicheinrichten im Schmerz eine Art von Selbstbestrafung darstellt oder ein willig ertragenes Opfer, durch das der Tod besänftigt und ferngehalten werden soll.

Rainer Maria Rilke starb im Alter von einundfünfzig Jahren in den frühen Morgenstunden des 29. Dezember 1926 und wurde am 2. Januar 1927, einem sonnigen und sehr kalten Wintertag, in Gegenwart von Anton und Katharina Kippenberg, Regina Ullmann, Nanny Wunderly-Volkart, Werner Reinhart, Lulu Albert-Lasard und einigen anderen Freunden auf dem Friedhof von Raron beigesetzt. Über seinem Grab sprach ein Trauergast die Verse aus der *Ersten Elegie:*

Schließlich brauchen sie uns nicht mehr, die Früheentrückten,
man entwöhnt sich des Irdischen sanft, wie man den Brüsten
milde der Mutter entwächst. Aber wir, die so große
Geheimnisse brauchen, denen aus Trauer so oft
seliger Fortschritt entspringt –: *könnten* wir sein ohne sie?

DANK

Der Verfasser ist den folgenden Damen und Herren bzw. Institutionen zu Dank verpflichtet:

Dem Deutschen Literaturarchiv in Marbach a. N.; dem Rilke-Archiv in Gernsbach; der Bibliothèque Nationale, der Bibliothèque Mazarine und dem Goethe-Institut in Paris; der Bayerischen Staatsbibliothek in München; der Biblioteca Statale in Lucca; der Biblioteca Ignazio Cerio in Capri; der Schweizerischen Landesbibliothek in Bern; der Houghton Library (Harvard University) in Cambridge, Mass.; der University of Virginia Library; der University of Oregon Library; der Yale University Library; der New York Public Library; der Staatsbibliothek Preußischer Kulturbesitz in Berlin; der Bibliothek des Germanischen Seminars der Freien Universität Berlin; der *Frankfurter Allgemeinen Zeitung*; der Alexander-von-Humboldt-Stiftung in Bonn.

Sein Dank gilt auch Herrn Prof. Dr. Beda Allemann in Bonn; Frau Prof. Dr. Patricia Brodsky in Columbia, Mo.; Frau Prof. Dr. Dorrit Cohn und Herrn Bibliothekar Rodney Dennis in Cambridge, Mass.; Herrn Prof. Dr. Peter Gontrum in Eugene, Oregon; Herrn Prof. André von Gronicka in Philadelphia; Frau Margot Hausenstein in London; Herrn Prof. Dr. Klaus Jonas in Pittsburgh; Frau Theodosia Leppmann in Eugene, Ore.; Herrn Dr. Rätus Luck in Bern; Herrn Prof. Dr. Fritz Martini in Stuttgart; Herrn Bibliothekar Hans Joachim Mey in Berlin; Herrn Prof. Dr. Herman Meyer in Amsterdam; Herrn Dr. Kurt Nemitz in Bremen; Herrn Prof. Dr. Roger Nicholls in Eugene; Herrn Oswalt von Nostitz in Bernried; Frau Monika Peschken in Berlin; Herrn Dr. Heinrich W. Petzet in Freiburg i. Br.; Herrn Hans Herman Rief in Worpswede; Frau Dr. Ingeborg Schnack in Marburg/Lahn; Herrn Prof. Dr. Hermann Schreiber in München; Herrn und Frau Sieber-Rilke in Gernsbach; Herrn Dr. Joachim W. Storck in Marbach a. N.; Herrn Arthur Ochs Sulzberger in New York; Frau Hildegard Teichert in Berlin.

QUELLENNACHWEIS

Die abgekürzten Zitatnachweise beziehen sich auf die im Literaturverzeichnis (Seite 465) vollständig genannten Titel.

1 Helmut Heißenbüttel, *Gelegenheitsgedicht zum 100. Geburtstag Rilkes* (in: »Insel Almanach auf das Jahr 1977«, Frankfurt/M 1976), 38.
2 Sieber, 63–64.
3 Leppin, 631.
4 Koenig, 6–7, bzw. Storck, *Rainer Maria Rilke, 1875–1975* (Stuttgart 1975), 18–19.
5 Felix Braun, *Das Licht der Welt* (Wien 1949), 560, bzw. Kassner, 86.
6 Sieber, 41.
7 An Ellen Key, 3. April 1903.
8 *Briefe 1906–1907*, 292.
9 Hermann Hesse, *Gesammelte Schriften* (Frankfurt/M 1958), IV, 602.
10 Kim, 39, bzw. 44.
11 Sieber, 160.
12 *Briefe an Sidonie Nádherný von Borutin*, 208.
13 Lou Andreas-Salomé, *In der Schule bei Freud* (Zürich 1958), 149.
14 Leppin, 632.
15 Kim, 64.
16 Demetz, 6.
17 Simenauer, 184.
18 Walter Görlitz, *Adolf Hitler* (2. Aufl., Göttingen 1972), 18.
19 Leppin, 633.
20 Hirschfeld, 715.
21 Sieber, 127.
22 Hirschfeld, 715.
23 *Briefwechsel mit Marie von Thurn und Taxis*, I. 279–280, bzw. Claire Goll, *Ich verzeihe keinem* (Bern u. München 1978), 86.
24 Max Krell, *Das alles gab es einmal* (Frankfurt/M 1961), 39.
25 *Briefe 1897–1914*, 473.
26 Alfred Andersch, *Die Kirschen der Freiheit* (Olten u. Freiburg 1965), 35; Klaus Wagenbach, *Franz Kafka* (Bern 1958), 209.
27 Demetz, 58.
28 Sigmund Freud, *Gesammelte Werke* (London 1950), XVI, 270.

29 Paulo Quintela, *Uma carta inédita de Rainer Maria Rilke* (in: »Arquivo de Bibliografía Portuguesa«, Coimbra 1955).

30 Siegfried Trebitsch, *Chronik eines Lebens* (Zürich 1951), 76.

31 *Das Tagebuch* (hrsg. v. S. Grossmann u. L. Schwarzschild), VIII, (Jan. 1927), 141.

32 *Briefwechsel mit Katharina Kippenberg*, 14.

33 *Die Zukunft*, IX, (13. Okt. 1894), 93.

34 Wilhelm von Scholz, *Mein Leben* (Berlin 1934), 29.

35 Insel-Werkausgabe, VI, 867.

36 *Briefwechsel mit Lou Andreas-Salomé*, 96.

37 S. Freud – L. Andreas-Salomé, *Briefwechsel* (Frankfurt/M 1966), 21.

38 Lou Andreas-Salomé, *Lebensrückblick* (Zürich u. Wiesbaden 1951), 104.

39 Friedrich Nietzsche, *Briefe an Peter Gast* (Leipzig 1924), 89–90.

40 Friedrich Nietzsche, *Werke in drei Bänden* (München 1956), III, 1217.

41 Andreas-Salomé, *Lebensrückblick*, 269.

42 Franz Ebhardt, *Der gute Ton in allen Lebenslagen* (7. Aufl., Berlin 1883), 586.

43 *Briefwechsel mit Lou Andreas-Salomé*, 520.

44 A. u. G. Mendelssohn, *Der Mensch in der Handschrift* (Leipzig 1930), 52.

45 Rudolph Binion, *Frau Lou* (Princeton 1968), 217.

46 *Neue Deutsche Rundschau*, X, (Okt. 1899), 230.

47 Du Bos, 280.

48 *Briefe und Tagebücher aus der Frühzeit*, 79.

49 *Briefe an einen jungen Dichter*, 16.

50 *Briefe und Tagebücher aus der Frühzeit, 1899–1902*, 420.

51 Brutzer, 6.

52 Ibid., 28.

53 Siehe u. a. Freud – Andreas-Salomé, *Briefwechsel*, 155.

54 *Briefwechsel mit Lou Andreas-Salomé*, 139–140.

55 Andreas-Salomé, *Lebensrückblick*, 148–149.

56 Ibid., 191–192.

57 *Briefe und Tagebücher aus der Frühzeit*, 164 bzw. 340.

58 Nicolas Nabokov, *Zwei rechte Schuhe im Gepäck* (München 1979), 145–146.

59 Stefan Zweig, *Die Welt von Gestern* (Frankfurt/M 1955), 136.

60 Paula Modersohn-Becker in Briefen und Tagebüchern (hrsg. v. G. Busch und L. v. Reinken, Frankfurt/M 1979), 149.

61 *Briefe an Nanny Wunderly-Volkart*, I, 673.

62 *Briefe und Tagebücher aus der Frühzeit, 1899–1902*, 317.

63 Nr. 16 des ersten Teils der *Sonette an Orpheus*.

64 *Briefe an Gräfin Sizzo*, 78.

65 P. Modersohn-Becker in Briefen und Tagebüchern, 281.

66 *Briefe an Axel Juncker*, 18.

67 Storck, *Rainer Maria Rilke, 1875–1975*, 80.

68 Faesi, *Rilke als Mensch*, 272.

69 P. Modersohn-Becker in Briefen und Tagebüchern, 543; R. A. Schröder, *Rainer Maria*

Rilke (Zürich o. J.), 11; Gustav Pauli, *Erinnerungen aus sieben Jahrzehnten* (Tübingen 1936), 213.

70 *Briefe an Sidonie Nádherný von Borutin*, 200–201.
71 Ibid., 135.
72 *Briefe 1914–1926*, 462.
73 *Briefe an Nanny Wunderly-Volkart*, I, 152.
74 *Briefe 1914–1926*, 465.
75 *Die Weise von Liebe und Tod des Cornets Christoph Rilke.* Text-Fassungen und Dokumente (hrsg. v. W. Simon, 2. Aufl., Frankfurt/M 1976), 114.
76 *Briefe an seinen Verleger*, I, 176.
77 *Lexikon deutschsprachiger Schriftsteller* (Leipzig 1967), I, 621.
78 *Briefwechsel mit Marie von Thurn und Taxis*, I, 398.
79 *Briefwechsel mit Katharina Kippenberg*, 213.
80 *Briefe aus den Jahren 1902 bis 1906*, 26.
81 *Briefe an Rodin*, 68 bzw. *Briefe aus den Jahren 1906 bis 1907*, 305.
82 Karl Baedeker, *Paris et ses Environs* (Leipzig u. Paris 1914), XIV.
83 *Briefwechsel mit Lou Andreas-Salomé*, 164.
84 Hugo von Hofmannsthal – Rudolf Borchardt, *Briefwechsel* (Frankfurt/M 1954), 25.
85 *Briefe aus den Jahren 1902 bis 1906*, 67.
86 *Die Schaubühne*, V, Nr. 49 (2. Dez. 1909), 603.
87 *Briefe aus den Jahren 1902 bis 1906*, 83.
88 Ibid., 134.
89 Lydia Baer, *Rilke and Jens Peter Jacobsen* (in: »Publications of the Modern Language Association of America«, LIV, 1939), 1142.
90 *Briefe aus den Jahren 1902 bis 1906*, 213.
91 *Briefe aus den Jahren 1906 bis 1907*, 33.
92 *Briefe aus Muzot*, 131–133.
93 *Briefe aus den Jahren 1906 bis 1907*, 14.
94 Ludwig Curtius, *Deutsche und antike Welt* (Stuttgart 1950), 294 bzw. Simenauer, 589–590.
95 Oskar Maria Graf, *Über Rainer Maria Rilke* (in: »Frankfurter Hefte«, VI, 12. Dez. 1951), 908.
96 *Briefe an Sidonie Nádherný von Borutin*, 19.
97 Frédéric Lefèvre, *Une heure avec . . .* (Paris 1927), 256–257.
98 *Briefe 1914–1926*, 440, bzw. *Briefwechsel mit Lou Andreas-Salomé*, 214.
99 Gustav Pauli, *Erinnerungen aus sieben Jahrzehnten* (Tübingen 1936), 212.
100 *Requiem für Wolf Graf von Kalckreuth.*
101 *Briefe aus den Jahren 1902 bis 1906*, 282 bzw. 280.
102 *Briefe aus den Jahren 1906 bis 1907*, 43.
103 *Briefe an seinen Verleger*, I, 15.
104 *Briefe aus den Jahren 1906 bis 1907*, 129.
105 Schlözer, 26.
106 *Briefwechsel mit Lou Andreas-Salomé*, 108.

107 Otto Braun, in: »Das Goetheanum«, XXV, 20 (19. Mai 1946), 156.

108 Pietro Casellato, *La veneziana ›misteriosa‹ di Rainer Maria Rilke* (Venedig 1977), 45.

109 Helmut Rehder, *Poet and Patron: Rilke and Karl v. d. Heydt* (in: »Symposium«, VI, 1. Mai 1952), 107.

110 *Briefwechsel mit Lou Andreas-Salomé*, 236.

111 *Briefe aus den Jahren 1907 bis 1914*, 179.

112 *Briefe aus Muzot*, 319.

113 Arthur Holitscher, *Rilkes Roman* (in: »Die Neue Rundschau«, XXI, 11, 1910), 1599, bzw. Rudolf Alexander Schröder, *Rainer Maria Rilke* (Zürich o. J.), 23–24.

114 *Briefe an Gräfin Sizzo*, 30.

115 *Briefwechsel mit Marie von Thurn und Taxis*, I, 60–61.

116 *Briefwechsel mit Katharina Kippenberg*, 12.

117 Werner Hilbert, *Als R. M. Rilke eigene Dichtungen las* (in: »Xenien«, IX, 1910), 167.

118 Brigitte B. Fischer, *Sie schrieben mir* (Zürich u. Stuttgart 1978), 95.

119 *Briefe an das Ehepaar S. Fischer*, 66.

120 [Magda von Graedner-Hattingberg], *Rilke und Benvenuta* (Wien 1943), 119.

121 *Briefwechsel mit Marie von Thurn und Taxis*, I, 273–274.

122 Kassner, 57.

123 Heinrich Vogeler, *Erinnerungen* (Berlin 1952), 189–190.

124 *Briefwechsel* mit Hugo von Hofmannsthal, 78.

125 Editha Klipstein, *Besuch bei Rilke* (in: »Neue Schweizer Rundschau«, XXIV, 11, Nov. 1931), 831.

126 *Briefwechsel mit Lou Andreas-Salomé*, 262–263.

127 S. Freud – L. Andreas-Salomé, *Briefwechsel*, 31.

128 *Briefe aus den Jahren 1907 bis 1914*, 121.

129 Schnack, I, 420–421.

130 *Briefwechsel mit Lou Andreas-Salomé*, 278–279 bzw. *Briefwechsel mit Marie von Thurn und Taxis*, I, 248–249.

131 [Magda von Graedner-Hattingberg], *Rilke und Benvenuta*, 48.

132 Ibid., 105.

133 *Der Simplicissimus*, XVI, 40 (1. Jan. 1912), 313.

134 *Briefe aus Muzot*, 332 bzw. 198.

135 *Briefwechsel mit Marie von Thurn und Taxis*, I, 85.

136 Georg Heym, *Dichtungen und Schriften* (Hamburg u. München 1964), I, 356; Alfred Walter Heymel, *Gesammelte Gedichte 1899–1914* (Leipzig 1914), 9; Kippenberg, 30.

137 Kassner, 49.

138 *Briefe an Sidonie Nádherný von Borutin*, 146.

139 R. M. R., *Das Testament* (Frankfurt/M. 1976), 7.

140 S. Freud – L. Andreas-Salomé, *Briefwechsel* (Frankfurt/M 1966), 23 bzw. *Briefwechsel mit Helene von Nostitz*, 91.

141 Albert-Lasard, 17.

142 Storck, *Rainer Maria Rilke, 1875–1975*, 319.

143 Wilhelm Hausenstein, *Liebe zu München* (2. Aufl., München 1958), 249–250.

144 *Briefe an Sidonie Nádherný von Borutin*, 246.

145 *Briefe aus den Jahren 1914–1921*, 78.

146 *Briefe an seinen Verleger*, II, 295.

147 *Briefwechsel* mit Hugo von Hofmannsthal, 82.

148 *Briefe an Gräfin Sizzo*, 32.

149 Trebitsch, 280–281.

150 *Briefe aus den Jahren 1914–1921*, 55, 103 und 152.

151 *Tagebücher von Paul Klee 1898–1918* (Köln 1957), 321.

152 *Briefe aus den Jahren 1914–1921*, 117.

153 Nevar, 21.

154 Max Pulver, *Erinnerungen an eine europäische Zeit* (Zürich 1953), 86.

155 Goll, 85 bzw. 99.

156 Oskar Maria Graf, *Über Rainer Maria Rilke* (in: »Frankfurter Hefte« VI, 1951), 910.

157 Nevar, 112.

158 Hans Carossa, *Führung und Geleit* (Wiesbaden 1949), 90.

159 Walter Mehring, *Bestürzt von der Roheit der Farben. Rilkes erste Begegnung mit Chagall* (in: »Frankfurter Allgemeine Zeitung«, 11. Dez. 1958).

160 Storck, *Rainer Maria Rilke, 1875–1975*, 231.

161 *Briefwechsel mit Katharina Kippenberg*, 314 bzw. 316.

162 Thomas Mann, *Tagebücher 1918–1921* (Frankfurt/M 1979), 57.

163 *Briefe aus den Jahren 1914–1921*, 215–216.

164 *Briefe an eine junge Frau*, 43–45.

165 Ernst Toller, *Gesammelte Werke* (München 1978), IV, 167–168.

166 Hermann Pongs, *Rilkes Umschlag und das Erlebnis der Frontgeneration* (in: »Dichtung und Volkstum« XXXVII, 1936), 75 bzw. N. N., *Rilke, wie er wirklich war* (in: »Der SA-Mann«, München, 13. Jan. 1939), zitiert bei Storck *(Politisches Bewußtsein . . .)*, 88.

167 *Lettres Milanaises 1921–1926* (Paris 1956), 78.

168 Ulrich Keyn (Hrsg.), *Briefe an eine Reisegefährtin. Eine Begegnung mit Rainer Maria Rilke* (Wien 1947), 23.

169 Inga Junghanns, *Persönliche Erinnerungen an R. M. Rilke* (in: »Orplid« III, April-Mai 1927, Heft 1 u. 2), 48–49.

170 Prof. Henry Lüdeke, in: *Briefe an Frau Gudi Nölke*, 160.

171 *Das Testament* (Frankfurt/M 1975), 8 bzw. *Briefe aus den Jahren 1914–1921*, 262.

172 *Briefe aus den Jahren 1914–1921*, 288.

173 *Briefe an Frau Gudi Nölke*, 55 bzw. 24–25.

174 Ibid., 159.

175 *Briefe an Nanny Wunderly-Volkart*, I, 28.

176 Ibid., I, 83, 65 u. 370.

177 Mitteilung von Herrn Dr. Petzet, Freiburg i. Br.

178 *Briefwechsel mit Marie von Thurn und Taxis*, II, 611.

179 *Correspondance avec Merline*, 37 bzw. 305.

180 *Briefwechsel mit Lou Andreas-Salomé,* 439–440.

181 *Briefwechsel mit Marie von Thurn und Taxis,* II, 638.

182 *Briefe an Gudi Nölke,* 73–74.

183 *Correspondance avec Merline,* 167 bzw. 169.

184 Ibid., 90.

185 Ibid., 191.

186 L. Contat-Mercanton, *Erinnerung an Rilke* (in: »Der kleine Bund«, Bern, 29. Dez. 1929), 409.

187 *Briefwechsel mit Lou Andreas-Salomé,* 457.

188 *Briefe aus Muzot 1921–1926,* 83.

189 *Briefwechsel mit Katharina Kippenberg,* 455.

190 Schnack, II, 885.

191 In der Zweiten bzw. Vierten Elegie.

192 Fuerst, 134.

193 *Briefwechsel mit Marie von Thurn und Taxis,* II, 697–698.

194 *Correspondance avec Merline,* 394.

195 Storck *(Politisches Bewußtsein . . .),* 87.

196 Thomas Mann, *Tagebücher 1918–1921* (Frankfurt/M. 1979), 456.

197 Storck *(Rainer Maria Rilke, 1875–1975),* 295.

198 von Salis, 229–233.

199 *Briefe aus Muzot 1921–1926,* 182.

200 *Briefe an Nanny Wunderly-Volkart,* II, 825.

201 *Briefe an Nanny Wunderly-Volkart,* II, 773; *Briefwechsel mit Marie von Thurn und Taxis,* II, 740; *Briefe an Nanny Wunderly-Volkart,* II, 897; *Briefe aus Muzot 1921–1926,* 204; *Briefwechsel mit Marie von Thurn und Taxis,* II, 774–775.

202 *Briefe an Nanny Wunderly-Volkart,* II, 967 bzw. 961.

203 Carl J. Burckhardt, *Ein Vormittag beim Buchhändler* (München 1946), 7–8.

204 *Briefwechsel mit Helene von Nostitz,* 190.

205 Schnack, II, 976 (Kessler, Tagebuch, 5. April 1925).

206 Fritz von Unruh, *Sämtliche Werke* (Berlin 1970), VII, 143.

207 Betz, 11.

208 Joachim Wolff, *Rilkes Grabschrift* (in: »Blätter der Rilke-Gesellschaft« I, 1972).

209 Schnack, II, 1032.

210 *Briefe an Gräfin Sizzo,* 104.

211 *Briefe aus Muzot 1921–1926,* 392–393.

212 Edmond Jaloux, *La dernière amitié de Rainer Maria Rilke,* 208.

213 Schnack, II, 1080.

214 *Briefe an seinen Verleger,* II, 522.

215 *Briefwechsel mit Lou Andreas-Salomé,* 504–505.

216 *Briefwechsel mit Marie von Thurn und Taxis,* II, 955.

217 *Briefe an Frau Gudi Nölke,* 135.

LITERATURVERZEICHNIS

BRIEFAUSGABEN UND ÜBERSETZUNGEN

Briefe und Tagebücher aus der Frühzeit, 1899–1902. Hrsg. Ruth Sieber-Rilke u. Carl Sieber. Insel-Verlag, Leipzig 1933.

Briefe und Tagebücher aus der Frühzeit. Hrsg. von Ruth Sieber-Rilke u. Carl Sieber. Insel-Verlag, Leipzig 1942 (Frankfurt/M. 1973).

Briefe aus den Jahren 1902 bis 1906. Hrsg. von Ruth Sieber-Rilke u. Carl Sieber. Insel-Verlag, Leipzig 1930.

Briefe aus den Jahren 1904 bis 1907. Hrsg. von Ruth Sieber-Rilke u. Carl Sieber. Insel-Verlag, Leipzig 1939.

Briefe aus den Jahren 1906 bis 1907. Hrsg. von Ruth Sieber-Rilke u. Carl Sieber. Insel-Verlag, Leipzig 1930.

Briefe aus den Jahren 1907 bis 1914. Hrsg. von Ruth Sieber-Rilke u. Carl Sieber. Insel-Verlag, Leipzig 1933.

Briefe aus den Jahren 1914 bis 1921. Hrsg. von Ruth Sieber-Rilke u. Carl Sieber. Insel-Verlag, Leipzig 1937.

Briefe aus Muzot 1921 bis 1926. Hrsg. von Ruth Sieber-Rilke u. Carl Sieber. Insel-Verlag, Leipzig 1936.

Briefe. 2 Bde., 1897 bis 1914, 1914 bis 1926. Insel-Verlag, Wiesbaden 1950.

Übertragungen. Hrsg. v. Ernst Zinn u. Karin Wais. Insel Verlag, Frankfurt/M 1975 (1927).

BRIEFWECHSEL

Briefe an Auguste Rodin. Insel-Verlag, Leipzig 1928.

Briefe an einen jungen Dichter. Insel-Verlag, Leipzig o. J. [1929].

Briefe an eine junge Frau. Insel-Verlag, Leipzig 1930.

Lettres à une amie vénétienne. Bodoni, Verona 1941.

Briefe an Baronesse von Oe. Verlag der Johannespresse, New York 1945.

Briefe an das Ehepaar S. Fischer. Hrsg. v. Hedwig Fischer. Werner Classen Verlag, Zürich 1947.

Briefe an seinen Verleger 1906 bis 1926. 2. Ausg., 2 Bde. Insel-Verlag, Wiesbaden 1949.

La dernière amitié de Rainer Maria Rilke. Lettres inédites de Rilke à Madame Eloui Bey, avec une étude par Edmond Jaloux. Robert Laffont, [Paris] 1949.

Briefwechsel mit Marie von Thurn und Taxis. Mit einem Geleitwort von Rudolf Kassner, besorgt durch Ernst Zinn. 2 Bde. Niehans & Rokitansky Verlag, Zürich und Insel-Verlag, Wiesbaden 1951.

Briefwechsel mit Lou Andreas-Salomé. Hrsg. v. Ernst Pfeiffer. Max Niehans Verlag, Zürich, und Insel-Verlag, Wiesbaden 1952; erweiterte Neuauflage 1975.

R. M. Rilke – A. Gide Correspondance 1909–1926. Hrsg. v. Renée Lang. Ed. Corrêa, Paris 1952.

Die Briefe an Frau Gudi Nölke. Aus Rilkes Schweizer Jahren. Hrsg. v. Paul Obermüller. Insel-Verlag, Wiesbaden 1953.

Briefwechsel mit Katharina Kippenberg. 1910 bis 1926. Hrsg. v. Bettina von Bomhard. Insel-Verlag, Wiesbaden 1954.

Correspondance avec Merline. 1920–1926. Hrsg. v. Dieter Bassermann. Editions Max Niehans, Zürich 1954.

Lettres Milanaises 1921–1926. Hrsg. v. Renée Lang. Librairie Plon, Paris 1956.

Briefwechsel mit Inga Junghanns. Hrsg. v. Wolfgang Herwig. Insel-Verlag, Wiesbaden 1959.

Briefe an Sidonie Nádherný von Borutin. Hrsg. v. Bernhard Blume. Insel Verlag, Frankfurt/M 1973.

Briefwechsel mit Helene von Nostitz. Hrsg. v. Oswalt von Nostitz. Insel Verlag, Frankfurt/M 1976.

Briefe an Gräfin Sizzo. 1921–1926. Hrsg. v. Ingeborg Schnack. Insel Verlag, Frankfurt/M 1977.

Briefe an Nanny Wunderly-Volkart. Hrsg. v. Niklaus Bigler u. Rätus Luck. 2 Bde. Insel Verlag, Frankfurt/M 1977.

[Hugo von Hofmannsthal] *Briefwechsel.* Hrsg. v. Rudolf Hirsch u. Ingeborg Schnack. Insel Verlag, Frankfurt/M 1978.

Briefe an Axel Juncker. Hrsg. v. Renate Schaffenberg. Insel Verlag, Frankfurt/M 1979.

WERKE ÜBER RILKE

Albert-Lasard, Lou: *Wege mit Rilke.* S. Fischer, Frankfurt/M 1952.

Andreas-Salomé, Lou: *Rainer Maria Rilke.* Insel-Verlag, Leipzig 1929.

Angelloz, Joseph-François: *Rainer Maria Rilke. Leben und Werk.* Nymphenburger Verlagshandlung, München 1955.

Arnold, Heinz Ludwig (Hrsg.): *Rilke? Kleine Hommage zum 100. Geburtstag.* Edition Text & Kritik, München 1975.

Batterby, Kenneth A. J.: *Rilke and France. A Study in Poetic Development.* Oxford U. P. 1966.

Betz, Maurice: *Rilke vivant. Souvenirs, lettres, entretiens.* Emile-Paul Frères, Paris o. J. [1937].

Brutzer, Sophie: *Rilkes russische Reisen.* Wissenschaftliche Buchgesellschaft, Darmstadt 1969 (Königsberg 1934).

Buchheit, Gert (Hrsg.): *R. M. R. – Stimmen der Freunde. Ein Gedächtnisbuch.* Urban-Verlag, Freiburg i. Br. 1931.

Buddeberg, Else: *Rainer Maria Rilke. Eine innere Biographie.* J. B. Metzler Verlag. Stuttgart 1955.

Butler, Eliza M.: *Rainer Maria Rilke.* Cambridge U. P. 1941.

Čertkov, Leonid: *Rilke in Rußland. Auf Grund neuer Materialien.* Verlag der österreichischen Akademie der Wissenschaften, Wien 1975.

Dédéyan, Charles: *Rilke et la France.* 4 Bde. S.E.D.E.S., Paris 1961–63.

Demetz, Peter: *René Rilkes Prager Jahre.* Eugen Diederichs Verlag, Düsseldorf 1953.

Du Bos, Charles: *Extraits d'un Journal, 1908–1928.* Ed. Corrêa, Paris 1931; 2. Aufl.

Emde, Ursula: *Rilke und Rodin.* Verlag des kunstgeschichtlichen Seminars, Marburg/Lahn 1949.

Faesi, Robert: *Rainer Maria Rilke.* Amalthea-Verlag, Zürich–Leipzig–Wien 1919; 2. Aufl.

Faesi, Robert: *Rilke als Mensch,* in »Eckart« (Dichtung, Volkstum, Glaube), XIII (1937), 271–279.

Fuerst, Norbert: *Rilke in seiner Zeit.* Insel Verlag, Frankfurt/M 1976.

Gebser, Jean: *Rilke und Spanien.* Verlag Oprecht, Zürich 1946; sowie Suhrkamp Verlag, Frankfurt/M 1977 (BS 560).

[Graedner-Hattingberg, Magda von]: *Rilke und Benvenuta. Ein Buch des Dankes.* Wilhelm Andermann Verlag, Wien 1943.

Graff, Willem L.: *Rilkes lyrische Summen.* Verlag De Gruyter, Berlin 1960.

Gundolf, Friedrich: *Rainer Maria Rilke.* Verlag der Johannes-Presse, Wien 1937.

Hamburger, Käte (Hrsg.): *Rilke in neuer Sicht.* W. Kohlhammer Verlag, Stuttgart 1971.

Hirschfeld, Curt: *Die Rilke-Erinnerungen Valerie von David-Rhonfelds,* mitgeteilt von C. H., in: »Die Horen«, V, (1928–29), 714–720.

Holthusen, Hans Egon: *Rainer Maria Rilke* (in Selbstzeugnissen und Bilddokumenten). Rowohlt Verlag, Hamburg 1958 (rowohlts monographien 22).

Kassner, Rudolf: *Rilke. Gesammelte Erinnerungen 1926–1956.* Hrsg. v. Klaus E. Bohnenkamp. Verlag Günther Neske, Pfullingen 1976.

Kim, Byong-Ock: *Rilkes Militärschulerlebnis und das Problem des verlorenen Sohnes.* Bouvier Verlag Herbert Grundmann, Bonn 1973.

Kippenberg, Katharina: *Rainer Maria Rilke. Ein Beitrag.* Insel-Verlag, Leipzig 1942; 3. Aufl.

Klatt, Fritz: *Rainer Maria Rilke.* Amandus-Verlag, Wien 1949; 2. Aufl.

Koenig, Hertha: *Rilkes Mutter.* Verlag Günther Neske, Pfullingen 1963.

Kohlschmidt, Werner: *Rainer Maria Rilke.* Wildner Verlag, Lübeck 1948.

Kunisch, Hermann: *Rainer Maria Rilke. Dasein und Dichtung.* Duncker & Humblot, Berlin 1975; 2. Aufl.

Langenfeld, Ludwin: *Das Bildnis des Dichters.* Rilkes Erscheinung in Zeugnissen und Dokumenten seiner Zeit, in: »Blätter der Rilke-Gesellschaft« IV (1976), 3–34.

Leppin, Paul: *Der neunzehnjährige Rilke*, in: »Die Literatur«, XXIX, (1926–27). 630–634.

Lindemann, Hugo: *Erinnerung an Rainer Maria Rilke*, in: »Das Inselschiff«. XVII (1936), 14–18.

Màgr, Clara: *Rainer Maria Rilke und die Musik*. Amandus-Verlag, Wien 1960.

Mason, Eudo C.: *Rainer Maria Rilke. Sein Leben und sein Werk*. Vandenhoeck & Ruprecht, Göttingen 1964.

Nevar, Elya Maria: *Freundschaft mit Rainer Maria Rilke. Begegnungen, Gespräche, Briefe und Aufzeichnungen*. Albert Züst Verlag, Bern-Bümpliz 1946.

Osann, Christiane: *Rainer Maria Rilke. Der Weg des Dichters*. Orell Füssli Verlag, Zürich 1947; 2. Aufl.

Peters, H. F.: *Rainer Maria Rilke. Masks and the Man*. University of Washington Press, Seattle 1960.

Petzet, Heinrich W.: *Das Bildnis des Dichters. Paula Modersohn-Becker und Rainer Maria Rilke. Eine Begegnung*. Insel Verlag, Frankfurt 1973; 2. Aufl.

Salis, Jean Rudolf von: *Rilkes Schweizer Jahre. Ein Beitrag zur Biographie von Rilkes Spätzeit*. Verlag Huber & Co., Frauenfeld 1952; sowie Suhrkamp Verlag, Frankfurt/M 1975 (st 289).

Schlözer, Leopold von (Hrsg.): *Rainer Maria Rilke auf Capri. Gespräche*. Verlag Wolfgang Jess, Dresden 1931.

Schmidt-Pauli, Elisabeth von: *Rainer Maria Rilke. Ein Gedenkbuch*. Benno Schwabe Verlag, Basel 1940.

Schnack, Ingeborg: *Rilkes Leben und Werk im Bild*. Insel Verlag, Frankfurt/M 1966; sowie insel taschenbuch 35 (veränderte Ausg.).

Schnack, Ingeborg: *Rainer Maria Rilke. Chronik seines Lebens und seines Werkes*, 2 Bde. Insel Verlag, Frankfurt/M 1975.

Schneditz, Wolfgang: *Rilke und die bildende Kunst. Versuch einer Deutung*. Verlag J. A. Kienreich, Graz 1947; 2. Aufl.

Schoolfield, George C.: *Rilke's Last Year*. University of Kansas Libraries, Lawrence 1969.

Schwarz, Egon: *Das verschluckte Schluchzen. Poesie und Politik bei Rainer Maria Rilke*. Athenäum Verlag, Frankfurt/M 1972.

Sieber, Carl: *René Rilke. Die Jugend Rainer Maria Rilkes*. Insel-Verlag, Leipzig 1932.

Simenauer, Erich: *Rainer Maria Rilke. Legende und Mythos*. Verlag Paul Haupt, Bern 1953.

Solbrig, Ingeborg, und Storck, Joachim W. (Hrsg.): *Rilke heute. Beziehungen und Wirkungen*. 2 Bde. Suhrkamp Verlag, Frankfurt/M 1975 u. 1976.

Stahl, August: *Rilke-Kommentar zum lyrischen Werk*. Unter Mitarbeit von Werner Jost und Reiner Marx. Winkler Verlag, München 1978.

Stahl, August: *Rilke-Kommentar zu den »Aufzeichnungen des Malte Laurids Brigge«, zur erzählerischen Prosa, zu den essayischen Schriften und zum dramatischen Werk*. Unter Mitarbeit von Reiner Marx. Winkler Verlag, München 1979.

Steffensen, Steffen: *Rilke und Skandinavien. Zwei Vorträge*. Andreassen, Kopenhagen 1958.

Storck, Joachim W. (Hrsg.): *Rainer Maria Rilke, 1875–1975*. Katalog der Ausstellung des Deutschen Literaturarchivs im Schiller-Nationalmuseum Marbach a. N., Ernst Klett Verlag, Stuttgart 1975.

Storck, Joachim W.: *Politisches Bewußtsein beim späten Rilke*, in: »Recherches germaniques«, VIII (1978), 83–112.

Tecchi, Bonaventura: *Rilke in Italia*, in: »Scrittori tedeschi moderni«. Ed. di Storia e Letteratura, Roma 1959.

Thurn und Taxis, Marie von: *Erinnerungen an Rainer Maria Rilke*. Insel Verlag, Frankfurt/M 1966.

Ullmann, Regina: *Erinnerungen an Rilke*. Tschudy-Verlag, St. Gallen o. J.

Wocke, Helmut: *Rilke und Italien. Mit Benutzung ungedruckter Quellen dargestellt*. Gießen 1940.

Wydenbruck, Nora: *Rilke. Man and Poet*. John Lehmann, London 1949.

Zermatten, Maurice: *Rilkes letzte Lebensjahre*. Ed. Le Cassetin, Fribourg o. J.

ZEITTAFEL

1819–1898 Theodor Fontane

1828–1910 Leo Tolstoi

1838 Rilkes Vater, Josef R., in Schwabitz (Böhmen) geboren.

1840–1917 Auguste Rodin

1847–1885 Jens Peter Jacobsen

1851 Rilkes Mutter, Sophie Entz, in Prag geboren.

1855–1934 Marie Fürstin v. Thurn und Taxis-Hohenlohe

1856–1939 Sigmund Freud

1861–1937 Lou Andreas-Salomé

1862–1946 Gerhart Hauptmann

1864–1918 Frank Wedekind

1868–1934 Stefan George

1869–1951 André Gide

1871–1945 Paul Valéry

1871–1942 Heinrich Vogeler

1873 Heirat der Eltern.

1874–1929 Hugo v. Hofmannsthal

1874–1950 Anton Kippenberg

1875–1955 Thomas Mann

1875 4. Dezember: René (Karl Wilhelm Johann Josef) Maria Rilke in Prag geboren.

1876–1907 Paula Modersohn–Becker

1878–1962 Nanny Wunderly-Volkart

1878 21. November: Clara Westhoff in Bremen geboren.

1880–1942 Robert Musil

1881–1942 Stefan Zweig

1882 Eintritt in die Volksschule der Piaristen.

1883–1924 Franz Kafka

1885 Trennung der Eltern.

1886–1969 Baladine Klossowska

1886–1980 Oskar Kokoschka

1886 September: Eintritt in die Militär-Unterrealschule St. Pölten.

1890–1945 Franz Werfel

1890 September: Eintritt in die Militär-Oberrealschule Mährisch-Weißkirchen.

1890 George: *Hymnen*. Zeitschrift *Freie Bühne* (später Neue Deutsche Rundschau) gegründet.

1891–1969 Lulu Albert-Lasard

1891 Juni: Austritt aus der Militär-Oberrealschule Mährisch-Weißkirchen. September: Eintritt in die Handelsakademie Linz.

1891 Wedekind: *Frühlings Erwachen.*

1892 Mai: Rückkehr aus Linz nach Prag. Beginn des privaten Studiums für das Abitur.

1892 Gerhart Hauptmann: *Die Weber. Die Zukunft* und *Blätter für die Kunst* gegründet.

1894 *Leben und Lieder* veröffentlicht.

1895 Juli: Abitur. Wintersemester an der Universität Prag: Kunstgeschichte, Philosophie, Literatur.

1895 Fontane: *Effi Briest.* Schnitzler: *Liebelei.*

1896 September: Übersiedlung nach München (Briennerstraße). Kunstgeschichte an der Universität München.

Larenopfer, Der Apostel, Wegwarten veröffentlicht. *Jetzt und in der Stunde unseres Absterbens* aufgeführt.

1896 *Die Jugend* und *Simplicissimus* gegründet.

1897 Wohnung bis Anfang Oktober: München (Blüthenstraße). Januar: Prag. März–April: Arco, Venedig, Meran. Juni–August: Wolfratshausen. Anfang Oktober: Umzug nach Berlin-Wilmersdorf (Im Rheingau).

Traumgekrönt veröffentlicht. *Im Frühfrost* aufgeführt.

1898 Wohnung bis Ende Juli: Berlin-Wilmersdorf (Im Rheingau). März: Prag (Vortrag). April–Mai: Arco, Florenz, Viareggio. Juni: Prag. Juli: Zoppot. Wohnung ab August: Berlin-Schmargendorf (Hundekehlestraße). Mitte–Ende Dezember: Hamburg, Bremen, Worpswede.

Advent, Am Leben hin, Ohne Gegenwart veröffentlicht.

1898 Gerhart Hauptmann: *Fuhrmann Henschel.* Thomas Mann: *Der kleine Herr Friedemann.*

1899 Wohnung: Berlin-Schmargendorf (Hundekehlestraße). März: Arco, Bozen, Prag, Wien. April–Juni: Rußland. Juli: Berlin. August–Mitte September: Bibersberg bei Meiningen. Mitte September–Ende Dezember: Berlin.

Zwei Prager Geschichten, Mir zur Feier, Die weiße Fürstin veröffentlicht.

1899 *Die Fackel* und der Insel-Verlag gegründet.

1900–1919 Wera Ouckama Knoop

1900 Wohnung bis Anfang Oktober: Berlin-Schmargendorf (Hundekehlestraße). Anfang Mai–August: Rußland. Ende August–Anfang Oktober: Worpswede. Wohnung ab Mitte Oktober: Berlin-Schmargendorf (Misdroyer Straße).

Geschichten vom lieben Gott veröffentlicht.

1900 Schnitzler: *Reigen.* Hauptmann: *Michael Kramer.*

1901 Wohnung bis Ende Februar: Berlin-Schmargendorf (Misdroyer Straße). März: München, Arco, Riva. Mitte März: Bremen. Wohnung ab Ende März: Westerwede. 28. April: Rilke heiratet Clara Westhoff in Bremen. Mai: »Weißer Hirsch« bei Dresden, Prag. Ab Juni: Westerwede. Ende September: Schloß Haseldorf. Ab Anfang Oktober: Westerwede. 12. Dezember: Geburt der Tochter Ruth.

Die Letzten veröffentlicht. *Das tägliche Leben* aufgeführt.

1901 Thomas Mann: *Buddenbrooks.*

1902 Wohnung bis Ende August: Westerwede. Anfang Juni–Anfang Juli: Schloß Haseldorf. Wohnung Ende August–Anfang Oktober: Paris (Rue Toullier), ab Anfang Oktober Rue de l'Abbé de l'Épée.
Das tägliche Leben, Das Buch der Bilder veröffentlicht.

1903 Wohnung bis Juli: Paris (Rue de l'Abbé de l'Épée). Ende März–Ende April: Viareggio. Mai–Juni: Paris. Juli–August: Worpswede, Oberneuland. Ende August–Anfang September: Marienbad, München, Venedig, Florenz. Wohnung ab Mitte September: Rom (erst Via del Campidoglio, dann Villa Strohl-Fern).
Worpswede und *Auguste Rodin* veröffentlicht.

1903 Dehmel: *Zwei Menschen.*

1904 Wohnung bis Juni: Rom (Villa Strohl-Fern). Juni–Dezember: Dänemark und Schweden. Ab Mitte Dezember: Oberneuland
Die Weise von Liebe und Tod des Cornets Christoph Rilke veröffentlicht.

1904 Hesse: *Peter Camenzind.*

1905 bis Februar: Oberneuland. März–Mitte April: »Weißer Hirsch« bei Dresden. Ende April: Berlin. Mai–Anfang Juni: Worpswede. Mitte Juni–Ende Juli: Göttingen, Berlin, Treseburg am Harz, Kassel, Marburg. August: Schloß Friedelhausen. Anfang September: Darmstadt, Godesberg. Wohnung Mitte September–Ende Oktober: bei Rodin in Meudon. Ende Oktober–Anfang November: Köln, Dresden (Vortrag), Prag (Vortrag), Leipzig, Köln. Ab Mitte Dezember: Oberneuland.
Das Stunden-Buch veröffentlicht.

1905 Morgenstern: *Galgenlieder.* Heinrich Mann: *Professor Unrat.*

1906 Wohnung bis Mitte Mai: Bei Rodin in Meudon. Februar: Elberfeld (Vortrag). März: Berlin, Hamburg (Vortrag), Worpswede. Mitte März: Tod des Vaters, Prag. Ende März: Berlin (Vortrag). Wohnung ab Mitte Mai: Paris (Rue Cassette). Ende Juli–Mitte August: Belgien. Zweite Hälfte August: Godesberg. September: Schloß Friedelhausen. Oktober–November: Berlin. Dezember: Capri.
Cornet in endgültiger Fassung veröffentlicht.

1906 Musil: *Die Verwirrungen des Zöglings Törleß.*

1907 bis Mitte Mai: Capri. Zweite Hälfte Mai: Neapel, Rom. Wohnung Juli–November: Paris (Rue Cassette). Anfang und Mitte November: Prag (Vortrag), Breslau (Vortrag), Wien (Vortrag). Ende November: Venedig. Dezember: Oberneuland.
Neue Gedichte veröffentlicht.

1908 bis Mitte Februar: Oberneuland. Ende Februar: Berlin, München, Rom. Ende Februar–Mitte April: Capri. Ende April: Rom, Florenz. Wohnung ab Mai: Paris (Rue Champagne-Première, ab September Hotel Biron, Rue de Varenne).
Der neuen Gedichte anderer Teil veröffentlicht.

1909 Wohnung bis Jahresende: Paris (Rue de Varenne). Ende Mai: Provence.

Anfang September: Bad Rippoldsau. Ende September–Anfang Oktober: Avignon. Ab Mitte Oktober: Paris.

Requiem für eine Freundin und *Requiem für Wolf Graf von Kalckreuth* veröffentlicht.

1910 Wohnung bis Jahresende: Paris (Rue de Varenne). Januar: Elberfeld (Vortrag), Leipzig, Jena (Vortrag). Ende Januar–Mitte März: Berlin, Leipzig, Weimar, Berlin. Mitte März–Mitte April: Rom. Ende April: Duino. Anfang Mai: Venedig. Mitte Mai–Anfang Juli: Paris. Juli–Ende August: Oberneuland, Lautschin, Prag. Erste Hälfte September: Janowitz. Ende September–Mitte Oktober: München. Ende Oktober: Köln. November: Paris. Ende November–Ende Dezember: Algier, El Kantara, Tunis, Neapel.

Die Aufzeichnungen des Malte Laurids Brigge veröffentlicht.

1911 Wohnung bis Mitte Oktober: Paris (Rue de Varenne). Januar–Ende März: Neapel, Kairo, Nilfahrt, Heluan bei Kairo, Venedig. Anfang April–Mitte Juli: Paris. Juli–August: Prag, Lautschin, Janowitz. Ende August–Ende September: Leipzig, Weimar, Berlin, München. Ende September–Mitte Oktober: Paris. Mitte Oktober: Autoreise Paris–Avignon–Ventimiglia–Bologna–Duino. Ende Oktober–Jahresende: Duino.

1912 bis Anfang Mai: Duino. Mai–September: Venedig. Mitte September–Anfang Oktober: Duino. Zweite Hälfte Oktober: München. November: Toledo. Anfang Dezember: Córdoba, Sevilla. Ab Mitte Dezember: Ronda.

1912 Barlach: *Der tote Tag*. Benn: *Morgue*.

1913 Januar bis Mitte Februar: Ronda. Wohnung ab Ende Februar: Paris (Rue Champagne-Première). Juni: Bad Rippoldsau. Juli: Göttingen, Leipzig, Weimar, Berlin. Erste Hälfte August: Heiligendamm (Ostsee). Zweite Hälfte August–Anfang September: Berlin. September–Anfang Oktober: München. Mitte Oktober: Dresden, Hellerau, Krummhübel. Ab Mitte Oktober: Paris.

Das Marien-Leben veröffentlicht.

1914 Wohnung bis Mitte Juli: Paris (Rue Champagne-Première). Ende Februar–Ende März: Berlin, München, Zürich. Ende März–Ende April: Paris. Ende April–Anfang Mai: Duino. Mai: Venedig, Assisi, Mailand. Ende Mai–Ende Juli: Paris. Ende Juli–Ende September: Leipzig, München, Irschenhausen. Wohnung ab Ende September: München (Finkenstraße). Mitte November: Frankfurt, Würzburg. Ende November–Jahresende: Berlin.

1915 Wohnung bis Mitte Juni: München (Finkenstraße). Anfang Januar: Rückkehr aus Berlin. Anfang Februar: Irschenhausen. Wohnung Mitte Juni–Ende Oktober: München (erst Widenmayer-, dann Keferstraße). Erste Hälfte Dezember: Berlin. Ende Dezember: Wien.

Fünf Gesänge/August 1914 veröffentlicht.

1916 bis Anfang Juni: Militärdienst in und bei Wien. Ab Ende Juli: München (Keferstraße).

1917 Wohnung bis Mitte Juli: München (Keferstraße). Zweite Hälfte Juni: Herrenchiemsee. Mitte Juli: Berlin. August–September: Bei Hertha Koenig auf Gut Böckel (Westfalen). Oktober–November: Berlin. Wohnung ab Mitte Dezember: München (Hotel Continental).

1918 Wohnung: München (Hotel Continental bis Ende Mai, dann Ainmillerstraße). Mitte September: Ohlstadt, Ansbach. Mitte September bis Jahresende: München.

1918 Kraus: *Die letzten Tage der Menschheit.* Heinrich Mann: *Der Untertan.*

1919 Wohnung bis Mitte Juni: München (Ainmillerstraße). Mitte Juni–Ende September: Bern, Nyon, Genf, Zürich, Sils-Baselgia, Soglio, Lausanne, Nyon. Ende Oktober–Ende November: Zürich (Vorträge), St. Gallen (Vortrag), Luzern (Vortrag), Basel, Bern (Vorträge), Basel (Vortrag), Winterthur (Vortrag). Ab Anfang Dezember: Locarno.

1920 Bis Ende Februar: Locarno. März–Anfang Juni: Schönenberg bei Pratteln (Basel). Mitte Juni–Mitte Juli: Venedig. Zweite Hälfte Juli: Schönenberg. August–September: Reisen in der Schweiz. Oktober: Genf, Bern, Sion, Sierre. Ende Oktober: Paris. Anfang November: Genf, Basel. Mitte November bis Jahresende: Berg am Irchel (Zürich).

1921 Wohnung bis Mitte Mai: Berg am Irchel. Januar: Genf, Zürich. Mitte Mai–Ende Juni: Prieuré d'Etoy. Anfang Juni: Rolle. Ende Juni: Sierre. Anfang Juli: Genf. Wohnung ab Ende Juli: Château de Muzot.

1922 Wohnung: Muzot. Ende Mai–Anfang Juli: Sierre. Mitte August–Anfang September: Beatenberg (Thuner See). Ruth Rilke heiratet Dr. Carl Sieber.

1922 Hesse: *Siddhartha.* Brecht: *Trommeln in der Nacht.*

1923 Wohnung: Muzot. Juni–Juli: Reisen in der Schweiz. Mitte August–Mitte September: Sanatorium Schöneck bei Beckenried. September: Luzern, Schloß Malans, Zizers. Oktober: Meilen, Bern. Ende Dezember: Sanatorium Val-Mont sur Territet (Wallis).

Die Sonette an Orpheus und *Die Duineser Elegien* veröffentlicht.

1924 Wohnung: Muzot. Bis Ende Januar: Sanatorium Val-Mont. Zweite Hälfte Juni: Autoreise durch die französische Schweiz. Ende Juni–Ende Juli: Ragaz. Erste Hälfte September: Nyon, Genf, Lausanne. Anfang November: Montreux, Bern. Ende November: Sanatorium Val-Mont.

1925 Wohnung: Muzot. Anfang Januar–Mitte August. Paris. Ende August: Mailand. Anfang September–Mitte Oktober: Muzot, Bern, Ragaz, Meilen. Mitte Oktober–Mitte Dezember: Muzot. Jahresende: Sanatorium Val-Mont.

1925 Kafka: *Der Prozeß.* Zuckmayer: *Der fröhliche Weinberg.*

1926 Wohnung: Muzot. Bis Ende Mai: Sanatorium Val-Mont. Ende Mai: Vevey, Lausanne. Mitte Juli–Ende August: Ragaz. September: Lausanne. Oktober–November: Sierre. Dezember: Sanatorium Val-Mont.

29. Dezember: Rilke stirbt in Val-Mont.

Vergers, Suivis des Quatrains Valaisans veröffentlicht.

1926 Kafka: *Das Schloß.* Hans Grimm: *Volk ohne Raum.*

1927 2. Januar: Rilke in Raron (Wallis) beigesetzt.

Gesammelte Werke veröffentlicht.

1931 Tod der Mutter, Phia Rilke.

1954 Tod der Frau, Clara Rilke-Westhoff.

1972 Tod der Tochter, Ruth Sieber-Rilke.

PERSONEN- UND WERKREGISTER

(Abkürzungen: D = Dramatisches Werk; G = Gedicht;
GS = Gedichtsammlung oder -zyklus; P = Prosawerk; Ü = Übersetzung.)

471

472

475

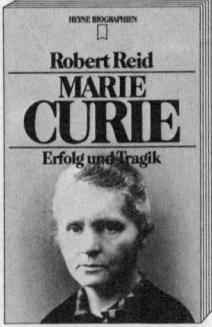